Zwischen Mittelalter und Reformation

Oberschwaben

Forschungen zu Landschaft, Geschichte und Kultur

BAND 6

herausgegeben von

Sigrid Hirbodian
Sabine Holtz
Dietmar Schiersner
Andreas Schwab
Thomas Zotz

Gesellschaft Oberschwaben
für Geschichte und Kultur

Sigrid Hirbodian, Sabine Holtz, Petra Steymans-Kurz (Hrsg.)

Zwischen Mittelalter und Reformation

Religiöses Leben in Oberschwaben um 1500

Kohlhammer

Die Veröffentlichung wurde großzügig gefördert durch:

Stiftung Oberschwaben

Akademie der Diözese
Rottenburg-Stuttgart

Umschlagabbildung:
Epitaph der Veronika von Rietheim (1472–1551), seit 1521 Äbtissin von Kloster Heiligkreuztal, im Kreuzgang des Klosters. Bildrechte: Stefanus-Gemeinschaft e.V., Kloster Heiligkreuztal

Redaktion: Amelie Bieg; Regina Fürsich; Lea Schneider
Gestaltung und Produktion: Verlagsbüro Wais & Partner, Stuttgart
Druck und Bindung: Gulde Druck, Tübingen

Bibliografische Information der Deutschen Nationalbibliothek:
Die Deutsche Nationalbibliothek verzeichnet diese Publikation in der Deutschen Nationalbibliografie.
Detaillierte bibliografische Angaben sind im Internet abrufbar über http://www.dnb.ddb.de.

Kommission und Vertrieb: W. Kohlhammer, Stuttgart

ISBN 978-3-17-039342-4 (Print)
ISBN 978-3-17-041755-7 (E-book – pdf)

Inhalt

Vorwort

Der vorliegende Tagungsband geht auf die Tagung „Religiöses Leben in Oberschwaben um 1500" zurück, die vom 28. bis 30. März 2019 im Tagungshaus der Diözese Rottenburg-Stuttgart in Weingarten stattfand. Sie wurde von der Gesellschaft Oberschwaben für Geschichte und Kultur gemeinsam mit der Akademie der Diözese Rottenburg-Stuttgart veranstaltet. Die Tagungsleitung stand seitens der Akademie unter der Leitung von Petra Steymans-Kurz, seitens der Gesellschaft Oberschwaben unter der von Sigrid Hirbodian (Tübingen) und Sabine Holtz (Stuttgart). Ziel der Tagung war es, den Facettenreichtum des religiösen Lebens in Oberschwaben am Vorabend der Reformation zu beleuchten. Mit einem interdisziplinären Zugriff wurden verschiedene Frömmigkeitsformen im Kloster, in Stadt und Land untersucht. Expert*innen aus Geschichtswissenschaft, Kunstgeschichte und Archäologie wählten unterschiedliche Herangehensweisen. Ihre Vorträge beleuchteten die Geschichte an exemplarisch ausgewählten Klöstern und Stiften und untersuchten deren Bedeutung für die Gläubigen sowie ihre Wirkung in der Region. Zum anderen standen die besondere Ausprägung von Frömmigkeit und religiösen Praktiken in den Städten sowie auf dem Land im Fokus. Insgesamt ging es um das religiöse Leben in Oberschwaben um 1500 in seiner ganzen Vielfalt.

Viele der hier publizierten Tagungsbeiträge sind zur Anschaulichkeit durch reiches Bildmaterial illustriert. Für das Zustandekommen dieses Bandes ist vielen Dank zu sagen, vorab den Autorinnen und Autoren, die mit ihren Beiträgen den Band überhaupt erst möglich gemacht haben: Ihnen gilt unser herzlicher Dank. Für die Aufnahme in die Reihe „Oberschwaben – Forschungen zu Landschaft, Geschichte und Kultur" danken wir der Stiftung Oberschwaben. Finanziert wurde er von der Gesellschaft Oberschwaben sowie der Akademie der Diözese Rottenburg-Stuttgart. Die Textredaktion übernahmen Lea Schneider sowie Amelie Bieg und Regina Fürsich, die Bildredaktion oblag Amelie Bieg. Allen drei Doktorandinnen der Abteilung Landesgeschichte des Historischen Instituts der Universität Stuttgart gilt unser herzlicher Dank für ihre kompetente und umsichtige Arbeit. Rainer Maucher vom Verlagsbüro Wais & Partner Gbr. verantwortete in bewährter und routinierter Weise den Prozess der Drucklegung. Hierfür danken wir ebenfalls herzlich.

Stuttgart und Tübingen, im August 2021

Sigrid Hirbodian, Sabine Holtz
und *Petra Steymans-Kurz*

Einleitung

von Sigrid Hirbodian, Sabine Holtz und Petra Steymans-Kurz

Aus Anlass des fünfhundertjährigen Reformationsjubiläums gab es eine Vielzahl an Tagungen, Tagungsbänden, Überblicksbänden und Monographien, die sich mit dieser für das christliche Abendland so wichtigen Umbruch- und Aufbruchsphase in Religion, Kirche und Gesellschaft befasst haben. Der vorliegende Band ging aus einer Tagung hervor, die im März 2019 im Tagungshaus der Diözese Rottenburg-Stuttgart in Weingarten stattfand. Sein Thema war das ausgesprochen reiche religiöse Leben der Zeit um 1500. Schon Bernd Moeller hatte auf die Widersprüchlichkeiten dieser Zeit aufmerksam gemacht. Einer teilweise säkularisierten, fiskalisierten und in mancherlei Hinsicht korrumpierten spätmittelalterlichen Kirche standen äußerst intensive Frömmigkeitspraktiken der Laien gegenüber, die die alleinige Heilsvermittlung seitens der Kirche weitgehend klaglos anerkannten und deren Heilsangebote auch vehement einforderten. Dass die Erwartungen der Laien an die Kirche nicht überall erfüllt wurden, zeigt sich beispielsweise im Antiklerikalismus jener Jahrzehnte. Bernd Moeller stellte schon in seinem Beitrag „Frömmigkeit in Deutschland um 1500", erschienen im Archiv für Reformationsgeschichte 1965, die These auf, es habe „wohl kaum ein Zeitalter gegeben, das sich dem dogmatischen Absolutheitsanspruch der katholischen Kirche widerstandsloser gefügt hat als dieses" (S. 6). Seiner Beobachtung nach war das späte 15. Jahrhundert eine der „kirchenfrömmsten Zeiten des Mittelalters" (S. 22). Nicht nur der Kirchenhistoriker Bernd Moeller, auch der Frühneuzeithistoriker Heinz Rabe betonte bereits 1989 in seinem Band über „Reich und Glaubensspaltung" (S. 104) die tiefe Religiosität des späten Mittelalters: Seit der Spätantike und bis heute habe es „keine Epoche der europäischen Geschichte gegeben, in der eine solche Intensität des Fragens nach dem letzten Sinn menschlicher Existenz lebendig war wie im ausgehenden Mittelalter". Dies lässt sich schon an Äußerlichkeiten festmachen: Die Kirche umgab fast ohne Ausnahme den Alltag der Menschen, kirchlich-religiöser und weltlicher Lebensbereich waren kaum zu unterscheiden. Die Feste der Kirche strukturierten den Jahreslauf. Sie waren eng mit religiösem Brauchtum verknüpft. Dieser Prägung der spätmittelalterlichen Lebenswelt durch die Kirche standen jedoch auf der anderen Seite erhebliche innerkirchliche Auseinandersetzungen um Reformkonzepte und Reformbedürftigkeit entgegen, die das gesamte 15. Jahrhundert begleiteten und die auch den Umgang mit der „Laienwelt" prägten.

Oberschwaben eignet sich bestens für eine Untersuchung der spätmittelalterlichen Religiosität. Noch heute lässt sich beispielsweise der Übergang von den vormals herzoglich-württembergischen Gebieten nach Oberschwaben wahrnehmen. Bauernhäuser und Scheunentore werden sichtbar größer, manchmal fällt ein Ausgedinghaus auf. Die Landschaft präsentiert sich plötzlich als eine fromme Landschaft, Kapellen, Flur- und Wegekreuze, Bildstöcke und Heiligenhäuschen sind zu sehen, Heiligenfiguren schmücken manchen Bauernhof. Einige statistische Angaben mögen das illustrieren. Der pensionierte Pfarrer Erwin Binder hat die religiösen Denkmale auf der Gemarkung Zwiefaltens verzeichnet und kam dabei auf 94 Kapellen, Wegekreuze, Lourdesgrotten und Bildstöcke. Im heutigen Landkreis Sigmaringen gibt es allein außerhalb der Ortschaften, das lässt sich den Ausführungen des Kreiskulturamts entnehmen, 1081 Feldkreuze, 170 Bildstöcke, 24 Mariengrotten, 50 Kapellen und sieben Kreuzwege.

Alle diese sakralen Denkmale zeugen vom Glauben und der Frömmigkeit vergangener Generationen. Sie sind typisch für Oberschwaben und prägen das Orts- und Landschaftsbild nachhaltig. Auch wenn längst nicht alle dieser sakralen Zeugnisse ihre Wurzeln im späten Mittelalter haben, gibt es, man denke an die vielgestaltige Klosterlandschaft, Grund genug, nach den vielfältigen religiösen Praktiken in Dörfern, Städten und Klöstern, nach deren Bedeutung im Leben der Gläubigen und nach deren Wirkung in Oberschwaben zu fragen.

Der Tagungsband setzt mit den Themen Kloster – Stadt – Land drei Schwerpunkte. Entsprechend beschäftigt sich der erste Schwerpunkt mit den oberschwäbischen Klöstern. Der Beitrag von Agnes Schormann befasst sich mit dem Thema „*Gott zu lob und den seelen die ir almusen her geben habenndt zu trost unnd hilf* [...]. Stiftisches Leben in Oberschwaben“. Sie gibt zunächst einen Überblick über die Unterschiede zwischen klösterlichem und stiftischem Leben, um sich dann dem hochfürstlichen und freiweltlichen Damenstift in Buchau zuzuwenden. Anhand von Ämtern, Testamenten, Jahrzeiten und Statuten führt Schormann in das stiftische Leben in Buchau ein. Die weltlichen Stiftsdamen führten, ihrem eigenen Selbstverständnis folgend, ein geistliches Leben, in dem liturgische Frömmigkeit stark ausgeprägt war. Dies schloss freilich nicht aus, dass die adligen Stiftsdamen auch wichtige politische Funktionen bekleiden konnten. Im Unterschied zu Klosterfrauen waren die Buchauer Kanonissen überdies nicht zu einem dauerhaften Leben im Stift verpflichtet, sie konnten deshalb gegebenenfalls auf Veranlassung ihrer Familie das Stift auch wieder verlassen und eine Ehe eingehen.

Edwin Ernst Weber richtet in seinem Beitrag „Von der minnenden Seele zur barocken Hochleistung. Wege der Frömmigkeit im Augustiner-Chorfrauenstift Inzigkofen vom 15. bis ins 17. Jahrhundert“ den Fokus auf die am Augustinerchorfrauenstift in Inzigkofen geführten Auseinandersetzungen um Observanz, mystische Spiritualität und im Besonderen um die sogenannte weibliche Erlebnismystik. Letztere äußerte sich in Visionen und der Erfahrung der unio mystica im Diesseits. Die Erlebnismystik wurde immer öfter misstrauisch beäugt und mit den Machenschaften des Teufels in Zusammenhang gebracht. Im Verlauf des Untersuchungszeitraums entwickelte sich das anfänglich dominant adlige Stift unter dem Einfluss der Observanz immer stärker in Richtung eines von der Außenwelt abgeschirmten, von strenger Pflicht- und Leistungsanforderung geprägten Klosters, das offenkundig den Adel immer weniger ansprach.

Wilfried Setzler untersucht in seinem Beitrag „*Zu unserer armen lüt und unsers gotzhuß nutz und guotem*. Der ‚Klosterstaat' Zwiefalten um 1500" die Zusammenhänge zwischen ökonomischer und geistig-kultureller Blüte. Unter dem hochgebildeten Abt Georg Fischer bestanden in der Person von Johannes Vergenhans, dem späteren Gründungsrektor der Tübinger Universität und Mentor Eberhards im Bart, enge Beziehungen zwischen dem Kloster und der jungen Tübinger Universität. Zeitgleich entwickelte sich die klostereigene Schule zu einem Gelehrtenzentrum.

Der zweite Schwerpunkt beschäftigt sich mit der Religiosität in oberschwäbischen Städten. Ein konkretes Beispiel städtischer Religiosität untersucht Andrea Riotte unter dem Titel „*Gott zuo lob und den armen durfftigen zuo guott.* Das *Gotshus* Spital zum Heiligen Geist in Biberach". Getragen von Einkünften einer auf Stiftungen aufgebauten Grundherrschaft finanzierte das Spital die Fürsorge für Arme und an Seele und Leib kranke Menschen. Im Spital selbst wurde dem religiösen Leben viel Raum gegeben. Mess-, Gebets- und Predigtzeiten bestimmten das alltägliche Leben nachhaltig. Allerdings lassen sich gerade um 1500 auch erste Veränderungen beobachten. Die Stiftungsfreudigkeit ließ nach, die Anspruchshaltung gegenüber dem Spital stieg. Pfründstiftungen wurden wichtiger als Gebetsleistungen.

Nach der Reichsstadt Biberach lenkt Eva Leistenschneider im Anschluss den Blick auf eine weitere Reichsstadt und stellt Stifter in den Mittelpunkt ihrer Untersuchung „Der Stifter ist im Bild. Altar- und Kunststiftungen in der Ulmer Kunst um 1500". Zwei Beobachtungen fallen auf: Zum einen führte die Nachfrage nach Kunstwerken für den Schmuck von Altären und Gotteshäusern zu einem Boom der örtlichen Bildhauer und Malerwerkstätten, die eine künstlerische Blütezeit erlebten, zum anderen lassen sich Unterschiede in der bevorzugten Ikonographie zwischen Patriziern und zünftigen Kaufleuten beobachten. Anders als die Patrizier setzten die bürgerlichen Kaufleute offenkundig auf gleichsam moderne Darstellungen, in denen sie sich, in Ulm zuvor unbekannt, selbst als integraler Bestandteil im religiösen Bild inszenierten.

Einem ganz anderen Aspekt städtischer Religiosität wendet sich Barbara Baumeister in ihrem Beitrag „Memoria, Caritas und fromme Frauen. Überlegungen zu den ostschwäbischen Seelhausstiftungen im Spätmittelalter" vor allem an Beispielen aus Augsburg, Nördlingen und Memmingen zu. Im Kontext bürgerlicher Seelgerätstiftungen entstanden nach der Mitte des 14. Jahrhunderts vermehrt sogenannte Seelhäuser, in denen fromme Frauen zusammenlebten. Wiewohl schon seit dem Frühmittelalter bekannt, wurden sie im Zuge der Intensivierung der bürgerlichen Memorialpraxis zu einem verbreiteten Phänomen in den sich sozial wie sakral immer stärker ausdifferenzierenden Städten. Diese Seelfrauen oder Seelschwestern übernahmen mittels Gebeten und Memoriadiensten stellvertretend Bußleistungen für verstorbene Angehörige. Während des 15. Jahrhunderts ließ sich eine zunehmende Differenzierung beobachten. Die Seelhäuser wurden unter weitgehender Beibehaltung ihres religiösen Charakters entweder in städtische Armenfürsorgeeinrichtungen integriert oder sie entwickelten sich zu klösterlichen Einrichtungen weiter.

Unter dem Titel „‚Neue Bilder'. Zur Ausstattung der Franziskanerkirche St. Luzen in Hechingen" greift Lorenz Enderlein über das späte Mittelalter hinaus und analysiert die konzeptionelle Neuausrichtung sakraler Räume und Bilder in Folge des Tridentinums.

Er kann zeigen, dass das Programm an die bereits seit dem 15. Jahrhundert zu beobachtende Verflechtung imaginierter Rom- und Jerusalemwallfahrt anknüpft. Diese hier sogenannte Verräumlichung imitativer Frömmigkeit findet sich, darauf macht Enderlein aufmerksam, bezeichnenderweise auch in den ersten Kreuzwegen, die bevorzugt unter der Obhut von Franziskanern standen. Im Verständnis des Auftraggebers, Graf Eitelfriedrich IV. von Zollern, war die Neuorientierung der klosterkirchlichen Ausstattung Teil seiner gegenreformatorischen Residenzgründung. Dies hielt ihn freilich nicht davon ab, bei Planung und Umsetzung auf interkonfessionelle Zusammenarbeit zu setzen, auch wenn sie nicht immer konfliktfrei ablief.

Nach dem religiösen Leben in Klöstern und Städten geht es im dritten Themenschwerpunkt um das fromme Leben auf dem Land. Hierzu wurden drei unterschiedliche Zugänge gewählt. Unter dem Aspekt des Denkmalschutzes befasst sich Jörg Widmaier mit der „Sakralisierung der Landschaft. Zum historischen Quellenwert des Denkmalbestandes in Baden-Württemberg". Er untersucht in seinem Beitrag, wie stark sich religiöse Praktiken in der Landschaft widerspiegeln, und zwar ausgehend von jenen Kunst- und Bauzeugnissen, die die oberschwäbische Landschaft seit dem späten Mittelalter bis heute hinein prägten. Er stellt die These auf, dass diese materiellen Zeugnisse gerade deshalb noch sichtbar sind, weil sie zentrale Bestandteile religiöser Praktik waren. Der reiche Denkmalbestand Oberschwabens könne folglich als kulturlandschaftsprägender Faktor in der Vormoderne interpretiert werden.

Enno Bünz befasst sich in seinem Beitrag „Pfarrei und Seelsorge auf dem Land. Beobachtungen zum kirchlichen Leben in Oberschwaben im Jahrhundert vor der Reformation" mit der untersten Ebene spätmittelalterlicher Kirchenorganisation, eingeordnet in die Organisationsstruktur der Bistümer Augsburg und Konstanz. Über Ausführungen zum geistlichen Personal und die Pfarrstellenbesetzung nähert sich der Beitrag der Ebene der Pfarreien und der Seelsorge einerseits sowie andererseits den Frömmigkeitsformen und den Gläubigen und ihrer Kirche. In der Pfarrei machten die Menschen ihre Erfahrungen mit der Kirche und ihren Vertretern. Einen Schwerpunkt des Beitrags bildet die Beobachtung wie sehr Laien auf dieser Ebene kirchliches Leben mitprägen konnten. Das hing u. a. in nicht unerheblichem Maße vom Pfarrer selbst ab. Lebte er in einem Spannungsverhältnis zu seiner Gemeinde, kam es rasch zu Klagen. Erfüllte er hingegen die in ihn gesetzten Erwartungen, waren die Bauern bereit, über manche Unzulänglichkeit hinweg zu sehen.

Mit einem ganz anders gelagerten Aspekt der Religiosität auf dem Land befasst sich abschließend der Beitrag von Volker Trugenberger: *„alle tag zwaimal zu kirchen* – Formen spätmittelalterlicher Frömmigkeit bei schwäbischen Hochadelsfamilien". Zwar gab es keine spezifische Frömmigkeit des Adels, aber dessen politische, soziale und ökonomische Stellung bot viel mehr Möglichkeiten, sowohl persönlicher Frömmigkeit Ausdruck zu verleihen als auch Frömmigkeitsformen anderer zu unterstützen und zu beeinflussen. Im Mittelpunkt der Untersuchung stehen die Ausdrucksformen spätmittelalterlicher Frömmigkeit, die die Grafen von Werdenberg, die Grafen von Zollern, die Herren von Zimmern und die Truchsessen von Waldburg pflegten. Sie alle einte die Vorstellung, aufgrund ihres Standes eine besondere Verantwortung für die kirchliche Ordnung zu tragen. Ihre persönliche Frömmigkeit fand, bei allen Unterschieden im Detail, denen Volker Trugenberger genauer nachspürt, in der Heiligenverehrung, in Altarstiftungen, in ihrer Beteiligung an Bruderschaften und an Wallfahrten ihren Ausdruck. Gottesdienst und Memoria wurden durch das Chorgebet und durch repräsentative Kirchenneubauten aufgewertet; Grablegen wurden bei Neubauten in den Chor der Gotteshäuser verlegt. Es gab aber auch eine intensive Pflege privater Frömmigkeit, wie Hauskapellen und Gebetbücher belegen.

Gott zu lob und den seelen die ir almusen her geben habenndt zu trost unnd hilf [...]

Stiftisches Leben in Oberschwaben

von Agnes Schormann

Bevor es um das stiftische Leben in Oberschwaben gehen soll, ist zunächst zu klären, was es bedeutete, als Stiftsdame zu leben und was diese besondere Form der geistlichen Frauen ausmachte. Dabei soll auf Unterschiede zwischen den Klosterfrauen und den Stiftsdamen eingegangen werden. In dieser Unterscheidung liegt aber keinesfalls eine Wertung, handelt es sich doch in erster Linie bei beiden um geistliche Frauen, die ihr Leben Gott widmeten. Als zweiter einleitender Punkt erfolgt ein kurzer Überblick über die Stifte der Region Oberschwaben und deren unmittelbare Umgebung.

Der Hauptteil befasst sich vornehmlich mit dem Damenstift Buchau am Federsee. Zunächst soll eine Einführung der Stiftsgeschichte einen kurzen Einblick in das Leben der dortigen adligen Damen geben, woraufhin dieses anhand der Statuten sowie weiterer Quellen genauer untersucht werden soll. Diese Quellen Buchaus sollen mit weiteren in der Region befindlichen Stiften verglichen werden. Den Abschluss bildet eine knappe Zusammenfassung.

1. Unterschiede im Leben von Stiftsdamen und Klosterfrauen

Zunächst wird versucht, eine Abgrenzung der Stiftsdamen zu anderen geistlichen Frauen herzustellen, denn das Leben im Stift gestaltete sich für eine Frau etwas anders als in einem Kloster. Dazu wird beim oft so bezeichneten ‚Geburtsort der Frauenstifte', der Synode von Aachen, begonnen.[1] Die Synode von Aachen, eine von Kaiser Ludwig dem

1 Die Synode von Aachen fand von 816 bis 819 statt. Dabei trafen weltliche Herrscher wichtige Regelungen für das geistlichen Leben im fränkischen Reich. Nachdem bereits vorher schon Karl der Große auf die Unterschiede der Kleriker und Mönchsgemeinschaften eingegangen war, erfolgte durch die Aachener Synode die gewissermaßen endgültige Regelung und Festlegung des geistlichen Lebens, vgl. weiterführend zur Synode von Aachen Otfried Ellger, Das „Raumkonzept" der Aachener „Institutio sanctimonialium" von 816 und die Topographie sächsischer Frauenstifte im frühen Mittelalter: Eine Problemübersicht, in: Jan Gerchow/Thomas Schilp (Hg.): Essen und die sächsischen Frauenstifte im

Frommen 816 in Aachen berufene Reichssynode, legte nicht nur die Benediktusregel als verbindliche Mönchsregel fest, sondern auch die Regeln für ein stiftisches Leben.[2] Hier wurde für die weiblichen geistlichen Gemeinschaften, die nicht nach der Benediktusregel leben wollten oder konnten, die *Institutio sanctimonialium Aquisgranensis* geformt.[3] Diese hier benannten in einer religiösen Gemeinschaft lebenden Frauen, die nicht an eine monastische Gemeinschaft gebunden waren, werden Kanonissen, Chorfrauen oder Stiftsdamen genannt.[4] Die Stiftsdamen besaßen gegenüber den anderen monastisch lebenden Frauengemeinschaften sowohl rechtliche als auch persönliche Vergünstigungen verschiedener Art, wie beispielsweise das Recht auf Privatbesitz.[5] Außerdem mussten sie

Frühmittelalter, Essen 2003, S. 129–159; Gert Melville, Die Welt der mittelalterlichen Klöster: Geschichte und Lebensformen, München 2012, S. 115; Irene Crusius, *Sanctimoniales quae se canonicas vocant*. Das Kanonissenstift als Forschungsproblem, in: Dies. (Hg.): Studium zum Kanonissenstift, Göttingen 2001, S. 9–38, hier S. 9 f.; Michael von Fürstenberg, „Ordinaria loci" oder „Monstrum Westphaliae"? Zur kirchlichen Rechtsstellung der Äbtissin von Herford im europäischen Vergleich, Paderborn 1994, S. 30 f.: „Beide Regeln [Institutio Canonicorum Aquisgranensis und Institutio Sanctimonialium Aquisgranensis] stellten vermutlich einen Kompromiss dar zwischen dem auf Einheitlichkeit bedachten reformfreudigen Kaiser und der schon bewährten und unterschiedlich ausgeprägten ‚vita canonica'."

2 Vgl. Sabine Klapp, Negotiating Autonomy: Canons in Late Medieval „Frauenstifte", in: Fiona J. Griffiths/Julie Hotchin (Hg.): Partners in Spirit. Women, Men, and Religious Life, Turnhout 2014, S. 387–400, hier S. 371. Ob und welche Frauenstifte überhaupt diese Regel annahmen, ist vor allem im frühen Mittelalter kaum zu klären. Vgl. Hermann Ehmer, Stift Oberstenfeld, Ostfildern 2016, S. 25; Peter Moraw, Über Typologie, Chronologie und Geographie der Stiftskirche im deutschen Mittelalter, in: Max-Planck-Institut für Geschichte (Hg.): Untersuchungen zu Kloster und Stift (Veröffentlichungen des Max-Planck-Instituts für Geschichte 68/Studien zur Germania Sacra 14), Göttingen 1980, S. 9–37, hier S. 11; von Fürstenberg, „Ordinaria loci" (wie Anm. 1), S. 32; Thomas Schilp, Frauen und Männer. Kanoniker und Kanonikerkonvent am Frauenstift Essen, in: Klaus Gereon Beuckers (Hg.): Liturgie in mittelalterlichen Frauenstiften: Forschungen zum „Liber Ordinarius", Essen 2012, S. 91–112, hier S. 92 f.; Raymund Kottje, Claustra sine armario?: Zum Unterschied von Kloster und Stift im Mittelalter, in: Joachim F. Angerer/Josef Lenzenweger (Hg.): Consuetudines monasticae. Festgabe für Kassius Hallinger, Rom 1982, S. 125–144, hier S. 128; Petra Heidebrecht/Cordula Nolte, Leben im Kloster: Geistliche Lebensformen im frühen Mittelalter, in: Ursula A. J. Brecher/Jörn Rüsen (Hg.): Weiblichkeit in geschichtlicher Perspektive: Fallstudien und Reflexionen zu Grundproblemen historischer Frauenforschung, Frankfurt a. M. 1988, S. 79–115, hier S. 95; Franz J. Felten, Auf dem Weg zu Kanonissen und Kanonissenstift. Ordnungskonzepte der weiblichen *vita religiosa* bis ins 9. Jahrhundert, in: Christine Kleinjung/Franz J. Felten (Hg.): Vita religiosa sanctimonialium: Norm und Praxis des weiblichen religiösen Lebens vom 6. bis zum 13. Jahrhundert, Korb 2011, S. 71–92, hier vor allem S. 83 f.

3 Institutio sanctimonialium Aquisgranensis, in: Concilia aevi Karolini [742–842], Tl. 1 [742–817], hg./ed. von Albert Werminghoff, Hannover 1906, S. 421–456. – Im Gegensatz zur weiblichen Regel steht die *Institutio canonicorum*.

4 Vgl. Anna Ulrich, Die Kanonissen. Ein vergangener und vergessener Stand der Kirche, in: Teresa Berger/Albert Gerhards (Hg.): Liturgie und Frauenfrage. Ein Beitrag zur Frauenforschung aus liturgiewissenschaftlicher Sicht, St. Ottilien 1991, S. 181–194, hier S. 182; von Fürstenberg, „Ordinaria loci" (wie Anm. 1), S. 24, 32.

5 Vgl. Annette von Boetticher, Die Augustiner-Chorfrauen, in: Friedhelm Jürgensmeier/Regina Elisabeth Schwerdtfeger (Hg.): Orden und Klöster im Zeitalter von Reformation und katholischer Reform 1500–1700, Münster 2007, S. 65–82, hier S. 72; Ulrich Andermann, Die unsittlichen und disziplinlosen Kanonissen. Ein Topos und seine Hintergründe, aufgezeigt an Beispielen sächsischer Frauenstifte (11.–13. Jh.), in: Westfälische Zeitschrift 146 (1996), S. 39–63, hier S. 40.

keine Profess ablegen, weswegen sie nicht für immer an ihre Gemeinschaft gebunden waren.[6] Zeitlich gesehen entstanden solche stiftisch lebenden Frauengemeinschaften bereits seit dem 6. Jahrhundert, offiziell wurde diese Lebensform dann erst im 9. Jahrhundert durch die Aachener Regel. Dabei gab es im sächsischen und nordwestdeutschen Raum weitaus mehr Damenstifte als in Südwestdeutschland.[7]

Der Unterschied zwischen Nonnen und Kanonissen kann vor allem in den institutionellen Merkmalen gesehen werden, dazu gehörte beispielsweise die geistliche Betreuung der Kanonissen durch Weltgeistliche anstelle von Ordenszugehörigen oder auch die Visitationsbefugnis des Bischofs. Das stand neben den einzelnen Begünstigungen, wie dem Genuss von Fleisch oder dem Vorhandensein eigener Behausungen.[8] Irene Crusius hat auf Grundlage der Aachener Regel bereits für das frühe Mittelalter unterschiedliche Funktionen der Benediktinerinnen und Kanonissen herausgestellt: Während sich Nonnen „dem Gebet, der Askese und Selbstheiligung widmen" sollten, sollten „die Kanonissen auch öffentliche Funktionen – wie die Erziehung – ausüben, was weniger strenge Askese und Klausur sowie Nutznießung eigenen oder (in Form von Präbenden) zugewiesenen Besitzes sogar erforderlich machen konnte, andererseits aber auch eine persönliche Verpflichtung der Äbtissin und der Kanonissen zu strengerer Lebensführung nicht verbot."[9]

Um im Stift leben zu können, besaßen die Stiftsdamen eine Pfründe[10], bezogen also ihren Unterhalt vom Stift. Unter dem Terminus Pfründe „versteht man im kanonischen Recht das mit einem Kirchenamt verbundene Recht, aus einer bestimmten, in der Regel

6 Die Profess war das ewige Gelübde, ein religiöses Leben in der Gemeinschaft zu führen. Vgl. Eva Schlotheuber, Best Clothes and Everyday Attire of Late Medieval Nuns, in: Rainer C. Schwinges/Regula Schorta (Hg.): Fashion and Clothing in Late Medieval Europe, Basel 2010, S. 139–154, hier S. 147.

7 Vgl. Ehmer, Stift Oberstenfeld (wie Anm. 2), S. 10; von Boetticher, Augustiner-Chorfrauen (wie Anm. 5), S. 66; Lucia Koch, „Eingezogenes stilles Wesen"? Protestantische Damenstifte an der Wende zum 17. Jahrhundert, in: Anne Conrad (Hg.): „In Christo ist weder man noch weyb". Frauen in der Zeit der Reformation und der katholischen Reform, Münster 1999, S. 199–230, hier S. 200.

8 Vgl. Claudia Märtl, *pos verstockt weyber*? Der Streit um die Lebensform der Regensburger Damenstifte im ausgehenden 15. Jahrhundert, in: Lothar Kolmer/Peter Segl (Hg.): Regensburg, Bayern und Europa. Festschrift für Kurt Reindel zum 70. Geburtstag, Regensburg 1995, S. 365–405, hier S. 381. – Vgl. auch Klapp, Negotiating Autonomy (wie Anm. 2), S. 367, Klapp spricht von einem relativ freien Leben der Kanonissen, „compared to that of a nun" und verweist dabei auf den Privatbesitz der Stiftsdamen und ihre privaten Behausungen. – Vgl. auch Andermann, Die unsittlichen und disziplinlosen Kanonissen (wie Anm. 5), S. 40; Heidebrecht/Nolte, Leben im Kloster (wie Anm. 2), S. 80; Koch, Wesen (wie Anm. 7), S. 201.

9 Crusius, Kanonissenstift (wie Anm. 1), S. 35, Crusius plädiert daher dafür, die Kanonissenstifte eher nach ihrer Funktion und nicht nach ihren Verfassungsmerkmalen zu definieren. Gewiss wäre es nützlich, beide Merkmale, Funktion und Verfassung, gleichermaßen zu betrachten. Oft ist auf Grund der überlieferten Quellen das eine oder andere jedoch gar nicht möglich. – Vgl. auch Ute Küppers-Braun, Macht in Frauenhand – 1000 Jahre Herrschaft adeliger Frauen in Essen, Essen 2002, S. 53 f., bei der Erziehung der adligen Töchter im Stift Essen ging es vor allem darum „die ständischen Werte zu kultivieren", um sich so „gegenüber Emporkömmlingen abzugrenzen".

10 Auch Präbende oder Beneficium genannt. Das Wort leitet sich vom mittellateinischem *praebenda*, was Unterhalt bedeutet, ab. Vgl. Peter Landau, Art. Beneficium, Benefizium, III. Kanonisches Recht und Kirchenverfassung, in: Lexikon des Mittelalters 1, München u. a. 1980, Sp. 1905–1907. – Im Stift St. Stephan in Straßburg waren diese Pfründen zusammengesetzt aus Geld, Brot, Getreide und Wein, vgl. Klapp, Negotiating Autonomy (wie Anm. 2), S. 370 f.

kirchlichen Vermögensmasse oder bestimmten Gabe ein festes ständiges Einkommen zu beziehen."[11] Neben der regelmäßigen Versorgung durch die Pfründe bezogen die Stiftsdamen auch Einkünfte aus den Präsenzgeldern.[12] Diese wurden beim Chordienst ausgeteilt und sollten nur unter den anwesenden Kanonissen verteilt werden.

Gerade die Unterscheidung zwischen Pfründe und Präsenz ist für das Verständnis der Lebensbedingungen der Kanonissen von Bedeutung, denn gerade über die Auszahlung der Präsenz gab es in den unterschiedlichen Einrichtungen häufig Uneinigkeiten, weil nur anwesende Chorfrauen die Präsenz erhalten konnten, die in der Kirche ausgeteilt wurde.

Für die Frühzeit lässt sich allerdings festhalten, dass es kaum zu klären ist, ob die Gemeinschaften, welche wir heute als Kanonissenstifte bezeichnen, im Einzelfall als eben solche gegründet wurden.[13] Tatsache bleibt doch, dass die geistlichen Frauen ihre Selbstbezeichnung oft situativ veränderten und auch ihre Fremdbezeichnungen variieren in den Quellen. Heute wird eine derartige Unterscheidung weitestgehend vermieden. Es ist meist schlichtweg nicht möglich, die geistlichen Gemeinschaften strikt in klösterliche oder stiftische Institutionen aufzuteilen.[14]

Gemein haben aber alle Stiftsgemeinschaften, dass sie als normative rechtliche Grundlage Statuten aufweisen. Die meisten heute überlieferten Statuten stammen aus dem späten Mittelalter beziehungsweise aus der Frühen Neuzeit, da Regeln und Gewohnheiten wahrscheinlich im frühen und hohen Mittelalter mündlich überliefert wurden.[15] In den Statuten wurden Regeln oder auch Gewohnheiten niedergeschrieben und zusammengefasst, nach welchen das Stiftleben funktionieren sollte. Die Statuten sollten dabei für die Zukunft handlungsleitend sein und das meist unabhängig von früheren Normen. Das bedeutet also, dass Statuten im Unterschied zu den Ordensregeln oft ergänzt, erweitert oder sogar ganz neu ausgehandelt wurden.[16]

All diese Vergünstigungen und Besonderheiten der Kanonissen ändern allerdings nichts an der Tatsache, dass das Beten für die Stifterfamilien der zentrale Aspekt im Leben dieser geistlichen Frauen war.[17]

11 Landau, Art. Beneficium (wie Anm. 10), Sp. 1905 f.

12 Vgl. Hans-Jürgen Becker, Art. Präsenz, in: Lexikon des Mittelalters 7, München u. a. 1995, Sp. 153; Klapp, Negotiating Autonomy (wie Anm. 2), S. 371, Anm. 12; Agnes Schormann, Identitäten und Handlungsmöglichkeiten von Kanonissen im 15. und 16. Jahrhundert, Berlin 2020, S. 88.

13 Vgl. von Boetticher, Augustiner-Chorfrauen (wie Anm. 5), S. 71; Heidebrecht/Nolte, Leben im Kloster (wie Anm. 2), S. 79; Küppers-Braun, Macht (wie Anm. 9), S. 16; von Fürstenberg, „Ordinaria loci" (wie Anm. 1), S. 23.

14 Vgl. Thomas Groll, Statuten im Wandel. Das Beispiel St. Stephan in Augsburg, in: Dietmar Schiersner/Volker Trugenberger/Wolfgang Zimmermann (Hg.): Adelige Damenstifte Oberschwabens in der Frühen Neuzeit, Stuttgart 2011, S. 77–106, hier S. 79; Michel Parisse, Art. Kanonissen, in: Lexikon des Mittelalters 5, München u. a. 1991, Sp. 907 f.; Schormann, Identitäten (wie Anm. 12), S. 86.

15 Vgl. Sabine Klapp, Das Äbtissinnenamt in den unterelsässischen Frauenstiften vom 14. bis zum 16. Jahrhundert: Umkämpft, verhandelt, normiert, Berlin 2012, S. 143.

16 Vgl. ebd., S. 143. – Vgl. auch Agnes Schormann, Stiftsstatuten, in: Südwestdeutsche Archivalienkunde, https://www.leo-bw.de/themenmodul/sudwestdeutsche-archivalienkunde/archivaliengattungen/texte/rechtstexte/stiftsstatuten (aufgerufen am 19. 6. 2017); Dies., Identitäten (wie Anm. 12), S. 87 f.

17 Vgl. Koch, Wesen (wie Anm. 7), S. 201.

2. Stifte in der Region

Im deutschen Südwesten gab es nur wenige Stifte. Eines dieser Stifte war das St. Johannes dem Täufer geweihte Stift Oberstenfeld, welches erst im Zuge der Reformation zu einem weltlichen Chorfrauenstift umgewandelt wurde.[18] Vor der Reformation handelte es sich um ein Augustiner-Chorfrauenstift.[19] Das Stift Reistingen wurde bereits 1450 aufgelöst und die Besitzungen dem Augsburger Bischof übergeben, sodass Helmut Flachenecker bei der Aufzählung der Damenstifte in der Diözese Augsburg sogar von einem ‚unbedeutenden' Reistingen spricht.[20] St. Stephan in Augsburg war ein weltliches Stift in der Reichsstadt Augsburg, das um 960 vom heiligen Bischof Ulrich gegründet wurde und bis ins 19. Jahrhundert bestehen blieb.[21] Edelstetten wurde 1126 gegründet und blieb ebenfalls wie St. Stephan bis ins 19. Jahrhundert bestehen.[22] Am Bodensee lag das Kanonissenstift Lindau. Bei diesem Stift ist besonders zu erwähnen, dass die Stadt Lindau aufs engste mit dem Stift verbunden war und eigentlich erst durch dieses entstehen

18 Vgl. Hermann Ehmer, Das Stift Oberstenfeld von der Gründung bis zur Gegenwart, in: Kurt Andermann (Hg.): Geistliches Leben und standesgemäßes Auskommen. Adlige Damenstifte in Vergangenheit und Gegenwart, Tübingen 1998, S. 59–89, hier S. 68; Karl Pfaff, Geschichte des adelichen Fräuleinstiftes Oberstenfeld, in: Württembergische Jahrbücher für vaterländische Geschichte, Geographie, Statistik und Topographie 1840/2 (1842), S. 319–346, hier S. 326. – Dieser Konfessionswechsel ist keine Ausnahmeerscheinung, besonders in Norddeutschland schlossen sich Frauenkonvente dem neuen Glauben an, behielten aber ihre Lebensform bei, vgl. Gisela Muschiol, „Ein jammervolles Schauspiel…"? Frauenklöster im Zeitalter der Reformation, in: Sigrid Schmitt [Hirbodian] (Hg.): Frauen und Kirche, Stuttgart 2002, S. 95–114, hier S. 102. Im Heiligen Römischen Reich wurden etwa 75 der Damenstifte evangelisch, vgl. Eike Wolgast, Die Einführung der Reformation und das Schicksal der Klöster im Reich und Europa, Heidelberg 2014, S. 267; Renate Oldermann, Stift Fischbeck. Eine geistliche Frauengemeinschaft in mehr als tausendjähriger Kontinuität, Bielefeld 2010. – Eine Liste der evangelischen Stifte und in diese umgewandelten Klöster findet sich in von Boetticher, Augustiner-Chorfrauen (wie Anm. 5), S. 219–222. – Zu Oberstenfelds Konfessionswechsel vgl. Ehmer, Oberstenfeld Gründung bis zur Gegenwart (wie Anm. 17), S. 69; Ders., Stift Oberstenfeld (wie Anm. 2), S. 81.

19 Vgl. Ehmer, Gründung bis zur Gegenwart (wie Anm. 17), S. 64.

20 Vgl. Helmut Flachenecker, Damenstifte in der Germania Sacra, in: Dietmar Schiersner/Volker Trugenberger/Wolfgang Zimmermann (Hg.): Adelige Damenstifte Oberschwabens in der Frühen Neuzeit. Selbstverständnis, Spielräume, Alltag, Stuttgart 2011, S. 17–43, hier S. 38; Christine Riedl-Valder, Ziertheim-Reistingen, Kanonissenstift – ein vergessenes Frauenkloster, in: Haus der Bayerischen Geschichte. Klöster in Bayern, https://www.hdbg.eu/kloster/web/index.php/detail/geschichte?id=KS0347 (aufgerufen am 20. 8. 2018).

21 Vgl. Vita Udalrici I 19 (Geschichte einer ungehorsamen Nonne). Gerhard von Augsburg, Vita Sancti Uodalrici. Die älteste Lebensbeschreibung des heiligen Ulrich, lateinisch-deutsch. Mit der Kanonisationsurkunde von 993. Einleitung, kritische Edition und Übersetzung besorgt von Walter Beschin/Angelika Häse (Editiones Heidelbergenses 24), Heidelberg 1993, S. 236–239.

22 Sehr wertvolle Forschungsliteratur zu Edelstetten findet sich bei Peter Fleischmann, Die archivalische Überlieferung der Damenstifte Lindau, St. Stephan in Augsburg und Edelstetten, in: Dietmar Schiersner/Volker Trugenberger/Wolfgang Zimmermann (Hg.): Adelige Damenstifte Oberschwabens in der Frühen Neuzeit, Stuttgart 2011, S. 289–304. Weiterhin wurde sich mit der Lebensform der dortigen Damen von Bernhard Brenner, Zwischen geistlichem Leben und ständischem Prestige. Augustinusregel und Lebenswirklichkeit in den schwäbischen Damenstiften Augsburg, Edelstetten und Lindau, in: Dietmar Schiersner/Volker Trugenberger/Wolfgang Zimmermann (Hg.): Adelige Damenstifte Oberschwabens in der Frühen Neuzeit, Stuttgart 2011, S. 45–76, beschäftigt.

konnte. Das Stift Lindau wurde im 9. Jahrhundert gegründet und wie fast alle erwähnten Stifte während der Säkularisation aufgehoben.[23]

Ganz zentral in Oberschwaben gelegen findet sich das Stift Buchau am Federsee, welches im Mittelpunkt der vorliegenden Betrachtung steht.

3. Einführung zum Stift Buchau am Federsee

Etwa um 770 gründeten Graf Warin und seine Ehefrau Adelinde am Federsee eine geistliche Frauengemeinschaft.[24] Welche Gestalt diese geistliche Gemeinschaft hatte, ob Kloster oder Stift, kann wie in so vielen Fällen nicht eindeutig beantwortet werden.[25] Erst im 13. Jahrhundert erscheint diese geistliche Gemeinschaft namens Buchau als Chorfrauenstift mit Augustinusregel.[26] Allerdings soll Buchau kein Augustiner-Chorfrauenstift gewesen sein. Die geistlichen Frauen lebten zwar nach der Augustinusregel, waren rechtlich aber selbstständig und zudem keinem Orden zugehörig.[27] Die letzte Erwähnung der Augustinusregel stammt aus dem Jahr 1448.[28] Diese Stiftsdamen lebten in Buchau so, wie es für Säkularkanonikerinnen üblich war: Sie besaßen eine Pfründe am Stift, legten kein Gelübde ab und waren zum Chordienst verpflichtet, zudem konnten sie ihr Stift zeitweilig oder aber auch endgültig verlassen.[29]

Aus einer Urkunde von Papst Martin V. an Äbtissin und Kapitel des Stifts Buchau vom 20. Dezember 1417 geht hervor, dass das Stift für eine Äbtissin und zwölf Chorfrauen gestiftet worden war.[30] Diese Pfründen waren aber nicht immer vollständig besetzt. Vom 14. bis zum beginnenden 16. Jahrhundert lebten höchstens sechs Chorfrauen im Stift.[31] Diese Frauen lebten aber nicht alleine, denn die klerikalen Funktionen wie Gottesdienst und Seelsorge wurden von Chorherren bzw. Kanonikern wahrgenommen. Auch diese Chorherren hatten eine Pfründe am Stift und waren dadurch zur Teilnahme am Chorgebet verpflichtet. Im 15. und 16. Jahrhundert gab es etwa drei bis vier Kanonikerpfründen.[32] Die Kanonissen und Kanoniker bildeten zusammen das Stiftskapitel – eine Ver-

23 Vgl. Fleischmann, Die archivalische Überlieferung (wie Anm. 22), S. 295. – Bernhard Theil, Das Damenstift als adlige Lebensform der Frühen Neuzeit: Beobachtungen am Beispiel des Stifts Buchau am Federsee, in: Mark Hengerer/Elmar L. Kuhn (Hg.): Adel im Wandel. Oberschwaben von der frühen Neuzeit bis zur Gegenwart, Ostfildern 2006, S. 529–544, hier S. 531, beteuert, dass zu wenig über Lindaus „verfassungs- und sozialgeschichtliche Stellung" bekannt sei. Vgl. zu Lindau unter anderem Karl Primbs, Lose Beiträge zur Geschichte von Stadt und Stift Lindau i. B. 1. Der Mötteli-Handel, in: Schriften des Vereins für Geschichte des Bodensees 13 (1884), S. 155–164.

24 Vgl. Rudolf Seigel, Einleitung, in: Die Urkunden des Stifts Buchau: Regesten 819–1500, bearb. von Ders./Eugen Stemmler/Bernhard Theil, Stuttgart 2009, S. 9–86, hier S. 9.

25 Vgl. ebd.

26 Vgl. ebd., S. 10.

27 Vgl. ebd.

28 Vgl. Landesarchiv Baden-Württemberg, Staatsarchiv Sigmaringen (im Folgenden StAS) Dep. 30/14 T 1 Nr. 279.

29 Vgl. zu „Mobilität und Reisen" der Stiftsdamen, Küppers-Braun, Macht (wie Anm. 9), S. 170, 173 f.

30 Vgl. Landesarchiv Baden-Württemberg, Hauptstaatsarchiv Stuttgart B 373 U 24.

31 Vgl. Seigel, Einleitung (wie Anm. 24), S. 10 f.

32 Vgl. ebd., S. 11.

sammlung, bei der sie jeweils einen Sitz und eine Stimme hatten.[33] Das Kapitel wählte in Buchau die Äbtissin; ihr Amt zu bestätigen und sie zu weihen stand allerdings nur dem Bischof von Konstanz zu.[34]

Zwar stand die Äbtissin dem Stift vor, doch Entscheidungen wurden immer im Kapitel gefällt und nicht allein von der Äbtissin. Natürlich war die Äbtissin ein Teil des Kapitels, im Stift Oberstenfeld etwa hatte die Äbtissin zwei Stimmen gegenüber den Chorfrauen, die jeweils nur eine Stimme hatten.[35] Die Rechte und Kompetenzen der Äbtissinnen wurden in den Wahlkapitulationen der Äbtissin festgelegt.[36] So etwa auch in der Aufschwörung der Äbtissin Klara von Montfort von 1427.[37]

Nach ihrer Wahl verpflichtete sich die neue Äbtissin Buchaus zu insgesamt 16 Artikeln. In Artikel 6 ist bestimmt, dass die Äbtissin nur mit Zustimmung des Kapitels verreisen darf, was durchaus ungewöhnlich ist – in anderen Stiften findet sich eher die Aussage, dass die Äbtissin bestimmt, wer wann ausreisen darf.[38] Auch Artikel 4 und 9 beweisen besonders, wie wichtig die Stellung des Kapitels in Buchau war.[39] Denn die Aufschwörung zeigt, dass auch die Äbtissin nur ein Teil der Gemeinschaft war, die in der Kapitelversammlung mitbestimmen konnte.

Buchaus Äbtissin war aber auch Reichsfürstin. Diese Stellung der Äbtissinnen ist ab der Mitte des 15. Jahrhunderts sicher nachzuweisen.[40]

4. Analyse der klösterlichen Quellen

Ämter im Stift

1303 wurde urkundlich festgelegt, wer die Ämter im Stift Buchau besetzten durfte. Gemeinsam mit der Kapitelversammlung Buchaus ordnete die Äbtissin Anna von Weinberg an, dass es allein der Äbtissin zusteht, alle Ämter im Stift zu verleihen.[41] Daneben gehörte der Äbtissin auch der Ehrschatz von den Ämtern, was bedeutet, dass sie die Abgabe vom Lehengut bei einem eintretenden Wechsel des Belehnten erhielt. Zu diesen von ihr zu verleihenden Ämtern gehörten allerdings nicht das Pfisteramt – also der Bäcker, das Mesneramt und die Setzung des Pfründammanns, denn diese durften nur mit

33 Vgl. Klapp, Äbtissinnenamt (wie Anm. 15), S. 261.
34 Vgl. Seigel, Einleitung (wie Anm. 24), S. 11.
35 Vgl. Landesarchiv Baden-Württemberg, Staatsarchiv Ludwigsburg (im Folgenden StAL) B 480 S U 48.
36 Vgl. Seigel, Einleitung (wie Anm. 24), S. 11.
37 Vgl. StAS Dep. 30/14 T 1 Nr. 154.
38 Vgl. etwa die Statuten von 1350 aus St. Stephan in Augsburg, Staatsarchiv Augsburg (im Folgenden StAA) I. C. Augsburg – Damenstift St. Stephan U 51.
39 StAS Dep. 30/14 T 1 Nr. 154. Im vierten Artikel wird bestimmt, dass die Äbtissin ohne Rat des Kapitels kein Gut verleihen darf, ebenso wenig darf sie laut Artikel 9 eine Pfründe, die eine Stimme im Kapitel hat, ohne dessen Zustimmung verleihen.
40 Vgl. Seigel, Einleitung (wie Anm. 24), S. 12.
41 Vgl. StAS Dep. 30/14 T 1 Nr. 6.

dem Rat des Kapitels neu besetzt werden. Das gleiche galt für die Einrichtung eines neuen Amts.

Dass die Äbtissin dafür zuständig war, die Ämter im Stift zu besetzen, ist kein Ausnahmefall in Buchau, denn Vergleichbares können wir auch in vielen weiteren Stiften beobachten. Im Stift Oberstenfeld war die Äbtissin unter anderem dafür zuständig, zwei Priesterstellen zu besetzen.[42] Darüber hinaus sollte die Äbtissin in Oberstenfeld unter Hinzuziehung des Rats der ältesten und verständigsten Chorfrauen eine Priorin als ihre Stellvertreterin wählen.[43]

1334 kam dann eine weitere wichtige Urkunde die Ämter in Buchau betreffend hinzu.[44] Die Äbtissin und das Kapitel bestimmten, dass nur jene Frauen und Männer in ihr Kapitel aufgenommen werden sollten, die unter Eid gelobten, folgende Artikel zu halten: Erstens soll die Pfründe des Pfisters, die dem Gotteshaus mehr schadete als nützte, abgeschafft und niemandem mehr verliehen werden. Der Pfister soll daher auch immer nur für ein Jahr eine Anstellung erhalten. Zweitens darf nur ein Priester als Küster bestellt werden. Dieser hat in Buchau Residenzpflicht. Sollte der Küster ohne Erlaubnis des Kapitels einen Monat von Buchau abwesend sein, wird die Küsterei ledig und kann an einen anderen Priester verliehen werden. Im dritten Punkt geht es um verschiedene Kapellen-Pfründen und wie sie zu besetzen sind.

Diese Ordnung, der sich jeder, der in Buchau eintreten wollte, unter Eid verpflichten musste, wurde aufgestellt, da das Stift einen Mangel an Priestern aufwies, bzw. weil diese Priester wegen der geringen Einkünfte der Pfründen nicht beim Gotteshaus bleiben wollten.[45] Offensichtlich reichte aber diese drei Punkte umfassende Ordnung nicht aus, um die Residenzpflicht der Priester sowie die ordentliche Ausführung der Ämter zu gewährleisten. Denn bereits 1380 beurkundeten Äbtissin Anna von Rüssegg und das Kapitel aufgrund der Nachlässigkeit, mit der die Küster ihren Dienst versahen, und damit in Zukunft hierdurch kein Schaden mehr für das Stift entstehen sollte, einen Kapitelbeschluss, der aus acht Punkten bestand.[46] Als interessant sei vorweg noch erwähnt, dass hier nur von Ausstellerinnen die Rede ist, die Kanoniker waren an diesem Beschluss offenbar nicht beteiligt. Kurz zusammengefasst geht es bei diesen Punkten darum, dass das Küsteramt bisher von einem Laien besetzt war und die Äbtissin und die anderen Stiftsdamen deswegen die Einkünfte für dieses Amt vermehrten, damit ein geeigneter Priester dieses Amt ausführen kann. Das Amt wird durch Äbtissin und Kapitel an einen Priester verliehen, der auf diese Artikel vereidigt wird. Durch die Vermehrung der Einkünfte hat der Priester nun genug Unterhalt und kann auch im Offizium dienen. Zu seinen Aufgaben gehört es aber auch, dass er vor den Sanktuarien im Stift schlafen und die Kelche, Bücher und die anderen Gerätschaften bewachen soll – es ist ihm aber erlaubt, hierfür einen Diener zu beauftragen, allerdings nur dann, wenn die Ausstellerinnen dieser Urkunde dem Diener vertrauen. Zudem soll der Küster immer als erster im

42 Vgl. StAL B 480 S Bü 8: Statutenübersetzung, U 51, Kapitel 14.
43 Vgl. StAL B 480 S Bü 8: Statutenübersetzung, Kapitel 11.
44 Vgl. StAS Dep. 30/14 T 1 Nr. 20.
45 Vgl. ebd.
46 Vgl. StAS Dep. 30/14 T 1 Nr. 59.

Chor sein und als letzter den Chor verlassen. Er soll bei Gottesdiensten am Hauptaltar im Chorrock durch Singen, Lesen und Kelchbereitung dienen, verliert aber sein Amt, wenn er mehr als einen Monat ohne Erlaubnis der Ausstellerinnen abwesend ist. Er unterliegt also der Residenzpflicht.

Den Ausstellerinnen war besonders wichtig, dass dieses Amt des Küsters ordentlich ausgeführt wurde. Es spricht dafür, dass den Stiftsdamen ihr religiöser Tagesablauf wichtig war und auch dass dieser ordentlich ausgeführt wurde. Interessant ist daneben, dass es eine separate Bestimmung dafür gab, dass der Küster oder sein Diener vor den liturgischen Geräten schlafen sollte, um diese auch bei Nacht zu bewachen.[47] Im 14. Jahrhundert wurden über diese 80 Jahre hinweg immer wieder neue Bestimmungen für die Ausführung gerade der von Priestern zu besetzenden Ämtern getroffen, bis schließlich mit dieser Ordnung von 1380 ein Eid für die Priester geschaffen wurde, der, so scheint es, die Schwierigkeiten löste.

Testamente

Durch Testamente können ganz unterschiedliche Aussagen über das Leben im Stift getroffen werden. Anhand der Testamente erfährt man, ob und wem eine Stiftsdame oder ein Chorherr überhaupt etwas vererben konnte. Es zeigt sich, was die jeweilige Person besaß und wer oder was ihr wichtig genug war, um als Erbe in ihrem Nachlass begünstigt zu werden.

Als Beispiel für ein solches Testament soll das der Buchauer Chorfrau Elsa von Rüssegg dienen. Es stammt aus dem Jahr 1408.[48] Sie schreibt darin, dass ihr die Frau Anna von Gundelfingen, die Äbtissin des Stifts Buchau, erlaubt habe, ihrer Verwandten (Muhme) Agnes von Tengen, ebenfalls Chorfrau des Stifts und spätere Äbtissin, all ihre fahrende Habe an Gefieder, Hausrat, Korn, Wein, Silbergeschirr, Kleinoden und Pfenningen zu vermachen. Elsa von Rüssegg knüpft allerdings auch Bedingungen an dieses Erbe, denn nach ihrem Tod soll Agnes von Tengen die Habe dazu benutzen, für 100 Pfund Heller eine Jahrzeit für sie und ihre Schwester Anna von Rüssegg in Buchau zu geben. Sollte die Verwalterin des Erbes, Agnes von Tengen, allerdings das Stift verlassen oder sterben, so soll das, was von dem Erbe der Elsa von Rüssegg noch übrig ist, im Gotteshaus verbleiben. Über die Güter sollen die Chorfrauen Buchaus dann nach ihrem Gewissen frei verfügen können.

Anhand dieses Beispiels des Testaments der Elsa von Rüssegg bestätigt sich zum einen, dass die Stiftsdamen Privatbesitz hatten – und das nicht zu knapp –, zum anderen aber auch, dass die Kanonissen frei über ihren Besitz verfügen konnten, auch wenn in diesem Fall das Ganze von der Äbtissin Buchaus bestätigt wurde. Zudem zeigt sich, dass das Stift Buchau dieser Kanonisse selbst sehr wichtig war. Sie wollte ihr Totengedenken und das ihrer Verwandten im Stift gesichert sehen. Außerdem steht am Ende der Reihe der Erben das Stift Buchau selbst.

47 Vgl. ebd.
48 Vgl. StAS Dep. 30/14 T 1 Nr. 110.

Es soll ein kurzer Exkurs zu den Besitzungen der Kanonissen erfolgen. Claudia Märtl konnte für das Regensburger Stift Obermünster mehrere Nachlassinventare nachweisen.[49] In diesen Nachlassinventaren wurde der Besitz aus den eigenen Behausungen der jeweiligen Kanonisse angegeben. Es finden sich in diesen unter anderem Bargeld, Kleidung, Geschirr, Bettwäsche und weitere Kleinigkeiten, so wie dies auch in Buchau anhand des Testaments gezeigt werden konnte.[50]

Aus dem reichen Nachlass der Regensburger Stiftsdame Barbara von Paulsdorf von 1523 geht hervor, dass sie unter anderem silbernes Essgeschirr besaß. Ihre Garderobe umfasste viele schwarze, weiße und davon auch einige „golddurchwirkte und pelzgefütterte Kleidungsstücke aus Leinen, Wolle, Baumwolle, Seide, Damast und anderen guten Stoffarten", unterschiedliche Kopfbedeckungen, mehrere Ringe und eine Halskette.[51] Sie ging wohl auch der Handarbeit nach, da eine Schere, buntes Seidengarn und ein Fingerhut zu ihrem Nachlass zählten. Außerdem besaß sie auch mehrere Andachtsbilder, die sie in einer kleinen Truhe aufbewahrte und wahrscheinlich je nach liturgischer Jahreszeit in ihrer eigenen Behausung aufstellte.[52] Bei Barbara von Paulsdorf wird ihr adliges Selbstverständnis besonders durch die vielen kostbaren Kleidungsstücke unterstrichen, andererseits aber auch ihr religiös geprägtes Selbstverständnis betont, da sie unterschiedliche Andachtsbilder verwahrte, welche sie bei gegebenem Anlass in ihrer Behausung aufstellen konnte.

Dementgegen verdeutlicht das Nachlassinventar der Regensburger Kanonisse Katharina von Ursenpeck von 1498 ein ganz anderes Bild. Sie besaß nur wenige Kleidungsstücke und ihr Nachlass reichte nicht aus, um die Ausgaben für ihr Begräbnis zu begleichen.[53]

Anhand der Inventare zeigen sich auch, so Märtl, „eindrücklich die individuellen Lebensstile, die im Rahmen des Stifts möglich waren".[54]

Aber nicht nur Chorfrauen hatten Privatbesitz und schrieben Testamente. Aus Buchau ist vom Chorherren Albrecht von Grubingen ein besonders umfangreiches Testament von 1425 überliefert.[55] Er ordnet darin an, dass Äbtissin und Kapitel Buchaus sein gesamtes Vermögen verwalten sollen. Er gibt dabei sehr detaillierte Ausführungen, wer welchen Teil seines Erbes bekommen und wie sein Begräbnis im Stift ablaufen soll: Während seine Verwandten einen Teil des Erbes erhalten sollen, vermacht er der Äbtissin Buchaus unter anderem seine beste Decke und seinen Schreibtisch. Auch jedes Mit-

49 Vgl. Märtl, Streit (wie Anm. 8), S. 382, die drei ältesten stammen von den Kanonissen Katharina von Ursenpeck 1498, Barbara Zenger 1519 und Barbara Paulsdorfer 1523.

50 Vgl. StAS Dep. 30/14 T 1 Nr. 110.

51 Zitiert aus Märtl, Streit (wie Anm. 8), S. 384. – Gabriela Signori, Leere Seiten: Zur Memorialkultur eines nicht regulierten Augustiner-Chorfrauenstifts im ausgehenden 15. Jahrhundert, in: Dies. (Hg.): Lesen, Schreiben, Sticken und Erinnern. Beiträge zur Kultur- und Sozialgeschichte mittelalterlicher Frauenklöster, Bielefeld 2000, S. 149–184, hier S. 171, spricht bei den Klingentaler Chorfrauen anhand der überlieferten Testamente von einem „Klosterhaushalt", der sich im Prinzip nicht von einem „zeitgenössischen Oberschichthaushalt" unterschied.

52 Vgl. Märtl, Streit (wie Anm. 8), S. 384.

53 Vgl. ebd., S. 383.

54 Ebd., S. 384.

55 Vgl. StAS Dep. 30/14 T1 Nr. 146.

glied des Kapitels soll eine Entschädigung dafür erhalten, dass sie für ihn beten und sein Grab besuchen.

Es zeigt sich also, dass nicht nur die Chorfrauen Buchaus mit dem Stift verbunden waren, sondern auch die Chorherren, für die Albrecht von Grubingen exemplarisch steht, waren an das Stift gebunden und wollten ihre Memoria im Stift gesichert wissen.

Jahrzeiten

Die Jahrzeiten wurden schon bei der Untersuchung der Testamente angesprochen. Ein Beispiel dafür bietet eine Urkunde der uns schon bekannten Agnes von Tengen, die ab 1410 Äbtissin des Stifts Buchau war.[56] Agnes von Tengen hatte bereits, bevor sie Äbtissin wurde, eine Weingült gekauft. Diese legte sie 1411 an, um für das Weingeld zwei Jahrzeiten nach ihrem Tod zu bezahlen. Das Weingeld sollte also nach dem Tod der Äbtissin Agnes von Tengen an des Gotteshauses Jahrzeiten fallen, davon sollte zweimal im Jahr eine Jahrzeit für sie begangen werden, wobei die Äbtissin und die jeweils anwesenden Chorfrauen und Chorherren und die an diesem Tag zelebrierenden Priester in den Genuss der Weingült kommen sollten. Es handelt sich bei dieser Auszahlung also um eine Präsenz, d.h. bezahlt wurden nur jene Geistlichen, die auch anwesend waren, um den Jahrtag zu begehen. Es ist durchaus nicht ungewöhnlich, dass Chorfrauen Jahrzeiten in ihrem eigenen Stift stifteten. Im Oberstenfelder Seelbuch, in welchem die zu begehenden Jahrzeiten verzeichnet sind, finden sich von den insgesamt 45 Einträgen fünf Einträge von Äbtissinnen und 18 weitere von Chorfrauen,[57] die Hälfte also von den geistlichen Frauen selbst. Exemplarisch für dieses Seelbuch soll hier der Jahrtag der Äbtissin Adelheid Gräfin von Zollern um 1500 zitiert werden: *Nota: Gedenckt durch Gotz wyllen der erwÿrdigen und geystlichen fra en, frau Adelheyt greffin von Hohenzorn, Eptissin dis gotzhus gewesen. Die hat umb ir sell heyls wÿllen gesetzt eÿn gulden geltz an eyn ewigen jar tag uff her Heÿnrich Boxsperger pferrer z Heÿnriet, sol iglichem priester werden 15 denarius, dem messner 1 schilling, Sant Johansen 2 schilling, das uberig den frauen uff den kor. Sol der jar tag begangen werden in der wochen vor purificationis Marie.*[58]

Spannend ist bei diesem Zitat die Aussage *den frauen uff den kor*. Offensichtlich waren die Oberstenfelder Stiftsdamen in einem separaten Bereich der Kirche untergebracht. Wir dürfen hier von einer Art Nonnenempore ausgehen. Eine ähnliche Abtrennung findet sich auch in Buchau ab 1498. In diesem Jahr wurde vom Papst bestätigt, dass die Kanoniker von den Kanonissen in der Kirche getrennt sein sollten.[59] Die Chorfrauen bekamen einen eigenen abgetrennten Bereich, vielleicht eine Art Vorkirche.

56 Vgl. StAS Dep. 30/14 T 1 Nr. 117.

57 Vgl. Gebhard Mehring, Stift Oberstenfeld, in: Württembergische Vierteljahreshefte für Landesgeschichte NF 6 (1897), S. 241–308, hier S. 291–296; StAL B 480 S Bü 1 – dabei wird allerdings die Äbtissin Irmel Münchin von Rosenberg als Chorfrau bezeichnet, ebd., fol. 17r; hinzu kommen noch zwei Chorfrauen, die sich gemeinsam einen Jahrtag stiften, es sind Margret und Anna von Liebenstein, ebd., fol. 27v; sowie Engeltrut und Margreth von Talheim, ebd. fol. 19r.

58 StAL B 480 S Bü 1, fol. 14v.

59 Vgl. StAS Dep. 30/14 T 2 Nr. 1747 Bl. 132v-133v.

Statuten

Die Statuten Buchaus aus der ersten Hälfte des 16. Jahrhunderts führen in acht Punkten, wobei der siebte in dieser Fassung fehlt, allgemeine Regelungen über die Pflichten der Äbtissin und der Damen sowie der übrigen Mitglieder des Kapitels auf.[60] Das Zitat im Titel dieses Aufsatzes, *Gott zu lob und den seelen die ir almusen her geben habenndt zu trost und hilff*, stammt aus der ersten Bestimmung dieser Statuten.[61] Die Pfründen sollen also des Singens und Lesens willen verliehen werden und vor allem auch um das Seelenheil der Stifter zu gewährleisten. Solch eine Bestimmung, dass die Pfründen des Singens und Lesens wegen vergeben werden, findet sich auch in weiteren Statuten von Frauenstiften wie etwa von Oberstenfeld aus dem 13. Jahrhundert und aus St. Stephan in Augsburg aus dem 15. und 16. Jahrhundert.[62] Diese Bestimmung verdeutlicht neben den weiteren die Wichtigkeit des Gottesdienstes und der Memoria in einem Stift. Gleichermaßen deutet auch der zweite Punkt dieser Statuten aus Buchau darauf hin. Die Stiftsdamen dürfen nicht zu lange vom Stift abwesend sein, sie haben also Residenzpflicht.[63]

Als Vergleich: Im freiweltlichen Damenstift St. Stephan in Augsburg finden sich über zwei Jahrhunderte hinweg Bestimmungen in Statuten über die Residenzpflicht und die damit verbundenen Strafen bei Nichteinhaltung der Anwesenheitspflicht.[64] Dies scheint für Stiftsdamen allgemein ein wichtiger Punkt zu sein. So steht in den Augsburger Statuten von 1350, dass *sinnlich closter frawen vil und oft hin fůren zů iren frůnden*, sodass *die andern gagenwertig beliben ser beswart*. Wenn die fortgewesenen Chorfrauen von ihren Freunden zurückkamen *so vorderten si ir phrůnd und namen und emphangen die als gern gar und genzlich*.[65] Der Konvent St. Stephans beschloss deswegen in der Kapitelversammlung in diesen Statuten, dass jede Stiftsdame, welche sich innerhalb eines Jahres länger als sechs Wochen außerhalb des Stifts aufhielt und somit den Gottesdienst verpasste, *für ieglich wochen die sin ůber die sehs wochen* [...] *fůnf schilling haller* an ihrer Pfründe an die Kellermeisterin[66] des Stifts abgeben musste.[67] Das Geld soll dann den Chorfrauen oder dem Stift zu Nutzen sein, so wie es dann die Kapitelversammlung entscheiden sollte. Die Äbtissin darf über die ausgebliebene Chorfrau aber *nach ir gewissen und beschaidenhait* Gnade walten lassen.[68] Zudem ist die Äbtissin nicht an diese Rege-

60 Vgl. StAS Dep. 30/14 T 1 Nr. 651. Die Statuten sind leider nicht genau datierbar.
61 Vgl. auch Bernhard Theil, Das Bistum Konstanz 4: Das (freiweltliche) Damenstift Buchau am Federsee, Berlin u. a. 1994, S. 89.
62 Vgl. StAL B 480 S U 51; StAA I. C. Augsburg – Damenstift St. Stephan MüB 1, 58; StAA I. C. Augsburg – Damenstift St. Stephan U 728.
63 Vgl. StAS Dep. 30/14 T 1 Nr. 651.
64 Vgl. StAA I. C. Augsburg – Damenstift St. Stephan U 51, U 353.
65 StAA I. C. Augsburg – Damenstift St. Stephan U 51.
66 Vgl. Melanie Hömberg, Wirtschafts(Buch)führung im Kontext. Der Umgang mit Schriftlichkeit in reformierten Frauenklöstern in Süddeutschland, München 2013, S. 157; Küppers-Braun, Macht (wie Anm. 9), S. 48, dieses Amt wird auch Kellnerin (*celleraria*) genannt.
67 StAA I. C. Augsburg – Damenstift St. Stephan U 51.
68 Ebd.

lung gebunden, ebenso wenig wie Chorfrauen, die gemeinsam mit ihr fort gehen.[69] Die Statuten St. Stephans von 1531 beinhalten auch eine Regel zum Fortbleiben vom Gottesdienst. Falls eine Chor- oder Kapitelfrau dem Stift über ein ganzes Jahr fernbleibt, so hat sie ihre Pfründe verloren.[70] Die Äbtissin soll ihr aber ein- oder zweimal schreiben und sie an diese Statuten erinnern.

In den Statuten aus Buchau wird die Treue zum Stift selbst nicht nur durch die Residenzpflicht deutlich. Es wird Verschwiegenheit über die Kapitelentscheidungen gefordert, die Gerichtsbarkeit soll im Stift von Äbtissin und Kapitel geführt werden und jede aufzunehmende Person muss einhalten, was auch in Zukunft von Äbtissin und Kapitel bestimmt wird.[71] Auch diese Statuten müssen, wie schon zuvor gezeigt, bei der Annahme des Küsters- und Pfisteramtes unter Eid beschworen werden.[72]

Es gibt noch eine zweite Fassung dieser Statuten, die in das 18. Jahrhundert datiert. Sie enthält noch weitere Bestimmungen über die Voraussetzungen der Aufnahme.[73] In dieser Fassung wird verlangt, dass die Aufnahme nur nach beglaubigter Ahnenprobe über acht gräfliche Vorfahren väterlicher- und mütterlicherseits erfolgen kann. Hinzu kommen noch weitere Ordnungen über die Bemäntelung, also die vollständige Aufnahme ins Stift, und dass die Chorfrauen kein Votum oder Gelübde ablegen müssen[74] – ein durchaus gewandeltes Selbstverständnis der Chorfrauen sowie auch des Stifts.

5. Zusammenfassung

Anhand der verschiedenen Quellenbeispiele aus Buchau konnte gezeigt werden, wie wichtig den Stiftsdamen ihre Frömmigkeit und die Einhaltung der liturgischen Abläufe im Stift waren. Auch die Verbundenheit sowohl der Kanoniker als auch der Kanonissen wurde durch die exemplarischen testamentarischen Verfügungen verdeutlicht. In der Zeit des 15. und beginnenden 16. Jahrhunderts kann durchaus von einem religiösen, frommen Leben in Buchau gesprochen werden. Buchau steht als Beispiel für viele weitere geistliche Institutionen, die das fromme Leben als Kanonissen in Oberschwaben pflegten.

69 Ebd.: *Das selb reht sol auch han an ieglichin closter frawe, die von der Aebtissin und den conent gemainlich oder dem meren tail, in des closters geschäft wurd vergesamt und geschicket war.*
70 Vgl. StAA I. C. Augsburg – Damenstift St. Stephan U 353.
71 Vgl. StAS Dep. 30/14 T 1 Nr. 651.
72 Vgl. StAS Dep. 30/14 T 1 Nr. 20.
73 Vgl. Theil, Damenstift Buchau (wie Anm. 61), S. 89.
74 Ebd.: „Schließlich wird noch ein Artikel angefügt, in dem festgehalten wird, dass das ‚allhiesige fürstliche Stifft zu keinem Voto oder Gelibt verpflichtet'."

Von der minnenden Seele zur barocken Hochleistung

Wege der Frömmigkeit im Augustiner-Chorfrauenstift Inzigkofen vom 15. bis ins 17. Jahrhundert

VON EDWIN ERNST WEBER

Das Augustinerchorfrauenstift Inzigkofen gilt als eine der geistlich und kulturell regsten religiösen Frauengemeinschaften in Oberschwaben durch die Jahrhunderte. Mit seiner *gemaine*[n] *teutsche*[n] *libereÿ*[1] und einer um 1310/20 datierten bedeutenden Christus-Johannes-Gruppe[2] erscheint Inzigkofen im Spätmittelalter als ein Zentrum der schwäbischen Frauenmystik, und im 17. und 18. Jahrhundert macht der Augustinerinnenkonvent durch eine strenge Klausur, eine ausgeprägte Leistungsfrömmigkeit sowie ein hochstehendes barockes Musikleben und Kunstschaffen auf sich aufmerksam.[3] Der Wandel in den Erscheinungsformen klösterlicher Frömmigkeit vom 15. bis ins 17. Jahrhundert und deren kirchlich-religiöse sowie soziale Hintergründe sollen am Beispiel des Chorfrauenstiftes Inzigkofen im Mittelpunkt der folgenden Untersuchung stehen.

Zur Terminologie: Die Inzigkofer Augustinerinnen sind regulierte Chorfrauen und keine Nonnen. Im Unterschied zu den männlichen Chorherren, die sich in Regel, Lebensführung und primär seelsorgerlichem Auftrag markant von Mönchen unterscheiden, entspricht das Gemeinschaftsleben der Chorfrauen mit Klausur, Chordienst, Kontemplation und Verzicht auf Privateigentum sowie Profess dem monastischer Frauengemein-

1 Werner FECHTER, Deutsche Handschriften des 15. und 16. Jahrhunderts aus der Bibliothek des ehemaligen Augustinerchorfrauenstifts Inzigkofen (Arbeiten zur Landeskunde Hohenzollerns 15), Sigmaringen 1997, S. 43 (Zitat).

2 Vgl. Justin LANG, Herzensanliegen. Die Mystik mittelalterlicher Christus-Johannes-Gruppen, Ostfildern 1994, S. 34–37.

3 Grundlegend zur Geschichte des Klosters Inzigkofen: Andreas WILTS, Beginen im Bodenseeraum, Sigmaringen 1994, S. 347–351; Friedrich EISELE, Zur Geschichte der kath. Pfarrei Sigmaringen, in: Mitteilungen des Vereins für Geschichte und Altertumskunde in Hohenzollern 58 (1924), S. 1–17; 59 (1925), S. 1–194; Otto H. BECKER (Bearb.), Kloster Inzigkofen. Geschichte und Kultur eines Augustinerchorfrauenstifts (1354–1856). Ausstellung der Gemeinde Inzigkofen in den Räumen des ehemaligen Klosters Inzigkofen (Volkshochschulheim) vom 25. Sept. bis 3. Okt. 1982. Ausstellungsverzeichnis, Inzigkofen 1982; Edwin Ernst WEBER, Das Kloster Inzigkofen, in: DERS. (Hg.): Klöster im Landkreis Sigmaringen in Geschichte und Gegenwart, Lindenberg 2005, S. 166–212.

1 Luftaufnahme ehem. Kloster Inzigkofen (Vorlage: Volkshochschule Inzigkofen im alten Kloster)

schaften.[4] Die gängige Selbstbezeichnung ist *Gottshaus*, in lateinischen Texten begegnet *monasterium*. Im Folgenden werden für Inzigkofen die Begriffe Stift und Kloster synonym verwendet.

Die 1354 gegründete Klause, in deren urkundlicher Erstnennung von 1356 bereits zwischen den *erberen gaischlichen swestran* und den *in geschlossenen klousnerinen* unterschieden wird,[5] erfährt aus bescheidenen beginisch-franziskanischen Anfängen innerhalb eines Jahrhunderts einen durchaus bemerkenswerten Aufstieg zum wirtschaftlich sich konsolidierenden und sozial in den Adel und das Stadtpatriziat ausgreifenden Chorfrauenstift, das 1394 die Augustinusregel annimmt und der Aufsicht und Seelsorge des Augustinerchorherrenstifts Mariazell auf dem Beerenberg bei Winterthur unterstellt wird.[6] Finden sich in der Inzigkofer Schwesterngemeinschaft anfänglich vornehm-

4 Zur Definition des Stifts und der Regularkanoniker vgl. Sönke LORENZ/Oliver AUGE/Sigrid HIRBODIAN (Hg.), Handbuch der Stiftskirchen in Baden-Württemberg, Ostfildern 2019, S. 16–25; Floridus RÖHRIG, Art. Chorherren, in: Lexikon für Theologie und Kirche 2, Freiburg u. a. ³1994, Sp. 1092–1094; Johann HIRNSPERGER, Art. Stift, in: ebd. 9, Freiburg u. a. ³2000, Sp. 1001 f.

5 Landesarchiv Baden-Württemberg, Staatsarchiv Sigmaringen (im Folgenden StAS) FAS DS 1, 75/359: Urkunde vom 29. 12. 1356 über den Verkauf einer Wiese durch den Sigmaringer Bürger Bentz Rämi an die Klause zu Inzigkofen; vgl. WILTS, Beginen im Bodenseeraum (wie Anm. 3), S. 347.

6 Vgl. StAS FAS, DS 78, 274: Urkunde vom 6. 10. 1394 über die Erlaubnis von Bischof Burkard von Konstanz für Priorin Irmelgard und die übrigen Schwestern der Klause zu Inzigkofen, von der bisher befolgten Regel des Hl. Franziskus abzugehen und die Regel des Hl. Augustinus anzunehmen.

lich Frauen aus Sigmaringen und benachbarten kleinen Städten, so steigt im 15. und 16. Jahrhundert unter den *geweylten* Chorfrauen, d. h. den kontemplativ und klausuriert lebenden Konventschwestern, die Anteil an der Selbstverwaltung des Stiftes haben, der Anteil des gräflichen wie auch des niederen Adels sowie aus dem Patriziat und dem wohlhabenden Bürgertum zumal der südwestdeutschen Reichsstädte kontinuierlich.

1. Steigender Frauenanteil aus Adel und Reichsstädten

In dem alsbald über die 1394 festgelegten höchstens 13 Klausnerinnen hinaus anwachsenden Konvent begegnen neben Töchtern der klösterlichen Schirmvögte und Inzigkofer Ortsherren, zunächst der Herren von Reischach und sodann der Grafen von Werdenberg[7], Frauen aus den führenden Adelsgeschlechtern Oberschwabens sowie aus politisch bestimmenden und wirtschaftlich erfolgreichen Familien insbesondere der Reichsstädte Biberach, Überlingen und Konstanz. Lassen sich unter den zwischen 1451 und 1500 verstorbenen 30 bis 35 Chorfrauen mindestens sechs Adelsdamen, darunter eine Werdenberg, zwei Königsegg und eine allerdings illegitime Reischach, sowie mindestens zwölf Töchter aus vor allem reichsstädtischen Bürgerfamilien ausmachen,[8] so liegt der Adelsanteil unter den in der ersten Hälfte des 16. Jahrhunderts verstorbenen 25 Chorfrauen bereits bei einem Drittel, und von den mindestens acht Frauen aus stadtbürgerlichen Familien stammen jeweils zwei aus dem Biberacher und dem Konstanzer und eine aus dem Überlinger Patriziat.[9] Unter den Adligen begegnet neben Gräfin Ursula von Werdenberg und Elisabeth von Reischach auch Emerentiana Truchseß von Waldburg, die Schwester des ‚Bauernjörg'.[10]

Seinen Höhepunkt erreicht der Adelszustrom nach Inzigkofen in der zweiten Hälfte des 16. Jahrhunderts: Von den 27 Konventschwestern, die zwischen 1551 und 1599 dem Augustinerinnenstift beitreten, entstammen elf dem Adel und von diesen wiederum neun gräflichen Geschlechtern mit Aufnahmejahren von 1573 bis 1596. Neben Töchtern der Grafen von Sulz, Fürstenberg, Oettingen (2) sowie Thurn und zum Kreuz finden sich mit Amalie und ihrer Schwester Kunigunde aus der Sigmaringer Linie sowie Anna Dorothea und ihrer Schwester Maria Kunigunde aus der Haigerlocher Linie allein vier Zollerngräfinnen. Hinzu kommen mindestens sechs Niederadelstöchter, darunter jeweils zwei Frauen aus den in den Landadel aufgestiegenen patrizischen Geschlechtern der Reichlin von Meldegg und der Schad von Mittelbiberach. Ständisch exotisch mutet unter den nichtadeligen Chorfrauen die Krauchenwieser Bauern- und Schultheißentochter Agatha Kornbach an.[11]

7 Fechter, Deutsche Handschriften (wie Anm. 1), S. 20 nennt für die frühe augustinische Zeit Anna von Reischach, möglicherweise eine Tochter von Heinrich von Reischach, die allerdings schon als Kind vor ihrer Profess stirbt, sowie für die Mitte des 15. Jahrhunderts Gräfin Kunigunde von Werdenberg, eine Tochter von Graf Hans III. von Werdenberg und Gräfin Elisabeth von Württemberg.

8 Vgl. Fechter, Deutsche Handschriften (wie Anm. 1), S. 20 f.

9 Vgl. ebd., S. 28.

10 Vgl. ebd., S. 26 f.

11 Vgl. ebd., S. 37–41.

Auch im Konventverzeichnis von 1608 tritt uns in Inzigkofen eine ständisch ‚vornehme' Frauengemeinschaft mit sieben Hochadeligen, sieben Niederadeligen und zehn bürgerlichen Chorfrauen entgegen.[12] Unter den Herkunftsorten finden sich neben Schlössern und Reichsstädten in Südwestdeutschland auch Bayern und Tirol. Unter den adligen Chorfrauen begegnen jetzt neben Angehörigen der Grafenhäuser Hohenzollern (2), Sulz (2), Oettingen (2) und Thurn und vom Kreuz Töchter der niederadeligen Geschlechter Spanowsky von Lisov, Fugger von Kirchberg und Weißenhorn, Reichlin von Meldegg, Schad von Mittelbiberach, von Pflummern, von Holdingen zu Pering und von Kalchenried. Die Konventschwestern mit bürgerlichem Hintergrund kommen aus den Reichsstädten Biberach, Überlingen (2) und Rottweil sowie aus Innsbruck (2) und Pforzheim. Mit der erwähnten Bauerntochter aus Krauchenwies sowie Sabina Hornstein aus Sigmaringen kommen lediglich zwei Chorfrauen aus der unmittelbaren Umgebung von Inzigkofen. Im Unterschied dazu stammen die 14 nicht-*geweylten* Vor- oder Laienschwestern, die die Haus- und Gartenwirtschaft des Stifts besorgen, reduzierte Chor- und Gebetsverpflichtungen haben und auch keinen Anteil an der klösterlichen Selbstverwaltung mit ihren diversen Ämtern besitzen, mit Ausnahme einer Frau aus Füssen, alle aus der Nachbarschaft des Klosters.[13]

Nicht wenige der aus Adels-, Patriziats- und reichen Bürgerfamilien stammenden Chorfrauen bekleiden vom 15. bis ins 17. Jahrhundert Führungspositionen im Stift und bestimmen dessen innere und äußere ‚Politik' maßgeblich mit. Dabei fällt allerdings auf, dass unter den Priorinnen zahlreiche Frauen sowohl aus dem hohen wie auch dem niederen Adel, darunter drei Hohenzollern und eine Werdenberg, auftauchen, bei den Pröpstinnen indessen mit der von 1588 bis 1600 amtierenden Gräfin Amalie von Hohenzollern nur eine einzige Hochadelige.[14]

2. Weitgespanntes Verwandtschafts- und Beziehungsgeflecht

Mit den Chorfrauen aus ‚besseren' Kreisen wächst dem Inzigkofer Stift ein weitgespanntes Beziehungsgeflecht zu, das für die Frauengemeinschaft einen materiellen wie auch einen noch zu beschreibenden geistigen Niederschlag findet. Als Mitgift für ihre eintretenden Töchter oder auch als spätere Stiftungen und testamentarische Vermächtnisse für das eigene Seelenheil überlassen die Familien Grundbesitz, Geld- oder Sachwerte an das Stift, die dessen zunächst bescheidene materielle Ausstattung sukzessive erhöhen. Um nur einige Beispiele zu nennen: Bereits 1372 und damit noch in der franziskanischen Frühzeit der Klause übergibt Diez Gremlich seiner Tochter Anna, die Klausnerin zu In-

12 Vgl. Chronik des Augustinerchorfrauenstift Inzigkofen, bearb. von Karl Werner Steim, hg. von Edwin Ernst Weber, 2 Bde, (Documenta Suevica 18,1/18,2), Konstanz 2009, Bd. 1, S. 267 f., in Verbindung mit dem Schwesternverzeichnis in Bd. 2, S. 897–953.

13 Genannt werden die Herkunftsorte Bingen, Beizkofen, Füssen, Hettingen, Jungnau, Meersburg, Mengen (2), Schelklingen, Sigmaringen (2), Sipplingen, Weilheim und Wirnsweiler.

14 Vgl. Klosterchronik (wie Anm. 12), Bd. 2, Anhang, Verzeichnisse der Pröpstinnen und Priorinnen, S. 954 f.

2 Bussenmadonna in der Klosterkirche Inzigkofen (Katholische Filialkirchengemeinde Inzigkofen, Kirchenschatz, Inv. Nr. 002)

3 Inzigkofer Altar der Brüder Hans und Jakob Strüb aus Veringenstadt von 1505 – Außenseite des rechten Außenflügels mit Hll. Monika, Perpetua und Basilika sowie der knienden Pröpstin Magdalena Weinschenk mit redendem Wappen, Tannenholz, 73,7 × 53,6 cm (Kunstsammlung Reinhold Würth, Künzelsau, Inv. Nr. 6523)

zigkofen ist, und ihren Mitschwestern ein freieigenes Gut zu Menningen.[15] Konrad Bosch und seine Frau Katharina aus Meßkirch bringen zum Eintritt ihrer Tochter Margarethe 1392 als Mitgift einen Meierhof in Ablach ein, Graf Eberhard von Werdenberg und seine Frau Anna von Zimmern, die nach ihrem Tod 1441 in Inzigkofen begraben wird, übergeben einen Meierhof im Dorf Inzigkofen, Heinrich Härdlin und seine Frau Margarethe aus Riedlingen um 1430 einen *guten* Meierhof in Unlingen, Egon von Reischach und seine Frau vermutlich 1461 einen Meierhof in Eglingen und Heinrich von Reischach 1478 ein *Gütle* in Krauchenwies.[16] Dem 1536 angelegten Urbar zufolge besitzt das Stift 16 Lehenshöfe und zusammen mit den eigenbewirtschafteten Gütern im Umfeld des Klosters

15 Vgl. Fechter, Deutsche Handschriften (wie Anm. 1), S. 20.
16 Ebd., S. 17 (Zitat).

4 Spätgotischer Klosterbau von 1475 (Foto: Reiner Löbe)

635,5 Jauchert Ackerfeld und 174 Mannsmahd Wiesen.[17] Den entscheidenden Durchbruch zu einem wohlhabenden Stift bringt dann Ende des 16. Jahrhunderts die Aufhebung des Dominikanerinnenklosters Hedingen bei Sigmaringen und die wesentlich vom Sigmaringer Grafen betriebene Zuweisung von dessen ganz überwiegendem Besitz an Inzigkofen. Die Inzigkofer Grundherrschaft mit zuvor 17 Lehenshöfen und 1190 Jauchert verdoppelt sich durch den Hedinger Zuwachs auf 44 Schupf- und Erblehenhöfe und 2366 Jauchert bis zum Jahr 1626, die sich, mit Besitzschwerpunkten in Inzigkofen und Krauchenwies, auf insgesamt 30 Ortschaften und zwölf verschiedene Territorialherrschaften verteilen.[18]

Angehörige von Schwestern wie auch andere weltliche wie kirchliche Wohltäter, nicht zuletzt aus dem Kreis der eigenen Beichtväter, leisten dem Stift darüber hinaus Geld- und Sachzuwendungen sowie Hilfen bei Baumaßnahmen. So versorgt etwa der Abt von Weingarten Jodokus Bentelin (Amtszeit 1455–1477), der Bruder der Chorfrau Fides Bentelin, die Inzigkofer Frauen eine Zeitlang jährlich mit einer Tonne Heringe, die Grafen Georg und Hugo von Werdenberg, Schirmvögte und Ortsherren von Inzigkofen sowie Brüder der Chorfrau Gräfin Kunigunde von Werdenberg, liefern dem Stift den Winter über Wild und Holz, und der reiche Konstanzer Kaufherr Konrad Muntprat und seine Tochter Anna, der Vater bzw. die Schwester der Chorfrau Elisabeth Muntprat, finanzieren 1476 jeder Konventschwester eine Zelle aus Holz nebst Bettstatt, so dass sie nicht mehr gemeinsam im Dormitorium schlafen müssen.[19] Die Grafen Friedrich von Fürstenberg und Gottfried Werner von Zimmern lassen in der ersten Hälfte des 16. Jahrhunderts ihren in Inzigkofen lebenden Töchtern –

17 Vgl. StAS FAS, DS 1, 137,25: Urbar des Gotteshauses Inzigkofen 1536–1541; Fechter, Deutsche Handschriften (wie Anm. 1), S. 18.
18 Vgl. StAS FAS, DS 1, 237,21a: Urbar des Gotteshauses Inzigkofen 1626; Weber, Das Kloster Inzigkofen (wie Anm. 3), S. 198.
19 Vgl. Klosterchronik (wie Anm. 12), Bd. 1, S. 145, 162, 165; vgl. auch Fechter, Deutsche Handschriften (wie Anm. 1), S. 17.

Gräfin Euphrosyne von Fürstenberg und Gräfin Barbara von Zimmern – die Zellen *machen*, und zu vier weiteren Zellen steuern die Väter der Konventschwestern Elisabeth Bruder, Agnes Reichlin von Meldegg und Barbara Süß die Mittel bei.[20] Die Schenkung einer Orgel im Wert von angeblich über 100 Gulden 1590 durch Georg Fugger von Kirchberg, den Bruder der Chorfrau Helena Fugger, steht am Beginn der hochstehenden barocken Musikkultur im Inzigkofer Stift und geht dem ersten Nachweis einer komponierenden Frau in Europa in Gestalt der Chorfrau Cleophe Kraus unmittelbar voraus.[21]

Ein bis heute erhaltenes kunstgeschichtlich bedeutendes spätgotisches Vesperbild, die sog. ‚Bussenmadonna', ist 1594 einer Schenkung von Erbtruchsessin Eleonora von Waldburg, einer Tochter von Graf Karl I. von Hohenzollern und Schwester der Chorfrau Gräfin Kunigunde, zu verdanken; testamentarisch vermacht sie dem Stift überdies noch 3000 Gulden.[22] Als Gegenleistung für die nebst Altar geschenkte Pietà erwartet die Truchsessin, dass die Chorfrauen, solange das Stift besteht, jeden Samstag vor dem Gnadenbild ein andächtiges Salve Regina zum Gedenken an die Stifterin und ihre Angehörigen singen. Eine dem Einsiedler Gnadenbild nachempfundene Marienskulptur gelangt über die schon erwähnte Konstanzer Kaufmannsfamilie Muntprat nach Inzigkofen und wird 1589 auf Veranlassung der Witwe Euphrosine Schad von Mittelbiberach, der Mutter der Chorfrauen Agnes und Katharina, kostbar neu gekleidet, mit Kronen, Kreuzen, Ketten und Kleinodien verziert und auf einem gleichfalls von ihr gestifteten Altar auf dem Schwesternchor nebst Ampel und ewigem Licht aufgestellt.[23] Der 1505 von Hans und Jakob Strüb in Veringenstadt gemalte *neÿe Choraltar* mit Kosten von 62 Gulden wird in einer konzertierten Aktion von einer ganzen Reihe von Wohltätern finanziert, darunter neben der Gräfin von Werdenberg, dem eigenen Beichtvater und dem damaligen Visitator Propst Augustin von Indersdorf auch Verwandte (*Befreindte*) der Chorfrauen Ottilia Span, Anna Reichlin und vor allem Elisabeth Muntprat.[24] Der langfristig wichtigste und folgenreichste Wohltäter ist aber der Konstanzer Kanoniker und Zwillingsbruder der Inzigkofer Chorfrau Ursula von Reischach, Michael von Reischach, dem das Stift neben beträchtlichen Geldmitteln für einen Klosterneubau (*Herr Michaels Haus*) von 1475 vor allem die finanzielle Ausstattung von zwei Kaplaneipfründen für die seelsorgerliche Betreuung der Frauengemeinschaft zu verdanken hat.[25]

Die erhaltenen Jahrtagsverzeichnisse aus der Zeit um 1580 und das 1643 neu angelegte, auf älteren Aufzeichnungen aufbauende Jahrzeitbuch sind ein ‚who is who' des ober-

20 Vgl. Klosterchronik (wie Anm. 12), Bd. 1, S. 232. Hans und Katharina Süß aus Überlingen, die Eltern von Chorfrau Barbara Süß, werden 1539 in Inzigkofen als Pfründner angenommen, wo Hans Süß schon am 30.9.1540 stirbt; vgl. ebd., Bd. 2, Anhang, Verzeichnis der Schwestern, S. 947, Anm. 396.

21 Vgl. Klosterchronik (wie Anm. 12), Bd. 1, S. 259; vgl. Linda Maria KOLDAU, Frauen – Musik – Kultur. Ein Handbuch zum deutschen Sprachgebiet der Frühen Neuzeit, Köln 2005.

22 Vgl. Klosterchronik (wie Anm. 12), Bd. 1, S. 260 f.

23 Vgl. ebd., S. 257 f.; zur Tradition des Einsiedler Gnadenbildes und der Einsiedlerkapelle im Kloster Inzigkofen vgl. Walther GENZMER (Hg.), Die Kunstdenkmäler Hohenzollerns, Bd. 2: Kreis Sigmaringen, Stuttgart 1948, S. 178; Carl Gregor ZU MECKLENBURG, Texte und Materialien zur Führung durch die Einsiedlerkapelle in Inzigkofen mit der Grablege des Herzoglichen Hauses Mecklenburg am 23. Juli 1999 (masch.) (Kreisarchiv Sigmaringen, Bibliothek INZ 28).

24 Vgl. Klosterchronik (wie Anm. 12), Bd. 1, S. 180 f.

25 Vgl. ebd., S. 150–169; vgl. auch WEBER, Das Kloster Inzigkofen (wie Anm. 3), S. 173–176.

schwäbischen Adels und der Führungsschichten der Reichsstädte in der Region, reichen mit einzelnen Namen aber bis nach Bayern und Tirol.[26] Neben der Unterstützung für die im Stift lebenden Verwandten geht es bei den Zuwendungen und zumal den Jahrtagstiftungen ganz wesentlich um das Seelenheil der Stifter und ihrer Verwandtschaft sowie mitunter um die Aufnahme in das Kloster als Pfründner im Alter.[27]

3. Spirituelle Strahlkraft und soziale Attraktivität

Was sind die Gründe für diesen durchaus bemerkenswerten Aufstieg der Inzigkofer Frauengemeinschaft zu einem „Stift von Rang"[28], auch wenn es im Unterschied zu den meisten anderen ‚vornehmen' Stiften und Klöstern in Oberschwaben keine obrigkeitlichen Rechte erwerben und kein Territorium aufbauen kann? Was macht das Augustinerinnen-Stift im Unterschied etwa zu den gleichfalls aus beginisch-franziskanischen Anfängen hervorgegangenen Nachbarklöstern Laiz und Gorheim im 15. und 16. Jahrhundert für die adligen und städtischen Eliten einer weiten Umgebung zunehmend interessant? Wie so häufig in der Ordens- und Klostergeschichte besteht auch in Inzigkofen ein unverkennbarer Zusammenhang zwischen klösterlicher Strenge und Reformorientierung und damit letztlich der geistlichen Strahlkraft der Gemeinschaft einerseits und deren sozialer Attraktivität und wirtschaftlichem Erfolg andererseits. Der Germanist Siegfried Ringler hat auf die Bedeutung Inzigkofens als „Reformkloster" erstmals aufmerksam gemacht, dessen Reformstreben das Stift für die sozialen Eliten attraktiv machte, die wiederum mit ihrem Bildungshintergrund das ‚geistige Interesse' der Frauengemeinschaft anregten und beförderten.[29]

Nach dem Ordenswechsel von 1394, der Einführung des Chorgebets 1412 und des *Beschlußes* um 1413[30] ist es vor allem das Bemühen um neue, strengere Statuten, die dieses Reformstreben der Inzigkofer Chorfrauen um 1430 zum Ausdruck bringt. Auf der Suche nach einem geeigneten Vorbild für eine tiefer gehende Interpretation und Ergänzung der Ordensregel stießen die Inzigkofer Frauen mangels geeigneter Unterstützer unter den mit Beuron, Waldsee, Kreuzlingen und dem Wengenkloster bei Ulm durchaus zahlreichen augustinischen Gemeinschaften in der eigenen Nachbarschaft auf das Stift Langenzenn westlich von Fürth in Franken. Dieses war 1409 als reformiertes Augustiner-Chorherrenstift für einen Propst und zwölf Chorherren gegründet worden und gehörte zur auf das nordböhmische Stift Raudnitz an der Elbe zurückgehenden und von dort seit dem 14. Jahrhundert ausstrahlenden ‚Raudnitzer Reform'. Ein weiteres, seiner-

26 Vgl. Fechter, Deutsche Handschriften (wie Anm. 1), S. 16.
27 Als Beispiele: Benigna Rösler († 1572) aus Überlingen, die Mutter der Chorfrau Agnes Reichlin von Meldegg; vgl. ebd., S. 34; Hans und Katharina Süeß aus Überlingen (Aufnahme 1539), die Eltern der Chorfrau Barbara Süeß; ebd., S. 35; die Witwe Anna Frank aus Hettingen († 1540), Mutter der Chorfrau Martha Weber; ebd., S. 36.
28 Ebd., S. 32 (Zitat).
29 Vgl. Siegfried Ringler, Viten- und Offenbarungsliteratur in Frauenklöstern des Mittelalters, München 1980, S. 42 f. (Zitat S. 40).
30 Eine Beschreibung findet sich in der Klosterchronik (wie Anm. 12), Bd. 1, S. 97–99.

seits wiederum weitere Männer- wie Frauengemeinschaften erfassendes Zentrum erhielt die augustinische Ordensreform im Chorherrenstift Indersdorf nordwestlich von Dachau in Oberbayern.[31]

Die beiden nach Langenzenn geschickten Inzigkofer Laienschwestern werden vom dortigen Propst an das bei Schwabach gelegene Augustiner-Chorfrauenstift Pillenreuth weiter verwiesen, das 1422 als erstes deutsches Reformstift die Reformstatuten des nach dem Konstanzer Konzil zum Reformator generalis für ganz Deutschland bestellten Kardinals Branda de Castiglione angenommen hatte. Die von Pillenreuth erhaltene Abschrift der dortigen Statuten wird in Inzigkofen geprüft, in 41 Zweifelsfällen holt man schriftlich die Empfehlung des Propstes von Langenzenn ein, ehe dann die überarbeitete Fassung 1432 vom päpstlichen Legaten in Nürnberg genehmigt wird. Die in der Klosterchronik wiedergegebenen Fragen an den Propst von Langenzenn und die von diesem gegebenen autoritativen Antworten dokumentieren die wesentlichen Inhalte und auch Streitfragen der Klosterreform: Es geht um die Seelsorge durch Ordens- oder Weltpriester, den Habit der Chorfrauen, die Formen und Riten des Chorgebets, die Aufnahme und den Umgang mit den Novizen, die Professfeiern, die Stellung der Konvers- oder Laienschwestern, die Fastenordnung, das klösterliche Schweigen, die Verhängung von Bußen, die Aufnahme von Kindern in die Gemeinschaft und nicht zuletzt gleich mehrfach die Regelung der Klausur in konkreten Fällen.[32]

Inzigkofen unterhält für mehr als ein Jahrhundert enge Beziehungen zu den fränkischen und bayerischen Reformgemeinschaften und besiegelt diese Bande durch Gebetsverbrüderungen mit Pillenreuth (1481, 1486) und Indersdorf (1445).[33] In der Inzigkofer Klosterchronik werden die Schwestern von Pillenreuth als *unsere Müetteren und Lehrmaisterinen und Underweiserinen des heiligen Ordens* gewürdigt.[34] Die Pröpste von Langenzenn und seit dem ausgehenden 16. Jahrhundert dann jene von Indersdorf übernehmen die Aufgabe des Visitators für Inzigkofen, und für mehr als ein Jahrhundert entsenden die beiden Chorherrenstifte zumeist zwei Ordenspriester als Seelsorger, als Beichtiger und Kaplan, in die entfernt gelegene Frauengemeinschaft an der Oberen Donau.[35]

4. Beichtväter und Visitatoren

Die Beziehungen zwischen den augustinischen Pröpsten und Beichtvätern aus Franken bzw. Oberbayern und den Inzigkofer Chorfrauen sind keineswegs konfliktfrei. Auf dringendes Ersuchen von Pröpstin Anna Jäck und eines Teils des Konvents und hier zumal der Chorfrau Gräfin Kunigunde von Werdenberg entsendet der Propst von Indersdorf 1466 den reformeifrigen Chorherrn Ulrich Schirm als *Underweiser* nach Inzigkofen, um

31 Vgl. Fechter, Deutsche Handschriften (wie Anm. 1), S. 7 f.
32 Vgl. Klosterchronik (wie Anm. 12), Bd. 1, S. 110–119.
33 Vgl. Fechter, Deutsche Handschriften (wie Anm. 1), S. 8 f.
34 Klosterchronik (wie Anm. 12), Bd. 1, S. 107 (Zitat).
35 Vgl. Fechter, Deutsche Handschriften (wie Anm. 1), S. 9–14.

dort angeblich bestehende Reformdefizite zu beheben. Schirm bleibt drei Jahre in Inzigkofen, um die für erforderlich gehaltenen Änderungen im religiösen Leben der Frauengemeinschaft durchzusetzen. 1469 löst er einen Skandal aus, als auf sein und des gleichfalls reformorientierten Kaplans Johannes Fuchs Betreiben der von Langenzenn entsandte langjährige Beichtvater Konrad Gutfleisch als vermeintlicher Reformgegner in sein Mutterstift zurückgeschickt wird – zur Entrüstung nicht nur des dortigen Propstes, sondern auch verschiedener *guete*[r] *Freind und Gönner des Gottshauß*, darunter der schon als Wohltäter und Chorfrauen-Bruder erwähnte Abt Jodokus Bentelin von Weingarten.[36] Konflikte um die Klosterreform dürften auch hinter der vom Kanoniker und großen Wohltäter Michael von Reischach mit geradezu erpresserischen Mitteln 1473 durchgesetzten Ablösung der beiden augustinischen Ordenspriester Johannes Fuchs und Kaplan Simon als Seelsorger in Inzigkofen gestanden haben.[37]

Zu Spannungen führen auch die Eingriffe der Chorherren-Pröpste als Visitatoren in die Selbstverwaltung der Frauengemeinschaft und namentlich in die Pröpstinnenwahl. Nachdem der Propst von Indersdorf zu Beginn des 16. Jahrhunderts Klostervorsteherinnen abgesetzt und durch andere Konventschwestern ersetzt hat,[38] lassen die Inzigkofer Chorfrauen bei den Behörden des Bischofs von Konstanz anfragen, wie weit denn die Gewalt des Visitators reiche.[39] Sie verweisen darauf, dass sie durch den auf Michael von Reischach zurückgehenden Stiftungsbrief befugt seien, unter den männlichen Oberen ihres Ordens einen Visitator auszuwählen. Den Augustinerinnen wird bestätigt, dass sie in der Tat das Wahlrecht für den Visitator besitzen und dieser bei seinen Eingriffen in die inneren Verhältnisse der Frauengemeinschaft nicht weiter gehen dürfe, als dies die Ordensregel und eine Bulle von Kardinal Raymundus vorsähen. Die Kompetenzkonflikte zwischen männlichem Visitator und weiblicher Stiftsgemeinschaft bestehen auch fort, nachdem das Visitatorenamt von Indersdorf, das sich 1549 wegen des Mangels an Ordenspriestern im Gefolge der Reformation sowohl von der Aufsicht wie auch der Seelsorge in Inzigkofen zurückgezogen hatte, über die Pröpste des Ulmer Wengenstifts und sodann von Waldsee 1578 an den Vorsteher des Augustinerchorherrstifts von Kreuzlingen übergegangen war.[40] Dabei blieb es bis zur Säkularisation, da dem Abt von Kreuzlingen durch die päpstliche Bulle von 1603 das *Jus Visitandi Canonica* über alle Augustinerstifte in den Diözesen Konstanz, Augsburg und Basel verliehen worden war.[41] Die von Inzigkofen unter Berufung auf seine erneuerten Statuten und die dort festgeschriebene

36 Vgl. Klosterchronik (wie Anm. 12), Bd. 1, S. 140–145 (Zitat S. 145); vgl. auch Fechter, Deutsche Handschriften (wie Anm. 1), S. 10 f.

37 Vgl. Klosterchronik (wie Anm. 12), Bd. 1, S. 158 f.; vgl. auch Fechter, Deutsche Handschriften (wie Anm. 1), S. 12.

38 Vgl. Klosterchronik (wie Anm. 12), Bd. 1, S. 183; Manfred Huber, Die Durchführung der tridentinischen Reform in Hohenzollern (1567–1648), in: Hohenzollerische Jahreshefte 23 (1963), S. XV-XXIV, 1–130, hier S. 92; Weber, Das Kloster Inzigkofen (wie Anm. 3), S. 184.

39 Vgl. StAS FAS, DS1 T 1–5 R 78, 296: Schreiben von Lic. iur. utr. Augustinus Wurm an Christoff Reichlin von Meldegg vom 12. 5. 1532 (Visitationen des Klosters Inzigkofen 1532–1718).

40 Vgl. Klosterchronik (wie Anm. 12), Bd. 1, S. 235–248; Huber, Die Durchführung der tridentinischen Reform (wie Anm. 38), S. 92; Fechter, Deutsche Handschriften (wie Anm. 1), S. 14.

41 Vgl. StAS FAS, DS1 T 1–5 R 78, 296: Kopie der Bulle von Papst Clemens VIII. vom 29. 10. 1603 betr. die Verleihung des Jus Visitandi Canonica über die Augustinerstifte in den Diözesen Konstanz, Augsburg

freie Visitatorenwahl 1643 eingeschaltete bischöfliche Behörde bestätigte zwar das in der Vergangenheit bestehende Wahlrecht der Chorfrauen, beharrte indessen gleichwohl auf dem Verbleib des Amtes als unverlierbares Gewohnheitsrecht bei Kreuzlingen,[42] was faktisch die Wahlfreiheit des Konvents aufhob.

Ende des 15. Jahrhunderts werden Widerstände im Konvent gegen die strengen Reformbestimmungen der Statuten erkennbar: Die Schwestern fühlen sich durch die strengen Fastengebote beschwert und erreichen über eine vom kaiserlichen Rat und Protonotar Marquard Breisacher, dem Halbbruder der Chorfrau Ursula Breisacher, verfasste Supplik direkt an Papst Alexander VI. 1494 neben Vergünstigungen bei der Gewinnung von Absolutionen und Ablässen auch Erleichterungen der strengen Fasten- und Abstinenzvorschriften. Den Schwestern ist fortan an Fast- und Abstinenztagen der Genuss von tierischen Produkten in Gestalt von Eiern, Käse, Schmalz und Milchspeisen erlaubt, Kranken sogar der Fleischverzehr, wenn dies von einem Arzt empfohlen wird.[43] Den gleichen Dispens gewährt einige Jahre später, 1502, der päpstliche Legat für Deutschland, Kardinal Raimundus Peraudi, für die 40-tägige vorösterliche Fastenzeit und generell an allen Fasttagen mit dem interessanten Argument, dass es in Deutschland kein Olivenöl gäbe und deshalb tierische Fette erlaubt seien.[44] Legat Raimundus ist es auch, der auf Vermittlung des Propstes des Ulmer Wengenstifts den Inzigkofer Frauen die erbetene *Ringerung und Milderung* in diesem sowie weiteren Punkten auch in den Statuten zugesteht, die sodann von Propst Augustin von Indersdorf nach einer Visitation 1502 entsprechend angepasst und neu gefasst werden.[45]

5. Die Klausur und ihre Grenzen

Das wesentliche Kennzeichen regeltreuer monastischer wie auch stiftischer Frauenfrömmigkeit vor der Säkularisation ist indessen der *Beschluß* oder die Klausur. Auch wenn sich die Anfänge der Klausurierung mit der Unterscheidung zwischen (Laien-) Schwestern und Klausnerinnen bis in die beginischen Anfänge Inzigkofens zurückver-

und Basel an Abt Peter von Kreuzlingen und seine Nachfolger (Visitationen des Klosters Inzigkofen 1532–1718).

42 Vgl. StAS FAS, DS1 T1–5 R78, 296: Bischöfliche Entscheidung vom 28.8.1643 im Streit zwischen den Klöstern Kreuzlingen und Inzigkofen um die Visitation (Visitationen des Klosters Inzigkofen 1532–1718); vgl. auch Huber, Die Durchführung der tridentinischen Reform (wie Anm. 38), S. 93f.

43 Vgl. Klosterchronik (wie Anm. 12), Bd. 1, S. 173f.; vgl. auch Fechter, Deutsche Handschriften (wie Anm. 1), S. 13.

44 Vgl. StAS FAS, DS 1, 78/291: Lizenz von Kardinal Raimund, päpstlicher Legat durch ganz Germanien etc., für die Pröpstin und den Konvent des Klosters Inzigkofen vom 5.6.1502, während der 40tägigen Fastenzeit und an allen Fasttagen, da es in Deutschland kein Olivenöl gibt, Butter, Käse und andere Milchprodukte zu essen, Pergamenturkunde, Siegel des Ausstellers abgegangen; Fechter, Deutsche Handschriften (wie Anm. 1), S. 13.

45 Vgl. Fürstlich Hohenzollernsche Hofbibliothek Sigmaringen Hs. 481: Statuten des Augustinerchorfrauenstifts Inzigkofen von 1502, lateinische Pergament-Libell mit dem Siegel des Propstes Augustin von Indersdorf; Klosterchronik (wie Anm. 12), Bd. 1, S. 182f.; Fechter, Deutsche Handschriften (wie Anm. 1), S. 13.

5 Klausurmauer von 1729 (Vorlage: Kreisarchiv Sigmaringen)

folgen lassen und die Klosterchronik die freiwillige Einführung des *Beschluß* um 1413 berichtet,[46] bringt auch hier der Anschluss an die augustinische Ordensreform und die Einführung der Statuten von 1432 den entscheidenden Schub. In der in der Klosterchronik wiedergegebenen *Lehr* des reformeifrigen Indersdorfer Chorherrn und späteren Propstes Ulrich Schirm steht an oberster Stelle die fleißige Beachtung des Beschlusses mit dem Redfenster als einziger Kontaktstelle zwischen Innen- und Außenwelt.[47] Bereits um 1449 war eine erste Ummauerung des Stiftsbezirks erfolgt.[48]

Die Statuten von 1502 enthalten in Kapitel 21 *De clausura monasterii* durchaus strenge Klausurvorschriften:[49] Das *monasterium* soll gut gesicherte Türen haben, deren Schlüssel die Pröpstin verwahrt. Die Pförtnerin darf die Tür für Fremde nur mit Erlaubnis der Pröpstin aus wichtigen Gründen und dringender Notwendigkeit (*ob magnam causam et urgentem necessitatem*) öffnen. Gleichfalls mit Erlaubnis der Pröpstin wird Handwerkern für erforderliche Bau- und Reparaturarbeiten der Zutritt in die Klausur gewährt,

46 Vgl. Klosterchronik (wie Anm. 12), Bd. 1, S. 98 f. Die Chronik vermeldet weiter, dass die Schwestern zwar nicht mehr die Klausur verlassen hätten, das Redfenster indessen offengeblieben sei und Besucher von außen das Stift betraten.

47 Vgl. Klosterchronik (wie Anm. 12), Bd. 1, S. 137.

48 Vgl. Fechter, Deutsche Handschriften (wie Anm. 1), S. 17.

49 Vgl. Statuten des Augustinerchorfrauenstifts Inzigkofen von 1502 (wie Anm. 45), Kapitel 21.

jedoch darf sich keine Schwester allein bei ihnen aufhalten, sondern nur in Begleitung einer älteren und erfahrenen Mitschwester. Gleiches gilt für die Knechte des Stiftes. Wenn ein Fremder aus Notwendigkeit oder Freundschaft (*ex necessitate vel ex amicitia*[50]) eine Schwester zu sprechen wünscht, so kann dies mit Erlaubnis der Pröpstin am Redfenster geschehen. Dabei ist allerdings darauf zu achten, dass keine unnützen Dinge verhandelt und auch weder Speise noch Trank gereicht werden. Die Schwestern (*sorrores*), unter denen in diesem Fall die geweilten Chorfrauen zu verstehen sind, dürfen das Kloster niemals verlassen – es sei denn bei Feuer oder unmittelbarer Kriegsgefahr. Lediglich den Laienschwestern wird das Verlassen der Klausur für notwendige Verrichtungen und mit Erlaubnis der Pröpstin gestattet.

In den Statuten nicht erwähnt, aber ausweislich der Klosterchronik durchaus üblich, ist noch im 16. Jahrhundert der Zutritt sowohl der adligen weltlichen Schirmvögte wie auch von insbesondere adligen Wohltätern und Verwandten der Schwestern in die stiftische Klausur. So kommt Graf Christoph von Werdenberg, nachdem er sich mit 60 Jahren ein zweites Mal mit der Witwe von Graf Eitelfriedrich von Hohenzollern, Gräfin Johanna von Börseln, vermählt hat, 1526 nebst Anhang ins Kloster, isst hier zu Mittag und wird sodann vom Konvent im Kreuzgang empfangen und in die Konventstube begleitet, wo die Schwestern dem neu vermählten Paar eine vergoldete Schale als Hochzeitsgeschenk verehren.[51] Im Jahr darauf kommt Graf Felix von Werdenberg ins Stift, um den vorgesehenen Ort für den Schwesternfriedhof zu besichtigen und gut zu heißen. Dessen Weihe erfolgt dann durch einen Konstanzer Weihbischof im August 1527 in einer in der Klosterchronik detailliert beschriebenen aufwendigen Zeremonie auf dem neuen Friedhof und in der *mittelfesstäglich gezürht*[en] Kirche. Bei seiner Ankunft hatten Pröpstin Dorothea Freÿ und Priorin Ursula von Werdenberg den Weihbischof am Redfenster empfangen und mit ihm ein Gespräch von *nit vill über 3 Vatterunser* Dauer geführt.[52] Im Zusammenhang mit dem 1600 begonnenen Klosterneubau ist in der Klosterchronik davon die Rede, dass zu dieser Zeit *Standtspersohnen, sowohl man*[n]- *alß weiblichen Geschlechts noch in die Clausur* eingelassen worden seien.[53]

6. Inhalte und Formen der Frömmigkeit

Wie sehen nun die Inhalte und Formen der im Reformkloster Inzigkofen gepflegten Frömmigkeit im 15. und 16. Jahrhundert aus? Sowohl die Klosterchronik wie auch die überlieferten sakralen Kunstwerke des Stifts bezeugen zum einen die im Spätmittelalter in den Klöstern allgemein übliche und praktizierte Leiden Christi-, Marien- und Heiligenverehrung. Auf die dem Stift von Angehörigen von Chorfrauen geschenkten und dort an prominenter Stelle aufgestellten und verehrten Mariendarstellungen der Bussenmadonna und des Einsiedler Gnadenbildes wurde bereits hingewiesen. Der neue Choraltar

50 Freundschaft hier wohl im mundartlichen Sinne von Verwandtschaft.
51 Vgl. Klosterchronik (wie Anm. 12), Bd. 1, S. 207.
52 Vgl. ebd., S. 209–211.
53 Ebd., S. 274 (Zitat).

6 Inzigkofer Altar von 1505 – Flügeltafel mit Verkündigung Mariä (Kunstsammlung Reinhold Würth, Künzelsau, Inv. Nr. 6523)

von 1505 mit einem – leider abgegangenen – geschnitzten Schrein im Zentrum zeigt auf seinen beidseitig bemalten Flügelpaaren Szenen des Marienlebens, Mitglieder der Heiligen Sippe und verschiedene Heilige, die wie der Kirchenpatron Johannes Baptist, der Hl. Bartholomäus, der frühere Kirchenpatron vor Annahme der Augustinusregel, der Hl. Mauritius, und die im Habit einer Augustinerin dargestellte Hl. Ottilia als Inzigkofer Hausheilige anzusprechen sind und über die Jahrhunderte in Darstellungen unterschiedlicher Kunstepochen immer wieder begegnen.[54] Im Kirchenschatz der ehemaligen Klosterkirche Inzigkofen, im Klostermuseum Inzigkofen sowie in der Sammlung des Allgemeinen Katholischen Kirchenfonds für Hohenzollern im alten Fidelishaus Sigmaringen haben sich weitere Sakralwerke des Chorfrauenstifts mit einem vergleichbaren marianischen und Heiligenbildprogramm erhalten.[55]

In den in der Klosterchronik wiedergegebenen Unterweisungen und Predigten von Seelsorgern der Schwestern stehen die Betrachtung und Verehrung des Leidens Christi und insbesondere des Kreuzes im Mittelpunkt.[56] Bereits um 1430 hatte Beichtvater Conrad Stribel die Chorfrauen und interessanterweise auch die Laienschwestern dazu gebracht, täglich eine Stunde der Betrachtung des Leidens Christi zu widmen.[57] Aus dem Jahr 1449 hat sich ein von Priorin Anna

54 Vgl. C. Sylvia Weber (Hg.), Alte Meister. Der ehemals Fürstlich Fürstenbergische Bilderschatz in der Sammlung Würth. Ausst.-Kat. Kunsthalle Würth Schwäbisch Hall, Schwäbisch Hall 2005, S. 230–253.

55 Erwähnung verdienen dabei eine wohl aus dem Weckmannschen Umfeld stammende Mondsichelmadonna mit Kind um 1500 im Inzigkofer Klostermuseum sowie Altartafeln aus dem Anfang des 16. Jahrhunderts mit den Aposteln Jakobus und Bartholomäus, sodann Petrus und Johannes, weiter der Hl. Agnes mit Buch und Lamm Gottes darauf und schließlich der Hl. Dorothea, alle aus der Sammlung des Allgemeinen Katholischen Kirchenfonds für Hohenzollern in der Fideliskapelle im alten Fidelishaus Sigmaringen.

56 Als Beispiele Unterweisungen von Chorherr Ulrich Schirm in der Klosterchronik (wie Anm. 12), Bd. 1, S. 132–138.

57 Vgl. Klosterchronik (wie Anm. 12), Bd. 1, S. 106.

Jäck in Inzigkofen abgeschriebenes Betrachtungsbuch *Das Leben Jesu* erhalten, dessen kolorierte Holzschnitte zu den ältesten Holzschnitten in Süddeutschland überhaupt zählen.[58] Gleichfalls zeitüblich ist die Wertschätzung von Ablassbriefen wie etwa jenes von Papst Alexander VI. aus dem Jahr 1494, der den Chorfrauen an einem auszuwählenden Altar für das Beten von *5 Vatterunser und 5 Ave-Maria und ein*[es] *Glauben* [sbekenntnisses], *ein*[es] *Salve Regina und ein*[es] *De profundis* einen vollkommenen Ablass zusichert, wie er in Rom zu gewinnen wäre.[59]

Eine Sonderstellung nimmt Inzigkofen dagegen mit seiner mystischen Überlieferung und zumal der Handschriftensammlung seiner einstigen *gemaine*[n] *teutsche*[n] *liberey* ein, so dass „die Wirkungsgeschichte Inzigkofens [...] ein Teil der Geschichte der Mystikforschung geworden" ist.[60] Die Hinweise auf die mystische Tradition des Chorfrauenstiftes rühren indessen zur Gänze aus der literarischen und künstlerischen Hinterlassenschaft der Frauengemeinschaft, während die Klosterchronik und die archivalische Überlieferung nichts von einer besonderen Pflege der Mystik in Leben und Alltag der Augustinerinnen vermelden.[61] Im Unterschied zu anderen Kunstwerken wird die von der kunstgeschichtlichen Forschung um 1310/20 datierte Inzigkofer Christus-Johannes-Gruppe in der Klosterchronik an keiner Stelle erwähnt, so dass wir nichts von ihrem Erwerb durch die 1354 begründete Frauengemeinschaft und auch nichts von ihrem Platz und ihrem Stellenwert in der Fröm-

7 Mondsichelmadonna mit Kind, um 1500, vermutlich gefertigt von einem unter Weckmannschem Einfluss stehenden Meister, Höhe 91,5 cm (Katholische Filialkirchengemeinde Inzigkofen, Kirchenschatz, Inv. Nr. 003)

58 Vgl. Germanisches Nationalmuseum Nürnberg HS 28441.
59 Klosterchronik (wie Anm. 12), Bd. 1, S. 174 (Zitat).
60 Ringler, Viten- und Offenbarungsliteratur (wie Anm. 29), S. 40.
61 Erwähnt wird in der Klosterchronik (wie Anm. 12, S. 178) die Schenkung des Andachts- und Betrachtungsbuchs *Der Passion unseres Herrn Jesu Christi* von Thomas Finck OSB 1493 durch Beatrix Paier, die Mutter der Inzigkofer Laienschwester Creszentia und der Chorfrau Margarethe Paier, und des Erbauungs- und Betrachtungswerks *Schatzbehalter*[s] (irrtümlich in der Chronik: *Schaz Psalter*) des Franziskaners Stephan Fridolin durch den Augsburger Arzt und Priester Dr. Johannes Herdtlin.

migkeitspraxis des Stiftes wissen. Bekannt ist lediglich, dass mit den Herkunftsorten Heiligkreuztal, Mariaberg und Wald allein drei weitere der insgesamt 28 erhaltenen und nahezu durchgehend aus dem deutschsprachigen Südwesten inklusive der Schweiz und dem Elsass rührenden Johannesminnen aus der nächsten frauenklösterlichen Nachbarschaft von Inzigkofen stammen.[62] Der mitunter behauptete Zusammenhang zum seelsorgerlichen Wirken des in Konstanz und Ulm tätigen Dominikaners und Mystikers Heinrich Seuse in Frauenklöstern der Region[63] erscheint bestechend, ist durch das Fehlen eindeutiger Quellenbelege gleichwohl spekulativ.[64]

8 Inzigkofer Christus-Johannes-Gruppe um 1310/20, Holzskulptur gefasst, (Vorlage: Skulpturensammlung der Staatlichen Museen zu Berlin, Kopie im Klostermuseum Inzigkofen)

Gesichertere Kenntnisse liegen demgegenüber zur Sammlung spätmittelalterlicher deutscher Handschriften aus der Inzigkofer Klosterbibliothek vor. Der Germanist Werner Fechter konnte in einer geradezu detektivischen Fleißarbeit 52 ehemalige Inzigkofer Handschriften in 14 Bibliotheken in Deutschland und verschiedenen Nachbarländern ausfindig machen. Die Entstehung und Auswahl des Bücherbestandes sah er im Zusammenhang mit dem Bedarf der Frauengemeinschaft an Schriften für die Tischlesung wie auch zur persönlichen Lektüre der Schwestern. Die Auswahl der Texte dürfte nach den speziellen Wünschen des Konvents und nicht zuletzt auch seiner Seelsorger getroffen worden sein, so dass im vorhandenen Bücherbestand „die literarischen Neigungen und das geistige Niveau der Schwestern oder wenigstens ihrer Führungsgruppe“ erkennbar seien.[65] Siegfried Ringler hatte bereits 1980 eine Unterscheidung der Inzigkofer Handschriften in zwei inhaltlich diffe-

62 Vgl. Lang, Herzensanliegen (wie Anm. 2), Übersicht S. 96–98.
63 Vgl. ebd., S. 16.
64 Tobias Kunz, Bildwerke nördlich der Alpen. 1050 bis 1380. Kritischer Bestandskatalog der Berliner Skulpturensammlung, Petersberg 2014, datiert die Skulptur auf 1310 und sieht Meister Heinrich von Konstanz als wahrscheinlichen Künstler, dem außerdem zwei Christus-Johannes-Gruppen und weitere Skulpturen des Klosters St. Katharinental bei Diessenhofen zugeschrieben werden. Bei der Lokalisierung des ursprünglichen Standorts beschränkt er sich auf ein „Frauenkloster bei Sigmaringen“.
65 Fechter, Deutsche Handschriften (wie Anm. 1), S. 43, 48.

renzierte Hauptgruppen mit einer zeitlichen Trennlinie um 1475/80 vorgenommen: In der ersten Gruppe stünden Werke der mystischen Literatur des 14. Jahrhunderts im Vordergrund, während die zweite Gruppe vor allem durch Andachtsbücher und Werke der Erbauungsliteratur gekennzeichnet sei. In der ersten Gruppe fänden sich mit „Kennerblick" ausgewählte Werke der wichtigsten Autoren auf dem Gebiet des mystischen Schrifttums wie Bonaventura, Rulman Merswin, Meister Eckhart, Gertrud die Große, Marquard von Lindau, Heinrich Seuse oder Johannes Tauler.[66] Ringler deutete dieses Interesse an den mystischen Schriften und Autoren des 14. Jahrhunderts als „Rezeption des großen Erbes, das zugleich für die Wiedergeburt der Kirche" oder wenigstens für eine Reform in einzelnen Ständen und Orden „fruchtbar gemacht werden sollte".[67]

7. Die Herkunft der Inzigkofer Handschriften

Mit buchkundlichen Forschungen vermochte Werner Fechter die Entstehung der in Südwestdeutschland weitgehend singulären Inzigkofer Handschriftensammlung zu erhellen: Da ist zum einen die im Stift selbst entstandene Eigenproduktion, die sich für 14 Handschriften oder Handschriftenteile mit Gewissheit oder höchster Wahrscheinlichkeit belegen lässt. Mindestens acht Schwestern lassen sich als Schreiberinnen namentlich fassen, wobei die aus Biberach stammende Anna Jäck in der Mitte des 15. Jahrhunderts und die aus einem Konstanzer Kaufmannsgeschlecht kommende Elisabeth Muntprat d. J. an der Wende zum 16. Jahrhundert die produktivsten sind.[68] Eine zweite Gruppe betrifft Schriften, die außerhalb des Stifts, aber in dessen Auftrag entstanden sind. Als eindeutig von Inzigkofen beauftragter Schreiber lässt sich 1451 der Geistliche Hans Bropst aus Biberach fassen. Eine dritte Gruppe sind Handschriften oder Teile davon, die im Hinblick auf Schenkungen an Inzigkofen entstanden sind. Neben der bekannten *Fuchsfalle* des Rottweiler Hofgerichts- und Stadtschreibers Jos von Pfullendorf, einem kirchenrechtlichen und moraltheologischen Lehrgespräch zwischen einem Vater und dessen leiblicher Tochter über Fragen des Klostereintritts und des Klosterlebens, gehören in diese Gruppe auch Schriften von Pröpstin Anna Ebin von Pillenreuth und der mit der gleichnamigen Inzigkofer Chorfrau verwandten Dominikanerin Elisabeth Muntprat d. Ä. vom Kloster St. Katharina in St. Gallen, d. h. aus zwei anderen, mit Inzigkofen verbundenen Reformklöstern.[69] Weitere Gruppen rubrizieren ursprünglich nicht für Inzigkofen bestimmte und erst später dorthin gelangte Handschriften und schließlich noch von Inzigkofer Schwestern zum persönlichen Gebrauch besessene und erst in der Folge in die Stiftsbibliothek aufgenommene Werke ganz überwiegend aus dem Bereich der Gebet- und Andachtsbücher. Solche persönlich mitgebrachten oder benutzten Schriften

66 Vgl. Ringler, Viten- und Offenbarungsliteratur (wie Anm. 29), S. 44.
67 Ebd., S. 43.
68 Vgl. Fechter, Deutsche Handschriften (wie Anm. 1), S. 173 f.
69 Vgl. ebd., S. 173 f.; zur *Fuchsfalle* des Jos von Pfullendorf vgl. ebd., S. 55.

lassen sich für mindestens neun Schwestern Ende des 16. und zu Beginn des 17. Jahrhunderts ermitteln.[70]

Was die Inhalte und Autoren der Bücher betrifft, so fehlen in der Inzigkofer *Liberey* im Unterschied zu den Klosterbibliotheken der meisten Männerorden wissenschaftliche Werke der Theologie und Philosophie. Im Vordergrund stehen vielmehr neben subtilen mystischen Erfahrungsberichten vor allem Predigten, Kommentare, Traktate und Betrachtungen mit leicht verständlichen pastoralen Anweisungen zur Vertiefung des Glaubens und der Bereitschaft zum Gehorsam und einem bedürfnislosen Leben, zur Belehrung über die Pflichten in der Gemeinschaft, zur Festigung der Ordens- und Klostergemeinschaft und nicht zuletzt zur Vorbereitung auf einen guten Tod. Es handelt sich durchgehend um eine „deutsche" Bibliothek mit einem relativ hohen Anteil an Übersetzungen – vor allem aus dem Lateinischen, aber auch aus dem Niederländischen. Mit der Übersetzung sind dabei häufig Kürzungen verbunden. Man schrieb offensichtlich nur ab, was man bzw. frau wirklich brauchte, ohne auf Authentizität und Vollständigkeit gesteigerten Wert zu legen.[71] Korrekturen und kritische Kommentare in einzelnen Handschriften, insbesondere zu Verschreibungen, belegen, dass wahrscheinlich die Beichtväter nicht zuletzt auch die vor Ort abgeschriebenen geistlichen Texte überprüften und korrigierten.[72] Von Interesse erscheint auch Fechters Befund von den intensiven literarischen Beziehungen Inzigkofens zu anderen Reformklöstern, so etwa Pillenreuth, dem Katharinenkloster Nürnberg, St. Katharina in St. Gallen, Heggbach und nicht zuletzt Indersdorf mit dem Austausch und der Überlassung von Büchern zur Abschrift. Im Gegenzug lieh auch Inzigkofen Handschriften an andere aus, so etwa an St. Katharina in St. Gallen. Mit dem Anschluss an die Klosterreform in den 1430er Jahren mit dem anhaltenden Kontakt zu Pillenreuth, Langenzenn und Indersdorf kommen Handschriften und auch zum Abschreiben entliehene Vorlagen verstärkt aus dem ostfränkischen und bayerischen Raum.[73]

Die Bandbreite der Autoren reicht von der christlichen Antike bis zur jeweiligen Gegenwart. Der Kirchenvater Hieronymus (4./5. Jahrhundert), Gregor der Große (6. Jahrhundert) und Hugo von St. Viktor (12. Jahrhundert) sind ebenso vertreten wie die großen Mystiker des 13. und 14. Jahrhunderts: Meister Eckhart, Johannes Tauler, Heinrich Seuse und Jan van Ruusbroec oder auch die weiblichen Autorinnen Gertrud von Helfta, Elisabeth von Kirchberg, Christine Ebner oder Adelheid Langmann, um nur einige Beispiele zu nennen. Unter den nachweislich in Inzigkofen abgeschriebenen Handschriften war der Franziskaner Marquard von Lindau am stärksten vertreten, von den lebenden Autoren scheint der Benediktiner Thomas Finck, der sich für die Ordensreform einsetzte, in Inzigkofen besonders geschätzt worden zu sein.[74] Mindestens drei, wahrscheinlich sogar sechs Handschriften u. a. mit Predigten Meister Eckharts, dem *Exemplar* von Heinrich

70 Vgl. ebd., S. 179. Nachweisen lässt sich persönlicher Buchbesitz bei Paula Merend, Johanna Kunigunda von Thurn, Anna Dorothea von Hohenzollern, Margarethe von Oettingen und möglicherweise Helena Fugger, Maria Cleophe Kraus, Barbara Heisler, Elisabeth Spanowski und Susanna Aichel.

71 Vgl. ebd., S. 175 f.

72 Vgl. ebd., S. 181.

73 Vgl. ebd., S. 184–187.

74 Vgl. ebd., S. 176.

Seuse und einer Predigtsammlung Johannes Taulers (*Großer Tauler*) scheinen 1440 in Augsburg größtenteils von einem Schreiber geschaffen worden und sodann vermutlich gemeinsam nach Inzigkofen gelangt zu sein – offenkundig mit dem Ziel, „in Inzigkofen noch fehlende wesentliche deutsche Mystikertexte in der Originalsprache und lateinische in Übersetzung dem dortigen Konvent zu vermitteln".[75] Unklar bleibt bislang, ob diese kostspielige Unternehmung von Pröpstin und Konvent, Beichtiger und Kaplan oder von großzügigen Gönnern und/oder Verwandten von Chorfrauen veranlasst und finanziert worden ist.

Christus und die minnende Seele

Exemplarisch vorgestellt sei eine mit ihren entzückenden Miniaturen besondere Perle aus der mystischen Schriftenüberlieferung Inzigkofens, die klösterliche Lehrdichtung *Christus und die minnende Seele*.[76] Die in einen Sammelband mit anderen Gebets- und Andachtstexten eingebundene, 34 Folioblätter umfassende Pergament-Handschrift schildert in 2112 Versen in Gesprächsform und 19 erhaltenen Abbildungen den mühsamen Aufstieg der Seele in Gestalt einer jungen Frau im Wechselspiel mit Christus über mehrere Stufen der Entbehrung und Selbstentäußerung bis zur unio mystica. Als Schöpfer der Miniaturen wurde von Bernd Konrad der Konstanzer Tafelmaler Rudolf Stachel (Stahel) identifiziert und die Entstehung durch Stilvergleich mit einem anderen Werk auf kurz vor 1497 datiert.[77] Die Verfasser des von drei Händen schön geschriebenen Textes sind bisher unbekannt geblieben.[78] Dem Schenkungsvermerk vom *frowen abend zuo liechtmeß* (1. Februar) 1497 zufolge wurde das Buch von der unverheirateten und wohlhabenden Konstanzer Kaufmannstochter Anna Muntprat *us hertzlicher truw und liebi* [...] *dem wirdigen gotzhus zuo untzikoffen* über ihre dort als Chorfrau lebende Schwester Veronika Muntprat übereignet.[79] Die Schrift weist mehrere Lücken durch Blattverluste auf und trägt auf der Einbandinnenseite den Besitzvermerk der *gemain Liberÿ* des *Gotzhauß* Inzigkofen.

Die Bilderfolge und entsprechend auch der dialogische Text sind in drei Abschnitte unterteilt, die den Stufen des mystischen Wegs entsprechen: Am Anfang steht die *via purgativa*, der Weg der Läuterung, dessen Bilder hauptsächlich aus der Welt des klösterlichen Alltags stammen. Die Seele soll sich durch Prüfungen und Kasteiung von der Welt

75 Ebd., S. 180 f. (Zitat).

76 Vgl. Badische Landesbibliothek Karlsruhe, Donaueschingen Nr. 106, fol. 1r-34v innerhalb des Gesamtbandes 1r-121r sowie 4 Pergamentblätter in der Bibliothek des Bischöflichen Priesterseminars Mainz Hs 46. Eine Transkription und ausführliche Beschreibung gibt Romuald Banz OSB, Christus und die minnende Seele (Germanistische Abhandlungen 29), Breslau 1908, Nachdruck Hildesheim u. a. 1977. Eine buchkundliche Beschreibung der Handschrift nebst der weiteren Besitzgeschichte des noch im 18. Jahrhundert von Inzigkofen abgegebenen, in den Donaueschinger (und heute Karlsruher) Hauptteil und ein Mainzer Fragment aufgeteilten Buches bei Fechter, Deutsche Handschriften (wie Anm. 1), S. 128–131.

77 Vgl. Bernd Konrad, Rudolf Stahel und seine Werkstatt, in: Jahrbuch der Staatlichen Kunstsammlungen in Baden-Württemberg 26 (1989), S. 57–92.

78 Vgl. Fechter, Deutsche Handschriften (wie Anm. 1), S. 128.

79 Badische Landesbibliothek Karlsruhe, Donaueschingen Nr. 106, fol. 76v (Zitat).

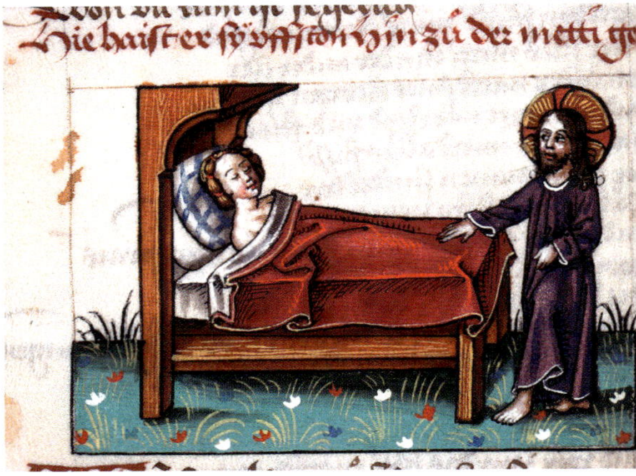

lösen und ihren Eigenwillen aufgeben. Sie ist dabei das weithin passive Opfer der zum Teil gewalttätigen Eingriffe Christi, der sie aus dem Schlaf weckt, ihr Essen und Trinken verweigert, sie lähmt, blendet und schlägt. Schlussendlich nimmt er ihr sogar ihre Kleidung und ‚hängt' sie ans Kreuz. Diese Erhebung trennt die Seele endgültig von der Welt und stellt den Übergang zur *via illuminativa* dar. Unter Rückgriff auf Bilder des Hohenliedes übernimmt jetzt die Seele die aktive Rolle, sie sucht Christus, sehnt sich nach ihm, verwundet ihn mit einem Liebespfeil und will ihn an sich binden. Sind die ersten beiden Entwicklungswege durch Handlung und Bewegung gekennzeichnet, besteht die *via unitiva* aus statischen Bildern, die mit einem geigenden und trommelnden Christus, der Krönung, dem Kuss und dem finalen Minnegriff die *unio mystica*, die Aufnahme der Seele in die ewigen Freuden des Herrn, illustrieren.[80] Verloren gegangen ist in der Hand-

80 Vgl. Amy Gebauer, Der mystische Dialog „Christus und die minnende Seele". Überlieferungsformen und Bedeutung, in: Helmut Hinkel (Hg.): Mit Tanz und Geigenspiel. Die Mainzer Miniaturen aus „Christus und die minnende Seele", Mainz u. a. 2013, S. 53–65, hier S. 57.

9–16 „Christus und die minnende Seele", Miniaturen 1–3, 5–9 (Vorlagen: Badische Landesbibliothek Karlsruhe DS 106, und Martinus-Bibliothek Mainz Hs 46)

schrift eine Miniatur, in der Christus der Seele das ‚geheime Wort' mitteilt. Nachfolgend ein visueller Durchmarsch durch die Bilderfolge der Inzigkofer Handschrift:

Via purgativa
1 Abendgebet: *Hie wil si schlaffen gon und die sorg dem herren lon* (Karlsruhe DS 106 1r)
2 Wecken: *Hie haist er sÿ uffston hin zu der metti gon* (Karlsruhe DS 106 4r)
3 Fasten: kein Kommentar (Karlsruhe DS 106 7r)
4 Kasteiung – keine Abbildung
5 Blenden und Lähmen: *Hie wil er sy lemen und blenden, das sy die hell nit mug geschenden* (Karlsruhe DS 106 11r)
6 Unterrichten und Züchtigung: *Hie wil er si leren eben us den gebotten reden* (Karlsruhe DS 106 13v)

7 Spinnen: *Hie wil er sy nit lon spinnen noch vil zittlichs guott gewinnen* (Karlsruhe DS 106 15v)
8 Entkleiden: *Hie wist er sÿ uff abgeschaidenhaitt, wann sy ist iren vinden ain gross laid* (Karlsruhe DS 106 17r)
9 Erhängen: *Hie wil er sy hencken, das sÿ von im nit mug wenken* (Karlsruhe DS 106 19r)

Via illuminativa
10 Liebestrank: *Hie gitt er ir ain liebe trank, das sy von im tuon mug kainen wank* (Karlsruhe DS 106 21r)
11 Flucht und Verfolgung: *Hie lofft er ir bald nach, das sy die welt versmach* (Karlsruhe DS 106 23r)
12 Verbergen und Suchen: *Hie verbirgt er sich vor ir, das entzundet werd ir begirdt* (Karlsruhe DS 106 24r)
13 Verwunden: *Mit der minne stral schüsset sy in, das wil sy han für ainen gwinn* (Karlsruhe DS 106 26v)
14 Binden: *Hie wil sy in binden und zwingen, das sy in nach ir mag bringen* (Karlsruhe DS 106 29r)
15 Versuchen mit Gold: *Hie wil sy nit silber noch gold, sy wil nun iren herren guott* (Karlsruhe DS 106 30v)

Via unitiva
16 Geigen: kein Kommentar (Martinus-Bibl. Mainz Hs 46 p.1)
17 Küssen: *Hie will er sich lassen kussen und sy sin haimlichait lon wissen* (Martinus-Bibl. Mainz Hs 46 p. 4)
18 Trommeln und Tanzen: *Hie will er ir vortrumen und springen, das sy blib in iren sinnen* (Martinus-Bibl. Mainz Hs 46 p. 4)
20 Krönen: *Hie will er ir uffsetzen ain kron, mit der sy besitzen mag den ewigen lon* (Martinus-Bibl. Mainz Hs 46 p. 8)
21 Minnegriff: *Hie sind sy komen über ain und wend nun alle ding han gemain* (Karlsruhe DS 106 34r)

Christus und die minnende Seele ist der Sammeltitel für anonym überlieferte spätmittelalterliche Lehrgedichte bzw. Bilderbogen, die in, je nach Fassung, 20 bis 24 Einzelszenen den mystischen Lebensweg der Seele als Braut Christi auf dem Weg zur Vollkommenheit, zur *unio mystica* mit der Gottheit veranschaulichen.[81] Die erhaltene Überlieferung besteht in acht Handschriften, vier Einblattdrucken und einem Frühdruck vom späten 14. bis zur Mitte des 16. Jahrhunderts. Die wohl ursprünglichste und älteste Form sind die Einblattdrucke; das heute auf Bibliotheken in Karlsruhe und Mainz zerteilte Inzigkofer Exemplar aus dem ausgehenden 15. Jahrhundert mit seinen aufwändigen Miniaturen und umfangreichem Text steht für eine späte Entwicklungsphase. Die Überlieferung von *Christus und die minnende Seele* konzentriert sich auf den deutschsprachigen Südwesten mit Ausstrahlungen entlang des Rheins bis Mainz sowie nordöstlich nach Ostschwaben und Franken. Im monastischen Bereich konzentriert sich die Rezeption auf im

81 Vgl. Sieglinde Hartmann, Christus und die minnende Seele, in: Peter Dinzelbacher (Hg.): Wörterbuch der Mystik, Stuttgart [2]1998, S. 88 f.

17–22 „Christus und die minnende Seele“, Miniaturen 10–15 (Vorlagen: Badische Landesbibliothek Karlsruhe DS 106, und Martinus-Bibliothek Mainz Hs 46)

23–27 „Christus und die minnende Seele", Miniaturen 16–21 (Vorlagen: Badische Landesbibliothek Karlsruhe DS 106, und Martinus-Bibliothek Mainz Hs 46)

15. Jahrhundert reformierte Dominikanerinnenkonvente, aber auch Reformklöster anderer Orden wie etwa der Augustinerchorfrauen und der Zisterzienserinnen. In mehreren Fällen, so auch bei der Inzigkofer Handschrift, lässt sich nachweisen, dass das Werk aus dem Privatbesitz religiös interessierter Laien, zumeist von Frauen, in die Klosterbibliotheken gelangt ist. *Christus und die minnende Seele* wurde überwiegend, aber nicht ausschließlich von einem weiblichen Publikum rezipiert, stammen doch zwei Handschriften und ein Einblattdruck aus Männerklöstern.[82]

Die Szenen des Bilderbogens der *Minnenden Seele* erfordern vom Betrachter ein hohes Maß an Vorkenntnissen. Es besteht die Gefahr, dass die komplexe, beziehungsreiche und zum Teil auch erotische Bildersprache von Uneingeweihten und im geistlichen Leben weniger Fortgeschrittenen missverstanden werden kann. Während des 15. Jahrhunderts begegnet vor diesem Hintergrund eine zunehmende Skepsis des Klerus gegenüber einer mystischen Spiritualität, wie sie zumal von Frauen erfahren wurde. Besonders die sogenannte Erlebnismystik, die sich in Visionen, Auditionen, Entrückung und der Erfahrung der *unio mystica* im Diesseits äußerte, wurde zunehmend misstrauisch als Irrweg und möglicher Betrug des Teufels beargwöhnt. Um ‚gefährlichen' Interpretationen der Bildszenen entgegenzuwirken, wurde die Darstellung im Laufe des 15. Jahrhunderts durch einen zusätzlichen Dialog erweitert, der die Handlungen auf den Bildern in konformer Weise erklärt und die Interpretation des Entwicklungswegs in die ‚richtige' Bahn lenkt. An die Stelle der ekstatischen Gotteserfahrung und der Entrückung in der *unio mystica* in den frühen Bilderbogenfassungen ist in den späteren Bild-Text-Darstellungen und so auch in der Inzigkofer Handschrift der Endzustand des tugendreichen Lebens und des Gehorsams getreten, die eigentliche *unio mystica* findet nach dem Tod im Himmel statt. Die Inzigkofer *Minnende Seele* lehnt die ihr angebotene Krone ab, weil der Erhalt einer solchen Belohnung schon im Diesseits die Gefahr des Hochmuts mit sich brächte und den Verzicht auf eine ewige Belohnung im Jenseits bedeutete.[83] Die Entwicklungsgeschichte der *Minnenden Seele* über nahezu zwei Jahrhunderte lässt sich damit auch als Domestizierung einer auf subjektivem Erleben gründenden offenen und gelegentlich überschießenden weiblichen Spiritualität durch den männlichen Klerus interpretieren.

8. Reformation und Bauernkrieg

Die seit 1525 geführte Inzigkofer Stiftschronik bezieht unmissverständlich Stellung gegen die Reformation: 1520 und etliche Jahre zuvor und danach seien *gar vill falsche Lehren entstanden*, die man insgemein die *Lutterische Lehr* nannte. Es sei so weit gekommen, dass einige Priester öffentlich Weiber genommen hätten und gleichwohl Pfarrer geblieben seien, dass man die *teitsch Meß* gelesen und die heilige Kommunion ohne vorherige Beichte und in zweierlei Gestalt empfangen habe. Man habe nicht mehr für die *Abgestorbene*[n] gebetet, nicht mehr das Weihwasser gesegnet, die Kinder nicht

82 Vgl. Gebauer, Der mystische Dialog (wie Anm. 80), S. 53–55.
83 Vgl. ebd., S. 59 f., 62–64.

mehr getauft, auch das Ave Maria in etlichen Städten nicht mehr geläutet und die Verehrung der Mutter Gottes, der Hl. Anna und anderer Heiliger ganz abgeschafft und verworfen. Die Leute seien durch die falschen Lehrer so verkehrt geworden, dass sie in der Fastenzeit Fleisch aßen und die Freitage nicht mehr hielten. *Und* [es] *glaubte ein jeder, waß ihm gefüehle. Und dises neneten sÿe die evangelische Lehr.*[84]

Die Klosterchronik verschweigt gleichwohl nicht, dass auch die Inzigkofer Chorfrauen zeitweise in lutherische Versuchung gerieten: In das Stift sei ein Sermon ausgeliehen worden, den Martin Luther über das Vaterunser verfasst habe.[85] Diese Schrift habe man über Tisch gelesen, und sie *gefüehl allen gar wohl, also daß etliche* [von] *ihnen etliche Puncten darauß abgeschriben* haben. Unmittelbar darauf hielt der Beichtvater, der Indersdorfer Chorherr Philipp Wunderer, eine *Ex*[h]*ortation* und gebot allen Schwestern bei Verlust der Hl. Communion, Abschriften aus der Luther-Schrift der Pröpstin zu bringen, auch nichts mehr zu lesen, was von diesen neuen Lehrern geschrieben wurde, und auch keine Bücher mehr von ihnen im Kloster zu behalten – *welchen allen wür fleußig nachkamen.* Das Interesse der Inzigkofer Chorfrauen an der Schrift und damit auch an der Theologie Luthers kann auch als Ausdruck einer offenen Spiritualität im Inzigkofer Konvent gedeutet werden. Es bedurfte erst der Intervention des Beichtvaters, damit die Stiftsfrauen wieder auf den ‚recht-', sprich altgläubigen Pfad gelangten. Die Klosterchronik berichtet weiter, dass die Schwestern von ihren Oberen den Befehl erhielten, falls ein lutherischer Lehrer in ihre Kirche oder gar auf die Kanzel kommen sollte, gemeinsam die Kirche bis zum Ende der Predigt zu verlassen. Diese Verordnungen hätten Inzigkofen zu großer Ehre vor Gott und der Welt gereicht, seien doch andere Klöster in größten Spott und zu Schaden an Seele, Leib, Ehre und Gut gekommen und viele Männer- wie Frauenklöster gar zugrunde gegangen. Auch in Inzigkofen habe etliche Jahre niemand mehr Aufnahme begehrt, so dass die Frauengemeinschaft in geistlichen wie zeitlichen Dingen großen Abgang erlitten habe.[86]

Die Reformation ist in der Sicht der Inzigkofer Klosterchronik eine Niedergangsgeschichte. Von 1520 bis 1526 sei es mit dieser *Kezereÿ* so weit gekommen, dass man in vielen Ländern und großen Städten keine Hl. Messe mehr gelesen und keinen Glauben mehr gehabt habe – weder an die Beichte noch an die heiligen Sakramente und auch nicht an die Gottesmutter und die Heiligen. In Konstanz, dem Bischofssitz, habe man an Karfreitag in etlichen Häusern Fleisch gegessen und gar den Wochenmarkt gehalten. Priester habe man dort nur noch dulden wollen, wenn sie ein Weib nahmen. Angesichts dieser Zustände sei das bischöfliche Domkapitel nach Überlingen weggezogen, der Bischof nach Meersburg und das Konsistorium nach Radolfzell. 1535 nahmen die Inzigkofer Chorfrauen die 60-jährige Schwester Barbara von Boßweil vom einstmals mit Inzigkofen eng verbundenen Dominikanerinnenkloster St. Katharina in St. Gallen auf, die von dort vertrieben worden war, als *die lutterisch Irrthumb aldorth überhand genommen* und

84 Klosterchronik (wie Anm. 12), Bd. 1, S. 200 (Zitat).

85 Huber, Die Durchführung der tridentinischen Reform (wie Anm. 38), S. 86, Anm. 11, zufolge hat es sich dabei vermutlich um die *Auslegung deutsch des Vaterunsers für die einfältigen Laien* von 1519 gehandelt.

86 Vgl. Klosterchronik (wie Anm. 12), Bd. 1, S. 200 f.

sie diesen neuen, falschen Glauben nicht annehmen wollte.[87] Mit Pillenreuth und dem Katharinenkloster in Nürnberg gingen noch weitere, ehemals mit Inzigkofen in Beziehung stehende Reformklöster im Gefolge der Reformation zugrunde.[88]

Den Bauernkrieg von 1525 interpretiert die Inzigkofer Klosterchronik als Folge der evangelischen Irrlehre. Aus dieser neuen Lehre heraus sei es dazu gekommen, dass der *gemeine Mann* keine Obrigkeit mehr haben und dem Adel nicht mehr dienstbar und untertänig sein wollte. Die Bauern hätten sich zusammengerottet und wider ihre Herrschaften untereinander verbunden. Mit großer Macht seien sie gegen ihre Herren gezogen und hätten ihnen großen Schaden zugefügt, ihre Schlösser eingenommen und die *Gottsheüser*, d.h. Klöster zerstört. Dieser *Krieg* habe 1525 angefangen und länger als ein Jahr gedauert. Viele seien darin in die Armut gekommen und unzählige zu Witwen und Waisen geworden, da mehr als 100 000 Bauern umkamen und ohne Zahl geköpft und gehenkt wurden, desgleichen viele Geistliche und Ordenspersonen.[89] Auch das Stift Inzigkofen selbst war von der Freiheitsbewegung von 1525 betroffen und wurde von den eigenen und benachbarten Bauern in der Osterwoche zur Herausgabe von Lebensmitteln gezwungen, was wiederum der Klosterchronik zufolge für den Schirm- und Ortsherrn Graf Felix von Werdenberg, ohnedies ein kompromissloser und gewalttätiger Hardliner im Umgang mit den Aufständischen, der Anlass war für eine bewaffnete Strafaktion mit einem Gefecht in Engelswies mit zwei Toten und der Verbrennung des Dorfes Vilsingen, aus dem mehrere der Bauern gekommen seien, die das Stift Inzigkofen bedrängt hatten.[90]

9. Das Tridentinum und die Klosterreformen im ausgehenden 16. Jahrhundert

Ausgehend vom in der dritten Tagungsperiode des Konzils von Trient 1562–1563 verabschiedeten Dekret über die Reform der Orden ist für die katholische Reform neben der Stärkung der Gewalt der Bischöfe und der Regelung der Visitation die Durchsetzung der Klausur in den Frauenklöstern ein zentrales Anliegen.[91] In Inzigkofen ist die Umsetzung

87 Ebd., S. 201, 217 (Zitate).

88 Vgl. Annette von Boetticher, Die Augustiner-Chorfrauen, in: Friedhelm Jürgensmeier/Regina Elisabeth Schwerdtfeger (Hg.): Orden und Klöster im Zeitalter von Reformation und katholischer Reform 1500–1700, Bd. 3. (Katholisches Leben und Kirchenreform im Zeitalter der Glaubensspaltung 67), Münster 2007, S. 65–82, hier S. 76.

89 Klosterchronik (wie Anm. 12), Bd. 1, S. 202, 205 (Zitate).

90 Vgl. ebd., S. 203f. Ausführlich zum Bauernkriegsgeschehen in und um Inzigkofen vgl. Edwin Ernst Weber, Das nordwestliche Oberschwaben, in: Elmar L. Kuhn/Peter Blickle (Hg.): Der Bauernkrieg in Oberschwaben, Tübingen 2000, S. 315–350, hier S. 316f.

91 Vgl. Josef Wohlgemuth (Hg.), Dekrete der ökumenischen Konzile, Bd. 3: Konzilien der Neuzeit, Paderborn 2002 (Dekrete im lateinischen Wortlaut und deutscher Übersetzung), hier Konzil von Trient, 3. Tagungsperiode 1562–1563, Sessio XXV, Dekret über die Reform der Orden, Kapitel 5 zur Klausur der Klosterfrauen. Allgemein zu den Auswirkungen des Tridentinums und zumal der verschärften Klausur auf die Frauenklöster Gisela Muschiol, Die Reformation, das Konzil von Trient und die Folgen. Weibliche Orden zwischen Auflösung und Einschließung, in: Anne Conrad (Hg.): „In Christo ist weder

28 Oberes Redzimmer mit Öffnung für Redgitter und Winde (Vorlage: Volkshochschule Inzigkofen)

des tridentinischen Reformprogramms maßgeblich mit dem seelsorgerlichen Wirken der Jesuiten verbunden. *Anno 1570 hatt die hochlöbliche Societet Jesu, die gottseelige*[n] *Herrn Jesuitter, angefangen, zu unß zu wandtlen und unß haimbzusuechen, auch unß mit ihren geistreichen Prödigen und gottseligen Underweisungen zu trösten, dan zuvor hetten wir kein*[e] *Kundtschafft von ihnen*, berichtet die Klosterchronik. Gräfin Maria von Helfenstein, die Schwester der späteren Pröpstin Amalie, habe die Jesuiten nach Inzigkofen erbeten und befördert, *daß wür also von disen gottseeligen Männeren vill Vollkomenheit geseehen, gehört und darinnen underwisen worden.*[92]

man noch weyb". Frauen in der Zeit der Reformation und der katholischen Reform (Katholisches Leben und Kirchenreform im Zeitalter der Glaubensspaltung 59), Münster 1999, S. 172–198, hier S. 172, 191–195; zu Hohenzollern und den dortigen Klöstern vgl. Huber, Die Durchführung der tridentinischen Reform (wie Anm. 38), S. 80–106.

92 Klosterchronik (wie Anm. 12), Bd. 1, S. 245 f. (Zitat).

Vor allem Pater Paul Hoffäus, Provinzial der Jesuiten 1569 bis 1581, sodann Assistent für Deutschland 1581 bis 1591 und schließlich Visitator für die beiden deutschen Provinzen 1594 bis 1597, ist den Inzigkofer Schwestern neben seinem seelsorgerlichen Einsatz bei zahlreichen Besuchen mit Beichthören, *vill*[en] *nuzliche*[n], *trostreiche*[n] *Lehren* und *oft geistreiche*[n] *Predigen* mit seinen weitreichenden Beziehungen auch politisch und bei der Erlangung von Privilegien behilflich. So steht er Inzigkofen im Streit mit den Dominikanern um die Auflösung des Klosters Hedingen und die Übertragung von dessen Besitz an die Augustinerinnen wirksam an der Kurie in Rom bei und erwirkt mit Unterstützung des Jesuitengenerals 1577 die päpstliche Erlaubnis, dass das Altarsakrament auf dem Nonnenchor auf ewige Zeiten aufbewahrt werden darf. Hoffäus selbst ist es, der als Priester die Eucharistie erstmals in die (obere) Kirche und den Tabernakel trägt, wo sie in der Folge in dem bereits erwähnten, von Euphrosine Schad von Mittelbiberach gestifteten Marienaltar verwahrt wurde.[93]

Nachdem bereits unter ihrer Vorgängerin, Pröpstin Emerentiana Störck, 1585 ein Redzimmer nebst verschlossenem Redfenster neben der Pforte eingebaut worden war,[94] setzt Pröpstin Amalie Gräfin von Hohenzollern in ihrer zwölfjährigen Amtszeit von 1588 bis 1600 in einem geradezu atemberaubenden Tempo ein vielfältiges Reformprogramm auf der Grundlage der tridentinischen Vorgaben und sicherlich auch der jesuitischen Empfehlungen um: Mit Beschluss des Kapitels und Gutheißen von Visitator und päpstlichem Nuntius halten die Schwestern ihr Chorgebet seit 1590/91 mit dem Römischen Brevier. 1591 wird mit Kosten von immerhin 200 Gulden die neue Stube beim oberen Redfenster mit einem geschlossenen Redgitter, einer Winde und nicht zuletzt einem Ofen ausgestattet, damit fortan die nötigen Unterredungen zwischen den Schwestern und ihren Gästen *mit aller Eingezogenheit und Höflikheit gescheehen könne*, ein geeigneter Ort für die seelsorgerlichen Gespräche der Beichtväter und der Jesuiten vorhanden sei und nicht zuletzt zur Winterszeit, in der die Kirche kalt ist, die geistlichen wie die zeitlichen Dinge ruhiger und stiller ausgerichtet werden können. Für die Aufsicht im Redzimmer und an der Winde wird das neue Amt der Windenmeisterin geschaffen, die den Schlüssel morgens von der Pröpstin erhält und abends wieder an diese zurückzugeben hat. Zusätzlich zur Pförtnerin ist fortan eine Torwärterin für den Einlass der Klosterknechte und Handwerker zu notwendigen Arbeiten in die Klausur zuständig, wobei die beiden mit diesen Funktionen betrauten Chorfrauen den Männern stets nur gemeinsam begegnen sollen. Die Vor- oder Laienschwestern sollen in Zukunft keine Pfortenschlüssel mehr haben und die Klausur für wirtschaftliche Besorgungen etwa beim Vieh oder dem Backhaus nur noch zu zweit, mit Erlaubnis der Pröpstin sowie Aus- und Einlass durch die Pförtnerin oder Windenmeisterin verlassen dürfen. Gleich den geweilten Chorfrauen sollen fortan auch die Laienschwestern die in der Klausur sich aufhaltenden Knechte und Handwerker meiden.[95]

93 Vgl. ebd., S. 246 f.; zur Wirksamkeit der Jesuiten in Inzigkofen vgl. auch HUBER, Die Durchführung der tridentinischen Reform (wie Anm. 38), S. 88 f.
94 Vgl. Klosterchronik (wie Anm. 12), Bd. 1, S. 252.
95 Vgl. ebd., S. 253–255 (Zitat S. 253).

Weitere Reformen dienen der Vertiefung einer kirchlich regulierten Frömmigkeit: Mit dem Eintritt des gesamten, damals 30-köpfigen Konvents in die Rosenkranzbruderschaft 1592 ist die Verpflichtung verbunden, während eines ganzen Jahres täglich *Unser Lieben Frauen Psalter* zu beten. Die Pröpstin habe dazu ihre Mitschwestern, wie die Klosterchronik betont, durch ihre mütterliche Ermahnung und Zusprache bewogen, gleichwohl ohne Zwang und Beschwerung des Gewissens, wenn eine Schwester wegen Krankheit, vieler Arbeit oder anderer rechtmäßiger Ursachen den Rosenkranz nicht alle Tage beten könne. Gewissermaßen als Belohnung und Ausgleich gewährt die Pröpstin ihren Mitschwestern alljährlich am Fest des Hl. Dominikus einen Feier- und Rekreationstag mit gutem Essen zu Mittag und zur Nacht, der feierlichen Begehung des Heiligenfestes in der Kirche und einer nachmittäglichen Prozession durch den Klostergarten mit vierstimmigem Singen der Rosenkranzlitanei. Auch wenn bei Einführung des klösterlichen Rosenkranzgebets die Freiwilligkeit und Befristung betont wird, wird es nach der Einführung 1593 zu einer festen Einrichtung, von der auf die Dauer des Bestehens des *Gottshauß und Closter* nicht mehr abgegangen werden soll.[96]

Eine weitere Gebetsverpflichtung war bereits 1587 mit der Stiftung von insgesamt 200 Gulden durch Gräfin Maria von Helfenstein, einer Schwester der späteren Pröpstin Amalie, geschaffen worden: Jeweils am Donnerstagabend sollen fortan nach dem Glockenzeichen die Schwestern drei Vaterunser und Ave Maria nebst dem Glaubensbekenntnis zu Ehre und Dank dem am Ölberg Blut schwitzenden Heiland beten, und jeweils am Samstagabend sind gleichfalls nach dem Glockengeläut drei Vaterunser und Ave Maria zu verrichten als Dank und zu Ehren des Leidens und des Sterbens Christi, der Schmerzen Mariens und zur Erlösung der Vorfahren aus der *Vorhöll*.[97] Die Anfänge zur Inzigkofer „Hochleistungsfrömmigkeit" mit ihrer Überfülle an offiziellen und freiwilligen Gebetsverpflichtungen der Schwestern sind gelegt.[98]

Bestandteil des Reformprogramms unter Pröpstin Amalie ist 1593 auch die Einführung feierlicher jährlicher Professerneuerungen für jede Chorfrau am Jahrtag ihrer ersten Weihe. Damit verbunden sind eine dreitägige Auszeit zur geistlichen Vorbereitung, feierliche Gottesdienste am Vorabend wie auch am *Hochzeitstag* mit Antiphonen, symbolreichen Zeremonien wie dem Knien vor dem Altar, dem Aufstecken des *Gemahelrings*, der Krönung mit einem Kranz und dem Spenden des Kusses sowie eine festtägliche Bewirtung der *Hochzeiterin* am Tisch der Pröpstin. Nach dem Nachtessen verspricht jede Mitschwester der Professjubilarin als Hochzeitsgabe ein freiwilliges Gebet nach Wahl. Die Schwestern erhoffen sich von der *auß Eingebung des Heiligen Geists* und *mit Rath und Willen* der Pröpstin eingeführten Übung *geistlichen Nuzen und Trost* sowie die Erneuerung des ersten Eifers.[99]

96 Vgl. ebd., S. 255 f.

97 Vgl. ebd., S. 261 f.

98 Edwin Ernst Weber, Geistliches Leben und klösterlicher Alltag. Das Augustinerchorfrauenstift Inzigkofen am Vorabend der Säkularisation, in: Hans Ulrich Rudolf (Hg.): Alte Klöster – Neue Herren. Die Säkularisation im deutschen Südwesten 1803, Aufsätze, Teil 1, Ostfildern 2003, S. 281–298, hier S. 285 (Zitat).

99 Klosterchronik (wie Anm. 12), Bd. 1, S. 256 f. (Zitat).

10. Kampf um die Klausur

Im Zentrum des Reformprogramms von Pröpstin Amalie von Hohenzollern steht in den 1590er Jahren indessen die Durchsetzung einer rigorosen Klausur sowohl für die Chorfrauen und Laienschwestern, die das Stift nicht mehr verlassen sollten, wie auch für externe Besucher und hier insbesondere ständisch hochstehende Wohltäter und Verwandte der Schwestern, die den Klausurbezirk nicht mehr betreten sollten. Die 1591 von ihr erlassene Klausurordnung untersagt bei hoher Strafe den Aufenthalt der Chorfrauen während des Gottesdienstes in der für die Dorfbewohner und andere externe Besucher offenen unteren Kirche und jede Unterhaltung der Schwestern mit Kirchenbesuchern. Wenn die Küsterin die untere Kirche kehrt, die Altäre ziert und Vorbereitungen für die Messe trifft, ist die Kirchentür abzusperren. Entgegen der bisherigen Praxis sollen fortan auch die Laienschwestern die Klausur nicht mehr ohne Erlaubnis der Oberen verlassen dürfen, um ihren Geschäften nachzugehen. Die Klosterchronik vermeldet, dass die Klausurordnung *mit Vorwüssen und Bewülligung geistlicher und weltlicher Obrikheit* errichtet worden sei. Es folgt der kommentarlose Zusatz: *aber wegen denen Geweihlten ist nach einiger Zeit dise Verordnung ganz und gar abgethan und aufgehöbt worden wegen wüchtiger Ursachen und soll nit leichtlich mehr zuegelassen werden.*[100] Dies bedeutet nichts weniger als eine Rebellion des Konvents oder wenigstens einer Mehrheit desselben gegen die eigene Pröpstin und die Verweigerung gegenüber ihrem wesentlichen Reformanliegen einer entschiedenen Durchsetzung der Klausur entsprechend den Vorgaben des Tridentinums!

Damit nicht genug wird 1600 mit einem aufwändigen Klosterneubau begonnen, dessen Finanzierung – neben von zwei ausgesandten Vorschwestern in Bayern und Schwaben gesammelten Kollekten in Höhe von mehr als 5000 Gulden – die drei Hohenzollern-Grafen Karl II. in Sigmaringen, Eitelfriedrich IV. in Hechingen und Johann Christoph in Haigerloch versprechen. Nach Darstellung der Klosterchronik wurden innerhalb weniger Jahre vier lange Stockwerke errichtet, die eher einem Palast denn einem Kloster geglichen hätten. Weil man damals *die Grafen und Freÿherrn, Standtspersohnen, sowohl man*[n]*- alß weiblichen Geschlechts* noch in die Klausur gelassen habe, hätten die drei Hohenzollern-Grafen für sich und ihre Angehörigen im Klosterneubau eigene Zimmer einrichten lassen, *worinnen sÿe, wan sÿe alhero komen, ihre Wohnung haben möchten.*[101] Die Klosterchronik stuft es in der Rückschau als Fügung Gottes ein, dass die drei Grafen bald nacheinander starben und der Klosterneubau eingestellt und nach 40 bis 50 Jahren wieder abgebrochen wurde. Es habe dem höchsten Gott nicht gefallen, *daß die Weltliche*[n] *seinen Dienerinen so offt und vihl (wie damahl*[s] *geschaeh) Unruehe und Hindternus machen solten.* Anstelle des allzu üppigen Neubaus sei dank der Unterweisung durch die Jesuiten *daß Gebäu*[de] *deß geistlichen Lebens und clösterlicher Ordnung* aufgerichtet worden.[102]

100 Ebd., S. 254 (Zitat).
101 Ebd., S. 274 (Zitat).
102 Ebd., S. 274 f. (Zitat).

11. Die Statuten von 1643 und die Einführung einer strikten Klausur

Es brauchte noch rund ein halbes Jahrhundert, die Erfahrung der Flucht aus dem eigenen Kloster und eines 13-jährigen Exils unter bedrängten Bedingungen in Konstanz während des Dreißigjährigen Kriegs, das weitere Einwirken der Jesuiten und nicht zuletzt ein kontinuierlich rückläufiger Adelsanteil im Konvent[103], bis mit den neuen Statuten von 1643 strenge Klausurbestimmungen durchsetzbar waren. Unter ausdrücklicher Berufung auf das Tridentinum und die Konstanzer Synodalstatuten von 1609 wird in einem minutiösen, 58 Kapitel umfassenden Regelkatalog für den klösterlichen Alltag und das Ämterwesen in Teil 1 Kapitel 25 detailliert in 15 Abschnitten auch der *Beschluß* des Stiftes nebst dem Umgang mit fremden Gästen geregelt.[104] Weder Chorfrauen noch Laienschwestern dürfen bei Strafe die Klausur verlassen, Ausnahmen sind nur mit Erlaubnis des Bischofs oder bei Feuer, Seuchen und Krieg erlaubt. Externen, gleich welchen Standes, Geschlechts oder Alters, ausdrücklich auch hoch- und wohlgeborenen Personen, Verwandten der Schwestern und Kindern, ist das Betreten der Klausur strikt untersagt. Sogar dem Beichtvater sowie Ärzten wird der Einlass nur in Notfällen erlaubt. Die einzige Kontaktstelle zwischen klösterlichem Innen und Außen sind die Redzimmer, für deren Ausgestaltung mit Eisengittern, Triebwinde und Mobiliar genaue Vorgaben gemacht werden. Sogar das Verbot des Essens und Trinkens sowie des Musizierens am Redfenster findet sich.

Dem schärfsten und anhaltenden Widerstand begegnet die Durchsetzung der strengen Klausur von Seiten der Sigmaringer Hohenzollern-Fürsten, die als Schirm- und Kastenvögte weiterhin Zugang in das Stift verlangen und deswegen endlose Streitigkeiten sowohl mit der Pröpstin wie auch dem Bischof von Konstanz und seinen Behörden austragen.[105] Gleichermaßen strittig ist das fürstliche Verlangen nach einer Kontrolle über die Wirtschaftsführung des Stifts und die Teilnahme an der Wahl der Pröpstin.[106] Für die Sigmaringer Fürsten bedeutet die entschiedene Durchsetzung der strengen Klausur-Vorgaben des Konzils von Trient in Inzigkofen seit der Mitte des 17. Jahrhunderts das endgültige Scheitern ihrer mutmaßlichen Bestrebungen, das Chorfrauenstift zu einem Hauskloster für die Sigmaringer Linie des Hochadelsgeschlechts zu gestalten. Die treibende Rolle von Graf Karl II. bei der rechtlich durchaus problematischen Aufhebung des Dominikanerinnenklosters Hedingen und dem Übergang von dessen Besitz an Inzigko-

103 Vgl. die Konventlisten von 1645 und 1658 in der Klosterchronik (wie Anm. 12), Bd. 1, S. 302 f., 317 f.
104 *Ernewerte Statuten Deß Klosters St. Johann Baptisten zue Inzkofen St. Augustini Ordens der geregulierten Chorfrawen, bestettiget im Jahre 1643* – Klosterbibliothek Beuron 4 MS 20, Statuten vom 6. 9. 1643, Pergamentlibell mit eigenhändigen Unterschriften von Bischof Franz Johann und Leonhard Hamers, Propst der Kollegiatkirche St. Stephan, mit Siegel des Bischofs, Teil 1, Kapitel 25: Von dem Beschluss des Klosters und fremden Gästen, S. 93–97.
105 Vgl. StAS FAS, DS 1, T 1–5, R 78, 305: Eintritt in die Klausur des Klosters Inzigkofen, welche von dem Fürsten Meinrad I. von H[ohenzollern-]Sigmaringen beansprucht wird, 1575–1655; vgl. hierzu auch Huber, Die Durchführung der tridentinischen Reform (wie Anm. 38), S. 91.
106 Vgl. Weber, Geistliches Leben (wie Anm. 98), S. 185.

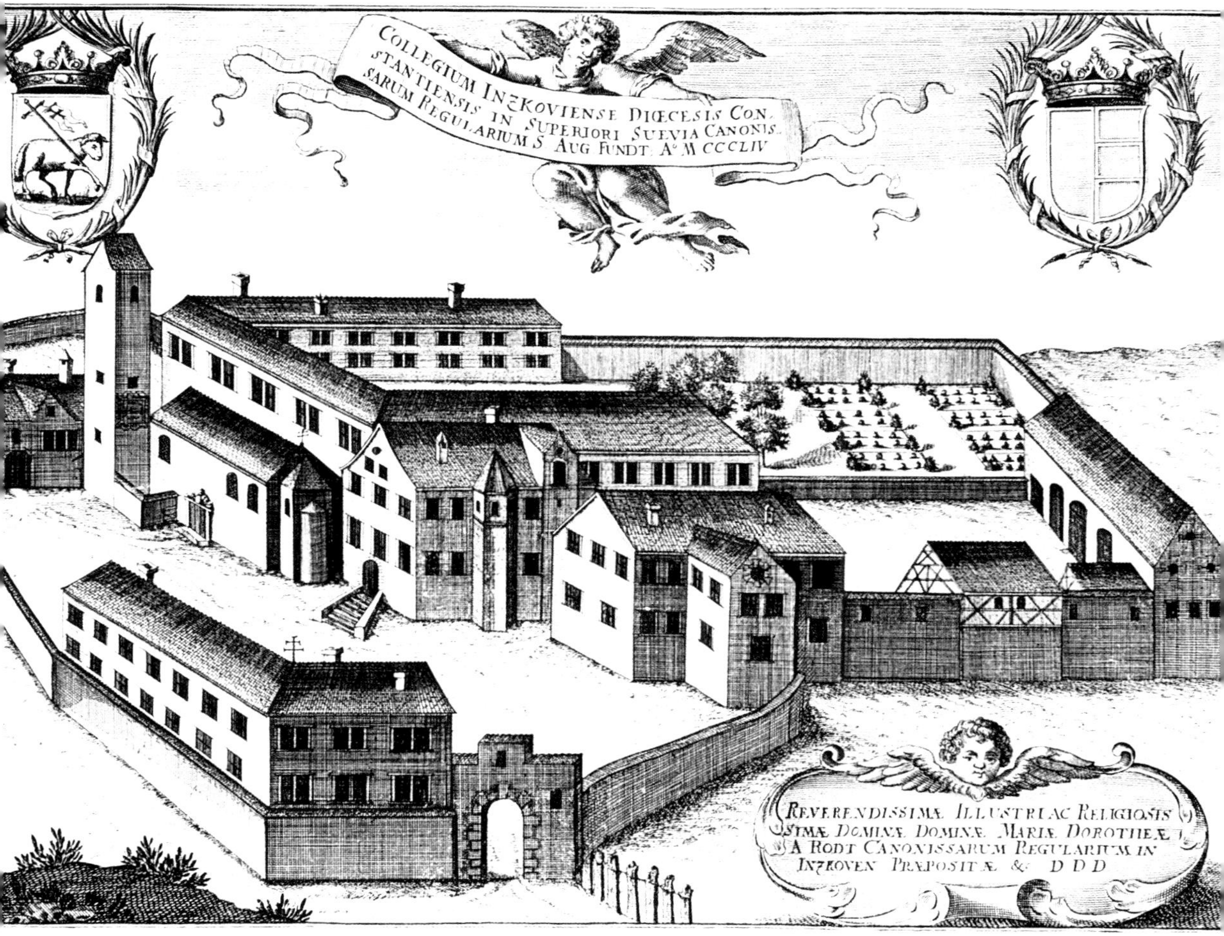

29 Das regulierte Augustinerchorfrauenstift Inzigkofen in Oberschwaben, Druckgrafik von Joann Franck, um 1700 (Kreisarchiv Sigmaringen VII/3 Nr. 95)

fen Ende des 16. Jahrhunderts, das beträchtliche Engagement Karls II. und seines Bruders bzw. Neffen für einen repräsentativen Klosterneubau nebst integrierter Wohnung für den Schirmherrn Anfang des 17. Jahrhunderts, vor allem aber der bevorzugte Eintritt von Töchtern des Geschlechts in das Augustinerinnenstift im 16. und 17. Jahrhundert legen derartige Absichten nahe. 1712 endet mit dem Tod von Chorfrau und Priorin Gräfin Franziska von Hohenzollern-Sigmaringen, der Tochter von Fürst Meinrad I., die besondere persönliche Beziehung zwischen Adelshaus und Stift, und es erfolgt kein weiterer Eintritt mehr einer Angehörigen des Hauses oder auch anderer Hochadelsgeschlechter. Der durch die strenge Klausur abgeschnittene persönliche Zugang der Adelshäuser zu „ihren" Klosterfrauen dürfte dabei ein wichtiger Grund gewesen sein.

12. Asketische Gehorsams- und Leistungsfrömmigkeit

Eine interessanterweise von einer Chorfrau aus dem Hause Hohenzollern verfasste geistliche Biografie der 1627 verstorbenen Mitschwester Paula Merend gibt einen Einblick in die Formen und Inhalte der in Inzigkofen praktizierten Frömmigkeit am Ende des betrachteten Zeitraums.[107] Gräfin Maria Kunigunde widmete als *gaistliche Tochter* der langjährigen Novizenmeisterin des Stifts eine Lebensbeschreibung, die die Tugenden, den Gehorsam, die Demut und die Frömmigkeit der Protagonistin als Vorbild und Ideal für ein gelingendes und gottgefälliges geistliches Frauenleben darstellt. Die als Tochter eines Leibarztes am Innsbrucker Hof 1555 geborene und nach dreijähriger Tätigkeit als Hofjungfrau für Eleonora Truchsessin von Waldburg in Trauchburg 1573 in Inzigkofen eingetretene Paula Merend zeichnete sich der Darstellung zufolge durch eine innige und hochemotionale Leiden-Christi- und Heiligenverehrung aus. So oft die Uhr schlug, grüßte sie die Wunden Christi mit einem Gebet, zu jeder Tagzeit, die sie betete, küsste sie das auf eine Tafel gemalte wunde Herz Christi. Sie trug für ihr Gebet vor allem nachts ein geschnitztes Andachtsbild von des *Herren Ruh*[108] mit sich, das sie ihr *Knechtle* nannte, da Christus durch das Tragen unserer Sündenlast unser Knecht geworden sei. Sie lade diesem Knechtlein auf, was ihr selbst zu schwer und unerträglich sei, und Christus helfe ihr, ihr Kreuz zu tragen. Auch verküsste sie ein altes Kruzifix sowie Täfelein der Muttergottes und anderer Heiliger, dass diese schwarz davon wurden. Nie habe sie sich niedergelegt und nie sei sie aufgestanden, ohne die Andacht zu ihren Patronen zu verrichten, von denen sie besonders den Hl. Augustinus, den Apostel Matthäus und die Hl. Jungfrau Katharina liebte. Ein Bildnis des Hl. Hieronymus trug sie als Schutz gegen Gespenster und Anfechtungen des bösen Geistes bei sich.[109] Eine besondere Begierde hegte sie zum Altarsakrament, so dass sie alle acht Tage und alle Freitage mit großer, inbrünstiger Andacht zur Kommunion gegangen sei[110] und bei Beichte und Kommunion zumeist Tränen vergossen habe. Nach dem Verlust des Gehörs musste sie zu ihrem großen Schmerz den Chordienst aufgeben.

Fester Bestandteil ihrer Frömmigkeitspraxis waren Askese und Bußwerke. Verborgen von ihrer Mitschwestern habe sie schier alle Nächte *disiplin* (Geißelung) gemacht. Oft habe sie auf einem Brett geschlafen und als besonderes Bußwerk Erbsen in ihre Schuhe gelegt. In jungen Jahren habe sie einen härenen Gürtel wohl auf der nackten Haut getragen. Sie habe sich selbst als Buße auferlegt, bis an ihr Lebensende kein rohes Obst oder andere Früchte, weder Pomeranzen noch Zitronen zu essen und, solange sie gesund war, auch kein Geflügel. In Alter und Krankheit habe es sie geschmerzt, derartige Buß-

107 Vgl. *Kurzer begriff des lebens und tugenden der gottseeligen muetter Paula Merendtin closterfrauen in unserem gottshaus Inzkhoffen, wie solches von einer aus ihren gaistlichen töchteren oder novicin geschrieben worden, mit nahmen Maria Kunigunda greffin von Hochenzolleren* – ediert von Pius Bihlmeyer, Die Augustinerin Paula Merend (gest. 1627), eine mystische Blüte aus dem Klostergarten von Inzigkofen, in: Freiburger Diözesanarchiv Bd. 37 (1909), S. 180–203. Eine komprimierte Lebensbeschreibung von Paula Merend findet sich in der Klosterchronik (wie Anm. 12), Bd. 1, S. 276–281.

108 Christus in der Rast – eine Darstellungsform des Ecce homo.

109 Vgl. Bihlmeyer, Die Augustinerin Paula Merend (wie Anm. 107), S. 194–196 (Zitat S. 195).

110 Vgl. ebd., S. 192.

werke unterlassen zu müssen. So oft sie an einem Kreuz oder an der Kirche vorbeigegangen sei, sei sie niedergekniet und habe gegen ihr Herz geschlagen. Wichtig war ihr die tägliche und auch nächtliche Lektüre geistlicher Bücher. In einigen heute in der Klosterbibliothek Beuron verwahrten Büchern aus Inzigkofen findet sich Paula Merend als frühere Besitzerin eingetragen, so etwa im *Mortificationsbüchlein, das ist ernstlicher, aber nutzlicher* [...] *tractat von der Mortification, Untertruckung und abtödtung unserer* [...] *verkehrten natur* des Jesuiten Jul. Fatius von 1599.[111]

Neben dem Gehorsam gegenüber ihren Oberen im Stift wie auch den Beichtvätern habe sie sich durch Demut gegen ihre Mitschwestern ausgezeichnet. Sie kniete nicht nur vor den Oberen, sondern auch vor den Mitschwestern nieder, so oft sie Gelegenheit hatte, ihnen für etwas zu danken oder ihre Schuld zu bekennen. Solange sie noch jung und gesund war, habe sie oft dem ganzen Konvent die Füße geküsst. Auch habe sie lieber gewollt, dass man sie schelte denn lobe, denn Lob sei ein *gefahrliches ding*. Ihre größte Sorge sei es gewesen, dass im Konvent der gemeine Frieden und die Liebe erhalten blieben.[112] Ihre geistlichen Ordnungen, Betrachtungen und Übungen habe Paula Merend in einem geistlichen Tagebuch festgehalten und eine derartige Erforschung auch ihren geistlichen Kindern empfohlen. Als besondere Maxime habe sie diese gelehrt, dass es täglich geistlich zu sterben gelte, das bringe am Ende des Lebens einen fröhlichen Mut und helfe leichter zu sterben.[113] Am 26. August 1627, im Jahr nach ihrer goldenen Profess, starb Paula Merend ihrer Biografin zufolge mit 72 Jahren einen seligen Tod.

Die in der geistlichen Biografie Paula Merend zugeschriebene asketische Gehorsams- und Leistungsfrömmigkeit ist paradigmatisch für das weibliche Frömmigkeitsideal im Chorfrauenstift Inzigkofen zwischen katholischer Reform und Säkularisation. Die in ein weites Beziehungsnetzwerk eingebettete offene Spiritualität des spätmittelalterlichen Reformklosters, die auch für mystische und kurzzeitig sogar für reformatorische Impulse aufnahmebereit war, hatte sich in eine kirchlich reglementierte, von Abschottung gegen die Außenwelt sowie von strengen Pflicht- und Leistungsanforderungen geprägte, weithin konforme Frömmigkeit gewandelt.

111 Vgl. ebd., S. 197–199 (Zitate S. 198, 197 Fußnote 1).

112 Vgl. ebd., S. 200–202 (Zitat S. 202).

113 Vgl. ebd., S. 193, 200.

Zu unserer armen lüt und unsers gotzhuß nutz und guotem

Der ‚Klosterstaat' Zwiefalten um 1500

von Wilfried Setzler

Das im Geist der Hirsauer Kirchenreform 1089 gegründete Benediktinerkloster Zwiefalten wurde von seinen Stiftern, den Grafen Kuno und Liutold von Achalm[1], wirtschaftlich bestens ausgestattet. Zum Fundationsgut gehörten einige in der Nachbarschaft des Klosters liegende Weiler sowie Bauernhöfe, Kirchen, Mühlen, Wälder, Wiesen, Wirtshäuser, Fischrechte, Gerichtsbarkeiten, Weingüter in über 120 Orten, vor allem auf der Schwäbischen Alb und im mittleren Neckarraum.[2] Mit den Achalmer Grafen befreundete Dynastien sowie deren Dienstmannen ergänzten und erweiterten in den ersten Jahrzehnten der Klostergeschichte den Besitz, die Grundrechte und Einkünfte.[3]

Neben dem wirtschaftlichen Fundament schufen die Achalmer Grafen auch die Grundlagen für die politische Stellung des Klosters in der Kirche und im Reichsgefüge. So konnte der Konvent des Klosters, das zunächst von einem aus Hirsau stammenden Prior bzw. dann Abt geleitet worden war, schon 1095, sechs Jahre nach der Gründung,

1 Zu den Grafen von Achalm vgl. Sönke Lorenz, Graf Liutold von Achalm († 1098) – ein Klosterstifter im Zeithorizont des Investiturstreites, in: Heinz Alfred Gemeinhardt/Sönke Lorenz (Hg.): Liutold von Achalm († 1098) Graf und Klostergründer, Reutlingen 2000, S. 11–55 und die dort angegebene Literatur.

2 Zur Geschichte des Klosters und insbesondere zu dessen Gründung vgl. Die Zwiefalter Chroniken Ortliebs und Bertholds, neu herausgegeben, übersetzt und erläutert von [Luitpold Wallach – auf Titelblatt und im Vorwort der 2. Aufl. richtiggestellt] Erich König/Karl Otto Müller, Stuttgart 1941; Sigmaringen ²1978 [mit neuen Vorworten]; Arsenius Sulger, Annales Imperialis Monasterii Zwifaltenses, 2 Bde, Augsburg 1698; Wilfried Setzler, Zwiefalten, in: Germania Benedictina Bd. 5, bearb. von Franz Quarthal, Augsburg 1975, S. 680–709; Hermann Josef Pretsch (Hg.), 900 Jahre Benediktinerabtei Zwiefalten, Ulm 1989; Wilfried Setzler, Zwiefalten, in: Der Landkreis Reutlingen (Kreisbeschreibungen des Landes Baden-Württemberg) Bd. 2, Sigmaringen 1997, S. 910–992; Heinz Alfred Gemeinhardt/Sönke Lorenz (Hg.), Liutold von Achalm († 1098) Graf und Klostergründer, Reutlingen 2000.

3 Zur Grundausstattung vgl. Hendrik Weingarten, Herrschaft und Landnutzung. Zur mittelalterlichen Wirtschaftsgeschichte Kloster Zwiefaltens (Schriften zur südwestdeutschen Landeskunde 57), Ostfildern 2006; Szymon Wieczorek, Die Schenkungen Boleslaws III. und der Salomeas von Berg an die Benediktinerabtei Zwiefalten in den 1130–40er Jahren, in: Eduard Mühle (Hg.): Monarchische und adlige Sakralstiftungen im mittelalterlichen Polen, Berlin 2013, S. 131–170.

seinen Abt frei und unabhängig selbständig wählen. Zudem entließ Graf Liutold 1093 nach dem Tod seines Bruders Kuno das Kloster aus seiner „potestas", verzichtete auf jegliche Verfügungsgewalt und sorgte mit einer Unterstellung an den apostolischen Stuhl in Rom für die „libertas Romana", die Zwiefalten, wie es den Ideen der gregorianischen Kirchenreform entsprach, von einer Bevormundung durch weltliche Machthaber freistellte.[4] Im entsprechenden päpstlichen Privileg von 1093 wurde dem Kloster verbrieft, dass es künftig seinen weltlichen Arm, den Vogt, selbst ernennen dürfe und dieser nicht etwa als Beauftragter des Königs handele, sondern aus klösterlicher Machtbefugnis.[5]

Dank dieser umsichtigen Fundamente blühte das Kloster schnell auf, und zwar in jeder Hinsicht, wie man in den 1135/38 entstandenen Zwiefalter Chroniken[6] nachlesen kann. Das Kloster zählte damals rund 70 Mönche und 130 Laienbrüder.[7] Inzwischen hatte sich, etwa 20 Jahre nach der Gründung, neben dem Männer- auch ein Frauenkonvent etabliert. Zum Jahr 1135 zählte der Chronist Ortlieb „beinahe 40 Schwestern"[8], zum Jahr 1138 berichtete der Chronist Berthold gar von 62 in Zwiefalten lebenden Schwestern, zudem vermerkte er, dass seit der Gründung bereits 45 verstorben waren.[9]

Von einer Blüte zeugen auch die Nachrichten über einen außerordentlich reichen Schatz von Reliquien[10], von Gold-, Silber- und Bronzegeräten, von Holz- und Elfenbeinschnitzereien, von Textilien und Handschriften.[11] Für diese und deren Vermehrung sorgte ein leistungsfähiges Skriptorium, in dem nicht nur einige wenige Spezialisten, sondern viele Mönche und Nonnen arbeiteten.[12]

Doch schon wenige Jahrzehnte später werden die Anzeichen eines Niedergangs deutlich.[13] Die Reformideale wurden aufgegeben. Immer mehr Mönche verfügten über eigenes Vermögen, die vita communis zerbrach. In den 50 Jahren zwischen 1208 und 1259

4 Vgl. Zwiefalter Chroniken (wie Anm. 2), S. 56–61; zur Reform vgl. Hermann Jakobs, Die Hirsauer. Ihre Ausbreitung und Rechtsstellung im Zeitalter des Investiturstreites, Köln 1961; Klaus Schreiner, Hirsau und die Hirsauer Reform: Spiritualität, Lebensform und Sozialprofil einer benediktinischen Erneuerungsbewegung im 11. und 12. Jahrhundert, in: Ders. (Hg.): Hirsau St. Peter und Paul 1091–1991 Bd. 2, Stuttgart 1991, S. 59–84.

5 Wirtembergisches Urkundenbuch, hg. von dem königl. Staatsarchiv in Stuttgart Bd. 1, Stuttgart 1849, Nr. 242, S. 298.

6 Zur Überlieferung der beiden Chroniken vgl. Zwiefalter Chroniken (wie Anm. 2); Luitpold Wallach, Berthold of Zwiefalten's Chronicle (Traditio. Studies in ancient and medieval History XIII), New York 1957; Klaus Graf, Zur Überlieferung der Zwiefalter Chroniken Ortliebs und Bertholds: https://ordensgeschichte.hypotheses.org/6323 (aufgerufen am 6. 10. 2020).

7 Vgl. Zwiefalter Chroniken (wie Anm. 2), S. 276 f.

8 Ebd., S. 80 f. (Zitat).

9 Vgl. ebd., S. 276 f.

10 Der ursprüngliche Reliquienschatz beschrieben ebd., S. 110–135. Dazu vgl. Herrad Spilling, Sanctarum reliquiarum pignera gloriosa. Quellen zur Geschichte Reliquienschatzes der Benediktinerabtei Zwiefalten, Buchau 1992.

11 Vgl. Zwiefalter Chroniken (wie Anm. 2), S. 174–179, 196–199, 226 f., 264–267.

12 Vgl. Sigrid von Borries-Schulten, Katalog der illuminierten Handschriften der Landesbibliothek Stuttgart Bd. 2: Die romanischen Handschriften, Teil I Provenienz Zwiefalten, Stuttgart 1987.

13 Dazu vgl. Wilfried Setzler, Zwiefalten im Hochmittelalter, in: Heinz Alfred Gmeinhardt/Sönke Lorenz (Hg.): Liutold von Achalm († 1098) Graf und Klostergründer, Reutlingen 2000, S. 57–74, hier S. 72–74 und die dortigen Nachweise.

verzeichnet die Liste der Äbte einen zwölfmaligen Wechsel. Die Konkurrenz neuer Reformorden, politische Spannungen im Konvent sowie Verwicklungen in kriegerische Ereignisse führten zu personellen und wirtschaftlichen Einbußen. Im 13. und 14. Jahrhundert zeigt sich die Klostergeschichte geprägt von Misswirtschaft und Güterverlust, von Rechtsunsicherheit und Streitigkeiten, vom Verfall der Sitten, des geistig-kulturellen und des geistlich-spirituellen Lebens. Die Pest von 1348/1350 gefährdete gar das Fortbestehen des Klosters.

Doch im ausgehenden 14. und zu Beginn des 15. Jahrhunderts kam es nicht zuletzt durch eine Rückbesinnung auf die Gründungsprivilegien zu einer Konsolidierung und schließlich zu einem zunächst langsamen, dann immer rasanter werdenden erneuten Aufschwung in allen Gebieten.

Unter dem von 1474 bis 1512 regierenden Abt Georg Fischer (Piscatoris), einem aus dem Klosterdorf Baach stammenden Bauernsohn[14], erlebte Zwiefalten nun in den Jahrzehnten um 1500 eine erneute wirtschaftliche, geistige und politische Blüte.[15]

Wenn nun im Folgenden auf diese Zeit näher eingegangen wird, kann dabei allerdings kein umfassendes Bild der Situation um 1500 geboten werden. Einige Bereiche müssen leider ausgeklammert werden, etwa die Frage nach der Herkunft der Konventualen und der sozialen Zusammensetzung des Konvents oder eine detaillierte Beschreibung der Leistungen, die von den klösterlichen Lehensnehmern erbracht werden mussten. Behandelt werden lediglich fünf Teilaspekte: Die rechtliche Stellung des Klosters im Reich und sein Verhältnis zu Württemberg, die Entstehung und Struktur des Klosterterritoriums, die Verwaltung des Klosters und seines Besitzes, das geistig-geistliche Leben (die Pflege von Bildung, Kunst und Kultur) sowie das besondere Verhältnis Zwiefaltens zum Frauenkloster Mariaberg.

1. Rechtliche Stellung des Klosters im Reich und sein Verhältnis zu Württemberg

Das dem Kloster bei der Gründung verliehene Recht, seinen Vogt, seinen Schützer und Schirmer, selbst zu wählen, bei Missfallen gar abzusetzen, hat Zwiefalten in allen Zeiten mehr oder minder frei von Zwang umgesetzt.[16] 1303 übertrug die Abtei die Vogtei erstmals an Habsburg, wobei in einem förmlichen Vertrag das Verhältnis zwischen Vogt und Kloster schriftlich fixiert wurde.[17]

14 Seine Mutter, Ella Wernher zu Baach, Hans Fischers Witwe, verkaufte am 6. September 1490 einen Acker und einen Garten zu Baach an ihren Sohn, den Abt Georg von Zwiefalten; vgl. Landesarchiv Baden-Württemberg, Hauptstaatsarchiv Stuttgart (im Folgenden HStAS) B 551 U 248.

15 Zu seiner Wahl und seinem Regierungsende vgl. Wilfried Setzler, Kloster Zwiefalten. Eine schwäbische Benediktinerabtei zwischen Reichsfreiheit und Landsässigkeit. Studien zu ihrer Rechts- und Verfassungsgeschichte, Sigmaringen 1979, S. 155–159.

16 Dazu und zu Folgendem vgl. Setzler, Kloster Zwiefalten (wie Anm. 15); Ders.: Die Entwicklung vom „Römischen Kloster" bis zum „Sonderfall" im Reich (1089–1570), in: Hermann Josef Pretsch (Hg.): 900 Jahre Benediktinerabtei Zwiefalten, Ulm 1989, S. 19–43.

17 Vgl. HStAS B 551 U 114.

Doch mit dem bald danach einsetzenden Rückzug der österreichischen Politik aus Oberschwaben verschwand auch das Interesse der Habsburger an Zwiefalten. Zwar blieben sie in der Folgezeit nominell die Vögte, doch immer mehr übernahmen die Grafen von Württemberg deren Funktion. Als 1442 die Brüder Ludwig und Ulrich von Württemberg ihre Grafschaft teilten, wurde Zwiefalten miteingerechnet und merkwürdigerweise dem Stuttgarter Landesteil zugeordnet.[18]

Andererseits verstand sich das Kloster als dem Reich zugewandt. Wie selbstverständlich wird Zwiefalten 1422 bei der Einführung einer Reichssteuer als Reichskloster registriert und von da an in der Reichsmatrikel geführt. Diese Zuordnung zu den Reichsständen zeigt sich beispielsweise auch in einem Mandat Friedrichs III. von 1462, das Kloster solle ihm in Erinnerung an die Pflichten gegen „Kaiser und Reich" Truppen stellen.

Bestrebungen des Klosters, württembergische Vogteiansprüche einzuschränken, möglicherweise ganz abzuschütteln, zeigen erstmals deutlich die Vorgänge bei der Wahl des Abtes Georg Fischer 1474. Energisch und zielstrebig versuchte dieser dann, das Kloster aus seinen Bindungen an Württemberg zu lösen und eine förmliche Reichsunmittelbarkeit zu erlangen. Zwangsläufig führte dies nach der Wiedervereinigung Württembergs 1481/1482 zum Konflikt mit Graf Eberhard im Bart und seiner energischen Kirchenpolitik[19], die unter anderem aus den Schutzpflichten einer Vogtei Herrschaftsrechte ableitete. Auf einem Höhepunkt der Auseinandersetzung griff Eberhard zum Mittel der Gewalt und besetzte das Kloster im militärischen Handstreich. Abt und Konvent mussten Gehorsam schwören, die Klosteruntertanen Württemberg huldigen.[20]

Eine diplomatische Gegenoffensive des Klosters fand Unterstützung bei Erzherzog Sigismund von Österreich-Tirol und dessen Vetter, Kaiser Friedrich III., der 1489 das Kloster und seine Untertanen von allen Treueiden gegenüber Württemberg entband.

Doch Friedrichs Sohn wiederum, seit 1486 deutscher König und 1490 Erbe des resignierten Erzherzogs Sigismund, war bereit, die österreichisch-zwiefaltische Position anderen, reichsweiten Interessen unterzuordnen. So kam es am 25. Juni 1491 in Nürnberg schließlich zu einem Vertrag zwischen Maximilian und Graf Eberhard im Bart, der eher den politischen als rechtlichen Begebenheiten Rechnung trug und Württemberg auf „ewige" Zeiten die Vogtei über Zwiefalten zusprach.[21]

Die Abtei, die sich 1481 noch als einziges der 13 unter württembergischer Vogtei stehenden Männerklöster geweigert hatte, den Münsinger Vertrag zur Wiedervereinigung des Landes mitzusiegeln[22], wurde nun landsässig, Württemberg „zugewandt" und „yngeleibt", wurde fester Bestandteil des corpus pii, der landständischen Körperschaft der Prälaten.

Erstaunlicherweise wurde dies in Zwiefalten nicht nur akzeptiert, sondern sehr schnell aktiv umgesetzt. Wie selbstverständlich war von nun an Abt Fischer in diplomatischen Missionen für Württemberg tätig, schlichtete im Auftrag Württembergs Streitigkei-

18 Vgl. HStAS A 602 Nr. 88 und Nr. 88a.

19 Vgl. Dieter Stievermann, Landesherrschaft und Klosterwesen im spätmittelalterlichen Württemberg, Sigmaringen 1989.

20 Vgl. Setzler, Kloster Zwiefalten (wie Anm. 15), S. 59–63.

21 Vgl. HStAS A 139 U 1.

22 Vgl. HStAS A 602 Nr. 297, gesiegelt haben von den 13 Äbten elf. Dem Abt von Ellwangen wurde eine Mitsieglung erlassen; HStAS A 602 Nr. 299.

ten, begleitete württembergische Delegationen an auswärtige Höfe. 1493 wurde er neben dem Abt von Bebenhausen Firmpate des späteren Herzogs Ulrich, was einer persönlichen Ehrung und zugleich persönlichen Anbindung an die Grafenfamilie gleichkam.

Eine führende Rolle im württembergischen Prälatenstand übernahm Georg Fischer bei der Absetzung Herzog Eberhards II. 1498 und in der danach in Vormundschaft für Ulrich amtierenden Regierung. Bis zur Volljährigkeit Ulrichs 1503 gehörte er nicht nur zu den zwölf Regenten des Landes, sondern vertrat auch innerhalb der ständig in Stuttgart anwesenden vierköpfigen Vormundschaftsregierung den Prälatenstand.[23]

Übersehen darf man dabei allerdings nicht, dass der Nürnberger Vertrag von 1491, der die „Inkorporation" Zwiefaltens in den württembergischen Prälatenstand verursacht hat, auch wichtige – wie man in der Reformationszeit erkennen sollte, lebenswichtige – Sonderrechte des Klosters beinhaltete.

So wurde darin unter anderem festgehalten,[24] dass Württemberg, obwohl nun Landesherr, lediglich „Vogtgeld" erhalten solle und Zwiefalten von allen anderen Steuern, Schatzung, Umgeld, Landschaden befreit sei; dass Württemberg die Malefizhoheit, also die „Hohe Gerichtsbarkeit", habe, jedoch im Klostergebiet ohne Einwilligung des Abtes nach niemandem fahnden dürfe und nicht befugt sei, auch nicht bei Forstvergehen, jemanden zu verfolgen oder gefangen zu nehmen; dass Württemberg die Forsthoheit gehöre, das Kloster jedoch keine Atzung leisten, keine Jagdgesellschaft verpflegen, und keine Hundelegen unterhalten müsse. Zudem wurden die Gewässer- und Fischrechte von der württembergischen Forsthoheit ausgeschlossen.

Am folgenreichsten wurde die Bestimmung, dass, *was geistlichen Dinge anbelangt, die geistliche Richter und des Gotteshauses und des Ordens Obere und nicht der Kastvogt Recht setzen oder darin Recht haben.*[25]

Die reichsrechtliche Stellung Zwiefaltens um 1500 also: Der Abt war als führender Kopf des 14 große Männerklöster umfassenden württembergischen Prälatenstandes aktiv an der Landespolitik beteiligt, das Kloster war insgesamt fest in das Herzogtum Württemberg eingebunden, allerdings auch mit autonomen Sonderrechten ausgestattet.

2. Das Klosterterritorium

Dem im späten 12. Jahrhundert einsetzenden wirtschaftlichen Niedergang folgte, wie erwähnt, in den Jahrzehnten um 1400 eine Konsolidierung. Eindeutig zielte die Wirtschaftspolitik von nun an auf eine Arrondierung des Besitzes, der Güter und Rechte. Begünstigt wurde der Prozess durch lange Regierungszeiten der Äbte. Von 1398 bis 1513 waren dies nur vier Personen, alle starke Persönlichkeiten, die auch familiär in der Region verwurzelt waren.[26]

23 Vgl. Setzler, Kloster Zwiefalten (wie Anm. 15), S. 68 f.
24 Vgl. ebd., S. 66 f.
25 HStAS A 139 U 1.
26 Liste der Äbte vgl. Setzler, Germania Benedictina (wie Anm. 2), S. 701 f.: Wolf von Stein (1398–1421), Georg Eger aus dem Klosterdorf Tigerfeld (1421–1436), Johann von Stein (1436–1474) und Georg Fischer aus dem Klosterdorf Baach (1474–1513). Zu ihrer Herkunft vgl. Württembergische Landesbibliothek (im

Die Grafen von Achalm hatten Zwiefalten bei der Gründung bereits mit reichem Besitz in unmittelbarerer Nachbarschaft des Klosters ausgestattet. Nun wurden unter Abt Wolf von Stein (1398–1421) erstmals wieder in Klosternähe in größerem Umfang Güter, Höfe, Einkünfte, Rechte, Zehnten etc. erworben: 1410 erfolgte beispielsweise der Kauf von 13 Höfen zu Pfronstetten mit „Zwing und Bann“, „Gericht und Vogtei“[27]; 1412 gelang es dem Abt, die Vogtei und das Gericht, den Zwing und Bann über Huldstetten, Geisingen, Gauingen, Hochberg, Wimsen und Gossenzugen zu erwerben.[28]

Die Käufe zielten auf den Aufbau größerer zusammenhängender Komplexe, vor allem auf den Erwerb aller einem Gut, Hof oder Ort zugehörenden Rechte. Ein Paradebeispiel bieten Daugendorf, wo 1415 und 1452 nach und nach viele Einzelgüter, eine Mühle, die Fischenz, die Burg und die Ortsherrschaft mit dem Hirtenstab und dem Gericht erworben wurden,[29] oder das stattliche Dorf Neuhausen, das 1431 mit aller Gerichtsherrschaft samt dem Vogtrecht über 38 große Bauernhöfe gekauft werden konnte.[30]

Zur effizienteren Verwaltung wurden unter Abt Wolf von Stein nun auch Urbare angelegt, die Besitztümer und Rechte neu verzeichneten. Das älteste erhaltene Lagerbuch Zwiefaltens datiert in die Zeit um 1425.[31]

Der Aus- und Umbau der klösterlichen Grundherrschaft hin zum „Klosterstaat“, zum geschlossenen Territorialstaat, fällt vor allem in die Regierungszeit des Abtes Georg Fischer (1474–1513). Er konnte das Klosterterritorium weiter arrondieren und noch einmal bedeutend vergrößern: 1474 wurde das Schloss Ehrenfels erworben[32], 1476 die Dienste und Vogtrechte in Bechingen[33], 1493 die Ortsherrschaft über Dürrenwaldstetten[34], 1497 desgleichen über die Dörfer Oberstetten, Ödenwaldstetten und Aichelau mit dem Gutshof Maßhalderbuch[35], 1499 über Reichenstein, Lauterach und Talheim[36]. Verbunden war damit stets auch der Kauf zahlreicher Höfe, vieler Güter, einiger Mühlen und der zum Ort gehörenden Burgen.

Ein besonderes Augenmerk galt offensichtlich den rechtlich, wirtschaftlich und gesellschaftlich bedeutsamen Kirchenpatronaten. Die Klosterpolitik zielte, falls erforderlich, auf den Zukauf von Kirchen in den Dörfern, über die man die Ortsherrschaft besaß.

Folgenden WLB) Cod. Hist. fol. 471, Appendix. Serie Abbatum Zwifaltensium Cronographica, Bl. 194r und v.

27 Vgl. Setzler, Der Landkreis Reutlingen (wie Anm. 2), S. 987.

28 Vgl. ebd., S. 988.

29 Vgl. HStAS B 551 U 332, 348, 349, 352, 353.

30 Vgl. HStAS B 551 U 853, 854. Zu Neuhausen siehe Eberhard Fritz, Das Dorfrecht von Neuhausen an der Erms aus dem Jahr 1431, in: Zeitschrift für Württembergische Landesgeschichte 48 (1989). S. 87–95; Neuhausen unter der Herrschaft des Klosters Zwiefalten. Mit Beiträgen von Eberhard Fritz, Robert Fritz und Wilfried Setzler, hg. vom Arbeitskreis Stadtgeschichte der Volkshochschule Metzingen-Ermstal (Metzinger Heimatblätter 2), Metzingen 1984, 2. erw. und neu bearb. Aufl. 2014.

31 Die Lagerbücher des Klosters befinden sich im Bestand HStAS H 236, das älteste (um 1425) ist Band 11.

32 Vgl. Setzler, Der Landkreis Reutlingen (wie Anm. 2), S. 794.

33 Vgl. Der Landkreis Biberach, Bd. 2, hg. von der Landesarchivdirektion Baden-Württemberg, Sigmaringen 1990, S. 541.

34 Vgl. HStAS B 551 Bü 48a, Nr. 1.

35 Vgl. HStAS B 551 U 211.

36 Vgl. HStAS B 551 U 965.

Zudem wird das schließlich erfolgreiche Bemühen deutlich, alle dem Kloster gehörenden Kirchen diesem zu inkorporieren, was deren materiellen, wirtschaftlichen Wert erhöhte, und, da die Pfarrstellen nun meist mit Konventualen besetzt werden konnten, die Kirchgänger personell noch stärker an das Kloster zu binden.

Ein kleiner Teil der agrarischen Fläche wurde vom Kloster in vier großen Domänen in eigener Regie bewirtschaftet, die meisten Güter aber waren unter genau festgelegten Bestimmungen an Bauern ausgegeben. Üblich geworden war es in diesem „Klosterstaat", Bauernhöfe nur noch als Falllehen und nicht als Erblehen, also nur auf Lebenszeit des Lehensträgers, zu verleihen, zudem nur Eigenleute damit zu betrauen. Falls sie es noch nicht waren, wurden neue Lehensträger dazu gezwungen, die Zwiefalter Leibeigenschaft anzunehmen. Eine Maßnahme, die natürlich zur Geschlossenheit dieses Territoriums beitrug.

Über 30 Dörfer und Weiler zählte das weitgehend geschlossene Territorium des Klosters Zwiefalten um 1500. In ihm gebot der Abt über die niedere Gerichtsbarkeit, den „Zwing und Bann", den „Trieb und Trapp", also die Weiderechte, besetzte die dörflichen Ämter und Pfarrstellen, bestimmte das örtliche Leben in allen Bereichen.[37]

In all diesen Dörfern besaß das Kloster in der Regel, mit geringen Ausnahmen, den gesamten Grund und Boden, alle Äcker, Wiesen, Wälder, Häuser und Höfe etc. Zudem kassierte es alle Abgaben, Zinsen, Zehnten, den Groß- und Klein-, den Heu- und Öhmdzehnt.

Die hoheitlichen Rechte des Klosters – Gerichts- und Grundherrschaft – wurden durch die Leibherrschaft über alle im Territorium lebenden und vom Kloster abhängigen Menschen ergänzt und abgerundet.

3. Verwaltung des Klosterbesitzes

Neben diesem Kerngebiet, dem „Klosterstaat", besaß das Kloster zudem einen meist aus den ersten Jahrzehnten seiner Geschichte stammenden großen Streubesitz in anderen Territorien, insbesondere in Württemberg, aber auch im habsburgischen Vorderösterreich, in der Grafschaft Hohenzollern oder in ritterschaftlichen Orten der näheren Umgebung.[38] Große Pfleghöfe unterhielt das Kloster in Munderkingen[39], Riedlingen[40] und Reutlingen[41]. Der große, meist von einem weltlichen Hofmeister geleitete Klosterhof in

37 Die Ortschaften des Klosters im Einzelnen vgl. WEINGARTEN, Herrschaft und Landnutzung (wie Anm. 3), S. 121–158.

38 Eine Aufstellung der Besitzungen und Gefälle außerhalb des Klosterterritoriums, vor allem in Württemberg und Vorderösterreich beinhaltet die HS 10a im Bestand HStAS B 551.

39 Zum sogenannten Mochentalerhof vgl. Hermann Josef PRETSCH, Mochental, in: Wolfgang ZIMMERMANN/Nicole PRIESCHING (Hg.): Württembergisches Klosterbuch, Ostfildern 2003, S. 353.

40 Vgl. Hermann Josef PRETSCH, Zu den Beziehungen der Benediktiner-Abtei Zwiefalten zur Donaustadt Riedlingen, in: Heimatkundliche Blätter für den Kreis Biberach 28/2 (2005), S. 61–67, hier S. 62 f.

41 Vgl. Irmtraud BETZ-WISCHNATH, Der Zwiefalter Klosterhof in Reutlingen und seine Kapelle – Ein Pfahl im Fleisch der protestantischen Reichsstadt?, in: Reutlinger Geschichtsblätter 56 (2017), S. 127–168; Egbert MARTINS, Der abgegangene Zwiefalter Klosterhof in Reutlingen, in: Reutlinger Geschichtsblätter 45 (2006), S. 173–201.

Reutlingen diente sowohl zur Vermarktung wie auch als Verwaltungszentrum für den Besitz am Rand der Schwäbischen Alb und im Neckartal zwischen Tübingen und Nürtingen. Zu diesem Streubesitz zählten neben Bauernhöfen und einzelnen landwirtschaftlichen Flächen – Wiesen, Äckern, Weinbergen –, weitere dem Kloster meist inkorporierte Kirchen, aber auch Mühlen und Keltern (drei davon allein in Metzingen), Schmieden, Branntweinbrennereien, Hirtenhäuser, Gaststätten, Badstuben.[42] 1509 wird eine Zwiefalter Papiermühle an der Echaz zwischen Reutlingen und Pfullingen urkundlich, deren Inhaber dem Kloster Zwiefalten neben einer Gült von acht Pfund Heller jährlich einen Bund Papier liefern musste.[43]

Die Verwaltung des Klosterterritoriums lag in den Händen des Abtes.[44] Unterstützt wurde er dabei seit alters her von einigen wenigen geistlichen Amtsträgern aus dem Kreis des Konvents, von Prior, Subprior, Großkeller und Granarius. Immer schwieriger war es geworden, dafür geeignete Mönche zu finden, zumal der rund zwanzig Männer zählende Konvent noch andere wichtige Aufgaben zu versehen hatte. Ein großer Teil war allein durch die Besetzung der Pfarreien gebunden, dazu kamen die Betreuung der eigenbewirtschafteten Domänen sowie die Tätigkeitsfelder in der Propstei Mochental[45]. Von immer größerer Bedeutung waren dadurch weltliche Amtsträger geworden. Im Klosterort Zwiefalten selbst waren ein von auswärts berufener „Schreiber und Notar" sowie ein fachkundiger „Amtmann" für die Gesamtbelange tätig.[46] Auch in den Klosterdörfern vertraten „Amtleute", denen *die ganz gemaind* jährlich schwören musste, *gehorsam* zu sein, die Interessen des Klosters vor Ort.[47] Im ausgehenden 15. Jahrhundert trugen sie den Titel Schultheiß und stammten in der Regel aus dem Kreis der angesehensten lokalen Bauernfamilien.

Dem Schultheiß zur Seite standen Hainbürgen, je nach Gemeindegröße zwei, drei, vier, fünf oder sechs des Gerichts, die jährlich – nach altem Herkommen – gesetzt werden sollten, *usgenomen, das der vatter und sin son und bruder nit darin erwelt* werden sollten[48]. Alle zusammen bildeten das viermal jährlich tagende sogenannte (herrschaftliche) Vogtgericht, an das sich jedermann wenden konnte, sofern etwas zu *rugen* oder *fürzugeben* anstand.[49]

42 Zahlreiche Beispiele befinden sich in den Lagerbüchern des Klosters im HStAS H 236. Eine besondere Aufgabe hatte der ‚Bader' in Baach. Er war, seit 1470 nachweisbar, verpflichtet den Abt umsonst *zu baden und zu scheren*; HStAS H 236 Nr. 11.

43 Vgl. HStAS B 201 U 253; Sulger, Annales Imperialis Bd. 2 (wie Anm. 2), S. 100.

44 Vgl. Setzler, Der Landkreis Reutlingen (wie Anm. 2), S. 966 f.

45 Vgl. Wilfried Setzler, Mochental, in: Germania Benedictina Bd. 5, bearb. von Franz Quarthal, Augsburg 1975, S. 388–393.

46 Spätere Titel sind Stabhalter, Vogtamtsverweser, Oberamtmann; vgl. Setzler, Der Landkreis Reutlingen (wie Anm. 2), S. 966 f.

47 HStAS B 551 U 504: Ordnung für das Klosterdorf Emeringen von 1479, ediert von Friedrich Wintterlin, Württembergische Ländliche Rechtsquellen, Bd. 2, Stuttgart 1922, S. 700 (Zitat).

48 Ebd., S. 702.

49 HStAS B 551 U 79 Nr. 37. Die Ordnung ist ediert von Wintterlin, Württembergische Ländliche Rechtsquellen (wie Anm. 47), S. 666–672.

Eine 1479 vom Abt zu *unserer armen lüt und unsers gotzhuß nutz und guotem*[50] erlassene Ordnung regelte, das gesamte Klosterterritorium umfassend, erstmals schriftlich fixiert das Verhältnis zwischen Obrigkeit und all jenen, die, wie Abt Georg Fischer wörtlich formulierte, *wir mit thür und thor beschliesen, die unser inwoner sind, es si huber, seldner, lechner* [Tagelöhner], *dienstlut, jung oder alt*[51]. Im Detail regulierte das vom Abt als Gerichts-, Grund- und Leibherr oktroyierte Gesetz in 41 Punkten die öffentliche Ordnung, die Nutzungsbedingungen der Lehensgüter und die Rechtsverhältnisse der Leibeigenschaft.

Die ‚Ordnung' setzte nicht nur fest, wie man sich bei Aufruhr und Sturmläuten zu verhalten habe, welche Fasnachtsgebräuche erlaubt sind oder wer an Kirchweih wen und wie einladen durfte, sie beinhaltete auch eine ganze Reihe von Ge- und Verboten zur Beherbergung von Fremden, zum Kartenspiel und Schwören, zum Umgang mit Feuer.

Einen inhaltlichen Schwerpunkt bildet das Thema Leibeigenschaft.[52] Offensichtlich sah das Kloster in diesem Bereich einen Handlungsbedarf. Deutlich wird das Bestreben, eine homogene Gesellschaft aus Leibeigenen zu bilden und diese gegen Veränderungen abzuschotten. Festgehalten wurde beispielsweise, dass alle, die einen anderen als den klösterlichen *schirm* oder *herren* suchen, sie seien *jung oder alt, frauen, tochtern, mannen, knaben*, der soll alles *ligend oder varend gut* verlieren bis seine *bekörung* geschieht. Und wer sich mit Fremden, außerhalb der *genoßschaft* stehenden Menschen, ehelich *vermischt*, dem dürfen seine Eltern keine Aussteuer, *weder pfenning noch pfenningswert*, mitgeben. Zudem dürfen sie ihn künftig nicht mehr beherbergen.[53]

Die Ordnung von 1479 birgt allerdings auch Überraschungen. So wurden alle, die vom Kloster ‚belehnt' sind oder in dessen ‚Zwing und Bann sitzen', verpflichtet, in den kommenden zehn Jahren je zwei *fruchtbar* Bäume auf ihre Wiesen und Gärten zu pflanzen.[54] Offensichtlich stehen wir hier am Beginn der schwäbischen Streuobstwiesen.

Weniger überraschend, aber bemerkenswert, ist ein von Abt Georgs Nachfolger um 1515 der Ordnung zugefügter Zusatz, der *allen unsern hindersässen und aigenlüten und allen andern in unserer oberkait gesessen* verbot, mit Juden in irgendeiner Weise Geldgeschäfte zu tätigen oder Handel zu treiben.[55]

Keinerlei Angaben macht die Klosterordnung zu den Lehensbedingungen, zu den Abgaben oder Leistungen der Bauern aus den ihnen überlassenen Höfen und Gütern. Diese findet man in den Lagerbüchern zu den jeweiligen Dörfern. Ein Grund dafür dürfte gewesen sein, dass die Lehensbedingungen von Ort zu Ort im Detail ganz unterschied-

50 HStAS B 551 U 79 Nr. 41.
51 Ebd. Präambel.
52 Vgl. ebd. Nr. 3–7.
53 Ebd. Nr. 3 und 4. Die Maßnahmen gegen „Mischehen" wurden später noch verschärft. Im Vogtbuch, das um 1568 angelegt wurde, wird bestimmt, dass *kainer sich zu ungenossen verheuraten* dürfe ohne *vorwissen und bewilligung* des Abtes, ediert von Wintterlin, Württembergische Ländliche Rechtsquellen (wie Anm. 47), S. 694 (Zitat).
54 Ordnung von 1479 Nr. 15, ediert von Wintterlin, Württembergische Ländliche Rechtsquellen (wie Anm. 47), S. 669 (Zitat).
55 Ebd., S. 672 (Zitat).

lich geregelt waren und sich Änderungen oder eine Vereinheitlichung im Klosterterritorium nicht durchsetzen ließen.

Zwiefalten um 1500: ein Klosterstaat mit einer geordneten und übersichtlichen, recht effizienten Administration und einer das dörfliche Zusammenleben regelnden, schriftlich fixierten Grundordnung.

4. Das geistig-geistliche Leben: Bildung, Kultur und Kunst

Hand in Hand mit der wirtschaftlichen Prosperität, dem erfolgreichen Aufbau eines eigenen Territoriums und der politischen Konsolidierung nach außen und innen kam es unter Abt Georg Fischer auch zum Aufblühen des geistig-geistlichen Lebens, der Bildung, der Künste und der Bautätigkeit. 1491/1492 wurde das Krankenhaus fertiggestellt, dann der Ostflügel des Kreuzganges ganz neu gestaltet, der Kapitelsaal gewölbt, das Dormitorium auf zwei Schlafböden mit zehn und 17 Zellen erweitert, 1512 schließlich mit der Erweiterung der Klosterkirche begonnen.[56]

Eine wichtige Voraussetzung des Aufschwungs war die innere Reform. Ein halbes Jahrhundert nachdem Abt Georg Eger (1421–1436) vergeblich versucht hatte, die Klosterdisziplin entsprechend den Vorschlägen des Konzils von Konstanz zu verbessern, gelang es Abt Georg Fischer zum 400-jährigen Jubiläum der Abtei 1489 eine strengere Auslegung der Benediktinerregel und die Übernahme der Statuten der Bursfelder Kongregation durchzusetzen.[57] Die Disziplinierung des Konvents brachte ihm allerdings nicht nur Freunde, sondern auch Feinde in den eigenen Reihen, die sich um den Mochentaler Propst Dionysius Münsinger scharten. Dieser, der selbst Abt werden wollte, setzte Gerüchte über Abt Georg in Umlauf, über dessen Lebenswandel, schlechte Wirtschaftsführung und Strenge sowie über Missstimmigkeiten im Konvent. Angeblich versuchte er gar, den Abt zu vergiften, was misslang. Wie auch immer, Münsinger wurde in Haft genommen, in der er dann kurze Zeit später starb.[58]

Ob tatsächlich die Einführung der Bursfelder Regeln die Vorgänge verursacht hat oder ob dahinter nicht einfach nur die Rivalität zweier starker Persönlichkeiten stand, lässt sich nicht eindeutig klären. Zweifel bleiben, da die diesbezüglichen Nachrichten gewisse Parallelen zur Benediktus-Legende (Strenge gegenüber den Mönchen, misslungener Giftanschlag) aufweisen und Abt Fischer offensichtlich nicht alle Forderungen der

56 Vgl. Reinhold Halder, Zur Bau- und Kunstgeschichte des alten Zwiefalter Münsters und Klosters, in: Hermann Josef Pretsch (Hg.): 900 Jahre Benediktinerabtei Zwiefalten, Ulm 1989, S. 141–216, hier S. 175–186.

57 Vgl. Sulger, Annales Imperials Bd. 2 (wie Anm. 2), S. 34, 84. Zur Bursfelder Reform vgl. u. a. Walter Ziegler, Bursfelder Kongregation, in: Germania Benedictina Bd. 1, bearb. von Ulrich Faust/Franz Quarthal, St. Ottilien 1999, S. 315–408; Edeltraud Klueting, Monasteria semper reformanda. Kloster – und Ordensreformen im Mittelalter, Münster 2005, S. 28–32; Monika Eisenhauer, Monastische Reformen des 15. Jahrhunderts als Mittel zur Konstruktion und Konsolidierung von Recht, Staat und Verfassung, Berlin 2015.

58 Vgl. HStAS A 139 Bü 8; WLB HB XV Nr. 105, David Friedrich Cless, Geschichte des Klosters Zwiefalten, 1803, Bd. b (Nachträge), S. 52–55.

Bursfelder in Zwiefalten realisierte. Neuerdings sind sogar Zweifel aufgekommen, ob die Einführung der strengen Observanz denn überhaupt erfolgt sei. Doch dabei wurde außer Acht gelassen, dass Abt Fischer zusammen mit Johannes Trithemius 1509 dem Generalkapitel der Bursfelder Kongregation vorstand[59] und das setzte natürlich die Übernahme der Reform in Zwiefalten voraus.

Bemerkenswert ist allerdings, und darauf gründen die Zweifel, dass Abt Fischer im Bereich von Bildung und Kunst die Bursfelder Meinung, Bildung sei dem Mönch schädlich[60], nicht nur nicht umsetzte, sondern geradezu konterkarierte.

Georg Fischer war ein gebildeter Mann, er galt als „Doktor unter den Äbten"[61]. Er verfügte über gute persönliche Beziehungen zu Johannes Vergenhans, dem Mentor des Grafen Eberhard im Bart und Gründungsrektor der Universität Tübingen 1477, später deren Kanzler. Der historisch sehr interessierte Vergenhans hat wiederholt die Zwiefalter Klosterbibliothek benutzt.[62] Fischers Affinität zur neuen Tübinger Hochschule zeigt sich auch in einem Blick in die junge Universitätsmatrikel. Verzeichnet findet sich darin bereits im Wintersemester 1480 Nicolaus Haas Professus in Zwiefalten[63], im Sommersemester 1483 inskribierten sich gar der Abt und weitere acht Zwiefalter Mönche.[64] Fischer erschloss sein Kloster dem Humanismus und baute die eigene Klosterschule zu einem Gelehrtenzentrum aus.[65] Mehrere Zwiefalter Mönche erwarben an der Tübinger Universität akademische Grade.[66] Für seine Zwiefalter Schule erwirkte der Abt von Papst Alexander im Jahr 1500 gar das Recht, akademische Grade selbst zu verleihen.[67]

Ein besonderes Augenmerk legte Abt Fischer auf die Unterbringung und den Ausbau der Klosterbibliothek. 1493 veranlasste er einen Neubau mit Studienplätzen. Stolz ließ er auf dem Türsturz des Eingangsportals die Inschrift anbringen: „Piscatoris opus hoc pono Georgius abbas"[68] (dieses Werk errichtete ich Abt Georg Fischer). Zudem sorgte er für deren hervorragende Ausstattung an Schriften und Büchern. Wenngleich die meisten Bücher eingekauft wurden, war wohl auch an den Aufbau eines neuen Skriptoriums gedacht, jedenfalls gab es, nachweislich ab 1480, wieder eine Buchbinderei im Kloster,

59 Vgl. Sulger, Annales Imperials Bd. 2 (wie Anm. 2), S. 99.

60 Klaus Schreiner, Benediktinische Klosterreform als zeitgebundene Auslegung der Regel, in: Blätter für württembergische Kirchengeschichte 86 (1986), S. 105–195, hier S. 143; Georg Jenal, Sub Regula S. Benedictini. Eine Geschichte der Söhne und Töchter Benedikts von den Anfängen bis zur Gegenwart, Göttingen 2019, S. 238.

61 Sulger, Annales Imperials Bd. 2 (wie Anm. 2), S. 75 (Zitat).

62 Vgl. Heribert Hummel, Eine Zwiefalter Bibliotheksgeschichte, in: Hermann Josef Pretsch (Hg.): 900 Jahre Benediktinerabtei Zwiefalten, Ulm 1989, S. 101–121, hier S. 112.

63 Vgl. Die Matrikeln der Universität Tübingen Bd. 1, hg. von Heinrich Hermelink, Stuttgart 1906, S. 32 (MUT 7,5).

64 Vgl. ebd., MUT 11,12–20 (S. 44 f). Zwiefalter Mönche lassen sich aus jener Zeit auch an der Universität Heidelberg und Freiburg nachweisen: Das Jahrhundert des Humanismus in Zwiefalten, in: Geschichte des humanistischen Schulwesens in Württemberg, hg. von der Württembergischen Kommission für Landesgeschichte Bd. 2, Stuttgart 1920, S. 927–934, hier S. 928.

65 Vgl. Das Jahrhundert des Humanismus (wie Anm. 64), S. 927–934.

66 Vgl. Die Matrikeln der Universität Tübingen (wie Anm. 63) – Baccalaureat: Ulrich Sellatoris (MUT 45,34), Sebastian Molitoris (MUT 45,35), Georg Ster (MUT 47,25); Magister: Jakob Sartoris (MUT 13,56a).

67 Vgl. Sulger, Annales Imperialis Bd. 2 (wie Anm. 2), S. 94 f.

68 Ebd., S. 87 (Zitat).

zudem holte man sich 1508 den berühmten Kalligraphen Leonhard Wagner aus Augsburg, um die Schönschreibkunst neu zu beleben.[69]

Einen interessanten und fast intimen Einblick in das Zwiefalter Geistesleben bekommen wir durch die Freundschaft des Abtes mit dem viel gelesenen Humanisten, poeta laureatus Heinrich Bebel[70], seit 1496 in Tübingen Professor für Rhetorik. Bebel, der sich wiederholt in Zwiefalten aufgehalten hat, verfasste über Georg Fischer und die Klosterbibliothek nicht nur eine elegante Lobrede[71]. In seinen ab 1508 erscheinenden und viele Auflagen erlebenden Fazetien (Spott- oder Scherzreden) nennt Bebel den Abt, dessen Schreiber Bernhard Husslin und Johann, den Hofnarr des Abtes, als Gewährsleute für einige seiner Geschichten.[72] Dass in der geselligen Zwiefalter Tischgesellschaft nicht nur derbe Schwänke aus dem prallen Leben erzählt wurden, sondern in ihr auch wiederholt heftige Kirchenkritik laut wurde, belegt besonders eindrücklich eine von Husslin stammende Geschichte. In ihr beklagt er mit scharfen Worten die Herrschaft der Priester über die Laien – sie missbrauchten die Beichte, erschlichen sich mit Drohungen Gelder etc. – und endet schließlich mit der Pointe, die Priester arbeiten jetzt Tag und Nacht daran, zu erreichen, dass die Laien auch noch stellvertretend für sie in die Hölle fahren.[73]

Auf Bitten von Abt und Konvent beschäftigten sich Bebel und sein Freund Leonhard Clemens[74], Priester in Zwiefaltendorf[75], zudem mit Handschriften in der Zwiefalter Bibliothek zur Anna-Legende. Da sich die alten Texte als „unelegant und holprig" erwiesen, beschlossen die beiden wegen der „beneficiis" und „humanitas", die ihnen Abt und Konvent erwiesen haben, die Geschichte der Hl. Anna neu zu konzipieren, wobei Bebel die Texte und Clemens die Singweise lieferte.[76]

69 Vgl. Hummel, Zwiefalter Bibliotheksgeschichte (wie Anm. 62), S. 110 f.

70 Vgl. Dieter Mertens, Bebel, Heinrich, in: Franz Josef Worstbrock (Hg.): Deutscher Humanismus 1480–1520. Verfasserlexikon Bd. 1, Berlin 2008, S. 142–163; Klaus Graf, Heinrich Bebel, in: Stephan Füssel (Hg.): Deutsche Dichter der frühen Neuzeit (1450–1600). Ihr Leben und Werk, Berlin 1993, S. 281–295.

71 Vgl. die Lobeselegie bei Sulger, Annales Imperialis Bd. 2 (wie Anm. 2), S. 97. Sulger berichtet dabei auch, dass zu seiner Zeit dieses Gedicht Bebels, das auch eine Aufforderung zum fleißigen Studium enthält, auf einer Tafel an der Wand der Bibliothek zu lesen war.

72 Für den Abt: Fazetien I, Nr. 97 (Dixit mihi olim abbas et dominus meus Zwifuldenses pro memoria recreatione talem fabulam), III, 18, 28, 98, 183; für Husslin: I, 77; II, 83, 134. Vgl. Volker Honemann, Heinrich Bebel und seine „Fazetien", in: Ders./Tomas Tomasek (Hg.): Germanistische Mediävistik, Münster ²2000, S. 269.

73 Fazetien I, 77.

74 Er immatrikuliert sich 1504 an der Universität Tübingen als *plebanus in inferiori Zwyfalten* (MUT 52,58: wie Anm. 63); 1511 ist er zudem Dekan des Dekanats Munderkingen; Landesarchiv Baden-Württemberg, Staatsarchiv Sigmaringen Deposita 32 T 1 U3b. Zu ihm vgl. auch Oliver Duntze, Ein Verleger sucht sich sein Publikum, München 2007, S. 221.

75 Der Ort Zwiefaltendorf, um 1500 im Besitz der Herren von Speth, wird in der (germanistischen) Literatur immer wieder irrtümlich mit dem Kloster Zwiefalten verwechselt. Das Kloster Zwiefalten besaß allerdings seit 1288 das Kirchenpatronat im Ort, seit 1358 inkorporiert; vgl. Setzler, Germania Benedictina (wie Anm. 2), S. 697.

76 Zum Vorgang vgl. Volker Honemann, Christlicher Humanismus und Liturgie. Heinrich Bebel, Johannes Casselius und Leonhard Clemens verfassen Offizien zu den Festen des Heiligen Hieronymus und der heiligen Anna, in: Alasdair A. MacDonald/Zweder R. W. M. von Martels/Jan R. Veenstra (Hg.): Christian Humanism: Essays in Honour of Arja Vanderjagt, Leiden 2009, S. 13–40.

Zwiefalten um 1500: Eine Lobpreisung von Leonhard Clemens auf Abt Georg Fischer, er habe sein Kloster in wirtschaftlicher (praedia, census, structurae) wie in geistig-geistlicher Hinsicht (priscae facies quod relligionis) erneuert (iam reparata)[77], spiegelt nicht nur dichterische Wortkunst, sondern entspricht durchaus auch der Realität.

5. Zwiefalten und das Frauenkloster Mariaberg

Schon bald nach der Gründung 1089 hat sich in Zwiefalten neben dem Männerkloster auch ein Frauenkonvent etabliert.[78] Die Quellen, das Nekrologium, Kalendarien und die Zwiefalter Chroniken, verzeichnen dabei für die Frühzeit viele Namen von Angehörigen hochadliger Familien, die Angehörige auch im Männerkonvent hatten. Im 13. Jahrhundert sind im Frauenkloster, soweit identifizierbar, vor allem die benachbarten Adelsgeschlechter vertreten, in den Quellen des 14. Jahrhunderts stößt man dann vor allem auf die Namen bürgerlicher Familien aus Reutlingen, Riedlingen und Pfullingen. Insgesamt werden im Zwiefalter Nekrologium 290 Nonnen und 260 Konversen genannt, das Nekrologium verzeichnet zudem sechs Inklusen.[79]

Für die Frauen war etwa zwanzig Jahre nach der Gründung des Männerklosters etwa 300 Meter östlich von ihm mit dem Bau eines eigenen Gebäudekomplexes begonnen worden, dessen (bis heute erhaltene) Kirche 1138 eingeweiht wurde.[80] Damals zählte man, wie erwähnt, in Zwiefalten 62 Schwestern.[81] Trotz der räumlichen Trennung blieb dem Frauenkonvent eine Verselbständigung, eine selbständige Leitung aber wohl versagt. Eine Priorin oder gar Äbtissin hat es nicht gegeben. Zwar ist in den Quellen einige wenige Male von einer „magistra" oder „maisterin" die Rede[82], doch dürfte es sich dabei wohl eher um eine Novizenmeisterin oder um eine Lehrerin gehandelt haben.

Das Ende des Nonnenklosters kam im 14. Jahrhundert, nachdem in der näheren Umgebung Zwiefaltens mehrere selbständige Frauenkonvente entstanden waren.[83] Wesentlich zur Aufgabe des eigenen Frauenklosters hat beigetragen, dass 1292 der Bischof von Konstanz dem Kloster Zwiefalten das neu errichtete Dominikanerinnenkloster zu Mariaberg[84] übertragen hat, und zwar *an gaistlichen dingen und an weltlichen* mit allem Recht

77 Ebd., S. 21.

78 Vgl. Hermann Josef Pretsch, Das Frauenkloster in Zwiefalten, in: Reutlinger Geschichtsblätter 47 (2008), S. 169–195.

79 Vgl. WLB Cod. Hist. Folio 420; Katalog der illuminierten Handschriften der Württembergischen Landesbibliothek Stuttgart Bd. 2,1: Die romanischen Handschriften. Provenienz Zwiefalten, Wiesbaden 1987, S. 120–122; Herrad SPILLING, Reinhard von Munderkingen als Schreiber und Lehrer, in: Hermann Josef Pretsch (Hg.): 900 Jahre Benediktinerabtei Zwiefalten, Ulm 1989, S. 73–100.

80 Vgl. Halder, Zur Bau- und Kunstgeschichte (wie Anm. 56), S. 169 f.

81 Vgl. Zwiefalter Chroniken (wie Anm. 2), S. 276 f.

82 Joseph Zeller, Zwiefalten, in: Beschreibung des Oberamts Münsingen, Stuttgart 1912, S. 856 (Zitat).

83 Beispielsweise das 1227 gegründete Zisterzienserinnenkloster Heiligkreuztag oder das 1258 gegründete Dominikanerinnenkloster Offenhausen.

84 Zu dessen Geschichte vgl.: Wilhelm Wittmann/Karl Wacker, Mariaberg als Kloster und Anstalt. Gedenkschrift zur 90-Jahr-Feier der Heil- und Pflegeanstalt Mariaberg, Mariaberg 1937, S. 7–25; Karl Rudolf Eder (Hg.), Mariaberg. Beiträge zur Geschichte eines ehemaligen Frauenklosters, Sigmaringen-

in *phelihte und shirn*.[85] Von da an residierte, wie in der Übertragungsurkunde vorgesehen, ein *erbere*[r] Zwiefalter Mönch in Mariaberg, dem die Frauen in geistlichen Dingen *gehorsam* zu leisten schuldig waren.[86]

In Urkunden der Jahre 1345 und 1346 werden in Zwiefalten noch vier Nonnen namentlich genannt.[87] 1358 wird den *gaistlichen fröwen, der Maisterinun und dem konvent gemainlich des closters ze Zwivelton* letztmals ein Rechtsgeschäft beurkundet.[88] Wahrscheinlich wurden bald danach die in Zwiefalten ansässigen letzten Nonnen nach Mariaberg umgesiedelt, das inzwischen, spätestens 1327, die Benediktinerregel eingeführt hatte.[89]

Nur kurz von 1475 bis 1489 unterbrochen, stand das Frauenkloster Mariaberg bis zum Ende des Alten Reiches unter der geistlichen Aufsicht Zwiefaltens.[90] Ein Zwiefalter Mönch hatte als Beichtvater der Nonnen seinen ständigen Sitz in Mariaberg.[91] Jährlich kam der Abt zur Visitation. Er beriet die Frauen auch in wirtschaftlichen Angelegenheiten oder vertrat ihre Interessen gegenüber dem Kastvogt. Aus der Zeit des Abtes Georg Fischer sind zwei besondere Ereignisse überliefert, die verdeutlichen, dass er seine Aufgaben vor allem im geistlichen und im kulturellen Bereich angesiedelt sah.

1494 setzte er in Mariaberg neue Statuten „pro Reformatione Monialium" durch, die in 15 Kapiteln das Leben im Nonnenkloster als ein Leben in strenger Klausur neu regelten, den Tagesablauf mit dem Chordienst im Detail bestimmten.[92] Allerdings verstand er es durchaus, auch gewisse kulturelle Akzente zu setzen. So sind um 1500 immer wieder Zwiefalter Baumeister in Mariaberg am Werk und 1509 entsandte Fischer den in Zwiefalten tätigen Augsburger Schreibkünstler und Kalligraphen Wagner nach Mariaberg, um die Klosterfrauen in der Kunst der Buch- und Notenschrift auszubilden.[93]

dorf 1991; Eberhard Fritz, Quellen zur Einführung der Reformation im Benediktinerinnenkloster zum Berg (Mariaberg) an der Lauchert, in: Zeitschrift für Hohenzollerische Geschichte 29 (1993), S. 31–46; Herbert Burkhardt, Das Kloster Mariaberg, in: Edwin Ernst Weber (Hg.): Klöster im Landkreis Sigmaringen in Geschichte und Gegenwart (Heimatkundliche Schriftenreihe des Landkreises Sigmaringen 9), Lindenberg 2005, S. 238–260.

85 Wirtembergisches Urkundenbuch, Bd. 10, hg. von dem königl. Staatsarchiv Stuttgart 1909, Nr. 4306, S. 88–89, hier S. 88 (Zitat).

86 Ebd. (Zitat).

87 Vgl. HStAS H 14 Bd. 367, S. 88.

88 Pretsch, Frauenkloster (wie Anm. 78), S. 190 (Zitat).

89 Vgl. Herbert Burkhardt, Geschichte des Klosters Mariaberg, in: Karl Rudolf Eder (Hg.): Mariaberg. Beiträge zur Geschichte eines ehemaligen Frauenklosters, Sigmaringendorf 1991, S. 9–67, hier S. 14.

90 Vgl. ebd. S. 20 f.

91 Vgl. Hermann Josef Pretsch, P. Arsenius Sulger OSB (1641–91). Beichtvater im Frauenkloster Mariaberg von 1680–1686, in: Karl Rudolf EDER (Hg.): Mariaberg. Beiträge zur Geschichte eines ehemaligen Frauenklosters, Sigmaringendorf 1991, S. 187–192.

92 Vgl. Druck bei Sulger, Annales Imperialis Bd. 2 (wie Anm. 2), S. 87–89.

93 Vgl. Hummel, Zwiefalter Bibliotheksgeschichte (wie Anm. 62), S. 111.

Gott zuo lob und den armen durfftigen zuo guott[1]

Das Gotshus Spital zum Heiligen Geist in Biberach

VON ANDREA RIOTTE

1. Spricht Christus macht euch Schätz im Himmel

Wie viele andere mittelalterliche Spitäler wurde auch das Biberacher Heilig-Geist-Spital außerhalb der Stadtmauern gegründet. Vor 1258, vielleicht auch schon um das Jahr 1239, traten die Niederadeligen Ulrich und Halwig von Essendorf und der Biberacher Bürger Berthold Hupmann als Gründer und erste Stifter des Biberacher Spitals in Erscheinung, indem sie ihm Grundbesitz in der näheren und weiteren Umgebung zuführten,[2] der die Keimzelle des künftigen Spitalterritoriums bildete, aus dessen Erträgen jahrhundertelang die spitälische Fürsorge für Arme und Kranke an Seele und Leib finanziert wurde. Die 1577 entstandene Spitalgründungstafel setzte den beiden Rittern und der von ihnen initiierten Institution ein Denkmal.

In der mittlerweile konfessionell gespaltenen Reichsstadt Biberach, in der die Katholiken mit Unterstützung des Hauses Habsburg die Reformation ungeschehen zu machen versuchten, knüpfte die unter den zwei katholischen Spitalpflegern[3] Heinrich von

1 Der Titel dieses Beitrags *Gott zuo lob und den armen durfftigen zuo guott* ist der Spitalordnung von 1491 entnommen; ediert nach der Ausfertigung im Stadtarchiv Biberach (im Folgenden StadtA Biberach) A 1 Hospitalarchiv B 3445 von Kurt DIEMER, Ausgewählte Quellen zur Biberacher Geschichte 1491–1991, Stuttgart u. a. 1991, S. 9–26, hier S. 19.

2 Vgl. Wirtembergisches Urkundenbuch, hg. von dem Königlichen Staatsarchiv in Stuttgart, Bd. 5, Stuttgart 1889, Nr. 1504, S. 269–272. Im Folgenden erscheinen einzelne Bände des Wirtembergischen Urkundenbuchs nicht mehr unter dem Gesamttitel, sondern unter der gängigen Abkürzung, gefolgt von der Bandzahl und dem Erscheinungsjahr, sodann der Nummer der erwähnten Urkunde und der Seitenzahl(en), also in dieser Form: WUB Bd. 5 (1889), Nr. 1505, S. 269–272; Dieter STIEVERMANN, Biberach – Spital und Stadt 1239–1989, in: DERS. (Hg.) in Verbindung mit Volker PRESS und Kurt DIEMER: Geschichte der Stadt Biberach, Stuttgart 1991, S. 171–199, hier S. 172.

3 Kaiser Karl V. hatte 1551 die Einsetzung zweier Katholiken zu Spitalpflegern verfügt, *damit den armen kranken statlichen vorgestanden und jeder zeit mit einem catholischen priester versehen werden*; DIEMER, Ausgewählte Quellen (wie Anm. 1), S. 37 (Zitat).

Pflummern (1507–1593)[4] und Hans Rohrer angefertigte Tafel dezidiert an mittelalterliche Glaubens- und Stiftungstraditionen an. *Spricht Christus macht euch Schätz im Himmel* ist in einem der Textfelder das Jesus-Wort aus Mt. 6, 20 zu lesen, das in der mittelalterlichen Stiftungspraxis seine volle Kraft entfaltete und dem auch das Biberacher Spital seine Existenz zu verdanken hatte. Bild und Text zusammen propagierten 1577 die Rückkehr zur vorreformatorischen Religiosität im Spital mit ihrer ausgeprägten Stiftungs- und Frömmigkeitspraxis und blendeten damit gezielt die historische Zäsur durch die lutherische Kritik an der Werkfrömmigkeit der katholischen Kirche aus. Die Spitalgründungstafel weist dem Biberacher Spital auch durch das ikonographische Motiv der Marienkrönung eine genuin katholische Identität zu, waren die Katholiken doch langfristig bestrebt, sich wieder in den alleinigen Besitz und Gebrauch des Spitals zu setzen und in seinen Mauern ihr durch die Reformation obsolet gewordenes katholisches Ideal religiösen Lebens wiederaufleben zu lassen.[5] Zum Ziel, das Spital wieder zur Stätte rein katholischer Seelsorge zu machen, gehörte deshalb auch die Restitution der fast in Vergessenheit geratenen Mitpatronin des Spitals,[6] durch deren wirkmächtige Fürsprache bei Christus die im Spital verrichteten Gebete für Stifter und Wohltäter göttliches Gehör finden sollten.

Spitalpfleger Heinrich von Pflummern konnte sich bei der von katholischer Seite angestrebten Kehrtwende auf zwei Kronzeugen aus der eigenen Familie berufen, die in Schriftzeugnissen ihre in der Reformation untergegangene religiöse Biberacher Welt kommenden Generationen überlieferten:[7] seinen Vater Joachim von Pflummern (1480–

4 Hupmann fand auf der Spitalgründungstafel weder in Wort noch Bild eine Würdigung. Die Hervorhebung der Ritter von Essendorf lag darin begründet, dass es genealogische Verbindungen zwischen der Stifterfamilie von Essendorf und dem Biberacher Patriziat gab. Spitalpfleger Heinrich von Pflummern etwa stammte über seine Mutter Helena Brandenburg von Veronika von Essendorf ab; vgl. Bertold Pfeiffer, Brandenburger aus Süddeutschland in der Schweiz, in: Freiburger Geschichtsblätter 19 (1912), S. 183–216, hier S. 205. Laut den Pflummernschen Annalen war Veronika von Essendorf, die Tochter des Kuno von Essendorf, mit Eberhard I. Brandenburg verheiratet; vgl. Evangelisches Pfarramt Biberach Stadtpfarrkirche II, Johann Konrad Krais, Biberacher Kronik (1833), Theil 24a: Der Hospital und seine Besitzungen, S. 239 f. Zumindest für Eingeweihte stand die Spitalgründungstafel also auch für die Kontinuität von den Spitalgründern des Mittelalters bis zum patrizischen Spitalpfleger des Jahres 1577.

5 So bei den Verhandlungen über die Einführung der Parität 1649, als sie freilich ihre konfessionelle Monopolstellung bei der Besetzung der Spitalpflege verloren; vgl. Andrea Riotte, *Diese so oft beseufzte Parität*. Biberach 1649–1825: Politik – Konfession – Alltag (Veröffentlichungen der Kommission für geschichtliche Landeskunde in Baden-Württemberg B 213), Stuttgart 2017, S. 63. 1824 machten die Katholiken eine letzte Anstrengung, sich in den alleinigen Besitz des Kirchen- und Armenguts, somit auch des Spitals, zu setzen; vgl. Dies., Konfessionelle Aspekte von Besitz und Eigentum in der Reichsstadt Biberach von der Reformation bis zur Aufhebung der Parität – Paradigmenwechsel und Rollback, in: Blätter für württembergische Kirchengeschichte 115 (2016), S. 165–219, hier S. 167–175.

6 Das Biberacher Spital war „zunächst außer dem Heiligen Geist auch der Jungfrau Maria" geweiht; Roland Seeberg-Elverfeldt, Inventare der nichtstaatlichen Archive in Baden-Württemberg, hg. von der Staatlichen Archivverwaltung, Heft 5 und 6: Das Spitalarchiv Biberach an der Riß, Karlsruhe 1958 und 1960, hier Heft 5, 1958, VI (Zitat).

7 So stützte sich etwa Johann Ernst von Pflummern (1588–1635) in seinem 1628 angefertigten Abriss zur Spitalgeschichte auf diese Quellen: *Und lasst sich dises und mehrers hiehero Gehöriges aus meiner lieben Vorelteren seeligen annotationibus authenticis unwidersprechlich demonstrirn; sonderlich aber*

1 Spitalgründungstafel. Kopie von Johann Martin Klauflügel aus dem Jahr 1742 nach dem Original in der Katholischen Spitalkirche Biberach aus dem Jahr 1577 (Vorlage: Museum Biberach Inv. 1989/11648)

des gottseligen Herrn Hainrichen von Pflaumern Autographo, in deme er den Verlauf seiner Zeit gar fleissig observirt und in einer weytleufigen Beschreibung seiner Familien einer zue grossem Trost etc. hünderlassen; Kreisarchiv Biberach (im Folgenden KreisA Biberach), Katholisches Pfarrarchiv Biberach (Depositum) N 3: Johann Ernst von Pflummern, *Synopsis Historica von des Heylig Gaists Hospital zue Biberach Fundation und Stüftung, sonderlich aber, welcher Gestalt sowoll vor als nach eingerissenem Luthertumb mit dem Religions-Exercitio daselbs jedertweylen procedirt oder Enderung vorgenomen worden. Collegi hanc Synopsia ex meis Annalibus 22. Aprillis anno 1628.* Mein herzlicher Dank gilt Dr. Kurt Diemer, der mir seine Transkription zur Verfügung gestellt hat.

1554)[8] und dessen Bruder Heinrich. Joachim von Pflummern, in den Jahren 1516 und 1518 selbst Spitalpfleger[9] und somit ein ausgewiesener Kenner der spitälischen Verhältnisse, verdanken wir eine in der Forschung intensiv rezipierte Darstellung der Frömmigkeitspraxis in der Reichsstadt Biberach am Vorabend der Reformation. Aus einer wohl in der zweiten Hälfte des 16. Jahrhunderts genommenen Abschrift des um 1540 entstandenen Werkes[10] geht hervor, dass der Autor die religiösen Zustände im Jahr 1519 mit den reformatorischen Umwälzungen ab 1527 kontrastierte.[11] Fast zwangsläufig muss in diesem Beitrag immer wieder auf den reformatorischen Umbruch hingewiesen werden, weil durch die Vorher-Nachher-Perspektive der beiden Chronisten das Bild der im Spital gelebten oder normativ vorgegebenen Frömmigkeit unmittelbar vor der Reformation geschärft wird. Die 1520er Jahre setzen in Biberach, somit auch seinem Spital, aufgrund des reformatorischen Geschehens und der Quellenüberlieferung den Schlusspunkt für eine Betrachtung des religiösen Lebens um 1500 in seiner tradierten Form. Die letzte in einem offiziellen Dokument nachweisbare vorreformatorische Stiftung an das Spital, die 1522 explizit um der Seligkeit ihres Stifters willen gemacht wurde,[12] bekräftigt diese zeitliche Perspektive.

8 Zu den Verwandtschaftsbeziehungen vgl. Art. Pflummern, in: Allgemeine Encyclopädie der Wissenschaften und Künste. Section 3, Teil 21, Leipzig 1846, S. 258–264, hier S. 259 f.

9 Vgl. Seeberg-Elverfeldt, Das Spitalarchiv Biberach, Heft 5 (wie Anm. 6), S. 243, 245, 249 und 250.

10 Bernhard Rüth, Reformation in Biberach (1520–1555), in: Stievermann (Hg.): Geschichte der Stadt Biberach (wie Anm. 2), S. 255–288, hier S. 256.

11 KreisA Biberach, Katholisches Pfarrarchiv Biberach (Depositum) BA 1: [Joachim von Pflummern,] *Beschreibung der Statt Bibrach Kirchen, Capellen und aller darinnen habender Zirden von Gemalden, Kirchenpfleger, Priester und Capelleien von anno 1519 geweßen und hernacher in Anno 1527 alles verendert durch Lutheri und Zwingli Lehr. L D.* Diese Inhaltsangabe geht aus dem Umschlag hervor (vgl. Katholisches Pfarrarchiv Biberach, Repertorium des Archivs der Katholischen Pfarrei St. Martin und Maria Biberach an der Riss, Bände, S. 2). Mein Dank gilt auch an dieser Stelle Dr. Kurt Diemer, der mich auf die Abschrift aufmerksam gemacht und mir seine Transkription zur Verfügung gestellt hat. Ediert wurde Pflummerns Schrift nach der jüngeren Wolfegger Abschrift (T. W.) bereits 1887 von A[ndreas] Schilling (Hg.), Die religiösen und kirchlichen Zustände der ehemaligen Reichsstadt Biberach unmittelbar vor Einführung der Reformation. Geschildert von einem Zeitgenossen, in: Freiburger Diözesan-Archiv 19 (1887), S. 1–191, nach der im Folgenden zitiert wird.

12 StadtA Biberach A 1 Hospitalarchiv B 3211: Stiftungskopialbuch für die Jahre 1239–1621, S. 338. Im spitälischen Urkundenbestand selbst gibt es keinen Hinweis auf diese Stiftung. Sie wird wie andere Mess- und milde Stiftungen in der Reformationszeit dem Almosenkasten einverleibt worden sein (vgl. S. 105). Die Almosenpflege, die den Almosenkasten verwaltete, erscheint 1584 als Almosen- oder Kirchen- und Kapellenpflegamtung (StadtA Biberach B 1 Gemeinschaftliche Kirchenpflege U 55), 1624 als Kirchen- und Kapellenpflegamtung (ebd., U 1066 und U 1067), 1643 und 1650 als Kirchen- und Almosenpflege (ebd., U 671, U 81 und U 240), 1649 als Kapellen- oder Almosenpflege (ebd., U 1107) und wurde spätestens 1653 in Kirchen- und Kapellenpflege umbenannt. Deren Urkundenbestand befindet sich im StadtA Biberach B 1 Gemeinschaftliche Kirchenpflege. Die genannte Stiftung von 1522 hat auch in diesem Archivbestand keine Spuren hinterlassen, was darauf hindeutet, dass ihr Stiftungsvermögen in der Reformationszeit anderen Zwecken zugeführt und die Stiftungsurkunde vernichtet worden oder verlorengegangen war. Dies gilt auch für zwei Stiftungen, die Krais erwähnt: zum einen eine Jahrtagsstiftung von 1526, die den Bettlägerigen zugutekommen sollte, die *Gott für diesen Stifter bitten* mussten, zum anderen die 1529 gestiftete Jahrzeit des Heinrich Strübel; vgl. Krais, Biberacher Kronik, Theil 24a (wie Anm. 4), S. 45 f. (Zitat) und S. 52. Erst mit dem Interim wurde wieder an die durch die Reformation unterbrochene Stiftungspraxis angeknüpft (vgl. StadtA Biberach A 1 Hospitalarchiv B 3211: Stif-

Joachim von Pflummern setzte seinem Werk die zentralen Inhalte katholischer Frömmigkeit voran. Unter der Überschrift *Von guotten Wortten und Werckhen im alten Glauben* schreibt er: *Man hat vil im guetten, rechten, Allten, Christenlichen Glauben gehalten uff guette Werckh und Wortt, es seye mit Betten, mit Fasten, Wachen, Allmuosengeben, mit Wallfarten* [...], *Abbrechen am Leib* [...] *und sendt guette Werckh nit veracht worden, sonnder unns gehen Gott wohl erschon, und guoth gesein zue Seel und Leib.*[13] Werkfrömmigkeit – denn Pflummern als Mitglied der wohlhabenden patrizischen Führungsschicht spricht hier von der Warte derer, die gute Werke zu verrichten imstande waren, nicht aus der Sicht der sprachlos bleibenden Almosenempfänger – war also doppelt heilsam: für das jenseitige wie für das zeitliche Dasein. Werke der Barmherzigkeit bescherten dem Wohltäter, der sich im Einklang mit den göttlichen Geboten wusste, schon zu Lebzeiten ein Gefühl der Entlastung und waren somit Seele und Leib gleichermaßen zuträglich.

Joachims Bruder Heinrich von Pflummern (1475–1561), ein Kleriker, verwies in seiner 1544/45 entstandenen reformatorischen Verlusterzählung mit dem Titel *Etwas ain wienig von der aller grusamlichosten, unerhertosten, unewangelichosten, gotzlososten, ketzerichosten und verfierichosten Lutery, die sich verlofen haut ungefarlich vom 1523 jar bis jetz in das 1544 iar*[14] im Kontext des Themas Fegefeuer auf die Ablasspraxis, die auch dem Spital Geld in die Kassen spülte. Schon der älteste im Original erhaltene, wohl aus dem Jahr 1258 stammende Bericht über die Spitalgründung erwähnt den Ablass, den der Bischof von Konstanz allen Stiftern für ihnen auferlegte Bußen gewährte, wenn sie beim Aufbau des Spitals durch Geld, eigene Körperkraft oder Spanndienste ihrer Zugtiere mitwirkten.[15] Mit Verweis auf seine große Armut und die in seinen Mauern geübten sieben Werke der Barmherzigkeit – so explizit in der Urkunde von 1284[16] – erhielt das Spital im Verlauf des 13. Jahrhunderts noch drei weitere Indulgenzen, in denen allen Almosengebern meist in Verbindung mit Glaubensübungen Ablässe gewährt wurden.[17] Auf diese

tungskopialbuch für die Jahre 1239–1621, S. 343). Erhalten haben sich zwei Urkunden aus dem Jahr 1548, denen zufolge Anna Knüttel und ihr verstorbener Mann dem Spital 400 fl. stifteten, aus deren Ertrag den Armen Schuhe und den Kranken Wein verschafft werden sollte; vgl. StadtA Biberach B 1 Gemeinschaftliche Kirchenpflege: U 2111 und U 2123.

13 Schilling (Hg.), Die religiösen und kirchlichen Zustände (wie Anm. 11), S. 17 (Zitat).

14 A[ndreas] Schilling (Hg.), Zeitgenössische Aufzeichnungen des Weltpriesters Heinrich von Pflummern, in: Freiburger Diözesan-Archiv 9 (1875), S. 141–238.

15 StadtA Biberach A 1 Hospitalarchiv U 2 (Original im Landesarchiv Baden-Württemberg – Hauptstaatsarchiv Stuttgart (im Folgenden HStAS) B 163 U 2); vgl. auch WUB Bd. 5 (1889) (wie Anm. 2), Nr. 1504, S. 269–271; Seeberg-Elverfeldt, Das Spitalarchiv Biberach, Heft 5 (wie Anm. 6), S. 1; Stievermann, Biberach – Spital und Stadt 1239–1989 (wie Anm. 2), S. 172.

16 Viktor Ernst, Das Biberacher Spital bis zur Reformation, in: Württembergische Vierteljahrshefte für Landesgeschichte NF 6 (1897), S. 1–112, hier S. 43, Nr. 5. Ernst hatte 1896 ein mehrbändiges Repertorium des Spitalarchivs angefertigt (StadtA Biberach A 1 Hospitalarchiv B 3488–3490) und seine Quellenkenntnisse unmittelbar in seinen Aufsatz einfließen lassen.

17 Sie erfolgten 1284 (vgl. StadtA Biberach A 1 Hospitalarchiv U 11; Original im HStAS B 163 U 8), 1287 (StadtA Biberach A 1 Hospitalarchiv U 15; Original im HStAS B 163 U 11) und 1295 (StadtA Biberach A 1 Hospitalarchiv U 28; Original im HStAS B 163 U 18); mit Bestätigung der Indulgenzen von zehn Bischöfen im Jahr 1299 durch den Bischof von Konstanz: StadtA Biberach A 1 Hospitalarchiv U 36; vgl. auch WUB Bd. 8 (1903) (wie Anm. 2), Nr. 3297, S. 428 (1284); WUB Bd. 9 (1907), Nr. 3583, S. 110 (1287); WUB Bd. 10 (1909), Nr. 4719, S. 387–388 (1295); WUB Bd. 11 (1913), Nr. 5383, S. 338 (Bestätigung der Urkunde von 1287

Weise war gewährleistet, dass das Spital an den in den Urkunden genannten Festtagen (Christus- und Marienfeste, Pfingsten sowie einige Heiligentage) zu Andachtszwecken Besuch von außen erhielt.[18] Das religiöse Leben im Spital war infolgedessen nicht auf die unter dem Patrozinium des Heiligen Geistes und der Gottesmutter stehende spitälische Hausgenossenschaft beschränkt, sondern auf Durchlässigkeit ausgerichtet. Offenbar war mit diesen frühen Ablassprivilegien, aus denen das Spital bis zu den reformatorischen Umwälzungen schöpfen konnte, der Anschubfinanzierung der Institution Genüge getan, denn erst in der Frühphase der Reformation wurde eine letzte Ablassurkunde zugunsten des Spitals ausgestellt. Verliehen wurde sie 1519 vom Konstanzer Weihbischof und Generalvikar Melchior Fattlin (1490–1548) anlässlich der Neuweihe der Spitalkapelle, deren Besuch Gläubigen mit bußfertiger Gesinnung 40 Tage Ablass gewährte.[19]

Ablässe konnten keinen aus der Gnade Gottes gefallenen Sünder vor der ewigen Verdammnis in der Hölle retten. Sie verkürzten aber nach geltender theologischer Vorstellung einem Sünder, der sich durch Sündenbekenntnis in der Beichte, Reue und sakramentale Buße durch priesterliche Absolution im göttlichen Gnadenstand befand, die nach seinem Tod aufgrund seiner irdischen Verstöße gegen die göttlichen Gebote drohenden Sündenstrafen im Purgatorium, wenn er bereits zu Lebzeiten die dafür als Ausgleich fälligen entsprechenden Bußwerke wie etwa Almosengeben, Gebet und Fasten im Rahmen eines Ablasses verrichtet hatte. Auch Joachim von Pflummern verwies auf die *im allten rechten Glauben* gelebte Überzeugung, *das ein fegfewr seie mit viel pein und Martter; wer sein sündt hie auff Erdtrich Nit gnugsamb abgelegt hat, der mües darinnen mit pein und Martter gepeiniget werden, ehe er das ewig Leben erlangen möge.*[20] Deutlicher wurde sein Bruder Heinrich von Pflummern, dessen folgende Formulierung den „aufrechnenden Charakter der mittelalterlichen Frömmigkeit"[21] unterstreicht: *dan der aplas hilft* [...] *vir das fegfuir, oder hie vor pin, da ainer etwas schuldig were, gott zuo zallen.*[22] Je ausgeglichener die Bilanz des Sünders, je geringer die Diskrepanz zwischen persönlichen Verfehlungen und Verdiensten, desto größer die Zuversicht, mit der er am Ende seines Lebens dem göttlichen Gericht entgegensehen konnte. Von Anbeginn seiner

am 21.12.1299); ERNST, Das Biberacher Spital (wie Anm. 16), S. 43, Nr. 5 und S. 44, Nr. 9; SEEBERG-ELVERFELDT, Das Spitalarchiv Biberach, Heft 5 (wie Anm. 6), S. 3 f., S. 6. Für weitere Ablässe aus den Jahren 1292 und 1298, die an anderer Stelle genannt sind (vgl. Hans-Peter ULRICH, Der Heilig-Geist-Hospital zu Biberach an der Riß. Versuch einer Gesamtdarstellung seiner Geschichte, Biberach 1965, S. 24), ließen sich keine urkundlichen Belege finden.

18 Vgl. StadtA Biberach A 1 Hospitalarchiv U 15: Ablassurkunde von 1287 (ohne Datum).

19 Vgl. StadtA Biberach A 1 Hospitalarchiv U 1579; SEEBERG-ELVERFELDT, Das Spitalarchiv Biberach, Heft 5 (wie Anm. 6), S. 251 f.; ULRICH, Der Heilig-Geist-Hospital (wie Anm. 17), S. 31.

20 SCHILLING, Die religiösen und kirchlichen Zustände (wie Anm. 11), S. 13 (Zitat).

21 Mireille OTHENIN-GIRARD, *Helfer* und *Gespenster*, in: Bernhard JUSSEN/Craig KOSLOFSKY (Hg.): Kulturelle Reformation. Sinnformationen im Umbruch 1400–1600, Göttingen 1999, S. 159–192, (Zitat S. 174).

22 SCHILLING, Zeitgenössische Aufzeichnungen (wie Anm. 14), S. 217 (Zitat); auch ebd. S. 181 im Kontext der nach Heinrich von Pflummerns Berechnung 7488 abgeschafften Messen pro Jahr in Biberach: *Ich will geren sechen, wie die Luterschen in dem stuck und andern stucken am jungsten tag welent rechnung geben, die selichs hund ab ton.* Rechnung und Rechenschaft waren für ihn nicht zu trennen. Generell zur Quantifizierung mittelalterlicher Frömmigkeitsübungen Arnold ANGENENDT/Hubertus LUTTERBACH/Thomas BRAUCKS/Rolf BUSCH/Thomas LENTES, Gezählte Frömmigkeit, in: Frühmittelalterliche Studien. Jahrbuch des Instituts für Frühmittelalterforschung der Universität Münster 29 (1995), S. 1–71.

Existenz bis zum Auftakt der Reformation wirkte das Biberacher Spital über seinen eigenen lokalen Rahmen hinaus als Akteur innerhalb des mittelalterlichen Ablasssystems,[23] wohingegen seine Insassen in den Ablassurkunden als auf Hilfe angewiesene passive Wohltätigkeitsempfänger erscheinen.

Seine Existenz und seine zunehmende Prosperität bis zum Höhepunkt seiner Entwicklung um 1500 verdankte das Spital seinem religiösen Daseinszweck. Die spätmittelalterliche Biberacher Einrichtung wird von Holger R. Stunz ihrer Bedeutung und funktionellen Diversifizierung nach zum Typus „Großhospital" gerechnet und infolgedessen mit Spitälern urbaner Zentren des Reichs wie Nürnberg, Lübeck, Augsburg und Ulm verglichen.[24] War die sich auf der Spitalgründungstafel ausdrückende Jenseitsvorstellung – *Spricht Christus macht euch Schätz im Himmel* – hier also von besonders starker Durchschlagskraft, die eine gesteigerte Frömmigkeitspraxis im Einzugsbereich des Spitals vermuten lässt und die die Grundlage seiner bis heute andauernden Erfolgsgeschichte bildete? Zu Beginn der Reformation besaß das Spital nach Ausweis des um 1524 angelegten Urbariums Grundbesitz, der sich in heutigen Flächeninhalt umgerechnet auf rund 4700 Hektar erstreckte.[25] *Der Biberacher Spital ist einer der reichsten des Landes*, heißt es trotz mancher Besitzeinbußen im Rahmen der Mediatisierung noch 1837 in der württembergischen Landesbeschreibung.[26]

Schenkungen zur freien Verfügung des Spitals und auf Gebetsleistungen ausgerichtete Stiftungen und Seelgeräte, die bis zur Mitte des 14. Jahrhunderts fast ausschließlich vom oberschwäbischen Adel sowie weiter entfernten Adeligen kamen, seit dieser Zeit aber verstärkt von der Biberacher Bürgerschaft getätigt wurden, und die dem Spital immer größeren Spielraum für weiteren auf territoriale Arrondierung bedachten Gütererwerb gaben, stellten die materielle Grundlage der spitälischen Wohltätigkeit dar.[27] Gegen

23 Boten des Spitals waren autorisiert, mit zehntägigem Ablass verbundene Almosen einzusammeln, nachdem der Bischof von Konstanz dem Spital 1295 einen entsprechenden Bettelbrief ausgestellt hatte; vgl. WUB Bd. 10 (1909) (wie Anm. 2), Nr. 4719, S. 387–388 (1295).

24 Vgl. Holger R. Stunz, Hospitäler im deutschsprachigen Raum im Spätmittelalter als Unternehmen für die caritas – Typen und Phasen der Finanzierung, in: Michael Matheus (Hg.): Funktions- und Strukturwandel spätmittelalterlicher Hospitäler im europäischen Vergleich (Geschichtliche Landeskunde 56), Stuttgart 2005, S. 129–159, hier S. 133, S. 140.

25 Für die von Ulrich aus den Urbarien von 1518 (ausgehend von Ernst, Das Biberacher Spital (wie Anm. 16), S. 20 wird fälschlicherweise immer wieder diese Jahreszahl genannt, laut Findbuch des Spitalarchivs sind die genannten Urbarien aber erst ab 1524 angelegt worden) ausgezogenen Zahlenwerte in Jauchert und Tagwerk (vgl. Ulrich, Der Heilig-Geist-Hospital (wie Anm. 17), S. 50) ergibt sich auf der Basis des für Biberach genannten Umrechnungswerts (vgl. Ludwig Ohngemach, Der Hl.-Geist-Spital zu Biberach. Abriß seiner Geschichte bis 1500, in: Martin Loth (Hg.): Der Hospital zum Heiligen Geist in Biberach. Gegenwart und Geschichte, Biberach 1997, S. 79–118, hier S. 109: ein Jauchert Ackerland und ein Tagwerk Wiese entsprechen 0,52 Hektar) der genannte Hektarbetrag.

26 [Johann Daniel Georg] von Memminger, Beschreibung des Oberamts Biberach, Stuttgart u. a. 1837, S. 80 (Zitat). Zum Leistungsumfang des Biberacher Spitals am Ende des 20. Jahrhunderts vgl. Martin Loth, Der Hospital heute, in: Ders. (Hg.): Der Hospital zum Heiligen Geist in Biberach. Gegenwart und Geschichte, Biberach 1997, S. 9–44, hier S. 14–44.

27 Einen Überblick über den immer mehr erweiterten Spitalbesitz bis zum Beginn des 16. Jahrhunderts gibt Ulrich, Der Heilig-Geist-Hospital (wie Anm. 17), S. 11–23; auch Ohngemach, Der Hl.-Geist-Spital zu Biberach (wie Anm. 25), S. 104–106.

Mitte des 15. Jahrhunderts war das Biberacher Spital als Empfänger von Stiftungen für Auswärtige nicht mehr von Interesse.[28] Bei den bürgerlichen Stiftungen handelte es sich oft um Zinsrechte, auf die die Stifter zu Lebzeiten noch selbst angewiesen waren und die deshalb erst nach ihrem Tod in den Besitz des Spitals übergingen. Die Biberacher Redensart „Ein Drittel dem Spittel" wird gern als Erklärung für seine großzügige Ausstattung herangezogen.[29] In einer Urkunde von 1418 begründete der Biberacher Bürger Walther Heggbach den Verkauf seines dem Spital gegenüber abgabenpflichtigen Gütleins an dasselbe damit, dass er „ein Drittel dem Spital hätte geben müssen", hätte er es an einen anderen Interessenten veräußert.[30] Auch Berchtolt Kutzmann von Birkendorf und seine Frau Barbara erklärten 1466 beim Verkauf ihres mit Zinsen und Abgaben an das Spital belasteten Hauses samt Stadel und Garten, dass ein Drittel des Erlöses an das Spital gegangen wäre, falls ein anderer als das Gotteshaus zum Zug gekommen wäre.[31] Denkbar, dass ein nicht unbeträchtlicher Teil des bürgerlichen Besitzes infolge ausgeprägter Jenseitsvorsorge der Biberacher Bürgerschaft im Lauf der Zeit so mit Lasten und Abgaben gegenüber dem Spital behaftet war, dass sich schließlich ein von großen Teilen der Bevölkerung praktiziertes Verhalten mit Hilfe der zitierten Redensart in das kollektive Gedächtnis der Stadt eingeschrieben hat.

Eine Vielzahl von Stiftern aus allen Vermögensschichten verrichtete fromme Werke und forderte im Gegenzug mit Blick auf den eigenen Tod und ihr ewiges Seelenheil Gebetsleistungen der von ihnen Bedachten ein.[32] Nicht wenige Stifter belegten das Spital bei Missachtung ihrer Seelgeräte mit Sanktionen, etwa der Transferierung ihrer Stiftung auf eine andere mildtätige Institution oder Restitution des Stiftungsguts an die Familie.[33] Diese Klausel sollte garantieren, dass den Stiftern der geistliche Ertrag ihrer frommen Vermächtnisse auf Dauer im Jenseits zugutekommen würde. Aber auch das Spital sollte begünstigt werden, falls die einigen benachbarten Klöstern und einheimischen geistlichen Pfründen zugewendeten Jahrzeiten nicht wie vom Stifter festgelegt ausgeführt werden sollten. Ein System gegenseitiger Kontrolle, abgesichert durch Stiftungsurkun-

28 Vgl. Ohngemach, Der Hl.-Geist-Spital zu Biberach (wie Anm. 25), S. 104.

29 Im Rahmen der Weingartener Tagung „Für Zeit und Ewigkeit – Stiftungen zwischen Mittelalter und Moderne", die 2008 von der Akademie der Diözese Rottenburg-Stuttgart veranstaltet wurde, lautete ein mit einem Abstecher nach Biberach verbundener Programmpunkt: *Dem Spittel ein Drittel*. Das Biberach der Stifter (Führung von Dr. Kurt Diemer). Auch das Biberacher Stadtmarketing bietet Spitalführungen an zum Thema *Dem Spittel ein Drittel?*, https://www.kulturkalender-biberach.de/veranstaltung/16876 (aufgerufen am 14. 5. 2020).

30 Ernst, Das Biberacher Spital (wie Anm. 16), S. 71 (Zitat). Es bleibt unklar, ob beim Übergang des Gütleins an einen Dritten bestehende Zinsrechte des Spitals im Rahmen eines Loskaufs hätten abgegolten werden müssen.

31 Vgl. StadtA Biberach A 1 Hospitalarchiv U 811.

32 Hinweise auf Spitalurkunden aus vorreformatorischer Zeit, die Stiftungen um des Seelenheils willen – in der Regel Jahrtage und Vigilien – enthalten, und die häufig mit Spenden an die Bedürftigen verbunden waren, bei Ernst, Das Biberacher Spital (wie Anm. 16), S. 56, 67–69, 73, 75–78, 88 f. Sie sind freilich nicht vollständig. Folgende Urkunden, die Jahrzeiten, Vigilien und Seelgeräte erwähnen, sind ergänzend (und gleichfalls ohne Anspruch auf Vollständigkeit) hinzuzufügen: StadtA Biberach A 1 Hospitalarchiv U 128, U 149, U 321, U 329, U 348, U 360, U 516, U 598, U 625, U 690 und U 812.

33 Zum Folgenden vgl. Ohngemach, Der Hl.-Geist-Spital zu Biberach (wie Anm. 25), S. 105 f.

den hier wie dort, garantierte also die Ausführung des Stifterwillens. Die Memoria war nicht auf die Stifter allein beschränkt, sondern wurde oftmals Angehörigen zugewendet. Wie in anderen Spitälern waren auch in Biberach die Totenfürsorge für die Stifter und die Armen- und Krankenfürsorge für die Bedürftigen um 1500 untrennbar miteinander verflochten. Heinrich von Pflummern berechnete zwar akribisch, wie viele Messen der Stadt durch die Reformation verloren gingen und der Stadtgesellschaft somit Abbruch an ihrem Seelenheil taten,[34] nicht aber die Anzahl der gestifteten Messen zum Totengedenken, die die Spitalinsassen nun nicht mehr besuchten, und der Fürbittgebete, die sie nicht mehr für ihre Wohltäter verrichteten. Er ließ aber keinen Zweifel daran, dass er in der Missachtung des Stifterwillens speziell im Hinblick auf Jahrtage und Seelgeräte einen Vertragsbruch sah, durch den die Verstorbenen der so notwendigen Gebetshilfe beraubt wurden.[35]

Die Aufzeichnungen der beiden Pflummern sind umso wertvoller als die – ohnehin erst seit 1500 erhaltenen – spitälischen Rechenbücher den Bereich der Fürsorge zunächst völlig ausblenden.[36] Besitzurkunden des Spitals wurden über die Jahrhunderte sorgsam verwahrt, während an einer Dokumentation seiner Wohltätigkeit lange Zeit kein Interesse bestand. Eine Aufstellung aus dem Jahr 1551 macht erstmals das Ausmaß der spitälischen Fürsorge erkennbar. Damals wurden bei einer auf 3500 bis 4000 Personen geschätzten Stadtbevölkerung[37] im Biberacher Spital 357 Bedürftige verpflegt,[38] was trotz zunehmender finanzieller Belastungen auf eine noch immer herausragende Leistungsfähigkeit der Stiftung schließen lässt. Für die Aufrechterhaltung des Spitalbetriebs waren damals 64 Bedienstete zuständig.

Nach einem Überblick über die Spitalgeschichte bis 1516 und einer anschließenden Betrachtung der Spitalkaplanei als spirituelle Grundlage religiösen Lebens im Spital sollen Joachim und Heinrich von Pflummern ausführlich zu Wort kommen, wenn es darum geht, das spitälische Leistungsspektrum für die Bedürftigen von der Wiege bis zur Bahre zu skizzieren, wobei als normative Quellen die Spital- und die Siechenhausordnung von 1491 kontrastiert werden, um mögliche Widersprüche an den Tag zu bringen. Ziel ist es, die verschiedenen Akteure ins Auge zu fassen, Facetten geistlicher Betätigung und religiösen Lebens im Spital aufzuzeigen und strukturellen Veränderungen sowie deren möglichen Rückwirkungen auf die Frömmigkeitspraxis der spitälischen Hausgemeinschaft nachzugehen.

34 Vgl. Anm. 22.

35 Vgl. Schilling, Zeitgenössische Aufzeichnungen (wie Anm. 14), S. 157, S. 183, S. 188 und S. 233 f. Er grämte sich darüber, dass die Anhänger Luthers *unsere forderen der guothait hund beropt, da von sy ringerung irer pin oder gar erlesung mechtent hun iber comen*; ebd., S. 211 (Zitat). Und weiter: *Ich wais ouch mit kaim rechten dar zuo zekomen*; ebd., S. 200 (Zitat). Ob Heinrich von Pflummerns Bemerkung *Layen migent nit me gern arbaiten, sunder nur sich an die truchen hencken, dar us* [vom eingezogenen Stiftungsgut] *zuo leben* (ebd., S. 236 f. [Zitat]), auch die Bedürftigen einschloss? In diesem Fall hätte er deren Mitwirkung bei der vorreformatorischen Totenmemoria mit Gebetsarbeit gleichgesetzt.

36 Vgl. Ernst, Das Biberacher Spital (wie Anm. 16), S. 31 f.

37 Vgl. Kurt Diemer, Biberach an der Riß. Zur Geschichte einer oberschwäbischen Reichsstadt, Biberach 2007, S. 87.

38 Vgl. Ernst, Das Biberacher Spital (wie Anm. 16), S. 36 f.

2. Überblick über die Spitalgeschichte bis zum Stadtbrand 1516

Die Benennung der Biberacher Stiftung als Heilig-Geist-Spital erscheint bereits in dem Gründungsbericht von 1258, ebenso die Jungfrau Maria als Mitpatronin.[39] Die Spitalinsassen waren zunächst kirchenrechtlich der Pfarrkirche Warthausen unterstellt, zu deren Sprengel das auf Birkendorfer Gemarkung errichtete Spital gehörte.[40] Die kirchenrechtliche Absicherung des Spitals hinsichtlich seiner Eigenständigkeit und seines Besitzes erfolgte 1287 durch Papst Honorius IV.[41] Im 14. Jahrhundert verblieben nur noch die Spitalökonomie, nun „äußeres Spital" genannt, und die 1286 erstmals urkundlich genannte Spitalkapelle zum Heiligen Geist[42] außerhalb der Stadtmauern. Der den Armen und Kranken gewidmete Spitalbetrieb wurde nach 1319 in die Stadt transferiert und seither als „inneres Spital" bezeichnet.[43] Die räumliche Verlegung markiert zugleich eine damit einhergehende inhaltliche Zäsur: die Kommunalisierung des Spitals.[44] Die von Papst Clemens V. auf dem Konzil von Vienne 1312 betriebene Kommunalisierung der Spitäler sollte sicherstellen, dass sie nicht ihrem karitativen Stiftungszweck entfremdet wurden.[45] Befördert wurde dieser Prozess in Biberach durch den Verzicht, den die Stifterfamilie von Essendorf 1320 zugunsten der Stadt auf alle ihre Rechte am Spital leistete.[46] Wie andere Spitäler auch gelangte das nunmehr ‚eingemeindete' Biberacher Spital unter die Kontrolle kommunaler Behörden, wodurch es zu seiner verstärkten Ausrichtung an den Interessen der Stadt kam. Der Spitalmeister als Leiter der anfänglich geistlich-bruderschaftlich verwalteten Institution trat gegenüber den sich als Vertreter des Magistrats in den Vordergrund schiebenden Pflegern – später Spitalpfleger genannt – zunehmend in den Hintergrund.[47] Im Kontext der Verlegung des karitativen Betriebs hinter die Stadtmauern wurde auch der Friedhof beim äußeren Spital aufgegeben. Die Spitalinsassen wurden seither auf dem Kirchhof bei der Pfarrkirche St. Martin bestattet. Als 1577 die Spitalgründungstafel entstand, existierte vom ursprünglichen Spital längst nur noch die dort abgebildete Kapelle. Schon auf der Stadtansicht von 1540 ist sie zutreffend als einziges Relikt des äußeren Spitals im Vordergrund skizziert, während inner-

39 Vgl. WUB Bd. 5 (1889) (wie Anm. 2), Nr. 1504, S. 269–271.

40 Vgl. StadtA Biberach A 1 Hospitalarchiv U 7: Urkunde vom 11. 1. 1279; Seeberg-Elverfeldt, Das Spitalarchiv Biberach, Heft 5 (wie Anm. 6), VI.

41 Vgl. Stievermann, Biberach – Spital und Stadt 1239–1989 (wie Anm. 2), S. 173.

42 Vgl. StadtA Biberach A 1 Hospitalarchiv U 13: Urkunde vom 3. 3. 1286.

43 Vgl. Ulrich, Der Heilig-Geist-Hospital (wie Anm. 17), S. 24; Stievermann, Biberach – Spital und Stadt 1239–1989 (wie Anm. 2), S. 174.

44 Mit Blick speziell auf das Spital und damit grundlegend für das später übergreifende Konzept der Kommunalisierung Siegfried Reicke, Das deutsche Spital und sein Recht im Mittelalter, 2 Teile (Kirchenrechtliche Abhandlungen 111–114), T. 1, Stuttgart 1932, S. 196 f.

45 Vgl. Katharina Simon-Muscheid, Spitäler in Oberdeutschland, Vorderösterreich und der Schweiz im Mittelalter, in: Martin Scheutz u. a. (Hg.): Europäisches Spitalwesen. Institutionelle Fürsorge in Mittelalter und Früher Neuzeit (Mitteilungen des Instituts für Österreichische Geschichtsforschung, Ergänzungsband 51), Wien u. a. 2008, S. 231–253, hier S. 236.

46 Vgl. Seeberg-Elverfeldt, Das Spitalarchiv Biberach, Heft 5 (wie Anm. 6), VI.

47 Vgl. Ernst, Das Biberacher Spital (wie Anm. 16), S. 10.

halb des Mauerrings die markanten Dächer und Staffelgiebel des inneren Spitals erscheinen.[48] Der völlige Rückzug des Spitals in die Stadt erfolgte in einem letzten Schritt nach dem verheerenden Stadtbrand von 1516. Dieser ermöglichte es, die zuletzt noch am ursprünglichen Platz auf fremdem Grund verbliebene Spitalökonomie in die Stadt zu verlegen und direkt auf der freigewordenen Fläche südlich des Spitalkomplexes anzusiedeln.

Das Spital war freilich durch die Feuersbrunst, die als Strafe Gottes bezeichnet wurde, selbst fast völlig zerstört worden.[49] Eine Ausnahme stellt das Gewölbe in der Oberen Siechenstube mit den aus dem Jahr 1472 stammenden Schlusssteinen dar, die Ausdruck des religiösen Gedankengebäudes sind, auf dem das spirituelle Leben und die Fürsorge im Spital basierten und auf die deshalb noch eigens einzugehen ist.[50] Menschen kamen beim Brand des Spitals nicht zu Schaden und sein wertvollster Besitz – Urkunden und Stiftungsbriefe,[51] aber auch Geld, Bücher, Kleider und Betten – konnte gerettet werden.[52] Der Wiederaufbau des Spitals, das in seiner heutigen Form auf diese Zeit zurückgeht, wurde 1521 mit der Fertigstellung des über der Spitalmühle gelegenen Kindhauses im Osten abgeschlossen.[53] Priorität hatte zunächst mit Blick auf die Wiederherstellung des spirituellen Lebens die Spitalkapelle. 1519 fand die Neuweihe der vier Altäre statt.[54] Die Kirchweihe war wie bereits erwähnt mit der Gewährung von Ablässen verbunden, die bußwillige Besucher am Festtag des Hauptheiligen eines jeden der vier Altäre erlangen konnten. Die alljährliche Feier der Kirchweihe wurde auf den zweiten Sonntag nach Fronleichnam festgelegt.

Die intensive Bautätigkeit nach dem Brand zeugt von der enormen Wirtschaftskraft der Spitalstiftung, die sich nach bescheidenen Anfängen im 13. Jahrhundert nun auf dem Zenit ihrer Leistungskraft befand. Freilich kam auch Hilfe von kirchlicher Seite: Der Bischof von Konstanz inkorporierte dem Spital die Pfarrkirche von Hundersingen, um den Wiederaufbau des Spitals und der Kapelle zu fördern.[55] Dieser konnte nach Berechnungen von Viktor Ernst mit weniger als einer durchschnittlichen Jahreseinnahme an Geld gedeckt werden.[56] Der finanzielle Spielraum resultierte wohl zu einem guten Teil aus der

48 Vgl. HStAS C 3 Bü 359.

49 […] *unnd das selbig spitel ist auss unnd ab verbrunen bis auff den grund, an dem gar nutz uffrecht beliben, allain etlich mur und gibel, sonder gar kain holtzwerck beliben*; vgl. Ernst, Das Biberacher Spital (wie Anm. 16), Bericht in der Spitalordnung von 1491 über den Brand von 1516, S. 110–111 (Zitat S. 111); auch Diemer, Ausgewählte Quellen (wie Anm. 1), S. 24 f.

50 Vgl. Kapitel 4 in diesem Aufsatz.

51 Vielleicht wurden sie zur Zeit des Brandes noch im Rathaus aufbewahrt, das Spitalarchiv also möglicherweise erst nach dem Stadtbrand von 1516 in den Spitalkomplex verlegt; vgl. StadtA Biberach A 1 Hospitalarchiv U 1405, wonach Papst Julius II. dem Spital am 3. 12. 1507 alle seine Zehnten bestätigte, selbst wenn die entsprechenden Briefe durch Nachlässigkeit der Pfleger oder den Brand des Biberacher Rathauses zugrunde gingen.

52 Vgl. Ulrich, Der Heilig-Geist-Hospital (wie Anm. 17), S. 25.

53 Vgl. Ernst, Das Biberacher Spital (wie Anm. 16), S. 20.

54 Zum Folgenden vgl. Seeberg-Elverfeldt, Das Spitalarchiv Biberach, Heft 5 (wie Anm. 6), S. 251 f.; StadtA Biberach A 1 Hospitalarchiv U 1579: Urkunde vom 27. 6. 1519.

55 Vgl. StadtA Biberach A 1 Hospitalarchiv U 1530: Urkunde vom 8. 10. 1516.

56 Er verschlang 8829 Pfund Heller, wohingegen eine durchschnittliche Jahreseinnahme an Geld laut den Gültbüchern von 1516–1530 9033 Pfund Heller betrug; vgl. Ernst, Das Biberacher Spital (wie

auf Gewinnoptimierung ausgerichteten Getreidevorratshaltung.[57] Um 1500 konnte eine größere Menge der bäuerlichen Getreideabgaben noch in den Verkauf gehen und musste nicht dem Eigenverbrauch des Spitals zugeführt werden. Damit ließ sich Preispolitik betreiben: In Teuerungsjahren wurde mehr Getreide verkauft als in wohlfeilen Jahren, sodass das Spital regelmäßig hohe Gewinne einfahren konnte, die zu jener Zeit noch hauptsächlich in Grunderwerb investiert wurden.[58] Um 1500 bezog das Spital aus mehr als 80 Orten Abgaben, sei es aus Grundbesitz oder Zehntrechten, sei es als Patronats-, Gerichts-, Leib- oder Lehensherr.[59] Nach dem Urbar von 1518 (korrekt 1524) nannte die Einrichtung damals 251 Zinsgüter ihr Eigen.[60] Religiöses Leben und karitatives Wirken standen im Biberacher Spital um 1500 auf mehr als materiell gesicherter Basis.

3. Spirituelle Grundlage religiösen Lebens: Die spitälischen Kaplaneipfründen im äußeren und im inneren Spital

Auf- und Ausbau von Kaplaneien und anschließende Konsolidierung

Kristallisationspunkt religiösen Lebens war der Spitalkaplan, dem nach dem Ausscheiden der anfänglich genannten Augustinerbrüder aus dem Spital seine geistliche Leitung anvertraut war.[61] Die ursprüngliche, auf den Altar der äußeren Heilig-Geist-Kapelle gewidmete Kaplaneipfründe, deren Anfänge im Dunkeln liegen, entwickelte sich zur Spitalprädikatur weiter und wurde infolgedessen jenseits des hier gewählten Betrachtungszeitraums in den 1520er Jahren zum Dreh- und Angelpunkt reformatorischer Verkündigung in der Stadt, dies nicht zuletzt deshalb, weil die Kapelle im inneren Spital damals das einzige Gotteshaus in der Stadt war, das in alleiniger Verantwortung des Magistrats stand. Eine Urkunde über die Stiftung der ersten Spitalkaplanei ist nicht überliefert. 1422 hielt der Magistrat in einer das Spital betreffenden öffentlichen Verkündigung aber fest, dass in den Anfangszeiten des außerhalb der Stadt gegründeten Spitals *ain pfruonde und misse gestifftet ward, also das ain ieglicher priester, der die selbe pfrunde inne hette, den durfftigen in dem vorgenanten spitale und ouch uns und unsserm volk* [der Biberacher

Anm. 16), S. 20 und S. 25. Heimpel hält Ernsts Berechnung für „etwas zu niedrig gegriffen“; vgl. Christian Heimpel, Die Entwicklung der Einnahmen und Ausgaben des Heiliggeistspitals zu Biberach an der Riß von 1500 bis 1630 (Quellen und Forschungen zur Agrargeschichte 15), Stuttgart 1966, S. 82 (Zitat).

57 Vgl. Ernst, Das Biberacher Spital (wie Anm. 16), S. 27; Heimpel, Die Entwicklung der Einnahmen und Ausgaben (wie Anm. 56), S. 27.

58 Vgl. Heimpel, Die Entwicklung der Einnahmen und Ausgaben (wie Anm. 56), S. 27 f.

59 Vgl. Stievermann, Biberach – Spital und Stadt 1239–1989 (wie Anm. 2), S. 177.

60 Vgl. Ulrich, Der Heilig-Geist-Hospital (wie Anm. 17), S. 50–54.

61 Vgl. StadtA Biberach A 1 Hospitalarchiv U 438. Zum rückblickenden Inhalt dieser Urkunde vom 7. 6. 1419 auf eine vorhergehende Urkunde vom 22. 8. 1351 ausführlich Ernst, Das Biberacher Spital (wie Anm. 16), S. 71 f. und S. 54. In einer Urkunde vom 2. 2. 1352 spiegelte sich dann bereits die (neue? vorübergehende?) Leitungsfunktion des Spitalkaplans insofern wider, als Pfaff Albrecht zusammen mit Hans von Ertingen und Heinrich Zwik als Spitalpfleger(!) genannt ist; vgl. StadtA Biberach A 1 Hospitalarchiv U 94; auch Kurt Diemer, Der Biberacher Heilig-Geist-Spital und seine Kirchen. Zeuge lebendiger Vergangenheit, in: Heimatkundliche Blätter für den Kreis Biberach 1980/1, S. 6–11, hier S. 8.

Bürgerschaft] *predigen sollte.*[62] Die Verlegung des Spitals in die Stadt habe nichts daran geändert, *das man uns und unserm volk allwege in dem ussern spitale gepredigeţ hait.*[63] Ein Spitalkaplan im äußeren Spital ist erstmals in einer abschriftlich erhaltenen Urkunde im Zusammenhang mit dieser von den Konstanzer Generalvikaren 1319 autorisierten räumlichen Transferierung erwähnt, der zufolge dem Spital damals auch der Bau einer Kapelle mit zwei Altären und zwei Glocken am neuen Standort in der Stadt erlaubt wurde.[64] Um den auf dem Friedhof beim äußeren Spital bestatteten Verstorbenen weiterhin Gebetsfürsorge zuzuwenden, musste der Spitalkaplan seither zumindest einmal pro Woche weiterhin in der äußeren Heilig-Geist-Kapelle die Messe lesen. Der durch diese Klausel erweckte Eindruck, dass infolge der Kommunalisierung des Spitals ein weitgehender Rückzug des Kaplans[65] hinter die Stadtmauern und damit eine Konzentration auf die Seelsorge der in die Stadt verlegten Spitalbewohner erfolgte, täuscht.[66] Aufgrund der ihm vom Warthauser Pfarrer abverlangten Einhaltung kirchenrechtlicher Vorgaben versah der Spitalkaplan seine Aufgaben in den beiden Spitalkapellen bis 1467 von seiner ursprünglichen Behausung aus, die unmittelbar bei der Heilig-Geist-Kapelle im äußeren Spital lag.[67] Die Kapelle im inneren Spital erscheint in den Quellen niemals unter einem bestimmten Patrozinium. Um 1500 hatte sich längst die kirchenrechtlich unzutreffende Bezeichnung *Spittal Kirchen* durchgesetzt.[68] Joachim von Pflummern berichtet überdies von dem dortigen sogenannten *pfarraltar, wiewohl Kein pfarr da ist gesein, was aber zu verkhündet ist gesein, Alls Jartag, spenden und dergleichen, hat der priester uff demselben Altar das müessen thon.* [...] *Man hat auch uff dem pfarr Altar die Leüth im Spittal versehen*

62 Zitiert nach Ernst, Das Biberacher Spital (wie Anm. 16), S. 73.

63 Ebd., S. 74.

64 Vgl. KreisA Biberach, Katholisches Pfarrarchiv Biberach (Depositum) N 3: Abschrift der Urkunde vom 8.12.1319. Zum Folgenden vgl. Diemer, Der Biberacher Heilig-Geist-Spital und seine Kirchen (wie Anm. 61), S. 8.

65 Namentlich genannt sind bis zum Ende des 14. Jahrhunderts folgende Spitalkapläne: 1345 und 1363 Albrecht der Arzt (StadtA Biberach A 1 Hospitalarchiv U 78 und U 141), seit 1367 Pfaff Gräter (ebd., U 149), seit 1379 und noch 1393 Johannes Sifridi (ebd., U 197 und U 246).

66 Ein Revers zählt die Einkünfte und Leistungen auf, die Pfaff Gräter bei seinem Amtsantritt als Spitalkaplan 1367 zugesprochen wurden: 16 ½ Lb. h., vier Malter Roggen, das Opfer und das Seelgerät, im Sommer zwei Rinder und zwei Säue, im Winter ein Rind und eine Sau, Beholzung sowie Behausung im Spital (vgl. StadtA Biberach A 1 Hospitalarchiv U 149). Die genannte Behausung bezog sich auf das äußere Spital.

67 Erst in jenem Jahr wurde die Parochie Warthausen endgültig aus der äußeren Heilig-Geist-Kapelle verdrängt, als der Konstanzer Generalvikar dem ‚Spitalprediger' – die in diesem Beitrag von mir verwendete Bezeichnung Spitalprediger ist ein sich auf Heinrich von Pflummern stützender Notbehelf (er spricht vom *spitelbrediger*; vgl. Schilling, Zeitgenössische Aufzeichnungen (wie Anm. 14), S. 171), um die Zusammengehörigkeit von Spitalkaplanei und Prädikatur zu unterstreichen (in Wirklichkeit wird er auch in der hier angeführten Urkunde als Prediger der Stadt Biberach bezeichnet) – und seiner Haushaltung zugestand, nicht mehr außerhalb der Stadt bei der äußeren Heilig-Geist-Kapelle wohnen und an Sonn- und Feiertagen die Warthauser Pfarrkirche besuchen zu müssen (vgl. StadtA Biberach A 1 Hospitalarchiv U 818). Daraufhin wurde die frühere Unterkunft des Spitalkaplans abgebrochen, der schon zuvor zumindest den Winter in seinem Pfründhaus in der Stadt verbringen durfte; vgl. Schilling, Zeitgenössische Aufzeichnungen (wie Anm. 14), S. 213.

68 Vgl. Schilling, Die religiösen und kirchlichen Zustände (wie Anm. 11), S. 58. Das folgende Zitat ebd. S. 59.

mit dem Sacramendt[69]*und Sancte Hanns Segen*[70] *dageben.* Die umgangssprachliche Aufwertung der inneren Spitalkapelle lässt Rückschlüsse auf die herausgehobene Stellung des Spitalkaplans innerhalb des Biberacher Klerus zu. Man wird nicht fehlgehen, wenn man annimmt, dass ihm und nicht den im Lauf des 15. Jahrhunderts im Spital noch hinzugekommenen reinen Messpriestern die im Zusammenhang mit dem ‚Pfarraltar' beschriebenen Aufgaben zukamen.[71]

Mit Blick auf die von der Zugehörigkeit zum Warthauser Pfarrsprengel bewirkten Erschwernisse bei der religiösen Betätigung vor allem der gebrechlichen Spitaldürftigen, ganz zu schweigen von den Bettlägerigen, war aus Sicht des Magistrats ein Auf- und Ausbau des geistlichen Angebots im inneren Spital erforderlich. 1421 stiftete die Stadt eine Kaplanei auf einen Altar zu Ehren der Heiligen Dreifaltigkeit und der drei Heiligen Maria Magdalena, Christophorus und Katharina,[72] der in dem wohl schon geraume Zeit zuvor erbauten Gotteshaus stand, das damit auch seine erste urkundliche Erwähnung fand.[73] Bei der Stiftung dieser ewigen Messe legte der Magistrat als Inhaber des Patronatsrechts fest, dass der Kaplan ein weltlicher Geistlicher zu sein hatte, der an fünf Tagen in der Woche auf dem genannten Altar Messe lesen musste und der seinen Unterhalt hauptsächlich aus Einkünften der Angel- und der Bachmühle sowie der Ummendorfer Schmiede erhalten sollte. Es ist anzunehmen, dass im Vorfeld dieser zweiten Pfründstiftung genauso

69 Laien wurde im Mittelalter das Altarsakrament nur selten gespendet. In der Spitalkapelle wurde die Kommunion an Gründonnerstag vor dem genannten Altar ausgeteilt (vgl. SCHILLING, Die religiösen und kirchlichen Zustände (wie Anm. 11), S. 60 und S. 121). Joachim von Pflummern erwähnt, dass in der Spitalkapelle außer dem Altar- auch das Beichtsakrament gespendet worden sei (vgl. ebd., S. 61). Ob der Biberacher Ortspfarrer dem jeweiligen Spitalkaplan die dafür kirchenrechtlich erforderliche Beichtjurisdiktion erteilte, erfährt man indes nicht. Es ist anzunehmen, dass die Ausnahmegenehmigung des Konstanzer Bischofs für den Empfang der Sakramente im Spital (und deren Spendung durch den Spitalkaplan?) (vgl. StadtA Biberach A 1 Hospitalarchiv U 7: Urkunde vom 11. 1. 1279) auch nach der Verlegung des Spitals in die Stadt weiterhin Anwendung fand – mit einer Ausnahme: den Sterbesakramenten (vgl. S. 116). Vielleicht gab es wie schon 1279 eine Kompensation des Spitals an die Mutterpfarrei. Dafür spricht auch die in Anm. 71 erwähnte Urkunde von 1319.

70 Der Johanniswein wurde am Tag des Evangelisten Johannes (27. Dezember) im Gottesdienst vom Priester geweiht und anschließend den Gläubigen gereicht „zum Gedenken an den Heiligen, dem nach der Legende vergiftete Tränke nicht zu schaden vermochten"; vgl. Art. Johannessegen/Johannissegen, in: Deutsches Rechtswörterbuch, bearb. von Hans BLESKEN u. a., Bd. VI, Weimar 1961–1972, Sp. 504–505 (Zitat Sp. 504). Bei der Austeilung des Segensweins an der Kommunionbank sprach der Priester die Worte *Bibe amorem St. Johannis in nomine patris et filii et spiritus sancti*; vgl. Art. Johannisminne, in: ebd, Sp. 745–760 (Zitat Sp. 748).

71 In der schon in Anm. 64 erwähnten abschriftlich erhaltenen Urkunde vom 8. 12. 1319 ist bereits davon die Rede, dass der Spitalkaplan mit Erlaubnis der Konstanzer Generalvikare in der neu zu errichtenden Spitalkapelle in der Stadt Gottesdienste abhalten und Sakramente spenden durfte; vgl. DIEMER, Der Biberacher Heilig-Geist-Spital und seine Kirchen (wie Anm. 61), S. 8.

72 Hinsichtlich der im Folgenden im Kontext der verschiedenen Spitalkaplaneien genannten Altarwidmungen ist einschränkend anzumerken, dass die Patronate offenbar nicht durchgängig dieselben blieben, sondern es teilweise zu Abweichungen kam. Diese widersprüchlichen Angaben sind durch die Auswertung der überlieferten Urkunden nicht aufzulösen.

73 Vgl. ULRICH, Der Heilig-Geist-Hospital (wie Anm. 17), S. 24; DIEMER, Der Biberacher Heilig-Geist-Spital und seine Kirchen (wie Anm. 61), S. 8; SEEBERG-ELVERFELDT, Das Spitalarchiv Biberach, Heft 5 (wie Anm. 6), S. 68; StadtA Biberach A 1 Hospitalarchiv U 450: Stiftungsurkunde vom 8. 5. 1421; ebd. auch zum Folgenden.

verfahren wurde wie bei der 1453 auf den Altar Johannes des Täufers, der zwölf Apostel und weiterer Heiligen begründeten dritten spitälischen Kaplaneistiftung, die durch den Aufruf zu Zustiftungen realisiert werden konnte. Ernst führt mehrere Urkunden an, aus denen ersichtlich ist, dass seit spätestens 1429 einzelne Stiftungen eingingen und Käufe getätigt wurden, die dem höheren Ziel einer „ewigen Messe, welche in der Stadt B.[iberach] im Sp.[ital] neben der Thüre in der Ecke links am Altar zu Ehren Johannis des Täufers, der Zwölfboten, des Lucas, Martin und der vier Lehrer zu stiften angefangen ist", dienten.[74] Analog zu diesem urkundlich besser belegten späteren Beispiel muss auch im Fall der Pfründe auf den Dreifaltigkeitsaltar verfahren worden sein, bevor Einzelstiftungen zusammengeführt und als Fundus in die neue Kaplaneistiftung eingebracht werden konnten. Mutmaßlich legte der Ravensburger Leutepriester Meister Konrad 1385/86 den Grund für die Pfründstiftung von 1421.[75] Die ewigen Messen, die 1404 bereits gestiftet waren und die zusammen mit sich immer weiter summierenden einzelnen Stiftungen schließlich der Kaplaneipfründe zugeführt wurden, scheinen seit spätestens 1404 von einem zweiten Spitalkaplan verrichtet worden zu sein. Mit dem bis 1417 amtierenden Burkhard Haller nämlich ist 1404 erstmals explizit ein Kaplan im äußeren Spital genannt,[76] nachdem in den vorhergehenden Urkunden immer nur ohne räumlichen Bezug ganz allgemein vom Spitalkaplan oder dem Kaplan im Spital die Rede gewesen war. Dieser plötzlich geänderte Sprachgebrauch lässt darauf schließen, dass es zu jener Zeit bereits einen Geistlichen im inneren Spital gegeben hat, der sich für die in Angriff genommene Altarpfründe warmlief, indem er die Zeit bis zu ihrer Realisierung mit der Versehung der bereits dafür eingegangenen kleineren Einzelstiftungen überbrückte. Offen bleibt, ob es sich dabei schon zu Beginn des 15. Jahrhunderts um den 1422 als Kaplan im Spital bezeichneten Dietrich Müller handelte,[77] der 1431 als *Diethricus Molitor* explizit als Kaplan im inneren Spital[78] genannt ist und der bei seinem Tod 1437 den *in cap. infirmorum infra muros Bibracen.* dem Heiligen Geist und der Jungfrau Maria geweihten Altar versah.[79]

74 Ernst, Das Biberacher Spital (wie Anm. 16), S. 78 (Zitat); vgl. StadtA Biberach A 1 Hospitalarchiv U 508: Urkunde vom 3. 3. 1430; ausführlicher zur Pfründstiftung von 1453 auf S. 95f.

75 1385 stiftete Meister Konrad Geld aus Erträgen der Riedmühle zur Verbesserung der Pfründe im Biberacher Spital. Im Gegenzug war der Spitalkaplan jeden Sonntag und Montag in einer ewigen Messe zur Memoria des Stifters und seiner Vorfahren verpflichtet (vgl. StadtA Biberach A 1 Hospitalarchiv U 210: Urkunde vom 19. 4. 1385; Ernst, Das Biberacher Spital (wie Anm. 16), S. 60). In einer weiteren Urkunde vom 2. 3. 1386 ist festgehalten, dass derselbe Meister Konrad zusammen mit seiner Kellerin Adelheid Erträgnisse aus der Ried-, der Anger- und der Bachmühle und aus zwei Häusern nach seinem Tod um Gottes willen an eine ewige Messe im Spital Biberach stiftete, wobei dem Kaplan der Zins zukam, der dafür der Stifter und ihrer Vorfahren jeden Sonntag und Montag in der Messe gedenken musste (vgl. StadtA Biberach A 1 Hospitalarchiv U 214; Ernst, Das Biberacher Spital (wie Anm. 16), S. 61). Zwei der fünf wöchentlichen Messen, die in der Stiftungsurkunde von 1421 genannt sind, waren mit der Stiftung der ewigen Messe von 1385/86 schon abgedeckt, wobei auch die Übereinstimmung ihrer Dotierung aus den in den Urkunden von 1386 und 1421 genannten beiden Mühlen ins Auge sticht.

76 Vgl. StadtA Biberach A 1 Hospitalarchiv U 325; auch ebd., U 397 und U 422; Ernst, Das Biberacher Spital (wie Anm. 16), S. 66.

77 StadtA Biberach A 1 Hospitalarchiv U 461: Urkunde vom 23. 4. 1422.

78 StadtA Biberach B 1 Gemeinschaftliche Kirchenpflege U 516.

79 Vgl. zu Dietricus Muller Manfred Krebs, Die Investiturprotokolle der Diözese Konstanz aus dem 15. Jahrhundert, in: Freiburger Diözesanarchiv, 1. Teil, Bd. 66 (1938), Anhang [S. 1–104 Aach – Bondorf],

1420 beurkundete der mit dem nachmaligen Spitalkaplan mutmaßlich identische Biberacher Notar und Kleriker Dieter Müller (Mollitor), dass der Propst zu Wiesensteig dem Konstanzer Bischof „die von ihm auf Grund der inserierten Bulle (= U 438) bestätigte Inkorporation der Pfarrkirche Mittelbiberach in das Biberacher Spital mitgeteilt habe".[80] Dies geschah wohl mit Blick auf die geplante Altarstiftung von 1421. Aus der inserierten Bulle nämlich geht hervor, dass auf Bitten des Biberacher Magistrats Papst Martin V. am 7. Juni 1419 mit Verweis auf den standesgemäßen Unterhalt des Spitalkaplans die bereits 1351 durch den Bischof von Konstanz vollzogene Inkorporation der Pfarrkirche Mittelbiberach in das Biberacher Spital[81] bekräftigt hatte.[82] Die päpstliche Konfirmation der Inkorporation mittels eines Prüfverfahrens durch den Propst zu Wiesensteig im Vorfeld der geplanten Pfründstiftung, die mit neuen Verpflichtungen des Spitals einherging, sollte offenbar finanzielle Planungssicherheit herstellen, war es doch bereits 1351 im Kontext der Inkorporation auch um die Garantie „einer genügenden Summe" für den Unterhalt des Spitalgeistlichen gegangen.[83]

Das Gotteshaus im inneren Spital mit der neugestifteten Altarpfründe lag im Verantwortungsbereich des Biberacher Pfarrers – im Unterschied zu der nach wie vor dem Warthauser Pfarrer unterstellten Heilig-Geist-Kapelle im äußeren Spital, die seit dem Tod Burkhard Hallers 1417 von Johannes Ledrer versehen wurde,[84] der 1422 auch als Prediger im Spital genannt ist.[85] Durch die 1421 gestiftete Pfründe wurde der Messebesuch der längst im inneren Spital untergebrachten Hilfsbedürftigen erleichtert, wenngleich die Gehfähigen unter ihnen, wie vom Warthauser Pfarrer verlangt, auch weiterhin ihren Gottesdienstpflichten in der außerhalb der Stadt gelegenen Heilig-Geist-Kapelle nachkommen mussten.[86]

hier S. 79 (Zitat). Nachgewiesen ist der Biberacher Notar und Kleriker Dietrich Müller/Mollitor von 1420 bis 1437; vgl. Peter Johannes Schuler, Notare Südwestdeutschlands. Ein prosopographisches Verzeichnis für die Zeit von 1300 bis ca. 1520. (Veröffentlichungen der Kommission für Geschichtliche Landeskunde in Baden-Württemberg B 90 und 99), Stuttgart 1987, Textband, S. 307.

80 Seeberg-Elverfeldt, Das Spitalarchiv Biberach, Heft 5 (wie Anm. 6) zum Inhalt dieser Urkunde (U 439) vom 18. 1. 1420, S. 66 (Zitat). Noch am 12. 3. 1422 erscheint Dieter Mollitoris als Notar, der eine Stiftung beurkundet; vgl. StadtA Biberach A 1 Hospitalarchiv U 459. Am 23. 4. 1422 ist er erstmals als Kaplan im Spital nachgewiesen (vgl. Anm. 77).

81 StadtA Biberach A 1 Hospitalarchiv U 91. Mit der Inkorporation der Pfarrei Mittelbiberach hatte Konstanz dem Spitalgeistlichen 24 Malter Getreide, zwei Wagen Stroh, den kleinen Zehnten sowie den Heuzehnten von den Widumgütern, die Einkünfte aus den Gottesdiensten, Legaten und Jahrtagen zugewiesen; vgl. Ernst, Das Biberacher Spital (wie Anm. 16), S. 54.

82 Vgl. Ernst, Das Biberacher Spital (wie Anm. 16), S. 71 f.

83 Ebd., S. 72 (Zitat).

84 Vgl. StadtA Biberach A 1 Hospitalarchiv U 422: Urkunde vom 16. 1. 1417. Zu Ledrer als Kaplan im äußeren Spital vgl. auch StadtA Biberach B 1 Gemeinschaftliche Kirchenpflege U 464 (21. 2. 1419), U 332 (18. 5. 1419), U 163 (21. 5. 1420) und U 116 (4. 12. 1422).

85 Vgl. StadtA Biberach B 1 Gemeinschaftliche Kirchenpflege U 468: Urkunde vom 2. 1. 1422.

86 Mit Verweis auf eine Urkunde aus dem Jahr 1422, die im Katholischen Pfarrarchiv Biberach verwahrt wird (U 7) vgl. Alois Schneider, Archäologischer Stadtkataster Baden-Württemberg, Bd. 7, Biberach an der Riß, Stuttgart 2000, S. 130.

Bevor im Kontext der Spitalpredigten der Bogen in das Jahr 1422 zurückgeschlagen wird,[87] soll zunächst die Entstehung der übrigen drei Pfründen im weiteren Verlauf des 15. Jahrhunderts skizziert werden, die zusammen mit den beiden älteren Kaplaneistiftungen seit den 1460er Jahren für ein umfassendes geistliches Angebot im inneren Spital standen. Weitere Förderung des spirituellen Lebens erfuhr das Spital durch den Biberacher Patrizier Heinrich Brandenburg, der gegen 1430 eine Familienkaplanei gründete, deren Patronat bei der Stifterfamilie lag, die aber infolge anfangs ungenügender Dotation zumindest in den ersten Zeiten unter Druck stand.[88] Diese ewige Messe wurde auf dem Mittelaltar in der inneren Spitalkapelle gelesen. Der Altar, der in unveränderter Zuschreibung noch 1519 nachweisbar ist,[89] war der Heimsuchung Mariens, den Heiligen Anna, Antonius, Ottilia und Elisabeth gewidmet. Er wurde auch als Liebfrauenaltar[90] und als Brandenburgeraltar[91] bezeichnet. Um 1460 scheinen die finanziellen Schwierigkeiten behoben gewesen zu sein, denn zu jener Zeit versah Heinrich Toeber diesen Altar.[92]

In Abstimmung mit dem Ortspfarrer, der in der zu seinem Sprengel zählenden inneren Spitalkapelle in geistlicher Hinsicht das Sagen hatte, konnte sich der Biberacher Rat im Lauf des 15. Jahrhunderts durch zwei weitere städtische Pfründstiftungen und durch die dabei von ihm erlangten Patronatsrechte Einfluss auf das geistliche Leben im Spital verschaffen. Schon wenige Jahre nach Errichtung der Kaplaneipfründe von 1421 wurde von der Spitalleitung die Stiftung einer weiteren ewigen Messe in Angriff genommen, die am bereits 1430/31 genannten Altar Johannes des Täufers[93] gelesen werden sollte und für

87 Vgl. Kapitel 3, S. 98–103, „Amt und Bibliothek des ‚Spitalpredigers'" in diesem Aufsatz.

88 Vgl. StadtA Biberach C 1 Reichsstadt Urkunden U 2: Urkunde vom 5. 4. 1430. Darin ist der Stifter bereits als verstorben genannt. Seine Brüder Hans und Eberhard Brandenburg erwarben 1430 in ihrer Funktion als Pfleger der Messstiftung für sie zwei Höfe hinzu. Das von Tüchle genannte Jahr 1436 als Gründungsjahr der Brandenburgischen Spitalkaplanei dürfte auf die von ihm herangezogenen Investiturprotokolle zurückzuführen sein (vgl. Hermann Tüchle, Hilprand Brandenburg (1442–1514) und sein Familienbuch, in: Heimatkundliche Blätter für den Kreis Biberach 1982/1, S. 7–14, hier S. 10). Aus den Investiturprotokollen geht hervor, dass die Kaplanei 1436 in Ermangelung eines ausreichenden Fundus (*nondum sufficienter dotatum*) noch nicht mit einem eigenen Kaplan besetzt war. 1493 präsentierte Friedrich Brandenburg den Geistlichen Leonhard Töber auf die spitälische Familienkaplanei; vgl. Krebs, Die Investiturprotokolle der Diözese Konstanz (wie Anm. 79), S. 80. Die Investiturprotokolle sind nur für die Jahre 1436–1437, 1463–1474 und 1479–1493 sowie fragmentarisch für 1460 überliefert (vgl. ebd., S. 10), also keineswegs dazu geeignet, eine lückenlose Personalliste für die Biberacher Spitalkaplaneien (abgehandelt ebd., S. 79–80) zu erstellen. Zu der genannten Familienkaplanei vgl. auch Diemer, Der Biberacher Heilig-Geist-Spital und seine Kirchen (wie Anm. 61), S. 8; Ohngemach, Der Hl.-Geist-Spital zu Biberach (wie Anm. 25), S. 99.

89 Bei der Neuweihe der Spitalkapelle 1519 stand dieser Altar noch immer an seiner ursprünglichen Stelle auf der rechten Seite der Kapelle; vgl. StadtA Biberach A 1 Hospitalarchiv U 1579.

90 So in der Kaufurkunde vom 14. 8. 1433, in der die Zueignung eines Baumgartens an die Messstiftung dokumentiert ist, als deren Pfleger wiederum Hans und Eberhard Brandenburg als Brüder des Stifters genannt sind; vgl. StadtA Biberach C 1 Reichsstadt Urkunden U 3.

91 Vgl. KreisA Biberach, Katholisches Pfarrarchiv Biberach (Depositum) BA 1: [Joachim von Pflummern,] *Beschreibung der Statt Bibrach Kirchen* (wie Anm. 11), fol. 31v; auch Schilling, Zeitgenössische Aufzeichnungen (wie Anm. 14), S. 187.

92 Vgl. StadtA Biberach A 1 Hospitalarchiv U 773.

93 Obwohl die Stiftung der Kaplanei erst 1453 erfolgte, existierte der zugehörige Johannisaltar bereits 1430/31 und wurde damals von dem Kaplan im äußeren Spital Heinrich Wall/Walle mitversehen (vgl.

die seit spätestens 1429 Zustiftungen aus der Bürgerschaft nachweisbar sind.[94] Am 24. Juli 1453 zeigten Bürgermeister und Rat mit Zustimmung des Pfarrers dem Bischof von Konstanz die Stiftung der bereits erwähnten ewigen Messe und Pfründe am Altar Johannes des Täufers, der zwölf Apostel, der Heiligen Lukas und Martin und der vier Kirchenlehrer an.[95] Der Altarist war verpflichtet, wöchentlich vier bis fünf Messen zu lesen, die im Tagesverlauf jeweils zwischen der Frühmesse in der Pfarrkirche[96] und der Kapellenmesse – also wohl der 1421 gestifteten ewigen Messe – liegen sollten. Die Verantwortlichen waren also bestrebt, ein zwischen Pfarrkirche und Spitalkapelle abgestimmtes, immer dichter werdendes Netz an Messeangeboten für die Bevölkerung zu knüpfen. Ausgestattet war die Pfründe mit diversen Hofanteilen, Sölden, Äckern, Einnahmen aus einer Mühle und der Verkündigung einer Jahrzeit sowie Zinsen. Am 2. August 1453 bestätigte der Konstanzer Generalvikar die Pfründstiftung und investierte den Priester Wilhelm Dryer.[97]

Die 1462 begründete vierte Spitalpfründe, über die der Magistrat das Patronatsrecht ausübte, ging auf den verstorbenen Spitalkaplan und Prediger Meister Jeronimus Rietmüller zurück,[98] der Güter für ein Seelgerät hinterließ.[99] Zur Pfründe gehörte ein zum

StadtA Biberach B 1 Gemeinschaftliche Kirchenpflege U 209 und U 248). 1436/37 war im inneren Spital der Altar zu Ehren der zwölf Apostel und der vier Evangelisten, der später wohl (gleichfalls?) der Kaplaneistiftung von 1453 zugeführt wurde, wegen ungenügender Dotierung noch unbesetzt (vgl. Krebs, Die Investiturprotokolle der Diözese Konstanz (wie Anm. 79), S. 79. Krebs führt in seinem Werk unzählige Beispiele für zunächst unbesetzt gebliebene oder nur provisorisch versehene Pfründen an, die erst eine ausreichende Dotation nachweisen mussten, bevor sie regulär verliehen wurden; einleitend dazu ebd., S. 8). 1441 ist Ulrich Büchler als Kaplan am Altar der zwölf Apostel, der vier Evangelisten und der vier Kirchenlehrer genannt (vgl. StadtA Biberach B 1 Gemeinschaftliche Kirchenpflege U 473; auch bei Ohngemach, Der Hl.-Geist-Spital zu Biberach (wie Anm. 25), S. 99 der Hinweis, dass der zur Pfründstiftung von 1453 zugehörige Altar bereits im frühen 15. Jahrhundert mehrfach erwähnt ist).

94 Vgl. Ernst, Das Biberacher Spital (wie Anm. 16), S. 78 (1429 und 1430), S. 79 (1431), S. 81 (1437) und S. 82 f. (1438). Auch der 1430/31 selbst als Inhaber des Johannisaltars genannte und 1444 verstorbene Kaplan im äußeren Spital Heinrich Wall stiftete an diesen Altar nach seinem Tod einen jährlichen Zins; vgl. StadtA Biberach A 1 Hospitalarchiv U 625; auch StadtA Biberach B 1 Gemeinschaftliche Kirchenpflege U 166.

95 Zum Folgenden vgl. Seeberg-Elverfeldt, Das Spitalarchiv Biberach, Heft 5 (wie Anm. 6), S. 108; Ernst, Das Biberacher Spital (wie Anm. 16), S. 88 f.

96 Dabei handelte es sich um eine städtische Messstiftung, über die der Magistrat das Patronatsrecht ausübte; vgl. bspw. StadtA Biberach A 1 Hospitalarchiv U 689: Urkunde vom 13. 12. 1451. Diese Messstiftung ging auf das Jahr 1351 zurück, kam später aber in Abgang und wurde mit Verweis darauf auf Bitten des Magistrats 1473 vom Konstanzer Bischof bekräftigt; vgl. StadtA Biberach B1 Gemeinschaftliche Kirchenpflege U 372 und U 372/1.

97 Vgl. StadtA Biberach B1 Gemeinschaftliche Kirchenpflege U 348: Urkunde vom 2. 8. 1453.

98 Vgl. ebd., U 482: Urkunde vom 29. 3. 1462. Rietmüller ist 1453 und 1456 als Kaplan und Prediger im äußeren Spital nachweisbar; vgl. StadtA Biberach A 1 Hospitalarchiv U 712; StadtA Biberach B 1 Gemeinschaftliche Kirchenpflege U 249.

99 Vgl. retrospektiv StadtA Biberach B 1 Gemeinschaftliche Kirchenpflege U 486: Urkunde vom 13. 1. 1464. Zum Fundus zählten Höfe zu Laupheim, Bühl und Grodt sowie Zinsen; vgl. ebd., U 482. Nach Heinrich von Pflummerns Überschlag über das Hauptgut der Biberacher Pfründen (im Mittel 1200 Pfund Heller Hauptgut pro Pfründe, woraus sich ein jährliches Einkommen des Pfründners von 60 Pfund Heller ergab; vgl. Schilling, Zeitgenössische Aufzeichnungen (wie Anm. 14), S. 185) waren in die Ausstattung der vier im 15. Jahrhundert gegründeten Spitalkaplaneien also mindestens 4800 Pfund Heller investiert worden.

Zeitpunkt der bischöflichen Konfirmation[100] bereits von Heinrich Jäck, Meister der sieben freien Künste, versehener Altar,[101] der den 10 000 Märtyrern, dem Heiligen Mauritius und seiner Schar sowie der Heiligen Ursula und den 11 000 Gefährtinnen geweiht war.[102] Als Gegenleistung für Ansprüche der Geschwister Rietmüllers auf die von ihrem Bruder gestifteten Güter stellte der Magistrat ihnen 1462 in Aussicht, bei Erledigung der nächsten beiden Pfründen – ausgenommen waren jedoch die beiden(!) Predigtämter[103] – Kleriker aus der Familie Rietmüller zu berücksichtigen.[104] Sie mussten sich damit nicht lange gedulden. 1464 erhielt Jacob Rietmüller, der Neffe Jeronimus Rietmüllers, die Pfründe am Altar St. Maria Magdalena in der Siechenkapelle vor der Stadt.[105] Er ist mit dem gelehrten Kleriker M. Jacob Rietmüller identisch, der 1477 als Nachfolger des verstorbenen Wilhelm Dryer auf die 1453 gestiftete spitälische Kaplaneipfründe gelangte,[106] die er bis 1518 versah.[107] Somit waren seit dem letzten Viertel des 15. Jahrhunderts mindestens zwei der fünf Spitalkaplaneien ständig mit akademisch gebildeten Klerikern besetzt.[108]

Zusammenfassend lässt sich feststellen, dass ausgehend von der anfänglich allein auf den Geistlichen der ursprünglichen Spitalkaplanei im äußeren Spital gestützten kirchlichen Glaubens- und Heilsvermittlung das den Bedürftigen zur Verfügung stehende religiöse Angebot und die Gebetsfürsorge für die Verstorbenen seit dem ausgehenden 14. Jahrhundert in der inneren Spitalkapelle schrittweise immer mehr erweitert und intensiviert worden ist, bevor es im Verlauf des 15. Jahrhunderts durch die Stiftung von vier weiteren Spitalkaplaneien (1421, um 1430, 1453 und 1462) auch institutionalisiert werden konnte. Das Patronatsrecht des Magistrats über immerhin vier der fünf Kaplaneien stellte sicher, dass – parallel zum wachsenden politischen Einfluss mittels der von ihm eingesetzten und kontrollierten Spitalpfleger – auch die religiösen Einwirkungsmöglichkeiten von Bürgermeister und Rat auf das Spital zunahmen. Das zeigte sich 1472, als sie sich vom Konstanzer Generalvikar dazu autorisieren ließen, jedem von ihnen auf eine Biberacher Pfründe präsentierten Geistlichen einen Eid abzunehmen, dass er die in der Dotationsurkunde seiner Kaplanei genau beschriebenen Aufgaben in eigener Person wahrnehmen und seine Pfründe ohne Einverständnis des Patronatsherrn niemals verlassen würde; lediglich eine vierwöchige Abwesenheit wurde den Kaplänen jährlich zu-

100 Vgl. StadtA Biberach B 1 Gemeinschaftliche Kirchenpflege U 482: Urkunde vom 29. 3. 1462.

101 Vgl. ebd., U 481: Urkunde vom 29. 3. 1462.

102 Vgl. Seeberg-Elverfeldt, Das Spitalarchiv Biberach, Heft 5 (wie Anm. 6), S. 121; Ernst, Das Biberacher Spital (wie Anm. 16), S. 92.

103 Vgl. dazu auch Anm. 114.

104 Vgl. StadtA Biberach B 1 Gemeinschaftliche Kirchenpflege U 486.

105 Vgl. ebd., U 361, U 362 und U 367.

106 Vgl. ebd., U 377. 1470 wurde Jacob Rietmüller vom Magistrat auf die außerhalb der Stadt gelegene Heilig-Kreuz-Kapelle präsentiert. 1471 und 1472 trug er bereits den Magistergrad; vgl. Krebs, Die Investiturprotokolle der Diözese Konstanz (wie Anm. 79), S. 78 f.

107 Vgl. StadtA Biberach B 1 Gemeinschaftliche Kirchenpflege, U 434; Nennung Meister Jacob Rietmüllers als Inhaber des Johannisaltars in der Spitalkapelle auch in weiteren Urkunden (vgl. ebd., U 257: Urkunde vom 13. 11. 1479; sowie ebd., U 258: Urkunde vom 7. 3. 1482).

108 Meister Heinrich Jäck ist seit 1462 als Kaplan am Altar der 10 000 Märtyrer nachgewiesen; vgl. StadtA Biberach B 1 Gemeinschaftliche Kirchenpflege U 481.

gebilligt.[109] Der 1421 Fahrt aufnehmende Prozess ging 1462 in die Konsolidierungsphase über, als alle fünf Kaplaneien erstmals gleichzeitig besetzt waren. Auch das räumliche Fassungsvermögen der ursprünglich nur für zwei Altäre vorgesehenen Spitalkapelle wird damit erschöpft gewesen sein. Der religiöse Konsolidierungsprozess wurde dadurch verstärkt, dass der Wirkungsmittelpunkt der ursprünglichen und wichtigsten Spitalkaplanei, die Mess- und Predigtstiftung miteinander verband und deshalb weit über das Spital hinaus ausstrahlte, sich sukzessive von der Heilig-Geist-Kapelle im äußeren Spital in das innere Spital verlagerte. Dafür stehen zwei Jahreszahlen: 1422 und 1467.[110]

Amt und Bibliothek des ‚Spitalpredigers'[111]

1422, also ein Jahr nach Gründung der ersten innerstädtischen Spitalkaplanei, verkündete der Magistrat in einem offenen Brief die Verlegung der Sonn- und Feiertagspredigten des Spitalkaplans in die Kapelle im inneren Spital.[112] Die chronologische Abfolge legt nahe, dass dabei weniger die angeführten kriegerischen Zeiten als vielmehr der unausgesprochene Wunsch des auf kirchliche Autonomie im Spital drängenden Magistrats nach einer dauerhaften räumlichen Zusammenführung der bereits bestehenden Prädikatur mit der nunmehr im inneren Spital neuerrichteten zweiten Kaplanei im Vordergrund standen. Ein Jahrhundert nach der Kommunalisierung des Spitals trat damit der spirituelle Konzentrations- und Verdichtungsprozess im inneren Spital in eine neue Phase ein. Die Verlegung der Predigten geschah mit ausdrücklicher Zustimmung des Biberacher Ortspfarrers und des Klosters Eberbach, dem die Pfarrei Biberach inkorporiert war. Die Ursprünge dieser mit der Kaplanei in der äußeren Heilig-Geist-Kapelle verbundenen Predigten lassen sich urkundlich nicht fassen, sondern gehen allein aus der Urkunde von 1422 selbst hervor, die somit einer näheren Betrachtung zu unterzie-

109 Vgl. StadtA Biberach B 1 Gemeinschaftliche Kirchenpflege U 370 und U 370.2; auch Victor ERNST, Die Biberacher Kirche vor der Reformation, in: Württembergische Vierteljahrshefte für Landesgeschichte NF 7 (1898), S. 34–49, hier S. 41. Vorausgegangen waren 1468 Klagen, dass die Mehrzahl der Biberacher Kapläne ihr geistliches Amt nur nachlässig versah; vgl. ebd.

110 Vgl. dazu S. 90f.

111 Hier sei auf den Behelfscharakter dieser von mir – in Anlehnung an Heinrich von Pflummern (vgl. Anm. 67) und Bernhard Rüth (vgl. das in Anm. 118 belegte Zitat) – verwendeten Bezeichnung hingewiesen, die weder zeitgenössisch noch inhaltlich völlig korrekt ist, da sie die Predigttätigkeit des Spitalkaplans auf das Spital zuspitzt und ausblendet, dass die Prädikatur von Anfang an nicht nur den Bedürftigen im Spital, sondern auch der gesamten Biberacher Bevölkerung gewidmet war. Der Begriff Spitalprediger setzte sich in Biberach erst in nachreformatorischer Zeit durch, als infolge der nunmehr getrennten Zuständigkeiten zwischen ihm und dem auf der Kanzel der Pfarrkirche wirkenden Frühprediger unterschieden wurde. In Wirklichkeit waren die Spitalkapläne, die vor der Reformation der Stadtbevölkerung wie den Spitaldürftigen in der Predigt das Wort Gottes lehrten, die Vorläufer der späteren Frühprediger. Dies klingt bereits in dem Zitat Joachim von Pflummerns auf S. 100 an und belegt einmal mehr, dass die Prädikatur schon seit der zweiten Hälfte des 15. Jahrhunderts im Wandel begriffen war.

112 *dun kunt allen den, die in* [den Brief] *ansehent lesent oder horent lesen*; ERNST, Das Biberacher Spital (wie Anm. 16), S. 73 (Zitat). Der Wortlaut der Urkunde (vgl. StadtA Biberach B 1 Gemeinschaftliche Kirchenpflege U 468: Urkunde vom 2. 1. 1422) bei ERNST, Das Biberacher Spital (wie Anm. 16), S. 73–75. Vgl. ebd. zum Folgenden.

hen ist. Wie nicht nur die Einbindung der Predigtverpflichtungen des Spitalkaplans in seine anderen geistlichen Aufgaben, die ihm außerdem Messelesen und die Spendung des Altar- und des Beichtsakraments abverlangten, sondern auch zwei bischöfliche Investiturprotokolle zeigen, kann von einer reinen Predigerpfründe oder Prädikaturstiftung[113] nicht gesprochen werden. Den Investiturprotokollen aus der zweiten Hälfte des 15. Jahrhunderts nach war die Prädikatur ein Annex der Spitalkaplanei und bezog sich nicht nur auf das Spital, sondern auf die gesamte Pfarrei Biberach.[114] Dies stimmt mit den Aussagen in dem offenen Brief von 1422 überein. Dem Magistrat zufolge war die Predigt des Spitalkaplans von Anfang an den Bedürftigen im Spital *und unsserm volk*, der gesamten Stadtbevölkerung also, gewidmet.[115] Auch nach der Translation des Spitals in die Stadt war sie ein Jahrhundert lang in der bestehenden Form und am ursprünglichen Ort – dem äußeren Spital – fortgeführt worden. Weiterhin geht aus der Urkunde hervor, dass es bis dahin überhaupt keine Predigt in der Stadt gab, weder in der inneren Spitalkapelle noch in einem anderen Gotteshaus. Da gegenwärtig aber, so der Magistrat in seiner Verlautbarung, *wilde louffe in dem lande sint von kriegen und ouch suss*, konnten *wir und unsser volk* nur mehr unter großer Furcht *hinuss zu der predig gane*, was der geistlichen Erbauung abträglich war.[116] Nicht weniger wichtig war die Überlegung, *das die*

113 Generell zum Thema der Predigerpfründen Bernhard Neidiger, Spätmittelalterliche Prädikaturstiftungen in Süddeutschland, in: Rottenburger Jahrbuch für Kirchengeschichte 29 (2010), S. 13–23. Dort auch der Hinweis, dass am Ulmer Spital 1398 eine Prädikatur gestiftet wurde (S. 15).

114 Im Investiturprotokoll über die Amtseinsetzung des Magisters Heinrich Jäck heißt es am 15. 9. 1466: *inst*[itutus] *ad preb*[endam] *cap*[ellae] *S. Spiritus in hosp*[itale] *extra muros incorporatam officio predicacionis op*[idi] *Bibrach*. Sein Nachfolger Martin Binder wurde am 31. 5. 1491 mit folgenden Worten in sein Amt eingesetzt: *inst*[itutus] *ad. capellaniam ad S. Spiritum extra muros op*[idi] *Bibrach vna cum predicatura e*[cclesiae] *p*[arochialis] *op*[idi] *Bibrach sibi annexa*; Krebs, Die Investiturprotokolle der Diözese Konstanz (wie Anm. 79), S. 80 (Zitat); die Abkürzungen wurden nach dem von Krebs auf S. 14 vorgegebenen Abkürzungsverzeichnis aufgelöst. Freilich ist 1462 erstmals von zwei Predigtämtern im Biberacher Kirchenwesen die Rede, die der Magistrat zu vergeben hatte (vgl. S. 97), was darauf hindeutet, dass der Spitalkaplan seit der Verlegung der Predigt ins innere Spital zwar weiterhin dotiert über seine Kaplaneipfründe in der inneren Spitalkapelle sowohl den Spitalinsassen wie den Besuchern aus der Stadt predigte, mittlerweile aber ein zweiter Fonds errichtet wurde oder bereits bestand, der dem Ausbau der Predigten (des Spitalkaplans?) in der Pfarrkirche diente. Es ist naheliegend, dass es sich hierbei um die von Joachim von Pflummern erwähnte Frühprädikatur in der Pfarrkirche handelte; vgl. dazu S. 100). Der 1509 auf die Heilig-Geist-Kapelle im äußeren Spital berufene Bartholomäus Müller (vgl. StadtA Biberach B 1 Gemeinschaftliche Kirchenpflege U 419) wird in einer Urkunde von 1521 als Frühprediger zu Biberach bezeichnet; vgl. StadtA Biberach A 1 Hospitalarchiv U 1602. Vgl. auch Bernhard Rüth, Der Prediger Bartholomäus Müller und die Biberacher Reformation, in: Heimatkundliche Blätter für den Kreis Biberach 1982/1, S. 15–20, hier S. 15.

115 Vgl. das bereits in Anm. 62 belegte Zitat.

116 Ernst, Das Biberacher Spital (wie Anm. 16), S. 74. Die folgenden Zitate ebd. Dem Biberacher Chronisten Lucas Seidler zufolge beteiligte sich Biberach 1422 zusammen mit anderen süddeutschen Reichsstädten während des Städtekrieges an der Belagerung und anschließenden Zerstörung der Burg Hohenzollern; vgl. StadtA Biberach M 5 Nr. 2/1: [Lucas Seidler,] *Annalia. Erster Theil. Darinen vill denckwirdige Hendel, jn Gaistlichen und weltlichen Sachen Eingebracht, welche sich alhie zu Biberach, vnd jn den Benachbarten Orthen Schwabenlandts Begeben, von altten Zeitten hero, firnemlich aber von Ao. 1500 Bis ins Jahr Ao. 1549 [...] von mir Lucas Seidler Maller [...] zusammen gesamlet worden, vnd jn drei Theil ab Getheilt, Biß zur Zeit des Elenden Bömischen Kriegs vnd der Schacherei, So angefang. Anno 1618*, fol. C. In den bayerischen Teilherzogtümern tobte von 1420 bis 1422 der Bayerische Krieg, in dem fast

armen durftigen im Spital *mit dem hailgen goizwort getröstet werden, als sy des mit her beraubet sind.* Beiden, der städtischen Bevölkerung wie der spitälischen Gemeinschaft, sollte *der guten lere* durch die ungehinderte Teilnahme an der Predigt *hinfur volliclicher geschehen.* Infolgedessen wurde *die obgenant predigt und lere* am 2. Januar 1422 aus dem äußeren Spital *in unsser stat gezogen* [...] *und nuo fuoro hin in unsserm innern spitale gescheen soll.* Den in ihrer Bewegungsfreiheit eingeschränkten kranken und gebrechlichen Spitalinsassen wurde seither der beschwerliche Weg über die Riß erspart, wenn sie die Sonn- und Feiertagspredigten hören wollten. Die Verkündigung des göttlichen Worts fand nun im eigenen Haus statt, in dem bauliche Maßnahmen sicherstellten, dass selbst Bettlägerige den Predigten lauschen konnten.[117]

Nach der Hereinverlegung der Predigten war die Predigttätigkeit des Spitalkaplans zunächst noch für einige Zeit auf das Spital beschränkt. „In der Folgezeit wird aus dem Spitalprediger de facto der städtische Prediger", so Bernhard Rüth, denn die Spitalkaplanei wurde nunmehr mit der Predigt an der Pfarrkirche verbunden.[118] Dies war der Tatsache geschuldet, dass der Biberacher Pfarrer im Unterschied zum Spitalkaplan keine Predigten hielt.[119] Joachim von Pflummern hebt mit Blick auf den Spitalkaplan hervor: *Man hat allweeg Ain Früeprediger gehabt, der Ain Maister ist gesein.*[120] Der Frühprediger war im Unterschied zur Masse der Biberacher Messpriester also immer akademisch gebildet. *Er hat auch vasst vil predig büecher gehabt, die zue dem predig Ambt haben gehördt,* so Joachim von Pflummern weiter.[121] Im Spitalarchiv Biberach haben sich 29 Codices aus dem 14. und 15. Jahrhundert erhalten, die zur Predigerbibliothek gehörten.[122] In einem um

tausend Dörfer verwüstet wurden und in den auch einige süddeutsche Reichsstädte verwickelt waren. Gleichzeitig wurden drei Kreuzzüge gegen die Hussiten geführt (1420–1422); vgl. Bernhard Glasauer, Art. Bayerischer Krieg, 1420–1422, in: Historisches Lexikon Bayerns, https://www.historisches-lexikon-bayerns.de/Lexikon/Bayerischer_Krieg,_1420-1422 (aufgerufen am 15. 5. 2020).

117 Vgl. S. 117.

118 Rüth, Der Prediger Bartholomäus Müller (wie Anm. 114), S. 15 (Zitat). Zum zeitlichen Verlauf dieser Veränderung vgl. auch den Hinweis auf die 1462 genannten beiden Predigtämter auf S. 97. Dieser Prozess war 1511 mit der Entstehung der Kanzel in der Pfarrkirche Biberach abgeschlossen. Heinrich von Pflummerns Äußerung, *man het all banen firtag zwo Cristelich bredigen, aine am morgen, die andere nach dem ibis, und all fritag im spital ouch aine,* legt deshalb nahe, dass die Predigten an den gebannten Feiertagen auf dem neuen Predigtstuhl in der Pfarrkirche gehalten wurden; Schilling, Zeitgenössische Aufzeichnungen (wie Anm. 14), S. 214 (Zitat).

119 *Das predig Ambt ist den pfarrer nit angangen,* so Joachim von Pflummern; Schilling, Die religiösen und kirchlichen Zustände (wie Anm. 11), S. 150 (Zitat).

120 Ebd., S. 149 (Zitat). Auch sein Bruder Heinrich von Pflummern erwähnt die Predigt, die an gebannten Feiertagen im Sommer morgens um fünf Uhr, im Winter aber in der Frühmesse stattfand. *Naich der bredig gieng fast vil volcks in die spital oder capelen messen;* Schilling, Zeitgenössische Aufzeichnungen (wie Anm. 14), S. 213 (Zitat). Der hier erwähnte Standortwechsel der Gläubigen zwischen Predigt- und Messebesuch lässt nur den Schluss zu, dass die Predigt in der Pfarrkirche stattfand.

121 Schilling, Die religiösen und kirchlichen Zustände (wie Anm. 11), S. 150 (Zitat).

122 Zur 1477 von Heinrich Jäck an das Spital verkauften Büchersammlung unter in die Irre führendem Titel bereits [Karl] Schoder, Eines Pfarrers Bibliothek vor 450 Jahren, in: Blätter für Württembergische Kirchengeschichte NF IV (1899), S. 56–74; ein erster Überblick und Nachrichten aus den Urkundenbeständen und anderen Quellen „über die Bücher des Spitals und des Predigtamts" in Biberach bei Paul Lehmann, Mittelalterliche Bibliothekskataloge Deutschlands und der Schweiz, hg. von der Königlich bayerischen Akademie der Wissenschaften in München, Bd. 1 (1918), S. 6–11; ebd., S. 9–11 der Wortlaut

2 Liber missalis aus der Bibliothek des Spitals, um 1400: links Darstellung der Kreuzigung Jesu, die in der Bildmitte Beschädigungen aufweist, die vom liturgischen Kuss des Priesters herrühren, rechts das eucharistische Hochgebet des Priesters (*Te igitur*) aus dem Canon missae (Stadtarchiv Biberach A 1 Hospitalarchiv B 3513; Signatur der digitalen Bilddatei: M 10.1 Nr. 3679)

1400 entstandenen Messbuch hat die auf dem Altar der Spitalkapelle praktizierte Gottesverehrung deutliche Spuren hinterlassen.

Den Abnutzungsspuren nach müssen Generationen von Spitalkaplänen während der Liturgie das Bild des Gekreuzigten geküsst haben.[123] Spätestens 1524 war damit Schluss,

der Urkunde des Bücherverkaufs Heinrich Jäcks an das Spital vom 30. 5. 1477 (Original im StadtA Biberach A 1 Hospitalarchiv U 952). Verzeichnet wurden die Codices zunächst von SEEBERG-ELVERFELDT, Das Spitalarchiv Biberach, Heft 6 (wie Anm. 6), S. 374 f. Eine den wissenschaftlichen Ansprüchen genügende Katalogisierung schließlich wurde 1979 vorgelegt; vgl. Helmut BOESE, Die Handschriften und Inkunabeln des Spitalarchivs zu Biberach, Wiesbaden 1979. Mit Verweis auf mittelalterliche Bücher aus der Spitalbibliothek, die 1882 beim Verkauf der sich laut beigefügtem Katalog auf 1511 Nummern belaufenden „i. J. 1564 gestiftete[n] [katholischen] Pfarrbibliothek Biberach" aus Biberach in die Bibliothek des Tübinger Wilhelmsstifts gelangten: Heribert HUMMEL, Mit Büchern überdurchschnittlich versorgt. Zur Geschichte der Spitalbibliothek Biberach, in: Heimatkundliche Blätter für den Kreis Biberach 1980/2, S. 16–20. Ebd., S. 19 etwa der Hinweis auf einen 1527 von den Biberacher Spitalpflegern für den Spitalkaplan und Prediger Bartholomäus Müller erworbenen Band, der den Vermerk *Libraria biberach* trägt und der später der 1563 gestifteten Pfarrbibliothek einverleibt wurde und infolgedessen nach Tübingen gelangte.

123 Vgl. StadtA Biberach A 1 Hospitalarchiv B 3513: Um 1400 entstandener Liber missalis. Im Spätmittelalter war der Kuss der Kreuzigungsdarstellung während der Liturgie in Gebrauch gekommen; vgl.

denn der seit 1509 amtierende Spitalkaplan und Prediger Bartholomäus Müller – und mit ihm das in geistlicher wie in politischer Hinsicht weitgehend vom Magistrat kontrollierte Spital – wurden um diese Zeit „zum reformatorischen Gegenpol" zur vom Kloster Eberbach besetzten Pfarrei Biberach.[124] Die erste reformatorische Predigt in Biberach wurde im Spital gehalten.[125]

Die Ursprünge der Bibliothek, die den als Prediger wirkenden Spitalkaplänen zur Verfügung stand, lassen sich bis in das Jahr 1409 zurückverfolgen.[126] Die letzte urkundlich nachgewiesene bedeutende Erwerbung stellte 1477 die Übernahme der Privatbibliothek Heinrich Jäcks für 240 rh. fl. durch das Spital dar.[127] Jäck hatte 1456 in Wien den Magistergrad erworben und 1466 die Predigerstelle im Spital angetreten, die er bis zu seinem Tod 1491 versah.[128] Nach seinem Tod wurden Jäcks hinterlassene Bücher auf einem Karren in das Spital gefahren.[129] Vor ihm übte sein ebenfalls akademisch gebildeter Bruder Johannes Jäck das Amt des ‚Spitalpredigers' aus, aus dessen Besitz gleichfalls Bücher überliefert sind, so eine der Zimelien der ehemaligen Predigerbibliothek: eine 1459 erworbene, damals knapp 300 Jahre alte Kirchenrechtshandschrift mit dem *Decretum Gratiani*.[130] Dreh- und Angelpunkt der Verkündigung in der Pfarrkirche wie im Spital Biberach war also der gelehrte Prediger, dem ein reicher Bücherschatz zur Verfügung stand.

Heinrich Jäck muss über seinen Biberacher Kreis hinaus ein gefragter Prediger gewesen sein. Von ihm sind sechs Predigten überliefert, die er im Zisterzienserinnenkloster Heggbach gehalten hat.[131] Heinrich von Pflummern zufolge ging der Großteil des Bücherbestandes in der Reformation zugrunde, namentlich die Sammlung Heinrich Jäcks, die

Josef Andreas Jungmann, Missarum Sollemnia. Eine genetische Erklärung der römischen Messe, Bd. 1, Wien u. a., 5. verbesserte Aufl. 1962, S. 404.

124 Dieter Buttschardt, Biberacher Hospital und evangelische Kirche, in: Heimatkundliche Blätter für den Kreis Biberach 1990/1, S. 5–11 (Zitat S. 5); zur Chronologie und Bedeutung Müllers „für die Sache der Reformation" in Biberach auch Rüth, Reformation in Biberach (wie Anm. 10), S. 263 f. Bevor Müller sich der reformatorischen Lehre anschloss, wurden ihm *ouch fil bredig biecher coft*; vgl. Schilling, Zeitgenössische Aufzeichnungen (wie Anm. 14), S. 208 (Zitat).

125 Vgl. Schilling, Zeitgenössische Aufzeichnungen (wie Anm. 14), S. 150.

126 Vgl. Seeberg-Elverfeldt, Das Spitalarchiv Biberach, Heft 5 (wie Anm. 6), S. 55.

127 Vgl. Ebd., S. 150 f.

128 Vgl. Anm. 114. Heinrich Jäck ist 1462 zunächst als Kaplan am Altar der 10 000 Märtyrer, St. Mauritius und St. Ursula in der inneren Spitalkapelle genannt (vgl. Anm. 108), bevor er im Januar 1463 auf die Pfarrei Hundersingen investiert wurde; vgl. StadtA Biberach A 1 Hospitalarchiv U 786-U 790. Jäcks Nachfolger wurde 1491 Meister Martin Binder; vgl. StadtA Biberach B 1 Gemeinschaftliche Kirchenpflege U 401.

129 Vgl. Schilling, Zeitgenössische Aufzeichnungen (wie Anm. 14), S. 208.

130 Vgl. Boese, Handschriften und Inkunabeln (wie Anm. 122), S. 9; Jürgen Kniep, Wernher von Schussenried, Kanoniker und Kanonist, sowie zwei Handschriften im Spitalarchiv Biberach, in: Heimatkundliche Blätter für den Kreis Biberach 2016/1, S. 3–8, hier S. 6.

131 Heute im Besitz der Staatsbibliothek Berlin, Preußischer Kulturbesitz, Ms. germ. fol. 1056; vgl. Boese, Handschriften und Inkunabeln (wie Anm. 122), S. 11; auch Manuscripta Mediaevalia, http://www.manuscripta-mediaevalia.de/?xdbdtdn!%22obj%2031251003,T%22&dmode=doc#|4 (aufgerufen am 4.5.2020).

nach seinem Tod in das Spital überführt worden war.[132] Die Restbestände, so gering sie auch sein mögen, lassen immerhin erahnen, auf welch breiter theologischer Basis die Verkündigung des göttlichen Worts im Spital ruhte, das von dort seit der Mitte des 15. Jahrhunderts immer stärker auch in die Pfarrkirche ausstrahlte, bevor die Bibliothek durch die Reformation ihren Wert verlor und die neue Lehre in das spitälische Gotteshaus und die Krankenstuben getragen wurde. Auch Heinrich von Pflummern, der sich ein Vierteljahrhundert lang in den geistlichen Dienst der Kranken in der oberen Siechenstube gestellt hatte, ohne auch nur eine einzige Spur in der spitälischen Urkundenüberlieferung zu hinterlassen, wurde nun nicht nur aus dem Spital, sondern *us der stat brediget*.[133] War er vielleicht gar nicht der einzige, dessen Wirken im Spital unbekannt geblieben wäre, hätten nicht er und sein Bruder den reformatorischen Umbruch dokumentiert? So bleibt mit letzter Sicherheit nur zu sagen, dass um 1500 fünf verpfründete Kapläne, darunter zwei akademisch gebildete Kleriker, und mindestens ein unverpfründeter Kleriker[134] im Spital für das Heil der Menschen beteten.

Mit einem Perspektivenwechsel sollen in den folgenden zwei Kapiteln die Bedürftigen und ihre Lebensverhältnisse näher ins Auge gefasst werden. Den Auftakt macht die obere Siechenstube, die Wirkungsstätte Heinrich von Pflummerns, in der sich die gegenseitige Durchdringung von religiösem Leben und Krankenpflege bis heute am Unmittelbarsten fassen lässt.

4. Die obere Siechenstube – Krankensaal und Sakralraum

Der 1501 zum Priester geweihte Patrizier Heinrich von Pflummern[135] war finanziell abgesichert und deshalb nicht auf eine Pfründe angewiesen. Wohl von 1507 bis 1529 las er 24 Jahre lang täglich und wie er betonte *um gots willen*,[136] zur Ehre Gottes und für das Seelenheil der Kranken in der oberen Siechenstube des Spitals die Messe.[137] In diesem Krankensaal waren die sogenannten Bettriesen untergebracht, die dauerhaft bettlägeri-

132 *Wa sy* [Heinrich Jäcks Bücher] *hin comen send, wais ich nit*; Schilling, Zeitgenössische Aufzeichnungen (wie Anm. 14), S. 208 (Zitat).
133 Schilling, Zeitgenössische Aufzeichnungen (wie Anm. 14), S. 178 (Zitat).
134 Joachim von Pflummern berichtet von etlichen Priestern in Biberach, die zwar Altäre versahen, aber keine Pfründe hatten, erwähnt aber nicht, ob außer seinem Bruder noch andere unverpfründet im Spital wirkten; vgl. Schilling, Die religiösen und kirchlichen Zustände (wie Anm. 11), S. 175.
135 Vgl. Rüth, Reformation in Biberach (wie Anm. 10), S. 257. Johann Ernst von Pflummern nennt fälschlicherweise 1505 als Jahr der Priesterweihe; vgl. KreisA Biberach, Katholisches Pfarrarchiv Biberach (Depositum) N 3: von Pflummern, *Synopsis Historica* (wie Anm. 7). Der in den Spitalregesten 1501 als Pfarrer von Maselheim genannte Heinrich Pflumer (vgl. StadtA Biberach A 1 Hospitalarchiv U 1305) ist nicht identisch mit unserem Chronisten, sondern dessen Vetter; vgl. Art. Pflummern (wie Anm. 8), S. 259. Aus den Regesten der Gemeinschaftlichen Kirchenpflege geht hervor, dass dieser Vetter (Meister Heinrich Pflumer) 1510/11 den Altar Unserer Lieben Frau in der Fliglerkapelle der Pfarrkirche versah; vgl. StadtA Biberach B 1 Gemeinschaftliche Kirchenpflege U 423 und U 424. 1512 legte der Bürger Hans Linck fest, dass aus seinem an das Spital verkauften Garten jährlich 18 ß Zins an Magister Heinrich Pflummerns Pfründe gehen sollte; vgl. StadtA Biberach A 1 Hospitalarchiv U 1476.
136 Schilling, Zeitgenössische Aufzeichnungen (wie Anm. 14), S. 179 (Zitat).
137 Vgl. ebd., S. 174; auch Ders., Die religiösen und kirchlichen Zustände (wie Anm. 11), S. 62.

gen und schwerkranken Männer. Um sicherzustellen, dass die ans Bett gefesselten Kranken, die auf keine Weise am Gottesdienst in der Spitalkapelle teilnehmen konnten,[138] nach seinem Tod in den Genuss zumindest einer Messe pro Woche kamen, machte Heinrich von Pflummern eine entsprechende Stiftung.[139] Er legte 1523 fest, dass die von ihm gestiftete Frühmesse in der oberen Siechenstube jeden *dunstag* gefeiert werden sollte, weil der Frühmesser in der Pfarrkirche an diesem Wochentag seinen freien Tag hatte. Der Geistliche zielte mit seiner Messstiftung also zugleich darauf, eine religiöse Versorgungslücke auch für die Gläubigen in der Stadt zu schließen, denn *es was vil folcks zuo Biberach, das altag ain ampt oder mes hert*[140] oder doch zu hören wünschte. Durch die Messebesucher aus der Stadt wurde im Nebeneffekt zugleich der sozialen Isolierung der ans Bett gefesselten Männer vorgebeugt.

Für die gehfähigen Bedürftigen und für jene Kranken, deren Stuben über einen wie auch immer gearteten Zugang zur Spitalkapelle verfügten, wurden von den verpfründeten Kaplänen täglich mehrere Messen in der Spitalkapelle gehalten.[141] Zur ersten Messe läutete der Spitalmesner um sechs Uhr morgens.[142] Zu welcher Uhrzeit das morgendliche Ave Maria-Geläut einsetzte – es ist wohl das Angelusläuten gemeint –, überliefert Heinrich von Pflummern nicht. Er berichtet aber, dass zuerst der Mesner in der Pfarrkirche, dann sein Kollege im Spital und zum Schluss der Mesner bei der äußeren Heilig-Geist-Kapelle geläutet habe, damit die Gläubigen an den verschiedenen Orten die Gottesmutter mit ihrem Gebet ehren und dafür Ablässe gewinnen konnten.[143] Nicht nur die Läuteordnung, auch die Gottesdienstzeiten zwischen Pfarrkirche und Spital waren sorgfältig aufeinander abgestimmt. An Feiertagen, an denen in der Pfarrkirche eine Frühpredigt gehalten wurde, gingen die Predigtbesucher im direkten Anschluss zur Messfeier im Spital: *Ouch fil lit giengen dem brediger naich zum hailgen gaist*, also zur Heilig-Geist-Kapelle außerhalb der Mauern, *da mes zuo heren; dan vil aplas in der capelen was.*[144] Die Möglichkeit, Ablässe zu gewinnen, verhinderte, dass die Heilig-Geist-Kapelle beim äußeren Spital verwaiste. Jeden Freitag und an allen ungebannten Feiertagen während der Woche hielt der ‚Spitalprediger' im inneren Spital eine auch von den Gläubigen aus der Stadt gut besuchte Predigt. *Da wardent die lit ermant und gelert uff den rechten globen, zuo buos, zuo guotzs ton, und das bes zuo miden*, so Heinrich von Pflummern.[145]

Er selbst zog sich 1529 aus dem inneren Spital zurück, weil die mittlerweile von Predigten im reformatorischen Geist unterrichteten Bettriesen seine Messfeiern ablehnten.[146] Bis zum Verbot der Messe 1531 wich er zum Messelesen in die Heilig-Geist-Kapelle

138 Anders als die untere Siechenstube, die über Luken zur Spitalkapelle verfügte oder die über eine Empore mit der Spitalkapelle verbundenen Spitalstuben, war die obere Siechenstube dafür zu weit von der Kapelle entfernt.

139 Vgl. Schilling, Zeitgenössische Aufzeichnungen (wie Anm. 14), S. 156 f. und S. 200.

140 Ebd., S. 212 (Zitat).

141 Heinrich von Pflummern spricht von Messen morgens, mittags und abends; vgl. ebd., S. 190, 210.

142 Vgl. ebd., S. 210; auch Ders., Die religiösen und kirchlichen Zustände (wie Anm. 11), S. 154.

143 Vgl. Schilling, Zeitgenössische Aufzeichnungen (wie Anm. 14), S. 215.

144 Ebd., S. 213 (Zitat).

145 Ebd., S. 214 (Zitat); vgl. auch ebd. S. 190.

146 Zum Folgenden vgl. ebd., S. 174.

außerhalb der Stadt aus. Heinrich von Pflummern überliefert, dass die Messstiftungen und die wohltätigen Stiftungen mit Einführung der Reformation dem Gemeinen Almosenkasten zugeführt worden seien.[147] Das Gemeine Almosen, aus dem dieser Almosenkasten hervorging, war bereits 1419 auf Vorschlag des damaligen Biberacher Spitalkaplans Johannes Ledrer von Lauingen gestiftet worden, der auch zusammen mit einem Ratsherrn zum Almosenpfleger bestimmt worden war.[148] Für die während der Reformation aufgehobenen Stiftungen musste also nicht erst eigens ein Almosenkasten gegründet werden.[149] Weder in den Spitalregesten noch in den Regesten der Gemeinschaftlichen Kirchenpflege, die den Urkundenbestand des später in die Kirchen- und Kapellenpflege überführten Almosenkastens abbildet, findet sich Heinrich von Pflummerns spitälische Messstiftung oder seine Armenstiftung. Mit Blick auf dieses Beispiel ist davon auszugehen, dass dem Spital im Zuge der Reformation nicht nur Stiftungsgut in unbekanntem Ausmaß auf Dauer entfremdet wurde,[150] sondern dass auch die genannten Regesten die materielle Grundlage des religiösen Lebens im Spital um 1500 nur unvollständig wiederzugeben vermögen. Darauf deuten auch spätere Versuche der nunmehr wieder katholischen Spitalpfleger hin, die 1424 verzeichneten Jahrtagsstiftungen 1563/1565 rekonstruieren zu lassen.[151]

Bis 1531 stand Heinrich von Pflummerns geweihter Altar im Erker der oberen Siechenstube, wo er durch ein Eisengitter vom Krankenbereich abgetrennt war.[152] Die unmittelbare Nähe von Altar und Krankenstatt war Ausdruck der allumfassenden Fürsorge im Spital, die Seele und Leib der ihm anvertrauten Kranken gleichermaßen galt. Nicht nur die Kranken in der Stube selbst wohnten den Messfeiern bei, denn eine Glocke, die

147 *Die stiftungen send in die truchen komen*, ebd., S. 210 (Zitat); vgl. auch S. 183. Zur Umwidmung von Stiftungsgut, das dem Almosenkasten zugeführt wurde, vgl. auch Rüth, Reformation in Biberach (wie Anm. 10), S. 275.

148 Vgl. StadtA Biberach B 1 Gemeinschaftliche Kirchenpflege U 464: Urkunde vom 21. 2. 1419.

149 Bestätigt wird Pflummerns Darstellung durch eine Urkunde in der Gemeinschaftlichen Kirchenpflege, wonach den drei Brüdern Hans, Gregor und Martin Augustin Lamparter vom Biberacher Magistrat 1532 erlaubt wurde, eine von ihren Vorfahren gestiftete Messe nach Krumbach zu verlegen, sie aber alle anderen Stiftungen ihrer Voreltern wie Jahrtage, Vigilien und Seelgerät dem Gemeinen Almosen und der Betteltruhe in Biberach überlassen mussten; vgl. StadtA Biberach B 1 Gemeinschaftliche Kirchenpflege U 500.

150 Anders als von Heinrich von Pflummern insinuiert – *Die stiftungen send in die truchen komen* (vgl. das Zitat in Anm. 147) –, wurde aber nicht der gesamte Bestand an Mess- und anderen geistlichen und wohltätigen Stiftungen dem Almosenkasten zugeführt.

151 Vgl. StadtA Biberach A 1 Hospitalarchiv B 3396: Verzeichnis der spitälischen Jahrzeiten 1424 (Abschrift von 1565); sowie StadtA Biberach A 1 Hospitalarchiv B 3397: Verzeichnis aller Stiftungen für das Spital um 1563 (Abschrift des 18. Jahrhunderts). Daraus geht hervor, dass Bürgermeister Heinrich von Pflummern und Johann Georg Wolhietter als Spitalpfleger 1563 die (damals noch rekonstruierbaren oder noch erinnerten?) vorreformatorischen Jahrtagsstiftungen des Spitals erfassten, zugleich aber die seit dem Interim von 1548 gestifteten neuen Jahrtage in dieses Verzeichnis eintragen ließen. Diese Bestrebungen fielen zeitlich mit dem Ende des Trienter Konzils zusammen, das in seiner letzten Sitzung den Ortsbischöfen Eingriffsmöglichkeiten in die Haltung von Jahrzeiten und Messstiftungen ermöglicht hatte (Sessio 25 c. 4). Im Kontext dieses Rekonstruktionsversuchs spielten wohl auch die Schriften der beiden Kronzeugen Joachim und Heinrich von Pflummern eine Rolle. Dadurch erklärt sich vielleicht die Anfertigung der in Anm. 11 genannten Abschrift.

152 Zum Folgenden vgl. Schilling, Die religiösen und kirchlichen Zustände (wie Anm. 11), S. 62.

im Außenbereich über der Siechenstube hing, rief die Menschen in Stadt und Spital zur Teilnahme auf. Das war auch das Zeichen für die im selben Trakt wie die Bettriesen untergebrachten Spitalkinder. Heinrich von Pflummern bezahlte der Kindsmagd ein Badgeld – das dem heutigen Trinkgeld entspricht –, damit sie ihre Schützlinge aus dem spitälischen Kindhaus täglich in seine Messe führte; *sui kam ouch fast selbs mit ainer ruot mit ihnen, das sy dester zichtiger werent.*[153] Ein posthumes Bildnis weist Heinrich von Pflummern als heiligmäßigen Priester aus, vor dessen Altar der Stadtbrand von 1516 zum Stillstand gekommen sei; sogar die Altarkerzen blieben nach dem im Familienverband von Pflummern tradierten Narrativ unversehrt.[154] Das Wirken des Klerikers im Spital fand also das göttliche Wohlgefallen – was auf den Rest des Spitals nicht zuzutreffen schien, wurde der Brand von 1516 doch als Strafe Gottes verstanden.[155]

Die Nachricht, dass die obere Siechenstube nicht vollends vom Feuer zerstört worden sei, kann nicht völlig aus der Luft gegriffen sein, denn im Ensemble der 16 Schlusssteine in ihrem Gewölbe weisen zwei die Jahreszahl 1474 auf.[156] Zu dieser Zeit sind dort also Baumaßnahmen durchgeführt worden. Die Krankenstube, so Joachim von Pflummern, *ist gewölbt gesein drifach durchauss wie ain Khürch, zue baiden ortten Seyll durchauss.*[157] Wie ein Sakralraum, wie ein wirkliches *Gotshus* also – so die zeitgenössische Benennung des Spitals als Korporation, das auch die für kirchliche Institutionen typische spitzovale Siegelform verwendete[158] – erschien ihm der dreijochige Krankensaal mit seinen fünf Schiffen und seinem geweihten Altarerker. Die 16 Schlusssteine erwähnte er nicht, obwohl ihr Bildprogramm dem Betrachter das ineinandergreifende theologische und politische Fundament des religiösen Lebens im Biberacher Spital gegen 1500 plastisch vor Augen führte und keinen Zweifel daran ließ, dass in diesem Raum spirituelle und körperliche Fürsorge miteinander verschmolzen.[159]

Von zentraler Bedeutung und deswegen in nächster Nähe des Altarerkers, von Joachim von Pflummern als *kürchlin* bezeichnet,[160] befinden sich in einer Reihe angeordnet

153 SCHILLING, Zeitgenössische Aufzeichnungen (wie Anm. 14), S. 179 (Zitat).
154 Mit Verweis auf Johann Ernst von Pflummerns *Synopsis Historica* (vgl. Anm. 7): DIEMER, Der Biberacher Heilig-Geist-Spital und seine Kirchen (wie Anm. 61), S. 8 f.
155 Vgl. S. 89.
156 Vgl. Abb. 3 sowie einen weiteren mit dieser Jahreszahl versehenen Stein auf der Website der Evangelischen Gesamtkirchengemeinde Biberach: https://www.evangelisch-in-biberach.de/derzeit-nicht-in-benutzung/musik-und-kultur/kulturraumkirche/das-bildprogramm-der-evangelischen-spitalkirche/ (aufgerufen am 16. 5. 2020). Krais verweist auf die Annalen des Johann Ernst von Pflummern, denen zufolge das Spital zum großen Teil abgebrannt, die obere Siechenstuben aber nur *angebrennt* worden sei; vgl. KRAIS, Biberacher Kronik, Theil 24a (wie Anm. 4), S. 101 (Zitat).
157 SCHILLING, Die religiösen und kirchlichen Zustände (wie Anm. 11), S. 62 (Zitat).
158 Zum Kirchengutscharakter des Spitals vgl. ULRICH, Der Heilig-Geist-Hospital (wie Anm. 17), S. 30 f. (Zitat S. 31); auch DIEMER, Der Biberacher Heilig-Geist-Spital und seine Kirchen (wie Anm. 61), S. 8.
159 Zum „Einklang von Pflege und Gottesdienst, von Fürsorge und geistlicher Arznei [...] in den [...] Spitälern des Mittelalters" vgl. Konstantin MAIER, *Sacra Hospitalitas*. Armut und Barmherzigkeit im Mittelalter, in: Martin LOTH (Hg.): Der Hospital zum Heiligen Geist in Biberach, Biberach 1997, S. 65–78, hier S. 66 (Zitat).
160 SCHILLING, Die religiösen und kirchlichen Zustände (wie Anm. 11), S. 62 (Zitat).

3 Schlussstein aus dem Bildzyklus von 1472 in der oberen Siechenstube mit der Darstellung des vierten leiblichen Werks der Barmherzigkeit (Fremde beherbergen), Evangelische Spitalkirche Biberach (Foto: Pfarrer Ulrich Heinzelmann, Biberach)

die Darstellungen der sechs Werke der Barmherzigkeit, die Jesus in seiner Weltgerichtsrede benennt (Mt. 25, 31–46): die Hungernden speisen, den Dürstenden zu trinken geben, die Nackten bekleiden, die Fremden aufnehmen, die Kranken besuchen, die Gefangenen trösten.

Das nicht in der Perikope genannte, erst später hinzugekommene siebte Werk der Barmherzigkeit – Tote begraben – wird auf dem Schlussstein im Erker über dem Altar verrichtet. Damit waren die elementaren Bedürfnisse der Spitalbewohner nach Nahrung, Kleidung, Obdach, Pflege, Trost zu Lebzeiten und Fürbitte beim Tod umrissen. Wie die meisten spätmittelalterlichen Bildzyklen, die den Werken der Barmherzigkeit gewidmet waren, war auch der Biberacher Kanon biblischer Caritas in einen konkreten räumlichen Kontext gelebter Fürsorge eingepasst.[161]

In der mittleren Reihe erscheint Christus als Weltenrichter, als den ihn der Evangelist Matthäus in der angeführten Bibelstelle zeichnet. Beim Jüngsten Gericht scheidet er die Barmherzigen, die in die ewige Seligkeit eingehen, von den Unbarmherzigen, die ihrem Nächsten Hilfe versagt haben und deshalb der ewigen Verdammnis anheimfallen. Ein weiterer Stein zeigt Christus als siegreiches Lamm Gottes – zugleich das Spitalwappen –, umgeben von Schlusssteinen mit den politischen Symbolen der Schutzmächte der Kranken und Bedürftigen im Biberacher Spital. Der zweimal erscheinende Reichsadler steht für Kaiser und Reich, die sich immer wieder durch die Gewährung von Privilegien für das Spital hervorgetan hatten,[162] zuletzt 1471. Damals hatte Kaiser Friedrich III. das von Kaiser Ludwig dem Bayern 1333 verliehene Recht des Spitals bestätigt, die Habe der dort verstorbenen Personen einzuziehen.[163] Der Magistrat nahm deshalb allen Bedürftigen, Einheimischen wie fremden Pilgern, bei ihrer Aufnahme einen Eid ab, wonach sie ihren Besitz mit sich in das Spital überführten.[164] Bei Meineid drohte die von den Pflegern, dem Spitalmeister oder der Siechenmagd anzuordnende Entlassung aus dem Spital. Da traf es sich gut, dass Kaiser Friedrich III. 1471 zugleich die Rechtskraft aller Urteile des Spitalmeisters über die Spitalinsassen sowohl vor als auch außerhalb von Gerichten[165] sowie alle bereits vorhandenen kaiserlichen Privilegien für das Spital bestätigt hatte.[166] Die Reichsstadt und ihren Rat schließlich symbolisiert das Biberacher Wappen, der Biber. Die politischen Mächte, angefangen beim Reichsoberhaupt bis hinunter zu den Spitalpflegern als Vertreter der lokalen Obrigkeit, so lässt sich die Anordnung deuten, hatten am Jüngsten Tag Christus als wahrem Hausherrn des Gotteshauses Spital Rechenschaft abzulegen für die biblisch gebotene Sorge für die in seinen Mauern versorgten Armen und Kranken, die gleichsam Christus selbst verkörperten.

161 Vgl. Ulrike Ritzerfeld, Pietas – Caritas – Societas. Bildprogramme karitativer Einrichtungen des Spätmittelalaters in Italien. Bd. 1, Bonn 2007, S. 84 f..

162 Vgl. StadtA Biberach A 1 Hospitalarchiv B 3212: Privilegienbuch für die Jahre 1276–1566 (angefertigt im 18. Jahrhundert).

163 Vgl. Seeberg-Elverfeldt, Das Spitalarchiv Biberach, Heft 5 (wie Anm. 6), S. 137, U 870; Diemer, Ausgewählte Quellen (wie Anm. 1), S. 20. In der Praxis wich das Spital von seinem Anfallrecht gelegentlich ab; vgl. StadtA Biberach A 1 Hospitalarchiv U 1037 (1483) und U 1233 (1498).

164 So die Spitalordnung von 1491; vgl. Diemer, Ausgewählte Quellen (wie Anm. 1), S. 20.

165 Die starke Stellung des Spitalmeisters gegenüber den Bedürftigen beschnitt der Magistrat nicht, als er 1491 eine Spitalordnung erließ, sondern richtete sie nur hinsichtlich der Haushaltsführung an konkreten Vorgaben aus; vgl. S. 111 und S. 113 f.

166 Vgl. Seeberg-Elverfeldt, Das Spitalarchiv Biberach, Heft 5 (wie Anm. 6), S. 137; auch Ernst, Das Biberacher Spital (wie Anm. 16), S. 14.

5. Von der Wiege bis zur Bahre – Das Spektrum spitälischer Wohltätigkeit im Licht der Spitalordnung von 1491 und der Pflummern-Überlieferung

Die obere Siechenstube war nur einer von mehreren Räumen, in denen Bedürftige gepflegt und versorgt wurden. Wie andere spätmittelalterliche Fürsorgeeinrichtungen war auch das Biberacher Spital multifunktionell ausgerichtet, wobei die Versorgung der Armen und der Leprosen und Sondersiechen den vom Spital unabhängigen Einrichtungen des Seelhauses[167] und des Sondersiechenhauses[168] aufgetragen war. Das Leistungsspektrum spitälischer Wohltätigkeit erstreckte sich von der Wiege bis zur Bahre, wie das von Joachim von Pflummern gezeichnete leuchtende Bild der Werkfrömmigkeit im vorreformatorischen Biberach nahelegt, wie aber auch die 1491 verabschiedete Spitalordnung[169] erkennen lässt. Auch bei letzterer ist freilich wie bei allen normativen Quellen zu bedenken, dass sie einen Sollzustand vorgibt, der sich mangels entsprechender Informationen nicht mit der Wirklichkeit abgleichen lässt.[170] Im Unterschied zu Pflummern betont die Spitalordnung die *grossen mängel und unpruch, so ain zeit her in unserm spittal* [...] *gewesen*.[171] Vor allem Defizite in der Stiftungsverwaltung hätten zu ihrer Entstehung Anlass gegeben. Zentral ist dabei die Klage des Rats über Zahlungsrückstände bei Zehnten, Zinsen, Gülten, Wasser- und Holzgeld sowie alten Schulden, die nun mit Hilfe der Ordnung von *alle*[n]*, die dem spittal schuldig sind, es syen mans- oder frawenpersonen*, Bürger *oder sunst einsaessen* oder aber Personen außerhalb der Stadt, rigoros eingetrieben werden sollten.[172] Mit dem Einzug der Gelder innerhalb der Stadt wurden

167 Auch Elendsherberge und Armenhaus genannt; vgl. StadtA Biberach B 1 Gemeinschaftliche Kirchenpflege U 465 (1420), U 602 (1448), U 785 (1463), U 2 (1465), U 169 (1469) und U 488 (1474).

168 Dem Sondersiechenhaus freilich wurden 1491 vor dem Hintergrund des Strukturwandels des Spitals zum Bürgerspital neue Aufgaben zugewiesen; vgl. dazu Kapitel 6 in diesem Aufsatz.

169 Die Spitalordnung (nach der Ausfertigung im StadtA Biberach A 1 Hospitalarchiv B 3445) wurde ediert von Diemer, Ausgewählte Quellen (wie Anm. 1), S. 9–26. Zur Spitalordnung auch Stievermann, Biberach – Spital und Stadt 1239–1989 (wie Anm. 2), S. 175–177.

170 „Die Normativität von Hospitalregeln ist [...] kein vollständiges wirklichkeitsgetreues Spiegelbild der Verfassungswirklichkeit der Institution Hospital", so Drossbach, die Hospitalregeln, -ordnungen und -statuten als eigenständige Quellengattung verorten möchte und die Herausgabe einer kritischen Edition anstrebt; Gisela Drossbach, Hospitalstatuten im Spiegel von Norm und Wirklichkeit, in: Dies., Hospitäler in Mittelalter und Früher Neuzeit. Frankreich, Deutschland und Italien. Eine vergleichende Geschichte (Pariser Historische Studien 75), 2007, S. 41–54, hier S. 54 (Zitat). Diese Edition wurde 2020 von der Autorin als im Druck befindlich angekündigt unter folgendem Titel: Gisela Drossbach, Hospitalstatuten im europäischen Vergleich: von den Anfängen bis 1600.

171 Diemer, Ausgewählte Quellen (wie Anm. 1), S. 10 (Zitat).

172 Ebd., S. 11 (Zitat). Der Biberacher Rektor Doll bezog sich in einer Jubiläumspredigt darauf, dass bis zur Reformation viel bürgerlicher Besitz mit Abgabeverpflichtungen an die Kirche belegt gewesen sei. Erst durch die Reformation wurden *die grosse Beschwerden, welche hin und her auf hiesigen Häußern hafftteten, da man jährlich gewieses Wachs und Oel in die Pfarr=Kirchen geben mußte, abgeschaffet*; Johann Jacob Doll, Kurtze Nachrichten, wie es mit der Reformation der Evangelischen Gemeine zu Biberach vor 200. Jahren hergegangen: Was dieselbige in dem 30.jährigen Krieg vor Schicksale ausgestanden, und wie sie endlich durch den Westphälischen Friedens-Schluß in Ruhe gesetzt worden, Biberach 1749, S. 21 f. (Zitat). Dolls Feststellung lässt sich auch auf das Spital übertragen.

der Spitalmeister und der Spitalschreiber beauftragt.[173] Deutet die Spitalordnung von 1491 – es ist dies die einzige aus vorreformatorischer Zeit überlieferte Ordnung in Biberach[174] – mit ihrem Verweis auf abnehmende Zahlungsmoral gegenüber dem Gotteshaus Spital auf eine grundsätzliche Sinnkrise der karitativ ausgerichteten Religiosität um 1500 und damit letztlich auf ein Bröckeln der eingangs skizzierten Tauschbeziehung – Fürsorge gegen Gebetsleistung – hin? Diese Frage lässt sich aus den Quellen heraus nicht beantworten, klar ist aber, dass der Rat aufgrund von Fehlentwicklungen und seit längerem eingeschlichenen Missständen auch eine Reform des Fürsorgewesens für geboten hielt, damit *den armen durftigen zuo guott alle sachen fürohin mit ordnung zuo-*

173 Vgl. Diemer, Ausgewählte Quellen (wie Anm. 1), S. 12.

174 Ernst verwies freilich auf eine Ordnung von 1399, die „in vielen Stücken" der Ordnung von 1491 gleiche; vgl. Ernst, Das Biberacher Spital (wie Anm. 16), S. 32. Er bezog sich dabei auf folgenden Artikel: Satz und Ordnungen des Spitals zu Biberach im Jahr 1399, in: Katholisches Kirchenblatt für die Diöcese Rottenburg, 7. Jg. (1868), S. 62–64. Der Artikel erschien unter dem Namenskürzel *Sch.*, hinter dem sich Andreas Schilling (1827–1919) verborgen haben dürfte, der Herausgeber der in diesem Beitrag vielfach zitierten Werke Joachim und Heinrich von Pflummerns, der sich während des Kulturkampfes als Autor etlicher Aufsätze über die Biberacher Kirchengeschichte positionierte. Schilling war von 1862 bis zu seinem Tod 1919 Kaplan der Biberacher St. Michaels-Kaplanei. Es ist anzunehmen, dass die ersten Anfänge einer Neuordnung des Katholischen Archivs Biberach um 1865, die zur Verzeichnung des Bestandes (1884) führte, auf ihn zurückgeht und ihm hierbei das veröffentlichte Dokument in die Hände fiel. Der Autor machte keine Angaben über dessen Provenienz. Sein Beitrag beginnt so: „Beim Durchstöbern alter Urkunden sind wir auf eine Spitalordnung gestoßen, die im Jahre 1399 entworfen und im Jahre 1400 den 1. Februar im Spital zu Biberach in Kraft trat." (ebd., S. 62). Im Katholischen Pfarrarchiv Biberach befindet sich tatsächlich eine verderbte Abschrift der Spitalordnung von 1491, die dem Schriftbild nach erst wesentlich später genommen wurde. Dabei wurde nicht nur der Text im Ausdruck dem einer späteren Epoche angeglichen, sondern durch einen nachlässigen Schreiber auch ein Datierungsfehler eingefügt. Heißt es im Original *anno domini millesimo quadringentesimo nonagesimo primo* (1491) (Diemer, Ausgewählte Quellen (wie Anm. 1), S. 22), so steht in der Abschrift nur *Anno Domini Millesimo quadringentesimo* (1400). Auf dem Aktendeckel aus dem 19. Jahrhundert ist in derselben blauen Kreide, in der die Altsignatur vermerkt ist, hinter der eigentlichen Beschriftung noch eine in Klammer stehende zusätzliche Jahreszahl zu lesen: *Hospital-Ordnung von 1491 (1400)*; vgl. KreisA Biberach, Katholisches Pfarrarchiv Biberach (Depositum) H 1: Ordnung des Spitals zum Heiligen Geist in Biberach 1491, ein Schriftstück (1488) 1491–1495. Der Autor *Sch.* muss diese falsch datierte Abschrift der Spitalordnung von 1491 als Vorlage genommen und auszugsweise als Spitalordnung von 1399/1400 veröffentlicht haben. Schon vorher (vgl. Krais, Biberacher Kronik, Theil 24a (wie Anm. 4), S. 24–41; auch von Memminger, Beschreibung des Oberamts Biberach (wie Anm. 26), S. 82) und bis in jüngere Zeit (Ohngemach, Der Hl.-Geist-Spital zu Biberach (wie Anm. 25), S. 94, freilich vorsichtig formulierend: „Bereits 1400 soll eine solche [Spitalordnung] eingeführt worden sein") geisterte durch die Biberacher Spitalgeschichte der Hinweis auf eine Spitalordnung von 1400. Krais' Wiedergabe dieser vermeintlichen Spitalordnung von 1400 entspricht inhaltlich der Ordnung von 1491 – bis auf eine Passage, die ein Einschub aus einer späteren *Kindhaus Ordnung* ist, die er offenbar bei Seidler gefunden hat: *dieses nennet Seydlers Kronik einen Lutherischen Artikel* (diesem zufolge sollte den Kindern *in der Fasten gut Fleisch auf bestimmte Tage geben* werden); Zitate ebd., S. 36. Seidler selbst führt die Spitalordnung unter ihrem korrekten Entstehungsjahr 1491 auf; vgl. StadtA Biberach M 5 Nr 2/1: Seidler, *Annalia. Erster Theil* (wie Anm. 116), fol. 5a-10a.
Mein ursprüngliches Vorhaben, durch einen Vergleich der Spitalordnungen von 1400 und 1491 auf normativer Ebene zu Erkenntnissen über das religiöse Leben im Spital im säkularen Verlauf zu gelangen, musste also daran scheitern, dass es sich bei ersterer bei näherer Betrachtung um eine Chimäre handelt.

gangen und ain yedes dester in besserer chur und sorg syge.[175] Durch konkrete Vorgaben wollte er sicherstellen, dass in Zukunft *ain ordentlich regiment in allen dingen gehalten werde.*[176] Darin inbegriffen war auch ein strenges Gebetsregime im Gotteshaus Spital.[177] Dem Spitalmeister, der für die gesamte Haushaltung innerhalb des Spitalkomplexes verantwortlich war, machte der Magistrat konkrete Vorgaben über die Haushaltsführung, die der offenbar eingeschlichenen stiftungswidrigen Verwendung spitälischer Ressourcen einen Riegel vorzuschieben versuchte.[178] Ihm und der für die beiden Siechenstuben verantwortlichen Siechenmagd,[179] die gleichsam als Hausvater und Hausmutter für die Aufrechterhaltung der Gebets- und Sittenzucht unter den Spitalinsassen zuständig waren, wurden bei Verstößen weitreichende Disziplinierungsmöglichkeiten über Erwachsene wie Kinder zugestanden.[180] So konnten sie spitälischen Pfründnern in den Pfründstuben die Leistungen kürzen, Kinder mit Ruten züchtigen, Bedürftigen die Wein- und Essenszuteilung schmälern sowie Arreststrafen verhängen, wenn sie gegen die neue Ordnung verstießen. Mit Wissen der Pfleger durften sie sogar Verweise aus dem Spital aussprechen.

Im ausgehenden 15. Jahrhundert stand es im Biberacher Spital also weder in administrativer noch in geistlich-religiöser Hinsicht zum Besten. Fragt sich, ob die Spitalordnung eine durchgreifende Reform bewirkte, Joachim von Pflummerns Retrospektive auf die spitälische Frömmigkeits- und Fürsorgepraxis das Spital am Vorabend der Reformation also zutreffend als eine auf der Höhe ihrer religiösen und karitativen Leistungsfähigkeit stehende Institution abbildet. Oder haben wir es auch hier nur mit der „nostalgisch-verklärende[n] Beschreibung" der „vorreformatorischen Stadt [Biberach] als heile kirchliche Welt" zu tun, die Bernhard Rüth den beiden Pflummern-Brüdern attestiert?[181] Joachim von Pflummern erwähnt den spitälischen Reformprozess gegen 1500 im Vorfeld seiner eigenen Tätigkeit als Spitalpfleger mit keiner Silbe.

Beim Aufzeigen der räumlich fassbaren Kristallisationspunkte religiösen Lebens im Spital um 1500 ist man mit der genannten Einschränkung hinsichtlich der Objektivität des auf seine Altgläubigkeit pochenden Kronzeugen und unter Zuhilfenahme des 1622 entstandenen Stadtplans auf Joachim von Pflummerns Schilderungen angewiesen. In dem genannten Stadtplan nehmen der Spitalkomplex insgesamt und die durch eine Legende aufgeschlüsselte Belegung und spezifische Nutzung einzelner seiner Gebäudeteile im speziellen eine zentrale Rolle ein.[182] Bereits beim Betreten des Gebäudekomplexes durch das Haupttor wurden die Zeitgenossen darüber ins Bild gesetzt, dass man sich in

175 Diemer, Ausgewählte Quellen (wie Anm. 1), S. 15 (Zitat).
176 Ebd., S. 10 (Zitat).
177 Vgl. S. 113 f.
178 Vgl. Diemer, Ausgewählte Quellen (wie Anm. 1), S. 12–15.
179 Vgl. Schilling, Die religiösen und kirchlichen Zustände (wie Anm. 11), S. 64.
180 Vgl. Diemer, Ausgewählte Quellen (wie Anm. 1), S. 16. Ebd. zum Folgenden.
181 Rüth, Reformation in Biberach (wie Anm. 10), S. 256 und S. 261 (Zitate).
182 Stadtbaumeister Preiser ließ den im Jahr 1622 von Johann Ernst von Pflummern und Laux Seidler (identisch mit Lukas Seydler/Seidler; vgl. Anm. 174) angefertigten Stadtplan 1928 in eine druckfähige moderne Form bringen und seiner Baugeschichte als Faltkarte beifügen; vgl. Richard Preiser, Biberacher Bau-Chronik, Biberach 1928.

seinen Mauern den Werken der Barmherzigkeit verschrieben hatte. *Vorm Spittal nebem thor*, so Joachim von Pflummern, *ist gemahlet gesein in eim bogen die Sechs werckh der hayligen Dreifalttigkhaitt und Gott der Vatter damitten drin.*[183] Das Bild, der Beschreibung nach eine um die Werke der Barmherzigkeit erweiterte Trinitätsdarstellung, hat als Aushängeschild vorreformatorischer Werkfrömmigkeit des Spitals die Reformationszeit nicht überstanden. Im 17. Jahrhundert wurde aber im Zuge der Wiederausrichtung des Spitals auf seine vorreformatorische Frömmigkeit eine neue Tafel angefertigt, die dort wohl bis 1953 hing,[184] und die dem von Joachim von Pflummern erwähnten Bild weitgehend entsprochen haben wird. Auf der Bildtafel des 17. Jahrhunderts schwebt über Gottvater in einem Glorienschein die Taube als Symbol des heiligen Geistes, dem und dessen Wirken das Spital unterstellt war. Für Joachim von Pflummern waren die Werke der Barmherzigkeit im Kontext der von ihm beschriebenen Trinitätsdarstellung die *sechs werckh der hayligen Dreifalttigkhaitt*. Der Glaube an Vater, Sohn und heiligen Geist bewirkte somit die frommen Werke für Arme und Bedürftige, die er an anderer Stelle genau benannte[185] und die bereits im Kontext des Bildprogramms in der oberen Siechenstube zur Sprache kamen. Am Kirchweihtag wurde vor dem Haupttor des Spitals und somit in unmittelbarer Nähe der Trinitätsdarstellung mit den Werken der Barmherzigkeit ein Tisch aufgestellt, auf dem eine Sammelbüchse für Almosen stand und Ablassbriefe bereitlagen; *da hat man den Ablass gelösst*, so Joachim von Pflummern.[186] Weil die Altarweihe eines jeden Altars in der Spitalkapelle am Festtag seines jeweiligen Hauptheiligen gefeiert wurde,[187] konnten also viermal pro Jahr am Portal Ablassbriefe erworben werden.

Gemäß der Spitalordnung von 1491 hatte jeder Bedürftige, der *um Gottes willen im spittal ist, der es vermag, all tag ain meß* [zu] *hörn.*[188] Dazu musste nicht zwingend die Spitalkapelle aufgesucht werden, wie noch im Zusammenhang mit der unteren Siechenstube zu sehen ist, die direkt neben der Spitalkapelle lag. In diesem Saal waren die bettlägerigen Frauen untergebracht.[189] Wie die obere Siechenstube für die Männer war auch der Frauenkrankensaal gewölbt. Beide Krankenstationen wurden von der Siechenmagd und der Untersiechenmagd geleitet, *die haben alle Nothwendige Ding versehen*. Jede bettlägerige Person, so berichtet Joachim von Pflummern, *hat gehabt ain Fraw, die ihm pflegen hat, bettet unnd essen tragen hat, unnd was eins betürfft hat.*[190] Pflege, auch im Männerkrankensaal, war Frauensache. Als Ausgleich für die Krankenwache sah die

183 Schilling, Die religiösen und kirchlichen Zustände (wie Anm. 11), S. 60 (Zitat).

184 Vgl. Loth, Der Spital heute (wie Anm. 26), S. 43. Die Darstellung der Trinität mit den Werken der Barmherzigkeit befindet sich im Museum Biberach. Abgebildet ist sie bei Maier, *Sacra Hospitalitas* (wie Anm. 159), S. 73. Eine undatierte Postkarte des Spitals (wohl um 1905–1910) aus der Sammlung der Gebrüder Metz zeigt das Haupttor und daneben die Bildtafel aus dem 17. Jahrhundert (Haus der Geschichte Baden-Württemberg, Sammlung Gebr. Metz).

185 Schilling, Die religiösen und kirchlichen Zustände (wie Anm. 11), S. 10 (Zitat).

186 Ebd., S. 61 (Zitat).

187 Vgl. StadtA Biberach A 1 Hospitalarchiv U 1579.

188 Diemer, Ausgewählte Quellen (wie Anm. 1), S. 16 (Zitat).

189 Vgl. Schilling, Die religiösen und kirchlichen Zustände (wie Anm. 11), S. 63.

190 Ebd., S. 64 (Zitat).

Spitalordnung von 1491 *ain halb maß wachwein* vor.[191] Alle Armen und Kranken, die *umb Gottes willen* im Spital waren, wurden Joachim von Pflummern zufolge unabhängig von ihrer Stubenzugehörigkeit je nach Krankheitsbild mit den dafür geeigneten Speisen und Tränken versehen.[192] Zur Nacht, so überliefert er, sei den Kranken von der Siechenmagd *Sancte hanns segen geben worden*,[193] Wein also, der am Festtag des Evangelisten Johannes (27. Dezember) vom Priester gesegnet worden war.[194] Es ist anzunehmen, dass dabei auch die Segensformel, die bei der Weihe des Weins gesprochen wurde, in deutscher Übersetzung Anwendung fand und jeder Bedürftige mit der Anrufung des dreifaltigen Gottes und dem Kreuzzeichen den Tag beschloss.[195] Zur normalen Versorgung kam die eine oder andere *Zuebuoss* durch Jahrtags-, Wein-, Schmalz- und andere Stiftungen.[196] Schmalz und Eier etwa wurden als *ein gestüfftes Allmuosen* alle Quatember von zwei vom Rat bestimmten Pflegern an die Bedürftigen verteilt. Auch Hennen und Gülthühner, die in reichem Maß aus den spitälischen Küchengefällen erzielt wurden, wurden für sie zubereitet.[197] Im Spital gab es ein 1424 angelegtes Jahrzeitenbuch, in dem sämtliche gestifteten Jahrtage verzeichnet waren.[198] Auf Geheiß des Ortspfarrers wurden die Jahrtage und die damit verbundenen Spenden den Spitalinsassen am sogenannten Pfarraltar in der Spitalkirche verkündet. In der Regel stand an Jahrtagen ein Pfund Heller zur Verfügung; Geld, das nach dem Willen der Stifter für Wein, Brot, Eier, Fleisch oder Fisch für die Bedürftigen verwendet werden musste,[199] um deren Gebetseifer anzustacheln.[200] Die Gehfähigen waren überdies zum Besuch der Jahrtage in der äußeren Heilig-Geist-Kapelle verpflichtet, wofür sie an der anschließenden Almosenverteilung teilnehmen durften.[201] Soweit Joachim von Pflummern, soweit der Idealzustand.

Anders die Spitalordnung von 1491, die Verstöße gegen das von der weltlichen Hausleitung, nicht vom Spitalkaplan durchzusetzende Gebetsregime ins Auge fasste und den Spitalmeister und die Siechenmagd zu Strafmaßnahmen autorisierte. Diese beiden durften die Überwachung der Gebetspflichten selbst übernehmen und wenn nötig *ander mittelperson* damit betrauen. Zu jeder der drei Tagesmahlzeiten wurde ein Glöck-

191 Diemer, Ausgewählte Quellen (wie Anm. 1), S. 17 (Zitat).
192 Schilling, Die religiösen und kirchlichen Zustände (wie Anm. 11), S. 65 (Zitat).
193 Ebd., S. 67 (Zitat). Dafür standen der Siechenmagd nach der Spitalordnung von 1491 allabendlich knapp vier Liter *guotz altz wein* zur Verfügung; Diemer, Ausgewählte Quellen (wie Anm. 1), S. 17 (Zitat).
194 Einige Stiftungen führen ausdrücklich auf, dass sie auch für Wein für die Bedürftigen verwendet werden sollten; vgl. StadtA Biberach A 1 Hospitalarchiv U 202 (1382), U 397 (1413) und U 515 (1431).
195 Vgl. Anm. 70.
196 Vgl. Schilling, Die religiösen und kirchlichen Zustände (wie Anm. 11), S. 65 und 159.
197 Ebd., S. 67 (Zitat).
198 Vgl. ebd., S. 186; dazu bereits Anm. 151. Das Jahrzeitenbuch ist nicht im Original überliefert. 1565 begann der Schuhmacher und Spitalschulmeister Caspar Fleck aber damit, das damals noch erhaltene Jahrzeitenbuch von 1424 abzuschreiben und durch den Nachtrag nachreformatorischer Jahrtagsstiftungen auf den aktuellen Stand zu bringen; vgl. StadtA Biberach A 1 Hospitalarchiv B 3396: Verzeichnis der spitälischen Jahrzeiten 1424 (1565), Schlussbemerkungen Flecks.
199 So die Spitalordnung von 1491; vgl. Diemer, Ausgewählte Quellen (wie Anm. 1), S. 19 f.
200 Ernst verweist auf die Jahrtagsstiftung zweier Schwestern von 1410, in der auf die Essensspenden für die Bedürftigen abgehoben wird, „damit diese der Stifterinnen gegen Gott desto ernstlicher gedenken"; vgl. Ernst, Das Biberacher Spital (wie Anm. 16), S. 68 (Zitat).
201 Vgl. Schilling, Die religiösen und kirchlichen Zustände (wie Anm. 11), S. 67.

chen geläutet, *das darzuo geordnet ist, vor jedem mal ain patter noster, ain ave Maria und ain glauben* [zu] *betten.*[202] Diese Gebete mussten auch nach der Mahlzeit verrichtet werden. Versäumnis der täglichen Messe, der jeweils drei Gebete vor und nach den Mahlzeiten und der besonderen Gebete für die Stifter von Jahrtagen[203] sollte jeweils mit Weinentzug geahndet werden. Bei schwereren Vergehen erhielten der Spitalmeister und die Siechenmagd freie Hand für nicht näher bezeichnete gravierendere Maßnahmen. Ihrer Mitverantwortung für eine gute Ernte und damit für eine gedeckte Tafel waren sich auch die Bedürftigen bewusst, denn im Spital wurden wie in der gesamten Stadt bei Unwetter die Glocken geläutet und andächtig gebetet.[204]

In beiden Siechenstuben gab es einen *grosen Offen*. Während die gehfähigen Männer den Tag an zwei langen Tischen in der beheizten oberen Siechenstube zubrachten,[205] hielten sich die gehfähigen Spitalinsassinnen, die ihr *gelüger*, also ihre Schlafstube, über der Frauenkrankenstube hatten,[206] tagsüber in der unteren Siechenstube auf und spannen dort. Es ist anzunehmen, dass sie dort auch den zur Pflege bei den Bettlägerigen abgestellten Frauen zur Hand gingen – oder waren sie gar als Hilfspflegerinnen mit diesen identisch? Dies ist in Anbetracht der wenigen professionellen Pflegekräfte, die in der Spitalordnung von 1491 genannt sind, naheliegend. Personen, die noch ein kleines Arbeitseinkommen erzielten, mussten gemäß dieser Ordnung selbst für ihre Kleidung und ihre Schuhe aufkommen.[207] Es bleibt in diesem Kontext unerwähnt, worin diese Arbeiten bestanden. Der Verpfründungsvertrag der Elisabeth Bürckler enthält jedoch den Hinweis, dass arbeitsfähige Bedürftige im Pfründhaus in der Pflege eingesetzt wurden.[208] Das Spital könnte in diesem Fall Mittel aus der Pfründe diesen Pflegehilfskräften zugewendet haben. Naheliegend ist auch Mitarbeit in der spitälischen Haushaltsführung, im Gartenbau und im landwirtschaftlichen Eigenbetrieb, die über das zu erwartende Maß hinausging und deshalb finanziell abgegolten wurde. Es wurde also seitens der Spitalleitung ein irgendwie geartetes Vergütungssystem angewendet, das den Arbeitseifer der einsatzfähigen Insassen steigerte und das zur Herausbildung einer Hierarchie innerhalb dieser Personengruppe führen musste, die sich nach dem Grad an individueller Selbstwirksamkeit bemaß. Vielleicht zeichnete sich die Stellung der durch eigenes Einkommen privilegierten und von Kleidungszuteilungen unabhängigen Bedürftigen sogar im äußeren Erscheinungsbild ab. Wurde auch den bedürftigen Frauen, die in der tagsüber zugleich als Spinnstube genutzten unteren Siechenstube mit der Herstellung von Garn beschäftigt waren, das Werk ihrer Hände vom Spital vergütet?

202 DIEMER, Ausgewählte Quellen (wie Anm. 1), S. 16 (Zitat).
203 An Jahrtagen musste *yedes ain söndrig bett thuon für die stifter des jaurtags und alle die, von der wegen si das almuosen niessen, trulich und dankparlich bitten*; ebd. (Zitat).
204 Vgl. SCHILLING, Die religiösen und kirchlichen Zustände (wie Anm. 11), S. 61.
205 Ebd., S. 62 (Zitat).
206 Ebd., S. 64 (Zitat).
207 Vgl. DIEMER, Ausgewählte Quellen (wie Anm. 1), S. 21. Auf der Basis eines gewandelten Armutsbegriffs wurde 1767 die *Errichtung eines Spinn= oder Arbeitshauses*, eines *insonderheit auf Erleichterung Lobl*[iche]*n Hospitals abgezielten Instituti,* in Angriff genommen; StadtA Biberach C 4 Bd. 164: Gemeinschaftliches Ratsprotokoll (Rapular), 20. 2. 1767, unpaginiert.
208 Vgl. S. 121 f.

In den beiden Siechenstuben wurde gepflegt, gesponnen und gegessen, denn einen Speisesaal für die gehfähigen Männer und Frauen sucht man auf dem Plan von 1622 vergeblich. An der gemeinsamen Tafel ließ sich überprüfen, ob die Bedürftigen die vorgeschriebenen Tischgebete verrichteten oder sich davor zu drücken versuchten, indem sie zu spät erschienen oder den Tisch zu früh verließen. Im Unterschied zu Joachim von Pflummern zählt die Spitalordnung, die sich nicht zuletzt an die Adresse des auch für die Essenzuteilung zuständigen Spitalmeisters richtet, genau die Tage im Jahreskreis auf, an denen den *gemain durftigen* Insassen besondere Speisen verabreicht werden sollten.[209] Dreimal pro Woche (Sonntag, Dienstag und Donnerstag) stand jedem Bedürftigen ein halbes Pfund Fleisch zu, sechsmal im Jahr ein halbes Huhn. Ansonsten ernährten sich die Spitalinsassen überwiegend von Hülsenfrüchten und Getreide. Höhepunkte boten die Vierfeste Weihnachten, Dreikönig, Ostern und Pfingsten, an denen jeder ein halbes Maß Wein und ein Weißbrot erhielt. An Weihnachten gab es darüber hinaus auch noch zwei Sülzen pro Person, an Dreikönig ein Pfeffergericht, an Ostern Fleisch, Osterfladen und gehacktes Fleisch. Auch an Neujahr waren Extrarationen vorgesehen. In der Fastnachtszeit standen Sülzen, gesottene Hennen, ein Pfeffergericht, anderes Fleisch, Würste und Fastnachtsküchlein auf dem Speiseplan, bevor mit dem Aschermittwoch die Fastenzeit einsetzte. An Palmarum wurde *ain figen pfeffer*, wohl Kompott aus gewürzten Feigen, zubereitet, auf Gründonnerstag *sulzfisch*. Der Kirchweihtag bescherte den Bedürftigen Wein, Weißbrot, ein Pfeffergericht und Hühner zum Mittagessen, zum Abendessen wiederum Fleisch. An Mariä Himmelfahrt standen ihnen Wein, Weißbrot und Fleisch zu, an Michaeli und Gallustag Rüben, Hühner, Wein und Weißbrot. An Allerheiligen gab es eine Sonderzuwendung an Wein, Weißbrot und Fleisch, an Martini zur Nacht ein halbes Maß Wein, Weißbrot, ein Pfeffergericht und anderes Fleisch, bevor im Anschluss die vorweihnachtliche Fastenzeit begann. Der hier nur unvollständig wiedergegebene Speiseplan der Bedürftigen[210] übertraf vermutlich das Nahrungsangebot, das breiten Massen der Bevölkerung damals zur Verfügung stand. Der Wechsel zwischen Alltag und Festtag, Fasten und Feiern, der sich im spitälischen Speiseplan spiegelt, schärfte den Bedürftigen tagtäglich den liturgischen Kalender und seine besonderen religiösen Erfordernisse ein. Das geistliche Tages- und Jahresregime, dem die Bedürftigen sich zu unterwerfen hatten, wurde auch über den der Spitalküche auferlegten Jahresspeiseplan implementiert.

Die Bettlägerigen in den Siechenstuben freilich waren daran nicht gebunden, sondern erhielten alle Speisen, die ihnen zuträglich waren.

Wer von den bettlägerigen Frauen es finanziell vermochte, ließ sich bei Herannahen des Todes in der unteren Siechenstube gegen Gebühr in *ain Aigne Hüpsche bethstatt* speziell für das Sterben legen, um sich dort mit den Sakramenten versehen zu lassen.[211]

209 Zum Folgenden Diemer, Ausgewählte Quellen (wie Anm. 1), S. 16 ff. Über die Verköstigung von *narren und kinder*[n] schweigt sich die Spitalordnung aus und bekräftigt lediglich, dass bei ihnen alles *wie bisher versehen werden* solle.

210 Auch Jahrtagsgaben führt die Spitalordnung noch eigens auf; vgl. Diemer, Ausgewählte Quellen (wie Anm. 1), S. 19 f.

211 Vgl. Schilling, Die religiösen und kirchlichen Zustände (wie Anm. 11), S. 63 (Zitat).

Alle anderen starben einen schlichteren Tod. Das war auch der Moment, in dem laut Spitalordnung die in einer kleinen Truhe verschlossene Habe des Sterbenden, die nach seinem Tod dem Spital zufallen würde, verzeichnet wurde.[212] War der Tod einer Person absehbar, läutete der Spitalmesner *mit der Ablass Glockh* und gab damit den gehfähigen Spitalbewohnern zu verstehen, dass sie dem Versehgang folgen mussten und dadurch einen Ablass gewinnen konnten.[213] Nach dem Glockenzeichen holte der Mesner den für die Sterbesakramente zuständigen Priester. Es handelte sich um einen der beiden *helffer* des Pfarrers, die im wöchentlichen Wechsel für die Kasualien in der Pfarrgemeinde zuständig waren.[214] Die Prozession zurück von der Pfarrkirche zum Spital führte der Spitalmesner an, der dabei eine brennende Laterne trug und mit einer Glocke läutete. Ihm folgten sieben Lateinschüler in Chorhemden, vier mit Fahnen, drei mit Laternen in den Händen. Sie dienten in der Pfarrkirche als Chorknaben und wurden dafür von der Pfarrei, einer Bruderschaft und Privatpersonen unterhalten. Auf dem Versehgang und auch am Sterbebett sangen sie Lieder vom Altarsakrament. Dafür erhielt jeder von ihnen ein Brot aus der spitälischen Pfisterei. Den Chorknaben schloss sich der Priester in Chorhemd und Stola mit der in einem Gefäß verwahrten geweihten Hostie an. Den Schluss der Prozession bildeten die Spitaldürftigen. Jeder, der an dem Versehgang teilnahm und dabei für den Sterbenden betete, konnte einen 40-tägigen Ablass gewinnen.[215] Am Totenbett standen geweihte Kerzen, ein Kruzifix und Weihwasser. Nachdem der Priester dem Sterbenden die Beichte abgenommen hatte, folgten die Eucharistie und gegebenenfalls die heilige Ölung. Das Spital unterhielt Frauen, die dem Sterbenden Trost zusprachen und nach Eintritt des Todes Totenwache hielten.

Dem Verstorbenen wurde im Spital mit beiden Glocken geläutet. Spitalinsassen waren verpflichtet, den Toten auf einer mit Tragringen versehenen Bahre zu Grabe zu tragen und bei seiner Beerdigung zu helfen. Alle Gehfähigen mussten dem Leichenzug unter Gebeten für den Verstorbenen zum Kirchhof folgen.[216] Blieben sie fern, wurde ihnen ihre Weinration gestrichen. Im Unterschied zu den einheimischen Spitalinsassen wurden fremde Bedürftige am Rand des Kirchhofs begraben, weil sie *Nüemandts hat in sein Grabstatt wellen Legen.*[217] Vorbehalte gegen Fremde in den eigenen Reihen kamen spätestens 1491 voll zum Tragen.[218]

Leben und Tod, Geborenwerden und Sterben, Wiege und Bahre lagen eng beieinander. Innerhalb der unteren Siechenstube befand sich nämlich *ain undermachets stüblin* für die Kindbetterinnen, in der die Frauen ihre Kinder gebaren, *hat sie auch darein ettwann Lang auskhindtbettet.*[219] Im Zusammenhang mit der Stiftung einer Witwe, die ihr Bett, Leintücher, Kissen und Decke leihweise den Wöchnerinnen hinterließ, ist davon

212 Vgl. Diemer, Ausgewählte Quellen (wie Anm. 1), S. 20 f.

213 Schilling, Die religiösen und kirchlichen Zustände (wie Anm. 11), S. 65 f. (Zitat S. 66); zum Folgenden vgl. ebd.

214 Vgl. ebd., S. 62.

215 Vgl. Schilling, Zeitgenössische Aufzeichnungen (wie Anm. 14), S. 216.

216 So auch die Spitalordnung von 1491; vgl. Diemer, Ausgewählte Quellen (wie Anm. 1), S. 21.

217 Schilling, Die religiösen und kirchlichen Zustände (wie Anm. 11), S. 54 und S. 173 (Zitat).

218 Vgl. Kapitel 6 in diesem Aufsatz.

219 Schilling, Die religiösen und kirchlichen Zustände (wie Anm. 11), S. 63 (Zitat).

die Rede, dass das Kindbett 1429 noch sechs Wochen dauerte.[220] Im frühen 16. Jahrhundert waren Bürgerinnen drei Wochen, Ausbürgerinnen zwei Wochen und fremden Frauen nur noch sieben Tage im Kindbett vergönnt.[221] Nicht nur die Dauer insgesamt hatte also abgenommen, auch die rechtliche und soziale Stellung einer Frau spielte nun eine entscheidende Rolle: War sie fremd oder einheimisch, verbürgert oder nicht verbürgert?[222]

Anders als im Krankensaal für die Männer stand in der unteren Siechenstube kein Altar, an dem eigens Messe für die Bettlägerigen gefeiert wurde. Das war aufgrund der Gebäudestruktur auch gar nicht erforderlich, konnten die bettlägerigen Frauen doch den Gottesdiensten in der unmittelbar angrenzenden Spitalkapelle folgen: *Ahn der Wandt* [der Spitalkapelle] *bey der underen siechstuben* [...] *ist gesein ain grosser Laden und darvor ain predigstuehl, und so man prediget hat, so hat man den Laden uff thon, das mans in der Stuben auch höre.*[223] Zudem gab es eine direkte Verbindungstüre von der unteren Siechenstube zur Kapelle. Joachim von Pflummern erwähnt es zwar nicht ausdrücklich, aber es ist doch anzunehmen, dass Türe und Luke auch während der Messen offenstanden.[224]

Auf der anderen Seite der Spitalkapelle waren im Erdgeschoss und im ersten Stock gehfähige Kranke untergebracht, darunter jene mit ansteckenden Krankheiten. Die infektiösen Personen konnten auf einer Empore, die in den Luftraum über dem Chor der Spitalkirche hineinragte, am Gottesdienst teilnehmen.[225] Zur Linken der Spitalkapelle lagen auch die Narrenstuben. Freilich ist nicht überliefert, ob die dort lebenden *unseeligen Leüth*, von den übrigen Stubengenossen abgeschiedene, für sich und andere als gefährlich geltende Geisteskranke, ihre *Heüsslin*, die innerhalb der Narrenstube im Erdgeschoss standen, jemals verlassen durften. In dieser Stube waren die mit dem *schweren Siech Tag* Behafteten und Personen, *die Narret seind gesein*, untergebracht.[226] Eine zweite Narrenstube lag in der Etage darüber, in der auch die von den Blattern Genesenen nach ihrer Entlassung aus der angrenzenden Blatterstube aufgenommen wurden, weil man sie – wohl wegen der offenbar erkannten Ansteckungsgefahr – nicht in die obere und untere Siechenstube legen wollte.[227] Die Blatternkranken hatten besondere Pflegerinnen. In der eigentlichen Blatternstube – *ain grose Stuben* – wurden getrennt vonein-

220 Ernst, Das Biberacher Spital (wie Anm. 16), S. 78.

221 Vgl. ebd., S. 35 f.

222 Wie am Schluss zu sehen, ist die unterschiedliche Behandlung der Wöchnerinnen in einen grundlegenden Transformationsprozess des Spitals um 1500 eingebettet, in dessen Verlauf die Werke der Barmherzigkeit mehr und mehr auf einen bestimmten Personenkreis eingeschränkt wurden: den Mitbürger und die Mitbürgerin. 1588 wurden fremde Schwangere überhaupt nicht mehr aufgenommen; vgl. Ernst, Das Biberacher Spital (wie Anm. 16), S. 36.

223 Schilling, Die religiösen und kirchlichen Zustände (wie Anm. 11), S. 60 (Zitat). Bei der Sanierung des Spitals in den 1990er Jahren wurden in dieser Zwischenwand zugemauerte bemalte Öffnungen entdeckt, von denen man annimmt, dass sie dem genannten Zweck gedient haben; vgl. Rudolf Reiser, Die Sanierung des Alten Spitals, in: Loth (wie Anm. 25), S. 45–64, hier S. 53.

224 Vgl. Schilling, Die religiösen und kirchlichen Zustände (wie Anm. 11), S. 63.

225 Vgl. Reiser, Die Sanierung des Alten Spitals (wie Anm. 223), S. 53.

226 Schilling, Die religiösen und kirchlichen Zustände (wie Anm. 11), S. 63 (Zitat).

227 Vgl. ebd., S. 63 f.

ander Männer und Frauen behandelt, *die das bös wehe oder Blatter haben gehabt; darin hat man sie gehaylet und in das Holz gelegt.*[228] Die Behandlung mit dem seit dem beginnenden 16. Jahrhundert aus Südamerika importierten Guajak-Holz war eine der damals üblichen Behandlungsmethoden der Syphilis. Anders als einige der größeren oberdeutschen Reichsstädte verfügte Biberach über kein eigenes Blatternhaus,[229] versuchte aber doch frühzeitig, diese Kranken von den übrigen Spitalbewohnern abzuschirmen. Joachim von Pflummern äußerte sich nicht zu der damals üblichen Deutung von Krankheit und Seuchen als Strafe Gottes für menschliche Sünden. Das ist umso bedauerlicher, als zeitgenössische Einblattdrucke nahelegen, dass die Blatterkrankheit „eine neue Form von Sündenstrafe sein könnte", die Gott „speziell zur Züchtigung der Gotteslästerer ersonnen habe".[230] Neben der Blatterstube bewahrte der vom Spital *umb Gottes willen* [...] *zue ainem Arzet* bestellte Trockenscherer seine Instrumente und Arzneien auf.[231] Er war es, der die Syphiliskranken ins Holz legte und wenn nötig Gliedmaßen amputierte. Ganz kostenlos war seine Behandlung nicht, denn bei Aufnahme in das Spital mussten Kranke ihm *etwann* einen Obolus entrichten. 1503 erhielt der Überlinger Bürger und Seiler Jakob Strub seinen Arztlohn, den er sich seit geraumer Zeit mit der Behandlung und Medikation jener verdient hatte, die im Biberacher Spital an Blattern und der neuen mit Lähmungserscheinungen einhergehenden Krankheit, also wohl der Syphilis, litten.[232] Außer dem erwähnten Strub ist nur noch ein weiterer Arzt in Gestalt des Spitalkaplans Albrecht von 1345 bis 1365 namentlich nachweisbar.[233]

Ob der Trockenscherer außer bei der Wundversorgung auch bei der Körperpflege der Spitalinsassen mitwirkte, etwa beim Rasieren, Haareschneiden und Baden, erwähnt Joachim von Pflummern nicht. In dem den Narrenstuben auf der anderen Hofseite gegenüberliegenden Trakt lag die spitälische Badestube. Das Spital muss eine Brutstätte für Ungeziefer gewesen sein, denn die Spitalordnung von 1491 legte fest, dass Spitalinsassen, die mit Wissen der Siechenmagd andere lausten, ein Maß Wein verabreicht wer-

228 Ebd., S. 64 (Zitat).

229 Vgl. Annemarie KINZELBACH, *Böse Blattern* oder *Franzosenkrankheit.* Syphiliskonzept, Kranke und die Genese des Krankenhauses in oberdeutschen Reichsstädten der frühen Neuzeit, in: Martin DINGES/Thomas SCHLICH (Hg.): Neue Wege in die Seuchengeschichte, Stuttgart 1995, S. 54–57.

230 Jan MARR, Kriege und Seuchen. Spätmittelalterliche Katastrophen und ihre Reflexion in den deutschen Einblattdrucken von 1460 bis 1520 (Diss. Trier 2010). S. 212 f. (Zitat), https://ubt.opus.hbz-nrw.de/opus45-ubtr/frontdoor/deliver/index/docId/381/file/KriegeSeuchen_online.pdf (aufgerufen am 7.5.2020). Aus einem 1497 in Nürnberg gedruckten Einblattdruck geht hervor, dass die Blatter- oder Franzosenkrankheit als Strafe Gottes für Blasphemie begriffen wurde, gegen die Dionysius als Nothelfer anzurufen war. Auch Maria mit dem Kind, der heilige Minus und Hiob wurden um 1500 auf Syphilisblättern (19 solcher Einblattdrucke sind überliefert) als Fürbitter bei Gott angerufen, vgl. ebd. S. 203–211, auch S. 215.

231 SCHILLING, Die religiösen und kirchlichen Zustände (wie Anm. 11), S. 65 (Zitat).

232 StadtA Biberach A 1 Hospitalarchiv U 1347.

233 Vgl. ebd., U 78, U 98, U 103, U 108, U 109, U 115, U 124, U 141, U 144, U 146 und U 155. Erst seit der Reformationszeit haben sich Reverse von Spitalärzten erhalten, die für die Behandlung von Beinbrüchen, Blattern, Franzosen, Pestilenz und dergleichen eingestellt wurden; vgl. ebd., U 1906 (1537), U 2236 (1556) und U 3180 (1608).

den sollte.[234] Alle vierzehn Tage wurden die Insassen gebadet.[235] Jedem wurde dabei laut Spitalordnung ein halbes Maß Wein und nach Gutdünken der Siechenmagd zudem ein Ei gereicht.[236] Alljährlich im Mai wurden die Armen außerdem in Zubern gebadet, die vor der eigentlichen Badestube im Freien aufgestellt wurden.[237] Im Anschluss erhielten sie wiederum eine Extrastärkung. Medizinisch gebotene Badekuren zur Linderung körperlicher Gebrechen und zur Wiederherstellung der Gesundheit ließ man den Spitalinsassen in dem 1298 als Schenkung der Grafen von Aichelberg an das Spital gelangten Wasacher Hof[238] angedeihen. In einer Urkunde von 1470 wird erstmals das dortige spitälische Bad erwähnt.[239] Ein vom Spital unterhaltener Badknecht war für den Badebetrieb in der nach 1500 in Jordanbad umbenannten Einrichtung zuständig, der vorrangig auf die eigenen Kranken zielte, aber auch zahlenden Fremden offenstand.[240]

Im Anschluss an die obere Siechenstube lag *In aim anderen Haus ob der Mühlin* [...] *ain vast grosse Stub, hat gehaissen die Kindtstub, darinn sendt gesein vasst vil Arme Khindt, die man umb Gottes Willen in das Spittal hat genommen, Hieige und Frömbde.*[241] Das Kindhaus bestand aus zwei Räumen, zum einen aus der mit zwei großen Heiligengemälden geschmückten *Kindtstub*, in der sich die Kinder während des Tages aufhielten und in der die für ihre Betreuung zuständige *Khindts Muotter* in einem Behältnis das Brot für sie aufbewahrte. An diesen Raum stieß eine *grosse, weitte Cammer mit vil betstatten und wüegen, daran die Kindt gelegen sendt.* Bei den Spitalkindern wird es sich wie in späterer Zeit um Waisen, Findel- und verwahrloste Kinder gehandelt haben. Versorgt wurden sie neben der Kindsmutter von einer Untermagd und weiteren *Mezen*. Wuchsen die Kinder heran, verdingte der Spitalmeister sie.[242] Die Jüngsten wurden gemäß Spitalordnung zunächst nur im Sommer in Dienst gegeben und verbrachten die Winter zu ihrem Schutz vor Erfrierungen im Spital.[243] Der Spitalmeister sparte ihr *Lienlin* für sie, damit es, *so sie gros sendt worden*, bei geschickten Knaben für die Erlernung eines Handwerks, bei den übrigen Jungen und den Mädchen, die sich als Dienstboten zu

234 Vgl. Diemer, Ausgewählte Quellen (wie Anm. 1), S. 18.
235 Vgl. Schilling, Die religiösen und kirchlichen Zustände (wie Anm. 11), S. 65.
236 Vgl. Diemer, Ausgewählte Quellen (wie Anm. 1), S. 17.
237 Art. Maienbad, in: Deutsches Wörterbuch von Jacob Grimm und Wilhelm Grimm. 6, Leipzig 1885, Sp. 1476: *ein im mai mit duftenden frühlingskräutern bereitetes bad; als lustbarkeit im 15. 16. jahrh. beliebt*, http://woerterbuchnetz.de/DWB/call_wbgui_py_from_form?sigle=DWB&lemid=GM00455&hitlist=&patternlist=&mode=Vernetzung (aufgerufen am 7.5.2020).
238 Vgl. StadtA Biberach A 1 Hospitalarchiv U 34.
239 Vgl. ebd., U 866. Akten über den Kurbetrieb im Jordanbad liegen erst seit 1549 vor; vgl. ebd., A 753: Jordanbad 1549–1774.
240 Vgl. Ernst, Das Biberacher Spital (wie Anm. 16), S. 24.
241 Schilling, Die religiösen und kirchlichen Zustände (wie Anm. 11), S. 64 (Zitat). Ebd. S. 64 auch die folgenden Zitate. Erst für das Jahr 1551 sind Daten überliefert: Die damals 179 Kinder machten fast 48 % der Bedürftigen (insgesamt 376) aus. Das Spital war also zu einem guten Teil Findelhaus; vgl. Ulrich Knefelkamp, Über die Pflege und medizinische Behandlung von Kranken in Spitälern vom 14. bis 16. Jahrhundert, in: Michael Matheus (Hg.), Funktions- und Strukturwandel spätmittelalterlicher Hospitäler im europäischen Vergleich (Geschichtliche Landeskunde 56), Stuttgart 2005, S. 175–194, hier S. 192.
242 Vgl. Schilling, Die religiösen und kirchlichen Zustände (wie Anm. 11), S. 67.
243 Vgl. Diemer, Ausgewählte Quellen (wie Anm. 1), S. 19.

verdingen hatten, für die Ausstattung mit Kleidung verwendet werden konnte.[244] Ziel war es also, die Kinder frühzeitig in Arbeitsverhältnisse einzugliedern.[245] Am Ostertag zogen die Spitalkinder in Prozession zum Aspach, einem vor der Stadt gelegenen Gewann, und sangen dabei *Christ ist erstanden*. Von der Kindsmutter erhielten sie dort gekochte Eier. Diese Gabe zählt Joachim von Pflummern wie viele andere unter die Rubrik: was *man umb Gottes willen thon hat*. Auch die Spitalkinder waren zum Besuch der Messen verpflichtet.[246] Bei Verstößen drohte ihnen laut Spitalordnung von 1491 die Züchtigung mit der Rute, schlimmstenfalls der Verweis aus dem Spital.[247]

Von einer Personengruppe ist in der Spitalordnung nur am Rand die Rede, obwohl sie im Lauf der Zeit zugenommen hatte und für das Spital immer bedeutender wurde: die Pfründner.[248] Die Öffnung der Einrichtung für Pfründner, die nicht zu den um Gottes willen versorgten Personen gehörten, sondern sich „durch Einkauf in den Spital [...] einen ruhigen und gesicherten Lebensabend verschaffen wollten",[249] verlief parallel zur „Entwicklung des Spitals zu einem rein städtischen Institut".[250] Der erste sicher als solcher anzusprechende individuelle Pfründvertrag datiert aus dem Jahr 1332.[251] Die Verpfründungen bewirkten ein allmähliches Abrücken von der ursprünglichen Zweckbestimmung des Spitals, der unentgeltlichen Pflege und Versorgung von Armen, Kranken und Hilfsbedürftigen, seien sie einheimisch, seien sie fremd, hin zu einem Institut, dessen Nutzen immer stärker an Interessen und Bedürfnissen der eigenen Bürgerschaft ausgerichtet wurde. Der je nach Alter und Zustand des Antragstellers zum Teil beträchtliche Preis für eine Pfründe und die damit verbundenen Versorgungsleistungen wurden individuell geregelt.[252] Bezahlt wurde in der Regel mit Geld oder Liegenschaften, aber auch Leinwand oder Naturalien gingen an das Spital über, wobei der Preis für eine Pfründe je nach deren Ausstattung zwischen 100 und 860 Pfund Heller variierte.[253] Zu einer eigentlichen Klassifizierung der Pfründen kam es im Biberacher Spital zu jener

244 Schilling, Die religiösen und kirchlichen Zustände (wie Anm. 11), S. 67 (Zitat).
245 Im Verlauf des 16. Jahrhunderts wurde ein eigener Spitalschulmeister für sie eingestellt, der auch die religiöse Unterweisung übernahm; vgl. StadtA Biberach A 1 Hospitalarchiv A 1718: Anstellung und Besoldung der Spitalschulmeister 1574–1615; vgl. auch Anm. 198.
246 Schilling, Die religiösen und kirchlichen Zustände (wie Anm. 11), S. 181 (Zitat).
247 Vgl. Diemer, Ausgewählte Quellen (wie Anm. 1), S. 16.
248 Vgl. ebd., S. 16.
249 Ulrich, Der Heilig-Geist-Hospital (wie Anm. 17), S. 36 (Zitat).
250 Ernst, Das Biberacher Spital (wie Anm. 16), S. 35 (Zitat). Pfründner sind pauschal erstmals 1321 genannt, also zwei Jahre nach der Kommunalisierung des Spitals, wobei fraglich ist, ob damit nicht die Bedürftigen gemeint sind; vgl. ebd., S. 50; Ulrich, Der Heilig-Geist-Hospital (wie Anm. 17), S. 36. Die entsprechende Urkunde befindet sich im StadtA Biberach A 1 Hospitalarchiv U 53.
251 StadtA Biberach A 1 Hospitalarchiv U 60; vgl. auch Kurt Diemer, *Dem Heilgen Geist den dediciert*. Zum Wirken des Biberacher Heilig-Geist-Spitals, der um 1239 gegründet wurde, in: Heimatkundliche Blätter für den Kreis Biberach 1989/2, S. 58–63, hier S. 60.
252 Vgl. StadtA Biberach A 1 Hospitalarchiv U 60 (1332), U 452 (1421), U 461 (1422), U 480 (1425), U 487 (1426), U 563 (1438), U 769 (1460), U 839 (1469), U 859 (1470), U 962 (1478), U 986 (1480), U 989 (1480), U 1016 (1482), U 1036 (1483), U 1321 (1502), U 1322 (1502), U 1409 (1508) und U 1446 (1510).
253 Vgl. Ernst, Das Biberacher Spital (wie Anm. 16), S. 34. Setzt man die Summe für den Wiederaufbau des Spitals (8829 Pfund Heller) in Relation zur kostspieligsten Pfründe (860 LB. h.), bekommt man eine ungefähre Vorstellung davon, welche Mittel das Pfründwesen dem Spital im besten Fall zuführte.

Zeit im Unterschied zu vergleichbaren Einrichtungen noch nicht.[254] Es gibt jedoch Anklänge daran, wenn etwa von *der armen Dürftigen Pfründe* die Rede ist, die 1482 die blinde Bürgerin Elisabeth Bürckler für 175 LB.h. erwarb.[255] Obwohl der Begriff der Herrenpfründe nicht fällt, gab es gleichwohl Pfründverträge, die ganz eindeutig dieser Kategorie zuzuordnen sind. Als Beispiel sei die frühere spitälische Siechenmeisterin – nicht Siechenmagd – Anna Paulus herausgegriffen, die sich 1421 in das Spital einkaufte und dabei nichts dem Zufall überließ.[256]

Anna Paulus war die Witwe des 1414 verstorbenen Ratsherrn Walther Paulus,[257] der von 1399 bis 1405 als Bürgermeister genannt ist.[258] Ihr Pfründvertrag umfasste von ihrer Seite 200 LB.h. für ein vom Spital zu erwerbendes Weingeld, das zur Hälfte zu ihren Lebzeiten den Bedürftigen,[259] zur anderen Hälfte ihr selbst zukommen und nach ihrem Tod ganz an die Armen übergehen sollte. Außerdem brachte sie eine beträchtliche Menge Barchent in das Spital ein, von dem dieses ein liegendes Gut zu erwerben hatte, und 12 weitere Barchenttücher. Anna Paulus legte fest, dass zu ihren bereits bestehenden drei Jahrzeiten noch eine vierte Jahrzeit mit Spenden an die Spitaldürftigen eingerichtet werden musste. Abzüglich einiger Stiftungen an die Pfarrkirchen Biberach, Ummendorf und Alberweiler sowie Vermächtnissen an nahestehende Personen sollte ihre gesamte Hinterlassenschaft nach ihrem Tod an das Spital fallen. Ausdrücklich behielt sie sich die Verfügungsgewalt über eine bestimmte Summe Geldes vor. Das Spital verpflichtete sich im Gegenzug, Anna Paulus bis an ihr Lebensende zusammen mit einer Magd in dem von ihr bestimmten Gemach im Spital zu beherbergen. Außerdem ließ sie sich Speisen über ihren eigenen Bedarf hinaus zusichern, die es ihr ermöglichen sollten, davon täglich einen armen Menschen zu sättigen. Offensichtlich wollte Anna Paulus als Pfründnerin nicht untätig bleiben, denn das Spital sollte ihr alljährlich zwei Viertel Lein säen. Wollte sie zusammen mit ihrer Magd Garn spinnen, um ganz im Sinne der Werke der Barmherzigkeit Arme nicht nur speisen, sondern auch kleiden zu können? Anna Paulus, nicht dem Namen nach, aber de facto im Besitz einer Herrenpfründe,[260] identifizierte sich in hohem Maß mit den karitativen Zielen des Spitals, in dessen Dienst sie lange selbst gestanden hatte. Auch die Armenpfründnerin Elisabeth Bürckler traf Vorsorge für ihr leib-

254 Vgl. Ulrich, Der Heilig-Geist-Hospital (wie Anm. 17), S. 38. Erst 1576 wurde eine Pfründordnung erlassen, die drei Klassen unterschied. Eine ganze Pfründe kostete 600 LB.h., eine halbe Pfründe 300 LB.h., wohingegen eine Viertels- oder Armenpfründe für 150 LB.h. zu haben war; vgl. Diemer, *Dem Heilgen Geist den dediciert* (wie Anm. 251), S. 60.

255 Ernst, Das Biberacher Spital (wie Anm. 16), S. 101 f. (Zitat); ebd. eine Beschreibung der mit dieser Pfründe (vgl. StadtA Biberach A 1 Hospitalarchiv U 1016) verbundenen Leistungen.

256 Vgl. StadtA Biberach A 1 Hospitalarchiv U 452; ausführlich zu diesem Pfründvertrag Ernst, Das Biberacher Spital (wie Anm. 16), S. 73.

257 Vgl. StadtA Biberach A 1 Hospitalarchiv U 404; auch ebd., U 289 und U 407.

258 Vgl. ebd., U 292, U 299, U 312-U 314, U 319, U 342 und U 352.

259 Der Verpfründungsvertrag wurde am 8.8.1421 ausgestellt, am 31.12.1421 erwarb das Spital, das bereits seit 1390 im Besitz von Rebland in Markdorf war (vgl. ebd., U 230, U 267 und U 386), für 50 Lb. Pf. einen Weingarten in Markdorf hinzu (vgl. ebd., U 455).

260 In dieselbe Kategorie fällt der Leistungsbeschreibung nach der Verpfründungsvertrag Adelheid Hafners vom 23.11.1425; StadtA Biberach A 1 Hospitalarchiv U 480; vgl. Ernst, Das Biberacher Spital (wie Anm. 16), S. 76.

liches Wohl wie für ihr Seelenheil, indem sie mit dem Spital vertraglich vereinbarte, dass ihr eine Frau zur Seite gegeben werden sollte, die um Gottes willen im Spital war und die sie in die Kirche begleiten, ihr Essen bringen „und sie als einen blinden Menschen pflegen" sollte.[261] Die Armenpfründe, die auch Joachim von Pflummern erwähnt,[262] wurde meist auf Veranlassung der Verwandtschaft an alte, kranke und geistig oder körperlich behinderte Personen verkauft, die selbst nur über geringe Mittel verfügten, die sie aber doch von der Aufnahme in das Spital um Gottes willen ausschlossen.

Mit der Verwendung der Bezeichnung *Armenpfründe* und der Vermeidung des Begriffs *Herrenpfründe* ließ sich die durch Verpfründungen in Frage gestellte ursprüngliche Sinnstiftung des Spitals als einer reinen Stätte unentgeltlicher Wohltätigkeit verschleiern. Tatsächlich bedeutete der Verkauf von Pfründen eine Umwidmung von Stiftungsgut. Quantifizieren freilich lässt sich der Ausbau des Spitals zur Pfründneranstalt für den hier vorliegenden Untersuchungszeitraum nicht.

Beim Wiederaufbau des Spitals nach 1516 konnte auf die Bedürfnisse der steigenden Zahl von Pfründnern nach Einzelstuben eingegangen werden. Untergebracht waren sie je nach Ausstattung ihrer Pfründe meist in Einzelstuben oder auch bloß in unbeheizten Kammern in der über der Knechtstube gelegenen Pfrundtstube im Westtrakt des Spitals,[263] gespeist wurden sie entweder auf ihren Stuben oder an den Tischen der im Spital beschäftigten Handwerker, etwa am Beckentisch. In die Knechtstube im Erdgeschoß, in der das Gesinde untergebracht war, wurden gegen Entrichtung der Mindestsumme wohl vorrangig spitälische Bedienstete aufgenommen, wenn sie aufgrund ihres Alters nicht mehr arbeitsfähig waren.[264] In Konkurrenz zu den vis à vis gelegenen Stätten der Wohltätigkeit etablierte sich im Westtrakt des Spitals ein zahlungspflichtiges Altenheim, das den Pfründnern abhängig von ihrer individuellen Zahlungsfähigkeit eine graduell abgestufte Versorgungsmöglichkeit bot. Leistung und Gegenleistung wurden auch hier erbracht, waren aber von anderer Art als in den Armen-, Kranken- und Kindstuben. Bezahlt wurde hier wie dort, die Währungen aber waren verschieden. In einem Flügel des Spitals wurde Fürsorge mit Geld aufgewogen, im anderen mit Gebeten. Dennoch konnten auch die Pfründner nicht tun und lassen, was sie wollten, sondern waren wie die Bedürftigen der Zucht des Spitalmeisters unterworfen.[265]

261 Ernst, Das Biberacher Spital (wie Anm. 16), S. 101 f. (Zitat S. 102); ebd. eine Beschreibung der mit der Pfründe verbundenen Leistungen.

262 *Mann hat ains nit gehallten, wie das ander; man hat gehabt ain Haltung* [...] *mit Essen unnd mit Trinckhen, die hat gehaissen die Armb pfruondt; ettlichen hat man ain besserung thon*; Schilling, Die religiösen und kirchlichen Zustände (wie Anm. 11), S. 62 (Zitat).

263 Vgl. Krais, Biberacher Kronik, Theil 24a (wie Anm. 4), S. 86.

264 Ein solcher Fall scheint 1502 Hans Baumeister, genannt Holzwart, gewesen zu sein, der für 100 LB. h. eine Pfründe erhielt; vgl. StadtA Biberach A 1 Hospitalarchiv U 1321 und U 1322. Das Spital unterhielt immer zwei Holzwarte zur Bewirtschaftung seiner Wälder. Hans Baumeister errichtete 1509 für sich und seine Voreltern und Geschwister eine Spende an die Bedürftigen, die alljährlich am 22. Juli ausgeteilt wurde; vgl. Krais, Biberacher Kronik, Theil 24a (wie Anm. 4), S. 63 f. Krais berichtet auch, dass die Knechtstube im Winter als Wärmestube für Biberacher Arme und für Fremde genutzt worden sei; vgl. ebd., S. 85.

265 Vgl. Diemer, Ausgewählte Quellen (wie Anm. 1), S. 16.

Die Quellen geben den Bedürftigen keine Stimme, sodass sich nicht abschätzen lässt, ob sie ihre Gebetspflichten als angemessen oder als Last empfanden.[266] Welches Ausmaß an Gebetsleistungen von ihnen erwartet wurde, zeigen die letztwilligen Verfügungen des Bürgers Hans Viltzing im Jahr 1492.[267] Viltzing vermachte fast seinen gesamten Besitz wohltätigen Zwecken, wobei ein Drittel dem Spital zufiel. Er bestimmte, dass jedes der drei von ihm begünstigten Gotteshäuser sein Begräbnis begehen sollte. Noch am Begräbnistag mussten außerdem weitere 15 Messen für ihn gelesen werden, am siebten Tag vier und am 30. Tag acht Messen. Insgesamt kamen innerhalb des ersten Monats nach Viltzings Tod 30 von ihm gestiftete Messen zusammen. Hinter dieser Häufung steckte die religiöse Vorstellung „vom Partikulargericht, das über das Seelenheil des Einzelnen bald nach dem Tod entscheide".[268] Demzufolge musste ein Verstorbener je nach Last der am Todestag noch unverbüßten Sünden mehr oder weniger lange Zeit im Fegefeuer ausharren. Offenbar wollte Viltzing sicherstellen, dass die für ihn sofort nach seinem Tod erbrachten Gebetsleistungen sich unmittelbar auf die göttliche Strafzumessung auswirken würden. Die von ihm mit zwei Pfund Heller bedachten Armen und Bedürftigen waren zum Besuch der Messen und zum Gebet angehalten. Zugleich bestimmte Viltzing, dass den Bedürftigen im Spital und den Armen im Seelhaus an seinem Jahrtag Speisen gereicht würden. Heinrich von Pflummern zufolge stifteten die Reichen Jahrtage, *die armen opferotet den 30.*[269] Wer wie Viltzing dazu in der Lage war, machte von beiden kirchlichen Heilsangeboten Gebrauch. Sein Testament wirft ein Schlaglicht auf die Dimensionen der von Bernd Moeller beschriebenen „religiösen Leistungsgesellschaft"[270] auch im vorreformatorischen Biberach, wenngleich scheinbar im Widerspruch dazu Stiftungen für das Spital ab Mitte des 15. Jahrhunderts abnahmen.[271] Die Tatsache, dass den Bedürftigen in der Spitalordnung von 1491 ihre Gebetspflichten unter Androhung von Strafen und der Ausweitung der disziplinarischen Kompetenzen der auf Aufpasser angewiesenen Hausleitung eingeschärft werden mussten, zeigt, dass die Verantwortlichen zuvor eine gewisse religiöse Nachlässigkeit, wenn nicht sogar eine Vermeidungshaltung oder Überdruss hinsichtlich der religiösen Betätigung ihrer Schutzbefohlenen wahrgenommen haben müssen. Im reichen Biberacher Spital, so ist zu vermuten, war ein religiöser Sättigungsgrad erreicht, der auch daraus resultierte, dass in Friedenszeiten und Jahren ohne Missernten kein Insasse hungern musste, selbst wenn er infolge des einen oder anderen verweigerten Besuchs einer Jahrtagsmesse auf Zubußen verzichten musste.

266 Auch Gesuche um Aufnahme in das Spital oder um Unterstützung sind erst ab 1616 überliefert; vgl. StadtA Biberach A 1 Hospitalarchiv A 1398.
267 Zum Folgenden vgl. Ernst, Das Biberacher Spital (wie Anm. 16), S. 107; StadtA Biberach A 1 Hospitalarchiv U 1038 (1483) und U 1158 (1492).
268 Michael Borgolte, Stiftungen – eine Geschichte von Zeit und Raum, in: Rottenburger Jahrbuch für Kirchengeschichte 29 (2010), S. 39–56, hier S. 43 (Zitat).
269 Schilling, Zeitgenössische Aufzeichnungen (wie Anm. 14), S. 211 (Zitat).
270 Bernd Moeller, Reichsstadt und Reformation. Neue Ausgabe. Mit einer Einleitung hg. von Thomas Kaufmann, Tübingen 2011, S. 156 (Zitat).
271 Vgl. Ohngemach, Der Hl.-Geist-Spital zu Biberach (wie Anm. 25), S. 104, 106.

6. Die Zäsur von 1491: Umformung zum Bürgerspital

Zu jener Zeit hat auch eine immer mehr zur Selbstverständlichkeit werdende Anspruchshaltung der Bürgerschaft gegenüber dem Spital Gestalt angenommen,[272] das sich zunehmend ihren Interessen unterzuordnen hatte und das, wie im Nachgang der Spitalordnung vom 1. Februar 1491 zu sehen, nun offensiv zum Bürgerspital umgeformt wurde. Die Kontrastierung der Spitalordnung mit der am 7. April 1491 erlassenen Siechenhausordnung[273] zeigt die Zusammenhänge auf.

Das seit dem frühen 14. Jahrhundert nachweisbare Sonder- oder Feldsiechenhaus[274] war als Leprosorium ursprünglich den Aussätzigen und Pestkranken vorbehalten. Obwohl die Lepra in Mitteleuropa im 15. Jahrhundert kaum noch verbreitet war,[275] verblieb die Biberacher Einrichtung auf Dauer außerhalb der Stadt. Das Sondersiechenhaus verfügte über eine eigene Stiftung mit Pflegern, einer Kapelle und einem verpfründeten Kaplan.[276] Durch den Rückzug der Lepra konnten die Sondersiechenhäuser im 15. Jahrhundert anderen Zwecken zugeführt werden. Um der damals abnehmenden Stiftungsfreude zu begegnen und die Einrichtungen dennoch am Leben zu erhalten, verkauften sie zunehmend Pfründen.[277] Dieser Weg, der in Analogie zur Entwicklung der Spitäler einer partiellen Zweckentfremdung von Stiftungsgut gleichkam, wurde auch im Biberacher Siechenhaus beschritten. Er eröffnete dem Magistrat die Möglichkeit zur Begrenzung der spitälischen Fürsorge auf Mitglieder der Bürgerschaft. Die Siechenhausordnung von 1491 bestimmte, *das hinfür kains mer, das ain burger oder burgin ist* [...] *sol In das huß genomen werden, Es kauff denn, Die pfrund* [...] *mit Sechtzigt pfund haller.*[278] Dieser Preis galt auch für Personen, die der Bürgerschaft *zugehörtten*; in Anbetracht der späteren Weiterentwicklung des Siechenhauses zur Versorgungs- und Pflegeeinrichtung allein für die unterbürgerliche Biberacher Bevölkerung sind damit wohl alte und kranke Dienstboten gemeint. Obwohl das Joachim von Pflummern zufolge *ain zimblich Gelt*

272 Nach der Mediatisierung trauerte der Zeugmacher Johann Georg Flächer (1764–1848) mit Verweis auf die Abschaffung der verbilligten spitälischen Kornabgaben an die Bürgerschaft in Notzeiten alten Besitzständen nach: Biberach habe *vor 300 Jahren eine Schmalzgrube geheißen*, aus der die Bürgerschaft verlässlich schöpfen konnte; Kurt Diemer, *Widerwärtig stinkendes und giftartiges Brod*. Die Biberacher Chronik des Zeugmachers Johann Georg Flächer (1764–1848), in: Heimatkundliche Blätter für den Kreis Biberach 1994/2, S. 27–36, Zitat S. 29. Die Schmalzgrube war in Wirklichkeit das Heilig-Geist-Spital.

273 StadtA Biberach A 1 Hospitalarchiv B 3447; Ernst, Das Biberacher Spital (wie Anm. 16), S. 35.

274 1333 gewährte Kaiser Ludwig der Bayer nicht nur dem Spital, sondern auch den Sondersiechen den Anspruch auf Habe und Barschaft derjenigen Personen, die unter ihrem Dach übernachteten; vgl. StadtA Biberach A 1 Hospitalarchiv U 62.

275 Vgl. Ulrich Knefelkamp, Art. Leprosenhäuser, https://www.historisches-lexikon-bayerns.de/Lexikon/Leprosenhäuser (aufgerufen am 16. 5. 2020).

276 Zum Siechenhaus vgl. KreisA Biberach, Katholisches Pfarrarchiv Biberach (Depositum) BA 1: [Joachim von Pflummern,] Beschreibung der Statt Bibrach Kirchen (wie Anm. 11), fol. 39. Die Siechenpflege wurde erst nach Einführung der Parität der Spitalpflege einverleibt; vgl. Diemer, Ausgewählte Quellen (wie Anm. 1), S. 55.

277 Vgl. Knefelkamp, Art. Leprosenhäuser (wie Anm. 275).

278 StadtA Biberach A 1 Hospitalarchiv B 3447, unpaginiert.

war, berichtet er von *ettlich Siechenpfriender* im Siechenhaus.[279] Damit wurde jenem Teil der verbürgerten und unverbürgerten Stadtbevölkerung, der sich auch die billigsten Spitalpfründen für 100 LB. h. nicht leisten konnten, eine nicht auf Wohltätigkeit basierende Versorgungsmöglichkeit geboten. Wie im Spital war auch im Siechenhaus das Pfründwesen und damit der Umbau zum Versorgungsinstitut für eine zahlungsfähige Klientel auf dem Vormarsch, wohingegen die unentgeltliche Fürsorge mehr und mehr in den Hintergrund trat. Mit Blick auf die eingangs aufgeworfene Frage nach dem religiösen Leben im Spital aber ist nicht das 1491 etablierte Zweiklassensystem zwischen bürgerlichen Spital- und Siechenhauspfründnern von entscheidender Bedeutung. Die zentrale Aussagekraft beider Ordnungen liegt vielmehr in jenen Verfügungen, die sich mit den nicht- und unterbürgerlichen Schichten sowie mit den Fremden befassten, die jetzt einen Platzverweis vor die Mauern der Stadt erhielten.

Zwar sah die am 1. Februar 1491 verabschiedete Spitalordnung noch vor, dass fremde Reisende, die in Biberach erkrankten – seien sie Pilger oder nicht –, um Gottes willen im Spital behandelt und gepflegt werden sollten und es ihnen freigestellt sein sollte, ob sie bei ihrer Wiedergenesung und Abreise dem Spital etwas zuwenden wollten.[280] Der Siechenhausordnung vom 7. April 1491 zufolge aber muss zwischenzeitlich ein Meinungsumschwung und infolgedessen eine Musterung der Fremden im Spital vorausgegangen sein, denn dort heißt es: *Zum Dritten haben wir gesetzt, ob Ettlich Im Spittal gerugt wurden, Die nit burger und ob die so vermugnlich sind, das sie, gän mügn, solln si hindan geweist werdn.*[281] Kranken, aber gehfähigen Fremden wurde im Spital also nun im Widerspruch zur bildlichen Darstellung in der oberen Siechenstube (Abb. 3) die Tür gewiesen.[282] Des Weiteren entschied der Rat in der Siechenhausordnung: *Wärn aber die selbe* [Nichtbürger und Fremde] *so kranck, das man si fugklich nit hindan wysen möcht Wurden sy denn hinuß geschawett sölln sy dannocht mit den pflegern von der pfrundt wegen überkomen.*[283] Schlussendlich ging die Öffnung des Siechenhauses für Pfründner einher mit der Ausmusterung von Fremden und Nichtbürgern aus dem Spital, von denen nun der Erwerb einer Pfründe im Siechenhaus verlangt wurde, wenn sie gesundheitlich außerstande waren, Biberach zu verlassen. Der Biberacher Magistrat folgte hierbei einem Trend, denn fast alle Spitäler begannen damit, Leistungen in Rechnung zu stellen, als im 15. Jahrhundert der Zulauf in ihre Einrichtungen wuchs.[284] In Biberach hatten die Fremden tiefer in die Tasche zu greifen als Bürger, die sich im Siechenhaus verpfründen wollten.[285] Waren sie nicht zum Kauf einer Pfründe in der Lage, wurden Joachim von Pflum-

279 KreisA Biberach, Katholisches Pfarrarchiv Biberach (Depositum) BA 1 (wie Anm. 11), fol. 39r.

280 Diemer, Ausgewählte Quellen (wie Anm. 1), S. 20.

281 StadtA Biberach A 1 Hospitalarchiv B 3447, unpaginiert.

282 Die moderne Forschung zur Spitalgeschichte wendet bei der Untersuchung der Frage, welche Personen und soziale Gruppen Aufnahme in das Spital fanden oder im Gegenteil ausgeschlossen wurden, den konzeptionellen Ansatz von Inklusion und Exklusion an; vgl. Martin Scheutz/Alfred Stefan Weiss, Das Spital in der Frühen Neuzeit. Eine Spitallandschaft in Zentraleuropa (Mitteilungen des Instituts für Österreichische Geschichtsforschung. Ergänzungsband 64), Wien 2020, S. 43.

283 StadtA Biberach A 1 Hospitalarchiv B 3447, unpaginiert.

284 Vgl. Knefelkamp, Über die Pflege und medizinische Behandlung (wie Anm. 241), S. 193.

285 [...] *sonndern solln die selbe mer gebn*; StadtA Biberach A 1 Hospitalarchiv B 3447, unpaginiert.

mern zufolge *die frembden Siechen* [...] *umb Gotts willen* je nach Zustand maximal vier Wochen lang im Siechenhaus aufgenommen, danach aber ihres Weges geschickt.[286]

7. Spitälische Religiosität im Transformationsprozess?

Der Rat hatte 1491 die Weichen gestellt, um das Spital zu jener exklusiv bürgerlichen Anstalt umzugestalten, als die sie sich in den kommenden Jahrhunderten dann auch tatsächlich darstellte, während fremde und unverbürgerte Bedürftige seither zunehmend ins Siechenhaus verwiesen wurden, das dieser Personengruppe in der Folgezeit auf Dauer vorbehalten war.[287] Dass es sich hierbei um eine längerfristige Transformation handelte, belegt die bereits erwähnte Kindbetterinnenordnung aus dem beginnenden 16. Jahrhundert.[288] In Abkehr von seiner ursprünglichen Zweckbestimmung, die in dem einst am Schnittpunkt zweier Straßen angelegten Biberacher Spital[289] die Aufnahme von Fremden und Pilgern zwingend miteinschloss,[290] kam es gegen 1500 zur „Verkürzung oder gänzliche[n] Verdrängung der Fremden im Spital".[291] Infolgedessen stand „nicht mehr der Arme als solcher, sondern der arme Biberacher Bürger [...] nunmehr im Vordergrund der spitälischen Fürsorge".[292]

Dies ließ auch der Stadtbrand von 1516 deutlich werden, der viele Biberacher um ihre Habe gebracht hatte. Im Jahr darauf erfasste das Spital alle Zunftmitglieder, die ihre Familien wohl nicht mehr aus eigener Kraft ernähren konnten.[293] 188 Haushaltsvorstände erhielten Getreide aus den spitälischen Speichern.[294] Ernsts Hochrechnung nach waren damit ungefähr 1000 Biberacher zu spitälischen Fürsorgeempfängern geworden.[295] Von ihnen wurden als Gegengabe keine Gebetsleistungen für die Wohltäter des Spitals verlangt. Acht Zunftmitglieder mussten allerdings geloben, dass sie während der Zeit des Kornbezugs auf das in zeitgenössischen Policeyordnungen verpönte Kartenspiel[296] verzichten würden – eine eher weltliche Herangehensweise der Spitalleitung unter dem Aspekt sozialer Disziplinierung also. Auch die keineswegs bedürftige Führungsschicht profitierte zunehmend vom Spital, indem sie zu bestimmten Terminen unentgeltlich

286 KreisA Biberach, Katholisches Pfarrarchiv Biberach (Depositum) BA 1 (wie Anm. 11), fol. 39.
287 Vgl. Österreichisches Staatsarchiv Wien, Haus-, Hof- und Staatsarchiv Reichshofrat Judicialia Decisa Kart. 489 B 117: Schreiben des Biberacher Evangelischen Rats an den Reichshofrat, praes. 12.4.1717.
288 Erst 1588 wurden fremde Kindbetterinnen – wohl als letztes Überbleibsel der ursprünglichen spitälischen Wohltätigkeit allein nach dem Maßstab der Bedürftigkeit – völlig aus dem Spital verbannt; vgl. ERNST, Das Biberacher Spital (wie Anm. 16), S. 36.
289 Vgl. DIEMER, Ausgewählte Quellen (wie Anm. 1), S. 9.
290 Mit Verweis auf die Ablassurkunde von 1287 (StadtA Biberach A 1 Hospitalarchiv U 15) ERNST, Das Biberacher Spital (wie Anm. 16), S. 9 und S. 44.
291 ERNST, Das Biberacher Spital (wie Anm. 16), S. 36 (Zitat).
292 ULRICH, Der Heilig-Geist-Hospital (wie Anm. 17), S. 39 (Zitat).
293 Vgl. StadtA Biberach A 1 Hospitalarchiv A 1771.
294 Vgl. ERNST, Das Biberacher Spital (wie Anm. 16), S. 37.
295 Vgl. ebd., S. 38.
296 Vgl. ebd., S. 37.

Naturalien aus den spitälischen Speisekammern erhielt.[297] Die spätere Bezeichnung *Geheime Schickungen* deutet darauf hin, dass sie nicht mit dem Stiftungszweck des Spitals zu vereinbaren waren und deshalb vor den Augen der Öffentlichkeit verborgen werden mussten. Schließlich wurde die gesamte Stadt dadurch entlastet, dass zwei Drittel der Zahlungen des Reichsstandes Biberach an das Reich und den Schwäbischen Bund dem Spital aufgebürdet wurden.[298]

Wurden all diese Transferleistungen mit Einsparungen im karitativen Bereich, insbesondere der Verbannung der Fremden aus dem Spital, gegenfinanziert? In Anbetracht der nichtkaritativ orientierten Funktionsausweitung des Spitals und der gleichzeitigen Verwässerung und Verengung seines ureigensten Daseinszwecks auf die Versorgungsbedürfnisse der eigenen Bürgerschaft mussten die Werke der Barmherzigkeit schon am Vorabend der Reformation, die die Werkfrömmigkeit verwarf, zunehmend unter Druck geraten. Das Jesus-Wort *Ich war fremd und ihr habt mich aufgenommen* (Mt. 25, 35) jedenfalls spielte fortan im Spital – sieht man von den Wöchnerinnen ab – ungeachtet seiner Ausstellung auf der Tafel der Werke der Barmherzigkeit am Spitaltor und an der Decke der oberen Siechenstube keine Rolle mehr. Die Beschriftung des entsprechenden Bildfeldes auf der Tafel aus dem 17. Jahrhundert, die der des Mittelalters nachempfunden war, – *Die Fremmbde Behörbergen* – war bloßes Lippenbekenntnis und zeigt, dass man auch damals noch, wie schon in den Zeiten Joachim und Heinrich von Pflummerns, einem Ideal religiösen Lebens im Spital anhing, das im Zwiespalt mit der Wirklichkeit stand. Aussagen darüber, ob und gegebenenfalls wie die Bedürftigen im Spital die Entfernung der Fremden aus ihrer Umgebung empfanden – waren sie erleichtert über ihre damit einhergehende eigene soziale Aufwertung und mehr persönlichen Freiraum in den dicht belegten Stuben? – und ob sie die Umstrukturierung der Einrichtung zum Bürgerspital als letztlich politisch motiviert wahrnahmen, wären spekulativ. Wie positionierte sich der Spitalkaplan dazu, dass eines der Werke der Barmherzigkeit nun so offensichtlich aus dem Spital verbannt wurde? Gab es religiöse Deutungsversuche zu diesem Bruch mit der Tradition, etwa in seinen Predigten? Die Quellen lassen uns hierbei völlig im Stich. Nach 1491, so ist jedenfalls festzustellen, gab es in Biberach Bedürftige und Pfründner erster Klasse, die als Verbürgerte im Spital verblieben, und Bedürftige und Pfründner zweiter Klasse, die als Fremde und als weniger wohlhabende Bürger auf das Siechenhaus verwiesen wurden. Nicht nur im übertragenen, auch im räumlichen Sinn waren die einen drin, die anderen draußen. Im weiteren Verlauf des 16. Jahrhunderts stellte sich die eine der beiden Institutionen hinsichtlich der rechtlichen und sozialen Zusammensetzung ihrer Insassen als exklusiv bürgerliche Wohlfahrtseinrichtung, die andere als exklusiv nichtbürgerliche Fürsorgeanstalt dar.

Äußerlich betrachtet aber änderte sich im religiösen Leben des Spitals um 1500 durch den Traditionsbruch nichts. In der durch Schenkungen, Stiftungen und kirchliche

297 Vgl. ebd., S. 38; StadtA Biberach A 1 Hospitalarchiv A 1772: Verzeichnis der Ausschickungen für Ratsherren, Gerichtspersonen, Handwerker und andere Bürger zu Festtagen (1528–1696).

298 Vgl. Ernst, Das Biberacher Spital (wie Anm. 16), S. 39. Dieses für das Jahr 1514 nachgewiesene Missverhältnis bei der Lastenverteilung moderierte Kaiser Karl V. auf eine hälftige Verteilung zwischen Stadt und Spital; vgl. ebd., S. 40.

wie weltliche Privilegien reich gewordenen und in ihrem Leistungsspektrum breit aufgestellten Einrichtung galt auch nach der Ausmusterung der Fremden weiterhin die auf Wechselseitigkeit beruhende mittelalterliche Glaubensvorstellung, dass die um Gottes willen an Armen und Kranken verrichtete geistliche und leibliche Fürsorge mit deren Gebetsfürsorge für das ewige Seelenheil der Stifter und Wohltäter der Einrichtung aufzuwiegen war. Spiritueller Leiter des Spitals war nach wie vor der gelehrte und mit einer umfangreichen Bibliothek ausgestattete Spitalkaplan, der durch Messelesen und Seelsorge, insbesondere aber durch seine Predigten in der Hauskapelle auf die Spitalgemeinschaft einwirkte, diese aber gleichzeitig mit seiner städtischen Zuhörerschaft religiös verzahnte, was den Umbau zum Bürgerspital befördert haben mag. Stiftungen, die einige dieser Kapläne dem Spital zuwendeten, legen Zeugnis darüber ab, dass sie sich in hohem Maß mit der von ihnen in geistlicher Hinsicht geleiteten Einrichtung identifizierten. Demgegenüber spielten die Inhaber der vier anderen Kaplaneien, die im Lauf des 15. Jahrhunderts gestiftet worden waren, als reine Messpriester eine untergeordnete Rolle. Dies gilt erst recht für den urkundlich überhaupt nicht nachgewiesenen unverpfründeten Kleriker Heinrich von Pflummern, einen der beiden Zeitzeugen zum religiösen Leben im Spital, der nach 1500 in die (letzte?) geistliche Versorgungslücke in der oberen Siechenstube vorstieß und ihre bauliche und spirituelle Ausgestaltung zum Idealtypus eines der Pflege der männlichen Bettlägerigen gewidmeten Sakralraums vollendete, in dem die Werke der Barmherzigkeit Glauben, Tun und Denken bestimmen sollten. Die anderen Bedürftigen, die als weibliche Bettlägerige oder abgesonderte Kranke nicht unmittelbar an den Messen und Gottesdiensten teilnehmen konnten, hatten aufgrund architektonischer Lösungen akustisch über Luken im Gebäude oder über Emporen Zugang zu den täglichen Messen. Der Magistrat als Inhaber zahlreicher Patronate, davon immerhin vier im Spital, gab nicht nur die Richtung über die Zusammensetzung des Klerus vor, sondern verschaffte sich 1472 auch mittels Vereidigung auf die Dotationsurkunden die Kontrolle über dessen religiöse Amtsausübung, nachdem zuvor Klagen über pflichtvergessene Kapläne laut geworden waren. Dagegen fasste die Spitalordnung von 1491 die Bedürftigen kritisch in den Blick, indem sie Defizite bei der Befolgung der ihnen auferlegten Gebetspflichten durch die Hausleitung ahnden ließ. Im Gegensatz dazu zeichnen Heinrich und Joachim von Pflummern in ihren Schilderungen der mittelalterlichen Biberacher Glaubenswelt ein Bild der Vollkommenheit. Einen Schlag gegen Bartholomäus Müller freilich erlaubte sich Heinrich von Pflummern, als es in der Kirche zu einem öffentlichen Eklat zwischen beiden über die neue Lehre kam, in dessen Verlauf er seinen früheren Amtsbruder im Spital anfuhr, dass *ich zuigen gnuog umb hun, wie er ain schantlicher brediger ist gesin mit siner metzen.*[299] Der in das antikatholische Lager übergegangene Spitalkaplan und Prediger fiel aus dem geistlichen Schweigekartell heraus. Spätestens an dieser Stelle bekommt das von Heinrich und Joachim von Pflummern gezeichnete Bild spitälischer Frömmigkeit Risse, zeigt es doch, dass der letzte

299 Schilling, Zeitgenössische Aufzeichnungen (wie Anm. 14), S. 179 (Zitat). Pflummern hielt das Aufkommen der Lehre Luthers für eine Strafe Gottes für Missbräuche in der Kirche, namentlich der nicht der Lehre der Kirche entsprechenden Verleihung von Ablässen durch die Päpste, dem Luxusleben von Kardinälen und Bischöfen, aber auch der Verfehlungen des übrigen Klerus; vgl. ebd., S. 227.

geistliche Leiter der Einrichtung vor dem reformatorischen Umbruch keineswegs der mit seinem Amt verbundenen Vorbildfunktion für die Haus- und Glaubensgemeinschaft des Spitals gerecht wurde. Gleichwohl haben wir es den beiden Brüdern zu verdanken, dass wir über die Frömmigkeitsübungen im Spital, die nach der Zäsur von 1491 weiterhin ihren gewohnten Gang nahmen, eine Vorstellung haben. Jahraus, jahrein gaben vom frühen Morgen bis zum Abend Glockenschläge den Bedürftigen den immer wiederkehrenden Gebetsrhythmus vor, sei es gleich mehrfach am Tag als Aufruf zu den Messen in der Spitalkapelle und der Siechenstube, sei es zum Angelus, sei es zu den Tischgebeten, darüber hinaus auch zu Versehgängen, Beerdigungen oder bei Unwettergefahr. Eine Transformation des religiösen Lebens im Biberacher Spital bedeutete der 1491 eingeleitete Umbau zum Bürgerspital nicht. Erst die Reformation brachte die Zäsur. Sie nahm im Spital ihren Anfang.

Der Stifter ist im Bild

Altar- und Kunststiftungen in der Ulmer Kunst um 1500

VON EVA LEISTENSCHNEIDER

Am 19. Juni 1531, sieben Monate nachdem eine Mehrheit der stimmberechtigten Einwohner für die Einführung der Reformation in der Reichsstadt Ulm votiert hatte, traf der Ulmer Rat eine Entscheidung in der bereits seit langem diskutierten Frage, wie mit religiösen Kunstwerken in der Stadt umzugehen sei.[1] Sein Beschluss bezog sich zunächst nur auf die Pfarrkirche, das Münster, und lautete: *Alle, die so bilder und taffeln in der pfarrkirchen haben, sollen sich heut bei meinen herrn burgermeister und den verordneten anzeigen und beschaid nehmen, wann und wie sie ire taffeln und bilder aus der pfarrkirchen thun wollen.*[2] Flügelretabel, Andachtsbilder oder andere nun missliebige Kunstwerke, die in den folgenden Tagen von ihren Stiftern oder von deren Nachfahren nicht abgeholt wurden, wurden auf Weisung des Rats aus dem Münster entfernt und in den meisten Fällen wohl zerstört. Dieselben Maßnahmen erfolgten wenige Tage später auch in anderen Ulmer Kirchen.[3]

Die genannten Anweisungen des Rats bezogen sich auf Kunstwerke, die der jeweiligen Kirche von Einzelpersonen oder Personengruppen geschenkt worden waren. Die Tatsache, dass der Rat im Rahmen der reformatorischen Bildentfernung zunächst nicht frei über sie verfügte, zeigt, wie sehr der Rechtstitel der früheren Stifter und ihrer Nachfahren nach wie vor gültig und akzeptiert war.

Im Ulmer Münster existierte vor der Reformation eine Vielzahl von Altären. Ihre exakte Zahl ist aufgrund der teils widersprüchlichen Quellen nicht mehr zu ermitteln; sie

1 Vgl. Gudrun LITZ, Die reformatorische Bilderfrage in den schwäbischen Reichsstädten (Spätmittelalter und Reformation, Neue Reihe 35), Tübingen 2007, S. 91–132, hier v. a. S. 114–120. Zu Reformation und Bilderfrage in Ulm vgl. auch: Gerhard WEILANDT, Wider die Gotteslästerung und Götzerei. Der „Bildersturm" des Jahres 1531, in: Meisterwerke massenhaft. Die Bildhauerwerkstatt des Niklaus Weckmann und die Malerei in Ulm um 1500 (Ausst.-Kat. Württembergisches Landesmuseum, Stuttgart), Stuttgart 1993, S. 421–427; Anna MORAHT-FROMM, „Von der Abtuhung der Bilder" in Ulm, in: ebd., S. 429–435.

2 Stadtarchiv Ulm (im Folgenden StadtA Ulm) A 3530, RPr 11, fol. 97r., vgl. auch LITZ, Die reformatorische Bilderfrage (wie Anm. 1), S. 114.

3 Vgl. LITZ, Die reformatorische Bilderfrage (wie Anm. 1), S. 121 f.

bewegt sich in der Größenordnung von über 50.[4] Der größte Teil von ihnen stand vor den Pfeilern und an den Wandabschnitten des Langhauses und ging auf die Initiativen wohlhabender Stifter zurück. Unter ihnen finden sich einige Geistliche oder Adlige aus dem Umland, die überwiegende Mehrheit aber stammte aus dem Patriziat der Reichsstadt oder gehörte den Mitgliedern der wohlhabenderen Ulmer Zünfte an.[5]

Man darf davon ausgehen, dass die ökonomische Elite Ulms, die im Münster – aber auch in den anderen Kirchen der Stadt – Altäre unterhielt und Seelenmessen lesen ließ, diese Altäre auch reich ausstattete: mit Textilien für den Altartisch, *vasa sacra* für den liturgischen Gebrauch, Messgewändern für den Priester und auch mit mehr oder weniger kostspieligen religiösen Kunstwerken. Gleich mehrere Ulmer Familien finanzierten den Quellen zufolge auch farbige Glasfenster für die ihren Altären nahegelegenen Fensterbahnen, auf denen Wappen auf die jeweiligen Familien verwiesen.[6]

Nur ein geringer Teil dieser vorreformatorischen Ausstattung des Münsters, aber auch der übrigen Ulmer Kirchen, ist erhalten geblieben. Der Verlust betrifft in besonderem Maße Textilien, *vasa sacra* und Glasmalerei, aber auch der überlieferte Bestand an Malerei und Skulptur stellt nur noch einen Bruchteil dessen dar, was ursprünglich die Kirchen und Kapellen der Reichsstadt schmückte. Ehemalige Ensembles sind oft nur noch in Teilen überliefert und der einstige Aufstellungsort ist häufig nicht mehr rekonstruierbar. Der Versuch, aus dem erhaltenen oder durch Quellen bekannten Bestand allgemeine Aussagen abzuleiten, muss daher bis zu einem gewissen Grad hypothetisch bleiben.

Eine fromme Stiftung zur Sicherung des jenseitigen Seelenheils ist im spätmittelalterlichen Verständnis eine auf Dauer (d.h. bis zum Jüngsten Gericht) angelegte Einrichtung. Sie kann verschiedenste Formen annehmen: die Stiftung von regelmäßigen Seelenmessen und Jahrzeiten, die Finanzierung einer Priesterpfründe, die Einrichtung eines Altars mit zugehöriger Priesterstelle oder eine karitative Stiftung – dies sind nur einige Beispiele aus der Vielfalt der Möglichkeiten, mit der fromme und finanzkräftige Gläubige hofften, ihr Seelenheil positiv zu beeinflussen. Da die Stiftung auf Dauer angelegt war, bedurfte sie einer kontinuierlichen Finanzierung, idealerweise eine Kapitalanlage mit regelmäßigen Zinserträgen.[7]

4 Vgl. Hermann Tüchle, Die Münsteraltäre des Spätmittelalters. Stifter, Heilige, Patrone und Kapläne, in: Hans Eugen Specker/Reinhard Wortmann (Hg.): 600 Jahre Ulmer Münster. Festschrift (Forschungen zur Geschichte der Stadt Ulm 19), Ulm 1977, S. 126–182.

5 Vgl. ebd.; Eva Leistenschneider, Die Selbstdarstellung reichsstädtischer Eliten im Ulmer Münster, in: Sigrid Hirbodian/Andreas Schmauder/Petra Steymans-Kurz (Hg.): Materielle Kultur und Sozialprestige im Spätmittelalter. Führungsgruppen in Städten des deutschsprachigen Südwestens (Schriften zur südwestdeutschen Landeskunde 82), Ostfildern 2019, S. 25–36.

6 Vgl. Hartmut Scholz, Die mittelalterlichen Glasmalereien in Ulm (Corpus Vitrearum Medii Aevi, Deutschland Band I: Schwaben, Teil 3), Berlin 1994, Übersicht S. 4 sowie S. 181–186 und S. 256 (Fenster Nord VI und Nord XVII, Süd VI, Süd VIII, Süd IX, Süd X, Süd XIII, Süd XV und Süd XVI).

7 Vgl. Peter Jezler, Jenseitsmodelle und Jenseitsvorsorge – Eine Einführung, in: Ders. (Hg.): Himmel, Hölle, Fegefeuer. Das Jenseits im Mittelalter. (Ausst.-Kat. Schweizerisches Landesmuseum, Zürich, und Museum Schnütgen, Köln), Zürich 1994, S. 13–26; Michael Borgolte (Hg.), Stiftungen und Stiftungswirklichkeiten. Vom Mittelalter bis zur Gegenwart (Stiftungsgeschichten 1), Berlin 2000; Hans-Rudolf Meier/Carola Jäggi/Philippe Büttner (Hg.), Für irdischen Ruhm und himmlischen Lohn. Stifter

Davon zu unterscheiden ist die einmalige Schenkung von religiösen Kunstwerken, von Messgewändern oder liturgischen Gerätschaften. Sie kann eingebunden sein in einen umfassenderen Stiftungskontext – zum Beispiel die Donation eines Flügelretabels oder liturgischer Gewänder für eine Altarstiftung – oder sie kann als Schenkung für sich stehen. Obwohl sie für die Jenseitsvorsorge nicht die Nachhaltigkeit und die für den Gläubigen wichtige Regelmäßigkeit einer Stiftung entwickelt, kommt ihr dennoch Bedeutung für das Seelenheil zu: Die Schenkung von religiösen Kunstwerken dient dem Schmuck von Kirche und Altar und ist Mittel zur Steigerung von Religiosität und damit eine fromme und gute Tat.[8] Kunstwerke können den Gläubigen beim Besuch der Kirche zu Fürbittgebeten für das Seelenheil des Schenkers anregen. In diesem Sinne sind die Werke oft mit identifizierenden Wappen, Inschriften oder sogar Bildnissen versehen.[9] Gleichzeitig haben diese Elemente auch rechtliche Funktion: Sie sind Ausweis des Anrechts des Donators und seiner Nachkommen auf des fragliche Kunstwerk und erinnern, falls die Schenkung im Kontext einer größeren Stiftung erfolgte, öffentlich an diese Stiftung; sie sind sichtbarer Ausweis auch für die Verpflichtung, die die jeweilige kirchliche Institution mit der Annahme der Stiftung eingegangen ist. Und nicht zuletzt dienen sie auf ganz weltliche Weise natürlich auch in sehr starkem Maße dem Sozialprestige des Schenkers bzw. Stifters.

Ulm war bis ins frühe 16. Jahrhundert eine der wirtschaftlich führenden Städte im Südwesten des Reichs und aus dem Reichtum seiner Bürger resultierte eine enorme Stiftungstätigkeit. Überliefert ist eine Fülle an Quellenmaterial zu frommen Stiftungen für die Sicherung des Seelenheils, kleine ebenso wie finanziell umfangreiche Stiftungen; sie umfassen karitative, soziale oder liturgische Maßnahmen.[10] Religiöse Kunstwerke, die im Zusammenhang einer liturgischen Stiftung angefertigt wurden, finden in den entsprechenden Quellen meist gar nicht oder nur sehr summarisch Erwähnung.

Aus dem erhaltenen Ulmer Bestand exemplarisch ausgewählte Einzelwerke sollen im Folgenden die Frage beantworten, wie Donatoren und Donatorinnen weltlichen Standes in Ulm im ausgehenden Mittelalter und der frühen Neuzeit auf ihren Schenkungen visuell repräsentiert wurden.

Noch an seinem ursprünglichen Bestimmungsort befindet sich das Flügelretabel auf dem Hochaltar der St.-Anna-Kapelle in Schwendi bei Laupheim, die bis 1561 die Funktion einer Pfarrkirche hatte. Die geschnitzten Figuren des Schreins stammen aus der

und Auftraggeber in der mittelalterlichen Kunst, Berlin 1995; Berndt Hamm, „Zeitliche Güter gegen himmlische eintauschen". Vom Sinn spätmittelalterlicher Stiftungen, in: Udo Hahn u.a. (Hg.): Geben und Gestalten. Brauchen wir eine neue Kultur der Gabe? (Fundraising Studien 4), Berlin 2008, S. 51–65.

8 Vgl. Hamm, Zeitliche Güter (wie Anm. 7).

9 Zum Stifterbildnis vgl. Wolfgang Schmid, Zwischen Tod und Auferstehung. Zur Selbstdarstellung städtischer Eliten des ausgehenden Mittelalters im Spiegel von Stifterbildern, in: Jezler (Hg.): Himmel, Hölle, Fegefeuer (wie Anm. 7), S. 101–116.

10 Vgl. z.B. Gudrun Litz, Beispiele aus dem Ulmer Stiftungswesen des Mittelalters und der Frühen Neuzeit, in: Udo Hahn u.a. (Hg.): Geben und Gestalten (wie Anm. 7), S. 67–76. Zu Kunstaufträgen im Kontext von Stiftungen vgl. Daniela von Pfeil/Gerhard Weilandt, Auftraggeber und Stifter in der Ulmer Kunst, in: Meisterwerke massenhaft (wie Anm. 1), S. 399–405.

1 a und b Wilhelm von Schwendi und Barbara Krafft von Dellmensingen, ehem. Standflügel des Flügelretabels in der St. Anna-Kapelle in Schwendi, um 1500, Museum Ulm, Dauerleihgabe aus Privatbesitz © Museum Ulm/Fotos: Studio Rex, Vöhringen

Werkstatt des Ulmer Bildschnitzers Niklaus Weckmann, während die Malereien auf den Flügeln von Bartholomäus Zeitblom und seinen Mitarbeitern gefertigt wurden.[11] Quellen zum Retabel existieren nicht; der Stil spricht für eine Entstehung in den Jahren um 1500. In geschlossenem Zustand zeigt das Retabel auf den Außenflügeln die gemalten Figuren Johannes des Täufers und des heiligen Rochus. Neben ihnen waren auf unbeweglichen Standflügeln die Bildnisse der mutmaßlichen Auftraggeber angebracht (Abb. 1): der adlige Ortsherr Wilhelm von Schwendi und seine aus dem Ulmer Patriziat stammende Ehefrau Barbara Krafft von Dellmensingen, beide gekennzeichnet durch ihre Wappen.[12] Die Tafeln wurden 1758 aus der Kapelle entfernt und befinden sich seitdem in Privatbesitz.[13] Der oberste Teil der Tafeln wurde erst nach ihrer Entfernung mit einer erläuternden Inschrift versehen. Die Bildnisse waren nur sichtbar, wenn das Retabel geschlossen war, was vermutlich die meiste Zeit der Fall gewesen sein dürfte. Sie folgen einer tradierten Ikonografie für Stifterbilder: Maßstäblich sind sie etwas kleiner als ihre Schutzheiligen, vor denen sie in Ewiger Anbetung kniend verharren. Formal teilen sie mit ihren himmlischen Fürsprechern denselben Bildraum: Der gemalte Fliesenboden ist nach dem gleichen Muster gestaltet und auf denselben Fluchtpunkt ausgerichtet. Auch das Brokatmuster des Vorhangs ist jeweils identisch; nur die separaten Bildtafeln schaffen eine Trennung zwischen den frommen Betern und ihren Patronen.

In vergleichbarer Weise verfährt auch das sogenannte Kilchberger Retabel, das sich heute in der Staatsgalerie Stuttgart befindet (Abb. 2). Der Adlige Georg von Ehingen ließ es für die Kapelle in Schloss Kilchberg anfertigen; wie in Schwendi waren die ausführenden Künstler Bartholomäus Zeitblom und Niklaus Weckmann.[14] Auf dem linken Standflügel zeigt das Retabel den Reichsritter Georg von Ehingen in Rüstung als Ausweis seines Status. Das Gegenstück des heute stark beschädigten Bildes stellte seine Gattin Anna Uhlin aus Reutlingen dar, eine geadelte von Richtenberg; ihre Tafel ist nicht erhalten.

Die beiden hier kurz vorgestellten Retabel in Schwendi und Kilchberg wurden in Ulmer Werkstätten für auswärtige adlige Auftraggeber gefertigt, für einen kirchlichen Kontext, der mit der jeweiligen adligen Herrschaft in Verbindung stand. Sie folgen, ebenso wie andere Beispiele adliger Kunst-Donationen, einer tradierten Form der Stifter-Repräsentation: Neben Wappen und Inschriften ist es vor allem das statusbewusste Bild des Stifters als kniender Beter, das zum Einsatz kommt – meist in gemalter, seltener auch in plastischer Form wie die beiden kleinen geschnitzten Figuren des Wolfgang von Ahelfingen-Wasseralfingen und seiner Ehefrau Margarethe von Rechberg, die am ca.

11 Zum Retabel vgl. Meisterwerke massenhaft (wie Anm. 1), S. 455 f., Kat. 43–44 (die Malereien zugeschrieben an den Meister des Pfullendorfer Retabels).

12 Vgl. ebd., S. 456, Kat. 44; von Pfeil/Weilandt, Auftraggeber und Stifter in der Ulmer Kunst (wie Anm. 10), S. 400 f.; Jerusalem in Ulm. Der Flügelaltar aus St. Michael zu den Wengen (Ausst.-Kat. Ulmer Museum), Ulm 2015, S. 178 f., Kat.-Nr. 41.

13 1963 wurden vor Ort in Schwendi Kopien angebracht; die Originale befinden sich seit 2015 als Dauerleihgabe im Museum Ulm.

14 Vgl. von Pfeil/Weilandt, Auftraggeber und Stifter in der Ulmer Kunst (wie Anm. 10), S. 400; Dietlinde Bosch, Bartholomäus Zeitblom. Das künstlerische Werk (Forschungen zur Geschichte der Stadt Ulm 30), Ulm 1999, S. 136–143.

2 Georg von Ehingen, ehem. Standflügel des Kilchberger Retabels, um 1494, Staatsgalerie Stuttgart
© Staatsgalerie Stuttgart

1530 entstandenen Retabel in der Stephanuskapelle von Wasseralfingen zu Füßen der zentralen Marienfigur im Schrein beten.[15]

Unmittelbarer an den himmlischen Patron herangerückt und in dieser Form eine Ausnahme unter Stiftern adliger Herkunft ist der 1498 verstorbene Ritter Peter von Hewen. Von seiner Donation ist nur noch ein Fragment erhalten, dessen ursprünglicher Zusammenhang und Aufstellungsort unbekannt sind (Abb. 3).[16] Die einst größere, nun aber auf allen Seiten beschnittene Tafel zeigt Peter von Hewen neben seinem Schutzpatron, dem Hl. Petrus, der ihn der göttlichen Gnade empfiehlt, indem er ihm die Hand auf die Schulter legt. Peter von Hewen blickt nicht direkt auf seinen himmlischen Schutzpatron. Er hat die Hände zum stummen Gebet gefaltet; das Schriftband, das ihn umweht, bittet um Fürbitte (*S*[an]*cte petre ora pro me indigno p*[e]*c*[a]*tori*). Am rechten unteren Bildrand ist der angeschnittene Rest eines Gebetspultes mit einer schrägen Buchablage sichtbar. Ursprünglich dürfte die Tafel den Stand- oder den beweglichen Seitenflügel eines Flügelretabels oder eines zur privaten Andacht bestimmten Triptychons gebildet haben, auf dem Peter von Hewen und sein himmlischer Patron entweder ganzfigurig (Flügelretabel) oder halbfigurig (kleineres Triptychon) dargestellt waren.[17] Die Tatsache, dass sich beide Köpfe auf derselben Höhe befinden, Peter von Hewen also kaum vor seinem Gebetspult und dem der ikonografischen Tradition zufolge stehenden Petrus knien kann, spricht eher für ein Triptychon mit Halbfiguren, auf dem der räumliche Kontext

15 Zum Wasseralfinger Retabel vgl. Manuel Teget-Welz, Martin Schaffner. Leben und Werk eines Ulmer Malers zwischen Spätmittelalter und Renaissance (Forschungen zur Geschichte der Stadt Ulm 32), Ulm 2008, S. 504–513 (mit älterer Literatur).

16 Das Fragment misst 43 × 54,5 cm (heute Schwäbisch Hall, Sammlung Würth). Zur Tafel von Pfeil/Weilandt, Auftraggeber und Stifter (wie Anm. 10), S. 400; Bosch, Bartholomäus Zeitblom (wie Anm. 14), S. 183–185; Carmen Sylvia Weber (Hg.), Alte Meister. Der ehemalige Fürstlich Fürstenbergische Bilderschatz in der Sammlung Würth (Ausst.-Kat. Kunsthalle Würth, Schwäbisch Hall), Schwäbisch Hall 2004, Kat.-Nr. 62 (Dietmar Lüdke).

17 So auch Dietmar Lüdke in Weber, Alte Meister (wie Anm. 16), S. 276.

3 Peter von Hewen mit dem Hl. Petrus (Fragment), um 1495, Schwäbisch Hall, Sammlung Würth
© akg-images

ungeklärt bleibt – und damit auch für ein Werk, dass möglicherweise für einen privateren Kontext bestimmt war.

Die Auftraggeber und Auftraggeberinnen der Kunstwerke, die sich ursprünglich mit Sicherheit in einer Kirche in Ulm oder im Ulmer Territorium befanden, stammen besonders häufig (und wenig überraschend) aus dem Ulmer Patriziat. Bei patrizischen Aufträgen dominiert die Kennzeichnung mit Wappen, seltener auch mit Inschriften wie im folgenden Beispiel:

Zu den religiösen Bildwerken, die im Kontext der reformatorischen Bildentfernung aus dem Ulmer Münster verbannt wurden, gehört vermutlich das Flügelretabel, das sich heute in der evangelischen Pfarrkirche von Reutti befindet, einem Ortsteil von Neu-Ulm (Abb. 4).[18] Die Ortsherrschaft in Reutti lag seit 1459 in den Händen von Ulmer Patriziern

18 Vgl. Gertrud Otto, Die Ulmer Plastik der Spätgotik, Reutlingen 1927, S. 172–174; Albrecht Rieber/ Anton H. Konrad, Reutti, Evangelische Pfarrkirche St. Margareta (Schwäbische Kunstdenkmale 32), Weißenhorn 1984, v. a. S. 11–24.

4 Flügelretabel in der Evangelischen Pfarrkirche Reutti, am Schrein datiert 1498 und 1519
© Anton H. Konrad Verlag, Weißenhorn

aus der Familie Roth. Die Roth unterhielten im Ulmer Münster im südlichen Seitenschiff einen Familienaltar, dessen zugehörige Stiftung vermutlich schon im 14. Jahrhundert bestand und aus der alten Pfarrkirche vor den Toren Ulms auf die neue Pfarrkirche, das Münster, übertragen worden war.[19] Der Altar im Münster war der Heiligen Dreifaltigkeit, der Gottesmutter sowie den Heiligen Petrus, Paulus, Andreas, Nikolaus, Leonhard und Genofeva geweiht.[20] Die sechs letztgenannten Heiligen sind in den halbfigurigen Büsten dargestellt, die in der Predella des Retabels stehen, während der Altarpatronin Maria das Bildprogramm des geschnitzten Schreinreliefs und der beiden Seitenflügel gewidmet ist. Der hölzerne Schrein trägt an der Seite die geschnitzte Datierung 1498, während sich

19 Vgl. RIEBER/KONRAD, Reutti (wie Anm. 18), S. 11 f.
20 Vgl. TÜCHLE, Die Münsteraltäre (wie Anm. 4), S. 170, Nr. 39; RIEBER/KONRAD, Reutti (wie Anm. 18), S. 11.

am unteren Rand der Predella die aufgemalte lateinische Inschrift *pro laude ih*[es]*u almeque marie virginis Paulus iunior suorum progenitorum Ruffus ob solamen hanc tab*[u]*lam solvit 1519* findet.

Damit sind die Eckdaten der Entstehung, vor allem aber das Jahr der Fertigstellung des Retabels (1519) sowie sein Auftraggeber, Paul Roth, benannt. Es gibt keine Quelle zur Auftragsvergabe. Die Annahme, das Retabel sei ursprünglich für den Roth'schen Altar im Münster bestimmt gewesen, 1531 von Mitgliedern der Familie Roth dort entfernt und später in die Kirche von Reutti gebracht worden, basiert ausschließlich auf dem Bildprogramm des Werks, das sich mit den Patronen des Familienaltars im Münster so gut in Deckung bringen lässt. Auf den Münsteraltar der Roth hatten Familienmitglieder in den vorausgegangenen Dekaden mehrfach Seelenmessen gestiftet und auch die Donation des Retabels könnte mit einer solchen Stiftung in Verbindung gestanden haben: 1498 starb Paul Roths Bruder Anton.[21] Die Inschrift betont ausdrücklich, Paul Roth habe *die Tafel für das Seelenheil der Vorfahren bezahlt* und bekräftigt damit ihre Bedeutung als Teil der Jenseitsvorsorge.

Von den erhaltenen Kunstwerken, die im ausgehenden Mittelalter und der frühen Neuzeit in Ulm entstanden, ist nur ein geringer Teil mit Wappen, Inschriften oder mit Bildnissen der Auftraggeber versehen. Standflügel wie in Schwendi oder Kilchberg mit Darstellungen *patrizischer* Auftraggeber finden sich an den erhaltenen Ulmer Retabeln nicht. Als kniende Beter erscheint das Ulmer Patriziat um die Wende zum 16. Jahrhundert eher im Kontext von Memorialtafeln oder gemalten Epitaphen, die zur Aufhängung an der Wand bestimmt waren.[22] Entsprechende Beispiele finden sich noch heute in den Kapellen der Familien Neithardt und Besserer am Chor des Ulmer Münsters[23] oder haben sich in musealem Bestand erhalten. Die Stifter und ihre Angehörigen sind in der Regel in kleinerem Maßstab im unteren Bildregister oder im Vordergrund einer religiösen Bildszene angeordnet, an deren Ablauf sie keinen unmittelbaren Anteil haben, oder aber in größerem Maßstab auf Tafeln wiedergegeben, die auf einen Altar oder eine religiöse Skulptur ausgerichtet waren (Abb. 5).

Das Patriziat folgt in seiner Selbstdarstellung eher tradierten Ikonografien und bewährten Konventionen von Stifterbildnissen. Erst im zweiten und dritten Jahrzehnt des 16. Jahrhunderts finden wir neue Darstellungsformen. Sie sind eng verknüpft mit dem Maler Martin Schaffner – und einer neuen Schicht von Auftraggebern: wohlhabende Angehörige der zünftigen Kaufleute.

Den Hochaltar des Ulmer Münsters schmückt seit 1808 ein viel zu kleines Flügelretabel, das sich ursprünglich auf einem Altar ganz im Westen des Münster-Langhauses be-

21 Vgl. Rieber/Konrad, Reutti (wie Anm. 18), S. 11 f.

22 Ältere, aus dem 14. Jahrhundert stammende Beispiele, die meist in direkter Verbindung zum Bau des Ulmer Münsters oder einer anderen Kirche standen, sind die Stifterfiguren des Lutz Krafft am Grundsteinlegungsrelief des Münsters und oberhalb des ehemaligen Krafft-Altars im südlichen Langhaus, die Skulptur des Johannes Ehinger nördlich des Choreingangs, und sowie die Stifterreliefs von St. Michael zu den Wengen in Ulm und der Pfarrkirche Geislingen im Ulmer Territorium.

23 Vgl. zu den Kapellen Leistenschneider, Selbstdarstellung reichsstädtischer Eliten (wie Anm. 5), S. 32–35.

5 Gedenktafel für Heinrich Neithardt, um 1509, Neithardtkapelle am Ulmer Münster © Haus der Stadtgeschichte – Stadtarchiv Ulm/Foto: Nadja Wollinsky

fand.[24] Diesen Altar unterhielten seit 1467 die durch Heirat miteinander verbundenen Familien Lupin und Hutz. Im Mai 1514 übernahm der Kaufmann Laux Hutz die Lehenschaft über den Altar. Er präsentierte einen neuen Priester und vergrößerte gemeinsam mit der Familie Lupin die Erträge der zugehörigen Pfründe.[25] Quellen zur Anfertigung eines Flügelretabels für den Altar existieren hingegen nicht. Zweimal taucht am Kunstwerk die Jahreszahl 1521 auf, der mutmaßliche Zeitpunkt seiner Fertigstellung.[26] Die Skulpturen im Schrein stammen von Niklaus Weckmann, während Martin Schaffner die Malereien übernahm. Schaffner war offenbar auch persönlich eng mit Laux Hutz verbunden; der Kaufmann hatte den Maler in einem 1517 verfassten Testament als einen seiner Testamentsvollstrecker eingesetzt.[27] Auf dem Retabel ist die Heilige Sippe darge-

24 Zum sog. Hutz-Retabel vgl. Manuel Teget-Welz, Martin Schaffner (wie Anm. 15), S. 442–463 (mit älterer Literatur). Zu Martin Schaffner allgemein außerdem Anna Moraht-Fromm, Martinus Schaffner – Mira depinxerat arte, in: Meisterwerke massenhaft (wie Anm. 1), S. 210–231; Dies.: Neues über Martin Schaffner, in: Dies./Gerhard Weilandt (Hg.): Unter der Lupe. Neue Forschungen zu Skulptur und Malerei des Hoch- und Spätmittelalters (Festschrift für Hans Westhoff zum 60. Geburtstag), Stuttgart u. a. 2000, S. 333–348.

25 Vgl. Teget-Welz, Martin Schaffner (wie Anm. 15), S. 447 f.

26 Auf der Innenseite des linken Flügels am gemalten Türsturz *ANNO SALUTIS 1521*; auf der Innenseite des rechten Flügels auf einem ebenfalls gemalten Schild an der Säule *ANNO DOMINI MDXXI*.

27 Vgl. Teget-Welz, Martin Schaffner (wie Anm. 15), S. 448.

6 Laux Hutz als Zebedäus und Katharina Gienger als Maria Salomas, Detail vom linken Innenflügel des Hutz-Retabels, um 1521, Ulmer Münster © Haus der Stadtgeschichte – Stadtarchiv Ulm/Foto: Nadja Wollinsky

stellt, mit der Hl. Anna und Maria in geschnitztem Relief im Schrein, und Marias Halbschwestern Maria Salomas und Maria Cleophas samt ihrer Familien auf den gemalten Seitenflügeln. Schaffner hat das Bildpersonal auf den Seitenflügeln mit den Gesichtszügen des Auftraggebers Laux Hutz (Zebedäus), dessen Großnichte Katharina Gienger (Maria Salomas), dem Neffen Matthäus Lupin d. J. (Alphäus) und dessen Frau Ursula Gienger (Maria Cleophas) dargestellt (Abb. 6). Dass hier wirklich die Familie des Auftraggebers gemeint ist, wird in einer Quelle zu einem Rechtsstreit aus den Jahren 1559 bis 1564 deutlich. Dem Wortlaut der Prozessakten verdanken wir Kenntnis über die Portraits inmitten des heilsgeschichtlichen Geschehens – eine Tatsache, die auch den Ulmer Zeitgenossen kaum entgangen sein konnte: *Item wahr, dass dieser Laux Hutz, Alls Innhaber und Lehenherr Ehrmellter Dotation und Stiftung ain Tafell uff ermellter Pfruendt Alltar inn seinen Costenn machenn und uffrichten lassenn, inn welcher Corpus Bilder geschnitten, und die Flügel flach gemalett, ann deren ainem vorgedachter Laux Hutz selbs unnd Bastionn Gesslers Hausfrau, welche vonn der Muotter ain Luppinin gewessenn, Abcontrafäct, darbei auch der Hutzenn Wappenn. Am anndern Flügell Matheuss Luppin, sein Hausfraw Ursula Gienngerin, und ir Tochter Ursulla Seuterin Conntrafäct.*[28]

28 StadtA Ulm A [3716]: Prozessakte Dr. Johann A. Streicher, Wolf D. Lupin, Lucas Gienger und Erben, Nr. 44, Schreiben des Anwalts Wolf D. Lupin, Nr. 7. 1531, im Zuge der reformatorischen Bildentfernung aus dem Münster hatte Matthäus Lupin d. J. das Retabel mit Erlaubnis des Rats an sich genommen.

Diese Form der Darstellung, bei der der Auftraggeber des Kunstwerks als handelnde Person direkt ins religiöse Bildgeschehen integriert wird, findet sich in Ulm auch an anderer Stelle – und wieder war es Martin Schaffner, der die Darstellung umsetzte. 1510 gab der Ulmer Kaufmann Valentin Scheler eine etwa 1,40 × 1,20 m große Bildtafel mit der „Ausgießung des Hl. Geistes" bei Schaffner in Auftrag.[29] Bestimmt war die Tafel für die Ulmer Augustinerchorherrenkirche Sankt Michael zu den Wengen, wo sie bis zur Aufhebung des Stifts im Jahr 1803 verblieb. 1516 und 1519 folgten auch die Brüder Sebastian, Martin und Andreas Scheler dem Beispiel Valentins und schenkten inschriftlich datierte Tafeln, die in Maßstab und Bildthema (Passion Christi) an die Donation des Bruders angeglichen waren.[30] Jede der Tafeln war mit den Wappen des jeweiligen Bruders und seiner Ehefrau versehen. Sie hingen als Memorialbilder an der Wand und dürften im Kontext von Mess-Stiftungen entstanden sein, für die es jedoch keine Quellen gibt. Betrachtet man das Bildpersonal der jeweiligen Passionsszenen, findet man auf drei der vier Scheler-Tafeln idealisierte und wenig individuelle Gesichter einerseits und charakteristische, portraithaft wirkende Köpfe andererseits (Abb. 7). Die Annahme, dass hier – ähnlich wie beim Hutz-Altar – Personen aus der Familie der Auftraggeber ins Bild integriert worden sind, liegt nahe, wenngleich bei den Scheler-Tafeln keine Quelle diese Vermutung explizit bestätigt.

Die Donatoren und ihnen nahstehende Personen sind im Falle derartiger Stifter-Darstellungen nicht formal vom biblischen Bildpersonal oder den Heiligen getrennt; sie sind nicht als kniende Beter stumme Zeugen einer himmlischen Szenerie oder eines bestimmten Ereignisses, das sich als Vision vor ihren Augen abspielt. Vielmehr sind diese Donatoren – so die Bildaussage – handelnder Teil des christlichen Heilsgeschehens; die Bilder formulieren in sehr unmittelbarer Weise die fromme Gewissheit der Stifter, Kraft ihres Glaubens und Dank dieses Heilsgeschehens Erlösung finden zu dürfen.

Religiöse Kunstwerke erinnern die Nachwelt mit Inschriften, Wappen oder Portraits an den Schenker oder die Schenkerin, und regen im Idealfall zu Fürbittgebeten an. Auf die Frage, wer der Gegenstand der Fürbitte sein kann und soll, gibt es zwei Antworten: Zum einen selbstverständlich der fromme Wohltäter, der das Kunstwerk beauftragt und bezahlt hat, und mit seiner Schenkung zum Schmuck der Kirchen und zur Ehre Gottes beiträgt – zum anderen aber auch der Künstler, der mit seinem Können die beabsichtigte Schenkung Wirklichkeit werden lässt und damit ebenfalls zum Schmuck der Kirche und zur Ehre Gottes beiträgt. Dass auch der Künstler durchaus auf Fürbitte für seine Leistung und seinen Anteil an der frommen Schenkung hoffte, zeigt am deutlichsten das

29 Heute Staatsgalerie Stuttgart. Das Bild zeigt die Wappen von Valentin Scheler und diejenigen seiner ersten Ehefrau, Margaretha Eisenhofer, sowie der zweiten Ehefrau, Ursula Sporer.

30 „Auferstehung Christi": Donation zur Erinnerung an den 1514 verstorbenen Kaufmann Sebastian Scheler und seine Frau Apollonia Heuglin, datiert 1516 (Staatsgalerie Stuttgart, als Dauerleihgabe im Museum Ulm); „Grablegung Christi": Donation v. Martin Scheler (gest. 1532) und Agnes Rottengatter, datiert 1519 (Staatsgalerie Stuttgart); „Höllenfahrt Christi", Donation von Andreas Scheler, gest. 1548 und Ursula Renz, datiert 1519 (Staatsgalerie Stuttgart, als Dauerleihgabe im Museum Ulm). Vgl. zu den vier Scheler-Tafeln Teget-Welz, Martin Schaffner (wie Anm. 15), S. 334–339 (Ausgießung des Hl. Geistes), S. 401–405 (Auferstehung Christi), S. 429–434 (Grablegung), S. 434–438 (Höllenfahrt), jeweils mit älterer Literatur.

◂7 Die Höllenfahrt Christi, Gedenktafel für Andreas Scheler, ursprünglich in der Ulmer Wengenkirche, 1519, Museum Ulm (Dauerleihgabe der Staatsgalerie Stuttgart) © Staatsgalerie Stuttgart/Foto: Oleg Kuchar, Ulm

8 Das Letzte Abendmahl, Detail mit Portrait des Malers Martin Schaffner, Predella des Hutz-Retabels, um 1521, Ulmer Münster © Haus der Stadtgeschichte – Stadtarchiv Ulm/Foto: Nadja Wollinsky

Beispiel des Wurzacher Altars. Das 1437 vollendete, heute nur noch in Teilen erhaltene Retabel war eine Gemeinschaftsproduktion des Ulmer Bildhauers Hans Multscher und des namenlosen „Meisters der Wurzacher Tafeln".[31] Die gemalten Seitenflügel hat Hans Multscher als Hauptauftragnehmer (und als Letzter, der bei der Fertigstellung des Werkes Hand angelegt hat) an zwei Stellen mit seinem Namen versehen. Die ausführlichere dieser beiden Signaturen befindet sich am unteren Rand der Darstellung des Marientods. Sie bestätigt nicht nur Hans Multscher als verantwortlichen Auftragnehmer des Werks, sondern verbindet diese Tatsache mit der Bitte um göttliche Gnade: *bitte*[n] *got für hanssen muoltscheren vo*[n] *riche*[n]*hofe*[n] *burg*[er] *ze ulm haut d*[a]*z werk gemacht do ma*[n] *zalt mccccxxxvii*. Diese Kombination von Künstlersignatur und explizitem Gesuch um Fürbitte ist in der spätmittelalterlichen Ulmer Kunst einzigartig.[32] Allgemeine Bitten um himmlischen Beistand oder Fürbitte haben Ulmer Künstler jedoch häufiger eingefügt, wenngleich sie sich nicht zwingend auf die eigene Person bezogen: Hans Maler, Geselle in der Werkstatt Bartholomäus Zeitbloms, fügte die geschriebene Bitte *ora*

31 Vom Wurzacher Altar haben sich lediglich die Malereien der Seitenflügel des ehemaligen Retabels erhalten; sie befinden sich in den Staatlichen Museen zu Berlin (Gemäldegalerie).

32 Zu Hans Multschers selbstbewusster Signierpraxis an den Wurzacher Tafeln und auf der Kargnische im Ulmer Münster vgl. Hartmut Krohm, Bemerkungen zur kunsthistorischen Problematik in der Karg-Nische im Ulmer Münster, in: Hans Multscher. Bildhauer der Spätgotik in Ulm (Ausst.-Kat. Ulmer Museum), Ulm 1997, S. 109–127, hier v. a. S. 109–115; zu Ulmer Künstlersignaturen und -inschriften allgemein vgl. Gerhard Weilandt: Künstlerinschriften auf Ulmer Retabeln, in: Meisterwerke massenhaft (wie Anm. 1), S. 317–327.

bro [sic!] *nobis* in den Heiligenschein einer seiner Figuren ein.[33] Martin Schaffner, noch Mitarbeiter in der Werkstatt Jörg Stockers, bat auf dem Saum einer kurz vor 1500 entstandenen Marienfigur: *Maria hilf uns allen und behüt uns vor …* [Rest unlesbar][34].

Bei vielen seiner späteren Werke integrierte Schaffner, dessen Aussehen durch den Entwurf zu einer Porträtmedaille überliefert ist,[35] auch sein eigenes Konterfei in die Bildhandlung – in derselben Weise, in der er am Hutz-Altar oder wohl auch auf den Gedächtnisbildern der Brüder Scheler die Bildnisse seiner Auftraggeber integrierte:[36] In der Scheler'schen „Höllenfahrt Christi" findet sich Schaffners verstecktes Bildnis in der Gruppe der erlösten Vorväter neben Moses und Johannes dem Täufer (siehe Abb. 7). Auf zwei der 1515 gemalten Flügeltafeln des Wettenhausener Ölbergs wird der leidende Christus dem Hohepriester Kaiphas bzw. dem Statthalter Pilatus vorgeführt – und der unmittelbar dabeistehende Martin Schaffner verweist auf seinen Heiland und Erlöser.[37] Auch beim Letzten Abendmahl war er dabei: Hier, auf der Predella des Hutz-Altars im Ulmer Münster, ist Schaffners Alter Ego nicht am allgemeinen Erstaunen der übrigen Jünger beteiligt, sondern sieht sicheren Blicks auf den Herrn (Abb. 8). Auf einem Pestbild von 1512/14, das ursprünglich in der Ulmer Wengenkirche hing, verlieh Schaffner dem Hl. Sebastian seine eigenen Gesichtszüge (Abb. 9).[38] Schaffners Selbstbildnisse[39] haben zum einen die Funktion einer Signatur, gleichzeitig hält der Künstler im Kontext religiöser Malerei mit ihnen aber auch eigene Glaubensgewissheiten im Bild fest.

Für beide – den Auftraggeber wie den Künstler – sind diese versteckten Portraits Ausweis von Urheberschaft an einem frommen Werk, sie tragen aber im öffentlichen Kirchenraum der Stadt auch in erheblichem Maße zum Sozialprestige der betreffenden Personen bei.

Manche Ulmer Künstler des späten 15. und frühen 16. Jahrhunderts traten auch selbst als Donator von sakralen Kunstwerken auf und tätigten Stiftungen für das eigene Seelenheil: Der Maler Hans Lindenmayer schenkte dem Ulmer Chorherrenstift Sankt Michael zu den Wengen 1495 einen (nicht erhaltenen) Messornat, von dem ausdrücklich vermerkt ist, er sei mit dem Farbstoff der Purpurschnecke gefärbt und folglich beson-

33 Vgl. Jerusalem in Ulm (wie Anm. 12), Kat.-Nr. 19 (mit Abb. S. 139). Der Eintrag befindet sich im Nimbus der Hl. Hildegard in der vorletzten Reihe der versammelten weiblichen Heiligen.

34 Ebd., Kat.-Nr. 51 mit Abbildung.

35 Der aus Nussbaumholz geschnitzte Medaillenentwurf befindet sich in der Staatlichen Münzsammlung München und trägt die Inschrift *M D XXI EFFIGIES M S M XLIIII*. MS wird üblicherweise mit Martin Schaffner aufgelöst, da sich der Dargestellte in Schaffners eigener Malerei auffallend oft wiederfindet. Zur Medaille vgl. Daniel Mauch, Bildhauer im Zeitalter der Reformation (Ausst.-Kat. Ulmer Museum), Ostfildern 2009, Kat.-Nr. 14a.

36 Zu Schaffners Signierpraxis und seinen Selbstbildnissen in religiösen Werken vgl. Teget-Welz, Martin Schaffner (wie Anm. 15), S. 258–268.

37 Zum Wettenhausener Ölberg vgl. ebd., S. 372–397, mit älterer Literatur. Die Tafeln befinden sich heute als Teil der Bayerischen Staatsgemäldesammlung in der Staatsgalerie Augsburg.

38 Heute befindet sich das Bild als Dauerleihgabe der Bayerischen Staatsgemäldesammlungen im Germanischen Nationalmuseum Nürnberg. Zum Pestbild vgl. ebd., S. 340–346, mit älterer Literatur.

39 Ein weiteres Schaffner-Selbstbildnis findet sich, dieses Mal im profanen Kontext, auf der bemalten Tischplatte aus dem Jahr 1533 in der Gemäldegalerie Alter Meister in Kassel, auf der Schaffner in die Rolle des antiken Wissenschaftlers Ptolemaios schlüpft; vgl. zum Kasseler Bildertisch ebd., S. 524–541, mit älterer Literatur.

ders kostbar.[40] Fünf Jahre zuvor hatte Lindenmayer festgelegt, dass im Fall seines Ablebens ohne direkte Erben 100 Rheinische Gulden aus seinem nachgelassenen Vermögen für die Anfertigung eines silbernen Standbilds oder einer Statuette Johannes des Täufers verwendet werden und diese dem Münster übergeben werden solle.[41]

1473 gründete sich in Ulm die Lukas-Bruderschaft, der Meister aus den Berufsgruppen der Bildhauer, der Maler, der Glasmaler und der Briefdrucker sowie deren Ehefrauen beitreten konnten.[42] Die Lukas-Bruderschaft stiftete in der Wengenkirche zwei jährliche Messen für das Seelenheil aller verstorbener Mitglieder. Einen eigenen Priester finanzierte sie nicht, aber die materielle Ausstattung eines Altars südlich des Choreingangs.[43] Erhalten ist davon nichts.

Mitglied der Lukas-Bruderschaft war auch Ulms führender Maler der Jahrhundertwende, Bartholomäus Zeitblom.[44] Zeitblom scheint sich nicht alleine auf die Jenseitsvorsorge in der Lukasbruderschaft verlassen zu haben, sondern nutzte seinen ökonomischen Erfolg auch für eine eigene Kunst-Donation. Er schenkte eine große, fast 4,5 m breite Bildtafel. Das Werk, das sich inzwischen in bayerischem Staatsbesitz befindet, ist heute in fünf Einzeltafeln zerteilt, die nachträglich in Teilen übermalt und beschnitten wurden.[45] Ursprünglich müssen sie durch ein hölzernes Rahmenwerk zu einer großen, fünfteiligen, oben halbrund oder spitzbogig abschließenden Tafel verbunden gewesen sein. Von links nach rechts waren in einem typologischen Bildprogramm die Mannalese, die Begegnung zwischen Abraham und Melchisedek, das Letzte Abendmahl (Abb. 10), das Passahmahl und die Feier der Eucharistie dargestellt. Unklar ist, ob die große Tafel ursprünglich als Aufsatz eines Altartisches diente oder – was formal überzeugender wäre – an der Wand in einem Bogenfeld aufgehängt war.[46]

40 Vgl. StadtA Ulm U 5086–87, fol 18r. Vgl. auch von Pfeil/Weilandt, Die Künstlerbruderschaft in der Kirche zu den Wengen in Ulm und ihr Altarretabel, in: Meisterwerke massenhaft (wie Anm. 1), S. 389–397, hier S. 390 und Anm. 17.

41 Vgl. Hans Rott, Quellen und Forschungen zur Kunstgeschichte im XV. und XVI. Jahrhundert (II. Altschwaben und die Reichsstädte), Stuttgart 1934, S. 23. Ob die Silberfigur jemals realisiert wurde, ist unbekannt.

42 Zur Ulmer Lukasbruderschaft vgl. von Pfeil/Weilandt, Die Künstlerbruderschaft (wie Anm. 40), S. 389–397; Dietlinde Bosch, Die Geschichte der Wengenkirche und ihrer mittelalterlichen Ausstattung, in: Jerusalem in Ulm (wie Anm. 12), S. 26–36, v. a. S. 34 f. Erhalten hat sich (in Abschrift) eine Vereinbarung zwischen der Bruderschaft und dem Wengenprobst Johannes Mann aus dem Jahr 1499; StadtA Ulm H Mauch 7, im Wortlaut wiedergegeben im Quellenteil des Ausst.-Kat. Meisterwerke massenhaft (wie Anm. 1), S. 480 f.

43 In der Vereinbarung von 1499 ist die Rede von einer *tafel* auf dem Altar, von Altartüchern, Vorhängen und Lichtern (Kerzenhalter), Messbüchern, Kelch und Messgewand; vgl. Anm. 42.

44 Vgl. Daniela von Pfeil, Notizen zu Leben und Werk des Bartholomäus Zeitblom, in: Meisterwerke massenhaft (wie Anm. 1), S. 169–183; Bosch, Bartholomäus Zeitblom (wie Anm. 14).

45 Die Übermalungen stammen aus dem 19. Jahrhundert. Die „Mannalese", die „Einsetzung des Abendmahls" und die „Feier der Hl. Eucharistie" sind ausgestellt in der Staatsgalerie im Hohen Schloss Füssen, die „Begegnung von Abraham und Melchisedek" und das „Passahmahl" gehören zum Bestand des Bayerischen Nationalmuseums. Zu Zeitbloms Fronleichnams-Tafel vgl. Bosch, Bartholomäus Zeitblom (wie Anm. 14), S. 231–247 (mit älterer Literatur).

46 von Pfeil/Weilandt, Künstlerbruderschaft (wie Anm. 40), S. 394 sprechen sich eher für einen Altaraufsatz aus; Bosch, Bartholomäus Zeitblom (wie Anm. 14), S. 245 f. erwägt beide Möglichkeiten.

9 Detail vom rechten Flügel eines Pestaltars aus der Ulmer Wengenkirche, um 1513/14, Nürnberg, Germanisches Nationalmuseum (Dauerleihgabe der Bayerischen Staatsgemäldesammlungen München) © Germanisches Nationalmuseum, Nürnberg

Zur ursprünglichen (d.h. im 19. Jahrhundert nicht übermalten) Malerei gehört ein prominent ins Bild gesetztes Ensemble mit zinnener Kanne, einem Becken und einer Trinkflasche am unteren Bildrand des „Letzten Abendmahls". Auf der Flasche sind drei Wappen aufgemalt: Unter dem Ulmer Stadtwappen findet sich links ein Wappen mit drei Blumen – drei Herbstzeitlosen auf einem Dreiberg –, die auf den Maler Zeitblom (Zeitblume) anspielen. Daneben verweist das Wappen der Nördlinger Familie Herlin, ein seitlich schreitender Löwe über einem Schild, auf Zeitbloms zweite Ehefrau, Spes Herlin.[47] Die Ehe bestand zwischen 1500 und 1506; in dieser Zeit wird auch die Schenkung erfolgt sein.[48] Die Tatsache, dass nicht nur ein Wappen oder Bildzeichen des Meisters selbst erscheint, sondern auch das seiner Ehefrau, zeigt auch ohne zugehörige Quelle, dass wir es hier nicht nur mit einer Künstlersignatur zu tun haben, sondern mit einer Donation, die zur Jenseitsvorsorge des Ehepaars Zeitblom-Herlin gehört haben muss.[49] Quellen zu der Tafel sind nicht erhalten, so dass wir über die genauen Umstände der Schenkung nicht unterrichtet sind; ebenso wenig wissen wir, ob sie auch mit einer liturgischen Stiftung einherging.

Zeitblom ist der einzige Ulmer Künstler, für den sich eine solche Donation nachweisen lässt – ein Kunstwerk aus der eigenen Werkstatt als fromme Schenkung zur Sicherung des Seelenheils. Derartige Praktiken mögen jedoch häufiger gewesen sein als es der erhaltene materielle Bestand nahelegt. Zeitblom selbst hatte in seiner Familie ein unmittelbares Vorbild: Seine Lehrjahre hatte er mutmaßlich in Nördlingen in der Werkstatt des Malers Friedrich Herlin verbracht, dessen Tochter Spes er später heiratete. Der Schwiegervater hatte bereits 1488 der Nördlinger Georgskirche eine selbst gemalte Tafel geschenkt, die Herlin mit seiner ersten Ehefrau Margarete (geb. Berlin) und mit seinen Söhnen und Töchtern vor der Gottesmutter kniend zeigt, empfohlen von ihren Schutzpatronen Margarete und Lukas (Abb. 11). In ihrem selbstbewussten Duktus – der Künstler als wohlhabender bürgerlicher Stifter – geht sie über alles hinaus, was in Ulm an derartigen Donatorenbildern für Zunftangehörige bekannt ist.

Kunstwerke zum Schmuck von Altären und Kirchen wurden in Ulm vor allem in der zweiten Hälfte des 15. und im frühen 16. Jahrhundert in enormer Zahl in Auftrag gegeben; die Ulmer Bildhauer- und Malerwerkstätten erlebten in dieser Zeit ihre größte Produktivität und künstlerische Blüte. Der ökonomische Wohlstand ermöglichte es vielen Bürgern, als Teil der individuellen Jenseitsvorsorge, aber auch für das weltliche Nachleben, religiöse Kunstwerke für die Kirchen der Stadt und des Ulmer Territoriums anfertigen zu lassen.

47 Vgl. Bosch, Bartholomäus Zeitblom (wie Anm. 14), S. 236.
48 Vgl. ebd., S. 237.
49 Bosch hingegen verweist auf das Wappen links oben auf der Passah-Tafel. Es gehört zu einem nachträglich aufgemalten Bestand. Bosch identifiziert es als Wappen „der Maler-Zunft" und deutet damit an, die Tafel könnte ursprünglich zum Altar der Lukas-Bruderschaft gehört haben. Das Wappen sei ursprünglich auf dem alten Rahmenwerk aufgemalt gewesen und nach dessen Entfernung an anderer Stelle neu aufgemalt worden, vgl. ebd., S. 246. In Ulm gab es allerdings keine eigene Zunft der Maler; ein solches Wappen mit drei einzelnen Wappenschilden lässt sich in Ulm für die Maler nicht nachweisen.

◂10 Das Letzte Abendmahl, zentrale Tafel vom ehemaligen Fronleichnamsbild aus der Ulmer Wengenkirche, zw. 1500 und 1506, Bayerische Staatsgemäldesammlungen – Staatsgalerie im Hohen Schloss Füssen © Blauel/Gnamm – ARTOTHEK

11 Sog. Familienaltar des Malers Friedrich Herlin aus der Georgskirche in Nördlingen, 1488, Stadtmuseum Nördlingen, Leihgabe der Evang. Kirchengemeinde Nördlingen © Stadtmuseum Nördlingen

Bei der Frage, wie der Auftraggeber oder die Auftraggeberin im Bild zu verewigen ist, dominiert in Ulm in den Jahrzehnten kurz vor und nach 1500 neben Wappen und Inschriften das in der Bildenden Kunst bereits seit langem gebräuchliche Bild des knienden Stifters im frommen Gebet. Maßstab und/oder Bildraum geben in den meisten Fällen eine deutliche Trennung zwischen himmlischer und irdischer Sphäre vor. Das Ulmer Patriziat orientiert sich in seiner Selbstdarstellung an den Modellen des Adels, oftmals aber – so jedenfalls legt es der überlieferte Bestand nahe – im bescheideneren Format des gemalten Epitaphs.

Erst Anfang des 16. Jahrhunderts sehen wir in Ulm parallel zu den tradierten Formen auch neue Darstellungsweisen. Einige wohlhabende zünftige Kaufleute, die die ökonomische, nicht aber die gesellschaftliche Elite der Reichsstadt repräsentieren, wagen andere Formen der Memoria im Bild, die Künstler, wie der Maler Martin Schaffner, ebenfalls übernehmen und nutzen. In einem sehr viel unmittelbareren Verständnis von Nähe und Gnade ist die bildliche Distanz zwischen irdischen Stiftern und den Ereignissen der Heilsgeschichte vollständig aufgehoben.

Memoria, Caritas und fromme Frauen

Überlegungen zu den ostschwäbischen Seelhausstiftungen im Spätmittelalter

VON BARBARA BAUMEISTER

Vorzustellen gilt es hier mit den sogenannten Seelhäusern bzw. Seelhausstiftungen eine für das Spätmittelalter in Ost- und Oberschwaben verbreitete laienreligiöse Lebensform. Im Spannungsfeld der Forschungskomplexe Memoria, Caritas und weibliche Laienspiritualität soll an Beispielen unter anderem aus Augsburg, Nördlingen und Memmingen zunächst ein Forschungsfeld eröffnet und Möglichkeiten der Differenzierung aufgezeigt werden.

Ausgangspunkt ist eine Bestandsaufnahme nicht-klösterlich organisierter religiöser Gemeinschaftsformen von Frauen in den ostschwäbischen Reichs- und Territorialstädten, die unter der Bezeichnung Beginen, Klausnerinnen, Seelfrauen sowie arme geistliche Schwestern oder Töchter zu fassen sind.

Die moderne Beginenforschung betont den facettenreichen und fluiden Charakter dieser semi- bzw. quasireligiosen Lebensweisen vor dem Hintergrund lokaler Bedingungen und ihre spezifische Entwicklung vom Spätmittelalter bis zur Reformation.[1] Studien etwa zum Bodenseeraum, zur Schweiz, zu den fränkischen Bischofsstädten oder zuletzt zu Koblenz[2] öffneten den Blick auf ein reiches Spektrum von Kleinstgemeinschaften von ledigen und verwitweten Frauen in ihren Privathäusern von zehn und mehr Mitglieder umfassenden Frauengemeinschaften in gestifteten Häusern im Zentrum der Städte,

1 Der aktuellste Forschungsüberblick zur Geschichte des unregulierten weiblichen religiösen Gemeinschaftslebens mit einer Diskussion der zu problematisierenden Begriffe ‚Begine', ‚semireligiös' und ‚quasireligios' findet sich in Sigrid WEGNER, Beginen, Klausnerinnen und andere Fromme Frauen im Raum Koblenz. Geistliche und weltliche Netzwerke im späten Mittelalter (Quellen und Abhandlungen zur mittelalterlichen Kirchengeschichte 140), Mainz 2017, bes. S. 19–23.

2 Vgl. Andreas WILTS, Beginen im Bodenseeraum (Bodensee-Bibliothek 17), Sigmaringen 1994; Brigitte DEGLER-SPENGLER, Die Beginen im Rahmen der religiösen Frauenbewegung des 13. Jahrhunderts in der Schweiz, in: Hansjakob ACKERMANN u. a. (Hg.): Die Beginen und Begarden in der Schweiz (Helvetia Sacra 9,2) Basel 1995, S. 31–91; Hannah HIEN, Das Beginenwesen in fränkischen und bayerischen Bischofsstädten (Veröffentlichungen der Gesellschaft für fränkische Geschichte Reihe 9/Darstellungen aus der fränkischen Geschichte 59), Würzburg 2013; WEGNER, Beginen, Klausnerinnen und andere Fromme Frauen (wie Anm. 1). Die Verfasserin bereitet derzeit eine Dissertation zu Beginen, Seelfrauen und Klausnerinnen in Ostschwaben vor.

über Klausen am Stadtrand bis hin zu ländlichen Einsiedeleien, in denen arbeitsteilig zusammengelebt wurde. Daneben und darunter existierten Gemeinschaften mit engen spirituellen und organisatorischen Beziehungen zu den Bettelorden, die seit den 1320er Jahren in den ostschwäbischen Städten ansässig waren. In unterschiedlicher Weise standen sie alle in Verbindung zur Armutsbewegung, sie waren Teil einer allgemeinen religiösen Aufbruchsstimmung, in deren Rahmen im Untersuchungsraum ab der zweiten Hälfte des 13. und 14. Jahrhunderts neue Frömmigkeitsformen gesucht wurden.

Die Frauen adaptierten tradierte religiöse Modelle wie das Kloster und kreierten in der Interaktion mit ihrem familiären, geistlichen und städtischen Umfeld und unter dem fördernden bzw. normierend-kontrollierenden Einfluss weltlicher und geistlicher Obrigkeiten neue Existenzweisen einer intensivierten Christusnachfolge in der Welt. Das klösterliche Angebot der alten Orden reichte einerseits nicht mehr aus und war andererseits für die teilweise wohl spontan entstandenen ‚Sammlungen' von geistlichen Frauen nicht realisierbar, weil für die vorgeschriebene Klausur dauerhaft ausreichende wirtschaftliche Mittel zur Verfügung stehen mussten.[3]

In der diachronen Betrachtung deutet sich zum aktuellen Stand der Forschung eine schrittweise Entwicklung von freien und unabhängigen Organisationsformen in der Frühzeit ihres Erscheinens hin zu korporativ-spitälischen oder klosterartigen Konventen an. Die reformatorischen Umbrüche stellen einen entscheidenden Eingriff dar und bilden hier den Endpunkt der Betrachtung.

Habituell und organisatorisch standen die quasireligiosen Frauen zwischen der geistlichen Welt und der Welt der Laien. Faktisch waren ihre Zusammenschlüsse oftmals nicht von langer Dauer bzw. nur ein Übergangsstadium zu einer klösterlichen, spitälisch-bruderschaftlichen oder laikalen Lebensweise. Vielmehr sind sie als transitorische Formen zu sehen, die in der Überlieferung der städtischen oder klösterlichen Verwaltungsvorgänge kaum oder nur vereinzelt greifbar sind. Dazu kommt, dass die Quellenlage zu den kaum wirtschaftliche oder rechtliche Geschäfte tätigenden Frauengemeinschaften wenig ergiebig ist. Sichtbar werden sie am ehesten im Zusammenhang mit regulierenden Maßnahmen von obrigkeitlicher und kirchlicher Seite oder bei Besitzübergaben bzw. an den Schnittstellen dieser Vorgänge.

Präsenter in den Quellen und in der historischen Forschung über das religiös konturierte Zusammenleben in der spätmittelalterlichen Stadtgesellschaft sind hingegen die sogenannten Seelgerätstiftungen bzw. Stiftungen für das Seelenheil. Indem Stiftungen die Aspekte Religion, Recht, Wirtschaft und mehr in einer Gesellschaft berührten und alle sozialen Schichten als Gebende oder Empfangende beteiligt sein konnten, interpretiert die Stiftungsforschung sie als ein totales soziales Phänomen.[4]

3 Vgl. Gisela Muschiol, Die Gleichheit und die Differenz. Klösterliche Lebensformen für Frauen im Hoch- und Spätmittelalter, in: Wolfgang Zimmermann/Nicole Priesching (Hg.): Württembergisches Klosterbuch, Klöster, Stifte und Ordensgemeinschaften von den Anfängen bis in die Gegenwart, Ostfildern 2003, S. 65–76.

4 Zur Stiftungsforschung vgl. hier exemplarisch Karl Schmid, Stiftungen für das Seelenheil, in: Ders. (Hg.): Gedächtnis das Gemeinschaft stiftet, München u.a. 1985, S. 51–73; Otto Gerhard Oexle, Die Gegenwart der Lebenden und der Toten. Gedanken für Memoria, in: Karl Schmid (Hg.): Gedächtnis, das

Wenig Beachtung fand bisher, dass sich im Stiftungswesen spezifische weibliche Formen entwickelten, indem Frauen als Stifterinnen und Gründerinnen auftraten und sich neue Handlungsmöglichkeiten erschlossen. Besonders verwitwete Bürgerinnen oder Bürgerinnen ohne leibliche Nachkommen traten ab der Mitte des 14. Jahrhunderts als Stifterinnen von Seelhäusern in Erscheinung und ermöglichten weniger vermögenden oder handlungsfähigen Frauen im häuslichen Rahmen ein Leben im Dienste Gottes. Die dort unterhaltenen kleineren Gemeinschaften von Seelfrauen oder Seelschwestern wurden ab dem frühen 15. Jahrhundert mit der geistlichen Aufgabe betraut, mittels Gebeten und Memoriadiensten stellvertretend die Bußleistungen der verstorbenen Angehörigen und in einer weiteren Ausdifferenzierung der städtischen Gesellschaft zu sichern.

In den ostschwäbischen Quellen findet sich ab den 1340er Jahren vereinzelt, ab der Mitte des 15. Jahrhunderts zunehmend häufiger der Begriff *selhus*. Bezeichnet werden damit zumeist kleine Gemeinschaften von *armen geistlich Frauen*, *armen Töchtern*, *ehrbaren Jungfrauen oder Beginen*, die mittels einer bürgerlichen Stiftung initiiert und/oder unterhalten wurden.

Seelhäuser waren ab der Mitte des 14. Jahrhunderts im Rahmen der bürgerlichen Seelgerätstiftungen in den südwestdeutschen Städten vermehrt entstanden. Gemeint sind damit zuerst einmal städtische Häuser ohne spezifische äußere Merkmale, die für die dauerhafte oder vorübergehende Aufnahme von Armen oder Bedürftigen gestiftet worden waren. Zu diesen Bedürftigen zählten Frauen und Männer, denen einzeln oder als Gemeinschaft mit einem Dach über dem Kopf, einem Bett und Herdfeuer dauerhaft oder vorübergehend für die Zeit ihres Aufenthaltes im städtischen Raum ein geschützter Ort gespendet wurde: Arme, Kranke, Pilger, Reisende, Umherziehende.

Seelhäuser – Häuser für arme und bedürftige Menschen gestiftet, um das Seelenheil der Stifter und Stifterinnen zu mehren – gab es seit dem frühen Mittelalter. Abgrenzungen bzw. Entwicklungsverläufe hin zu Spitälern, Armen- und Elendenherbergen sind nicht eindeutig vorzunehmen.[5]

Mit der Intensivierung der bürgerlichen Memorialpraxis ab dem 14. Jahrhundert wurden sie zu einer verbreiteten Erscheinung in den sich sozial wie sakral ausdifferenzierenden Städten. Der Begriff Seelhaus verweist auf das spätmittelalterliche Memoriakonzept, das Gebets- und Jahrtagsstiftungen mit Almosengaben zur Erlösung der armen Seelen verband. Im Gegensatz zu den mittelalterlichen Spitälern, Siechen- und Armenhäusern, die städtische bzw. kommunale Einrichtungen waren, befanden sich diese privaten Häuser im Zentrum der Städte und reichten anders als die oft mit ihnen verbundenen Kapellen- oder Altarstiftungen weit in deren öffentlichen und profanen Bereich hinein.

Bisher gibt es zu den Seelhäusern keine systematische Erfassung und Untersuchung, die die verschiedenen Formen klassifiziert oder analysiert. Erwähnung finden sie im Zusammenhang mit der Spitalforschung, der bürgerlichen Memoria und der Geschichte

Gemeinschaft stiftet, München u.a. 1985, S. 74–107; Michael Borgolte (Hg.), Stiftungen und Stiftungswirklichkeiten. Vom Mittelalter bis zur Gegenwart (Stiftungsgeschichten 1), Berlin 2000.

5 Vgl. Art. Seelhaus, in: Deutsches Wörterbuch von Jacob Grimm und Wilhelm Grimm, Erstbearbeitung (1854–1961), digitalisierte Version im Digitalen Wörterbuch der deutschen Sprache, https://www.dwds.de/d/wb-1dwb (aufgerufen am 8.8.2020); Günter Binding, Art. Seelhaus, in: Lexikon des Mittelalters 7, München 1995, Sp. 1680 f.

der Beginen bzw. quasireligiosen Frauengemeinschaften.[6] Die örtlich sehr unterschiedliche Überlieferung, die unter anderem mit der Entwicklung der bürgerlichen Stiftungen nach dem reformatorischen Umbruch zu tun hat, führte zu einer disparaten Zuordnung und Interpretation der Seelhäuser zwischen geistlichen und weltlichen Belangen.

Die Forschung zu den freien religiösen bzw. quasireligiosen Frauengemeinschafen hat die Seelhäuser bisher nicht genauer betrachtet und gegenüber anderen Erscheinungsformen (‚Sammlungen', Gemeinschaftshäuser bei den Bettelorden bzw. mit Drittordensregeln) abgegrenzt.[7]

Da es sich beim Begriff ‚Seelhaus' um eine südwestdeutsche Bezeichnung für ein allgemein verbreitetes Phänomen zu handeln scheint – sie finden sich in Ostschwaben, Oberschwaben, Franken, der Schweiz –, könnte die Forschung in andere regionale Kontexte ausgeweitet werden, auch um ergiebige Vergleichsmöglichkeiten zu schaffen.

1. Frühe Seelhäuser um 1350 in Ulm und Augsburg

Zu den insgesamt wenig gut belegten Anfängen der städtischen Beginengeschichte in Ostschwaben – meist findet sich nur eine knappe urkundliche Erwähnung der Stiftungen und kaum aussagekräftige Quellen aus der unmittelbaren Folgezeit – gehören die Seelhäuser in Ulm und Augsburg, die vor 1350 entstanden sind.

In Ulm hatte 1340 die Bürgerin Agnes Gerhaus/Gerhuserin die ehrbaren Schwestern *Adelhait von Bollingen,* [...] *Guten von Wissenhorn vnn Mächthilt von Swaichhouen* in ihr eigenes Haus aufgenommen, um offenbar mit ihnen zusammen eine geistliche Hausgemeinschaft zu begründen.[8] Im Jahr 1353 hatte die verwitwete Augsburger Bürgerin *Maehthild diu Ruefin* ihr Steinhaus und Hofstatt *ze ainem rehten selhus geordent und geschaffet*.[9] Sie vermachte ihr Haus, dessen Unterhalt durch ihren auswärtigen Besitz und jährliche Getreideabgaben abgesichert war, an zehn gute, ehrbare und unversprochene arme Frauen, *die got mit gantzem ernst dienen* wollten. Unter ihnen sollte keine sein, die sich selbst ein Haus leisten könnte, sie sollten *fridlich mit anander leben; und welche niht fridlich leben woelt oder wider iren eren taet oder got niht diente alz die andern*; diese würde durch eine andere Frau ersetzt werden.

Armut, Ehelosigkeit und Ehrbarkeit waren die Voraussetzung für die aufnahmewilligen Frauen, die ihr Leben Gott weihen wollten und ihr Gemeinschaftsleben sollte von

6 Siegfried Reicke, Das deutsche Spital und sein Recht im Mittelalter, Bd. 1: Das deutsche Spital. Geschichte und Gestalt (Kirchenrechtliche Abhandlungen 111/112), Stuttgart 1932, S. 307 f. zählt die Seelhäuser zu den Spitälern.

7 Darauf verweist auch Hien, Beginenwesen (wie Anm. 2), S. 115, 126 bei der Betrachtung von Beginen- und Seelhäusern als Stiftungen und im Hinblick auf die Verhältnisse in Regensburg. Vgl. hierzu auch Barbara Baumeister, Geistliche Schwestern und fromme Bürger. Die Nördlinger Schwesternhäuser im Spätmittelalter, in: Rieser Kulturtage 14 (2002), S. 193–204.

8 Stadtarchiv Ulm A Urk. vom 11. 8. 1340: *das ich mit gut betrachtgung vnd wol bedachtem sinne die erbern swestern Swest Adelhait von Bollingen Swest Guten von Wissenhorn vnn Mächthilt von Swaichhouen genommen hat zu mir in min hus.*

9 Das Testament der Mechthild Ruf im Folgenden zitiert nach Christian Meyer, Urkundenbuch der Stadt Augsburg, Bd. 2, Augsburg 1878, S. 53–56.

Frieden, Gleichheit und Ehrbarkeit geprägt sein – diese Kriterien lassen sich den bisher bekannten Quellen entnehmen. Ob die Stifterinnen auch für sich selbst die Lebensweise intensivierter laikaler Frömmigkeit wählten und diesen Schritt als Witwen vollzogen, wie 1401 in Lauingen Elsbeth Rosenstöckin[10], darüber lässt sich nur spekulieren. Es würde sich einpassen in die Anfänge der Beginengeschichte, in der vorwiegend vermögende Frauen aus ständisch höher gestellten Positionen dieses Lebensmodell wählten.[11] Die Seelhäuser in der ersten Hälfte des 14. Jahrhunderts entstanden aus individueller Initiative vermögender Frauen und Witwen in deren städtischen Privathäusern. Sie stifteten bzw. übergaben zu Lebzeiten ihre eigenen, schon bestehenden Stadthäuser einer Gemeinschaft und schufen damit einen institutionell offenen Rahmen für die spirituellen Belange geistlicher bzw. quasireligioser Frauengemeinschaften.

2. Das Hirnsche Seelhaus in Augsburg: Memoria und ihre Ausdifferenzierung

Zu Ende des Jahres 1428 legte in Augsburg die verwitwete und kinderlos gebliebene Krämerin Afra Hirn ihren letzten Willen in Form eines *Seelgeräth und Geschäft* nieder, wie die Nachlassregelung bezeichnet wurde.[12] Zum ewigen Andenken an ihren Mann Conrad Hirn, ihrer selbst und all ihrer Vorfahren sollte das Vermögen, das von *beiden und uns jeglichs erarbet und gewunnen*, einerseits in die Kapelle bei der Karmeliterkirche St. Anna fließen, die ihre gemeinsame Grabstätte beherbergen sollte und in die sie bereits eine ewige Messe gestiftet hatten. Darüber hinaus richtete sie eine ewige Gülte ein, aus der vierteljährlich *jeglichem armen menschen, der da kummt, er sei jung oder alt* eine Geldspende ausgeteilt werden sollte und bedachte das örtliche Heilig-Geist-Spital und die drei städtischen Siechhäuser.

Die von ihr zu *getreuen Seelwarten* eingesetzten Pfleger hatte sie überdies beauftragt, in der Stadt ein Haus zu erwerben und eine neue Stiftung, ein Seelhaus, *darin man vier arme Frauen beherbergen soll ewiglich* zu errichten. In unmittelbarer Nähe der Grabkapelle bei St. Anna wurde dieses Haus nach Afra Hirns Tod vermutlich 1440 erworben und für vier Frauen eingerichtet. Deren Aufgabe war es, täglich zwei Gebetszeiten abzuleisten, an den Messen und gottesdienstlichen Handlungen in der Grabkapelle teilzunehmen und mit ihrer Anwesenheit den Vollzug der Memoria im Sinne des Stifterehepaares zu gewährleisten. Die Einhaltung dieser Aufgaben wurde von den Pflegern und Verwaltern

10 Vgl. Max Springer, Die Seelgerätstiftungen und das Seelhaus in Lauingen, in: Jahrbuch des Historischen Vereins Dillingen an der Donau 78 (1976), S. 99–109.

11 Vgl. Wilts, Beginen im Bodenseeraum (wie Anm. 2), S. 110–112; Wegener, Beginen, Klausnerinnen und andere Fromme Frauen (wie Anm. 1), S. 112 f.

12 Das Testament Afra Hirns vom 21.12.1428 ist nur in späteren Abschriften überliefert und im Folgenden zitiert nach Eberhard Schott, Beiträge zur Geschichte des Carmeliterklosters und der Kirche von St. Anna in Augsburg, in: Zeitschrift des Historischen Vereins für Schwaben 6 (1879), S. 110–114. Zur Geschichte des Hirnschen Seelhauses vgl. auch Barbara Baumeister, Fürsorge im Schatten der Kirche – Das Hirnsche Seelhaus, in: Rolf Kiessling (Hg.): St. Anna in Augsburg. Eine Kirche und ihre Gemeinde, Augsburg 2013, S. 77–92.

der Seelhausstiftung kontrolliert; damit sie diese *dester fleysslicher thuend*, erhielten die Seelfrauen vierteljährliche Zuwendungen in Form eines rheinischen Guldens sowie Holz nach Bedarf, ebenso wurde ihnen die Instandhaltung des Hauses zugesichert.[13]

Die bürgerliche Memoria, das Bestreben sich des ewigen Heils durch irdische Vorkehrungen zu vergewissern, hatte seit dem Ende des 13. Jahrhunderts eine neue, bürgerlich-laikale Dimension angenommen. Rolf Kießling hat für Augsburg das Engagement der Laien für die Kirche in ihren Stiftungen untersucht und gezeigt, wie die ehemals auf kirchliche Institutionen beschränkten Aufgaben für Fürsorge und Bildung ab dem 14. Jahrhundert von bürgerlichen Initiativen ergänzt, begleitet und schließlich ersetzt wurden.[14]

Die Fürsprache der Nachkommen im Gebet, die Aufrechterhaltung der Erinnerung und damit sozialen Beziehung an die vorausgegangenen Verwandten, die der Erlösung nach dem Jüngsten Tag harrten, sollte zunehmend mit Vermächtnissen nicht nur an geistliche, sondern auch an soziale Einrichtungen erreicht werden. Das Testament Afra Hirns verband beispielhaft für das aufstrebende Stadtbürgertum gute Werke und fromme Stiftungen und sicherte mit langfristig angelegtem Kapital die in der spätmittelalterlichen Heilsökonomie erforderlichen Buß- und Gebetsleistungen. Als Witwe war es traditionell ihre Aufgabe, mit der Memoria die Erinnerung an den verstorbenen Ehemann wach zu halten und sein Seelenheil zu fördern.

In der Seelhausstiftung wurden die Gebete ‚ad personam' delegiert, genauer gesagt an Frauen, die in Enthaltsamkeit und Armut lebten, und daher kirchenrechtlich als Fürbitterinnen und Empfängerinnen von Armenspenden beim Totengedenken besonders qualifiziert waren.[15] Damit entfaltete sich das von Borgolte beobachtete sozial-karitative Potential von Stiftungen, durch das „Kommunitäten geschaffen oder vorhandene Gemeinschaften durch Stiftungsauflagen geprägt wurden".[16]

Überspitzt formuliert stifteten die Patrizierfamilien mit den Seelhäusern gewissermaßen ihre eigenen ‚Hausklöster', sie imitierten bzw. adaptierten damit das aus dem Hochmittelalter bekannte höfisch-adelige Muster des Totengedenkens, aber auch der Repräsentation: Je größer der materielle und personelle Einsatz bei der Memoria, desto deutlicher rückten sich die Familien bereits im Diesseits ins rechte Licht.

Afra Hirns Stiftung zur Sicherung der Familienmemoria mit einer Seelfrauengemeinschaft scheint in Augsburg die erste in dieser Art gewesen zu sein; im 15. Jahrhundert folgten ihr andere wohlhabende Frauen und Witwen aus vermögenden Augsburger

13 Stadtarchiv Augsburg (im Folgenden StadtA Augsburg) Stifft- und Zinsbuch Hirn 1458.

14 Vgl. Rolf Kiessling, Bürgerliche Gesellschaft und Kirche in Augsburg im Spätmittelalter. Ein Beitrag zur Strukturanalyse der oberdeutschen Reichsstadt (Schriftenreihe des Stadtarchivs Augsburg 19), Augsburg 1971, S. 215–230, 235–240, 246–248.

15 Vgl. Martina Wehrli-Johns, „Tuo daz guote und la daz übele" – Das Fegefeuer als Sozialidee, in: Peter Jezler (Hg.): Himmel, Hölle, Fegefeuer. Das Jenseits im Mittelalter, Zürich 1994, S. 47–58.

16 Michael Borgolte, Stiftungen des Mittelalters im Spannungsfeld von Herrschaft und Genossenschaft, in: Dieter Geuenich/Otto Gerhard Oexle (Hg.): Memoria in der Gesellschaft des Mittelalters (Veröffentlichungen des Max-Planck-Instituts für Geschichte 111), Göttingen 1994, S. 267–285, hier S. 276 (Zitat).

Kaufmanns- und Handwerkerfamilien und setzten die Reihe fort: Ursula Gwerlin (1475), eine Winklerin (1456) und eine Töttin (1486) sowie Anna Vögelin (1479–90).[17]

Alle genauer fassbaren Seelhäuser in Augsburg trugen über die Zeit ihres Bestehens den Namen ihrer Stifterinnen bzw. deren Herkunftsfamilien – ein Phänomen, das sich auch in Memmingen sowie in den Donaustädten Dillingen und Lauingen beobachten lässt. Diese Namen verblieben den Seelhäusern über Generationen hinweg, auch wenn sie nicht mehr Privatstiftungen waren und ihre Verwaltung in die Hände von Pflegern bzw. des Rates übergegangen war.

Afra Hirn hatte ebenfalls einen Jahrtag bei der ‚Sammlung der Willig Armen', einem den Dominikanern verbundenen Terziarinnenverband, gestiftet. Auch in Augsburg galten die Seelmessen und Beerdigungen in den Kirchen der Bettelorden als besonders wirksam, anders als bei den Leutpriestern an den Pfarreien, die nicht als verlässliche Partner angesehen wurden. Die verschiedenen Terziarinnengemeinschaften in der Stadt, die den Bettelorden nahestanden und geistlich von ihnen betreut wurden, waren in gradueller Abstufung ebenfalls bei den Stiftern und Stifterinnen beliebt.[18] Im Gegensatz zu den klausuliert lebenden und ständisch exklusiveren Frauenklöstern der Dominikanerinnen (St. Katharina, St. Margareth) waren sie mitten im alltäglichen Leben der Stadtbürger verankert und nahbar. Durch die obligate Anwesenheit der Seelfrauen bei den dort gestifteten Seelmessen, ergaben sich persönlicher Kontakt und Kommunikationsmöglichkeiten. Dass sich die Seelfrauen frei und selbstverständlich in der Stadt bewegen konnten, war wiederum eine unabdingbare Voraussetzung für ihre Dienste.

Einblick in das Gemeinschaftsleben der Seelfrauen im 15. Jahrhundert gewährt die erste Hausordnung für das Herwartsche Seelhaus von 1470.[19] Als Voraussetzung für die Aufnahme in das Seelhaus galten neben der Ehrbarkeit und Friedfertigkeit und der Einhaltung der Gebetsverpflichtungen erstens eine robuste körperliche Verfassung, um den wöchentlichen wechselnden Haushaltsdiensten gewachsen zu sein, und zweitens konnten die künftigen *selfräulein* nur schuldenfrei und nicht völlig mittellos in das Haus eintreten. Wollte eine Seelfrau das Haus wieder verlassen, sollte sie der Gemeinschaft zwei oder drei Gulden hinterlassen, im Falle ihres Todes wurde ihre Hinterlassenschaft für die Beerdigung, Gedenkmessen und Jahrtage verwendet, alles noch verbleibende floss in den baulichen Unterhalt des Hauses.

Mit derartigen Aufnahmebedingungen und -gebühren versuchten die Stifterfamilien offensichtlich sehr nachdrücklich, wirtschaftlich gesicherte Verhältnisse zu schaffen. Die Seelhäuser sollten kein Zuschussbetrieb und die einzelnen Seelfrauen in der Lage sein, die Memoria zu sichern und, modern gesprochen, nicht zum „Sozialfall" werden. Die Seelhäuser im 15. Jahrhundert waren somit keineswegs, wie in rückprojizierender

17 Vgl. Theodor Herberger, Die Seelhäuser und Seelgeräte in Augsburg, in: Zeitschrift des Historischen Vereins für Schwaben 3 (1876), S. 283–296, hier S. 283–289; Kiessling, Bürgerliche Gesellschaft (wie Anm. 14), S. 225–227, 238–240; Peter Geffcken, Art. Seelhäuser, in: www.stadtlexikon-augsburg.de (aufgerufen am 8. 8. 2020); Lyndal Roper, Das fromme Haus. Frauen und Moral in der Reformation, Frankfurt am Main u. a. 1995, S. 208–214.

18 Vgl. Kiessling, Bürgerliche Gesellschaft (wie Anm. 14), S. 266–270.

19 Vgl. StadtA Augsburg Stiftungen 94,4.

Weise oft vermutet, Armenhäuser oder Versorgungsanstalten und die Seelfrauen keine Pfründenempfängerinnen.[20]

Die Seelfrauen mussten Hausarbeit leisten – in dieser Hinsicht sind sie mit den Laienschwestern in den Klöstern zu vergleichen –, eine Art zusätzliches, teils wohl individuell verrechnetes Einkommen konnten sie sich über die sogenannten Präsenzgelder erarbeiten. Ab der Mitte des 15. Jahrhunderts konnten die Seelschwestern in Augsburg für bestimmte Gebetsleistungen, Präsenzen bei Gottesdiensten und für Grabgänge mit Kerzen und Weihrauch von der zahlungsfähigen Bürgerschaft angefordert und individuell honoriert werden. Im Sinne von Betschwestern wurden sie mit bezahlten Gebetsleistungen beauftragt und waren dadurch in der Lage, sich zu der eher frugalen Grundausstattung der Seelhäuser ein zusätzliches Einkommen zu erarbeiten.[21]

Eine entscheidende Wende in der Geschichte der Augsburger Seelhäuser vollzieht sich im 16. Jahrhundert mit dem Übergang der Seelfrauen als Empfängerinnen der religiös motivierten Fürsorge und als Garantinnen der Memoria hin zu Akteurinnen im karitativen Dienst an Kranken und Gebrechlichen. So verpflichtete sich etwa 1509 Margarethe Nagelin, ihren Wochendienst sorgfältig zu verrichten, auch wenn sie *zu krannċken bresthaftenn leutenn, sy seyen reich oder arm, wann oder zu wöllicher zeit das ist, tags oder nachts zekomen erfordert würd.*[22]

Eine derartige Entwicklung lässt sich im zeitlichen Kontext mit der Reformation und der Neuordnung der städtischen Armenpflegen in anderen Städten Ostschwabens im frühen 16. Jahrhundert ebenfalls beobachten.

3. Die Nördlinger Seelhäuser: Pragmatische Caritas

Dieser Entwicklungsstand – die obrigkeitliche Zuweisung aktiver Krankenpflegedienste, die von den Seelfrauen ambulant aus den Seelhäusern heraus zu leisten waren – verfestigte sich zum Topos von „der Krankenpflege und dem Totendienst [als] Hauptbeschäftigung der Beginen".[23]

In den neueren Studien zur Beginengeschichte ist besonders fundiert von Letha Böhringer[24] darauf hingewiesen worden, dass die praktische Betätigung von Beginen als Krankenpflegerinnen, Sterbebegleiterinnen und Totenfrauen überaus differenziert zu

20 Vgl. Anton Werner, Die örtlichen Stiftungen zum Zwecke des Unterrichts und der Wohltätigkeit in der Stadt Augsburg, 2 Bde., Augsburg 1889, 1912; Theodor Stark, Christliche Wohltätigkeit im Mittelalter und in der Reformationszeit in den ostschwäbischen Reichsstädten (Einzelarbeiten aus der Kirchengeschichte Bayerns 4), München 1926.

21 Dies belegen diverse Jahrtagsstiftungen bei den Klöstern der Barfüßer und der Dominikaner. Vgl. dazu kritisch Roper, Das fromme Haus (wie Anm. 17), S. 210.

22 StadtA Augsburg KWA, D1, Bach 1604.

23 Frank-Michael Reichstein, Das Beginenwesen in Deutschland. Studien und Katalog (Wissenschaftliche Schriftenreihe Geschichte 9), Berlin 2001, S. 169 (Zitat).

24 Letha Böhringer, Beginen und Schwestern in der Sorge für Kranke, Sterbende und Verstorbene. Eine Problemskizze, in: Artur Dirmeier (Hg.): Organisierte Barmherzigkeit. Armenfürsorge und Hospitalwesen in Mittelalter und Früher Neuzeit (Studien zur Geschichte des Spital-, Wohlfahrts- und Gesundheitswesens 1), Regensburg 2010, S. 127–155.

betrachten sei. Wenn es Nennungen von derartigen Diensten am Nächsten in den Quellen gibt, so sind diese entweder unpräzise oder es sind sehr vereinzelte Belege für kurzfristige, zumeist eher allgemeine Verpflichtungen zur Nächstenliebe. Häufig wird in der Interpretation nicht unterschieden zwischen der Hinwendung zu Kranken einerseits sowie zu sterbenden Nächsten andererseits und die Anwesenheit der Schwestern, Seelfrauen oder Beginen wird als eine praktische Tätigkeit, nicht als eine religiöse oder eine im Rahmen der Memoria zu interpretierende verstanden. Konjekturen, Rückprojektionen und mangelnde Quellenkritik transportieren den Mythos von den krankenpflegenden Beginen. Ein anderer Grund für die Langlebigkeit dieser Annahme ist die mangelnde Unterscheidung zwischen der Krankenpflege und Sterbebegleitung in privaten Häusern oder der in Spitälern, die die meisten älteren Arbeiten vermissen lassen. So wird beispielweise zwischen 1200 und 1350 das zeitgleiche Auftreten von Beginen und Hospitalbrüdern und -schwestern sowie deren räumliche Nähe in den karitativ-sakralen Quartieren der Städte übersehen. Der unregulierte, transitorische Charakter derartiger quasireligioser Gemeinschaften spiegelt sich in ihrer problematischen Überlieferungssituation wider: Sie haben kaum erzählende Quellen wie etwa Gründungsberichte hinterlassen, selten wurden für sie Privilegien in Urkunden festgehalten, die eine Nachfolgegemeinschaft im Sinne einer Traditionsbildung aufbewahrt hätte – im Gegenteil: Das Erlöschen oder die Aufhebung einer Gemeinschaft bedeutete meist auch ihr Verschwinden aus der schriftlichen Erinnerung.[25]

Am Beispiel der Nördlinger Seelhäuser soll hier nun der Blick auf die sich anbahnenden Veränderungen in der Geschichte der Caritas gerichtet und der Frage nachgegangen werden, wie die Seelhausgemeinschaften ihren Lebensunterhalt bestritten.

Am Weißen Sonntag 1350 ließ der gebürtige Nördlinger Conrad Übel, Probst im thüringischen Ordorf, in Nördlingen beurkunden, *daz min hus vnn alliu min hofsach ewiklichen sin sol ein selhus, mit armen frumen geswestern.* Adelheid von Baldingen, Sophia Gundelfingerin, Irmengard von Pflaumloch und Elisabeth Salzmännin sollten zusammen mit zehn anderen *armer erberr swester* ein gemeinsames Leben in Gleichheit führen. Die Gemeinschaft sollte immer eine Stärke von 15 Frauen haben und wenn *einiu abget, so sol man ein ander an ir stat nehmen.* Eine aus ihrem Kreis gewählte Meisterin, der sie zu Gehorsam verpflichtet waren, hatte das Recht, Bewohnerinnen, die *criegsam* [...] *oder vnendlich* [unordentlich] waren, aus dem Haus zu vertreiben. Ihre Kost sollte *gemain* sein und sie sollten aus *einem hafen* essen. Den gestifteten Grundbesitz in Form von zwei Tagwerk Wiese durften sie niemals veräußern und aus den erwarteten Zinseinnahmen sollten sie seinen Jahrtag bei den Barfüßermönchen bezahlen. Darüber hinaus waren sie verpflichtet, persönlich an den vierteljährlichen Buß- und Fasttagen zum Gebetsgedenken für Conrad Übel, seine Eltern und seinen Herrn Heinrich teilzunehmen.[26]

Die in der Stiftungsurkunde namentlich genannten Frauen hatten wohl schon vorher als geistliche oder profane Gemeinschaft in Nördlingen zusammengelebt. Die Übelsche Seelhaustiftung schuf für die vergrößerte Gemeinschaft auf Dauer eine gesicherte mate-

25 Vgl. ebd., S. 131.
26 Karl Puchner/Gustav Wulz/Walter Emil Vock, Die Urkunden der Stadt Nördlingen, 1350–1399, Augsburg 1956, Nr. 214 vom 14. 2. 1350, S. 1 f.

rielle Grundlage, regelte das Zusammenleben über eine Hausordnung und gab der Gemeinschaft durch die Memoriaverpflichtungen als dezidiert formulierte Aufgabe die konstituierende Form des Seelhauses. 1359 vermachte Ulrich Nauer dem Seelhaus ein Ewiggeld für einen Jahrtag zum Gedächtnis an den inzwischen verstorbenen Stifter; diese Quelle nennt die Frauen *peginen*.[27]

Ob die Beginengemeinschaft im Übelschen Seelhaus gleichzusetzen ist mit dem sogenannten Großen Seelhaus, worunter allgemein ein Terziarinnenverband bei den Nördlinger Franziskanern verstanden wird, ist jedoch unsicher. Der Stiftungsbrief dieses Seelhauses wurde in einer Abschrift in der Zelle des Guardians der Barfüßer aufbewahrt, die Barfüßer hatten auch die geistliche Aufsicht und die Vertretung nach außen über das ihnen benachbarte Haus inne.[28] Da sich bisher keine eindeutige Kontinuität zwischen den bereits 1337 erwähnten Schwestern *der dritten regel, di reglerin gnant sint*[29] herstellen lässt, ist nicht klar zu entscheiden, ob bzw. wie Conrad Übels Seelhaus im Großen Seelhaus als Zustiftung oder möglicherweise als ‚Wiederbelebung' aufgegangen ist. Die Annahme der dritten Regel des franziskanischen Buß- bzw. Laienordens ist unter den beginischen Gemeinschaften in der ehemaligen Diözese Augsburg besonders früh zu beobachten. 1315 wurde in den Beginengemeinschaften in Augsburg, Dillingen und Kaufbeuren auf Veranlassung des Bischofs die franziskanische Drittordensregel obligat; vermutlich erfolgte die Regelannahme der Nördlinger Frauen auch um diese Zeit.[30]

Hundert Jahre später, im letzten Viertel das Jahres 1491, erhalten wir einen Einblick in die innere Situation der Nördlinger Seelhausgemeinschaft, die ein Schlaglicht auf die andauernden Kämpfe ums Überleben und die Gemengelage an Aufgaben wirft, die die Schwesterngemeinschaften zu bewältigen hatten. Der Rat verhandelte Ende des Jahres 1491 die Bitte der Seelfrauen, sie mögen wieder eine Schüssel Armenspeisung aus der Reichen Almosen-Stiftung erhalten. Man hatte sie ihnen zuvor mit dem Verweis auf die vielen anderen armen Leute in der Stadt verwehrt, wogegen die Frauen nun klagten.[31]

Die Nördlinger Stadtgesellschaft kämpfte angesichts der polarisierten Sozialstruktur Ende des 15. Jahrhunderts mit dem wachsenden Problem der Armenversorgung. Die städtische Ökonomie dominierte eine dünne Schicht Vermögender aus Patriziat und handeltreibendem Zunftbürgertum, während mittlere Vermögensgruppen mit großem Einsatz um ihre Existenzen rangen und am unteren Ende der Skala die Zahl der Vermögens- und Besitzlosen stetig zunahm. Die Ratsväter versuchten durch kontrollierende Eingriffe die in bürgerlichen Händen liegende Almosenvergabe zu kanalisieren, die Zuwendung gezielt an die einheimischen Bedürftigen, die sogenannten Hausarmen, fließen zu lassen und das öffentliche Betteln einzudämmen.[32] In der kalten Jahreszeit war die Situation wohl so angespannt, dass man den Seelfrauen eine weitere Unterstützung

27 Ebd., Nr. 281 vom 24.4.1359, S. 25 f.

28 Vgl. Siegfried Wittmer, Die Nördlinger Barfüßer, Erlangen 1956; Dietmar-Henning Voges, Die Reichsstadt Nördlingen. 12 Kapitel aus ihrer Geschichte, Nördlingen 1988, S. 86 f., 89.

29 Stadtarchiv Nördlingen (im Folgenden StadtA Nördlingen) Urkunde Nr. 334 vom 3.5.1337.

30 Vgl. Isnard Frank, Frauenmendikantenklöster, in: Walter Brandmüller (Hg.): Handbuch der bayerischen Kirchengeschichte, Bd. 1, St. Ottilien 1999, S. 593.

31 StadtA Nördlingen Ratsprotokolle 1491–1501, fol. 21.

32 Vgl. Voges, Die Reichstadt Nördlingen (wie Anm. 28), S. 29–46.

versagt hatte. Diese hatten, wie erwähnt, Einspruch erhoben, dem schließlich stattgegeben wurde. Allerdings wurde im Gegenzug von ihnen gefordert, dass sie *in der gemeind zu den kranken dest williger gen* sollten.[33] Die Krankenpflegedienste sollten nicht mehr nur den mit ihnen Verbundenen in ihrem engeren Kreis gelten, die Stadtoberen verlangten ihren Einsatz für alle Kranken der Stadt. Die Seelfrauen im Großen Seelhaus nahmen diesen Auftrag wohl aus Not gezwungen an.

Im Laufe des 15. Jahrhunderts kristallisierte sich für das Große Seelhaus eine immer klosterähnlichere Entwicklung heraus, als deren äußeres Zeichen ein zwar bescheidenes, aber eigenes Zinsbuch und vermutlich eine eigene Kapelle angesehen werden dürfen.[34] Der geforderte karitative Einsatz außer Haus, den die Schwestern leisteten, stand jedoch in einem immerwährenden Spannungsverhältnis zwischen geistlichem Anspruch und irdischen Belangen. Oder wie es Meisterin und Konvent 1511 in einer offenbar erfolglosen Supplikation in derselben Sache formulierten: Sie hätten sich gegen jeden, er sei arm oder reich, der ihre *hilff vnd beystannd in nöten begert* willfährig und gehorsam gezeigt, und das bisweilen ohne Entlohnung, wenn sie gesehen hätten, dass Not und Armut dafür verantwortlich gewesen seien. Dennoch seien sie als Ordensleute auch ihrer Regel und den Gebetszeiten verpflichtet und daher *nit allwegen yederman nach seim gefallen willfaren konnen*. Und die Frauen betonten, dass sie ihre *narung hertigklich gewynnen* müssten.[35] Ihr Lebensunterhalt war demnach weder durch das Stiftungskapital, noch durch die Entlohnung aus den Diensten am Nächsten oder Handarbeit gesichert, sie bedurften der Unterstützung aus der städtischen Almosenkasse. Auch die unregulierten Frauengemeinschaften, seien es Seelhäuser oder Drittordensgemeinschaften, bewegten sich zu Beginn des 16. Jahrhunderts wie die regulären Ordensfrauen in der konkreten Ausgestaltung ihrer ‚welt-geistlichen' Existenzweise zwischen der *vita activa* und der *vita contemplativa*.

Der Übergang der Seelhausstiftungen von Objekten zu Subjekten der gleichwohl religiös motivierten Sozialfürsorge, lässt sich in vielen Städten im 16. Jahrhundert beobachten. Was sich aus der beschriebenen sozialen Brisanz angebahnt hatte, beschleunigte sich mit der Neuordnung des Fürsorge- sowie des Kirchen- und Klosterwesens im Zuge der Reformation. Die städtischen Ordnungen garantierten den Fortbestand der Seelhäuser unter der Bedingung von zu leistenden Krankenpflegediensten.

4. Das Lauginger Seelhaus in Memmingen

Die Memminger Patrizierin Elisabeth Laugingerin ließ kurz nach Mariä Himmelfahrt des Jahres 1490 eine Stiftung *zur immerwerend ewig gottsgaben und armuessen* vor Rat und Obrigkeit beurkunden. Sie hatte ein Haus gekauft, es zu einem *seel und schwesternhawß* ausbauen lassen und verfügte nun detailliert die Regularien dieser Seelhausstiftung.[36]

33 StadtA Nördlingen Ratsprotokoll 1491–1501, fol. 21, Selhuß.
34 Vgl. StadtA Nördlingen Zinsbuch R39 F7.
35 StadtA Nördlingen unverzeichneter Bestand.
36 Stadtarchiv Memmingen D 157/B Stiftungsbrief vom 18. 8. 1490.

Elisabeth Laugingerin war die Witwe Erhard Vöhlins d.Ä., der bereits 1484 verstorben war und dessen zweite Ehefrau sie seit 1452 gewesen war. Erhard Vöhlin hatte in der von seinem Vater mitbegründeten überregional tätigen Memminger Handelsgesellschaft eine führende Position innegehabt und die aus Augsburg stammende Elisabeth in zweiter Ehe geheiratet. Als Witwe oblag es ihr, die aus der Ehe hervorgegangenen Kinder zu versorgen, das Erbe des gemeinsamen Vermögens zu regeln und vorausplanend die Memoria des verstorbenen Ehemanns und seiner Familie zu organisieren. Da der gemeinsame Sohn Leonhard nicht voll geschäftsfähig gewesen zu sein scheint, verfuhr sie nach dem bekannten Handlungsmuster kinderloser Witwen. Ihre für das Folgejahr verabredete Ehe mit dem Augsburger Kaufmann Peter Haintzel und der damit verbundene Umzug zurück in ihre Heimatstadt war sicherlich auch ein Grund, die Nachlassregelung sorgfältig und gründlich in die Wege zu leiten.

Die Laugingerin tat dies mit der Erfahrung einer versierten und erfolgreichen Geschäftsfrau, die das aus den Gewinnen der Vöhlingesellschaft und Geldgeschäften erworbene Immobilienvermögen des Ehepaares in Frickenhausen so effektiv vermehrt und im Wert gesteigert hatte, dass eine Generation später beim Verkauf durch ihren Enkel Erhard der doppelte Preis erzielt werden konnte.[37]

Wie die männlichen Mitglieder der Handelsgesellschaft nutzte sie ihre familiären Verbindungen, die zugleich ökonomisch-politische Netzwerke waren, und schien sich ihrer gewichtigen und einflussreichen Position durchaus bewusst gewesen zu sein.[38] 1485 hatte sie Kaiser Friedrich III. bei seinem Besuch in Memmingen in ihrem Haus beherbergt, dessen Gemächer die Stadt zu diesem Zweck hatte opulent ausstatten lassen.[39]

Üppig war auch die Ausstattung ihrer Seelhausstiftung mit einem Hauptgut von 1400 fl. Die Laugingerin stiftete das Haus zwar als Privatperson und primär zum Zweck des familiären Totengedenkens, die institutionelle Regelung erfolgte allerdings in enger Absprache mit dem Rat, der das Haus bestätigte. Solange sie lebte, hatte Elisabeth Laugingerin selbst die *oberkait* des Hauses inne, sie setzte die Vorsteherin des Hauses ein und hatte im Fall von Streitigkeiten die Entscheidungsgewalt. Nach ihrem Ableben sollte die Aufsicht an ihren Sohn, dessen Nachkommen und in Memmingen ansässige Freunde übergehen. Nach deren Tod wiederum sollten das Reglement und die Verwaltungshoheit an Bürgermeister und Rat fallen.

Ob die Seelhäuser mit der Übernahme durch den Rat auch steuerrechtlich als städtische Institutionen zu werten sind, ist eine schwierige Frage, die im Einzelnen zu klären sich Joachim Berger in seiner vergleichenden Studie zu „Spital und Seelhaus" vorgenommen hat.[40] Das Lauginger Seelhaus war nicht wie die Klöster privilegiert, es unterstand

37 Vgl. Raimund Eirich, Memmingens Wirtschaft und Patriziat von 1347 bis 1551. Eine wirtschafts- und sozialgeschichtliche Untersuchung des Memminger Patriziats, Weißenhorn 1971, S. 174.

38 Zum Verwandtschaftsnetz der Lauginger und Vöhlin vgl. Peter Geffcken, Die Welser und ihr Handel 1246–1496, in: Mark Häberlein/Johannes Burkhardt (Hg.): Die Welser. Neue Forschungen zur Geschichte und Kultur des oberdeutschen Handelshauses, Berlin 2002, S. 27–167, hier S. 147.

39 Vgl. Eirich, Memmingens Wirtschaft (wie Anm. 37), S. 129.

40 Vgl. Joachim Berger, Spital und Seelhaus. Entstehung und Wandel wohltätiger Stiftungen für das Seelenheil am Beispiel der Dreikönigskapelle und Vöhlins Klösterle in der Reichsstadt Memmingen, in: Memminger Geschichtsblätter 1993/96 (1998), S. 61–125.

von Anfang an der Steuerpflicht. Das Steuerabkommen zwischen der Stifterin und dem Rat sah eine jährlich unveränderliche Steuerpauschale vor. Als sogenannte *Gotzgab* wurden die mit der Stiftung verbundenen Güter dennoch als geistlich angesehen. Auch auf der verwaltungstechnischen Ebene wird der ‚Zwischenstand', oder anders formuliert, der Geistliches und Weltliches zu vermitteln suchende Habitus einer in den Seelhausstiftungen verwirklichten beginischen Lebensweise sichtbar.

Ihr *ewig, Immerwerend seel und schwesternhawß* hatte Elisabeth Laugingerin laut Stiftungsbrief für fünf bis sieben *andächtiger gaistlicher layscher bet oder seelschwestern* bestimmt. Aufgenommen werden sollten reiche oder arme Witwen, Frauen oder Jungfrauen, auch solche, die sich als Dienstboten ernähren mussten und nicht in den Klöstern oder Klausen der bewährten Orden unterkommen konnten. Die Frauen sollten ihr Leben lang Gott, dem Allmächtigen, dienen und für die Stifterin und ihre Vorfahren und Nachkommen beten. Darüber hinaus sollten sie Kranken und Sterbenden im Angesicht des Todes beistehen, ihnen *treulich, ernstlich umd fleißiglich zusprechen und ermahnen, bis sich leib und seel von einander geschieden hat*; diese Sterbebegleitung sollte ausdrücklich auch in Zeiten der *pestilenz oder andern zeiten und krankheiten* erfolgen.[41] Eine weitere Aufgabe der Seelhausgemeinschaft war es, die ebenfalls gestifteten Armenspenden in der Pfarrkirche St. Martin und im Seelhaus selbst auszuteilen.[42]

Elisabeth Laugingerin ersuchte sogar um eine päpstliche Anerkennung ihres Hauses, die ihr 1498 auch gewährt wurde. Sie wünschte sich für ihre Seelfrauen einen eigenen Beichtvater, aber ein konkretes Seelsorgeverhältnis legte die päpstliche Approbationsbulle nicht fest; eine spätere Ausfertigung empfahl das Schwesternhaus unter den Schutz der Äbte der Benediktinerklöster St. Ulrich in Augsburg und Ottobeuren sowie des Konstanzer Domherrn Lux Conratter, der wohl Beziehungen nach Rom hatte.[43]

Zusätzlich zu den Bestimmungen im Stiftungsbrief erließ Elisabeth Laugingerin wohl zwischen 1491 und 1496 Statuten für das Zusammenleben der Seelschwestern.[44] Die Frauen durften über keinen Privatbesitz verfügen und mussten alles, was im Haus erarbeitet, erworben oder ererbt wurde, gemeinsam gebrauchen und nutzen. Gemeinsam sollten sie auch den Gottesdienst besuchen, darüber hinaus sollte jede Schwester täglich eine Messe hören und morgens und abends mindestens eine Stunde dem Gebet widmen. Für die Fastenzeit, den Advent und gewisse Feiertage galten Fastengebote, bei Tisch das Schweigegebot. *Jede seel oder betschwester soll haben 8 stund ze schlaufen*, so waren auch die Aufsteh- und Bettgehzeiten genau festgelegt. Ausgang und Besuche waren limitiert und von der *mutter* zu genehmigen. Falls eine Schwester sich ungebührlich und schuldhaft verhalte oder *zu der ehe griffe*, dass sie ausgeschlossen werden müsste, verlöre sie das eingebrachte Eigentum. Jede Schwester hatte ein *glüpt* vor der Aufnahme ins Seelhaus abzulegen und Keuschheit, die Einhaltung der Memoriagebete und Gehorsam gegenüber der *mutter*, der Stifterin und dem Rat zu geloben. Auch in den Statuten wurde die Vordringlichkeit der Sterbebegleitung für jede Seelfrau vor allem anderen

41 Ebd., S. 88 f. (Zitate).
42 Vgl. ebd., S. 77.
43 Vgl. ebd., S. 92.
44 Vgl. ebd., S. 90–92. Dort auch die folgenden Zitate.

Dienst betont: *welche die muter haisset gan zu den kranken, soll sy ohne widersprechen gehorsam sin, es wäre denn da ziemliche entschuldigung.* Ausdrücklich wurden die Schwestern ermahnt, keinen Schmuck und aufwändige Kleidung zu tragen, *sunder als sich gebürt in schlechten klaidren wandlen vor gott und vor der welt.*

Eine starke Anlehnung der Statuten an Ordensregeln ist nicht zu überhören. Die Stifterin betonte, sie habe diese geistliche Ordnung festgelegt, wiewohl die Seelfrauen keine Ordensleute seien und sein wollten, aber das Haus sollte *under der gaistlichen zucht, gehorsam und disciplin* stehen, worin das geistliche Leben bestehe. Offensichtlich orientierte sie sich für die *vita communis* ihrer Seelfrauen am klösterlichen Gehorsam und disziplinierte die Seelfrauen, deren Lebensweise stark reglementiert war, mit Gottesdienstbesuchen, Gebetszeiten und Fasten, der Kontakt zur Außenwelt war ähnlich eingeschränkt wie in klausulierten Frauenklöstern. Die üppige materielle Ausstattung deutet darauf hin, dass die Seelfrauen in Memmingen anders als etwa in Augsburg oder Nördlingen keinerlei Zu- oder Erwerbsarbeit zu leisten haben sollten. Die Hinwendung an die Sterbenden und Kranken war eine geistlich-seelsorgerische Aufgabe, eine Hauskrankenpflege hätte sich mit der quasi klausulierten Lebensweise nicht realisieren lassen.

Als Vorlage für diese Statuten fungierte mit geringen Abweichungen die in der alemannischen Ordensprovinz gebräuchliche Drittordensregel der Franziskaner.[45] Im Zuge der franziskanischen Observanzbestrebungen hatten in den 1480er Jahren sowohl die örtlichen Franziskanerterziarinnen in Maria Garten diese Regeln erhalten wie auch die Terziarinnen im oberschwäbischen Ravensburg oder im bodenseenahen Bregenz.[46]

Andreas Wilts verweist ausführlich auf die Dynamik der franziskanischen Observanzbestrebungen im Nahraum Memmingens ausgehend von den Männerklöstern in Lenzfried/Kempten (1461) und Ulm (1484), auf die hier nicht genauer eingegangen werden kann. Erwähnt seien jedoch die seit Beginn des 15. Jahrhunderts neu gefassten Statuten und Satzungen, die die ländlichen Konvente am Bodensee enger mit den Observanten verbanden und die 1480 erlassene Bulle *Ad Christi vicarii*, wonach die Gelöbnisse der Drittordensleute den Status der feierlichen Ordensgelübde erhalten sollten und damit die Terziarinnen kirchenrechtlich den Ordensfrauen gleichgestellt hatten. Es ergab sich damit ein spannungsreicher und paradox anmutender Status der den observanten Franziskanern nahestehenden Terziarinnen, den Wilts wie folgt umreißt: „Die Schwestern waren der Regel nach Laien, den Gelübden nach Ordensfrauen und der Lebensweise nach keines von beidem".[47]

Ob sich der Passus in der Lauginger Stiftungsurkunde, man sei weder befugt noch wolle man den Ordensleuten in ihre Angelegenheiten hineinregieren, konkret auf diese sich im Fluss befindlichen Vorgänge bezieht, kann zum bisherigen Stand der Forschung nicht entschieden werden. Deutlich wird jedoch, dass Elisabeth Laugingerin ihrer Seelhausstiftung eine in jeglicher Richtung abgesicherte eigenständige Position im weiteren

45 Vgl. ebd., S. 91; vgl. auch Bernhard Lins, Geschichte des Frauenklosters vom Dritten Orden des Hl. Franziskus Maria Garten in Memmingen, in: Franziskanische Studien 34 (1952), S. 265–289, 407–424, hier S. 268.

46 Vgl. Wilts, Beginen im Bodenseeraum (wie Anm. 2), S. 258, 366–369.

47 Ebd., S. 262 (Zitat).

Spektrum der städtischen Sakrallandschaft und der durch den Rat zu organisierenden Armenfürsorge verschaffen wollte.[48] In die Stadt sollte ihre Stiftung hinein wirken, als außerordentlich imposantes Memorialinstitut, das die Erinnerung an die Familie Vöhlin und die Gebets- und Bußleistungen zu deren seliger Erlösung verbunden mit der guten Tat der Armenspeisung gewährleistete. Und es wirkte hinein in das spirituell-religiöse Angebot der Reichsstadt für fromme Frauen, indem sie als Bürgerin ein geistliches Institut schuf, das die Ideale der laikalen Armutsbewegung mit der anerkannten Existenzweise eines Frauenklosters verband.

Die einschneidenden Veränderungen, die die Reformation für die beginische Lebensweise brachte, stellten einen noch größeren Umbruch dar, indem aus den quasireligiosen Seelhäusern kommunale Einrichtungen der Armenfürsorge wurden, ohne allerdings ihren religiösen Charakter ganz zu verlieren.[49]

In der Reichsstadt Memmingen waren bis in die 20er Jahre die frommen Stiftungen stetig zurückgegangen, 1528 wurde die Messe abgeschafft und der Rat griff auf die Stiftungen zu. Als *gottesgaben*, also von Gott gegeben verstanden, wurden sie nicht aufgelöst, sondern gemeinnützig umgewidmet. 1529 wurde die sogenannte Großspendenpflege eingerichtet, die nun die Armenspenden übernahm. Im Anschluss daran versuchte der Rat die Frauenklöster zu reformieren, scheint auch versucht zu haben, das Seelhaus aufzulösen und die Seelfrauen mit einer Pension abzufinden.

Erhard Vöhlin, der Enkel Elisabeth Laugingers, intervenierte 1529 gegen diese Maßnahme zunächst mit Erfolg, das Haus konnte aber nur mit drei Seelschwestern weiter bestehen. Die Übertragung des Kapitals aus den Jahrtagen in Höhe 300 fl. in die Großspendenpflege musste er jedoch wie andere altgläubig gebliebene reiche Patrizier hinnehmen.

Einem Ratsprotokoll aus dem Jahr 1531 ist zu entnehmen, dass die Seelfrauen nun *zu allen kranken gangen und anheimsch sonst bleiben* sollten.[50] Im selben Jahr hatten die Memminger Franziskanerterziarinnen die Stadt verlassen, ihre krankenpflegerischen Dienste scheinen an die Schwestern aus ‚Vöhlins Klösterle'" wie das ehemalige Seelhaus nun betitelt wurde, übertragen worden zu sein.[51]

5. Zusammenfassung

Ab der Mitte des 14. Jahrhunderts entstanden im Rahmen bürgerlicher Seelgerätstiftungen in den ostschwäbischen Städten sogenannte Seelhäuser, die kleineren Gemeinschaften von frommen Frauen Unterkunft und Auskommen gewährten. Im Spannungsfeld von Memoria, Caritas und Laienspiritualität stellen sie je nach Genese, lokaler

48 Vgl. Berger, Spital und Seelhaus (wie Anm. 40), S. 90; Hannes Lambacher, Das Franziskanerinnenkloster Maria Garten, in: Joachim Jahn (Hg.): Die Geschichte der Stadt Memmingen. Von den Anfängen bis zum Ende der Reichsstadt, Bd. 1, Stuttgart 1997, S. 315–319.

49 Zur Diskussion um die Besetzung des paritätisch gewordenen Hirnschen Seelhaus 1651 in Baumeister, Fürsorge (wie Anm. 12), S. 88 f.

50 Berger, Spital und Seelhaus (wie Anm. 40), S. 115 (Zitat).

51 Vgl. ebd.

Ausprägung und Funktion eine regionale Sonderform der fluiden und anpassungsfähigen beginischen Lebensform dar.

Während frühe Stiftungen in Augsburg und Ulm ab den 1340er Jahren einen institutionell offenen Rahmen für die spirituellen Belange semireligiöser Frauengemeinschaften vorzugeben scheinen, wurden die Seelfrauen im frühen 15. Jahrhundert explizit mit der Durchführung der bürgerlichen Memorien in Form von Anniversarien verbunden mit Almosenspenden betraut. In einer weiteren Ausdifferenzierung der kapitalisierten Gedächtniskultur konnten die Gebetsleistungen der Seelfrauen von der gesamten Bürgerschaft in Anspruch genommen werden, wobei sich wiederum feste Verbindungen bestimmter Seelhäuser zu einzelnen Klöstern und Gotteshäusern als Orte der Memoria etablierten. Dennoch blieben die Seelhäuser bürgerlich-städtische Einrichtungen und wurden von den Stifterfamilien bzw. Pflegschaften des Rates nach außen sowie Hausordnungen nach innen kontrolliert. Während der reformatorischen Umwälzungen fielen sie der städtischen Armenpflege zu und wurden in kommunale Fürsorgeeinrichtungen umgewandelt ohne allerdings ihren religiösen Charakter ganz zu verlieren.

Den Weg der Verklösterlichung nahmen mit unterschiedlichem Ergebnis die Seelhäuser in Nördlingen oder Memmingen und sind damit ebenfalls in die Diskussion überregional wirksamer Strukturen in der Beginengeschichte einzuordnen. Die unzureichende ökonomische Ausstattung zwang die Frauengemeinschaft im Ries zu ständigen Kompromissen zwischen ihrem Selbstbild als Seelnonnen franziskanischer Prägung und den Ansprüchen der Gemeinde, die ihre Unterstützung von der Indienstnahme für aktive karitative Belange abhängig machte. Das Engagement in der Krankenpflege oder Sterbebegleitung erwuchs neben der notwendigen handwerklichen Betätigung aus der Pragmatik des anpassungsfähigen Modus Vivendi der frommen Frauen.

Die Memminger Seelhausstiftung der Elisabeth Laugingerin von 1490 schließlich verknüpft die Geschichte der Seelhäuser mit der franziskanischen Observanzbewegung, die im Oberschwäbischen und im Bodenseeraum eine starke Dynamik entfaltet hatte. Die klosterartige Verfassung ihres Seelhauses, dessen päpstliche Anerkennung ebenso wie die zeitgleich erfolgte kirchenrechtliche Aufwertung der Drittordensgelübde akzentuierten die Lebensweise der Seelschwestern formal klosterähnlich und in der Frömmigkeitspraxis beginisch. Als Stiftung wurde das Haus in der Reformation zwar nicht aufgelöst, jedoch der städtischen Armenpflege zugeordnet. Dies beförderte in der retrospektiven Interpretation den Topos von den Beginenhäusern als Armenhäuser und entkoppelte sie von den ursprünglichen karitativen Motiven der Stiftungspragmatik als auch eines eigenen geistlichen Weges, zu dem Nächstenliebe genuin als Komponente der spirituellen Praxis gehörte.

„Neue Bilder"

Zur Ausstattung der Franziskanerkirche St. Luzen in Hechingen

von Lorenz Enderlein

Die Bildausstattung der kleinen Franziskanerkirche St. Luzen bei Hechingen aus dem späten 16. Jahrhundert gilt nicht nur als eines der prominenten Beispiele der südwestdeutschen Renaissance, sie belegt auch die konzeptionelle Neuorientierung hinsichtlich der Nutzung und Gestaltung sakraler Räume und Bilder in den katholischen Territorien des Südwestens im Kontext des Tridentinums.[1] Ein Vergleich – etwa mit der Sequenz von Altarbildern des Meisters von Meßkirch aus der Mitte des 16. Jahrhunderts für die dortige Pfarrkirche, dem nur wenige Jahrzehnte zuvor entstandenen Prestigeprojekt der Grafen von Zimmern, die noch einmal das Heiligenpantheon des Spätmittelalters aufruft, verdeutlicht die veränderten Ansprüche an das sakrale Bild in diesen Jahren ebenso wie die gezielten Akzentverschiebungen im Umgang mit dem Bildrepertoire des späten Mittelalters.[2] In der folgenden Engführung der aufgerufenen Bildtraditionen mit dem reichen Quellenmaterial zur Neuausstattung der Kirche soll der Funktionskontext des

1 Das Kircheninnere ist im frühen 18. Jahrhundert einer Reihe von Eingriffen unterzogen worden, die sowohl die Altarausstattung, die Raumfarbigkeit als auch die Zugangssituation betrafen. Die Restaurierung der Jahre 1971–1975 hat versucht, zumindest das ursprüngliche farbige Raumbild zu rekonstruieren. Quellen zur Geschichte des Klosters: P. Manns, Die Gründung des Franziskanerklosters St. Lutzen zu Hechingen, in: Freiburger Diözesan-Archiv 26 (1898), S. 317–326; Gustav Hebeisen, Zur Geschichte des Klosters St. Luzen bei Hechingen, in: Mitteilungen des Vereins für Geschichte und Altertumskunde in Hohenzollern 53 (1919/1920), S. 1–58; Max Heinrichsperger, Hechingen/Hohenzollern. Franziskaner-Observanten, in: Joseph Gatz (Hg.): Alemania Franciscana Antiqua. Ehemalige franziskanische Männer- und Frauenklöster im Bereich der Oberdeutschen oder Straßburger Franziskaner-Provinz mit Ausnahme von Bayern, Bd. 16, Ulm 1970, S. 139–214; Wolfgang Müller, St. Luzens Bedeutung für das religiöse Leben Hechingens, in: Zeitschrift für Hohenzollerische Geschichte 12 (1976), S. 107–122; weitere Überblicke: Eberhard Gönner, Die Geschichte der Kirche und des Klosters, in: Hans-Jörg Mauser/Rudolf Schatz (Hg.): St. Luzen in Hechingen, Stuttgart 1991, S. 9–48; Otto Werner, Die Säkularisation des Franziskanerklosters St. Luzen und des Kollegiatstifts St. Jakobus in Hechingen, in: Zeitschrift für Hohenzollerische Geschichte 38/39 (2002/2003), S. 103–202, mit Literatur zur Geschichte des Klosters S. 104 f.

2 Vgl. Elsbeth Wiemann, III Meister von Meßkirch. Die Altarausstattung der Pfarr- und Stiftskirche St. Martin in Meßkirch, in: Dies. (Hg.): Der Meister von Meßkirch. Katholische Pracht in der Reformationszeit, München 2017, S. 155–213.

für eine Franziskanerkirche ungewöhnlich reichen Bildprogramms rekonstruiert werden. Die präzisen und ausführlichen Anweisungen der Konzepteure des Programms machen darüber hinaus das ‚Sprechen' über die neuen Forderungen an den Kirchenraum vor dem Hintergrund der konfessionellen Differenzen im deutschen Südwesten in konkreter Weise hörbar.

1. Die Gründung

Die Eigenart der Bildsetzungen in der Bettelordenskirche hängt auch mit ihrer spezifischen Vorgeschichte zusammen, die im Zusammenhang mit der Renovatio des 16. Jahrhunderts einen liturgischen Neuanfang provozierte. Als sich Graf Eitelfriedrich IV. von Hohenzollern-Hechingen zu Beginn der 1580er Jahre der Stiftung zuwandte, war der dafür zu verwendende Baukomplex an der einstigen Hechinger Stadtpfarre St. Luzen, seiner Beschreibung nach, *zu abgang gerathen*.[3] Die Funktion der Kirche, an der sich im späteren 14. Jahrhundert zudem eine Gemeinschaft von Klausnerinnen angesiedelt hatte, war hinfällig geworden, als sein Urgroßvater Graf Eitelfriedrich II. 1488 den aufwendigen Kirchenneubau von St. Jakob mit angeschlossenem Stift in der Oberstadt errichtete und 1536 die Pfarrrechte wie ein Teil der Altarpfründen dorthin übertragen wurden.[4] Noch der Graf selbst hatte unter Verwendung der Einkünfte der schon zuvor aufgelösten Frauengemeinschaft spätestens 1511 ein Observantenkloster stiften wollen.[5] Die Sympathien für den streng regeltreuen Zweig der Franziskaner in diesen Jahren sind in zahlreichen Reformprojekten franziskanischer Niederlassungen im Südwesten (Tübingen 1446; Ulm 1484; Rottenburg, Horb, Freiburg 1515) und vergleichbaren Neugründungsversuchen (Wolfegg 1511) belegt. Das fromme Ansinnen war jedoch auch unter seinen Nachfolgern immer wieder aufgeschoben worden. In den Auseinandersetzungen der Reformationszeit hatten sich die Zollerngrafen erst unter politischem Druck, und endgültig mit den neuen Landesordnungen des Grafen Jos Niklas II. 1550 und 1557, auf die Seite der

3 *In Mainung dasselbig mit deß heilig Ordens Personen Divi Francihci Zu besetzen, welches aber hernacher gentzlich an notwendigen gebäuwen, Zu abgang gerathen, allerdings dermasse befunden, daß sich darinnen keine Ordenspersonen alß erhalte möge ond köndten*, Stiftungsbrief des Grafen vom 26. 6. 1586 in: Hebeisen, Zur Geschichte (wie Anm. 1), S. 15 (Zitat).

4 Zur Vorgeschichte der Pfarre und der Klause vgl. Ludwig Egler, Chronik der Stadt Hechingen, bearb. von Maximilian Rudolf von Ehrenberg, Hechingen 1906, S. 16–24, 44–48, 52 f., 59; Hebeisen, Zur Geschichte (wie Anm. 1), S. 1–4; Manfred Krebs, Die Investiturprotokolle der Diözese Konstanz aus dem 15. Jahrhundert, in: Freiburger Diözesanarchiv 68 (1941), Anhang S. 265–424, hier S. 360; Heinrichsperger, Hechingen (wie Anm. 1), S. 141 f.; Müller, St. Luzens Bedeutung (wie Anm. 1); Dokumente zu Altarstiftungen im Landesarchiv Baden-Württemberg, Staatsarchiv Sigmaringen (im Folgenden StAS).

5 Zur Diskussion um die Gründung zwischen den Zollerngrafen und Ulrich von Württemberg 1511–1516, Stephan Locher, Beiträge zur Geschichte des Grafen Eitelfriedrich von Zollern, Mitteilungen des Vereins für Geschichte und Altertumskunde in Hohenzollern 21 (1887/1888), S. 105–132; Manns, Gründung (wie Anm. 1); Hebeisen, Zur Geschichte (wie Anm. 1), S. 4–8; Heinrichsperger, Hechingen (wie Anm. 1), S. 143–146. Dokumente im Landesarchiv Baden-Württemberg, Hauptstaatsarchiv Stuttgart A 193 Bü 5; Entwurf für ein Testament auch in StAS FAS DH 1 T 1–6, R 78, 9.

Altgläubigen gestellt.[6] Die Franziskaner ihrerseits – nach Ortsbesichtigung durch die hinzugezogenen Ordensvertreter – erhoben Einwände hinsichtlich der Platzwahl außerhalb der Stadt und der Nähe zum Friedhof.[7] Hechingen selbst spielte zudem als Wohnsitz der Grafenfamilie in diesen Jahren kaum eine Rolle und dürfte als Niederlassungsort wenig attraktiv gewesen sein.[8]

Das änderte sich nach der Zollerischen Erbteilung 1576 grundlegend. Der nun in der Stadt residierende älteste Vertreter der Grafenlinie begann mit der Ausgestaltung einer standesgemäßen Residenz und hatte zudem recht genaue Vorstellungen von der zukünftigen Funktion der noch anzuwerbenden Mönche, deren Predigttätigkeit als Teil eines umfassenden Maßnahmenpakets zur Sicherung des Katholizismus im Land und seiner gleichzeitigen Reform anzusehen ist.[9] Im Juni 1584 richtete der Graf zwei Stipendien zum Studium der Theologie für künftige Priester im Land ein und begann – nachweislich seit 1587 – den traditionellen Konstanzer Ritus durch die römische Liturgie zu ersetzen.[10]

In Sachen St. Luzen trat er, in Absprache mit seinen Brüdern Karl und Christoph sowie den Grafen von Fürstenberg, in Kontakt mit dem eng befreundeten bayerischen Herzog und dem Provinzial der Straßburger Franziskanerprovinz Johann Piscator.[11] Aus München war 1581 zunächst ein Geistlicher nach Hechingen gesandt worden, der die Betreuung der noch in der Kirche verbliebenen Altäre, anscheinend mehr schlecht als recht, übernommen hatte.[12] Am 19. März 1583 beauftragte Eitelfriedrich den seit den 1570er Jahren an der Burg Hohenzollern und am Hechinger Schloss tätigen Ulmer Bild-

6 Zur Haltung des Zollerngrafen Jos Niklas II. in den konfessionellen Auseinandersetzungen des Schmalkaldischen Krieges und dem drohenden Verlust der Herrschaft Hohenberg Johann Jacob Wetzel, Geschichte der katholischen Kirche in Schwaben-Hohenzollern, Bd. 2, Bühl 1931, 212 f.

7 24. 1. 1575, Karl I. im ersten Hausgesetz zur Stiftung von St. Luzen: *Barfueßercloster Sanct Lutz: Zum zwaintzigsten: Waß aber das barfueßercloster belangt, dieweil man oft bei etlichen barfuessers ordens leüt angehalten, dahin ain anfang zu machen, aber als es durch die barfuesser ordens leüt besichtiget worden, hat es von inen nie besessen noch angenommen werden wöllen auß uhrsach dieweil die weihlegine oder begrebnuß zu Hechingen in sterben leüfen dem closter zue nahet ist*; Wolfram Ulshöfer, Das Hausrecht der Grafen von Zollern, Sigmaringen 1969, S. 120 (Zitat).

8 Die Zollerngrafen residierten im späteren 15. und frühen 16. Jahrhundert auf der Burg Hohenzollern und im Rottenburger Schloss, dann in Sigmaringen. Von 1571 datiert Karls Empfehlung an seinen Sohn Eitelfriedrich, es doch vorrübergehend mit Hechingen als Residenz zu „versuchen", 1573 ließ dieser sich dort nieder; vgl. Walter Bernhardt, Graf Eitelfriedrich I. von Hohenzollern-Hechingen (1545–1605), in: Zeitschrift für hohenzollerische Geschichte 12 (1976), S. 29–97, hier S. 38.

9 Das Interesse der katholischen Fürsten gerade an den Observanten äußert sich auch andernorts, etwa in der gleichzeitigen Gründung einer besonders strengen Grundsätzen verpflichteten Tiroler Ordensprovinz 1580 auf Initiative Ferdinands II. von Tirol.

10 Zu den Stipendienstiftungen vom 23. 6. 1584 vgl. Wetzel, Geschichte (wie Anm. 6), S. 246–248; Ernst Fritz Schmid, *Musik* an den schwäbischen *Zollernhöfen* der Renaissance, Kassel u. a. 1962, S. 314–316; Bernhardt, Graf Eitelfriedrich (wie Anm. 8), S. 56 f.; Abschriften in StAS Ho 1 T 7, 1353; die Quellen zur Einführung der römischen Liturgie seit 1587 vgl. Schmid, Musik (wie Anm. 10), S. 328–331.

11 Erhaltene Korrespondenz seit 1583; vgl. StAS FAS DH 1 T 1–6, R 78, 210; Hebeisen, Zur Geschichte (wie Anm. 1), 11 f.

12 Ein Schreiben Eitelfriedrichs IV. von Hohenzollern Hechingen an Wilhelm V. von Bayern berichtet am 27. 12. 1583 von dem durch Wilhelm nach Hechingen gesandten Hubert Brandts, der zwei Jahre im Kloster St. Luzen gewesen wäre, um dieses in gutem Zustand zu erhalten. Er habe allerdings die „Klosters-Ornaten" vergehen lassen und sei dann entlaufen. Er habe deshalb bereits an die Franziskaner in

hauer Hans Amman mit der Modernisierung des mittelalterlichen Altarschreins – nach dem rekonstruierbaren Bestand ein Marienaltar – und der Instandsetzung von dessen Figuren.[13] Bis zu diesem Zeitpunkt scheint sich an der liturgischen Disposition der ehemaligen Pfarrkirche wenig geändert zu haben. Die verbliebenen Altäre, neben dem Hochaltar sind bis 1602 noch der Ottilien- und Laurentiusaltar nachweisbar, wurden von den Geistlichen weiter betreut, die Kirche, so hatte es Eitelfriedrichs Vater Karl I. 1575 empfohlen, wenigstens gelegentlich zum Gottesdienst genutzt.[14]

Zum Jahresende 1583 forcierte der Graf die Anstrengungen zur Einrichtung eines Konvents. Dringender bat er am bayerischen Hof und beim Provinzialkapitel der Franziskaner um zwei oder drei Ordensbrüder, von denen zumindest einer ein guter Prediger sein sollte, um so der Kirche zu neuer Attraktivität zu verhelfen, und, so in einem Schreiben Ende 1584: *Irret auch gar nichts,* d[as]*s solicher nicht ein hoher Doctor were, Nur allein* d[as]*s der gemain Pöbell ernstlich Zu besserung Ihres schandtlichen lebens vnnd abscheuwung der einreissenden verdambtenn Kezerischen Leeren angraizet Vnnd ermanet Werde.*[15] Zu diesem Zeitpunkt scheint Eitelfriedrich den neuen Franziskanerprovinzial Johann Kemminger von den Perspektiven Hechingens überzeugt zu haben. Entscheidendes Kriterium für die Gründung dürfte die geplante Versorgung der Bettelmönche gewesen sein, deren Möglichkeiten zum Terminieren in den politisch und religiös zersplitterten, stark ländlich geprägten Territorien beschränkt waren und bis zur Aufhebung des Klosters im frühen 19. Jahrhundert immer wieder geregelt werden mussten. Eitelfriedrich berichtete dem Provinzial außerdem, dass er sich nun ernsthaft an den Bau des Klosters gemacht habe, die Reparatur des Dachstuhls in Angriff nehmen wolle, so dass drei Mönche ab der kommenden Osterzeit Unterkunft hätten.[16] Die Arbei-

München und Landshut geschrieben; vgl. StAS FAS DH 1 T 1–6, R 78, 210; Hebeisen, Zur Geschichte (wie Anm. 1), S. 12–14 (Datierung hier falsch auf den 27.9.1583).

13 Vgl. Anhang Nr. 1. Zum Altar und seinen Veränderungen im 18. Jahrhundert (1743 Weihe), siehe Friedrich Hossfeld/Hans Vogel, Die Kunstdenkmäler Hohenzollerns. Band 1. Kreis Hechingen, Hechingen 1939, S. 172. Dieses erste Dokument von Eitelfriedrichs Auftragstätigkeit in der Kirche taucht nach zwei Jahren der Betreuung des Klosters durch Hubert Brandts auf. Obwohl Jakob Frischlin, Drey schöne und lustige Bücher von der Hohen Zollerischen Hochzeyt, Augsburg 1599, S. 30, den Beginn der Renovierungsarbeiten schon 1579 datiert, sind aus diesen ersten Jahren keine weiteren Aktivitäten überliefert; das genannte Datum also wohl irrtümlich für 1589. Zur Bildhauerfamilie Amman oder Amann aus Ulm zuletzt Wilfried Steinhart, Rätsel gelöst. Bisher unbekanntes Werk (um 1621) von Hans Amann entdeckt, in: Villingen im Wandel der Zeit. Jahresheft des Geschichts- und Heimatverein Villingen 33 (2010), S. 19–27.

14 24.1.1575, Hausgesetz Karls I. von Hohenzollern: *so soll diß closter, soviel müglich, zue gottesdienst gebraucht werden, wie das am füeglichsten mag erlangt werden*; Ulshöfer, Hausrecht (wie Anm. 7), S. 120 (Zitat). Zum Transfer von Laurentius und Ottilienaltar siehe Weihe der Hechinger Spitalkirche am 13.4.1603 mit Erwähnung von Ottilien- und Laurentiusaltar aus St. Luzen; StAS Ho 1 T 1–6, 363; Egler, Chronik (wie Anm. 4), S. 114 f. Die Altartafeln selbst 1602 datiert, Philipp Longard, Zur Geschichte des Graf Eitel Friedrich'schen Pfründehospitals in Hechingen, in: Mitteilungen des Vereins für Geschichte und Altertumskunde in Hohenzollern 26 (1902/1903), S. 109–151, hier S. 137.

15 So der Text in Eitelfriedrichs Schreiben an den Provinzial Johannes Franziskus Kemminger vom 29.12.1584, Missivbuch; StAS Ho 1 T 8 182, fol. 91v; Schmid, Musik (wie Anm. 10), S. 325.

16 Der Text im gleichen Schreiben vom 29.12.1584: D[as]*s Ich algeraidt die reparirung des Closters an Die Handt genom*[m]*en vnnd Zwar großenn Des gebeuers Abgang gespürt wed*[er] *Ich nicht vermaint, Dermaßen das mann den Fachstuel gar abtuen, vnnd vonn neuerem gemacht werden solle, Der gestalt,*

ten scheinen dann noch gedauert zu haben. Ende 1585 ist die Ordination der ersten drei angeworbenen Brüder durch den Konstanzer Bischof belegt, im Frühling 1586 bat Eitelfriedrich die Franziskaner um Inkorporation der neuen Stiftung in die Straßburger Ordensprovinz anlässlich des anstehenden Provinzialkapitels und stellte im Juni den endgültigen Stiftungsbrief aus.[17]

2. Franziskaner in Rom – der Mönchschor

Die seit April 1586 für die folgenden vier Jahre dokumentierte Bau- und Ausstattungstätigkeit in Kirche und Kloster gehört zu den faszinierendsten Zeugnissen künstlerischer Auftraggeberschaft im deutschen Südwesten, dies nicht nur wegen der Singularität des erhaltenen künstlerischen Bestandes, sondern auch wegen der Dichte der überlieferten Schriftzeugnisse. Sie machen das Nachdenken über die geplanten Werke in einer Situation der Verunsicherung hinsichtlich der Funktion sakraler Bilder nachvollziehbar, in dem sich die einzelnen Akteure, Graf Eitelfriedrich IV., die seit Dezember 1585 anwesenden Vertreter des Observantenordens und die beteiligten Künstler, über konfessionelle Grenzen hinweg auf ein Bildprogramm einigten, das heute paradigmatisch für den Versuch eines Neubeginns erscheint.[18] Dass die für Eitelfriedrichs Hof typische interkonfessionelle Zusammenarbeit nicht immer reibungslos verlaufen ist, belegt der Vermerk in einer Abrechnung mit dem protestantischen Stuckateur Wendel Nufer aus Herrenberg: *Mer ist er gestrafft worden wegen er in der fasten in der Kirchen Zu S. Lutzen flaisch geessen.* Dem Gipser wurden für den Frevel 10 Gulden von seinem Salär abgezogen. Der provokante Fleischverzehr im Gotteshaus dürfte kein Versehen gewesen sein und kann wohl

das Vmb nechstkünftige Österliche zeit Uff dreij Ordens Personen alle notturft an gemächer Vnnd der gleichen Ding gerfertigt Zuersehen sein; StAS Ho 1 T 8 182, fol. 91v; Schmid, Musik (wie Anm. 10), S. 325.

17 14.12.1585, Ordination der Klosterbrüder von St. Luzen: *mein lieber besonder Bruder Andreas Naß, meines Neuen reparirten Closters zue Sanct Luzen; Anfeckhlicher Gardian. Sambt zwen seiner mitbruedern. Deromainung. Sich nacher Costantz zuverfuegen Vorhabens. Das er gern dieselben ad Sacros ordines. Nottwendigelich promovirt. Sehen wollte*; Missivbuch, StAS Ho 1 T 7 183, fol. 42 f., Schmid, Musik (wie Anm. 10), S. 337, Anm. 108. Zur Korrespondenz mit den Franziskanern vgl. StAS FAS DH 1 T 1–6, R 78, 205; Hebeisen, Zur Geschichte (wie Anm. 1), 18 f.; Heinrichsperger, Hechingen (wie Anm. 1), 151 f., mit Diskussion zur Abhaltung eines Generalkapitels in München 1586. Stiftungsbrief vom 26.6.1586 publiziert bei Hebeisen, Zur Geschichte (wie Anm. 1), 14–19; Heinrichsperger, Hechingen (wie Anm. 1), 149 f.

18 Der Bestand an Verdingzetteln zu St. Luzen im StAS ist nicht vollständig erfasst. Obwohl schon Hebeisen, Zur Geschichte (wie Anm. 1), S. 2, die Publikation des umfangreichen Quellenmaterials angekündigt hat, ist das Unterfangen, bis hin zu den quellenreichen ungedruckten Tübinger Arbeiten von Helmut Hell, Forschungen zur südschwäbischen Plastik der Zeit der Gegenreformation, Tübingen 1952 (Dissertation), und Thomas Stier, St. Luzen in Hechingen – der Renaissancebau Eitelfriedrichs I. Zur Genese des Bildprogramms und des ornamentalen Schmucks, Tübingen 2001 (Magisterarbeit), immer wieder aufgeschoben worden. Textauszüge des ermittelten Dokumentenbestandes seien deshalb im Anhang ediert. Aus Platzgründen werden nur die Passagen zu den eigentlich verdingten Arbeiten transkribiert, auf Titel, Bezahlungsmodi und juristische Klauseln ist verzichtet. Die vorgestellte Sammlung basiert auf den Beständen des Sigmaringer Archivs, den Mitarbeiter*innen, insbesondere Birgit Meyenberg, sei hier für die Unterstützung gedankt.

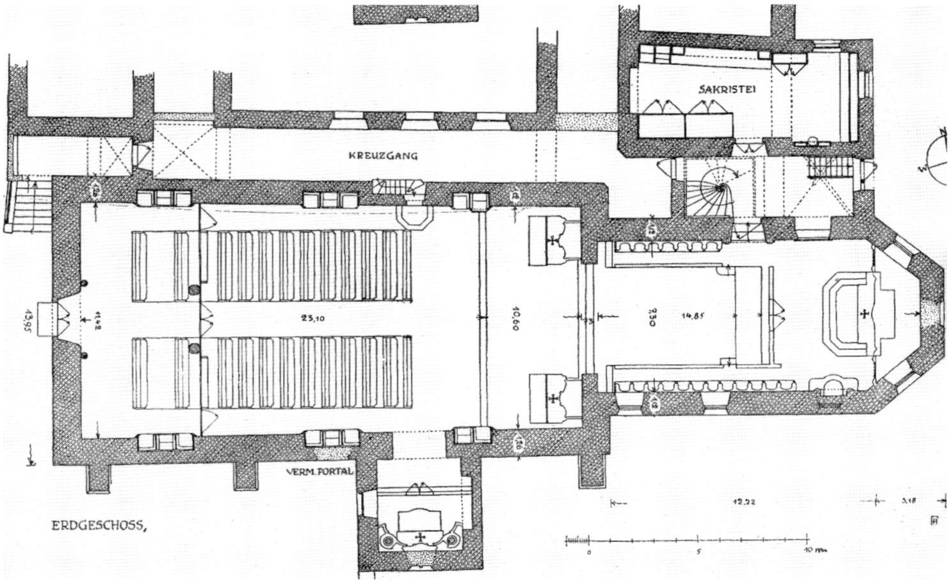

1 St. Luzen, Hechingen, Grundriss von Kirche und südlichem Kreuzgangflügel (Vorlage: Friedrich Hossfeld/Hans Vogel, Die Kunstdenkmäler Hohenzollerns, Bd. 1 Kreis Hechingen, Hechingen 1939, S. 168)

als ein Zeugnis für die im 16. Jahrhundert immer wieder belegbare kritische Haltung der Künstler in rituellen Fragen zu werten sein.[19]

Die einstige Hechinger Pfarre bestand aus zwei nacheinander entstandenen, nicht genau datierten Bauteilen, dem Chorbereich, in dem Teile der hochmittelalterlichen Mauersubstanz aufgegangen waren, und dem Langhaus, das auf die lange Regierungszeit des Grafen Jos Niklas I. (1439–1488) im 15. Jahrhundert zurückgehen könnte, der die Ausstattung seiner Territorien mit einem Netz von Pfarrkirchen beharrlich vorangetrieben hatte (Abb. 1).[20] Die ersten Verdinge betreffen die geplante Neuausstattung des Chors der zukünftigen Klosterkirche nach Ansiedlung der Mönche. Wieder geht ein Auftrag an den Ulmer Bildschnitzer Hans Amman, der am 17. April 1586 mit der Anfertigung eines

19 Vgl. Anhang Nr. 16. Wendel Nufer, auch Wendell oder Wendelin Nuffer, Nuferer, Nufferer, Neuffer, Nueffer etc. war mehrere Jahre lang auf den Baustellen in Hechingen tätig und wohnte im April 1584 im Haus des Sattlermeisters Leonard Ziegler in der Nähe der Stiftskirche: *dem Hauß darin der gipser wond* [...] *oben bej der Pfarrkirchen*; StAS Ho 1 T 8 59, fol. 272v; Schmid, Musik, (wie Anm. 10), S. 416. Zum Phänomen der Religionskritik unter Künstlern vgl. den Katalog von Jürgen Müller/Thomas Schauerte, Die gottlosen Maler von Nürnberg: Konvention und Subversion in der Druckgraphik der Beham-Brüder, Nürnberg 2011.

20 Die Baugeschichte der mittelalterlichen Kirche ist nicht genauer untersucht, genauere Rückschlüsse auf den Vorgängerbau sind seit der Restaurierung 1971–1975 möglich. Zusammenfassend Wolfram Noeske, Die Vita des Bauwerks, in: Mauser, Schatz, St. Luzen (wie Anm. 1), S. 50.

2 St. Luzen, Hechingen, Blick nach Osten, Raumbild nach der Umgestaltung im frühen 18. Jahrhundert (Foto: Lorenz Enderlein)

mit Engelsköpfen und Laubwerk gezierten Chorgestühls betraut wird.[21] Grundlage ist eine Visierung, also eine durch den Hof initiierte zeichnerische Vorlage aus der Hand des Bildhauers oder eines der am Bau der Residenz beteiligten Künstler. Die beschriebene Dekoration verdeutlicht bereits die Entscheidung für eine neuartige Programmatik, die sich von den ordensspezifischen Ikonografien bisheriger Gestühle absetzt. Es fehlen die üblichen Verweise auf die Gemeinschaft der Propheten und Apostel als Identifikationsmuster für den Konvent und der durch sie verkörperten Idee der Schrift, wie sie noch

21 Vgl. Anhang Nr. 2. Die Bestuhlung der Kirche ergibt sich aus drei unterschiedlichen Verträgen. 30 weitere Stühle werden mit Rückverweis auf einen schon vorliegenden Verding bzw. die zugehörige Visierung 1587 bei Amman in Auftrag gegeben, also offensichtlich eine Reaktion auf die über Erwarten angestiegene Anzahl von Mönchen, vgl. Anhang Nr. 6. Ein weiterer Satz Männer und Frauenbänke, wohl für den Laienraum, wird dann 1603 bestellt; vgl. Anhang Nr. 19.

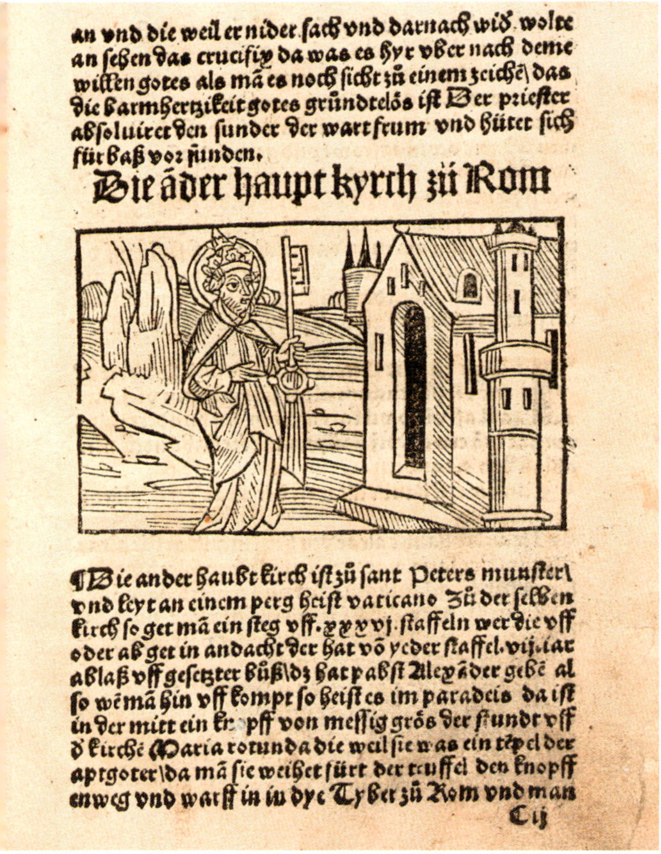

an vnd die weil er nider sach vnd darnach wid wolte
an sehen das crucifix da was es hyr vber nach deme
willen gotes als mā es noch sicht zū einem zeichē das
die barmhertzikeit gotes gründtelos ist Der priester
absoluiret den sunder der wart frum vnd hütet sich
für baß vor sunden.

Die ander haupt kyrch zū Rom

Die ander haubt kirch ist zū sant Peters munster
vnd leyt an einem perg heist vaticano Zū der selben
kirch so get mā ein steg vff. xxxvj. staffeln wer die vff
oder ab get in andacht der hat vō yeder staffel. vij. iar
ablaß vff gesetzter büß das hat pabst Alexāder gebē al
so wē mā hin vff kompt so heist es im paradeis da ist
in der mitt ein k pff von messig grös der stundt vff
d kirchē Maria rotunda die weil sie was ein tēpel der
aptgoter da mā sie weihet fürt der teuffel den knopff
enweg vnd warff in in dye Tyber zū Rom vnd man
C ij

3 Die Basilika von St. Peter in Rom, aus: Mirabilia Romae vel potius Historia et descriptio urbis Romae. Die grossen Wunderwerke der Stadt Rom, Strassburg 1500, fol. CIIr (Vorlage: Exemplar Freising, Dombibliothek J 17, http://daten.digitale-sammlungen.de/bsb00062340/image_35)

die Bildwelt von Schickhardts Herrenberger Gestühl (1513–1517) oder die von Adolf Daucher im Münster von Schwäbisch Gmünd (1550) realisierte Bestuhlung prägten. Der Chor der Engel, der nun die Bänke umgab, verkörperte in allgemeinerer Weise die Vorstellung himmlischer Liturgie, die sich im Gesang der hier sitzenden Mönche spiegelte.

Auch die Bilder von Decke und Wänden, mit deren Ausführung Eitelfriedrich am 8. Juni 1586 den schon genannten Stuckateur Wendel Nufer beauftragte, waren für Mönchschöre eher unüblich.[22] Nach der vorliegenden ‚Fisierung' überzog Nufer den mittelalterlichen Chor mit Reliefs und einem Dekorationssystem aus Stuck (Abb. 2). Die Bildformulare der *Assumptio Mariae*, des wägenden Erzengels in den Rundbildern an den oberen Wandpartien oder des Pelikans als Passionsallegorie im Muschelgewölbe bleiben unerwähnt und scheinen auch für den lutherischen Künstler zum ikonographischen Standard gehört zu haben. Die Bilder der „sieben Kirchen" aber, als beherrschendes Thema im Chor einer Klosterkirche, die den Bau so nachdrücklich zum Vertreter der *Ecclesia Romana* formten, bedurften zusätzlicher Instruktionen, so dass der Verding vermerkt: *wie die jme sollen angeben werden.*[23] Die Formulierung macht zunächst klar, dass ein vorgängiger Bildbestand dieses Themas, etwa im

22 Seit der Publikation von HOSSFELD/VOGEL, Kunstdenkmäler (wie Anm. 13), S. 171, steht die Frage nach den beteiligten Bildhauern im Raum; in diesem Zusammenhang wird etwa der anderweitig in den Quellen nachweisbare Michel V. aus Petershausen genannt. Zu Michel V. und zu Wendel Nufer in St. Luzen vgl. HELL, Forschungen (wie Anm. 18), S. 179–195. Man wird davon ausgehen können, dass Nufer in seiner Werkstatt von weiteren Kräften unterstützt wurde und gelegentlich auch weitere Bildhauer anstellte. Deren Arbeitsanteil scheint aber nicht in einer Weise substantiell gewesen zu sein, dass man ihnen Teile des Programms zuschreiben könnte, denn die, laut Anhang Nr. 15, gezahlten geringfügigen Einzelleistungen lassen nicht auf eine grundsätzliche Aufteilung der Figurenherstellung schließen. Bezahlt wurden wahrscheinlich meist Arbeiten in Holz oder Stein. So ist bezeichnenderweise der hölzerne Kanzelkorb durch Hans Amman signiert, der ebenfalls in den Abrechnungen mit Nufer auftaucht.

23 Vgl. Anhang Nr. 3.

4 St. Luzen, Hechingen, Wendel Nufer, Stationskirchen im Chor, Nordwand, 1586 (Foto: Lorenz Enderlein)

Zusammenhang mit der einstigen Klause der Tertiarinnen, dort nicht existierte. Die ‚Angaben' dürften sich auf graphische Vorlagen aus spätmittelalterlichen Pilgerführern bezogen haben, mit denen etwa frühe Drucke der „Historia et descriptio" ausgestattet waren.[24] Die Holzschnitte kombinierten in der Regel ein architektonisches Kürzel für eine der sieben Hauptbasiliken Roms mit dem dazugehörigen Kirchenpatron (Abb. 3). Der altertümliche Stil von Nufers Heiligenfiguren (Abb. 4) verweist denn auch auf Vorlagen

24 Zu dem um 1475 entstandenen Werk der *Mirabilia Romae vel potius Historia et descriptio urbis Romae* vgl. Nine Robijntje Miedema, Rompilgerführer in Spätmittelalter und Früher Neuzeit. Die „Indulgentiae ecclesiarium urbis Romae". Edition und Kommentar (Frühe Neuzeit 72), Tübingen 2003, S. 223–294. Das Buch kombinierte eine Stadtchronik Roms, die *Indulgentiae*, also die Beschreibung der römischen Kirchen mit Reliquien und Ablässen, sowie die *Stationes ecclesiarum urbis Romae*, eine kalendarische Ordnung der römischen Stationsgottesdienste. Das Werk findet sich nicht im Bibliotheksverzeichnis des zollerischen Inventars, wohl aber die Werke des populären Strassburger Predigers Geiler von Kaysersberg, der das Thema der Pilgerschaft immer wieder behandelt hat; „Der bilger mit seinen eygenschaften", 1494; „Christliche Pilgerschaft", 1512. Die „Christliche Pilgerschaft" nachweisbar im Hechinger Nachlassinventar Graf Johann Georgs von 1623; StAS FAS DH 1 T 1–6, R 72, 30, S. 263.

aus der Zeit um oder bald nach 1500, ein Eindruck, der sich vor allem auch im Blick auf die ein Jahr später entstandenen, ‚moderneren' Apostel (Abb. 9, 14) im Kirchschiff bestätigt.[25] Die Kirchenansichten, die der Gipser entwarf, hatten keinerlei Ähnlichkeit mit ihren römischen Vorbildern, die über zeitgenössische Stiche hätten bekannt sein können; umso mehr erinnern sie an heimische Architekturen, zwischen denen sich nun schwarz gekleidete Mönche bewegten, und führten auf diese Weise das geistige Exerzitium im eigenen Kloster vor Augen.

Nufer hat den übernommenen Auftrag zügig ausgeführt und schon am 15. Oktober des Jahres übertrug man dem in Riedlingen ansässigen niederländischen Maler Hans de Bay die farbige Fassung der Reliefs mit Öl, Wasserfarben und Vergoldungen. Das entstandene Programm ist bei dieser Gelegenheit in seinen Einzelteilen, den Reliefs der Kirchen und den ‚Rundeln' (Erzengel, Mariä Himmelfahrt) aufgelistet.[26] Der ausdrückliche Verweis auf die gewünschte Vergoldung der Paternoster-Schnüre im Gewölbe macht auf die ikonographische Dimension der gesamten Chorgestaltung aufmerksam, die nicht nur wegen der synkretistischen Zusammenfügung divergenten Formvokabulars und der Verwendung architektonischer Zitate im Gewölbe, etwa des Rippenschemas der Fuggerkapelle von St. Anna in Augsburg, bemerkenswert erscheint, sondern den Bereich mit Perlenschnüren und Kordeln als Ort des Gebetes bzw. franziskanischer Identität auszeichnete (Abb. 5).[27] Die Erwähnung der Paternoster mag zudem einen Hinweis auf die ursprünglich in den neun gerahmten Feldern unter den Bildern zu vermutenden Texte verbergen, deren Zahl den neun Zeilen des Vaterunser-Textes entspräche, die dann als Pendant zu den Artikeln des Credo im Kirchenschiff erschienen und den Ort mönchischen Gebets auch textlich festschrieben.[28]

Ausgehend vom bestehenden Marienaltar, der in der mittelalterlichen Exegese für das Bild der Ecclesia stand, entwickelten die Konzepteure um Eitelfriedrich die Ikonographie des Chorraums also systematisch weiter.[29] An die mariologische Achse zwischen Altar und Assumptio-Relief der Chorwestwand lagern sich die Bilder der sieben römischen Stationskirchen, so dass sich das Bekenntnis zur Marienfrömmigkeit mit dem

25 Die stilistisch weitgespannte Arbeitsweise zeigt einen ausgesprochen anpassungsfähigen Umgang des Gipsers mit den jeweiligen Vorbildern, der sich auch in der gleichzeitigen Verarbeitung ‚gotischen' und ‚manieristischen' Formgutes in der Architekturdekoration äußert. Als Vorbild für die Sebastiansfigur haben Hossfeld/Vogel, Kunstdenkmäler (wie Anm. 13), S. 171, die Martyriumsdarstellung im entsprechenden Stich von Sadeler namhaft gemacht.

26 Vgl. Anhang Nr. 4.

27 Auf die Architekturzitate aus der Augsburger Fuggerkapelle hat Wolfram Noeske, Die kunstgeschichtliche Bedeutung von St. Luzen und die Prinzipien der Gesamtrenovation, in: Zeitschrift für Hohenzollerische Geschichte 12 (1976), S. 99–106, hier S. 102, hingewiesen. Seit der Übernahme des Bistums durch Friedrich II. von Zollern 1486 und die Studienaufenthalte der Zollernprinzen in der bischöflichen Residenz Dillingen waren die kulturellen Beziehungen zur Fuggerstadt außerordentlich eng.

28 Der Gebetstext auf den einzelnen Feldern bleibt natürlich eine Hypothese, auffällig ist jedoch die Häufung des geforderten Vaterunser-Betens im Siebenkirchenablass Sixtus' IV. vom 15. 12. 1481 für die Franziskaner; vgl. Anm. 45.

29 Das Interesse des Grafen an Ausstattungsfragen ist immer wieder betont worden, vgl. Noeske, Die Vita (wie Anm. 27), S. 50, doch dürften auch die ersten Franziskaner, die seit dem Herbst 1585 nach Hechingen gekommen waren, beratend am Bildprogramm mitgewirkt haben.

◂5 St. Luzen, Hechingen, Wendel Nufer, Chorgewölbe, Assumptio Mariä, 1586 (Foto: Lorenz Enderlein)

zum Ablasswesen und zur Papstkirche verbindet, das der Graf auch durch die Bemühungen um die römische Liturgie untermauert hatte.[30]

Grundlage für die Bildfindung war die geistliche Siebenkirchenwallfahrt – ein eher amorphes Phänomen mittelalterlicher Frömmigkeit, das mit der Übertragung von Pilgerablässen auf einzelne Kirchen oder Klöster, Städte oder ganze Orden verbunden sein konnte. Für den Vollzug der Andacht und die mit ihr verbundenen Verbildlichungsstrategien gab es kaum feste Richtlinien. Sieben Kirchen einer Stadt konnten die Vertretung der Basiliken in einem stark körperlich geprägten Nachvollzug der Pilgerschaft übernehmen, andererseits waren auch komplett spiritualisierte Formen der Andacht oder, im anderen Extremfall, die pure Bezahlung bestimmter Summen zur Erlangung des entsprechenden Ablasses möglich.[31]

6 Ehem. Franziskanerinnenkloster, Villingen, Stationstafeln, E. 15. Jh. (Vorlage: Josef Oswald u. a. (Hg.), St. Ursula. Ein Villinger Haus mit Geschichte, Konstanz 1999, S. 26)

Von besonderer Relevanz waren derartige Ablässe für Frauenklöster, die so die eingeschränkte Mobilität ihrer Insassinnen kompensierten. Die Chronik des Bickenklosters in Villingen etwa beschreibt die Bemühungen der dortigen Klarissinnen um ein dauerhaftes Privileg im Jahr 1491.[32] Die Frauen hatten schon zuvor Markierungen mit Rom- und Jerusalem-Stationen im Kloster verteilt, an denen entlang die Wallfahrt durchgeführt werden konnte und die sie als die *hailige stött* bezeichneten. Nach Erhalt der *signatur*, also der entsprechenden Urkunde, übersetzten die Schwestern das lateinische *biechlin der heili-*

30 Zur Rolle des Ablasses in den franziskanischen Predigten vgl. Andreas Holzem, Raum – Bildwerk – Predigt. Konfessionalisierung der Wallfahrt in St. Luzen in Hechingen-Stein, in: Rottenburger Jahrbuch für Kirchengeschichte 30 (2011), S. 105–131, hier S. 122–128.

31 Zusammenfassend Miedema, Rompilgerführer (wie Anm. 24), S. 398–462.

32 Karl Jordan Glatz (Hg.), Chronik des Bickenklosters zu Villingen, Tübingen 1881, S. 66–97 (Zitate); 70 von den 210 Stationstafeln sind erhalten, vgl. Renate Stegmaier-Breinlinger, ‚Die heiligen Stett Rom und Jerusalem'. Reste einer Ablaßsammlung im Bickenkloster in Villingen, in: Freiburger Diözesan-Archiv 91 (1971), S. 176–201; Miedema, Rompilgerführer (wie Anm. 24), S. 427–429. Zum Phänomen allgemein vgl. Kathryn M. Rudy, Virtual Pilgrimages in the Convent: Imagining Jerusalem in the Late Middle Ages, Brepols 2011.

7 Hans Burgkmair, St. Peter, 1501, aus dem Siebenkirchenzyklus in den Schildbögen des Kapitelsaals von St. Katharinen in Augsburg, Stiftung Anna Riedler, Dominikanerinnenkloster (Vorlage: Magdalene GÄRTNER, Römische Basiliken in Augsburg. Nonnenfrömmigkeit und Malerei um 1500, Augsburg 2002, CD-ROM)

gen stationungen und römischen kirchen ins Deutsche und begannen mit dem „Bau" des geistlichen Jerusalem im Kloster, d. h. sie zeichneten alle heiligen Stätten mit den jeweiligen Indulgentien und Ablässen aus, die sie jeweils auf einem steinernen *deffelin* vermerkten, das eine stilisierte Kirche mit einer Nummer zeigte (Abb. 6). Die für das Konzept verantwortliche Äbtissin Ursula Haider bestimmte 210 solcher Andachtsorte. Für die sieben Basiliken errichtete man sieben Altäre mit *andechtigen bildern*, und an die Wände des Kreuzgangs wurden die römischen Stationskirchen gezeichnet. Zum Empfang der geistlichen Betreuer wurden alle Orte mit Blumen geschmückt, die das Kloster als paradiesischen Ort erscheinen ließen.[33]

Einen völlig anderen Umgang mit einem solchen Privileg (1487) zeigen die Nonnen des Augsburger Dominikanerinnenklosters St. Katharinen, die seit den 1490er Jahren bei

33 Vgl. GLATZ (Hg.), Chronik (wie Anm. 32), S. 89 f. STEGMAIER-BREINLINGER, Die heiligen Stett (wie Anm. 32), S. 176–201, hat anhand der überlieferten Tafeln und Handschriften die 210 Andachtsorte im Kloster rekonstruiert.

den prominentesten Malern der Stadt wie Hans Holbein d. Ä. oder Hans Burgkmair für ihren Kapitelsaal vielteilige Bildtafeln in Auftrag gaben, in denen die Sieben-Kirchen- und die Passionsandacht mit familiärem Gedenken an die in den Wappen repräsentierten Patrizierfamilien verbunden sind (Abb. 7). Der räumliche Kontext signalisiert zudem eine von der eigentlichen Andacht losgelöste Funktion des Zyklus. Die Bilder legten eher allgemein vom Ablassprivileg als solchem, dem Selbstverständnis des Frauenklosters als Teil der Römischen Kirche und der Gemeinschaft ihrer Heiligen Zeugnis ab.[34] Als Orte der eigentlichen Stationsandacht dienten sie nicht, diese sollten die Nonnen individuell an drei von der Priorin bestimmten Stellen abhalten.[35]

Die in beiden Klöstern zu beobachtende Verflechtung imaginierter Rom- und Jerusalemwallfahrt prägte entsprechende Bildzyklen auch andernorts; so die Passionsszenen der Ulmer Weckmannwerkstatt aus dem Benediktinerkloster von Zwiefalten, die als Schreine mit flankierenden Stationsheiligen rekonstruiert werden.[36] Jede der Tafeln wird in eigens dafür eingerichteten Kapellen am nördlichen Seitenschiff der Kirche lokalisiert, so dass in der Bewegung von Kapelle zu Kapelle die Stationen von Christi Passion und die Wege zu den Stationskirchen nachvollzogen wurden.

Das im Zusammenhang mit der geistlichen Pilgerfahrt zu beobachtende Interesse an der Verräumlichung imitativer Andachtsformen im 15. und 16. Jahrhundert äußerte sich auch in den ersten Kreuzwegen und Sakrallandschaften, die vielfach von Franziskanern betreut wurden.[37] Der franziskanische Papst Sixtus V. entwickelte – etwa zeitgleich mit der Kirchenausstattung von St. Luzen – das Konzept seiner *Roma Sixtina*, eines von Santa Maria Maggiore ausgehenden, sternförmigen Straßennetzes, das die sieben Hauptkirchen Roms über Prozessionsachsen für die Pilger und die Bewohner der Stadt auch visu-

34 In einem Schrift-Altärchen wurde der deutsche Text des Privilegs von 1487 präsentiert; vgl. Magdalene Gärtner, Römische Basiliken in Augsburg. Nonnenfrömmigkeit und Malerei um 1500, Augsburg 2002, S. 18–20.

35 In der deutschen Fassung des Privilegs heißt es dazu: *daß die iezige Und Künfftige Zeit Priorin, auch alle Kloster frauen und schwestern angeregtens Closters sye sein gleich Profess od nicht, auf Jenige tag ein ieden Jahrs, an welichen in der statt Rom, den christ glaubigen, welliche besandt darzue ernannt Kirchen oder auch die Haubtkirchen besuchen Von der Stationen und ablasß wegen so denselben erteilt worden, Eben die selbe ablasß auch erlangen mögen, da da sye in Ihrem Kloster trey Ort orth so ihnen durch die zu sollicher Zeit anwesende Priorin bestimmt werden besuchen und an jedem derselben drey Vatter Unser und drey Englische gruß andechtiglich sprechen*, nach Gärtner, Römische Basiliken (wie Anm. 34), S. 198 (Zitat). Nonnen mit körperlichen Einschränkungen konnten die Gebete auch ohne den Besuch der angezeigten Orte sprechen.

36 Vgl. Claudia Lichte/Roland Hahn, Rom auf der Schwäbischen Alb. Die sieben spätgotischen Passionsreliefs für die Klosterkirche Zwiefalten, in: Anna Moraht-Fromm/Gerhard Weilandt (Hg.): Unter der Lupe. Neue Forschungen zu Skulptur und Malerei des Hoch- und Spätmittelalters. Festschrift für Hans Westhoff zum 60. Geburtstag, Stuttgart 2000, S. 321–332, hier S. 324 f. Die Rekonstruktion auf Basis der Weiheurkunde der Altäre.

37 Die Suggestionskraft derartiger imitativer Gebetsübungen war so stark, dass sie im 16. Jahrhundert auch in protestantischen Gebieten Verbreitung fanden. Vgl. dazu Karl Alois Kneller, Geschichte der Kreuzwegandacht von den Anfängen bis zur völligen Ausbildung, Freiburg i. Br. 1911, S. 16, Beispiele auf S. 22–35. Zur Rolle der Franziskaner in diesem Kontext vgl. ebd., S. 174–185. Grundsätzlich zum Phänomen in der Frühen Neuzeit vgl. die Beiträge in Werner Oechslin (Hg.), Heilige Landschaft – Heilige Berge, Zürich 2014.

ell miteinander verband.[38] In München ließ sich der mit Eitelfriedrich befreundete Bayernherzog Wilhelm V. nach seinem Rückzug von der Regierung seit 1597 im Schleißheimer Park neun Grotten mit Stationsheiligtümern und angeschlossen Klausen mit je einem Mönch zu deren Betreuung einrichten.[39]

Der Ausweitung itineranter Andachtsformen im Bereich der Laienfrömmigkeit während des 16. Jahrhunderts steht – innerhalb der Konvente des Observantenordens – die allmähliche Integration individueller, auf den Ablass bezogener Gebetsformen in das gemeinsame Chorgebet gegenüber.[40] Für die Mitglieder des Ordens hatte ein Privileg Papst Pius' II. 1461 den Siebenkirchen-Ablass verstetigt und so die Grundlagen für eine Gebetspraxis gelegt, die auch in der Straßburger Ordensprovinz Verbreitung fand.[41] Belegen die ersten Dokumente noch die Sorge um den körperlichen Vollzug als Ersatz für die Anstrengungen der Reise, verändern sich die Andachten im späteren 16. und frühen 17. Jahrhundert. Frank hat in seiner Quellenauswertung zum „Besuch der sieben Kirchen" bei den Observanten darauf hingewiesen, dass sich die Begrifflichkeit zur Bezeichnung der Andachtsorte zunächst von *loci* auf *imagines* verschiebt, das konkrete Gehen sich also auch in den Formulierungen in ein imaginiertes, noch immer individuelles Pilgern vor den Bildern verwandelt, das schließlich, so die These, mit dem Beginn des 17. Jahrhunderts in das gemeinsame Gebet der Ordensgemeinschaft integriert worden ist.[42] Dokumentiert ist ein solcher Ritus etwa im Chor des Freiburger Observantenklosters, in dem 1603 ein bestehender Siebenkirchenzyklus erneuert wurde.[43]

In St. Luzen ist der Andachtstypus nicht überliefert, man wird aber, im Blick auf Bildformen und -orte, einen vergleichbaren Zusammenhang mit dem Chorgebet der Obser-

38 Zum zeitlichen Ablauf der Bauprojekte vom August 1585 bis zum Januar 1590 vgl. René Schiffmann, Roma felix. Aspekte der städtebaulichen Gestaltung Roms unter Papst Sixtus V., Bern 1985. S. 23–55. Zur Deutung vgl. Peter Stephan, Rom unter Sixtus V. Stadtplanung als Vergegenwärtigung von Heilsgeschichte, in: Zeitschrift für Kunstgeschichte 72 (1/2009), S. 165–214; Ders., Transformation und Transfiguration. Die bauliche und geistige Erneuerung Roms unter Sixtus V., in: Oechslin (Hg.): Heilige Landschaft (wie Anm. 37), S. 84–129.

39 Die Stiftungsurkunde vom 1. 8. 1600 entwickelt die mit den Stationsgrotten verbundene Liturgie. Der protestantische Autor Philipp Hainhofer beschreibt im Jahr 1611 die Grotten und den Pilgerweg im Garten, der ebenfalls mit Passionsdarstellungen kombiniert war. Die Identifizierung mit den neun römischen Kirchen wurde allerdings nicht über die Patrozinien geleistet, die Kapellen waren nicht den römischen Stationsheiligen, sondern neun dem Herzog besonders nahestehenden Heiligen geweiht. Zusammenfassend Georg Werner, Eremiten im barocken Bayern. Mentalität und Wandel (Regensburger Schriften zur Volkskunde/Vergleichenden Kulturwissenschaft 30), Münster u. a. 2017, S. 101–103.

40 Die Entwicklungen im Observantenorden dargestellt bei Hubert Frank, Der „Besuch der sieben Kirchen" als religiöse Übung der ultramontanen Observanten, in: Franziskanische Studien 37 (1955), S. 260–272.

41 Zu den Aktivitäten der Straßburger Ordensprovinz bei der Verleihung, vgl. ebd., S. 264.

42 Vgl. ebd., S. 266 f.

43 In dem um 1650 verfassten Protokollbuch des Klosters wird die Erneuerung eines Siebenkirchenzyklus um 1610 im Mönchschor beschrieben: *Ex lateribus chori suspensae sunt septem imagines Ecclesiae Romanae, quas stationales vocant*; St. Martin in Freiburg i. Br. Geschichte des Klosters, der Kirche und der Pfarrei. Anlässlich des 200jährigen Bestehens der Pfarrei St. Martin, München u. a. 1985, S. 120, Anm. 29 (Zitat). Zu ihrer Erneuerung nach einer Stiftung der Helena Schnewelin von Landegg: *in linteaminibus forma maiori depicta*; Frank, Der Besuch (wie Anm. 40), S. 265.

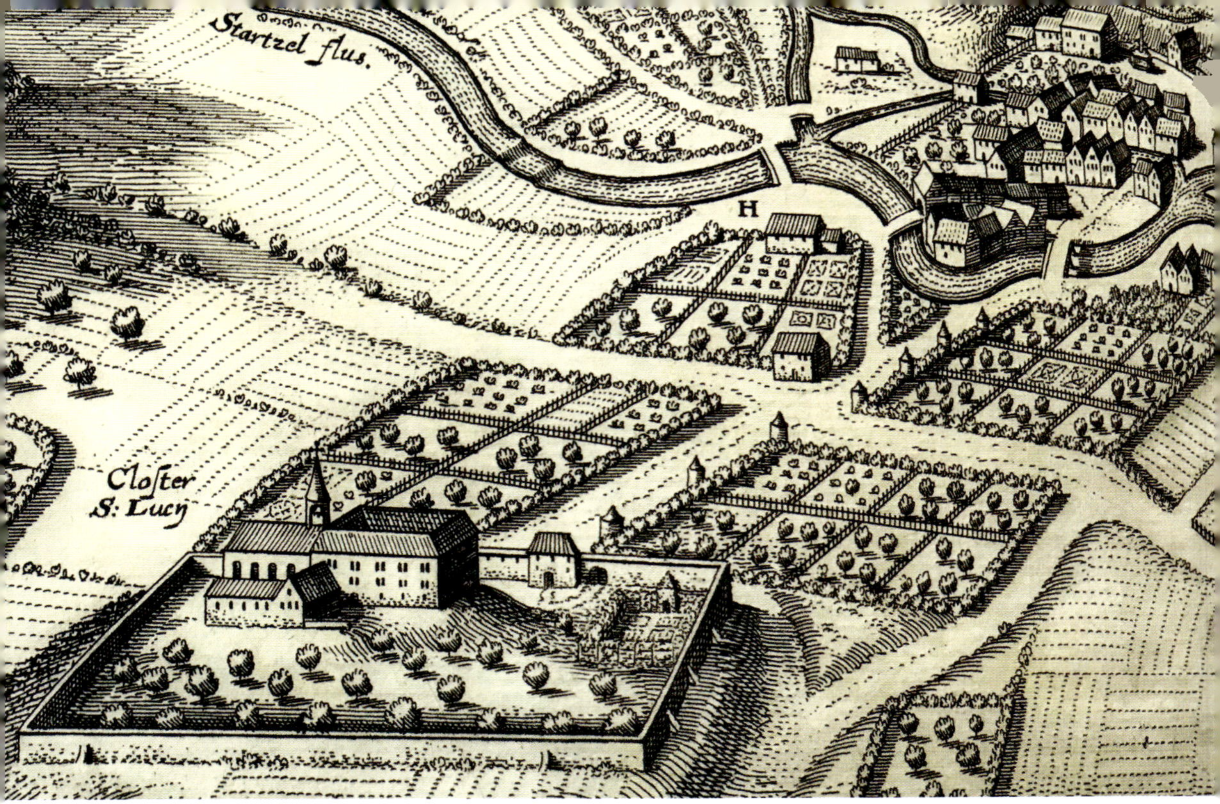

8 Merian, Ansicht von Hechingen und Umgebung, um 1643, Ausschnitt (Vorlage: Martin ZEILLER, Matthäus MERIAN, Topographia Sveviae, Frankfurt/M. 1643)

vanten voraussetzen dürfen.[44] Die in großer Höhe angebrachten Reliefs und die möglicherweise darunter angebrachten Gebetszeilen des Vaterunsers deuten in diese Richtung, wurde der Stationsablass doch, zunächst für die Laienmönche und schließlich auch für die Patres, nach der Ableistung einer Anzahl von Vaterunser- bzw. Ave Maria-Gebeten zugestanden.[45]

44 Eitelfriedrich hat die Franziskaner nur mit liturgischen Standardwerken ausgestattet. So hatte er Kemminger im oben erwähnten Schreiben vom 29.12.1584 angekündigt: *Was nun ferners Vonn notwendigen Büchern zu diesem Heiligen werckh Dienstlich angezogen, So laß Ichs mir nicht zu wieder erscheinen, d[as]s die Breviaria Missalia Vnnddergleichen vonn dem Willer Buchhendler zu Augsspurg vf mein kosten außgenommen Vnnd erkauft werden, wie es aber mit den Antiphonalien Vnnd anderen mehren (In betrachtung Daß eurers Ordens Verwandte sich einer absonderlichen melodej gebrauchen) zu halten Were Daselbig werdet Ihr bei zaigern, gleich anhero zu berichten wissen*, StAS Ho 1 T 8, 182, fol. 91v–92r. Zwischen Georgi und Martini 1586 bezahlte er dem Reutlinger Buchbinder Hans Adam Zeltmann 25 Gulden für drei Gesangbücher: *Dem Buchbinder Von Reuttlingen, Vmb. 3. große Gesangbiecher bezallt. Vermüg Vrkundt N. o 24–25*; Hechinger Heiligenrechnung, StAS Ho 1 T 7, 1383, fol. 5v; SCHMID, Musik (wie Anm. 10), S. 325. Vgl. zum Bestand an Predigt-, Seelsorgeliteratur und theologischen Schriften in der Klosterbibliothek zuletzt HOLZEM, Raum – Bildwerk – Predigt (wie Anm. 30), S. 116 f.
45 Schon unter Pius II. setzt sich das Beten des Vaterunsers als geforderte Leistung für den Ablass durch; FRANK, Besuch (wie Anm. 40), S. 262. Ein Privileg Sixtus' IV. vom 15.12.1481 gewährt allen Fran-

Ein Blick auf den fast zeitgenössischen Merian-Stich von Hechingen und Umgebung um 1640 macht die beobachteten Entwicklungen augenscheinlich (Abb. 8). Vor dem Kloster auf der Straße in Richtung Stadt sind sieben Stationen eines Kreuzwegs zu erkennen, offensichtlich der Vorläufer der größeren barocken Anlage, so dass hier eine itinerante Passionsandacht der Laien außerhalb des Klosters der imaginären Pilgerschaft der Mönche zu den Stationskirchen im Inneren des Chors gegenübergestellt wäre.[46]

3. Gebet und Predigt – der Kirchenraum

Noch während der Malerarbeiten im Chor nahm Eitelfriedrich den Umbau des Laienraums in Angriff. Durch die weiteren Verdinge und eine Gesamtabrechnung mit dem Gipser Wendel Nufer 1587–1589 sind die einzelnen Schritte gut dokumentiert.[47] Am 14. November 1586 gab er die Neuschöpfung der zweifarbigen Fenstermaßwerke in rotem Owinger und weißem Hausener Stein in Auftrag, am 5. Juli eine Uhr mit zwei Zifferblättern.[48] Die mit dem Einbrechen der neuen Maßwerkfenster zwangsläufig verbundenen Maurerarbeiten im Kirchenschiff setzen die Abtrennung des frisch ausgemalten Chorraums durch eine Zwischenwand voraus, ein bauliches Detail, das die grundsätzliche Disposition der Kirche weiter prägen sollte; denn offensichtlich blieben Mönchschor und Laienraum – noch in der Tradition spätmittelalterlicher Observantenkirchen – bis zum barocken Umbau im frühen 17. Jahrhundert durch einen Lettner voneinander getrennt, wie er auch im Freiburger Franziskanerkloster nachweisbar ist.[49] Diese Beson-

ziskanern und Klarissinnen einen vollständigen Sündenablass, wenn sie an Stelle des Stationsbesuchs drei mal 15 Vaterunser beten würden, 15 für den Papst, 15 für diejenigen, die des Ablasses teilhaftig werden wollten und 15 für die Kirchen und ihre Priester; vgl. Jan van Herwaarden, Between *Saint James* and Erasmus: Studies in Late-Medieval Religious Life – Devotion and Pilgrimage in the Netherlands, Leiden u. a. 2003, S. 70 f. Frank zitiert die Gebetsanweisungen für Konventsmitglieder der Tiroler Ordensprovinz für die Siebenkirchenandacht von 1582, die im gemeinsamen Beten von Bußpsalmen bestand: *post prandium fratres clerici et Novitii legent septem psalmos poenitentiales visitando septem ecclesias*; Frank, Besuch (wie Anm. 40), S. 265 (Zitat).

46 Vom 28. 6. 1613 datiert eine Vereinbarung zwischen Graf Johann Georg und der Stadt, dass der Weg zwischen dem Kloster St. Luzen und Hechingen nicht befahren oder beritten werden dürfe: *Erstlichen sollen und wollen wir unßere Erben vnd Nachkommen, den Weg vnder dem Francißcaner Closter bey Sanct Lutzen, Von der Vichgassen heriber bis gegen dem Chor am Kirchof vnd von dannen gegen hechingen herein bis an die Creitzstraßen beim Siechenhaus nimmermehr weder Reitten noch faren*; StAS Ho 1 T 1–6, 379. Denkbar ist ein Zusammenhang mit den dort befindlichen Kreuzwegstationen, die also auch erst im frühen 17. Jahrhundert entstanden sein könnten. Auffällig ist die zeitliche Koinzidenz zur bischöflichen Erlaubnis an den Guardian des Klosters, Glaubensabtrünnige wieder in die Kirche aufzunehmen, die den Status des Guardians deutlich anhob; vgl. Heinrichsperger, Hechingen (wie Anm. 1), S. 158.

47 Vgl. Anhang Nr. 16.

48 Vgl. Anhang Nr. 7. Die zahlreichen Uhren in der Kirche sind späteren Datums.

49 Der Freiburger Lettner war auch von außen über einen gedeckten Gang zu erreichen, der in diesem Fall auch dem Kaiser den Zutritt erlaubte; vgl. Heinrich Hansjakob, St. Martin zu Freiburg als Kloster und Pfarrei. Geschichtlich dargestellt, Freiburg 1890, S. 44. Dass bereits die mittelalterliche Pfarre einen Lettner besaß, wie Otto Werner, Eine Tür die ins Leere führt. Sankt Luzen gibt Rätsel auf, in: Hohenzollerische Heimat 51 (2001), S. 4–7, hier S. 5, annimmt, erscheint eher unwahrscheinlich.

9 St. Luzen, Hechingen, Kirchenschiff, Wendel Nuferer, Stuckausstattung, Hans Amman, Kanzel, 1587–1589 (Foto: Lorenz Enderlein)

derheit des Baus ist in den Quellen nicht erwähnt, wird aber durch die bei der Restaurierung 1971 freigelegte Türöffnung in der oberen Wandzone des Chores ebenso nahegelegt wie durch den zweiseitigen Prospekt der heute auf der Westempore befindlichen Orgel, die sich dann auf diesem Lettner befunden hätte und deren Umbau der Graf 1589, kurz nach Vollendung der Stuckausstattung im Kirchenschiff, in Auftrag gegeben hatte.[50] Von der reichen Bildausstattung des Chors konnten die Laienbesucher beim Betreten der Kirche durch den einstigen Eingang an der Südseite neben der Trinitätskapelle

50 Der Auftrag ergeht 1589 an Konrad Beck aus Pforzheim, der 1588 schon die Orgel für die Stuttgarter Hofkapelle gebaut hatte. Wie auch sonst in seiner Auftragstätigkeit sichert sich Eitelfriedrich hier die Dienste des protestantischen Künstlers, der im Zusammenhang mit einem späteren Auftrag als Schwärmer denunziert wurde. Zum Auftrag und Beck vgl. Schmid, Musik (wie Anm. 10), S. 538–540, der entsprechende Textausschnitt Anhang Nr. 15. Offensichtlich ist der Triumphbogen zwischen Chor und Laienraum im 18. Jahrhundert erweitert worden; vgl. Noeske, Bedeutung (wie Anm. 27), S. 105.

also bestenfalls das Rundbild des richtenden Erzengels an dessen oberer Nordwand erkennen, und – vielleicht – von der Westwand der Kirche aus das Bild des Pelikans als Symbol der Passion Christi in der Muschel des Gewölbes. Sie wären also mit einer extrem reduzierten Bildaussage konfrontiert worden, die auf Opfer, Gericht und Erlösung fokussierte.[51]

Diese räumliche Disposition widersprach den Forderungen nach der Überschaubarkeit des Kirchenraums bis zum Hochaltar, wie sie etwa im Kontext des Tridentinums geäußert worden waren. Im Gegenteil, Trennungen und Verbindungen von Chor- und Laienraum sind in St. Luzen als ästhetisches und theatralisches Element bewusst inszeniert worden. Die Verbindung erfolgte durch kaum sichtbare Öffnungen, und der an der Kirche anliegende Kreuzgangflügel ließe sich gewissermaßen als Servicekorridor für liturgische Abläufe interpretieren (Abb. 1). So gab es, neben dem klassischen Zugang für die Mönche zum Chorgestühl, ein Fenster zur Krankenstube, das es den dort Liegenden möglich machte, an Chordienst und Messe teilzuhaben. Der Zugang zur Orgel auf den hypothetischen Lettner erfolgte über ein Treppenhaus nördlich des Chores und verbarg sich – aus Sicht der Laien – hinter dem Triumphbogen. Auch auf die Kanzel, als einziges Ausstattungsstück durch den Bildhauer Hans Amman signiert und 1589 datiert (Abb. 9), gelangte der Prediger nicht durch den Kirchenraum, sondern über eine *Stiegen, so Uff die Cantzel gehet, daß man sy nit sehen khündt*, eine eigens angelegte, verborgene Treppe, die sein Erscheinen mit einer übernatürlichen Aura umgab, ein Prinzip des Kanzelbaus, das in den barocken Klosterkirchen Südwestdeutschlands aufgegriffen und weiterentwickelt wurde.[52]

4. Missio – die Bilder des Langhauses

Am 10. August 1587 wurde Nufer schließlich mit der Stuckierung des Laienraums und zusätzlich mit der Dekoration der künftigen Grabkapelle rechts neben dem Eingang betraut. Wieder nach einer vorliegenden Visierung umgab er den Raum mit einem System aus Säulen und Nischen, die in reiches Roll- und Beschlagwerk eingebettet sind und deren östlichen Teil er mit den zwölf Aposteln besetzen sollte: *Die Vier Wendt geringß herumb Mit Seüllren Und gesimbßen, auch den Heilgen Zwelf Apostolenn, und andern Schönen Bildern, nach gestalt es erfordern.*[53] Aus der Kirchenbeschreibung Jakob Frischlins

51 Dass von der farbigen Ausstattung des Chors nicht allzu viel zu sehen war, legt auch die vage Beschreibung in der zeitgenössischen Schilderung Jakob Frischlins anlässlich der Hochzeitsfeierlichkeiten von Eitelfriedrichs Sohn Johann Georg 1598 nahe: *Der Chor ist also auch gemacht / Das ein der Baw gleich selbs anlacht*; Frischlin, Hochzeyt (wie Anm. 13), S. 30 (Zitat).

52 Anhang Nr. 14; die Signatur Hans Ammans: *H A 15 89*.

53 Anhang Nr. 8. Die Pause von fast einem Jahr mag mit den Bauarbeiten im Langhaus zu erklären sein, könnte aber auch mit einem Aufenthalt Nufers am Münchener Hof zusammenhängen. Dessen Fähigkeiten haben sich in dieser Zeit offensichtlich herumgesprochen, vom 16. 10. 1586 datiert ein Schreiben Wilhelms V. an Eitelfriedrich IV. mit der Bitte um Vermittlung eines Gipsers nach München im Postskriptum: *Ich weis Ier habet ain Mhan der Kunde wohl vhain gibs Arbeiten. When Ier seiner nitt mehr bedurfen werdet, so wellet in Zu Mir weisen Ich woltt Im villeichtt auch arbeitt geben*; Stier, St. Luzen (wie Anm. 18), S. 113 (Zitat), nach StAS FAS HH, 1 A 359.

Die Graffschaft
Baaden

von 1598 wissen wir, dass in den verbleibenden westlichen vier Nischen wahrscheinlich *die Bildnus Christi ausgehawen* waren.[54] Vielfach ist angenommen worden, es hätte sich um einen Passionszyklus gehandelt, wie ihn der Hechinger Bildhauer Joachim Taubenschmid einige Jahre später für die Schlosskirche schnitzte, und den Frischlin ebenfalls, allerdings mit korrekter Themenangabe, erwähnt.[55] Die Bemerkungen des Dichters über die Bilder in St. Luzen geben eine solche Festlegung indes nicht her.

Über dem Triumphbogen ließ der Graf ein drittes Rundbild mit der Stigmatisation des heiligen Franziskus anbringen, das gleichsam auf den Mönchschor verwies (Abb. 10). Diese Verschiebung eines spezifischen Markers franziskanischer Identität vom Chor in den Laienraum, mit der sich der Orden nach außen ‚zeigte', prägt auch das übrige Langhausprogramm mit den Apostelbildern. Deren Figuren sind namentlich durch Tituli im Gebälk bezeichnet, jedem von ihnen ist in der Sockelzone ein Artikel des lateinischen Credos zugeordnet. Die Reihe beginnt mit der Figur Petri rechts neben dem Triumphbogen, zwingt den Besucher, der die Kirche durch den Eingang in der Südwand betrat, im Leseprozess zu einer Drehung um sich selbst, die dann links des Chorbogens an der Figur Pauli endet (Abb. 11, 12). Für die Gestaltung der Figuren, die, im Vergleich zum Siebenkirchenzyklus, einem moderneren Idiom verpflichtet sind, lag Nufer die bei Hendrick Goltzius in Antwerpen gestochene Apostelserie von Marten de Vos vor. Im Umformungsprozess zu Statuen werden Grunddispositionen wie Kopftyp, Gewandung, Bewegungsimpulse und Attribute übernommen, von der szenischen Konzeption der Vorlagen bleibt der ‚sprechende' Habitus, der dem Programm dienstbar gemacht ist.[56] Mit dieser Stillage kontrastiert der Deckenschmuck, der in den Kreuzungspunkten stuckbedeckter Holzrippen mit den zimmerischen und zollerischen Wappen besetzt ist und so an die genealogischen Dekorationsformen des Spätmittelalters anknüpft.[57] Im Unterschied zur festlichen Farbfassung der Chorskulptur ist der Laienraum fast monochrom gehalten und nur durch die gelb hinterlegten Hintergründe und die Farbigkeit der Wappen im Gewölbe belebt.[58]

Der Vertragstext erwähnt keinerlei Bildvorlagen für den Gipser; die Kupferstichserie kann sich also sowohl in den höfischen Sammlungen, im Besitz des Künstlers selbst oder etwa seines niederländischen Kollegen Hans de Bay befunden haben. Die Verwendung von graphischen Blättern in den Bildhauer- und Malerwerkstätten jedenfalls war seit dem 15. Jahrhundert eine in Süddeutschland übliche Praxis. So konventionell die

54 *Darzu ein Kirchen mächtig schön / In welcher man thüt sehen stehn / Die Bildnuß Christi außgehauen / Auch thüet man die Apostel schawen*; Frischlin, Hochzeyt (wie Anm. 13), S. 30 (Zitat).

55 Zum Auftrag des neunteiligen Schlosskirchenzyklus an Taubenschmid vgl. Maximilian Schaitel, Aus dem Leben und Schaffen der Bildhauer Taubenschmid, in: Hohenzollerische Jahreshefte 7 (1940), S. 88–99, hier 94 f. Die Reliefs befinden sich im Hohenzollerischen Landesmuseum Hechingen.

56 Der Hinweis auf die graphischen Vorlagen bei Hossfeld/Vogel, Kunstdenkmäler (wie Anm. 13), S. 171.

57 Zu den unmittelbaren Vorgängern der Dekoration in der Stuttgarter Schlosskirche und der Kilianskirche in Heilbronn vgl. Noeske, Vita, (wie Anm. 20), S. 54. Zur Interpretation vgl. Maximilian Schaitel, Fritz Staudacher, Die Wappen in der St. Luzenkirche-Hechingen, in: Hohenzollerische Heimat 11 (1961), S. 29 f.

58 Der Vertrag mit dem Überlinger Maler Esaias Weisser zur Fassung der Wappen der Stigmatisation und des Kruzifixes vgl. Anhang Nr. 12.

◂10 St. Luzen, Hechingen, Kirchenschiff, Wendel Nuferer, Stigmatisation des Hl. Franziskus mit hölzernem Kruzifix von Glöckler oder Amman, 1587–1589 (Foto: Lorenz Enderlein)

S. IACOBUS MINOR. (9.) SANCTAM ECCLE-SIAM CATHOLICAM, SANCTORU(M) COMMUNI-ONEM.	S. PHILIPPUS. (5.) DESCENDIT AD INFE-ROS, TERTIA DIE RESURRE-XIT A MORTUIS.
S. THOMAS. (6.) INDE VENTURUS EST IUDICARE VIVOS ET MOR-TUOS.	S. BARTHOLOMÄUS. (7.) ASCENDIT AD COELOS; SEDET AD DEXTERAM DEI PATRIS OMNIPOTENTIS.
S. IOANNES. (4.) PASSUS SUB PONTIO PI-LATO, CRUCIFIXUS, MORTU-US, ET SEPULTUS EST	S. MATTHÄUS. (8.) CREDO IN SPIRITUM SANCTUM
S. IACOBUS MAIOR. (3.) QUI CONCEPTUS EST DE SPIRITU SANCTO, NATUS EX MARIA VIRGINE	S. SIMON. (10.) CREDO REMISSIONEM PECCATORUM
S. ANDREAS. (2.) ET IN IESUM CHRIS-TUM, FILIUM EIUS UNICUM, DOMINUM NOSTRUM	S. IUDAS THADDAEUS. (11.) CREDO CARNIS RE-SURRECTIONEM
S. PETRUS. (1.) CREDO IN DEUM, PATREM OMNIPOTENTEM, CREATOREM CAELI ET TER-RAE [FEHLT]	S. PAULUS. (12.) VITAM AETERNAM. AMEN. [FEHLT]

11 Die Apostel von St. Luzen mit den zugehörigen Texten von West nach Ost

Themenwahl für das Langhaus auch erscheinen mag – Apostelfiguren an Kirchenpfeilern oder -wänden gehören, als „Säulen der Kirche“ (Gal. 2,9), zum Standardrepertoire mittelalterlicher und frühneuzeitlicher Sakralausstattungen –, so erweist sie sich doch als aktuelle Stellungnahme im interkonfessionellen Diskurs. Mit dem Thema des Apostel-Credo nimmt der Zyklus ein durch das Mittelalter tradiertes Bildformular auf, die Überlieferung, dass jeder der Jünger Jesu im Moment der Aussendung einen Artikel des Symbolon gesprochen hätte.[59] Die Reihenfolge des Textes unterhalb der Figuren in St. Luzen ist nicht ganz schlüssig (Abb. 11). Wahrscheinlich haben auch gestaltungsbedingte Planänderungen zu den Abweichungen geführt, denn Nufer nutzte Körperdrehungen und Gestik der Stichvorlagen, um über die Nischengrenzen hinweg Apostelgruppen zu bilden, die sich gleichsam in einer Disputation über den Text befanden; einige Texte scheinen zudem gezielt im Raum platziert worden zu sein und verweisen auf den jeweiligen liturgischen Kontext. Schließlich weicht Nufer bei der Wahl des Personals von den älteren Darstellungen ab, gehörte doch Paulus links des Triumphbogens nicht zu den Jüngern Jesu, sondern diente an dieser Stelle gemeinsam mit Petrus dem Verweis auf die römische Papstkirche (Abb. 12).

59 Vgl. Henk VAN OS, Art. Credo, in: Lexikon der Christlichen Ikonographie 1, Freiburg i. Br. 1968, Sp. 461–464. Seit dem 15. Jahrhundert sind die Textzuordnungen auf die einzelnen Jünger festgeschrieben.

▸12 St. Luzen, Hechingen, Kirchenschiff, Wendel Nuferer, Apostel am Triumphbogen, während der Restaurierung 1587–1589, (Vorlage: Hans-Jörg MAUSER/Rudolf SCHATZ (Hg.), St. Luzen in Hechingen, Stuttgart 1991, S. 108)

S. PAULUS
S. PETRUS

13 Stuttgart, Schlosskirche, ehem. Altar, Sem Schlör, Glaubensbekenntnis, Art. XII, 1562–1563 (Foto: Lorenz Enderlein)

Der mit dem Sprechen des Bekenntnisses erfasste Moment des Aufbruchs zur „Missio", der in ein dialektisches Verhältnis zur Idee der Pilgerfahrt im Chor tritt, bringt einen dynamischen Aspekt auch in die Hechinger Apostelgemeinschaft. Er vermittelt den Gläubigen im Laienraum der Klosterkirche von Hechingen eine griffige Formel franziskanischen Selbstverständnisses, und legt Eitelfriedrichs Vorstellungen vom Einsatz der Bettelmönche in seinen Territorien frei; dies vor allem in dem Moment, in dem sich der franziskanische Prediger auf der Kanzel gleichsam unter die Apostel mischte (Abb. 9).

Der Bildbestand in der Region zum Thema, auf den man für die Planung rekurrieren hätte können, war dicht; so besetzen Apostel mit den Credo-Texten die Wände des Chors im Benediktinerkloster von Blaubeuren; die Herrenberger Brüder zum gemeinsamen Leben ließen Jerg Ratgeb das Thema des Apostelabschieds auf die Alltagsseite ihres Hochaltars malen. Stand das Bild des Symbolon hier offensichtlich für die Identität klösterlicher oder stiftischer Gemeinschaften, drängt die Darstellung der Glaubensartikel nun vor dem Hintergrund der Konfessionalisierung offensiv in die Laienbereiche des Kirchenraums, besetzt dort Emporenbrüstungen (Celle, evangelische Schlosskirche, 1565–68), Vorhallen (Breslau, Elisabethkirche, 1585) und liturgisches Mobiliar.[60] Die Darstellung des Hechinger Zyklus gewinnt ihre argumentative Schärfe vor allem im Blick auf den kurz zuvor entstandenen Konkurrenzbau der Stuttgarter Schlosskirche und den dortigen Hauptaltar aus den 1560er Jahren. Dessen Reliefschmuck verbildlichte mit den zwölf deutschsprachigen Glaubensartikeln Aspekte der Brenz'schen Kirchen-

60 In der Regel wurden die Glaubensartikel in neugläubigen Kontexten deutsch referiert, in den katholischen Territorien in Latein, wobei jedoch auch Ausnahmen möglich waren, wie der lateinische Zyklus im Gewölbe der lutherischen Breslauer Elisabethkirche zeigt; vgl. Jan Harasimowicz, Sichtbares Wort. Die Kunst als Medium der Konfessionalisierung und Intensivierung des Glaubens in der Frühen Neuzeit (Kunst und Konfession in der Frühen Neuzeit 1), Regensburg 2017, S. 178 f.

ordnung von 1559.[61] Schlörs Bilderfindungen orientierten sich allerdings an den noch in altgläubigem Kontext entstandenen Holzschnittillustrationen der in Köln erschienenen *Icones symboli apostolici* (1556) mit dem von Erasmus kommentierten Credo, die nur in sensiblen Details, wie etwa der Transformation der Marienkrönung in ein Bild der Trinität (Artikel XII) korrigiert werden (Abb. 13).[62] Mit einer Geist-Taube über dem Altar im Gewölbe der Kirche stellt sich die protestantische Schlosskirchendekoration zudem explizit in einen trinitarischen Zusammenhang. Der Bilderzyklus in St. Luzen erscheint unter diesen Voraussetzungen wie eine direkte Antwort auf den Stuttgarter Antipoden, auch wenn das Geistthema nur indirekt präsent ist. So weihte Eitelfriedrich seine künftige, südlich an die Kirche stoßende Grabkapelle der Trinität, und letztlich war auch die im Sprechen der Apostel verbildlichte Inspiration als Ereignis an die Ausgießung des Heiligen Geistes gebunden.[63] Für das Innere beider Kirchen, der protestantischen wie der altgläubigen, ist also auf je eigene Weise das Konzept des geisterfüllten Raums in Anspruch genommen, das in St. Luzen über die Apostel als Exponenten priesterlicher Ansprache an die Gläubigen vermittelt wird.[64]

5. Opfer und Buße – die Altäre

Noch vor der Fertigstellung der Stuckdekoration gab der Graf drei Altarretabel für den Laienraum und seine künftige Grabkapelle in Auftrag. Die Bestellungen in Überlingen und Augsburg, neben Lindau und Konstanz die wichtigsten Zentren der neuen Holzbildhauerei in Schwaben, nach den Umbrüchen der Reformation und dem Exodus der Ulmer Bildschnitzer aus dem einstigen Zentrum der Retabelproduktion, stehen am Beginn eines immer exzessiver werdenden Interesses des Grafen für das neue Medium, das letztlich dazu führte, dass die Künstler des Hechinger Hofes um 1600 selbst eigene Erzeugnisse auch über die Landesgrenzen hinweg etwa nach Konstanz und Einsiedeln lieferten.[65] Für die Ausstattung der neuen Klosterkirche bezeichnend ist die Einrichtung

61 Vgl. Reinhard Lieske, Protestantische Frömmigkeit im Spiegel der kirchlichen Kunst des Herzogtums Württemberg Forschungen und Berichte der Bau- und Kunstdenkmalpflege in Baden-Württemberg, Bd. 2, München 1973, S. 60–66.
62 Vgl. Klaus Thiele, Die Steinreliefs Sem Schlörs in der Stuttgarter Schlosskirche, in: Schwäbische Heimat, 60 (2009), S. 402–416. Zum Phänomen konfessionsübergreifender Bildverwendung etwa für die Bibelillustration in den ersten zwei Dritteln des 16. Jahrhunderts vgl. Birgit Ulrike Münch, Geteiltes Leid. Die Passion Christi in Bildern und Texten der Konfessionalisierung. Druckgraphik von der Reformation bis zu den jesuitischen Großprojekten um 1600, Regensburg 2009, S. 86–101.
63 Am Eingang zu Kapelle erschienen bezeichnenderweise auch die entsprechenden Glaubensartikel. Die Texte von Jakobus Maior: *qui conceptus est de Spiritu Sancto, natus ex Maria Virgine* und Johannes Ev.: *passus sub Pontio Pilato, crucifixus, mortuus, et sepultus* dürften hier sowohl auf die Trinität wie auf die Funktion als Grabkapelle referieren.
64 Holzem, Raum – Bildwerk – Predigt (wie Anm. 30), S. 116–120, beschreibt diese konfessionspolitische Instrumentalisierung des Symbolon auf Grundlage der in St. Luzen erhaltenen Predigtliteratur.
65 Zur Altarproduktion der Epoche in der Region Hell, Forschungen (wie Anm. 18). Vor allem formalen Fragestellungen verpflichtet der Überblick von Rainer Laun, Studien zur Altarbaukunst in Süddeutschland, 1560–1650, München 1982. Für den bikonfessionellen Kontext von Augsburg vgl. Freya

neuer Altarpatrozinien, dies umso mehr, als noch 1602 die letzten beiden Altäre der alten Pfarre, Ottilien- und Laurentiusaltar, in die neuerbaute Spitalkirche übertragen und mit zwei Leinwandbildern ausgestattet werden sollten.[66]

In den beiden erhaltenen Verträgen sind die Akzente auf je unterschiedliche Schwerpunkte gesetzt; doch auch sie machen deutlich, wie präzise man sich der Programmatik der neuen Kultbilder zu versichern suchte. So lag der Bestellung für die Grabkapelle im Februar 1588 bei dem Bildhauer Hans Gemelich und dem Maler Hans Kastner in Augsburg eine Visierung zu Grunde, die der beteiligte Maler geliefert haben dürfte.[67] Da der Raum der Trinität geweiht war, wird ein entsprechendes Programm mit stark christologischen Akzenten zu erwarten sein, wie es drei Jahre später zunächst für den Altar der Schlosskirche entworfen worden ist.[68] Festgelegt wurde vor allem die Oberflächenqualität mit Fassungen, Vergoldungen, Versilberungen und Polituren, die den exorbitant hohen Preis des circa zweieinhalb mal viereinhalb Meter messenden Werkes bestimmte, der, vermutlich im Fall höherer Materialkosten, von 600 noch auf 700 Gulden aufgestockt werden konnte. Mitte Juli quittierte der Maler die Anzahlungen von zweimal einhundert Gulden, die der Materialbeschaffung gedient haben dürften.[69]

Völlig anderer Art ist der Vertrag mit dem Überlinger Schnitzer Hans Glöckler über zwei wohl eher kleinere Altäre im Laienraum, einem Kreuzaltar vor dem vermuteten Lettner und einem Magdalenenaltar.[70] Glöckler siedelte für die Herstellungszeit nach Hechingen über und erhielt vom Grafen neben der Unterbringung auch das Material für die Werke gestellt. Noch in der Abrechnung mit Wendel Nufer über die Arbeiten im Laienraum in den Jahren 1588/89 wird seine Tätigkeit in der Kirche vermerkt.[71] Dementsprechend fiel auch der Preis deutlich niedriger aus. Auffällig ist die Ausführlichkeit der Be-

Strecker, Augsburger Altäre zwischen Reformation (1537) und 1635. Bildkritik, Repräsentation und Konfessionalisierung, Münster 1997.

66 Mit der Hospitalstiftung am Lustgarten durch Eitelfriedrich am 29.11.1602 war die Vorschrift zum Besuch einer sonn- und festtäglichen Messe in St. Luzen durch die Pfründner verbunden. Andererseits wurden in diesem Moment die letzten Altarpfründen der alten Pfarrkirche aus der Franziskanerkirche in die neue Spitalkirche übertragen. Die betreffenden Altargemälde wurden laut Datierung gleich 1602 angefertigt; vgl. Longard, Pfründehospital (wie Anm. 14). Zur Weihe der Spitalkirche am 13.4.1603 mit Aufzählung der Altäre vgl. StAS Ho 1 T 1–6, 359; Egler, Chronik (wie Anm. 1), S. 114 f.

67 Vgl. Anhang Nr. 9. Das Werk Gemelichs in Augsburg ist nur versuchsweise über hypothetische Attribuierungen eingegrenzt; zum Gedächtnisaltar des Bischofs Otto von Gemmingen im Augsburger Dom und einer möglichen Zuschreibung an den Bildhauer vgl. Strecker, Augsburger Altäre (wie Anm. 65), S. 208–217.

68 Der Schlosskirchenaltar ist dreimal verdingt worden, wobei sich im letzten Vertrag mit Virgil Moll aus Überlingen ein stärker mariologisches Programm durchsetzte; vgl. Hossfeld/Vogel, Kunstdenkmäler (wie Anm. 13), S. 189 f, 230 f.; Hell, Forschungen (wie Anm. 18), S. 155–161, 198–213, 251–253.

69 Vgl. Anhang Nr. 13. Die Größe ist aus dem noch in der Kapelle befindlichen Rest der kostbaren Rahmung rekonstruierbar, die bei den Restaurierungen 1971–1975 freigelegt worden ist. Erhalten sind monochrome Malereien in Medaillons mit Heiligenbüsten und relativ kleine Figurennischen, die das zentrale Bildfeld rahmten.

70 Vgl. Anhang Nr. 10. Materialien zur Biographie des aus Waldshut stammenden Hans Ulrich Glöckler, der vor allem in der Fürstenbergischen Residenz Heiligenberg tätig war, vgl. Hell, Forschungen (wie Anm. 18), S. 8–12. Zum Heiligkreuzaltar ebd. S. 26–28.

71 Vgl. Anhang Nr. 16.

14 St. Luzen, Hechingen, Hans Glöckler, Figuren aus dem Kreuzaltar, 1588–89, im barocken Altarschrein (Foto: Lorenz Enderlein)

15 St. Luzen, Hechingen, Simon und Judas Thaddäus, 1588–89, mit barockem Franziskusaltar (Foto: Lorenz Enderlein)

schreibung für diese einfacheren Arbeiten, die das Interesse der Auftraggeber für ikonographische Details belegt. Opfer- und Bußthema sind nicht allein durch den ausführlichen Verding belegt, sondern spiegeln sich darüber hinaus in der erhaltenen Predigtliteratur aus dem Kloster.[72] Der von den theologischen Tugenden bekrönte Kreuzaltar, der in Teilen im linken Seitenretabel der barocken Umgestaltung erhalten ist (Abb. 14), bot mit den Szenen von Ölberg, ‚volkreichem Kalvarienberg' und Abendmahl eine rest-

72 Holzem, Raum – Bildwerk – Predigt (wie Anm. 30), hat, allerdings ohne Kenntnis der Altarikonographie, die Fixierung der Predigten auf das eucharistische Opfer und die Bußthematik beschrieben.

riktive Passionsikonographie, die sich, wie bei Kreuzaltären nicht unüblich, auf narrative Bildkonzepte beschränkte und mit der geforderten horizontalen Szenenreihung an gleichzeitige Werke etwa der Antwerpener Retabelproduktion erinnert. Die theologischen Tugenden über den jeweiligen Szenen übernahmen die Exegese der Szenen im Sinn ihrer ‚korrekten' Auslegung. Die bekrönende Caritas stand für die Hingabe im Opfertod Christi, Fides mit der *scheinend hostien* referierte auf die Präsenz von Christi Leib im Abendmahl und Spes nahm, schon im Gestus der betenden Hände, die Situation am Ölberg auf. Der anzunehmende Platz des Altars mittig vor dem Triumphbogen band ihn zudem in die Ikonographie des Kirchenraums ein. Das Bild des Gekreuzigten trat in Relation zu dem über ihm befindlichen Stigmatisationsrelief (Abb. 10), das seinerseits mit dem freischwebenden Kruzifix an der Wappendecke, mit dem Symbol des Pelikans in der Apsis und der Wappendecke des Langhauses interagierte, so dass sich, wie schon im Chor, Altarbild und wandfeste Ausstattung ergänzten und mit dem Gedenken an die Stifterfamilie verbanden: *Derhalben auch ain gemain Opffer / Commune Sacrificium ist / wölches von der gantzen gmain der glaubigen / vnnd für die gantzen gmain geopffert wirdt. / Nicht allain für die so dabei seindt / sonder auch für die abwesenden*, wie der zeitgenössische Predigttext formuliert.[73]

Bildliche Reflexe des verschwundenen Magdalenenretabels scheinen noch heute in den barocken Seitenfiguren des Antoniusaltars in der Seitenkapelle auf. Die Beschreibung im Vertrag ist auch hier außerordentlich präzise. Ausdrücklich in Bußhaltung bestellt wird *Mariae Magdalenae bildt* für die Mitteltafel des Retabels, *gar andechtiger gestallt in der Linckenhandt. Ain Cruzifix. Mit der rechten handt. an der brust klopffent*, so der Vertragstext. Flankiert von Petri Verrat, dem Martyrium der heiligen Sünderin Afra, sowie zwei Flügeln mit den Bildern des Sündenfalls, Pauli Bekehrung und den bekrönenden Allegorien von Justitia und Barmherzigkeit zeugte das Bild der reuigen Sünderin von ihrer Aufwertung in der katholischen Predigtpraxis des 16. Jahrhunderts im süddeutschen Raum und stand für die zeitgenössische Diskussion um Buße, Gerechtigkeit und Barmherzigkeit, mit der die Theologen um Eitelfriedrich ihr Statement gegenüber der protestantischen Gnadentheologie und der entsprechenden Bildproduktion formulierten.[74] Der Aufstellungsort für das Retabel ist nicht mehr rekonstruierbar, die Bußthematik allerdings suggeriert einen Standort rechts unterhalb der Kanzel nahe der Figur des Simon, der mit dem Glaubensartikel zur Vergebung der Sünden kombiniert war, so dass die Worte des Predigers noch hundert Jahre später den Blick unmittelbar auf die Sünderin unter ihm lenken konnten (Abb. 15): *Diese Befreyung aller Straff / die man sonsten für seine Sünden hier / oder dort im Fegefeuer außzustehen hätte / ist das jenige annembliche Keder / daß sovil tausend Sünder ziehet / daß sie gantze General-Beichten thun, daß*

73 Michael Bischof von Ingolstadt, Von der Hailigsten Messe. Sibentzehen Christliche Predigt, Ingolstadt 1557, X. Sermon, fol. LIIv, nach Holzem, Raum – Bildwerk – Predigt (wie Anm. 30), S. 119 (Zitat). Der Versuch der Gesamtinterpretation der Altäre im Raum bei Werner, Eine Tür (wie Anm. 49), S. 5–7, allerdings ohne Berücksichtigung des durch Amman restaurierten Marienaltars im Chor.

74 Anhang Nr. 10. Vgl. Margaret Arnold, The Magdalene in the Reformation, Cambridge/Mass. u. a. 2018, hier S. 95–126, Kapitel „A Most Holy Penitent". Das Bild einer letztlich als Büßerin vergleichbar konnotierten Hl. Afra geht ganz offensichtlich auf die Augsburger Verbindungen der Grafenfamilie zurück.

16 St. Luzen, Hechingen, Joachim Taubenschmid (Gussform), Herzgrab Eitelfriedrichs IV., 1609 (Foto: Lorenz Enderlein)

sie haiße Zährer wainen / daß sie die Brust mit den Fäusten zerschlagen / also an den Angl der Bueß anbeissen / gefangen / vnd seelig werden.[75]

1589 war die Bildausstattung im Wesentlichen abgeschlossen, obwohl die Arbeiten in Kirche und Kloster bis zum Tod des Grafen 1605 andauerten und der Laienraum der Kirche noch 1603 ein Gestühl jeweils für die Frauen- und die Männerseite erhielt.[76] Für das Holzmodell einer Bronzeplatte zu Eitelfriedrichs Herzgrab gegenüber Gemelichs kostbarem Altar wurde 1609 die in Hechingen etablierte Bildhauerwerkstatt des Joachim Taubenschmid mit 30 Gulden ausbezahlt.[77] Die Inschrift auf der Platte *Ubi thesaurus meus, ibi cor meum* (Abb. 16) macht sich auf sinnreiche Weise die Ambiguitäten der spätmittelalterlichen Herzikonographie zunutze. Die Paraphrase des Textes der Bergpredigt lässt im Spiel der Worte die Grenzen zwischen irdischem und himmlischem Raum verschwimmen.[78] Als Ort geistiger Schätze erschien nun ‚seine' Kirche, mit der sich sein ‚Herz' vereinigt hatte.

75 P. Amando, Seelen-Wayde der Christlichen Schäfflen das ist Ordinari Predigen auff alle Sonn- und Feyer- Täg deß ganzen Jahrs gerichtet und in zween Theil abgetheilet. Deß: Ersten Jahrs-Lauffs. Anderer Theil: Uber die Feyertäg, Augsburg 1699, S. 492, nach: Holzem, Raum – Bildwerk – Predigt (wie Anm. 30), S. 125 (Zitat).
76 Vgl. Anhang Nr. 17–19.
77 Vgl. Anhang Nr. 20.
78 Mt. 6, 21, *ubi enim est thesaurus tuus ibi est et cor tuum.*

6. Anhang: Bau- und Ausstattungsaktivitäten unter Eitelfriedrich IV. von Hohenzollern-Hechingen und seinem Nachfolger Johann Georg

1. 19. März 1583, Restaurierung des spätmittelalterlichen Hochaltars durch den Bildhauer Hans Amman aus Ulm für 8 Gulden: *Dem Erbarn Hanns Amman Bildhaurern nachvolgende arbaith zumachen verdingt hat. Namblichen ainen außzug sambt ainem gesümbs, auf denn Casten zu ainem altar, geen Sanct Lutzen zuschneiden, Weliches acht Schueh in die Hohe, Vnnd Sechs Schueh in die Weüte, alles nach Inhallt einer Visierung Ittem die allten Bilde, waß darann Mangellt, außflickhen, und sonsten dise Arbaith getreuelich unnd vleissig verrichten. Darzu dann Wolermelter mein gnadiger Herr, Ime Bildhaurer alles Holz, So dann acht gulden an Gelltt geben Vnnd Raichen Lassen Wollen*; StAS FAS HH 1–50 T 1–5, U665.
2. 17. April 1586, 1. Verding eines Gestühls in der Kirche von St. Luzen an den Bildhauer Hans Amman (Ulm) für 96 Gulden: *Dem erbarn Hannß Aman Bülldthaurren alhie, Ain gstiel In das wurdig Gotshauß Zue S. Luci. nachuolgender maß vnd gstallt zumachen verdingt Hat. Vnnd Erstlichen sollen bemelltes gstiel 19 Colona vnnd Achtzehen Fülingen haben. Mer vierundzwainzig Çadelln. vnnd vierundzwainzig Engelskhöpf. Darzue auch Achtundvierzig Stain veber die Rundungen vierundzwainzig Fülingen oberhalb Haubt vnnd vunnderhalb Haubtgsimbs ein gesprenng mit Laubwerch. Sambt vierundzwainzig Aufßzug. Das alles soll er Billdt [ha]uer vff d[a]s vleissigst sauberst daran Ainicher mangl nit erscheinen noch gefunden werden soll, machen nach ausweisung der Viesierung. Für vnd vmb solliche seine Arbaith, wollen Ire gnaden Ime geben vnd bezallen an gellt. sechunndneunzig gullden. Behausung, darzu auch Alles Hollz. so er darzue gebrauchen wurdet. für die Thüeren Lieffern vnnd füeren Lassen*; StAS FAS DH 1 T 1–6, R 17,2, 74a.
3. 8. Juni 1586, Verding mit Wendel Nufer aus Herrenberg über die Stuckierung des Chors von St. Luzen für 300 Gulden: *Mein gnediger Herr, Dem Erbarn Wendel Neüfferer dem Gybser von Herrenberg, Nachgeschribne Arbeit, In daß würdig gottshaus zu Sanct Lutzen Allhie, verdingt, Inmassen nachuolgt; Erstlich daß Gewelb im Chor auff mit Gybs zu machen. Ebenmessig auch von dem gewelb an, biß auff den Boden, Sollen nebenzu die Wendt herumben von Seülen vnd Gesimbsen, Sambt den Siben Kirchen, wie die Ime sollen angeben werden. Vnnd der gantze Chor, alles vleissig. zierlich. Schön vnd lustig, nach außweisung der Fisierung (: daran ainicher mangel, abgang vnd vnfleiß nit erscheinen solle :) gemacht vnd zugericht werden. Zu berüerter arbeit, welle wolermelter Mein gnediger Herr, Ime den Gybs troschen vnd Wasser darzu tragen lassen, Darzu auch Nägel. Eysen. Holtz Vnd was weitters die Noturftt eruordern wuerdt, Item auch behausung Vnd Beholtzung, (wie andere Dinckhwerkern) geben werden. Für und umb solche Arbeit, geben Wolgemelter mein gnediger Herr Ime Gybser nach Vollendung derselben Dreyhundert gulden*; StAS FAS HH 1–50 T 1–5, A26, Nr. 25 (Rückseitenvermerk: *zalt*); Karl Theodor Zingeler, Verschiedenes, in: Mitteilungen des Vereins für Geschichte und Altertumskunde in Hohenzollern 39/41 (1905/1908), S. 73–78, hier S. 74 f.

4. 15. Oktober 1586, Verding der Malerarbeiten im Chor von St. Luzen an Hans de Bay aus Riedlingen für 45 Gulden: *Mein genediger Herr dem Erbarn Mr: Hanssen de Bay; Burger vnd Maler zue Riedlingen, Nachgeschribne Arbeit In dem Closter bej Sanct Lutzen Alhie Zue Hechingen, volgender gestalten verdingt; Erstlichen sollen das gewelb mit Farben verfasst: Vnd der Pelican, wie auch die Pater noster in der Muschel vergüldt; vnd die Rundinen zusambt darein gehörigen Bildern vnd laubwerkh, wie auch alles anders Jetztermeltes, etlichs mit Öl- vnd etlichst mit wasserfarben, Je nachdem es die noturfft eruordern würdet, Aufs besst vnd vleissigest angestrichen, gemalet vnd verrichtet werden etc. – Zue berüerter arbeit, wollen wolgemelter Mein genediger Herr, Ime Malern daß goldt verordnen, Vnd soll Er Maler sonsten alle andern darzugehörige, Frische Bestandthafte Öl: Vnd sonst Farben zugeben schuldig sein. Darfür Vnd Vmb solche arbeit geben mer wolgdachter Mein genediger Herr, Ime Mr: Hansen de Bay zusambt einem gesellen oder Jungen, Wann Er anderst einen halten würde, Den Tisch Vnd liefferung zu Hoff Vnnd die Behausung Auch Beholzuug zu der Statt, Vnd nach Vollendung der arbeit an gelt Funff und vierzig gulden*; StAS FAS HH 1–50 T 1–5, U 668; Copia in StAS FAS DH 1 T 1–6, R 79, 32, 1; Auszug Hebeisen, Zur Geschichte (wie Anm. 1), S. 33; Stier, St. Luzen (wie Anm. 18), S. 114, nach Copia.
5. 14. November 1586, Verding der Fenstermaßwerke an den Steinmetz Meister Hans von Neuwenstatt nach einem vorliegenden Probestück: *Dem erbarn Mr: Hansen von der Neuwenstatt Stainmetzen, nachuolgende Arbeit, In daß Closter zue Sanct Lutzen, alhie zue Hechingen verdingt haben, Als Vnd dergestalt, daß Er Siben Rundelen; die Bogenstückh, von weißem Hausener Stain, Vnd dann die Form[m]enstückh, Von Rotem Owinger Stain, Auffs zierlichst durchbrochen, In gedachtem Closter Sanct Lucio Oder In der Kirchen wie Ime angezaigt worden Vnd Er hievor Auch dergleichen eine daselbsten gemacht, getreu wes vleiß verfertigen solle. Zue beruehrter Arbeit, wollen wolermelter Mein genediger Herr, Ime Stainmetzen, die Stain zur Gütten verordnen Vnd sonsten Bley, Eisen und was Er dergleichen bedürftig, Das übrig aber soll Er Steinmetz In Seinen Costen halten. Vnnd geben Iere G[naden] Ime, von Jedtlicher disen Siben Rundelen Acht Gulden Zuverfertigen, thut Summarie 56 fl. In Müntz, Vnd Selbige Als nach und nach, bis er Solliche In Augenschein gebracht und gerfertigt*; StAS FAS DH 1 T 1–6, R 79, 32, 3.
6. 1. April 1587, Verding einer Kirchenbestuhlung an den Bildhauer Hans Amman: *Mein genedig[er] herr. Dem Erbarn Mr. Hannß Aman Pilldtschnizern vonn Vllm Dreussig Stuel Inn das Closter bei S. Luzen, Dergestallt verdingt. daß er Alles waß von Schreuner Arbaith daran Zumachen. nach der Viesierung, Vnnd Vorigem. Mit Ime aufgerichtenn verding Zetl, gemelß, wie Ime bevolhen wordenn, auffs zierlichst vnd Vleissigst Zuverfertigenn, das ainicher mangl daran nit erscheinen solle. Vnnd gebenn Ire Gnaden, Ime, von Yedem dero Stuelenn. Zween gulldenn, Vnnd Zuverferttigung derselbenn Prutter, hollz, vnnd Alles waß darzu gehörig*; StAS FAS DH 1 T 1–6, R 79, 32, Nr. 4; Stier, St. Luzen (wie Anm. 18), S. 116.
7. 5. Juli 1587, Verding von Arbeiten an einer Uhr an Meister Hans Rebellin, Uhrmacher aus Villingen, für 20 Gulden: *Dem Erbarn Meister Hannß Rebellin Vrmacher zu Villingen, hernachvolgendes Inn daß Closter zu Sanct Lutzen, verdingt haben, Benamlichen daß er an die Vhr so Inn gemeltenn Closter Zween Zeiger einen In den Turm, daß er Auf*

die Straße zeige, den anderen in die Convent stuben Zeigende, von gutem Gezeüg, Wie sich dan die Notufft diß alls erfordern, verfertigen Vnndt machen soll, also daß er Meister fünff Jar Weheschafft geben solle, Vnd Was nun In den fünff Jaren daran zerbrochen, solliches ohn Iren G.[naden] *costen fertigen vnd richten. Für solliche seine Arbeit, Wollen Wolermelter M.*[ein] *G.*[nädiger] *H.*[err] *Ime raichen Vnd geben lassen Zwenzig gülden;* StAS FAS HH 1–50 T 1–5, U666.

8. 10. August 1587, Verding mit Wendel Nufer aus Herrenberg über die Stuckierung des Kirchenschiffs und der Seitenkapelle für 900 Gulden: *Dem Erbarnn Wendell Neuffrer Gibsern von Herenberg, Nach geschrieben Arbeit Inn daß würdig Gottß Hauß zu SANCT LUZEN. Alhie, verdingt. Inn maßen hernach laufendt, Erstlich, Soll er die ganze Kirch zu Sanct Luzen, mit einem Gewelb auff mit Gibß, und darinen Wo es erfordern thuth, mit bildern Zieren, Verfertigen, ebenmäßig gestalten, vonn dem Gewelb ahnn biß Vf den Boden, Die Vier Wendt geringß herumb Mit Seüllren Vnd gesimbßen, auch den Heilgen Zwelf Apostolenn, vnd andern Schönen Bildern, nach gestalt es erfordertt, Von schönen saubren Gibs machen und Zieren, Sodann den Predig Stuoll vf das aller zierlichst In der Kürchen aufrichten vnd machen, Ferner auch daß Cappelle beneben der Kürchen, vber sich uff mit einem zierlichen Gwelb außfüren, beneben herumb, nach Iren G*[naden] *gut düncken, die Wändt mit Bilder zieren und versehen, Vnd Versehen, Vnnd alles Vfs vleyßigst, zierlichst vnd lustigst, nach Außweyßung der Viesierung (: daran einich mangell, Abgang, vnd vnvleiß nicht erscheinen soll :) machen vnd zu richten. Zu berürter Arbeit wöllen Ire G*[nade]*n. Ime den Gibß Treschen, vnd wasser darzu varen laßen, dar zue auch Nagell, Eißen, holz, und wass weiteres die Notturft erfordern würde, Item auch Behaußungh und Beholzung (wie andern Dinckh werkern :) reychen vnd geben werden laßen. Für vnd vum solliche Arbeit geben Wolgedachter M.*[ein] *G.*[nädiger] *H.*[err] *Ime Meister Wendell Gibsern nach Vollendung derselben, benantlich Neun Hundert Gulden Jeden zu funf zehen bazen;* StAS FAS DH 1 T 1–6, R 79, 32, Nr. 5; Hebeisen, Zur Geschichte (wie Anm. 1), S. 32 f.; Stier, St. Luzen (wie Anm. 18), S. 113 f.

9. 12. Februar 1588, Altarbestellung bei Hans Gemelich und Hans Kastner in Augsburg für die Trinitätskapelle in der Kirche: *Denn Ernhafften Hanns Castnern Mahlern, vnd Hanß Gemelich, Bildthawren, beede Bürgern vnd wonhafft zu Augspurg, Nachvolgende Arbait verdingt haben, Namblichen Einen Altar Inn die Cappellen bei Sanct Luzen Kürch, vonn Holzwerckh geschnitten, Gemahlt, geprannirt vnd mit gollt Vnd Silber, vergüldett, gezierett, Vnd vffs Aller trewlichst vnndt vleißigst. Aller erheischender Noturfft. vnd vermög der Fießierung Mas vnd gestalt Alß einem Mahler vnd Bildthauer diß acte daran zu mahen gebürtt. Als das einicher mangell daran nicht erscheinen solle, verfertigen Vnd machen solle. Für vnd vmb solliche Arbeit haben Iren G*[nade]*n. Innen Versprochen Zu gebenn sechshundertt gülden, Im fall nun solliche Arbeit mehr als verdingt, ann geldtt. sich erstrecken würde, soll Alsdan solliches nach Ermeßigung und Abschezung Innen Bezalt werden, Jedoch nicht Höcher Als Fünffzig güldenn, für dass verding. Vnd vfs Aller Höchst Siebenhundertt gülden;* StAS FAS DH 1 T 1–6, R 79, 32, Nr. 6; Stier, St. Luzen (wie Anm. 18), S. 117 f.

10. 1. Mai 1588, Verding über zwei Flügelaltäre an Hans Ulrich Glöckler für 320 Gulden: *Mein gnediger Herr, Dem Erbarn vnnd kunstreichen Maister Hanns Kleckhlern Bildtschnitzern zue Vberlingen vnnd bürgern daselbsten Zwen Althar. den ainen zueh-*

ren Sanct mariae magdalenae. den andern zuehren des Hailgen Creitz Christj. Von Holzwerckh nachuolgender gestallt fleißig zuschneiden. vnnd geen Sanct Lutzen in die Kierchen vff zusetzen vnnd zue machen verdingtt haben. Vnnd Namblich der erst Althar zue ehren Sanct mariae Magdalenae. soll in d[a]s Corpus zue mitten selbig Mariae Magdalenae bildt, gar andechtiger gestallt in der Linckenhandt. Ain Cruzifix. Mit der rechten handt. an der brust klopffent, Auf der rechten seiten Sanct Peter wainendt. hinder od.[er] vor Ime, ain kreender han, Vnnd auf der Linckhen seiten. Sanct Affra An ain Pfal gebunden mit Iren claidern, vnnder ir ain feur. Vnden Am fueß Sanct Vrsula geselschafft. am rechten fligel der fahl Vnnßer ersten eltern Adam vnnd Euae, am Linckhen fligel Sancht Paulussen bekherung, Vnnd in Vsszug, oben auff, drej bilder. D[a]s erst König Dauidt, kniend, die Kron vnnd Harpffen, bej Ime, Vff der erden ligen, auf der Rechten seiten. ain Junckhfrauw der Barmhertzighait. vnnd vff der Linckhen seiten. ain Junckhfrauw Justicia, mit ainem schwerdt vnnd wag. Vnnd den andern Althar. Zuehren des Heiligen Creitz in d[a]s Corpus. Christus am Creitz hangend wie ehr mit aim Speer durchstochen. Vnnser Lieben frauw in schwachheit felt, vnnd vil volckhs herumb steet, am rechten fligel d[a]s Ledtst Abendtmal; Am linckhen fligel den Elberg. Vnnden am Fuess d[a]s Himmelisch her. oder aller Lieben hailigen, oben In Vßzug. Caritas. in der rechten handt. mit vßgestreckhtem arm. ain brennendes herz haltendt, am hals ain Kindlin. Vnnd vnden am fueß. Auch ains zwaj oder drej. Auf der Rechten seiten Fides mit ainem Kelch. vnd scheinend hostien. Vnnd auff der Linckhen seiten Spes mit zuesammen gethanen henden, alls Bettendt, Zue solcher Arbeit Sollen und wellen Ire gnaden, Ime Maister. Alles holtz vnnd Leim. An die handt, die behaussung vnd beholtzung so lang ehr mit zethun hatt, geben vnd liffern lassen, Vnnd von solcher Arbait, in allem fleißig rechtt vnnd sauber, ob specifierrtemaßen zefertigen, Allerdings zemachen, vnnd vffzesetzen, Ist abermals Ime Maister Johann Kleckhler durch Ir gnaden. richtig vnnd guot zemachenn auch nach vnnd nach zuerhaltung seins gesyndtz weil ehr mit zethun hat. Zuegeben bewilligt vnnd versprochen worden. Namblich Dreyhundert vnnd Zwaintzig guldin; StAS FAS DH 1 T 1–6, R 79, 33; Stier, St. Luzen (wie Anm. 18), S. 116 f.

11. 27. Juni 1588, Verding für die Hechinger Schreiner Jacob Haynlin und Cunrath Paurer, unter anderem für Türen und Türrahmen im Kloster St. Luzen (Gesamtvolumen der Arbeiten 18 Gulden): *Dann drey Ander eingefasst thüren, Vnnd wass sonnst vom schreiner sampt einenn werckhbanckh, In daß Closter bei St. Lutz, zumachen zu richten, verdingt hat*; StAS FAS HH 1–50 T 1–5, A 26, Nr. 28.
12. 4. Juli 1588, Verding mit dem Maler Esaias Weisser aus Überlingen zur Ausmalung des Lusthauses, Bemalung der Stiftskirchenorgel und Malerarbeiten in St. Luzen (Gesamtvolumen der Arbeiten 110 Gulden): *In die Kirchen bei St. Luzen ermelt zollerisch vnd zimberisch wappen mit den helmen sampt dem Crucifix vnd S. Francisci bildt von bleiweiß mahlen, und anstreichen*; StAS FAS HH 1–50 T 1–5, A 26, Nr. 29.
13. 30. Juli 1588, Quittung Kastners für die ersten 200 Gulden: *Vrkund vom maler vnd bildhauer von Augspurg vmb 100 fl wegen der altar dafel zu S. Luzen in mein capelle: Ich hanns Khastner maller pethen hie mitt meiner aigen hanndt geschrifftt Das ich den 30 Jully a[nn]o 15.88 hab von wegen des wollgeporenen hern graufhen Eyttelfriderichen Von hohen Zolleren etc: Von ir genadten cappelmaister von wögen des angedingt-*

ten alttares Zu s: lyeren hab empfangen ain hundertertt guldten an Reynischen goltt Vnd Zuvor auch hundertt also hab Ich zway hundertt auff dis werkh geben In augspurg den 30 Jully a[nn]*o 15.88;* mit Siegel Kastners und Bemerkung zur Übersendung des Holzstocks für ein exlibris, StAS FAS DH 1 T 1–6, R 17, 1, 34a; Schmid, Musik (wie Anm. 10), 232 f., Anm. 166.

14. 21. November 1588, Verding mit dem Schreiner Georg Paurer aus Hechingen zur Ausstattung der Kirche für 60 Gulden: *Dem erbarn Georg Paurern, Schreiner alhie zue Hechingen. Nachuolgende arbait zue machen Verdingt hat. Benanntlichen Vnnd Erstlichß Soll Er denn Creutzgang, durchauß vnnd Obenauf, sampt der Stiegen, so Vff die Cantzel gehet, daß man sy nit sehen khündt Taflen weis Verdäfern, Vnnd mit Leisten verfassen, dann die Liberey Neben Zue vnnd Oben Auf, mit Verleimbdten Daflen, Däferen Etliche Kästlin Vnnd Buchgestell darein, mit geschobenen Gätter darfür, Ain Lange Disch thafel, Vnndt Puldt Prett, darauf, Die Fensterkam*[m]*en, Fueßboden, Vnnd Düren, Item die Küsterey Nebenzue Vnnd oben auf däferen den Fußboden, Düren, Drey Kästen, denn Ain Zuen Mäßgewändern, Oben auf mit geschobenem Gätter, Vnnd Vnnden mit Schubläden, die Anderen Zwen Vnnden Vnnd Oben, mit Düren beschloßen, Ain Langen Tisch Vnnd Fennsterkammen, Vnnd Letztlichen die Stüegen, so In Creutzgang herab gehet. Oben Auf Vnnd durchab, mit ainem gelender Vermachen. Vnnd in Suma waß inn disen gemechern Vmb Vnnd Vmb, Vonn Schrainer Arbeit zue machen Vonnöten sein würt Verfertigen*; StAS FAS HH 1–50 T 1–5, A26, Nr. 30.

15. 20. März 1589, Vertragskopie über den Bau der Stiftskirchenorgel und Reparatur der Orgel in St. Luzen an Konrad Beck in Pforzheim (Gesamtvolumen 600 Gulden): *Dem Ernhaften Vnd Kunstreichen Maister Conraden Beckhen, von Erdtfurt Orglenmachern zue Pfortzhaim wonendt,* [... fol. 2r] *Vnd dann Letstlichen zue dem klainen Werckhlin zue Sanndt Lutzen,* [gestrichen: *soll Dasselbig in seinem Wert Verbleiben*] *Erstlich An Statt es Principalß ain gedeckhts ein Octava diefer, Zum andern an Statt der Krumphörner ein Principal, scharpf und gueth wie das alte,* [fol. 2v] *Zum Dritten die Octava, widerumb an sein Alt Orth, Also auch die Zimbelen, Vnnd Quintlein, Vnnd khlain octäflein p. Inn seinem alten Ordt gesetzt, Vnnd sol nun daß* [gestrichen *Regal*] *Werckh* [gestrichen: *zu verbesserrn*] *dise Stimmen haben, Ersten ain Principal. zum and*[ern] *Copula ein Octava diefer, zum dritten, Octava Vierten Quintlein. fünfften Schwegelin, Sechsten Zimbelen, Vnd Sibenden, Regal*; StAS FAS DH 1 T 1–6, R 79, 17; Schmid, Musik (wie Anm. 10), S. 417.

16. 20. August 1589, Abrechnung mit Wendel Nufer über die Arbeiten im Kirchenschiff von St. Luzen. Sie listet auch Zahlungen an Bildhauer auf, namentlich wird Hans Amman aus Ulm genannt, außerdem ein Bildhauer aus Überlingen, wohl Hans Glöckler, Geldangaben in f (Gulden), bz (Batzen) und k (Kreuzer): *Abrechnung mit dem gibser wegen der Kirch Zu S. Lutzen, so ime vmb 900 fl verdingt word Actum den 20. Augusti anno 89*: [fol. 1r] *Hoch Vnd Wolgeborner Graf gnediger Herr, Es ist dem Gibser die Kirchen Zu S. Lutzen sampt dem Lusthauß vnd gewelb vnderm Chor, verdingt worden per 900 fl. Hieran empfangen wie folgt. Den 22 Augusti 1587–4 f. / Den 30.–5 f. / Den 11. Septembris – 10 f. / Den 12. 50 lb. schmalz – 6 f. 10 bz. / Den 29.–10 f. / Den 4. Octobris – 10 f. / Den 11. Octobris 10 f. / Den 18.–10 f. / Den 24.–5 f. / Den 7. Novembris – 10 f. / Den 15.–8 f. / Den 22.–10 f. / Den 29.–5 f. / Den 5. Decembris – 5 f. / Den 6. Dem bildhaurer – 2 f. / Mer*

ime bildhaurer 1 f. / Den 20.–4 f. / Dem bildhaurer – 1 f. / Den 22.–4 f. / Dem bildhaurer – 1 f. / Den 3. Januarij anno 88–4 f. / Dem bildhaurer – 1 f. / Den 10. / Dem bildhaurer 1 f. / Den 11. ain Malter Kernen [Vesen durchgestrichen] *– 6 f. / Dem bildhaurer – 2 f. / Den 24. – Dem bildhaurer 4 f. / Den letzten Januarij – 4 f. / Dem bildhaurer 1 f. / Hath 146 f. 10 bz.* [fol. 1v] *Den 7. Februarij – 6 f. / Dem bildhaurer – 1 f.* (Not. er hat 16 ½ f.) */ Den 13. ain halben Ochsen – 21 f. 7 bz. 2 k. / Mer eine halbe Saue 6 f. Mer – 4 f. / Dem bildhaurer – 2 f. / Den 22.–8 f. / Dem bildhaurer – 1 f. / Den 24. dem bildhaurer – 2 f. / Den 6. Martij – 4 f. / Dem bildhauer 1 f. / Den 19.–10 f. / Den 20. Dem bildhaurer 1 f. / Den 3 Aprilis – 5 f. / Den 6. Deme Bildhaurern seine schulden bezalt – 20 f. 10 bz. / Den 7. Den bildhaurer gar bezalt – 18 f. 5 bz. / Den 9.–4 f. / Des bildhaurers Kost gelt vom 14. Septembris anno 87 biß auf den 18. Aprilis anno 88–30 f. 7 bz. 2 k. / Den 23. Ain Malter Vesen – 4 f. / Den 24.–5 f. / Den 2. Maij – 8 f. / Den 7. Maij – 8 f. / Den 14. Maij – 8 f. / Mer 50 lb. Schmalz – 6 f. 10 bz. / Den 21. Zwai Malter Vesen – 8 f. / Den 29.–10 f. / Den 4. Junij – 8 f. / Den 12. Junij – 8 f. / Den 19. Junij – 8 f. / Den 25. Junij – 8 f. / Mer 2. Malter Vesen 7 f. / Hath 241 fl 10 bz.* [fol. 2r] *Den 3 Julij – 8 f. / Den 10.–8 f. / Mer abzogen 10 lb. freuel – 6 f. 10 bz. / Den 24. wegen deß bildhaurers von Uberlingen 6 f. 7 bz. 7 k. / Den 23. Zwai Malter Vesen 7 f. / Mer – 8 f. / Den letzten Julij – 6 f. / Den 7. Augusti – 8 f. / Den 14.–6 f. / Den 16. Zway Malter Vesen 8 f. / Den 28.–6 f. / Den 4 Septembris – 6 f. / Den 11.–6 f. / Mer 2. Malter Vesen – 10 f. / Den 18.–8 f. / Mer 50 lb. Schmalz – 6 f. 10 bz. / Den 25.–8 f. / Den 2. Octobris – 8 f. / Den 3. Zway Maler Vesen 10 f. / Den 9.–8 f. / Den 16.–8 f. / Den 23.–8 f. / Den 22.–8 f. / Den 5. Novembris – 8 f. / Den 12.–8 f. / Den 13. – ein Malter Kernen – 6 f. / Den 20.–5 f. / Den 27.–5 f. / Den 4 Decembris – 6 f. / Mer 1 ½ Malter Kernen – 9 f. / Den 11.–6 f. / Den 18–5 f. / Den 17.–3 f. / Hath 227 f. 12 bz 2 k.* [fol. 2v] *Den 15. Januarij anno 89–4 f. / Den 2. Februarij – 4 f. / Den 6. Umb 50 lb. Schmalz – 6 f. 10 bz. / Den 6 Martij – 4 f. / Den 13.–4 f. / Mer 1 Malter Vesen – 5 f. / ½ Malter Rockhen – 3 f. / Den 20.–5 f. / Den 27.–6 f. / Den 5. Aprilis – 6 f. / Den 10.–4 f. / Den 17.–5 f. / Den 29.–10 f. / Den 1. Maij – 10 f. / Den 7. Maij – 10 f. / Den 4. ain Malter Vesen – 5 f. / Den 15.–10 f. / Den 22.–10 f. / Den 25.–6 f. 3 bz. Iiii k. / Den 2. Junij.–6 f. / Den 7 ein Malter Vesen – 5 f. / Den 12.–12 f. / Den 20.–12 f. / Den 22. Dem Hannß Amma wegen des Predig Stuhls – 4 f. / Den 23.–10 f. / Den 1. Julij – 10 f. / Den 11. Ain halb Malter Vesen 2 f. 1 bz 2 k. / Den 9.–10 f. / Den 14.–10 f. / Den 19. Dem Hannß Amma – 9 f. / Den 25.–5 f. / Den letzten – 4 f. / Hath 217 f. 6 bz. 1 ½ k.* [fol. 3r] *Mer ist er gestrafft worden wegen er in der fasten in der Kirchen Zu S. Lutzen flaisch geessen – 10 f. / Mer wegen des Jungen so Zu Hof gespeisset worden – 10 f. / Den 5. Augusti 5 f. / Hath 25 f. Summa des Empfangs 858 f. 8 bz. 3 ½ k. Nach Vergleichung des Verdings und Empfangs so verpleiben Ire G*[naden] *ime hinaus Zu geben schuldig 41 f. 6 bz. ½ k. Hievon Empfang – 5 f. Mer Empfang 20 fl. Mer den 4. 7bris – 3 fl. Mer den 26. septembris – 12 fl. Summa – 40 f. Nach Aller Verglaichung so verpleiben Ire g*[naden] *ime hinaus Zugeben schuldig 1 f. 6 bz ½ k.*; StAS FAS DH 1 T 1–6, R 79 32, 8.

17. 20. Oktober 1596, dem Maurer Christian werden Bauarbeiten im Kloster für 6 Gulden verdingt: *Dem beschaidenen Maister Christian Maurer nachuolgende arbait, in dem Closter zue St. Lucin, zuververtigen, gnediglichen verdingen laßen. Das nemblich er in bemeltem Closter, erstlich ein Maur ins bedlin, Zwölff schue lang vnnd Zwen Schue dickh, machen, vnnd so lang die maur, so lang auch am neuen bedlin gewölben solle. Item zwey schied wendle in die Piegel sambt dem Bier kessell einmauren. So dan ein*

Kemmet vom Bierkessel vnnd Bedlin auffieren, den gang zwischen dem Closter vnnd bedle, vnnd dem hindern gibell in die Pigel mauren. Item das dach deckhen vnnd einbinden.; StAS FAS HH 1–50 T 1–5, U667.

18. 12. Dezember 1598, Eitelfriedrich IV. verdingt an den Schreiner Hans Scherer von der Schör für 90 Gulden: *Dem beschaidnen hansen Scherern Schrainern von der Schör. Volgende Arbeith, In dem Barfueßer Closter zu St. Lutzen Zuverfertigen gnediglich verdingen laßen, Namblich sollen ein Deckhin in bemeltem gotshauß, So fünff und sechtzig Schueh lang und achtzehen weit, deren in der Schloßcantzley gleich machen, auch durch aus ein fuesboden legen, Mehr in beede Stuben ein Brust Decke, so siben schueh hoch, gerings weiß herum einfaßen, vnd bruckh machen, Item in di lange stube drey lang daflen, Item ein Casten so siben schueh hoch, auch ein Disch vnd ein Pult daruf, Mehr in die groß Stuben, zwey Thürgericht, mit eingefasten thüren, Mehr zwaintzig fliegend Leden, vnd Leisten in die fenster, Mehr Zwo eingefaßt thüren vf den gang, der aus dem Closter in den bow ghet Mehr die Schidwand zwischen der Camer vnd stuben so in der Lenge vnd hehe Neuntzehen schueh, mit Ramschenkhelln einfaßen, auch ein thür darain machen, Mehr in die Camer zwo betladen, mit gantzen himeln, Mehr in die Stuben, ein gefierdten Düsch, vnd gutschen bethlin, Auch in d[a]s klain stiblin ein casten vnd ein eingefast thür, auch in vnd auswendig thür gerichtlin, Mehr drey thüren, eine vf den kirchhof Creitzgang vnd Keller, alles ufs vleißigist abgeredter maßen machen verfertigen vnd zurichten*; StAS FAS DH 1 T 1–6, R79, 32, 7.

19. 1. April 1603, Verding verschiedener Arbeiten an die Schreiner Joseph Promme und Steffan Kempe, darunter ein Gestühl für den Laienraum der Kirche von St. Luzen: *Den beschaidnen Joseph Promme vnd Steffan Kempe Schreinern zue Hechingen folgende Arbeith bei den Ordens Herrn deß Gottßhauß S. Lucij zuverferttigen gnediglich verdingen lassen; Namblich sollen sye Dreyßig stiell, auf jeder seitten fünffzehen darunder fünff mannß, Vnd Zehen weiber stuell, doch das sye Vornen Herr mit defer Zubeeder seiten eingefasst*; StAS FAS HH 1–50 T 1–5, A26, Nr. 68 (wohl dieser Vertrag bei Hossfeld/Vogel, Kunstdenkmäler (wie Anm. 13), S. 190, fälschlich mit der Schlosskirche in Zusammenhang gebracht, da weitere Arbeiten in der Stifts- und Spitalkirche folgen).

20. 1609/10, Rechnungsauszug der Hofkanzlei Hechingen zur Bezahlung des Holzmodells für Eitelfriedrichs IV. Herzgrab in St. Luzen: *Bede Bildthawer haben meines gn. Hern selig Herz vndt Wappen in Holz geschnitten ist inen uf Ratification meines gn. Hern 30 fl. bewilliget worden*; StAS FAS DH 1 T 1–6, R 17, 43 (unpaginiert); Schaitel, Taubenschmid (wie Anm. 55), S. 98.

Sakralisierung der Landschaft

Zum historischen Quellenwert des Denkmalbestandes in Baden-Württemberg

VON JÖRG WIDMAIER

Der im Folgenden unternommene Versuch, die Sakralisierung der Landschaft in der Vormoderne anhand des historischen Denkmalbestandes in Baden-Württemberg nachzuverfolgen, ist in gewisser Hinsicht ein Wagnis. Dabei kommt man nicht umhin, eine möglichst breite Quellenbasis einzubeziehen, also sowohl im gesamten Bundesland verstreute Beispiele wie auch überregionale Vergleiche anzuführen, sowie Bild- und Schriftquellen hinzuzuziehen. Die übergeordnete Fragestellung zielt auf den Prozess und die Praxis der sakralen Durchwirkung der Landschaft in Form religiöser Praktiken, die – so die im Folgenden auszuführende These – noch heute an den erhaltenen historischen Kunst- und Bauzeugnissen ablesbar ist. Grund dafür ist, dass jene materiellen Zeugnisse wesentliche Elemente der religiösen Praktik und damit auch Bestandteil einer Wahrnehmung des Sakralen sind.

Ein Schwerpunkt liegt im Folgenden auf theoretischen Überlegungen zu Ausbildung und Wahrnehmung religiöser – seit dem 16. Jahrhundert zudem auch konfessionell differenzierter – Landschaften. Da in diesem Zusammenhang vor allem die Landschaft als Kulturraum – d.h. verstanden als je zeitspezifische soziale Konstruktion – im Blickpunkt steht, werden religiöse Zeugnisse wie Kirchen, Kapellen oder Andachtszeichen in ihrer Funktion als zeitgenössische Markierung einer religiös durchwirkten Landschaft einer Betrachtung unterzogen, d.h. der reiche Denkmalbestand des Bundeslandes als landschafts- und kulturprägender Faktor in der Vormoderne analysiert.

1. Kulturdenkmal und Kulturlandschaft

Kulturdenkmale sind raumwirksame Zeugnisse einer historischen Kulturlandschaft.[1] Burgen, Schlösser oder Sakralbauten, aber auch religiöse Kleindenkmale sind als Zeugnisse menschlicher Schöpfungskraft sichtbar in der Landschaft platziert und vermitteln –

1 Vgl. Birgit FRANZ/Achim HUBEL (Hg.), Historische Kulturlandschaft und Denkmalpflege. Definition Abgrenzung, Bewertung, Elemente, Umgang, Bamberg 2009.

freilich in durchaus unterschiedlichen Maßstäben – funktionale wie ideologische Zusammenhänge in Form des wahrgenommenen Kulturraums. Die Begriffe Kulturraum beziehungsweise Kulturlandschaft zeichnen sich durch eine vielfältige Anwendung aus.[2] So kann unter historischer Kulturlandschaft einerseits eine Landschaft gemeint sein, die in der Vergangenheit bestand, andererseits kann ein Ausschnitt aus der aktuellen Landschaft angesprochen sein, der in besonderem Maße von historisch-fortdauernden, sogenannten persistenten Elementen bestimmt wird. Die im Folgenden eingenommene Perspektivierung einer Denkmalpflege bezieht sich auf jene persistenten historischen Infrastrukturen, die historische Wirklichkeiten bezeugen und insofern auch vergangene religiöse Praktiken spiegeln. Dabei wird auf jene prozessuale Begriffssetzung von Kulturlandschaft referiert, die der Historischen Geographie entlehnt ist und ganz allgemein „den vom Menschen eingerichteten und angepassten Teil der Erdoberfläche, der stetig geändert und umgestaltet wurde und noch wird" bezeichnet.[3] Gemeint ist dabei ein durchaus breites Spektrum jener landschaftsgestalterischer Materialisierungen menschlichen Handelns, die nicht ausschließlich – etwa in Form von Baulichkeiten – deutlich als anthropogene Strukturen in Erscheinung treten, sondern auch Phänomene wie Geländemodifikationen – etwa in Form von Bergaufschüttungen, Quellfassungen oder künstlichen Wasserläufen – beinhalten.[4]

Die Bedeutung und der funktionale wie ideologische Zusammenhang zwischen Landschaft auf der einen Seite und der Präsenz baulicher wie künstlerischer Zeugnisse auf der anderen Seite haben sich also vielfältig in das kulturelle und räumliche Gedächtnis – in unser kollektives Verständnis des Kulturraumes – geprägt.[5] Der dabei skizzierte historische Kulturraum ist für das gewählte Spektrum an Quellen – den baulichen und künstlerischen Zeugnissen der Vormoderne – christlich geprägt, d. h. religiöse Praktiken haben sich hier in baulicher oder anderer gestalterischer Form in den Naturraum eingeschrieben. Geländemodifikationen können beispielsweise im Zusammenhang eines klösterlichen Netzwerks entstehen, etwa dem sogenannten Prälatenweg vom Kloster Salem zu mehreren seiner Wirtschaftshöfe, den Grangien (Abb. 1). Es handelt sich dabei

2 Vgl. Gisela Kangler u. a., Ideen von Kulturlandschaft, in: Irene Kazal u. a. (Hg.): Kulturen der Landschaft. Ideen von Kulturlandschaft zwischen Tradition und Modernisierung (Landschaftsentwicklung und Umweltforschung 126), Berlin 2006, S. 187–193.

3 Volkmar Eidloth/Michael Goer, Historische Kulturlandschaftselemente als Schutzgut, in: Denkmalpflege in Baden-Württemberg. Nachrichtenblatt der Landesdenkmalpflege 25/2 (1996), S. 148–157, hier S. 148 (Zitat).

4 Vgl. Wolfgang Seidenspinner/Alois Schneider, Anthropogene Geländeformen. Zwei Beispiele einer noch wenig beachteten Denkmälergruppe, in: Denkmalpflege in Baden-Württemberg. Nachrichtenblatt der Landesdenkmalpflege 18/4 (1989), S. 180–181.

5 Vgl. Jan Assmann, Kollektives Gedächtnis und kulturelle Identität, in: Ders. (Hg.): Kultur und Gedächtnis, Frankfurt 1988, S. 9–19; in seiner Anwendung des Kulturellen Gedächtnisses auf die Landschaft vgl. Norbert Fischer, Gedächtnislandschaften in Geschichte und Gegenwart. Kulturwissenschaftliche Studien, Wiesbaden 2016; zudem ältere Studien in konkretem Bezug zu sakral-kommemorativen Landschaften: Maurice Halbwachs, La Topographie légendaire des Évangiles en Terre sainte. Étude de mémoire collective, Paris 1941; Hubert Cancik, Rome as Sacred Landscape. Varro and the End of Republican Religion in Rome, in: Approaches to iconology (Visible religion. Annual for religious iconography 4/5), Leiden 1885/86, S. 250–265.

▸1 Die Landschaft um das Kloster Salem (Bodenseekreis), der sog. Prälatenweg führt vom Kloster über Fischteiche, Klosterhöfe und dem sog. Salvatorkreuz zur Wallfahrtskirche der Birnau (Foto: Regierungspräsidium Stuttgart, Landesamt für Denkmalpflege, Braasch 2013)

um eine Wegeverbindung durch eine Drumlinlandschaft mit künstlich angelegten Fischweihern und weiteren Klosterhöfen, beides ebenfalls zu Salem gehörig. Der Prälatenweg ermöglichte nicht nur die wirtschaftlich notwendige Anbindung der Klostergüter an die Handelsstraßen und den unmittelbaren Zugang zum Schiffsverkehr auf dem Bodensee und dem Hochrhein, sondern war spätestens seit dem 17. Jahrhundert auch mit religiösen Kleindenkmalen (unter anderem dem sogenannten Salvatorkreuz) gesäumt, die Bestandteile von Prozessionen gewesen sind. So etwa für die Einweihung der Birnau am 20. September 1750 belegt, als ein Gnadenbild von Abt Anselm II. im Zuge des Weges in Empfang genommen und zum Kirchenbau gebracht wurde. Im hier angeführten Beispiel einer auch sakral durchwirkten Kulturlandschaft im Umfeld des Klosters Salem lassen sich auch Aspekte der Kulturraumanalyse einer Historischen Geographie benennen. Denn in der Erfassung des Landschaftsraumes werden analytisch unterschiedliche Strukturen differenziert, d. h. die überlieferten Kulturlandschaftsbestandteile „werden in der Praxis ihrer Ausdehnung nach in Punkt-, verbindende Linien- oder zusammenfassende Flächenelemente unterteilt".[6] Zwar mögen entsprechende Beispiele, etwa der als Linie zu konzeptionalisierende Kreuzweg, der als Punkt zu begreifende Standort eines Armsünderkreuzes oder die flächenhafte Erscheinung eines Pfarrsprengels zunächst als theoretisches Instrumentarium verstanden werden, in der Analyse liegt der Mehrwert einer solchen Kategorisierung in der Verdeutlichung räumlicher wie funktionaler Zusammenhänge. Ein Kreuzweg beschreibt eben eine richtungsbezogene Gebets- und Bewegungspraxis[7], ein Armsünderkreuz ist erlebter End- und Höhepunkt christologisch-eschatologischer Wiedereingliederungspraxis im Rahmen mittelalterlicher Rechtsprechung[8] und in einem flächigen und räumlich umgrenzten Pfarrgebiet teilt jene Pfarrgemeinschaft wesentliche religiöse Alltagserfahrungen, von der Taufe bis zum Tod.[9] Obwohl historische Kulturlandschaftselemente ihrem Wesen nach häufig multifunktionalen Charakter haben, lassen sie sich außer nach dieser Kategorisierung auch nach prägenden Aspekten unterscheiden. Neben den gängigsten Gliederungen – Siedlung, Landwirtschaft, Gewerbe, Verkehr – soll im Folgenden die Frage nach persistenten Bestandteilen der Kulturlandschaft gestellt werden, die in besonderem Maße durch das Wirken religiöser Institutionen in Erscheinung getreten sind und die vielfältigen Praktiken der sakralen Aneignung von Raum – die Sakralisierung der Landschaft – spiegeln.

6 Eidloth/Goer, Historische Kulturlandschaftselemente (wie Anm. 3), S. 148 f. (Zitat).
7 Vgl. Arnold Angenendt, Grundformen der Frömmigkeit im Mittelalter, München 2003, S. 93.
8 Vgl. Bruno Reudenbach, Golgatha – Etablierung, Transfer und Transformation. Der Kreuzigungsort im frühen Christentum und im Mittelalter, in: Hans Aurenhammer/Daniela Bohde (Hg.): Räume der Passion. Raumvisionen, Erinnerungsorte und Topographien des Leidens Christi in Mittelalter und Früher Neuzeit, Berlin 2015, S. 13–19; ebenso: Achim Timmermann, Golgatha, Now and Then: Image and Sacrificial Topography in Late Medieval and Early Modern Europe, in: ebd., S. 151–181.
9 Vgl. Wolfgang Petke, Die Pfarrei in Mitteleuropa im Wandel vom Früh- zum Hochmittelalter, in: Enno Bünz/Gerhard Fouquet (Hg.): Die Pfarrei im späten Mittelalter, Ostfildern 2013, S. 21–40.

Sakrallandschaft oder sakralisierte Landschaft – was ist hier gemeint?

Im Folgenden sollen verschiedene bauliche wie künstlerische Zeugnisse historischer religiöser Institutionen auf ihren raumgreifenden sowie raumbildenden Charakter hin untersucht werden. Das heißt, es wird die Frage erörtert, wie zum einen religiöse Institutionen und die damit verbundenen Praktiken als landschaftsprägende Faktoren gewirkt haben und in welcher Form diese zum anderen – trotz anzunehmender landschaftlicher Veränderungen – bis heute erkennbar und erhalten sind. Historische Kulturlandschaftselemente religiöser Institutionen – Pfarrsysteme, Klosterlandschaften, Wallfahrtskapellen, Kreuz- und Prozessionswege, Kalvarienberge oder Bildstöcke – zeichneten nicht nur den Raum, in dem sie vorkommen, als spezifischen Kulturraum mit je eigenen religiösen, kulturellen, technologischen oder sozialen Eigenschaften aus, sondern sie prägten ganz direkt das Handeln der Menschen, nicht zuletzt im Medium der Kunst und Baukultur – beides trifft mit Bestimmtheit auf die Vormoderne zu, ist aber auch heute noch festzustellen.[10] In besonderem Maße prägten die religiösen Bestandteile die Ausgestaltung und die Wahrnehmung des Kulturraumes, da sie in der Regel an Praktiken des Sakralen gebunden sind. Insofern stellt sich der vorliegende Beitrag die Aufgabe, ausgewählte Elemente einer von religiösen Institutionen geprägten historischen Kulturlandschaft vorzustellen.[11] Durch dieses Unterfangen tritt neben den Begriff der Kulturlandschaft auch der oft zitierte, in der Regel jedoch kaum klar umrissene Begriff der Sakrallandschaft.[12] In seiner schillernden Unschärfe wird der Begriff häufig in Veröffentlichungen angewendet und bezeichnet dort durchaus Verschiedenes. Zum einen kann eine Kunstlandschaft beziehungsweise -topographie religiöser Zeugnisse gemeint sein, die häufig von hochwertigem Baubestand ausgeht beziehungsweise meist oberhalb einer „Qualitätsebene des zu Registrierenden" besprochen wird.[13] Gleichwohl geht damit eine Schwerpunktsetzung einher, die die Frage nach dem blinden Fleck der eingenommenen Perspektive zulässt. So bleibt offen, ob ein qualitativ gewählter Ausschnitt überhaupt ein auch immer quantitativ zu denkendes Phänomen wie ‚Landschaft' zu erfassen vermag und falls dies der Fall sein sollte, wessen Sakrallandschaft so überhaupt beschrieben werden kann. Zum anderen kann mit Sakrallandschaft eine systemische Ordnungsform historischer kirchlicher Institutionen gemeint sein, etwa der Auf- und Ausbau von Pfarrsystemen (Niederkirchenwesen), das Netz von Landdiakonaten beziehungsweise

10 Vgl. hierzu neue Ansätze: Christopher Tilley, A Phenomenology of Landscape. Places, Paths and Monuments, Oxford 2001; Tim Ingold, The Perception of Environment. Essays in livelihood, dwelling and skill, London 2000.

11 Vgl. Christina Vossler-Wolf, Sakrallandschaften im Wandel. Südwestdeutsche Klöster und die Reformation, in: Denkmalpflege in Baden-Württemberg. Nachrichtenblatt der Landesdenkmalpflege 46/4 (2017), S. 250–256.

12 Vgl. Werner Freitag/Regina Schäfer, Das „lange" 15. Jahrhundert. Westfalen, Kurmainz und der Mittelrheinraum, in: Werner Freitag u. a. (Hg.): Handbuch Landesgeschichte, Berlin u. a. 2018, S. 129–165, hier S. 140; Hans-Georg Wehling, Geschichte Baden-Württembergs, Stuttgart 2007, S. 20; Peter Hersche, Muße und Verschwendung: Europäische Gesellschaft und Kultur im Barockzeitalter, Bd. 1, Freiburg 2006, S. 556 f.

13 Hersche, Muße und Verschwendung (wie Anm. 12), S. 558 (Zitat).

Archidiakonaten (Diözesanstruktur) oder aber die Verteilung von Klöstern und Stiften.[14] Mit Blick auf die Verfügbarkeit von Quellen ist eine solche Fokussierung zwar nachvollziehbar, in Hinsicht auf die hier gewählte Fragestellung nach einer Sakralisierung der Landschaft jedoch unbefriedigend. Denn bemessen an der Vielfalt religiöser Zeugnisse und den daran ausgeübten religiösen Praktiken bleibt – gerade im ländlichen Bereich – anzunehmen, dass nicht nur Bischöfe und adlige Stifter in diesem Sinne eine Sakrallandschaft formten. Zugleich bleiben dabei auch die vielfältigen Schnittpunkte von Landschaft auf der einen Seite und den gewählten Bestandteilen einer religiösen Infrastruktur auf der anderen Seite unberücksichtigt, beispielsweise die Frage nach konkretem Standort, gegebener Topographie und räumlicher Einbindung von bestimmten religiösen Zeugnissen.

Ergänzend kann unter Einbezug jüngerer praxeologischer Ansätze nicht nur die Frage des ‚was', sondern muss auch die Frage des ‚wie' gestellt sein. Versteht man die ‚Sakralisierung der Landschaft' in diesem Sinne als ein von Praktiken des Sakralen gebildetes Ganzes, so sind die materiellen Hinterlassenschaften als Bestandteil sozialen und kulturellen Handelns innerhalb religiöser Institutionen zu untersuchen. Die Analyse von Sakralisierungsprozessen der Landschaft ist somit an die Form ihrer Überlieferung rückgebunden, das heißt an eine auch immer materiell vermittelte Vergangenheit, in der sich der Untersuchungsgegenstand – der historische Kulturraum – erst konstituiert. Der vorliegende Beitrag fokussiert in diesem Sinne ausgewählte Bestandteile einer religiös durchwirkten Landschaft und zeichnet deren Potential innerhalb einer raumbezogenen Praxeologie nach. Während im folgenden Abschnitt einzelne Quellengruppen nur theoretisch andiskutiert werden können, sollen abschließend religiöse Kleindenkmale – die vielfach in die Landschaft gestellten Bildstöcke, Wegkreuze und Flurkapellen – einer detaillierteren Betrachtung unterzogen werden.

Bestandteile einer religiös durchwirkten Kulturlandschaft

Unter religiösen Aspekten betrachtet, zeichnet sich die Kulturlandschaft durch eine Vielfalt an Praktiken des Sakralen aus, die in Form persistenter Zeugnisse der Bau-, Kunst- und Kulturgeschichte religiöser Institutionen auf uns gekommen sind. Gerade die an jene Zeugnisse gebundenen Praktiken lassen dabei Formen und Prozesse einer Sakralisierung der Landschaft ersichtlich werden. In diesem Sinne handelt es sich um eine praxeologische Perspektivierung der Quellengruppen von Bau- und Kunst- aber auch Bodendenkmalen. Im Folgenden werden ausgewählte Quellen vorgestellt, die in Veröffentlichungen bisher unter dem genannten Gesichtspunkt eine Betrachtung erfahren haben.

Bereits eine gewisse Tradition weist die Untersuchung von sogenannten Klosterlandschaften auf, wobei hier je nach Fragestellung vor allem Aspekte der Baugeschichte, der Wirtschaftsgeschichte, der Sozialgeschichte oder der Herrschaftsgeschichte im Blick-

14 Vgl. Sönke Lorenz, Klöster und Stifte – Zur Sakrallandschaft Schwaben im 10. und 11. Jahrhundert. Ein Überblick, in: Barbara Scholkmann/Sönke Lorenz (Hg.): Schwaben vor tausend Jahren (Veröffentlichung des Alemannischen Instituts 69), Filderstadt 2002, S. 62–139, hier S. 62.

2 a und b Wegekapelle, sog. Dreifaltigkeitskapelle in Braitenbach (Markdorf-Ittendorf, Bodenseekreis), 15. Jahrhundert, vermutlich mit älterem Kern, geweiht 1521. 1883 und 1986 renoviert. Im Inneren haben sich Wallfahrtszeichen erhalten, die Pilger in der Vormoderne hier hinterlassen haben. (Fotos: Regierungspräsidium Stuttgart, Landesamt für Denkmalpflege, Rettich 1957)

punkt stehen.[15] In breiter Perspektive hat jüngst der Sonderforschungsbereich 1070 (RessourcenKulturen) solche Klosterlandschaften untersucht.[16] Dabei ist nicht nur der kulturräumliche Einfluss von Kirchen- und Klausurbauten, sondern sind auch die nachhaltigen Veränderungen der sie umgebenden Landschaft vorgestellt worden. Unter Berücksichtigung eines breiten Ressourcenverständnisses wurden dabei unterschiedliche Raumzuschnitte – vom monastischen Raum bis zur Landschaft – als Ressource untersucht. Exemplarisch skizzierte etwa Peter Rückert dabei auch abseits einer tatsächlichen Raumerschließung, wie es durch klösterliche Inszenierung – in diesem Fall die auch symbolisch aufgeladene Arbeit der Mönche im Weinbau – zu sakral durchdrungenen Landschaften kommen konnte: „jedenfalls ist es der Klosterkonvent selbst, der mit seiner Präsenz die Sakrallandschaft inszeniert und so als Medium der Gestaltung auftritt. Oder anders formuliert: Die Salemer Mönche gestalten mit ihrer Arbeit den Raum als materielle Ressource und verleihen ihm mit ihrer Spiritualität eine gleichsam sakrale Aura."[17]

Auch Kirchenbauten bilden sinnstiftende Anknüpfungspunkte innerhalb sakraler Netzwerke, die auf mehreren Ebenen zwischen Bischofs-, Stifts-, Kloster- und Pfarrkirche sowie Kapellen bestehen. In diesem Sinne kann Sakrallandschaft als Sakraltopographie gedeutet sein. Über das bloße Vorhandensein diverser Kirchenbauten innerhalb des Bezugsrahmens ‚Stadt' beziehungsweise ‚Land' hinaus ist damit ein funktionaler beziehungsweise bildgebender Raumzusammenhang schon von den Zeitgenossen angestrebt – seien diese nun Stifter oder Historiographen.

Unter den funktionsbedingten Raumbezügen lassen sich jene raumgreifenden Aspekte der religiösen Praxis – unter anderem der Liturgie – fassen, die unterschiedliche Kirchen oft wechselseitig miteinander verbanden. Denn weit über das Bestehen kirchenrechtlicher Zusammenhänge hinaus bildeten sich funktionale Netzwerke durch sakrale Praktiken aus, beispielsweise im Sinne der Seelsorge, der Sakramentenversorgung oder der Wallfahrt (Abb. 2 a und b).

Insofern bilden Bischofs-, Stifts-, Wallfahrts- und Pfarrkirche nicht nur voneinander getrennte kirchenrechtliche Zustandsbeschreibungen, sondern auch wesentliche raumbezogene Fixpunkte in sakralen Praktiken – etwa privater Andacht, den kirchlichen Prozessionen, den Wallfahrten oder der amtlichen Sakramentenspende (Abb. 3).

Wie sich solche funktionalen Abhängigkeiten auch sakralräumlich darstellen, zeigt etwa das Beispiel der Stadt Köln, wo im Rahmen der Osterliturgie die vielfach bezeugten Prozessionen nicht nur den Gang zum Taufbrunnen oder dem Taufwasserweihgefäß be-

15 Vgl. Roman Czaja/Heinz-Dieter Heimann/Matthias Wemhoff (Hg.), Klosterlandschaften. Methodisch-exemplarische Annäherungen (MittelalterStudien 16), München 2008.

16 Marco Krätschmer/Katja Thode/Christina Vossler-Wolf (Hg.), Klöster und ihre Ressourcen. Räume und Reformen monastischer Gemeinschaften im Mittelalter (RessourcenKulturen 7), Tübingen 2018.

17 Peter Rückert, Zur Sakralisierung der Landschaft. Zisterzienser im deutschen Südwesten, in: Krätschmer/Thode/Vossler-Wolf (Hg.): Klöster und ihre Ressourcen (wie Anm. 16), S. 59–74, hier S. 70 (Zitat); Ders., Von Salmannsweiler zu Salem. Gestaltung zisterziensischer Kulturlandschaft als heilsgeschichtliches Programm, in: Werner Rösener/Peter Rückert (Hg.): Das Zisterzienserkloster Salem im Mittelalter und seine Blüte unter Abt Ulrich II. von Seelfingen (1282–1311) (Oberrheinische Studien 31), Ostfildern 2014, S. 19–38.

3 Darstellung einer Prozession an einer Wegkapelle vor den Toren der Stadt Saulgau, Ausschnitt aus dem dem älteren Saulgauer Pestbild (um 1615). Original heute im Heimatmuseum, ursprünglich vermutlich in der St. Johanneskirche (mit freundlicher Genehmigung der Stadt Bad Saulgau, Kulturamt/Heimatmuseum)

inhalteten, sondern eben auch die Ausgabe des geweihten Taufwassers an die inkorporierten Pfarreien.[18] Der sakrale Akt des Sakraments vollzog sich also vor dem Hintergrund funktionaler und zugleich raumgreifender Netzwerke mehrerer religiöser Gemeinschaften durch religiöse Praktiken wie Weihe und Prozession sowie in unterschiedlichen Baulichkeiten. Jene skizzierten Zusammenhänge lassen sich bis heute im Bestand mittelalterlicher Taufanlagen ablesen, etwa wenn kirchenrechtliche Abhängigkeiten auch mit Stiftung eines einheitlichen Liturgiegeräts einhergingen.[19] Auch andere Ausstattungsele-

18 Mag beispielsweise das Recht zur Taufe bei der Pfarrei angesiedelt sein, kann die Weihe des benötigten Taufwassers in der durch Inkorporation übergeordneten Stifts- oder Klosterkirche notwendig werden. Den Abschluss der Initiation wiederum vollzog dann der Bischof bzw. der Weihbischof durch Spendung der Firmung, eine kirchenrechtliche Sonderstellung, die sich ebenso im Bildprogramm mittelalterlicher Taufgefäße eingeschrieben hat; vgl. Silvia Schlegel, Mittelalterliche Taufgefäße. Funktion und Ausstattung, Köln u.a. 2012, S. 72 f.

19 Als Beispiel aus Niedersachsen lässt sich der Zusammenhang zwischen Entwicklung des historischen Pfarrsprengels Ankums und der einheitlichen Ausstattung mit einem Taufgefäß in den ehemaligen Filialkirchen von Alfhausen, Badbergen, Bersenbrück, Merzen und Bippen anführen; vgl. Jörg

mente verweisen auf eine Vorstellung von sakral durchwirkter Landschaft. Die Analyse vom Umgang mit mittelalterlichen Glocken und deren gestalterische Ausformung zeigt beispielsweise auf, dass Raumbezug nicht ausschließlich visuell oder materiell gedacht werden kann, sondern auch weitere Formen der Landschaftserschließung, beispielsweise als sakrale Dimensionen der Lautsphäre, gedacht werden können.[20] Als markante Bestandteile des Kirchenbaus dienten Glocken zur Kommunikation innerhalb des Kirchensprengels ebenso wie zur Abgrenzung des Territoriums und waren in diesem Sinne Medien einer akustischen Vereinnahmung von Umwelten. Dies zeigt sich beispielsweise, wenn Rechte und Besitzungen religiöser Institutionen „binnen dem Glockenschall" definiert werden.[21] Aus dem Leben des heiligen Benno (gest. 1106) erfahren wir darüber hinaus, dass dieser in der Bischofsstadt Meißen eine Glocke eingeweiht habe, die „bis auf den heutigen Tag die ganze Gegend blitz- und wetterfrei hielt, auch wenn das umliegende Land von dem Gewitter heimgesucht wurde".[22] In bemerkenswerter selbstreferenzieller Ansprache verweisen Glockeninschriften – in Nachfolge der entsprechenden Festlegungen der Synode von Ravenna 1311 – auf die Funktion des Geläuts nicht nur das Böse zu vertreiben, sondern vor allem die Gläubigen zur Andacht zu rufen[23], sei es nun im Kirchenraum, im Zuge von Prozessionen oder bei der Arbeit auf dem Felde.[24]

Unter dem bildgebenden Raumbezug ist die „bewu[ss]te Gestaltung kirchlicher Bauten und deren Einbindung in eine Gesamtheit nach biblischen und theologischen Vorgaben" zu verstehen.[25] Dies meint die Konstruktion sakraler Landschaften oder Stadträume in Referenz auf christliche Zentralorte der Heilsgeschichte, die im Rahmen von

Widmaier, Artefakt – Inschrift – Gebrauch. Zu Medialität und Praxis figürlicher Taufbecken des Mittelalters (Tübinger Forschungen zur historischen Archäologie 7), Büchenbach 2016, S. 221. Zu Südwestdeutschland vgl. Stefanie Meier-Kreiskott, Spätgotische Taufsteine im deutschen Südwesten, München 2011.

20 Vgl. Martin Clauss/Gesine Mierke/Antonia Krüger (Hg.), Lautsphären des Mittelalters. Akustische Perspektiven zwischen Lärm und Stille, Köln 2019; Daniela Hacke/Ulrike Krampl/Jan-Friedrich Missfelder, Zur Einführung: Can you hear the light? Sinnes- und Wahrnehmungspraktiken in der Frühen Neuzeit, in: Arndt Brendecke (Hg.): Praktiken der Frühen Neuzeit. Akteure, Handlungen, Artefakte (Frühneuzeit-Impulse 3), Köln u. a. 2015, S. 386–390.

21 Wolf-Heino Struck, Das Cistercienserkloster Marienstatt im Mittelalter. Urkundenregesten, Güterverzeichnisse und Nekrolog (Veröffentlichungen der Historischen Kommission für Nassau 18), Wiesbaden 1965, S. 29 (Zitat).

22 Peter Browe, Die eucharistischen Flurprozessionen und Wettersegen, in: Ders. (Hg.): Eucharistie im Mittelalter. Liturgiehistorische Forschungen in kulturwissenschaftlicher Absicht (Vergessene Theologie 1), München 2003, S. 291–300, hier S. 294 (Zitat).

23 Seit dem 7./8. Jahrhundert wurden christliche Gotteshäuser im lateinischen Westen mit Glocken ausgestattet. Ihre Funktion war nicht primär die Strukturierung des Tagesablaufes, sondern vor allem der Gebetsruf als wesentlicher Bestandteil desselben. Regelhaft findet sich daher folgende Glockeninschrift *defunctos plango, vivos voco, fulgura frango* (Die Toten beklage ich, die Lebenden rufe ich, die Blitze breche ich).

24 *wenn mit einem glockenschlag oder geläute ein zeichen zum gemeinen gebät gegeben wird, soll jedermann mit seiner arbeit ... sobald innehalten und seine gebätsandacht mit verrichten*; zitiert nach: Wilhelm Diehl/Wilhelm Köhler (Hg.), Beiträge zur hessischen Kirchengeschichte. Ergänzungsband zum Archiv für hess. Geschichte und Altertumskunde 10/4 (1935), S. 106.

25 Heribert Müller, Heribert, Kanzler Ottos III. und Erzbischof von Köln, in: Rheinische Vierteljahresblätter 60 (1996), S. 16–64, hier S. 49 (Zitat).

Prozessionen und Liturgie in Wert gesetzt werden.[26] Günther Binding ist dieser heilsgeschichtlich konnotierten Konstruktion des Kulturraums am Beispiel von Deutz nachgegangen.[27] Vergleichbar dazu wurde von verschiedener Seite auf die repräsentative Selbstdarstellung von Städten wie Florenz, Mailand und Pavia, aber auch Autun, Reims, Lüttich, Tongres, Tournai sowie Aachen oder Trier als „Secunda Roma" hingewiesen.[28]

Während für die Städte in der Regel die Dichte an Schriftquellen ausreicht, um jene Prozesse der Sakralisierung durch heilsgeschichtliche beziehungsweise funktionale Bezugnahme nachzuvollziehen, stehen für den ländlichen Raum weit weniger Quellen zur Verfügung. Gleichwohl deuten auch hier Gattungen wie die Kalvarienberge, die mit Kapellen oder Bildstöcken gesäumten naturräumlichen oder künstlich aufgeschütteten Erhebungen, auf die Bezugnahme zu Jerusalem und die Ausübung diverser religiöser Praktiken in der Landschaft hin, die seit dem 15. Jahrhundert als oder in Erinnerung an Pilgerfahrten ins Heilige Land beziehungsweise als „geistlich-verinnerlichte Wallfahrten" aufkommen.[29] Bereits die Errichtung entsprechender Monumente konnte als religiöse Praktik vollzogen werden, wenn nämlich das Hinaufschleppen von Baumaterial auf den erhöhten Standort einer Kapelle im Kontext der Bußleistung ausgehandelt wurde.[30] Auch die Praxis der Wallfahrten konnte – zum Teil auf festgelegter Anzahl der Schrittfolge 1361 – auf angelegten Stationswegen erfolgen und damit ein wesentliches Element der Raumerfahrung darstellen. Solcherart geprägte sakrale Landschaften konnten daher auch nur schwerlich aus der Alltagserfahrung der Menschen genommen werden, wie beispielweise der Umgang mit der Wallfahrtskirche St. Veit bei Wain im 16. Jahrhundert zeigt (Abb. 4). Dort wurden nach Einführung der Reformation nicht nur die alten Gewohnheiten untersagt, sondern auch die Kapelle durch den evangelischen Vogt 1583 geschlossen. Gleichwohl fanden weiterhin Wallfahrten mit Jahrmärkten und Kirchweihfesten zu Ehren des Heiligen statt, weshalb schließlich nur noch das Zumauern und später der Abbruch des Gebäudes den persistenten Praktiken von Wallfahrt und Heiligenverehrung entgegengestellt werden konnte.[31]

26 Vgl. Alfred Haverkamp, Heilige Städte im hohen Mittelalter, in: Frantisek Graus (Hg.): Mentalitäten im Mittelalter. Methodische und inhaltliche Probleme (Vorträge und Forschungen 35), Sigmaringen 1987, S. 119–156, hier S. 131–139.

27 Günther Binding, Städtebau und Heilsordnung. Künstlerische Gestaltung der Stadt Köln in ottonischer Zeit (Studia Humaniora. Series minor 1), Düsseldorf 1986, S. 60 f.

28 Vgl. Andreas Rhoby, Stadtlob und Stadtkritik in der byzantinischen Literatur, in: Martin Hinterberger u. a. (Hg.): Byzantinische Sprachkunst. Studien zur byzantinischen Literatur (Byzantinisches Archiv 20), Berlin 2007, S. 277–295, hier S. 286; Joachim Leeker, La présence des auteurs classiques dans l'historiographie des pays romans (XIII au XV siècles), in: Classica et mediaevalia. Revue danoise de philologie et d'histoire 47 (1996), S. 324–357, hier S. 345; Elizabeth den Hartog, Romanesque architecture and sculpture in the Meuse Valley (Maaslandse monografiën 8), Leeuwarden 1992, S. 36; William Hammer, The concept of the new or second Rome in the Middle Ages, in: Speculum. Journal of medieval studies 1 (1944), S. 50–62.

29 Stefan Hirsch, Wallfahrtsstätten als Teil geistlicher Landschaften: „Theatrum terrae sanctae" – Kalvarienberge und Sakrallandschaft in Oberbayern, in: Berichte der Bayerischen Akademie für Naturschutz und Landschaftspflege 19 (1995), S. 35–42, hier S. 35 (Zitat).

30 Vgl. Hersche, Muße und Verschwendung (wie Anm. 12), S. 563.

31 Vgl. Birgit Kulessa/Birgit Tuchen, Abbruch und Umnutzung von Kirchen, in: Landesamt für Denkmalpflege (Hg.): Kulturdenkmale der Reformation im deutschen Südwesten, Stuttgart 2017, S. 52–63, hier S. 54 f.

4 Wallfahrtskapelle St. Veit am Hof Oberbuch (Wain, Lkr. Biberach). Auf einer Karte der Herrschaft Balzheim ist das 1589 abgebrochene Gebäude noch dargestellt (Foto: Peter Fuss, Balzheim)

Nicht zuletzt wurde auch die Landschaft selbst, d.h. der vorgefundene mehr oder weniger unveränderte Naturraum, sowohl funktional wie bildhaft überschrieben und in heilsgeschichtlichen Kategorien betrachtet: Prominentes Beispiel in Oberschwaben bildet der Berg Bussen, der bereits frühgeschichtlich besiedelt, seit 805 mit einem Kirchenbau besetzt und seit dem Spätmittelalter in Wallfahrtsgeschehen eingebunden ist (Abb. 5).[32]

Ein weiteres Beispiel liefert Felix Fabri, welcher 1483 beispielsweise über die Höhle am Salvatorberg bei Schwäbisch Gmünd berichtete und diese mit der Jakobshöhle im Tal Josaphat bei Jerusalem in Verbindung setzte (Abb. 6).[33] Anschaulich lässt sich diese Vereinnahmung des Gmünder Naturraumes später in einem Wallfahrtsbild – einem Ölgemälde von 1662 – nachvollziehen, das in einer Ansichtsfolge von neun Bildern die religiöse Praxis und die Entwicklung der sakralen Landschaft des Salvatorberges verdeutlicht.[34]

Besonders anschaulich zeichnet sich der Aspekt zeitgenössischer Wahrnehmung einer Sakrallandschaft aber im um 1590 verfassten „Theatrvm Terrae Sanctae Et Biblicarvm Historiarvm cum tabulis geographicis aere expressis“ des Christian Adrichomius ab,

32 Vgl. Ferdinand Kramer, Der Bussen – Heiliger Berg Oberschwabens mit seiner Kirche und Geschichte. Zur 1200-Jahrfeier der Bussenkirche, Bad Buchau 2005, S. 150 f.
33 Vgl. Richard Strobel, Die Kunstdenkmäler der Stadt Schwäbisch Gmünd, Bd. 4: Kirchen und Profanbauten außerhalb der Altstadt, Ortsteile, München 2003, S. 113–146.
34 Vgl. ebd.

◂5 Bussen (Uttenweiler-Offingen, Lkr. Biberach), der „Heilige Berg Oberschwabens“ ist schon seit dem Frühmittelalter kirchlicher Zentralort und seit dem Spätmittelalter durch Wallfahrtspraktiken Bestandteil der sakralen Landschaft Oberschwabens (Foto: Regierungspräsidium Stuttgart, Landesamt für Denkmalpflege, Braasch 2013)

6 Ansichtenfolge des Salvatorbergs in Schwäbisch Gmünd (Ostalbkreis), Ölgemälde von Christoph Friedel (1578–1668) in der dortigen Wallfahrtskapelle Sankt Salvator, der „Felsenkapelle“ am Nepperstein. Register zeigen detailreich den Vor- und Nachzustand der Außenanlage, der unteren Kapelle samt Vorraum sowie der oberen Kapelle. © Bildarchiv Foto Marburg/Rose Hajdu

einer theologisch-literarischen Rezeption des zeitgenössischen Phänomens der Kleindenkmalsetzung.[35] Neben den oben skizzierten raumgreifenden Aspekten diverser historischer Bau- und Kunstzeugnisse ist es gerade jene Quellengruppe – die massenhaft verbreitete Kleindenkmalgattung – die den Bezug von religiösem Gebrauch und Landschaft besonders anschaulich repräsentiert.

35 Vgl. Hirsch, Wallfahrtsstätten als Teil geistlicher Landschaften (wie Anm. 29), S. 35.

2. Religiöse Kleindenkmale – Bestandsanalyse als kulturräumliche Infrastruktur

Das Land Baden-Württemberg und auch die Region Oberschwaben besitzen einen reichen Bestand an religiösen Kleindenkmalen, die aufgrund ihrer regelhaften Verbreitung historische Kulturräume – unterschiedlicher Zeitstellung – in ihrer spezifischen religiösen Durchdringung anschaulich machen.[36] Abschließend soll daher eine vertiefte Analyse entsprechender Kapellen, Wegkreuze und Bildstöcke im historischen Kontext der Vormoderne erfolgen.

Religiöses Kleindenkmal und religiöse Praxis

Solche Zeichen am Wegesrand oder auf den Fluren bezeugen nicht nur einen frommen Stiftungsakt. Zugleich vergegenwärtigen die Objekte vielfältige Praktiken des religiösen Gebrauchs, die beispielsweise im Rahmen von persönlicher Gebets- und Andachtspraxis, Flurumgängen oder anderen feierlichen Prozessionen mit Bitt- oder Bußfunktion einzuordnen sind (Abb. 7).

Nicht selten wurden dabei Reliquien oder – wie im Falle der Fronleichnamsoktav – die Eucharistie über das Land getragen. Anschaulicher Beleg für die an Kleindenkmale gebundene Praxis religiöser Andacht sind etwa Inschriften in Latein, später in der Volkssprache, welche die Vorübergehenden mit einem *Ora pro nobis* zum Gebet aufforderten, eine Erscheinungsform, die zugleich auf liturgisches Formular zurückzuführen und vielfältig im kirchlichen Gebrauch zu entdecken ist.[37]

So spiegeln jene Kleindenkmale auch die Sakralisierung der Landschaften in ihren unterschiedlichen Dimensionen.[38] Was bis heute besonders anschaulich in Form des sogenannten Heiligblutritts in Weingarten erhalten ist, hat mit gewissen Vorläufern eine lange Tradition. Bereits vom 15. bis zum 17. Jahrhundert ist unter anderem für die Diözese Konstanz der Flurritt des Pfarrers mit konsekrierter Hostie durch die Felder belegt, wobei der Gottesmann entweder alleine oder in feierlicher Prozession den Weg beschritt.[39] Schon im ausgehenden Mittelalter standen entsprechende Praktiken aber durchaus in der Kritik, wie etwa 1480 in der Diözese Passau: „Da kann der gefährliche Zweifel aufkommen, ob Gott etwa nicht überall gegenwärtig sei, sondern nur da wo er auf diese Weise angerufen und angefleht wird".[40]

Ungeachtet diverser offizieller Verbote – wie beispielsweise jene im Bistum Konstanz von 1502 oder von 1609 – scheint sich die Praxis gehalten zu haben.[41] Prozessionen

36 Vgl. Martina Blaschka, Vielzahl und Vielfalt. Projekt zur Erfassung der Kleindenkmale in Baden-Württemberg 2001–2005, in: Heribert Haas/Bärbel Kerkhoff-Hader (Hg.): Kleindenkmalforschung: bewahren, forschen, dokumentieren, vermitteln, Lichtenfels 2007, S. 29–34.

37 Vgl. Stefan Popp, Bildstöcke im nördlichen Landkreis Würzburg. Inventarisierung und mentalitätsgeschichtliche Studien zu religiösen Kleindenkmalen, Würzburg 2004, S. 198.

38 Vgl. Browe, Flurprozessionen und Wettersegen (wie Anm. 22), S. 291 f.

39 Vgl. ebd., S. 269.

40 Ebd., S. 295 (Zitat).

41 Vgl. ebd., S. 298.

7 Bildstock in Külsheim (Main-Tauber-Kreis), bez. 1483 (ehemals wohl 1583 [i]), Stiftung von Phillip und Barbara von Northeim. Die Inschrift verweist nicht nur auf die Stifter, sondern in Volkssprache auch auf die vier letzten Dinge. Dies ist als Hinweis auf die praktischen Funktionszusammenhänge des Kleindenkmals zu verstehen, denn dieses greift hier den Inhalt der nach 1430 entstandene „Cordiale" des Gerard de Vliederhoven auf, ein für die Andacht geschriebenes eschatologisches Traktat (Foto: Regierungspräsidium Stuttgart, Landesamt für Denkmalpflege, Bieri 2010)

und Wallfahrten haben sich nachdrücklich in Form von sakralen Zeugnissen in der Landschaft eingeschrieben.

Für die Fragen nach der zeitgenössischen Wahrnehmung solcher konfessionellen Kulturräume sowie nach der Rolle religiöser Kleindenkmale in der alltäglichen Glaubenspraxis bietet sich der Rückgriff auf Schriftquellen an. Bemerkenswerterweise finden sich gerade Kleindenkmale in zeitgenössischen Quellen als spezifische narrative Marker im Rahmen von religiösen beziehungsweise später auch konfessionellen Landschaftswahrnehmungen angesprochen.[42] Schon spätmittelalterliche Autoren, wie der Prediger Johann Geiler von Kaysersberg bedienten sich dieser allgegenwärtigen Denkmalgattung und stilisierten sie zu metaphorischen Wegzeichen einer guten christlichen Lebensführung. Kaysersbergs Predigtzyklus „Christenlich Bilgerschafft zum Ewigen Vatterland" aus dem Jahr 1512 begleitet daher ein Holzschnitt mit der Darstellung eines Pilgers, dem ein Bildstock den rechten Weg zum himmlischen Jerusalem weist (Abb. 8).[43] Die zugehörige Bildinschrift lässt den Betrachter wissen: *Zuor port des heilß den Weg mir melt der bildstock klein in witem feldt.*

Bildstöcke und Kreuze durchdrangen als fromme Zeichen des Heils nicht nur die Landschaft, sondern auch als literarische Motive die christliche Kultur des Mittelalters. Trotz der angebotenen literarischen Bestärkung vermochte jedoch nicht jeder Christ derartige Zeichen im öffentlichen Raum recht zu deuten, wie schon der Jurist und Humanist Sebastian Brant in seinem 1494 veröffentlichten Werk „Das Narrenschiff" vermittelt wissen wollte. Die dort zu findende Darstellung zeigt einen Narren, der vom rechten christlichen Weg abgekommen ist und im Moor zu versinken droht. Mit einer Geste verwies der verirrte Narr den Betrachter auf einen Bildstock am Wegesrand, welcher wiederrum mit einem hölzernen ‚Fingerzeig' den rechten Weg weist (Abb. 9). Diesem Narren stand nach humanistischer Auffassung der *Miles christianus* gleichsam als Exemplum einer guten Lebensführung entgegen. In einem 1520 angefertigten Holzschnitt von Urs Graf zum „Enchiridion militis Christiani" des Erasmus von Rotterdam wendet sich dieser christliche Ritter von den Zweiflern ab

42 Vgl. Christoph Nebgen, Konfessionelle Differenzerfahrungen. Reiseberichte vom Rhein (1648–1815) (Ancien Regime. Aufklärung und Revolution 49), München 2014, S. 59 f.

43 Johannes Geiler von Kaysersberg, Christenlich Bilgerschafft zum ewigen Vatterland, Basel 1512.

8 Johann Geiler von Kaysersberg, Predigtzyklus „Christenlich Bilgerschafft zum Ewigen Vatterland“ mit Holzschnitten von Urs Graf, 1512. Detail des Titelbildes mit Pilger, Bildstock und Himmlischem Jerusalem. © Württembergische Landesbibliothek, Stuttgart, theol.fol.667

Wer zeygen dût eyn gûte stroß
Vnd blibt er jn dem pfütz vnd moß
Der ist der synn vnd wißheit bloß
vō stroffē vnd selb tun
Der ist eyn narr der stroffen will
Das jm zû tûn nit ist zû vil
Der ist eyn narr vnd vngeert
Der alle sach zûm bösten kert

Ritter Fol. XLII
sy dir ein wollust ist/so sůcht dyn lieb vff das fleisch. Aber
so du liebhast allermeist darūb/das du an dir sichst die bil
dūg Christi/als geistlicheit/messikeit/reynikeit scham vn̄
geberdē gůter sittē vnd tugende/so hastu yetzo sy nit in ir
selbs lieb/sonder in Christo/ia in ir selbs Christū den herrē/
vn̄ als dan̄ hastu sy erst zů lest recht geistlich lieb. Aber vō
den dingen wil ich noch mer sagen/aber an sinem ort. rc.
¶ Hernach folgen etliche ge
meine regelen eins rechtē warē christēlichē lebēs Ca. vij
Nun so wir zů dez
das fürgenūmē ist/etlicher maß ge
achtet werden/ein weg gemacht ha
ben vn̄ vffgeton glych als ein wald
zůbereyt/So sollē wir zů dē andern
dingen ylen. Vff das es nit ein klein

9 Sebastian Brant, „Das Narren Schyff", Holzschnitt, Johann Schönsperger Augsburg, 1495, fol. 27r. Detail: Narr und Bildstock. © Sächsische Landesbibliothek – Staats- und Universitätsbibliothek Dresden, Digitale Sammlungen, Ink. 394.4, fol. 27r

10 Holzschnitt von Urs Graf aus dem Jahr 1520 zeigt den Miles christianus als Bebilderung des Enchiridion militis Christiani des Erasmus von Rotterdam. © Bayerische Staatsbibliothek München, Res/4 Mor. 162, fol. XLIIIIr

und einem Bildstock zu (Abb. 10). Als derart attributives Versatzstück und entsprechend deutbares Zeichen einer christlichen Lebensführung hatten religiöse Kleindenkmale im Massenmedium Druckgraphik nicht zuletzt auch deshalb eine Bedeutung, da sie tatsächlich allgegenwärtig in der mittelalterlichen Sakrallandschaft waren.

Bestand religiöser Kleindenkmale und historische Kulturräume

Die Präsenz religiöser Kleindenkmale in der Landschaft bedarf sicherlich einer differenzierteren Einordnung, als es der erste Blick auf den Denkmalbestand und in Abgleich mit einer konfessionellen Landkarte erlaubt. Die heutige erkennbare Verteilung der

11 Kreuznest in Reichholzheim (Wertheim, Main-Tauber-Kreis), Es handelt sich um eine zu einem späteren Zeitpunkt erzeugte Ansammlungen von Kleindenkmalen, die heute in einem anderen räumlichen Zusammenhang dargestellt sind (Foto: Regierungspräsidium Stuttgart, Landesamt für Denkmalpflege, Bieri 2010)

Kleindenkmale in der Landschaft bleibt nicht alleine durch konfessionelle Differenzierungen – wie sie etwa im Zuge von Reformation und Gegenreformation in Erscheinung treten – beeinflusst, sondern ist auch von weiteren prägenden Faktoren bestimmt. Dies nicht zuletzt, da historische Kleindenkmale als durchaus fragiler Bestandteil der Kulturlandschaft sämtliche Umbrüche und Zäsuren der jüngeren Menschheitsgeschichte mitgemacht haben. So hatten etwa Säkularisierung, Industrialisierung, Flurreformen oder auch zwei Weltkriege Einfluss auf den Umgang mit religiösen Kleindenkmalen. Im 19. Jahrhundert ist zudem auf das Erstarken eines antiquarischen Interesses an Kleindenkmalen hinzuweisen, durch das einige Artefakte aus ihrem ursprünglichen Zusammenhang gerissen, neu zusammengestellt oder inszeniert wurden (Abb. 11). Auch größere kulturräumliche Bezüge, wie sie beispielsweise bei Kreuzwegen und Kapellen in Form von gestalteten Sichtbeziehungen als Ausdruck historischer Funktionszusammenhänge anzutreffen sind, können durch spätere Veränderungen, etwa durch teilweisen Verlust einer Denkmalgruppe, durch spätere Bebauung oder aufgrund moderner Straßenführung, verunklart sein.

Trotz dieser Differenzierungen bleibt bemerkenswert, wie sich bis heute die Bedeutung und der funktionale Zusammenhang zwischen Landschaft auf der einen Seite und der Verteilung zugehöriger religiöser Andachtsorte auf der anderen Seite vielfältig in das kulturelle und räumliche Gedächtnis geprägt haben. Sprechende Quellen dafür sind historische Gewannnamen: Auch nach dem Verlust so manchen Kleindenkmals können etwa historische Gewannnamen angeführt werden, die die einstigen Funktionen historischer Fluren memorieren und so längst vergangene Standorte religiöser Zeugnisse ersichtlich halten. Gewannnamen, die beispielsweise auf den historischen Standort von Kapellen oder Wegkreuzen hindeuten, sind unter anderem *Käppele*, *Käppeleswiesen*, *Oberer Kapellenacker*, *Beim Kreuz*, *Beim steinernen Kreuz/Steinernes Kreuz*, *Beim Kreuzstein*, *Kreuzacker/Kreuzäcker* oder auch *Kreuzberg*. In manchen Fällen, wie beispielweise in der Gemeinde Empfingen (Landkreis Freudenstadt), hat sich mit dem Gewannnamen *Beim abgehauenen Kreuz* sogar der historische Umgang mit einem solchen religiösen Kleindenkmal nicht nur in das kulturelle Gedächtnis der Landschaft, sondern ebenso in eine Flurkarte von 1842 eingeprägt. Dass es sich gerade bei letztgenanntem Fall von Kreuzfrevel im 17. Jahrhundert wohl nicht um eine konfessionelle Auseinandersetzung, sondern um eine Grenzstreitigkeit zwischen unterschiedlichen Herrschaften handelte, zeigt auf, dass aus den Gegebenheiten nicht immer religiöse Zusammenhänge abgeleitet werden sollten.[44] Vielmehr verdeutlichen jene Fälle die allgemeine Bedeutung von Kleindenkmalen für die Ausbildung, Wahrnehmung und Verhandlung historischer Kulturlandschaften, die sich durch eine Vielzahl rechtlicher wie religiöser Praktiken auszeichnen. Bezüglich ihrer materiellen Hinterlassenschaften, welche gleichsam als Kristallisationspunkt dieser Praktiken verstanden werden können, weist diese Landschaft eine bemerkenswerte Persistenz auf.[45] Dabei kommt den zu allen Zeiten und in großer Stückzahl aufgestellten Kleindenkmalen eine besondere Rolle zu, da ihr historischer Dokumentenwert nicht nur in der detaillierten Aussagekraft einer konkreten Platzierung an einem bestimmten Wegesrand, sondern ebenso in der massenhaften Verbreitung der Artefakte begründet liegt. In diesem Sinne ermöglicht die Quellengruppe sowohl qualitativen wie quantitativen Aussagengehalt, d. h. über den Einzelfall hinaus Aussagemöglichkeiten

44 Vgl. Hans Peter Müller, Das abgehauene Kreuz bei Empfingen, in: Hohenzollerische Heimat 61 (2011), S. 6–7.

45 Dabei handelt es sich um ein Phänomen, das sich seit prähistorischer Zeit nachvollziehen lässt. Schon für frühe Kleindenkmalsetzungen lassen sich räumliche Beziehungen feststellen – sei es die Platzierung im Umfeld eines bedeutenden Grabhügels oder die Bezugnahme wikingerzeitlicher Runensteine, deren Inschriften einen Standort nahe einer Brücke nennen. In diesem Sinne waren Kleindenkmale seit jeher raumbildende und raumgreifende Elemente einer Kulturlandschaft. Eine Erkenntnis, die für das Verständnis des Begriffspaares ‚Kleindenkmal und Landschaft' nicht unwichtig ist, selbst wenn der Fokus im Folgenden auf den Kleindenkmalen einer christlichen Durchdringung von Landschaft liegt.

beispielsweise aufgrund bestimmter Verbreitungsmuster. Häufig sind religiöse Kleindenkmale zudem über Jahrhunderte an ein und demselben Standort erneuert worden, sodass in manchen Fällen selbst ein Kreuz des 19. Jahrhunderts auf einen älteren Standort verweisen kann.

Kleindenkmale und konfessionelle Landschaften

Wenn also Kleindenkmale, Landschaft und Menschen so sehr untrennbar und in Wechselseitigkeit miteinander verbunden sind, bleibt die Frage nach den Auswirkungen kulturgeschichtlicher Umbrüche zum einen für Bestand und Wahrnehmung religiöser Kleindenkmale und zum anderen für das Handeln der Menschen in der Landschaft. Für den südwestdeutschen Raum lassen sich diese Überlegungen exemplarisch an konfessionellen Diskursen verdeutlichen, wie sie mit der Reformation und der Phase der Konfessionalisierung die Vormoderne prägten. Über Jahrhunderte entwickelte sich jene konfessionelle Landschaft, die bis heute das Bundesland Baden-Württemberg auszeichnet. Besonders anschaulich wird die spezifische Präsenz katholischer und evangelischer Kulturräume mit dem Blick auf den Gesamtbestand religiöser Kleindenkmale. Aus einer diachronen Perspektive, wie sie sich für Baden-Württemberg, einen historisch gewachsenen mehrkonfessionellen Flächenstaat, anbietet, lässt sich der heutige Bestand – genauer die konkrete Verteilung religiöser Kleindenkmale im Bundesland – eingedenk der oben skizzierten Quellenkritik als konfessionelle Landkarte lesen (Abb. 12).

Solche Kleindenkmale lassen sich heute fast ausschließlich in historisch vom Katholizismus geprägten Regionen entdecken und machen dort historische Kult- und Andachtsräume erlebbar, während in historisch protestantisch geprägten Gebieten vor allem das Fehlen solcher religiöser Landschaftsmarker erkennbar ist. Besonders prägnant ist dieser Umstand darstellbar, wenn man diverse Formen des religiösen Kleindenkmals, wie Kreuze und Bildstöcke, in ihrem konkreten Bestand, d.h. Vorkommen und Verteilung, in einer Karte darstellt (Abb. 13).

Die Gründe für diese konfessionelle Landschaft Baden-Württembergs sind vielfältig und reichen bis weit in die Zeit der Reformation zurück. Denn bis zur Mitte des 20. Jahrhunderts – als Bevölkerungszuwachs in der frühen Nachkriegszeit zu einer gewissen Verschiebung konfessioneller Grenzen führte – bestand der deutsche Südwesten aus geschlossenen Konfessionsräumen, die seit der Reformationszeit und im Rahmen der Konfessionalisierung gewachsen waren.[46] Schon zu dieser frühen Zeit waren Kleindenkmale ein wichtiger Aspekt konfessioneller Auseinandersetzungen: Im Jahr 1555 befahl Herzog Christoph von Württemberg (1515–1568), evangelischer Landesherr zweiter Generation, die Zeichen der katholischen Vergangenheit zu tilgen.[47] Als Folge dieses Mandats wurden neben Teilen der Kirchenausstattung auch Wallfahrtskapellen, Wegkreuze und Bildstöcke abgebaut, die für den Landesherrn allesamt ‚Feldgötzen' darstellten.

46 Vgl. Reinhold Weber, Baden-Württemberg: Gesellschaft, Geschichte, Politik, Stuttgart 2006, S. 7.

47 Vgl. Sabine Arend/Thomas Bergholz, Die Evangelischen Kirchenordnungen des 16. Jahrhunderts. Baden-Württemberg, Bd. 2: Herzogtum Württemberg, Markgrafschaft Baden, Grafschaft Limpurg, Herrschaft Kinzigtal, Herrschaft Neckarbischofsheim, Tübingen 2004, S. 43 f.

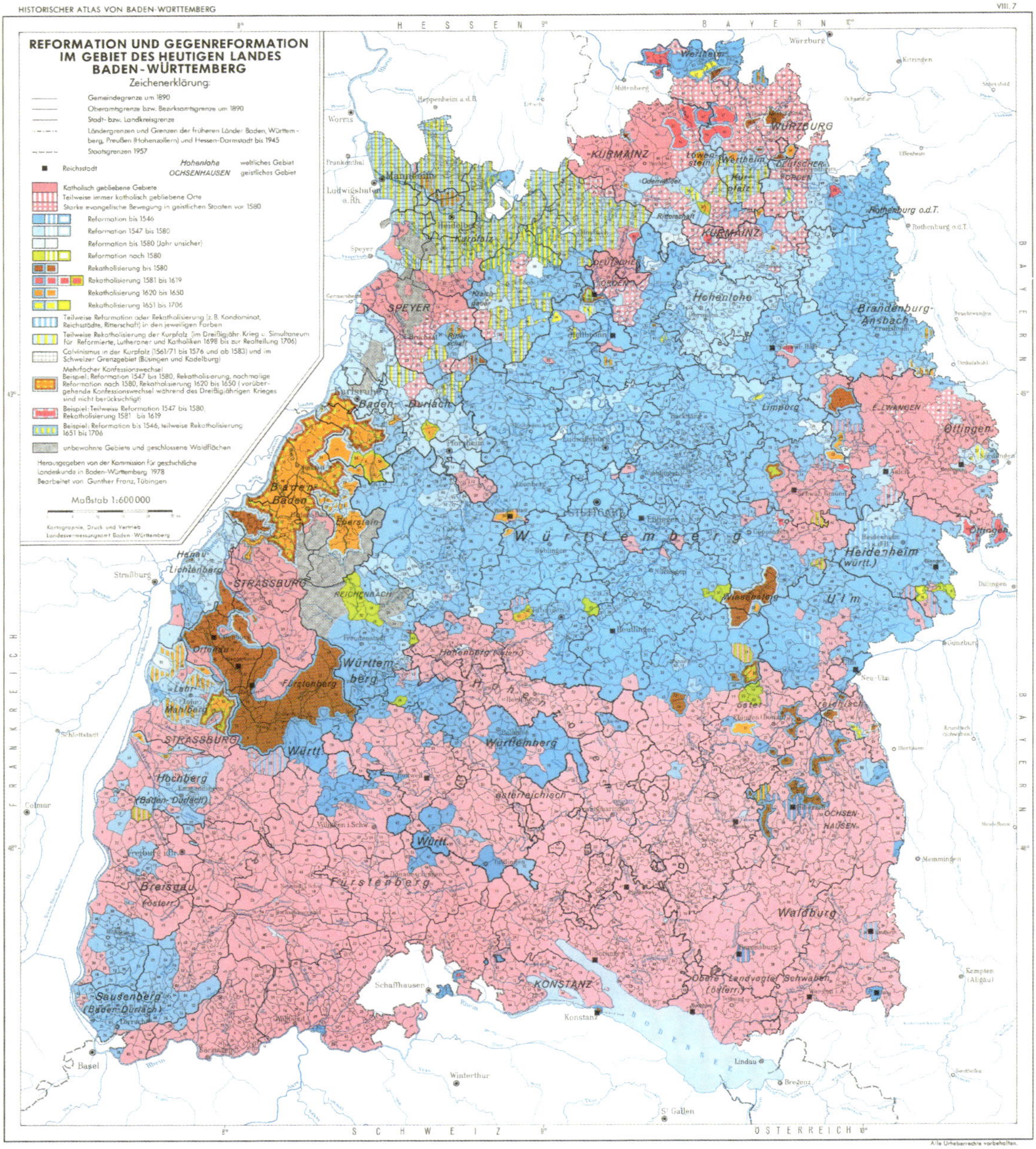

12 Karte zu Reformation und Gegenreformation im Gebiet des heutigen Landes Baden-Württemberg (Vorlage: Historischer Atlas von Baden-Württemberg, VIII.7) © Kommission für geschichtliche Landeskunde in Baden-Württemberg in Verbindung mit dem Landesvermessungsamt Baden-Württemberg, Stuttgart 1978. Geobasisdaten © Landesamt für Geoinformation und Landentwicklung Baden-Württemberg, www.lgl-bw.de, Az.: 2851.9-1/19.

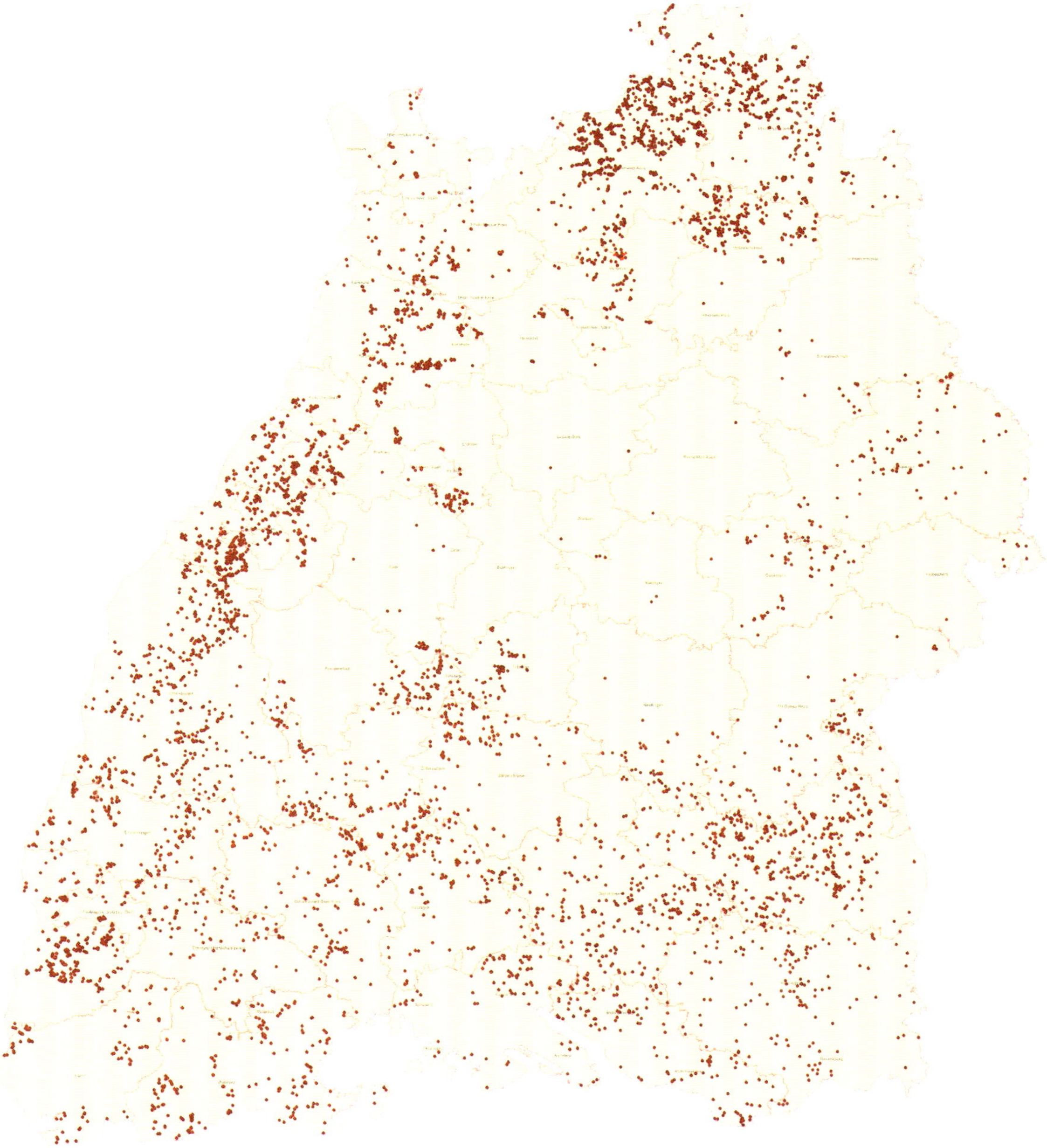

13 Verbreitungskarte religiöser Kleindenkmale (Bildstöcke, Weg- und Flurkreuze) in Baden-Württemberg; die Verteilungskarte führt ausschließlich denkmalgeschützte Objekte auf; trotz dieser Auswahl zeigt sich eine deutliche Deckung mit den verschiedenen konfessionellen Gebieten des Bundeslandes (Vorlage: Regierungspräsidium Stuttgart, Landesamt für Denkmalpflege, Widmaier 2020)

Auch in den protestantischen Kirchenordnungen diverser Herrschaften und Landesfürsten standen die Bildwerke als Gegenstände der Anbetung in der Kritik.[48]

Aus der nun evangelisch gewordenen Kulturlandschaft verschwanden somit mehrheitlich jene Elemente einer katholischen Andacht, während ihnen auf katholischer Seite – im Rahmen von Prozessionen oder privater Andacht – nach wie vor ein Stellenwert für die religiöse Alltagserfahrung zukam. Die Praxis der Aufstellung religiöser Kleindenkmale war dem Wechselspiel geistes- und religionsgeschichtlicher Entwicklungen unterworfen, die sich anhand des Denkmalbestandes noch bis in die jüngste Moderne hinein verfolgen lassen. Vor allem in Zeiten der Gegenreformation jedoch erfuhr dieser Brauch merklichen Nachdruck. Gerade in Wechselseitigkeit zur Entwicklung in protestantischen Gebieten wurde in den katholischen und vor allem rekatholisierten Gebieten eine prägnante Kulturlandschaft ausgestaltet. Nicht nur die Gestalt des Kirchenbaus oder die Liturgie wurden zum Medium religiöser Identität, sondern auch die Kleidung von Amtsträgern und Gemeinde, die Kirchenmusik, die Sprache, der Habitus. In besonderer Weise betraf dies auch jene im öffentlichen Raum frei zugänglichen Hilfsmittel der Frömmigkeit: die religiösen Kleindenkmale. In Form der zahllosen Wegkapellen, Bildstöcke und Wegkreuze wurde die Landschaft konfessionell codiert. In den katholischen Regionen gab es Anweisungen, die Präsenz Gottes und seiner Kirche auch in der Flur deutlich zu machen: Die Religions- und Kirchenordnung für die Region Paderborn von 1626 beispielsweise verlangte die Aufstellung hölzerner Kreuze nicht nur an allen Orten, wo Prozessionen Stationen hielten, sondern ebenso an großen Feldern und an den Grenzen der Pfarreien.[49] Auch in anderen Regionen, etwa dem Bocholter Raum, ließ man nahe der Grenze zu den protestantischen Niederlanden zum Zweck ‚religiöser Unterweisung' Bildstöcke, besonders Wegkreuze neu oder erneut aufstellen.[50] Ein ähnlicher Prozess lässt sich beispielsweise für die katholischen Exklaven in Oberhessen feststellen.[51]

Wahrnehmung religiöser Kleindenkmale in Folge der Reformation

Mit der Reformation gewannen religiöse Symbole vor allem im öffentlichen Raum einiges an Sprengkraft. Auch der Umgang mit dem religiösen Kleindenkmal konnte so zu einer ernsten Angelegenheit werden. Aufsehenerregend war beispielsweise der Fall des

48 Vgl. Bodo Fäcke (Hg.), Die Homberger Synode von 1526. Die Reformation in Hessen, Homberg 2001, S. 63.

49 Vgl. Werner Freitag, Konfessionelle Kulturen und innere Staatsbildung. Zur Konfessionalisierung in westfälischen Territorien, in: Westfälische Forschungen 42 (1992), S. 75–191, hier S. 165; Christoph Völker, Aus dem religiösen Volksleben im Fürstbistum Paderborn während des 17. und 18. Jahrhunderts, Paderborn 1937, S. 31.

50 Vgl. Rudolf Suntrup, Der Pilger auf dem Weg. Konzepte der Gebet- und Andachtsbücher des Johannes Blanckenfort, in: Jan Veenstra/Rudolf Suntrup (Hg.): Himmel auf Erden – Heaven on Earth, Frankfurt a.M. 2009, S. 123–150, hier S. 127.

51 Vgl. Annekathrin Sitte-Köster, Bildstöcke in den katholischen Exklaven in Oberhessen. Geschichte und Funktion einer memorialen Bildgattung von der Frühen Neuzeit bis zum Ende des Ersten Weltkriegs, Stralsund 2009.

14 Der Zürcher Bilderstürmer Klaus Hottinger stürzt 1523 ein Wegkreuz nieder. Detail einer aquarellierten Federzeichnung. (Vorlage: Heinrich Bullinger, Kopienband zur zürcherischen Kirchen- und Reformationsgeschichte, 1605/1606, fol. 99r) © Zentralbibliothek Zürich, Ms. B 316

Schweizer Schuhmachers Klaus Hottinger.[52] Dieser riss einem Bericht zufolge im September 1523 in Stadelhofen bei Zürich ein Wegkreuz nieder und schlug selbiges in kleine Stücke und verteilte jene als Brennholz an die Armen (Abb. 14). Obwohl sich Hottinger vor seiner Tat der Unterstützung mehrerer Ratsherren versichert hatte, wurde er zur Rechenschaft gezogen. Man verbannte ihn zwei Jahre aus dem städtischen Herrschaftsgebiet. Da er in dieser Zeit in der Herrschaft Baden reformatorische Überzeugungen verbreitete, stellte ihn der katholische Landvogt, ein Luzerner Ratsherr, vor das Gericht in Luzern, das ihn zum Tode verurteilte. Als Hottinger 1524 hingerichtet wurde, hielt man ihm ein hölzernes Kruzifix vor die verbundenen Augen. Noch auf dem Schafott verweigerte Hottinger diesem Kruzifix die Ehrerbietung und demonstrierte damit erneut seinen Widerstand gegenüber den religiösen Praktiken der Katholiken.[53]

52 Vgl. Heinrich Bullinger, Kopienband zur zürcherischen Kirchen- und Reformationsgeschichte, Zürich 1605–1606; vgl. hierzu: Johanna Thali, Die konfessionelle Topographie in der zeitgenössischen Wahrnehmung, in: Carola Jäggi/Jörn Staecker (Hg.): Archäologie der Reformation. Studien zu den Auswirkungen des Konfessionswechsels auf die materielle Kultur (Arbeiten zur Kirchengeschichte 104), Berlin 2007, S. 284–319, hier S. 296

53 Es handelte sich um eine im Rahmen der Armsünderprozesse gängige Praxis der Wiedereingliederung von Straffälligen in den heilsgeschichtlichen Cosmos und vermutlich stand getreu gängiger Sitte neben seiner Richtbank daher auch ein Armsünderkreuz. Vgl. Achim Timmermann, Memory and Redemption: Public Monuments and the Making of Late Medieval Landscape, Turnhout 2017, S. 149.

Gerade an den Grenzen zwischen Territorien konnte die Frage des Umgangs mit Kleindenkmalen im besonderen Maße zum Zankapfel von Auseinandersetzungen werden, speziell dann, wenn es sich um eine Grenze zwischen unterschiedlichen Konfessionen handelte. Die Zeitgenossen nahmen solche konfessionellen Topographien ganz bewusst wahr und gestalteten die Grenzen bewusst mit Mitteln religiöser Zeichen im Raum. In seinen „Beobachtungen wider den Häretiker" berichtete der Luzerner Stadtschreiber Renward Cysat von einem Grenzkonflikt und in diesem Zusammenhang von der Bedeutung eines unscheinbaren Kleindenkmals. Im Jahr 1597 soll ein reformierter Pfarrer aus dem bernischen Aargau – *ein gay eyfriger zwinglischer oder calvinischer praedicant*, wie es bei Cysat heißt – Anklage gegen Luzern erhoben haben.[54] Streitobjekt war ein Wegkreuz. Dieses große, hölzerne und frisch renovierte Kreuz stand auf Luzerner Seite an einer konfessionellen Grenze – von alters her auf der katholischen Seite, wie der Stadtschreiber versichert. Jedoch: Bei Sonnen- und Mondschein, so lautete die Beschwerde, reiche sein Schatten bis auf das reformierte Territorium. Mit Sicherheit sind die Ausführungen Cysats vor dem Hintergrund seiner Polemik zu verstehen. Dennoch verweisen sie zugleich sowohl auf Stellenwert wie auf Sprengkraft des religiösen Zeichens im öffentlichen Raum.[55]

Vor allem in Nachfolge der Reformation entwickelten sich deutlich differenzierte Kulturräume, die auf der einen Seite durch völliges Fehlen von Kleindenkmalen in protestantischen Gebieten beziehungsweise durch ihr massenhaftes Vorhandensein und die an ihnen ausgeübten vielfältigen religiösen Praktiken in den katholischen Gebieten ausgezeichnet waren. Vor allem diese Unterschiede gaben vielfältigen Anlass für zeitgenössische Autoren beiderlei Konfession eine religiöse Differenzerfahrung zu formulieren. Besonders drastisch tat dies ein prominenter katholischer Kirchenmann, der Fürstbischof von Genf, François de Sales (1567–1622), der im Zuge seiner Rückkehr in das von den Bernern von Wegkreuzen kahlgeschlagene Chablais Savoyen 1593 aufgeschrien haben soll: Es seien *in dieser Landschaft keine sichtbaren Zeichen Gottes mehr vorhanden*.[56]

3. Fazit

Die Sakralisierung der Landschaft lässt sich durch religiöse Praktiken nachvollziehen, die den Natur- und Kulturraum durchdringen. Anhand materieller Zeugnisse, den von religiösen Institutionen für Zwecke der privaten Andacht, der amtlichen Prozessionen oder der konfessionellen Selbstvergewisserung aufgestellten religiösen Zeichen und

54 Josef Schmid (Hg.), Collectanea Chronica und denkwürdige Sachen pro Chronica Lucernensi et Helvetiae 1, 2, Bd. 2: Renward Cysat, Observationes contra haereticos (Quellen und Forschungen zur Kulturgeschichte von Luzern und der Innerschweiz 5, 2), Luzern 1977, S. 78 f. (Zitat); vgl. hierzu: Thali, Die konfessionelle Topographie (wie Anm. 52), S. 288.

55 Vgl. Therese Bruggisser, Frömmigkeitspraktiken der einfachen Leute in Katholizismus und Reformiertentum. Beobachtungen des Luzerner Stadtschreibers Renward Cysat (1545–1614), in: Zeitschrift für Historische Forschung 17 (1990), S. 1–26, hier S. 15 f.

56 Martin Körner, Bilder als „Zeichen Gottes". Bilderverehrung und Bildersturm in der Reformation, in: Zwingliana 19/1 (1992), S. 233–244, hier S. 234 (Zitat).

Bauwerken, sind diese Praktiken bis heute nachvollziehbar. Anschaulich wird hier die Mehrdimensionalität der Prozesse einer Sakralisierung der Landschaft, etwa im raumgebundenen Wechselspiel diverser Kirchenbauten durch das Prozessionsgeschehen wie durch die Netzwerkbildung für Zwecke der Seelsorge oder in der bildgebenden Ausgestaltung sakraler Landschaft im Rahmen von Wallfahrts- oder Andachtspraktiken. Besondere Anschaulichkeit erhält die Praktik der sakralen Vergegenwärtigung in der Landschaft zum einen durch das Massenphänomen religiöser Kleindenkmale sowie zum anderen durch die konfessionellen Diskurse in Nachfolge der Reformation. Die Sakralisierung der Landschaft – verstanden als Prozess und Praxis einer Durchwirkung des Kulturraumes anhand religiöser Praktiken – ist mit möglichst breiter Quellenbasis zu untersuchen: Schrift- wie Bildquellen, aber auch der reiche Bestand an Kulturdenkmalen stehen hierzu zur Verfügung.

Pfarrei und Seelsorge auf dem Land

Beobachtungen zum kirchlichen Leben in Oberschwaben im Jahrhundert vor der Reformation

VON ENNO BÜNZ

Sigrid Hirbodian
in alter Verbundenheit
gewidmet

Ulm (Abb. 1) war die Metropole Oberschwabens im späten Mittelalter. Hartmann Schedel rühmt in seiner Weltchronik 1493 das dortige Münster: *ist daselbst der heiligen gottes gepererin Marie pfarrkirch ein großer paw*; man habe ihn 1377 begonnen und er sei noch immer im Bau, so kunstvoll und kostspielig, *daz dergleichen kawm in der werlt gefunden wirdet*; die Kirche sei *also weyt daz sie / gross volck der vil tawsent zu feyerlichen tagen darin zusammen kommen begreiffen mag*; kurzum: es gäbe *kawm ein einiche kirch, die souil pfarlewt hat*. Hartmann Schedel rühmt weiter die gewaltige Zahl von 52 Altären und Altarpfründen, das *köstlich* Sakramentshaus, das Gestühl im Chor, und hebt schließlich hervor: *ist sußt mit predigen vnd gesanck got dem almechtigen vnd seiner gepererin zu lob vnd eren vnd dem volck da selbst zu besserung des lebens vnd wesens ein großer zierlicher vnd mit mercklicher kost erwiger vnd vnabegencklicher gestiefter gotzdienst in der selben kirchen, der teglich frue vnd spaet stettlich darin loeblich volbracht wirdet.*[1]

Das Ulmer Münster ist nicht nur architektonisch einer der bedeutendsten Kirchenbauten des späten Mittelalters im deutschsprachigen Bereich, sondern diese Stadtpfarrkirche diente offenbar auch zur Versorgung der größten Pfarrgemeinde, die es damals in einer deutschen Stadt gab, denn tatsächlich bestand in Ulm, obwohl in der Stadt um 1500 ungefähr 17 000 Menschen lebten, nur diese eine Pfarrkirche, die man wohl als die

1 Mein herzlicher Dank gilt Amelie Bieg M. A. und Lea Schneider M. A., Abteilung Landesgeschichte an der Universität Stuttgart, für die sorgfältige Text- und Bildredaktion des Beitrags, sowie Angie-Sophia Richter B. A., wissenschaftliche Hilfskraft am Lehrstuhl für sächsische und vergleichende Landesgeschichte der Universität Leipzig, für die Bearbeitung diverser Abbildungsvorlagen. Hartmann SCHEDEL, Weltchronik. Kolorierte Gesamtausgabe von 1493. Einleitung und Kommentar von Stephan Füssel, Köln u. a. 2001, Bl. CXCIr (Zitat).

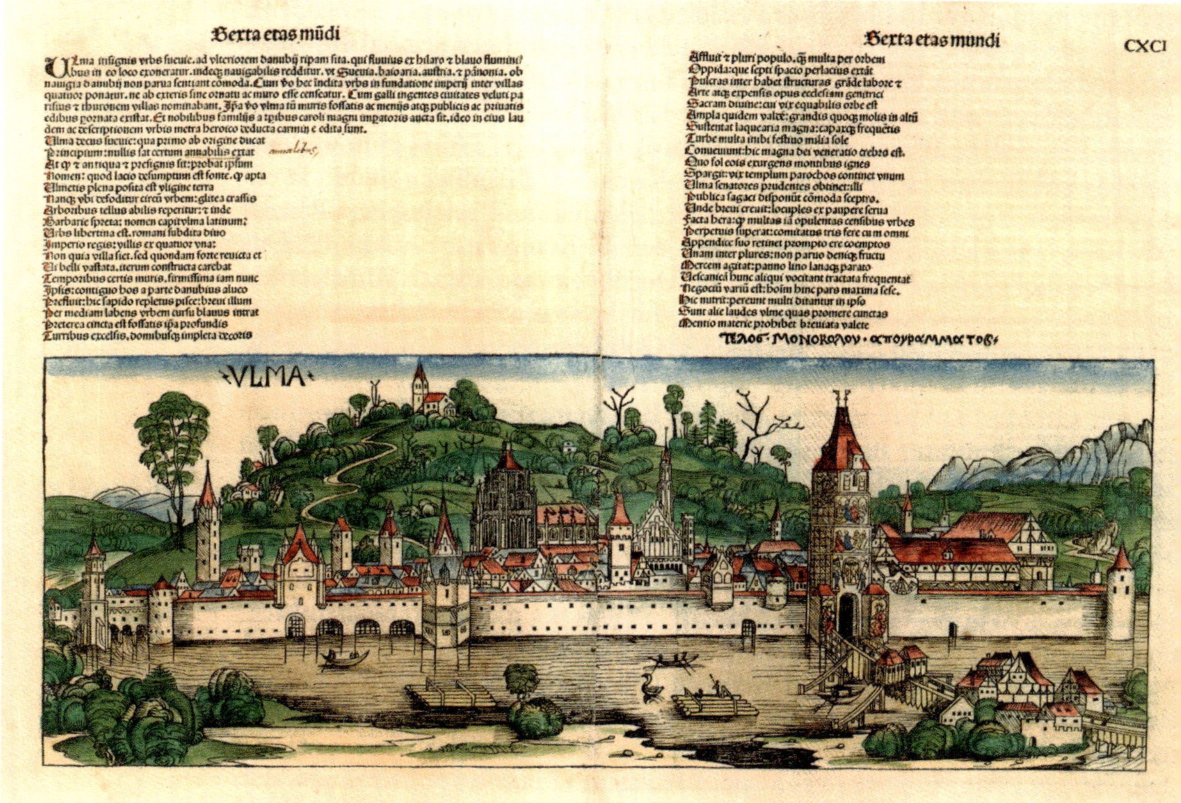

1 Die Kirche in der Stadt: Stadtansicht von Ulm in der Schedelschen Weltchronik, Druck Nürnberg 1493, fol. 190v/191r (StadtA Ulm)

größte Pfarrkirche der lateinischen Christenheit ansehen kann.[2] Gleichwohl war in dieser Groß-, ja Mammutpfarrei, wie Schedel nahelegen möchte, für die kirchliche Versorgung und damit für das Seelenheil der Bürger bestens gesorgt[3], und es gibt keine Anhaltspunkte, dass dies zu bezweifeln wäre. Die Pfarrei war in den mittelalterlichen Städten vielfach ein kirchlicher Großbetrieb, an dessen Organisation die Kommunen maßgeblichen Anteil hatten.[4]

2 Zur Einordnung Eberhard Isenmann, Die deutsche Stadt im Mittelalter 1150–1550. Stadtgestalt, Recht, Stadtregiment, Kirche, Gesellschaft, Wirtschaft, Köln u. a., 2. durchges. Aufl. 2014, S. 58–62, mit vielen Zahlenangaben.
3 Vgl. Enno Bünz, Der *fundamentstain* des Ulmer Münsters. Hintergründe, Ablauf und Bedeutung der Grundsteinlegung 1377, in: Ulm und Oberschwaben 61 (2019), S. 9–58 mit vielen weiterführenden Hinweisen; Gottfried Geiger, Die Reichsstadt Ulm vor der Reformation. Städtisches und kirchliches Leben am Ausgang des Mittelalters (Forschungen zur Geschichte der Stadt Ulm 11), Ulm 1971; Berndt Hamm, Spielräume eines Pfarrers vor der Reformation. Ulrich Krafft in Ulm (Veröffentlichungen der Stadtbibliothek Ulm 27), Ulm 2020.
4 Vgl. Arnd Reitemeier, Pfarrkirchen in der Stadt des späten Mittelalters: Politik, Wirtschaft, Verwaltung (Vierteljahrschrift für Sozial- und Wirtschaftsgeschichte, Beihefte 177), Stuttgart 2005, besonders S. 133–150.

Ulm aber war in kirchlicher Hinsicht ein Sonderfall, der uns hier nicht weiter beschäftigen muss. Nicht die Stadt-, sondern die Dorfpfarrei soll unser Thema sein. Oberschwaben war schon im Mittelalter eine städtereiche Landschaft, geprägt freilich von zahlreichen Klein- und Mittelstädten, die den Übergang von der Stadt zum Land manchmal fließend erscheinen lassen. Die Masse der Bevölkerung lebte auch hier im späten Mittelalter und in der Frühen Neuzeit auf dem flachen Land, in Dörfern und Einödhöfen. Das mag für rund 80 Prozent der Bevölkerung gegolten haben.[5] Gerade Oberschwaben war herrschaftlich außerordentlich vielgestaltig: „Die Dörfer gehörten entweder zum Gebiet der Reichsstädte oder ihrer Spitäler, zu irgend einem der Klöster und Stifte, den kleineren ritterschaftlichen Territorien [...]. Nur im Allgäu, auf der Leutkircher Heide und besonders in den Bergtälern der Schweiz hatten sich freie Bauerschaften erhalten“[6], aber damit haben wir schon die Grenzen unseres Untersuchungsgebietes überschritten. Oberschwaben weist als ländlich-kleinstädtische Welt gemeinsame Lebensformen der vormodernen Welt auf; in herrschaftlich-territorialer Hinsicht bildete dieser Raum seit dem Hochmittelalter aber keine Einheit mehr.[7]

Blicken wir also auf das flache Land. Ortsansichten sind noch im 16. Jahrhundert selten, aber um 1575 hat ein unbekannter Künstler die Dörfer der Herrschaft Meßkirch in Aquarellen dargestellt, darunter Heudorf, dessen Ansicht in ihrer Geschlossenheit mit Dorfetter und zahlreichen Höfen, die sich um die Pfarrkirche mit ihrem befestigten Kirchhof gruppieren, besonders beeindruckt (Abb. 2).[8] Die Ortsansichten zeigen in immer neuen Varianten: Die Kirche gehört zum Dorf, sie liegt vielfach auch mitten im Dorf.

5 Da der Urbanisierungsgrad im deutschsprachigen Raum sehr unterschiedlich war, wird man tatsächlich mit einer gewissen Variationsbreite dieser Prozentangabe zu rechnen haben. Bevölkerungsstatistische Angaben finden erst im Laufe der Frühen Neuzeit eine sichere Grundlage. Immerhin zeigt eine recht präzise Volkszählung im Hochstift Speyer 1530, dass 18,1 % der Gesamtbevölkerung in Städten lebten, vgl. Karl-Otto Bull, Die erste „Volkszählung“ des deutschen Südwestens. Die Bevölkerung des Hochstifts Speyer um 1530, in: Kurt Andermann/Hermann Ehmer (Hg.): Bevölkerungsstatistik an der Wende vom Mittelalter zur Neuzeit. Quellen und methodische Probleme im überregionalen Vergleich (Oberrheinische Studien 8), Sigmaringen 1990, S. 109–135, hier S. 114; Enno Bünz (Hg.), Landwirtschaft und Dorfgesellschaft im ausgehenden Mittelalter (Vorträge und Forschungen 89), Ostfildern 2020.

6 Hermann Tüchle, Kirchengeschichte Schwabens. Die Kirche Gottes im Lebensraum des schwäbisch-alemannischen Stammes, 2 Bde, Stuttgart 1950–1954, hier Bd. 2, S. 298 (Zitat).

7 Die geschichtlichen Zusammenhänge muss man sich aus der Perspektive zweier sehr unterschiedlich angelegter Handbücher erschließen: Handbuch der bayerischen Geschichte, Bd. 3, Teilbd. 2: Geschichte Schwabens bis zum Ausgang des 18. Jahrhunderts. Begründet von Max Spindler, hg. von Andreas Kraus, München, 3. neu bearb. Aufl. 2001; Handbuch der baden-württembergischen Geschichte, Bd. 1: Allgemeine Geschichte, Teil 2: Vom Spätmittelalter bis zum Ende des Alten Reiches, hg. von Meinrad Schaab/Hansmartin Schwarzmaier in Verbindung mit Gerhard Taddey, Stuttgart 2000; Bd. 2: Die Territorien im Alten Reich, hg. von Meinrad Schaab/Hansmartin Schwarzmaier in Verbindung mit Dieter Mertens und Volker Press (†), Stuttgart 1995.

8 Die Ortsansicht wurde wiederholt abgebildet, zuletzt in: Casimir Bumiller/Bernhard Rüth/Edwin Ernst Weber (Hg.), Mäzene, Sammler, Chronisten. Die Grafen von Zimmern und die Kultur des schwäbischen Adels, Stuttgart 2012, S. 251. Hierzu gehört auch die Ansicht von Rohrdorf, farbig abgebildet ebd. S. 89. Zu erwähnen ist in diesem Zusammenhang, dass Andreas Kieser in den Jahren 1680 bis 1687 Teile Innerwürttembergs vermessen und diesen Atlas mit mehreren hundert Ortsansichten geschmückt hat. Fast 700 farbige Einzelbilder zeigen zahlreiche Städte und Dörfer mit ihren Kirchen von

2 Die Kirche im Dorf: Ansicht des Dorfes Heudorf (s. Messkirch) um 1575, Aquarell (Landesarchiv Baden-Württemberg, Generallandesarchiv Karlsruhe, J-B Heudorf/1)

Mit der Pfarrei betrachten wir den untersten Bereich des kirchlichen Lebens, weshalb sich in der Literatur dafür auch der Begriff des ‚Niederkirchenwesens' eingebürgert hat. „In der Pfarrei", so hat es Gerd Tellenbach formuliert, „vollzog sich am dichtesten das Leben des Christen. In ihr empfing er die Taufe, feierte den Gottesdienst, nahm an der Eucharistie teil, unterzog sich der Kirchenbuße, leistete Oblationen und Abgaben, betete mit für das irdische und ewige Heil, hoffte auf die Fürbitte seiner Mitchristen vor und nach dem Tod und erhielt seine letzte Ruhestätte".[9] Vor allem über die flächende-

Heilbronn bis Hechingen, von Calw bis Schwäbisch Gmünd, vgl. Hans-Martin MAURER/Siegwalt SCHIEK (Hg.), Altwürttemberg in Ortsansichten und Landkarten von Andreas Kieser 1680–1687, Bd. 1: Hans-Martin MAURER/Sieghard SCHIEK, Andreas Kieser und sein Werk, Bd. 2: Die Ortsansichten, Bd. 3: Das Kartenwerk, Stuttgart 1985.

9 Gerd TELLENBACH, Die westliche Kirche vom 10. bis zum frühen 12. Jahrhundert (Die Kirche in ihrer Geschichte 2, F 1), Göttingen 1988, S. 34 (Zitat).

ckende Pfarrorganisation, die im Laufe des Hoch- und Spätmittelalters entstand, erreichte die Amtskirche die Menschen vor Ort, bis in den entlegensten Winkel. Obwohl die Pfarrei für die Masse der Christen die alltäglichste Erfahrung von Kirche war, hat diese Institution lange Zeit nur wenig Aufmerksamkeit in der Forschung gefunden, doch hat sich dies in den letzten drei Jahrzehnten deutlich geändert. Ziemlich am Anfang dieses neuen Forschungsinteresses stand übrigens 1988 eine wissenschaftliche Studientagung der Akademie der Diözese Rottenburg-Stuttgart in Weingarten, die von Sönke Lorenz organisiert wurde: „Vom Bistum zum Kirchspiel. Entwicklung und Ausformung der Pfarrorganisation im Mittelalter".[10] Vorangegangen war 1987 die Herbsttagung des Konstanzer Arbeitskreises für mittelalterliche Geschichte auf der Insel Reichenau über „Probleme des Niederkirchenwesens im Mittelalter".[11] Obwohl beide Tagungen nicht publiziert wurden, haben sie offenbar doch eine Wirkung gehabt, denn das Niederkirchenwesen fand nun größere Aufmerksamkeit und diese wiederum hat zu intensiven Forschungen in den letzten drei Jahrzehnten geführt.[12] Gleichwohl wären weitere regionale Untersuchungen des Niederkirchenwesens und des Niederklerus im späten Mittelalter wünschenswert, gerade für den hier im Mittelpunkt stehenden Raum Oberschwaben beziehungsweise die beiden Diözesen Augsburg und Konstanz. Darüber hinaus wären im Rahmen einer Christentumsgeschichte des späten Mittelalters angesichts der zahl-

10 Tagungsbericht von Brigitte Hotz in: AHF Information Nr. 22 vom 2. 6. 1988. Die dort angekündigte Tagungsdokumentation ist zwar nicht erschienen, doch sind von den 16 Vorträgen einige an verschiedenen Orten publiziert worden: Josef Semmler, Bischofskirche und ländliche Seelsorgezentren im Einzugsbereich des Oberrheins (5.–8. Jh.), in: Hans Ulrich Nuber/Heiko Steuer/Thomas Zotz (Hg.): Der Südwesten im 8. Jahrhundert aus historischer und archäologischer Sicht (Archäologie und Geschichte 13), Ostfildern 2004, S. 335–354; Volker Rödel, Die Pfarrorganisation im linksrheinischen Teil des Bistums Speyer im Mittelalter. Ein Überblick, in: Archiv für mittelrheinische Kirchengeschichte 44 (1992), S. 13–40; Sönke Lorenz, Pfarrorganisation und Siedlungsgeschichte, in: Ders (Hg.): Der Nordschwarzwald. Von der Wildnis zur Wachstumsregion: Begleitband zur Ausstellung im Nordschwarzwaldmuseum Neuenbürg, Filderstadt 2001, S. 130–138, 228–229; Wilhelm Janssen, Die Differenzierung der Pfarrorganisation in der spätmittelalterlichen Erzdiözese Köln. Bemerkungen zum Verhältnis von „capella dotata", „capella curata" und „ecclesia parrochialis", in: Rheinische Vierteljahrsblätter 55 (1991), S. 58–83; Bernhard Theil, Stift Buchau am Federsee und seine Pfarreien. Beobachtungen zur Besetzung der Pfarrstellen im Mittelalter unter besonderer Berücksichtigung der Stifte, in: Wolfgang Schmierer u. a. (Hg.): Aus südwestdeutscher Geschichte. Festschrift für Hans-Martin Maurer. Dem Archivar und Historiker zum 65. Geburtstag, Stuttgart 1994, S. 179–193; Michael Menzel, Predigt und Predigtorganisation im Mittelalter, in: Historisches Jahrbuch 111 (1991), S. 337–384.

11 Konstanzer Arbeitskreis für mittelalterliche Geschichte. Protokoll über die Arbeitstagung vom 6.–9. Oktober 1988(!) auf der Insel Reichenau, Nr. 296, Thema: „Probleme des Niederkirchenwesens im Mittelalter".

12 Einen umfassenden Überblick bietet nun Enno Bünz, Einleitung: Die spätmittelalterliche Pfarrei als Forschungsgegenstand und Forschungsaufgabe, in: Ders.: Die mittelalterliche Pfarrei. Ausgewählte Studien zum 13.–16. Jahrhundert (Spätmittelalter – Humanismus – Reformation/Studies in the Late Middle Ages, Humanism and the Reformation 96), Tübingen 2017, S. 3–76. Vgl. auch die neueren Tagungsbände: Pfarreien im Mittelalter. Deutschland, Polen, Tschechien und Ungarn im Vergleich, hg. von Nathalie Kruppa unter Mitwirkung von Leszek Zygner (Veröffentlichungen des Max-Planck-Instituts für Geschichte 238 = Studien zur Germania Sacra 32), Göttingen 2008; Werner Freitag (Hg.), Die Pfarre in der Stadt. Siedlungskern – Bürgerkirche – urbanes Zentrum (Städteforschung, Reihe A, 82), Köln u. a. 2011; Enno Bünz/Gerhard Fouquet (Hg.), Die Pfarrei im späten Mittelalter (Vorträge und Forschungen, hg. vom Konstanzer Arbeitskreises für mittelalterliche Geschichte 77), Ostfildern 2013.

reichen mittlerweile vorliegenden Regionalstudien vermehrt vergleichend angelegte Untersuchungen erstrebenswert. Für beide Forschungsperspektiven möchte die vorliegende Arbeit Anregungen bieten.[13]

1. Das Untersuchungsgebiet: Die Bistümer Augsburg und Konstanz als Teil Oberschwabens

Wenn von Pfarrei und Seelsorge die Rede sein soll, muss man sich einerseits natürlich die Verhältnisse vor Ort vergegenwärtigen. Der bereits zitierte Gerd Tellenbach betont deshalb, man könne die Pfarreien als „Christenheiten im kleinen" bezeichnen.[14] Aber sie stehen nicht für sich, sind stets auf die größere kirchliche Organisationsebene des Bistums bezogen, und schon diese Tatsache sollte davor warnen, die Pfarrei als ein scheinbar bloß lokales Phänomen des kirchlichen Lebens zu marginalisieren und zu unterschätzen. „Der ungebrochene Zusammenhang mit den übergreifenden kirchlichen Ordnungen widersteht der Tendenz zu Lokalismus und Partikularismus", betonte der Schweizer Historiker Carl Pfaff in diesem Zusammenhang.[15] Von der bischöflichen Gewalt sind die Kompetenzen und Amtspflichten des Pfarrers abgeleitet.[16] Noch bis ins

13 Ich setze mit diesem Beitrag regionale Fallstudien fort, die ich mittlerweile mit unterschiedlichen Akzenten für verschiedene Landschaften Nord-, Süd- und Mitteldeutschlands vorgelegt habe: Enno Bünz, Thüringens Pfarrgeistlichkeit vor der Reformation, in: Historisches Jahrbuch 124 (2004), S. 45–75, wieder abgedruckt in: Ders., Die mittelalterliche Pfarrei (wie Anm. 12), S. 631–666; Ders., Bamberg – Regensburg – Naumburg. Das Vogtland im Spannungsfeld mittelalterlicher Kirchengeschichte, in: Herbergen der Christenheit. Jahrbuch für deutsche Kirchengeschichte 28/29 (2004/2005), S. 27–54, erweitert wieder abgedruckt in: Ders., Die mittelalterliche Pfarrei (wie Anm. 12), S. 489–523; Ders., „Neun Teufel, die den Pfarrer quälen". Zum Alltag in den mittelalterlichen Pfarreien der Oberlausitz, in: Lars-Arne Dannenberg/Dietrich Scholze (Hg.): Stätten und Stationen religiösen Wirkens. Studien zur Kirchengeschichte der zweisprachigen Oberlausitz (Schriften des Sorbischen Instituts. Spisy Serbskeho instituta 48), Bautzen 2009, S. 19–54; Ders., Kirchliche Blüte oder Krise? Pfarreien, Seelsorger und Gemeinden im Bistum Würzburg um 1500, in: Würzburger Diözesangeschichtsblätter 73 (2011), S. 31–60; Ders., Die Kirche vor Ort und der Alltag der Gläubigen. Die kirchlichen Zustände im Elbe-Weser-Gebiet vor der Reformation, in: Jahrbuch der Männer vom Morgenstern 98 (2019), S. 103–151; Ders., Was glaubten die Dithmarscher vor der Reformation? Zur Kirchen- und Frömmigkeitsgeschichte der Bauernrepublik um 1500, in: Detlev Kraack/Martin J. Schröter (Hg.): Wendezeiten 1500–1600. Glauben und Leben zwischen Norm und Abweichung (Quellen und Forschungen zur Geschichte Schleswig-Holsteins 128), Husum 2020, S. 103–143; Ders., Was Dorfkirchen von der Geschichte Sachsens erzählen, oder: Warum die Kirche auf dem Dorf mehr als nur Kirche ist, in: Dirk Martin Mütze (Hg.): Die Dorfkirche in Sachsen. Geschichte und Gegenwart einer lebendigen Institution, Miltitz 2021 (im Manuskript abgeschlossen). Überregional angelegt ist der Versuch einer knappen Synthese: Ders., Dorf und christliche Religion in der Vormoderne, in: Werner Nell/Marc Weiland (Hg.): Dorf. Ein interdisziplinäres Handbuch, Berlin 2019, S. 79–86.

14 Tellenbach, Die westliche Kirche (wie Anm. 9), S. 34; das Zitat nach Pierre Imbart de la Tour, Les origines réligieuses de la France. Les paroisses rurales dans l'ancienne France du IVe au XIe siècle, Paris 1900, S. 6 „de petites chrétientés".

15 Carl Pfaff, Pfarrei und Pfarreileben. Ein Beitrag zur spätmittelalterlichen Kirchengeschichte, in: Innerschweiz und frühe Eidgenossenschaft. Jubiläumsschrift 700 Jahre Eidgenossenschaft 1: Verfassung, Kirche, Kunst, Olten 1990, S. 203–282 (Zitat S. 205).

16 Dies betont auch Tellenbach, Die westliche Kirche (wie Anm. 9), S. 34.

12. Jahrhundert kann das Bistum lateinisch als *parrochia* bezeichnet werden, beispielsweise als Kaiser Friedrich Barbarossa 1155 dem Konstanzer Bischof die Grenzen seiner Diözese bestätigt (*corroboramus distinguentes terminos parrochie inter Constantiensem episcopatum ceterosque adiacentes*).[17] Zu diesem Zeitpunkt gab es natürlich schon zahlreiche lokale Pfarrkirchen in Stadt und Land, die sich seit der Christianisierung Schwabens aus dem Eigenkirchenwesen heraus entwickelt hatten.[18] Aber die Pfarreigeschichte erschöpft sich selbstverständlich nicht in der Betrachtung einzelner Dörfer oder Landgemeinden und ihrer kirchlichen Verhältnisse. Die Pfarreien waren vielmehr in die weiteren Strukturen der kirchlichen Organisation eingebunden. Hierbei muss zunächst von den Bistümern die Rede sein. Der Raum Oberschwaben erstreckte sich etwa zu gleichen Teilen über die Diözesen Konstanz und Augsburg (Abb. 3), doch reichten beide weit darüber hinaus.[19] Vom Bistum Augsburg ist hier das Gebiet zwischen Donau und Karwendelgebirge, zwischen Iller und Lech zu betrachten, vom Bistum Konstanz das Gebiet zwischen Bodensee, Donau und Iller. Selbst ein Teil des heutigen Bayerisch Schwaben (der Raum um Lindau, Isny, Leutkirch und Kempten) sowie das österreichische Vorarlberg[20] gehörten im Mittelalter zum Bistum Konstanz.

17 Die Urkunden Friedrichs I. 1152–1158, bearb. von Heinrich Appelt unter Mitwirkung von Rainer Maria Herkenrath, Walter Koch, Josef Riedmann, Winfried Stelzer und Kurt Zeillinger (Monumenta Germaniae Historica. Die Urkunden der deutschen Könige und Kaiser, Bd. 10, Teil 1), Hannover 1975, S. 213 Nr. 128 (Zitat).

18 Zum Eigenkirchenwesen in Schwaben vgl. Lore Sprandel-Krafft, Eigenkirchenwesen, Königsdienst und Liturgie bei Bischof Ulrich von Augsburg, in: Zeitschrift des Historischen Vereins für Schwaben 67 (1973), S. 9–38; Wilfried Hartmann, Die Eigenkirche: Grundelement der Kirchenstruktur bei den Alemannen?, in: Sönke Lorenz (Hg.): Die Alemannen und das Christentum, Leinfelden-Echterdingen 2003, S. 1–11; Paul Oberholzer, Vom Eigenkirchenwesen zum Patronatsrecht. Leutkirchen des Klosters St. Gallen im Früh- und Hochmittelalter (St. Galler Kultur und Geschichte 33), St. Gallen 2002. Während der Drucklegung dieses Beitrags erschien die Monographie von Steffen Patzold, Presbyter. Moral, Mobilität und die Kirchenorganisation im Karolingereich (Monographien zur Geschichte des Mittelalters 68), Stuttgart 2020, mit dem grundsätzlichen Versuch einer Neubewertung des Eigenkirchenwesens, doch bleibt die Diskussion abzuwarten.

19 Eine erste Orientierung gestatten die Bistumskarten in: Atlas zur Kirche in Geschichte und Gegenwart. Heiliges Römisches Reich – Deutschsprachige Länder, hg. von Erwin Gatz in Zusammenarbeit mit Rainald Becker, Clemens Brodkorb und Helmut Flachenecker, Regensburg 2009, S. 68 f. (Bistum und Hochstift Augsburg um 1500, bearb. von Rainald Becker) und S. 90 f. (Bistum und Hochstift Konstanz um 1500, bearb. von Erwin Gatz/Wolfgang Zimmermann). Detaillierter ist die Karte 30: Die kirchliche Organisation Schwabens um 1500, bearb. von Friedrich Zoepfl, in: Historischer Atlas von Bayerisch-Schwaben, hg. von Wolfgang Zorn, Augsburg 1955. Vgl. dazu Friedrich Zoepfl, Die Entwicklung der katholischen Kirchenorganisation im Regierungsbezirk Schwaben und Neuburg, in: Schwäbische Blätter 2 (1951), S. 77–90; S. 113–121, und auch den Hinweis unten in Anm. 56. Die 2., neu bearb. Aufl. des Historischen Atlas von Bayerisch-Schwaben, Augsburg 1982 ff., erscheint in Lieferungen und enthält bislang keine Karte des Bistums Augsburg.

20 Die Kirchenorganisation in Vorarlberg ist vorzüglich dokumentiert in: Ludwig Rapp, Topographisch-historische Beschreibung des Generalvikariates Vorarlberg 1: Dekanat Feldkirch, Abt. 1, Innsbruck 1894; 2: Dekanat Feldkirch, Abt. 2, Brixen 1896; 3: Dekanat Bregenz, Brixen 1898; 4: Anhang Dekanat Bregenz, Dekanat Dornbirn, Dekanat Bregenzerwald, Brixen 1902; 5: Dekanat Bregenzerwald, Fortsetzung und Schluß, Dornbirn 1924; 6: Dekanat Sonnenberg, Teil 1, Dornbirn 1937; Ders., Topographisch-historische Beschreibung des Generalvikariates Vorarlberg. Fortgesetzt von Andreas Ulmer. Bearb. von Johannes Schöch, 7: Dekanat Sonnenberg, Teil 2: Walgau, Blumenegg, Groß-Walsertal,

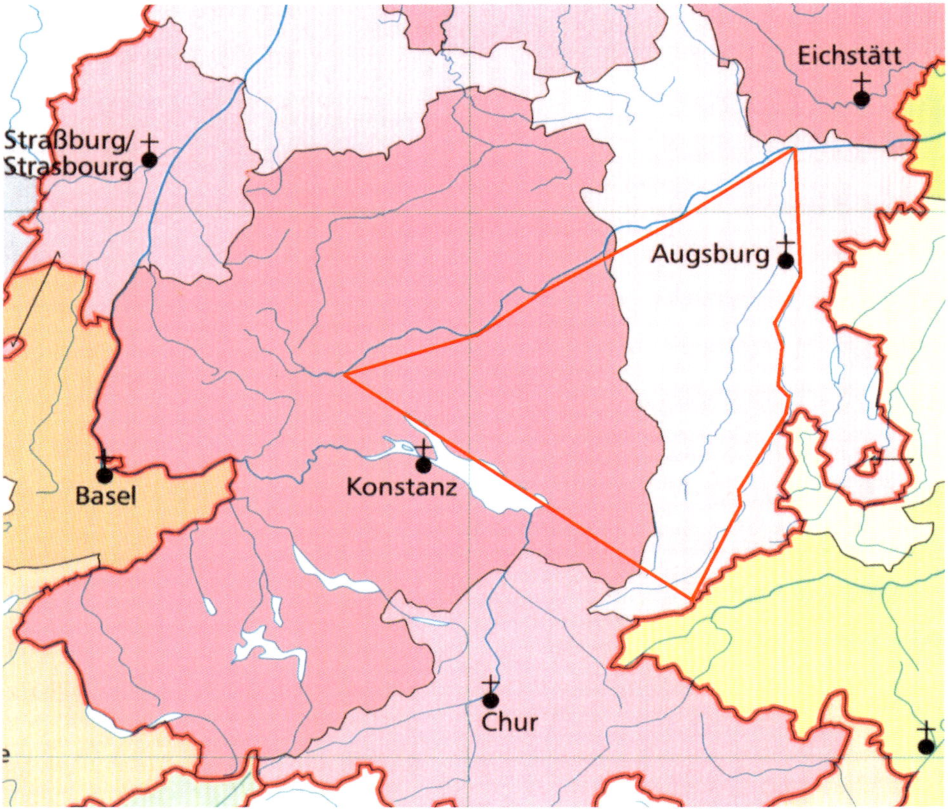

3 Oberschwaben (rotes Dreieck) als Teillandschaft der Bistümer Konstanz und Augsburg (Vorlage: Atlas zur Kirche in Geschichte und Gegenwart. Heiliges Römisches Reich – Deutschsprachige Länder, hg. von Erwin Gatz in Zusammenarbeit mit Rainald Becker, Clemens Brodkorb und Helmut Flachenecker, Regensburg 2009, S. 60)

Wir betrachten mit Oberschwaben also letztlich einen willkürlichen geographischen Ausschnitt, der im späten Mittelalter weder kirchlich noch herrschaftlich eine Einheit bildete, der gleichwohl bis heute als Geschichts- und Kulturlandschaft einen identitätsstiftenden Rahmen bietet, wie nicht nur diese Tagung verdeutlicht.[21] Erschwerend kommt hinzu, dass auch aus der Diözesanperspektive unser Raum unterschiedlich gut erforscht ist. Als einzige größere Gesamtdarstellung ist hier die Kirchengeschichte Schwabens des einstmals in München lehrenden katholischen Kirchenhistorikers Her-

Dornbirn 1965; 8: Dekanat Bludenz (ehemals Dekanat Sonnenberg), Teil 1, Dornbirn 1971 (mehr nicht erschienen). Vgl. https://www.kath-kirche-vorarlberg.at/organisation/archiv/artikel/topographisch-historische-beschreibungen (aufgerufen am 6.5.2020).

21 Vgl. Hans-Georg Wehling (Hg.), Oberschwaben (Schriften zur politischen Landeskunde Baden-Württembergs 24), Stuttgart 1995; Peter Blickle, Oberschwaben. Politik als Kultur einer deutschen Geschichtslandschaft, Tübingen 1996.

mann Tüchle (1905–1986) zu nennen, der tatsächlich Schwaben beiderseits der heutigen Landesgrenzen im Blick hat.[22] Größere Untersuchungen zur Pfarrei, insbesondere für Oberschwaben, fehlen.[23]

Für Augsburg liegt die zweibändige Bistumsgeschichte von Friedrich Zoepfl vor, die das Mittelalter und die Reformationszeit abdeckt.[24] Im Rahmen der „Germania Sacra" sind bislang mehrere geistliche Institutionen behandelt worden.[25] Neuere Überblicke der Bistumsgeschichte erleichtern den Einstieg in die Thematik.[26] Anders im Falle des Bistums Konstanz, denn weil die mittelalterliche Diözese sich über große Teile der deutschsprachigen Schweiz erstreckte, ist sie im Rahmen der „Helvetia Sacra" umfassend dargestellt worden.[27] Das Vorhaben „Germania Sacra" hingegen hat mit immerhin acht Bänden einige Teilbereiche der Bistumsgeschichte abdecken können.[28] Ein zwei-

22 Tüchle, Kirchengeschichte Schwabens 1–2 (wie Anm. 6). Vgl. den Nachruf von Remigius Bäumer, Prälat Prof. Dr. Hermann Tüchle, in: Freiburger Diözesanarchiv (im Folgenden FDA) 107 (1987), S. 321–325.

23 Wichtige Aspekte der Dorfpfarrei behandelt Karl Siegfried Bader, Studien zur Rechtsgeschichte des mittelalterlichen Dorfes, 2: Dorfgenossenschaft und Dorfgemeinde, Wien u. a. ²1974, hier S. 182–234. Christian Ihle, Pfarrorganisation und Seelsorge, in: Sönke Lorenz/Thomas Zotz (Hg.): Spätmittelalter am Oberrhein. Alltag, Handwerk und Handel 1350–1525. Aufsatzband, Stuttgart 2001, S. 547–552 bietet eine allgemeine Skizze und geht kaum auf den südwestdeutschen Raum ein. Enttäuschend ist: Peter Schiffer (Hg.), Die Kirche im Dorf. Beiträge einer Arbeitstagung des Württembergischen Landesmuseums Stuttgart, des Bildungshauses Kloster Schöntal und des Historischen Vereins für Württembergisch Franken, (Forschungen aus Württembergisch Franken 45), Sigmaringen 1998, denn die Beiträge decken weder die historischen noch die kunsthistorischen und religiösen Dimensionen des Themas ab.

24 Friedrich Zoepfl, Das Bistum Augsburg und seine Bischöfe im Mittelalter (Geschichte des Bistums Augsburg und seiner Bischöfe 1), München u. a. 1955; Ders., Das Bistum Augsburg und seine Bischöfe im Reformationsjahrhundert (Geschichte des Bistums Augsburg und seiner Bischöfe 2), München u. a. 1969. Einen guten Überblick für Augsburg bietet auch Franz Machilek, Das Spätmittelalter von 1215 bis 1517. Schwaben und Franken, in: Handbuch der bayerischen Kirchengeschichte 1, 1–2, hg. von Walter Brandmüller, St. Ottilien 1998, S. 437–533.

25 Bisher erschienen sind: Josef Hemmerle, Das Bistum Augsburg 1: Die Benediktinerabtei Benediktbeuern (Germania Sacra N. F. 28), Berlin u. a. 1991; Irmtraud von Andrian-Werburg, Das Bistum Augsburg 2: Die Benediktinerabtei Wessobrunn (Germania Sacra N. F. 39), Berlin u. a. 2001; Walburga Scherbaum, Das Bistum Augsburg 3: Das Augustinerchorherrenstift Bernried (Germania Sacra. Dritte Folge 3), Berlin u. a. 2011.

26 Manfred Weitlauff, Bistum Augsburg, in: Erwin Gatz u. a. (Hg.): Die Bistümer des Heiligen Römischen Reiches von ihren Anfängen bis zur Säkularisation, Freiburg i. Br. 2003, S. 52–69, wo auch die wichtigsten Quellenwerke und Untersuchungen genannt werden. Über die einzelnen Bischöfe vgl.: Die Bischöfe des Heiligen Römischen Reiches 1198 bis 1448. Ein biographisches Lexikon, hg. von Erwin Gatz unter Mitwirkung von Clemens Brodkorb, Berlin 2001, S. 3–33, und: Die Bischöfe des Heiligen Römischen Reiches 1448 bis 1648. Ein biographisches Lexikon, hg. von Erwin Gatz unter Mitwirkung von Clemens Brodkorb, Berlin 1996, wo die einzelnen Viten alphabetisch eingereiht sind, vgl. die Auflistung S. 779 f.

27 Helvetia Sacra, Abteilung I, Bd. 2: Erzbistümer und Bistümer. Das Bistum Konstanz. Das Erzbistum Mainz. Das Bistum St. Gallen, 2 Teilbde, bearb. von Franz Xaver Bischof u. a., Basel 1993, S. 41–958 bietet eine alle Bereiche abdeckende, fundierte Gesamtdarstellung, lediglich die raumbezogenen Aspekte der Bistums- und Kirchenorganisation werden nur für den Schweizer Bistumsanteil behandelt.

28 Helmut Maurer, Das Bistum Konstanz 1: Das Stift St. Stephan in Konstanz (Germania Sacra N. F. 15), Berlin u. a. 1981; Jürgen Sydow, Das Bistum Konstanz 2: Die Zisterzienserabtei Bebenhausen (Germania Sacra N. F. 16), Berlin u. a. 1984; Maren Kuhn-Rehfus, Das Bistum Konstanz 3: Das Zisterzienserinnen-

bändiges Sammelwerk enthält zahlreiche Überblicksbeiträge über die Bischöfe und die Bistumsverwaltung.[29] Tiefergehende Untersuchungen der einzelnen Bischöfe des späten Mittelalters liegen hingegen nur vereinzelt vor.[30] Im Bistum Augsburg wurde in der zweiten Hälfte des 19. Jahrhunderts eine historisch-statistische Beschreibung der Diözese begonnen, gegliedert nach Landkapiteln, die bis auf die Pfarreiebene hinab reicht, allerdings mit dem zehnten Band 1940 unvollendet abgebrochen wurde.[31] Die meisten Bände des Historischen Atlas von Bayern, die für Bayerisch Schwaben vorliegen, dokumentieren zumindest die Grundzüge der Pfarrentwicklung und -organisation.[32] Für Konstanz

kloster Wald (Germania Sacra N. F. 30), Berlin u. a. 1992; Bernhard Theil, Das Bistum Konstanz 4: Das (freiweltliche) Damenstift Buchau am Federsee (Germania Sacra N. F. 32), Berlin u. a. 1994; Helmut Maurer, Das Bistum Konstanz 5: Die Konstanzer Bischöfe vom Ende des 6. Jahrhunderts bis 1206 (Germania Sacra N. F. 42,1), Berlin u. a. 2003; Wilfried Schöntag, Das Bistum Konstanz 6: Das reichsunmittelbare Prämonstratenserstift Marchtal (Germania Sacra. Dritte Folge 5), Berlin u. a. 2012; Jutta Krimm-Beumann, Das Bistum Konstanz 7: Die Benediktinerabtei St. Peter im Schwarzwald (Germania Sacra. Dritte Folge 17), Berlin u. a. 2018.

29 Elmar L. Kuhn/Eva Moser/Rudolf Reinhardt (Hg.), Die Bischöfe von Konstanz, Bd. 1: Geschichte, Bd. 2: Kultur, Friedrichshafen 1988 behandelt viele Einzelthemen, bietet aber keine systematische Darstellung. Einen knappen, kompakten Überblick liefert Dominik Burkard, Bistum Konstanz, in: Gatz u. a. (Hg.): Die Bistümer des Heiligen Römischen Reiches (wie Anm. 26), S. 295–314. Über die einzelnen Bischöfe vgl.: Die Bischöfe des Heiligen Römischen Reiches 1198 bis 1448 (wie Anm. 26), S. 286–299, und: Die Bischöfe des Heiligen Römischen Reiches 1448 bis 1648 (wie Anm. 26), S. 800 f. und die einzelnen Viten im Band. Nicht auf die Bistumsgeschichte fixiert ist nun der kompakte Überblick von Andreas Holzem/Wolfgang Zimmermann, „Ad predicandum nationes“. Die Christianisierung und das Mittelalter, in: Diess. (Hg.): Geschichte der Diözese Rottenburg-Stuttgart, Bd. 1: Christentum im Südwesten vor 1800. Das 19. Jahrhundert, Ostfildern 2019, S. 1–141. Der gut geschriebene und reich bebilderte Beitrag kann aber viele Aspekte, die hier vertieft betrachtet werden, nur streifen.

30 Materialreich ist August Willburger, Die Konstanzer Bischöfe Hugo von Landenberg, Balthasar Märklin, Johann von Lupfen (1496–1537) und die Glaubensspaltung (Reformationsgeschichtliche Studien und Texte 34/35), Münster 1917, hier bes. S. 3–31, dem darüber hinaus zahlreiche Einzelstudien zur vorreformatorischen Kirchengeschichte zu verdanken sind. Peter Niederhäuser (Hg.), Ein feiner Fürst in einer rauen Zeit. Der Konstanzer Bischof Hugo von Hohenlandenberg, Zürich 2011, hierin bes. Sabine Arend, Hugo von Hohenlandenberg und die Landpfarrer der Diözese Konstanz vor der Reformation, S. 59–69. Im Rahmen des Projekts Germania Sacra hat Sabine Arend die Darstellung der Bischöfe von Konstanz 1386–1434 zum Druck eingereicht.

31 Anton Steichele/Alfred Schröder/Friedrich Zoepfl, Das Bistum Augsburg, historisch und statistisch beschrieben, Bd. 2: Die Landkapitel Agenwang, Aichach, Baisweil, Bayer-Mänching, Burgheim; Bd. 3: Die Landkapitel Dillingen, Dinkelsbühel, Donauwörth; Bd. 4: Die Landkapitel Friedberg, Füssen, Höchstätt, Hohenwart; Bd. 5: Die Landkapitel Ichenhausen und Jettingen; Bd. 6: Das Landkapitel Kaufbeuren; Bd. 7: Das Landkapitel Oberdorf; Bd. 8: Das Landkapitel Schwabmünchen; Bd. 9: Das Landkapitel Kirchheim; Bd. 10: Das Landkapitel Mindelheim, Augsburg 1864–1940. In anderen Zusammenhängen wurde zudem das Landkapitel Ottobeuren umfassend bearbeitet: Martin Sontheimer, Die Geistlichkeit des Kapitels Ottobeuren. Von dessen Ursprung bis zur Säkularisation. Nach historischen Quellen bearbeitet, Bd. 1: Die Kapitelsvorstände; Bd. 2: Die Pfarreien und Seelsorgestellen der Klosterherrschaft Ottobeuren; Bd. 3: Die Pfarreien und Seelsorgestellen des fürstlichen Stiftes Kempten; Bd. 4: Die Pfarreien und Benefizien verschiedener Herrschaften; Bd. 5: Die Pfarreien und Benefizien des Kreuzherren-Klosters Memmingen, Memmingen 1912–1920. Das Werk ist vor allem für die Klerusprosopographie sehr materialreich.

32 Vgl. Historischer Atlas von Bayern, Teil Schwaben, München 1967 ff.; das Gebiet des mittelalterlichen Bistums Augsburg betreffen folgende Bände: Bd. 3: Klaus Fehn, Wertingen, 1967; Bd. 4: Peter Blickle, Memmingen, 1967; Bd. 6: Peter Blickle, Kempten, 1968; Bd. 7: Rudolf Vogel, Mindelheim, 1970; Bd. 8:

fehlt hingegen eine historisch-statistische Diözesanbeschreibung, weil das Bistum nach der Säkularisation 1821/27 nicht wiederbegründet wurde und die Bistumsneugründungen Freiburg[33] und Rottenburg-Stuttgart[34] nur Teile der einstigen Riesendiözese abdecken. Die älteren württembergischen Oberamtsbeschreibungen und die modernen Kreisbeschreibungen für Baden-Württemberg enthalten zwar auch Angaben zu den kirchlichen Verhältnissen, gleichen das Fehlen einer historischen Diözesanmatrikel aber nicht aus.[35] Die spätmittelalterliche Quellenüberlieferung ist für Konstanz ungleich günstiger als für Augsburg und auch wesentlich besser erschlossen.[36] Die Regesten der Bischöfe und des Domkapitels von Augsburg haben erst das Jahr 1152 erreicht.[37] Für das späte Mittelalter liegen lediglich einige lokale Urkundenbücher vor.[38] Die Konstanzer

Dieter Kudorfer, Nördlingen, 1974; Bd. 9: Hans-Uwe Rump, Füssen, 1977; Bd. 10: Detlev Schröder, Stadt Augsburg, 1975; Bd. 11: Joachim Jahn, Landkreis Augsburg, 1984; Bd. 12: Joseph Hahn, Krumbach, 1982; Bd. 13: Wolfgang Wüst, Günzburg, 1983; Bd. 14: Claudia Eisinger-Schmidt, Marktoberdorf, 1985; Bd. 15: Hans Bauer, Schwabmünchen, 1994; Bd. 16: Markus Nadler, Neuburg an der Donau. Das Landgericht Neuburg und die Pfleggerichte Burgheim und Reichertshofen, 2004; Bd. 17: Doris Pfister, Donauwörth. Der ehemalige Landkreis, 2008; Bd. 18: Sarah Hadry, Neu-Ulm. Der Altlandkreis, München 2012.

33 Vgl. Heribert Smolinsky (Hg.), Geschichte der Erzdiözese Freiburg, Bd. 1: Von der Gründung bis 1918, Freiburg i. Br. 2008. Mit dem Erscheinen des zweiten Bandes, hg. von Karl-Heinz Braun, ist demnächst zu rechnen.

34 Vgl. Holzem/Zimmermann (Hg.), Geschichte der Diözese Rottenburg-Stuttgart (wie Anm. 29).

35 Beschreibungen der württembergischen Oberämter, Stuttgart 1824–1886, Neue Folge 1893–1930, die Einzelbände verzeichnet in: Baden-Württemberg, hg. von Max Miller und Gerhard Taddey (Handbuch der historischen Stätten Deutschlands 6), Stuttgart, 2. verb. u. erw. Aufl. 1980, S. 934 f., und: Die Stadt- und Landkreise in Baden-Württemberg, Bd. 1 ff., Stuttgart 1953 ff. (diese amtliche Landesbeschreibung wurde von der Landesarchivdirektion bearbeitet und 2010 unvollendet abgebrochen). Weniger in die Tiefe geht die Beschreibung der Gemeinden: Das Land Baden-Württemberg. Amtliche Beschreibung nach Kreisen und Gemeinden, Bd. 1–8, Stuttgart 1975–1983. Für das Gebiet des ehemaligen Bistums Konstanz sind die Bände über die Regierungsbezirke Freiburg, Stuttgart und Tübingen relevant.

36 Archivgeschichtlich ausgerichtet ist die Studie von Bernd Ottnad, Die Archive der Bischöfe von Konstanz, in: FDA 94 (1974), S. 270–516, leider ohne Sachregister. Ergänzend die umfangreichen Angaben in: Helvetia Sacra, Abteilung I, 2, 1 (wie Anm. 27), S. 164–178.

37 Regesten der Bischöfe und des Domkapitels von Augsburg, Bd. 1: Von den Anfängen bis 1152, bearb. von Wilhelm Volkert. Mit einer Einleitung von Friedrich Zoepfl (Veröffentlichungen der Schwäbischen Forschungsgemeinschaft bei der Kommission für bayerische Landesgeschichte, Reihe IIb, 1), Augsburg 1985. Das Vorhaben wird zunächst bis 1184 als Datenbank fortgesetzt, vgl. http://www.regesta-imperii.de/regesten/20-18-2-augsburg.html (aufgerufen am 28. 4. 2020).

38 Ein Sonderfall ist die Stadt Kaufbeuren, für die eine im Anspruch vollständige Edition der mittelalterlichen Quellen bis 1500 vorliegt, vgl. für den kirchlichen Bereich vor allem Helmut Lausser, Pfarrer, Kirchen, Seelenmessen. Die Quellen zur Geschichte des Pfarr- und Glaubenslebens in der Stadt Kaufbeuren vom Mittelalter bis zur Einführung der Reformation, 2 Bde (Kompendium der Quellen zur Geschichte Kaufbeurens im Mittelalter 8), Thalhofen 2008, zuletzt Ders., Pfarrer, Bürgermeister und Künstler. Quellen zur Lebensgeschichte ausgewählter Kaufbeurer Persönlichkeiten des späten Mittelalters, Bd. 1: Geistliche Personen (Kompendium der Quellen zur Geschichte Kaufbeurens im Mittelalter 10, 1), Thalhofen 2018. Die kirchlichen Verhältnisse werden auch beleuchtet durch das Aktenmaterial zum Bauernkrieg, vgl. für Oberschwaben Franz Ludwig Baumann, Quellen zur Geschichte des Bauernkriegs in Oberschwaben (Bibliothek des Literarischen Vereins in Stuttgart 129), Tübingen 1876, Nachdruck Hildesheim u. a. 1975.

Bischofsregesten hingegen decken in fünf Bänden den Zeitraum bis 1480 ab.[39] Vorzüglich ist auch die Überlieferung serieller Quellen der Diözese Konstanz, darunter zahlreiche Register der Klerusbesteuerung[40], weiter die Annatenregister[41] und die Investiturprotokolle aus dem 15. und 16. Jahrhundert.[42] Als Auslaufregister des Generalvikariats gehen diese Protokollbücher weit über die Dokumentation der Pfründenbesetzungen (Investitur) hinaus, denn sie enthalten auch Sammellizenzen (Petitorien), Bestätigungen von Pfründen- und Messstiftungen, Vergünstigungen von Einzelpersonen (Klerikern und Laien), beispielsweise um sich die Weihe in einer anderen Diözese erteilen zu lassen, darüber hinaus zahlreiche Genehmigungen von Absenzen, Beurlaubungen, Vertretungen von Geistlichen sowie für die Verwendung von Tragaltären. Diese Quellen ermöglichen es, aus der Perspektive der bischöflichen Verwaltung flächendeckend auf die einzelnen Pfarreien zu schauen, aber auch auf den Klerus und bestimmte Frömmigkeitsformen.[43] Für Augsburg ist die Quellenlage – soweit bislang bekannt – dürftiger. Mit den Konstanzer Investiturprotokollen vergleichbar sind die Rechnungen des Bischöflichen Siegelamtes, die bis zum Zweiten Weltkrieg in geschlossener Serie von 1472 bis 1795

39 Regesta Episcoporum Constantiensium. Regesten zur Geschichte der Bischöfe von Constanz von Bubulcus bis Thomas Berlower 517–1496, hg. von der Badischen Historischen Commission, Bd. 1, bearb. von Paul Ladewig, Theodor Müller und Alexander Cartellieri, Innsbruck 1895; Bd. 2, bearb. von Alexander Cartellieri; Bd. 3–4, bearb. von Karl Rieder; Bd. 5, Lfg 1–2: 1474–1480. Bistumsstreit: Ludwig von Freiberg u. Otto von Sonnenberg, bearb. von Karl Rieder, Innsbruck 1905–1931. Ergänzungen bietet Manfred Krebs, Nachlese zu den Konstanzer Bischofsregesten, in: Zeitschrift für die Geschichte des Oberrheins (im Folgenden ZGO) NF 59 (1950), S. 181–283. Die Konstanzer Regesten sind insgesamt knapp gehalten, doch besteht ein unschätzbarer Vorteil darin, dass die Bände 1–4 auch durch Sachregister erschlossen werden.

40 Vgl. Sabine Arend, Zwischen Bischof und Gemeinde. Pfarrbenefizien im Bistum Konstanz vor der Reformation (Schriften zur südwestdeutschen Landeskunde 47), Leinfelden-Echterdingen 2003, S. 6–38. In einer neueren Edition liegt nur der Liber decimationis von 1275 vor, vgl. Gerlinde Person-Weber, Der Liber decimationis des Bistums Konstanz. Studien, Edition und Kommentar (Forschungen zur oberrheinischen Landesgeschichte 44), Freiburg i. Br. 2001.

41 Manfred Krebs (Bearb.), Die Annaten-Register des Bistums Konstanz aus dem 15. Jahrhundert, in: FDA 76 (1956), S. 1–467, Namenregister in: FDA 77 (1957) Anhang S. 1–91. Zu diesen Quellen auch Arend, Zwischen Bischof und Gemeinde (wie Anm. 40), S. 20–27.

42 Manfred Krebs, Die Investiturprotokolle der Diözese Konstanz aus dem 15. Jahrhundert, in: FDA 66 (1938) Anhang S. 1–104; 67 (1941) Anhang S. 105–264; 68 (1942) Anhang S. 265–424; 70 (1950) Anhang S. 425–546; 71 (1951) Anhang S. 547–642; 72 (1952) Anhang S. 643–786; 73 (1953) Anhang S. 787–1047; Register ebd. 74 (1954) Anhang S. 1–160. Die Investiturprotokolle der Diözese Konstanz aus dem 16. Jahrhundert, bearb. von Franz Hundsnurscher, Teil 1: Von Aach – Kürzenbach, Teil 2: Lachen – Zwiefaltendorf, Teil 3: Einführung, Verzeichnisse, Register, bearb. von Dagmar Kraus (Veröffentlichungen der Kommission für geschichtliche Landeskunde in Baden-Württemberg, Reihe A, 48, 1–2 u. 49), Stuttgart 2008–2010. Auf dieser Quelle beruhen auch die Mitteilungen von Ludwig Dorn, Die Proclamationen und Investituren der ehemaligen Konstanzischen Pfarreien des bayerischen Allgäus von 1500–1700, in: Teure Heimat (Beilage zum Dietmannsrieder Wochenblatt) 1960, Nr. 43–52, und 1961, Nr. 1–2; auch selbständig o. O. und J.

43 Zu den Auswertungsmöglichkeiten Krebs, Investiturprotokolle (wie Anm. 42), S. 3–10 und Dagmar Kraus, Bedeutung und Auswertungsmöglichkeiten der Konstanzer Investiturprotokolle des 16. Jahrhunderts, in: FDA 131 (2011), S. 33–56.

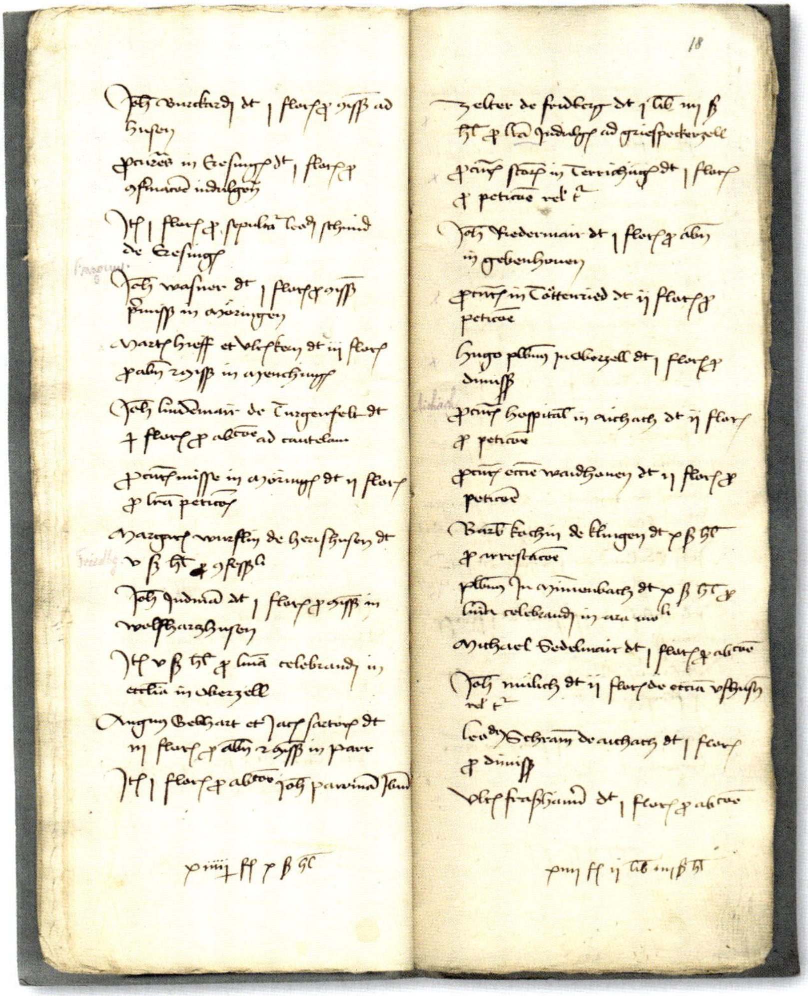

4 Serielle Quellen zur Kirchengeschichte: Die Rechnung des Bischöflichen Siegelamtes in Augsburg 1472/73 (Bistumsarchiv Augsburg, Hs 76, Bl. 17v/18r)

vorhanden waren[44]; 1944 verbrannten alle Rechnungen bis auf drei, darunter die älteste von 1472/73 (Abb. 4).[45]

Immerhin sind die darin enthaltenen Informationen dieser Rechnungen über den Pfarrklerus noch vor dem Zweiten Weltkrieg erhoben worden. Kirchliche Steuerregister aus dem Spätmittelalter gibt es für das Bistum Augsburg nicht, doch liegt immerhin ein bischöfliches Subsidienregister von 1523 vor, das die gesamte Kirchenorganisation ab-

44 Friedrich RÜCKERT, Rechnungen des Bischöflichen Siegelamts im Bisch. Ordinariatsarchiv Augsburg, in: Archiv für die Geschichte des Hochstifts Augsburg 5 (1916–1919), S. 607–617.
45 Vgl. Stefan MIEDANER, Rechnung des Bischöflichen Siegelamtes 1472/73, in: DERS. (Hg.): Aus zwölf Jahrhunderten Augsburger Bistumsgeschichte. Katalog zur Ausstellung des Bistumsarchivs Augsburg anläßlich des 64. deutschen Archivtages vom 27.–30. September 1993 in Augsburg, Augsburg 1993, S. 7–9 Nr. 3.

bildet.[46] Der Quellenwert gerade dieser Subsidienregister, die der Klerusbesteuerung dienten, ist von der neueren Forschung genutzt worden, um für ganze Diözesen oder zumindest für größere Landschaften Untersuchungen über Pfarreien und Pfarrklerus anzustellen.[47] Für das Bistum Konstanz kann hier auf die Göttinger Dissertation von Sabine Arend über die Pfarrbenefizien vor der Reformation verwiesen werden.[48] Eine entsprechende Studie für das Bistum Augsburg steht aus. Auch sonst kann man festhalten, dass unsere Thematik für Teile des Bistums Konstanz wesentlich besser erforscht ist als für die Augsburger Nachbardiözese. Dies gilt vor allem für Württemberg[49] und die deutschsprachige Schweiz[50], nicht aber für Oberschwaben.

2. Bistümer, Bischöfe, geistliche Verwaltung

Zunächst ein paar Zahlenangaben, um die Dimensionen unseres Themas ermessen zu können. Konstanz war im Mittelalter flächenmäßig eine der größten Diözesen im Bereich der Germania Sacra.[51] Bevor Bischof Friedrich von Zollern 1435 eine Diözesansynode nach Konstanz einberief, habe man überschlagsmäßig ermittelt, dass es in der Diözese

46 Ordinariatsarchiv Augsburg, Hs. 74a, Registrum steurae von 1523, Abschrift von 1570; dazu kurz Zoepfl, Bistum Augsburg (wie Anm. 24) 1, S. 567; Machilek, Spätmittelalter (wie Anm. 24), S. 493. Die Bistumskarte von Zoepfl, Bistum Augsburg (wie Anm. 24) beruht auf dieser Quelle.
47 Vgl. exemplarisch Enno Bünz, Der niedere Klerus im spätmittelalterlichen Thüringen. Studien zu Kirchenverfassung, Klerusbesteuerung, Pfarrgeistlichkeit und Pfründenmarkt im thüringischen Teil des Erzbistums Mainz, 3 Teile, Habil.-Schrift, Jena 1999 (erscheint in: Quellen und Abhandlungen zur mittelrheinischen Kirchengeschichte, Mainz; in Druckvorbereitung); Ders. (Bearb.), Das Mainzer Subsidienregister für Thüringen von 1506 (Veröffentlichungen der Historischen Kommission für Thüringen. Große Reihe 8), Köln u. a. 2005.
48 Arend, Zwischen Bischof und Gemeinde (wie Anm. 40). Von der älteren Literatur sei hier zumindest auf die Untersuchung von Gerhard Kallen, Die oberschwäbischen Pfründen des Bistums Konstanz und ihre Besetzung (1275–1508). Ein Beitrag zur Pfründengeschichte vor der Reformation (Kirchenrechtliche Abhandlungen 45–46), Stuttgart 1907, hingewiesen.
49 Franz Kuno Ingelfinger, Die religiös-kirchlichen Verhältnisse im heutigen Württemberg am Vorabend der Reformation, Stuttgart 1939; über die Kirche Meinrad Schaab, Spätmittelalter (1250–1500), in: Handbuch der baden-württembergischen Geschichte, Bd. 1, Teil 2 (wie Anm. 7), S. 1–143, hier S. 76–107.
50 Pfaff, Pfarrei und Pfarreileben (wie Anm. 15); Ernst Tremp, Wie fromm waren die alten Glarner? Kirchliches und religiöses Leben im mittelalterlichen Glarner Land, in: Jahrbuch des Historischen Vereins des Kantons Glarus 82 (2002), S. 9–41; Sabine Arend, Pfarrkirche, Kapellen und kirchliches Leben in der Stadt Zug während des Mittelalters, in: Michele C. Ferrari (Hg.): Vil guote buecher zuo Sant Oswalden. Die Pfarrbibliothek in Zug im 15. und 16. Jahrhundert, Zürich 2003, S. 13–20; Peter Eggenberger/Thomas Glauser/Toni Hofmann (Hg.) mit Beiträgen von Andreas Cueni, Peter Holzer, Martin Kälin-Gisler, Bruno Kaufmann und Eva Roth Heege, Mittelalterliche Kirchen und die Entstehung der Pfarreien im Kanton Zug (Kunstgeschichte und Archäologie im Kanton Zug 5), Zug 2008. Die Kirchenorganisation beschreibt Josef Brülisauer, Die Dekanate und Pfarreien im schweizerischen Teil des Bistums Konstanz, in: Helvetia Sacra, Abteilung I, 2, 2 (wie Anm. 27), S. 883–924.
51 Vgl. Ewin Gatz/Wolfgang Zimmermann, Bistum und Hochstift Konstanz um 1500, in: Atlas zur Kirche in Geschichte und Gegenwart (wie Anm. 19), S. 90 f. mit Karte; Brigitte Degler-Spengler/Werner Kundert/Helmut Maurer/Rudolf Reinhardt, Einleitung, in: Helvetia Sacra, Abt. I, 2, 1 (wie Anm. 27), S. 41–54, hier S. 47–51 die Circumscriptio der Diözese.

▸5 Die Pfarreiorganisation im oberschwäbischen Teil des Bistums Konstanz am Ende des Mittelalters (Vorlage: Kartenbeilage zu: Gerhard Kallen, Die oberschwäbischen Pfründen des Bistums Konstanz und ihre Besetzung (1275–1508). Ein Beitrag zur Pfründengeschichte vor der Reformation (Kirchenrechtliche Abhandlungen 45–46), Stuttgart 1907)

Die oberschwäbischen Dekanate des BISTUMS KONSTANZ

Aus Kallen: Die oberschwäbischen Pfründen des Bistums Konstanz und ihre Besetzung (1275-1508) (Kirchenrechtliche Abhandlungen Heft 45-46).

350 Klöster, 1760 Pfarrkirchen und 17000 Priester gab.[52] Das Bistum Augsburg hatte laut Matrikel von 1523 etwas über 1050 Pfarreien und 96 Klöster.[53] Die Zahl der Priester vermag ich nicht anzugeben.[54] Bedenkt man, dass das Bistum Konstanz flächenmäßig etwa dreimal so groß war wie die Diözese Augsburg, muss man festhalten, dass die Pfarreidichte in Bayerisch Schwaben wesentlich höher war als in Südwestdeutschland.[55]

Die Gründe dafür sind nicht in unterschiedlichen Raumkonzepten oder Seelsorgeplänen der Bistümer zu suchen, die es im Mittelalter ohnehin nicht gegeben hat. Man muss sich vergegenwärtigen, dass der Aufbau einer Pfarrorganisation im Laufe des Mittelalters nicht vom Bischofssitz aus zentral gesteuert oder am grünen Tisch geplant wurde, sondern dass das Gesamtbild der Kirchenorganisation, das wir vor Augen haben (Abb. 5)[56], von vielen Kräften vor Ort gestaltet wurde. Königtum und Adel, Bischöfe und Klöster gründeten seit dem frühen Mittelalter lokale Kirchen in großer Zahl, und im hohen und späten Mittelalter spielten zunehmend auch Stadt- und Dorfgemeinden dabei eine Rolle. Der Aufbau des Niederkirchenwesens ist untrennbar verbunden mit den Herrschaftsverhältnissen und der Siedlungsgeschichte. Der Bau einer Kirche, ihre Ausstattung, die laufende Finanzierung des Priesters, der dort wirkte, dies alles verursachte erhebliche Kosten, die von den regionalen und lokalen Kräften aufgebracht wurden. Noch deutlicher gesagt: Die Menschen vor Ort wollten eine Kirche und scheuten deshalb keine Kosten und Mühen. Man sollte deshalb den Begriff ‚Pfarreinetz' vermeiden[57], denn am Anfang stand nicht der große Gesamtentwurf, sondern die vielen Initiativen vor Ort ließen im Laufe der Jahrhunderte das Gesamtbild entstehen. Dies erklärt aber auch, warum die Pfarreiorganisation des Mittelalters so vielgestaltig ist.

Im Laufe des Hochmittelalters entstand auf den Grundlagen des älteren Eigenkirchenwesens[58] die Pfarrei als kirchliche Einrichtung, die ich gerne als die erfolgreichste Institu-

52 Vgl. Arend, Zwischen Bischof und Gemeinde (wie Anm. 40), S. 1.

53 Vgl. Zoepfl, Bistum Augsburg (wie Anm. 24) 1, S. 568–570, 583; Spätmittelalterliche Klöster in Schwaben, 1300–1500, Karte 1 : 500000, bearb. von Pankraz Fried/Bernhard Hagel, in: Historischer Atlas von Bayerisch-Schwaben, Lieferung 2, Augsburg ²1985; Rainald Becker, Bistum und Hochstift Konstanz um 1500, in: Atlas zur Kirche in Geschichte und Gegenwart (wie Anm. 19), S. 68 f. mit Karte; Weitlauff, Bistum Augsburg (wie Anm. 26), S. 64 nennt die Zahl von 98 Klöstern.

54 Vgl. Zoepfl, Bistum Augsburg (wie Anm. 24) 1, S. 587 f. ohne absolute Zahlenangaben.

55 Zu den Gründen Gertrud Diepolder, Erläuterung zur Karte 26/27 „Kirchenorganisation um 1500", in: Bayerischer Geschichtsatlas, hg. von Max Spindler. Redaktion Gertrud Diepolder, München 1969, S. 91.

56 Neben den in Anm. 19 genannten Karten vgl. auch die Karte für den oberschwäbischen Teil des Bistums Konstanz bei Kallen, Die oberschwäbischen Pfründen (wie Anm. 48). Meinrad Schaab, Kirchliche Gliederung um 1500, Karte 1: 600.00 und Beiwort (Historischer Atlas von Baden-Württemberg, Karte VIII, 5), Stuttgart 1972–1975 zeigt nur die Organisation der Bistümer, Archidiakonate und Landdekanate, nicht aber die einzelnen Pfarreien. Hinweise auf einige weitere Karten in: Helvetia Sacra, Abt. I, 2, 1 (wie Anm. 27), S. 52 Anm. 5.

57 Vgl. Wolfgang Petke, Urpfarrei und Pfarreinetz. Über zwei Begriffe der Pfarreiforschung, in: Stefan Pätzold/Reimund Haas (Hg.): Pro cura animarum. Mittelalterliche Pfarreien und Pfarrkirchen an Rhein und Ruhr (Studien zur Kölner Kirchengeschichte 43), Siegburg 2016, S. 27–43, wieder abgedruckt in: Ders.: Aufsätze zur Pfarreigeschichte in Mittelalter und Früher Neuzeit (Studien zur Kirchengeschichte Niedersachsens 52), Göttingen 2021, S. 85–101.

58 Hartmann, Die Eigenkirche (wie Anm. 18), betont, dass das adlige Eigenkirchenwesen in Schwaben erst seit dem 8./9. Jahrhundert eine Rolle gespielt hat.

tion des Mittelalters bezeichne.[59] Es sind vor allem fünf Elemente, die aus der Eigenkirche eine Pfarrei machten: 1. Die Entstehung der Territorialpfarrei, die für einen räumlich abgeschlossenen Sprengel zuständig ist (‚Pfarrzwang'), 2. die Einbindung der Pfarreien in den Diözesanverband, 3. die Ablösung der Eigenkirchenrechte durch die neuen Rechtsformen des Patronatsrechts und der Inkorporation, 4. die Entstehung des Pfarrbenefiziums für den Unterhalt des Priesters, und 5. die Entstehung des Kirchenguts als ein von der Pfarrpfründe gesonderter Vermögenstitel, der von Vertretern der Gemeinde verwaltet wurde.[60] Gleich auf mehreren Ebenen haben sich die Verhältnisse der Pfarreien also seit dem 11./12. Jahrhundert verändert: organisatorisch, rechtlich und wirtschaftlich.

Die Kompetenzen der Diözesanbischöfe hinsichtlich ihrer Weihe-, Lehr- und Jurisdiktionsgewalt schlossen selbstverständlich die Pfarreien ein. Weihebefugnisse der Bischöfe erstreckten sich auf Personen wie auf Institutionen. Ohne Priesterweihe kann kein Geistlicher die Messe zelebrieren, ohne Weihe des Gotteshauses und der Altäre kann das Messopfer dort nicht vollzogen werden. Während die Klerusweihen an mehreren Terminen im Jahr vom Diözesanbischof gespendet wurden[61], die Priesterweihe in der Regel ab dem 25. Lebensjahr[62], waren für die Kirchen- und Altarweihen seit dem 13. Jahrhundert zumeist besondere Weihbischöfe zuständig, die überwiegend aus den Bettelorden stammten.[63] Neben dem Weihbischof als *vicarius generalis in pontificalibus* gab es im

59 Vgl. Enno Bünz, Die erfolgreichste Institution des Mittelalters: Die Pfarrei, in: Dorothea Klein (Hg.) in Verbindung mit Markus Frankl und Franz Fuchs: Überall ist Mittelalter. Zur Aktualität einer vergangenen Epoche (Würzburger Ringvorlesungen 11), Würzburg 2015, S. 109–138; Ders., „Die Kirche im Dorf lassen ...". Formen der Kommunikation im spätmittelalterlichen Niederkirchenwesen, in: Werner Rösener (Hg.): Kommunikation in der ländlichen Gesellschaft vom Mittelalter bis zur Moderne (Veröffentlichungen des Max-Planck-Instituts für Geschichte 156), Göttingen 2000, S. 77–167; Ders., Die mittelalterliche Pfarrei (wie Anm. 12).

60 Vgl. Wolfgang Petke, Die Pfarrei in Mitteleuropa im Wandel vom Früh- zum Hochmittelalter, in: Bünz/Fouquet (Hg.): Die Pfarrei im späten Mittelalter (wie Anm. 12), S. 21–60, wieder abgedruckt in: Ders.: Aufsätze zur Pfarreigeschichte (wie Anm. 57), S. 43–83.

61 In Augsburg ist die Weihematrikel erst ab 1734 erhalten: Miedaner (Hg.): Aus zwölf Jahrhunderten (wie Anm. 45), S. 40 Nr. 27. Für Konstanz findet sich selbst bei Ottnad, Archive der Bischöfe (wie Anm. 36), keine Angabe, ob und seit wann Weihematrikeln erhalten sind. Die Regesta episcoporum Constantiensium (wie Anm. 39) enthalten etliche Belege über die Weihe von Kirchen, Altären und Personen, vgl. z. B. Bd. 4, S. 550 s. v. Weihe.

62 Zur Klerusweihe vgl. Tüchle, Kirchengeschichte Schwabens 2 (wie Anm. 6), S. 353 f., für Konstanz nun ausführlicher Arend, Zwischen Bischof und Gemeinde (wie Anm. 40), S. 173–180.

63 Vgl. Machilek, Spätmittelalter (wie Anm. 24), S. 469. Vgl. die Auflistungen in: Die Bischöfe des Heiligen Römischen Reiches 1448 bis 1648 (wie Anm. 26), S. 780 (Augsburg, mit Viten) und S. 801 (Konstanz, mit Viten); Die Bischöfe des Heiligen Römischen Reiches 1198 bis 1448 (wie Anm. 26), S. 4 (Augsburg, z. T. mit Viten) und S. 287 f. (Konstanz, z. T. mit Viten). Für Konstanz umfassender Hermann Tüchle, Die Weihbischöfe, in: Helvetia Sacra, Abteilung I, 2, 2 (wie Anm. 27), S. 503–524; Konstantin Maier, Zum Amt des Weihbischofs, in: Kuhn (Hg.): Die Bischöfe von Konstanz (wie Anm. 29), Bd. 1, S. 76–83, 437. Über einige Weihbischöfe liegen auch Einzelstudien vor, vgl. z. B. Paulus Weissenberger, Weihbischof Johannes Laymann von Augsburg (1474–1550) als Bücherfreund. Zur Bibliotheksgeschichte der Abtei Neresheim, in: Jahrbuch des Vereins für Augsburger Bistumsgeschichte 1 (1967), S. 33–44; Anton Aubele, Heinrich Negelin (1460–1520). Augsburger Weihbischof am Ende des Mittelalters. Vier Jahrzehnte Pfarrer von Oberpfahlheim, in: Jahrbuch des Vereins für Augsburger Bistumsgeschichte 40 (2006), S. 103–125.

späten Mittelalter stets auch einen *vicarius generalis in spiritualibus*, also einen Generalvikar, der den Bischof in der Verwaltung der Diözese vertrat.[64] Entsprechend kam seit dem 13. Jahrhundert als Vertreter des Bischofs in der geistlichen Gerichtsbarkeit der Offizial auf.[65] Für das bischöfliche Offizialat in Konstanz sind aus dem ersten Viertel des 16. Jahrhunderts mehrere Urteilsbücher (*libri sententiarum*) erhalten, die vor allem über die Ehegerichtsbarkeit und die streitige Gerichtsbarkeit Auskunft geben.[66]

Zu den Aufgaben des Bischofs gehörte es, seinen Diözesanklerus und überhaupt die kirchlichen Zustände zu beaufsichtigen. Diesem Zweck dienten Diözesanvisitationen, die von den Bischöfen selbst vor der Reformation aber nur selten durchgeführt wurden. Die älteste überlieferte Diözesanvisitation für das Bistum Augsburg gehört erst in das Jahr 1549[67], für das Bistum Konstanz sogar erst 1586[68], und beide Visitationen erstreckten sich nur über Teile der Diözesen. Auf den grundsätzlichen Anspruch der Bischöfe, Diözesanvisitationen durchzuführen, verweist die Erhebung der Quart als eine Klerussteuer, die im Bistum Konstanz im 15. Jahrhundert zumeist jährlich erfolgte, doch beweist das natürlich nicht, dass auch tatsächlich regelmäßig visitiert wurde.[69] Das Fehlen vorre-

64 Für Augsburg ZOEPFL, Bistum Augsburg (wie Anm. 24) 1, S. 577 und MACHILEK, Spätmittelalter (wie Anm. 24), S. 468; für Konstanz Bernd OTTNAD, Die Generalvikare, in: Helvetia Sacra, Abteilung I, 2, 2 (wie Anm. 27), S. 525–580.

65 Vgl. ZOEPFL, Bistum Augsburg (wie Anm. 24) 1, S. 577; Bernd OTTNAD, Die Offiziale, in: Helvetia Sacra, Abteilung I, 2, 2 (wie Anm. 27), S. 581–606 für Konstanz.

66 Vgl. dazu Andreas MEYER, Die Schweiz, in: The Records of the Medieval Ecclesiastical Courts, Part 1: The Continent. Reports of the Working Group on Church Court Records, hg. von Charles DONAHUE (Comparative Studies in Continental and Anglo-American Legal History 6), S. 189–219, hier S. 206–212 zum Bistum Konstanz, desgleichen Thomas D. ALBERT, Der gemeine Mann vor dem geistlichen Gericht. Kirchliche Rechtsprechung in den Diözesen Basel, Chur und Konstanz vor der Reformation (Quellen und Forschungen zur Agrargeschichte 45), Stuttgart 1998, S. 133 f. Aus dem Bistum Augsburg ist schon ein Offizialatsregister aus der Mitte des 14. Jahrhunderts überliefert, ediert und ausgewertet von Christian SCHWAB, Das Augsburger Offizialatsregister (1348–1352). Ein Dokument geistlicher Diözesangerichtsbarkeit. Edition und Untersuchung (Forschungen zur kirchlichen Rechtsgeschichte und zum Kirchenrecht 25), Köln u. a. 2001, doch ist unklar, ob auch weitere Register aus späterer Zeit überliefert sind. Schon Klaus LINDNER, Germany, in: The Records of the Medieval Ecclesiastical Courts (s. o.), S. 117–122, nennt S. 121 f. zu Augsburg keine weitere Überlieferung.

67 Ludwig DORN, Das Visitationsprotokoll des Bistums Augsburg von 1549, in: Jahrbuch des Vereins für Augsburger Bistumsgeschichte 12 (1978), S. 209–227; Stefan MIEDANER, Visitationsprotokoll des Bistums Augsburg von 1549, in: DERS. (Hg.): Aus zwölf Jahrhunderten (wie Anm. 45), S. 7 Nr. 2. Zu einer fragmentarisch überlieferten spätmittelalterlichen Archidiakonenvisitation vgl. unten die Anm. 82. SONTHEIMER, Geistlichkeit 5 (wie Anm. 31) teilt in den Kapiteln über die einzelnen Pfarreien Auszüge aus dem Visitationsprotokoll von 1575 mit.

68 Oskar VASELLA (Bearb.), Das Visitationsprotokoll über den Schweizerischen Klerus des Bistums Konstanz von 1586 (Quellen zur Schweizer Geschichte NF Abt. II, 5), Bern 1963; Irmtraud BETZ-WISCHNATH, Das Visitationswesen im Bistum Konstanz und die vorderösterreichische Landesherrschaft, in: Franz QUARTHAL/Gerhard FAIX (Hg.): Die Habsburger im deutschen Südwesten. Neue Forschungen zur Geschichte Vorderösterreichs, Stuttgart 2000, S. 287–300; Peter Thaddäus LANG, Die Visitationen, in: KUHN (Hg.): Die Bischöfe von Konstanz (wie Anm. 29), Bd. 1, S. 103–109, 438.

69 Vgl. dazu AREND, Zwischen Bischof und Gemeinde (wie Anm. 40), S. 128–138 zum Zusammenhang von Quart und Visitation. Wie eine Urkunde Papst Innozenz' VI. von 1354 zeigt, waren die Konstanzer Bischöfe schon aufgrund der Größe ihrer Diözese gar nicht in der Lage, selbst zu visitieren, weshalb andere Personen mit der Aufgabe betraut werden sollten (erwähnt ebd. S. 133).

formatorischer Aufzeichnungen ist bedauerlich, weil diese doch recht anschauliche Einblicke in die Lebensverhältnisse des Klerus geben könnten, von den kirchlichen Zuständen vor Ort allerdings stets nur ein sehr punktuelles Bild vermitteln, wie z.B. das Eichstätter Visitationsprotokoll von 1480 zeigt.[70] Wie oft in den Diözesen Augsburg und Konstanz visitiert wurde, ist unbekannt. Eine größere Rolle für die Klerusreform spielten hingegen Diözesansynoden[71], die in der Zeit um 1500 von den Augsburger Bischöfen 1469, 1486, 1506 und 1517 abgehalten wurden.[72] Auch die Konstanzer Bischöfe haben in dieser Zeit häufig Synoden einberufen.[73] Von der Überlieferung von Diözesanstatuten darf man allerdings nicht auf die tatsächliche Frequenz von Diözesansynoden schließen, die häufig stattfanden, ohne neue Statuten zu erlassen.[74] Dass die Bischöfe blind gegenüber den Missständen des Klerus gewesen seien, ist kaum zu glauben, schärfen die Synodalstatuten der Geistlichkeit doch immer wieder ein, die Residenzpflicht einzuhalten, keine Wirtshäuser zu besuchen, kein Glücksspiel zu betreiben, ihre Konkubinen fortzuschicken, keine Waffen zu tragen, aber die ständige Wiederholung dieser Forderungen, die vielfach ja aus Diözesanstatuten anderer Bistümer übernommen wurden,

70 Vgl. dazu die gesammelten Beiträge von Franz Xaver Buchner, Klerus, Kirche und Frömmigkeit im spätmittelalterlichen Bistum Eichstätt. Ausgewählte Aufsätze, hg. von Enno Bünz/Klaus Walter Littger (Schriften der Universitätsbibliothek Eichstätt 36), St. Ottilien 1997; Peter Thaddäus Lang, Würfel, Wein und Wettersegen. Klerus und Gläubige im Bistum Eichstätt am Vorabend der Reformation, in: Volker Press/Dieter Stievermann (Hg.): Martin Luther. Probleme seiner Zeit (Spätmittelalter und Frühe Neuzeit 16), Stuttgart 1986, S. 219–243.

71 Concilia Germaniae, hg. von Johann Friedrich Schannat und Hermann Joseph Hartzheim, 11 Bde, Köln 1759–1790 (Nachdruck Aalen 1970), bietet nur ausgewählte Diözesanstatuten und müsste dringend durch eine Neuedition ersetzt werden, vgl. dazu Johannes Helmrath, Partikularsynoden und Synodalstatuten des späteren Mittelalters im europäischen Vergleich. Vorüberlegungen zu einem möglichen Projekt, in: Michael Borgolte (Hg.): Das europäische Mittelalter im Spannungsbogen des Vergleichs. Zwanzig internationale Beiträge zu Praxis, Problemen und Perspektiven der historischen Komparatistik (Europa im Mittelalter 1), Berlin 2001, S. 135–169. Zur Bedeutung der Statuten für den Pfarrklerus Peter Johanek, Bischof, Klerus und Laienwelt in Deutschland vor der Reformation (Erstdruck unter dem Titel „Vescovo, cleri e laici in Germania prima della Riforma“ 1984); wiederabgedruckt in: Ders., Was weiter wirkt ... Recht und Geschichte in Überlieferung und Schriftkultur des Mittelalters, hg. von Antje Sander-Berke/Birgit Studt, Münster 1997, S. 69–102.

72 Vgl. Machilek, Spätmittelalter (wie Anm. 24), S. 472. Vgl. auch Peter Rummel, Die Augsburger Diözesansynoden. Historischer Überblick, in: Jahrbuch des Vereins für Augsburger Bistumsgeschichte 20 (1986), S. 9–69. Einige Statutentexte wurden ediert von J. A. Steiner, Synodi dioecesis Augustanae, 2 Bde, Mindelheim 1766, und Ders., Acta selecta ecclesiae Augustensis, 2 Teile, Augsburg 1785–1789.

73 Vgl. Tüchle, Kirchengeschichte Schwabens 2 (wie Anm. 6), S. 310–322; Karl Brehm, Zur Geschichte der Konstanzer Diözesansynoden während des Mittelalters, in: Diözesanarchiv von Schwaben 22 (1904), S. 17–26, 44–48, 93–96, 141–144; 23 (1905), S. 30–32, 44–48, 60–64, 92–96, 142–144; 24 (1906), S. 91–93; Eduard Otto Kehrberger, Provinzial- und Synodalstatuten des Spätmittelalters. Eine quellenkritische Untersuchung der Mainzer Provinzialgesetze des 14. und 15. Jahrhunderts und der Synodalstatuten der Diözesen Bamberg, Eichstätt und Konstanz, Stuttgart 1938; Konstantin Maier, Die Konstanzer Diözesansynoden im Mittelalter und in der Neuzeit, in: Rottenburger Jahrbuch für Kirchengeschichte 5 (1986), S. 53–70; ohne Anmerkungen wiederabgedruckt unter dem Titel „Die Diözesansynoden“, in: Die Bischöfe von Konstanz (wie Anm. 29), Bd. 1, S. 90–102.

74 Concilia Germaniae (wie Anm. 71) enthalten nur wenige Konstanzer Statuten, vor allem in Bd. 5 (1400–1500), S. 449–470 (1463), S. 505–508 (1476) und S. 545–567 (1483). Die Aufsätze von Brehm, Konstanzer Diözesansynoden (wie Anm. 73) zeigen, dass die Überlieferung wesentlich umfangreicher ist.

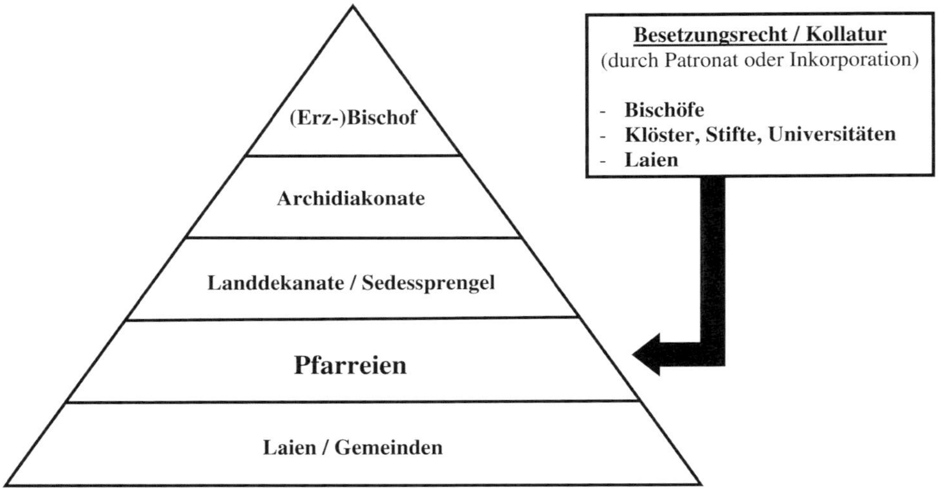

6 Die Stellung der Pfarreien innerhalb der Diözese (Entwurf: Enno Bünz, grafische Gestaltung: Angie-Sophia Richter B. A.)

sagen über die tatsächlichen Zustände vor Ort nicht viel aus. Es ging in diesen Erlassen nicht um Statusbeschreibungen, sondern um Normsetzungen. Die Diözesanstatuten sollten dem Klerus ständig einen Orientierungsrahmen bieten. Über diese Statuten wurde zudem das allgemeine Kirchenrecht als verbindliche Norm kommuniziert und rezipiert. Auch Bemühungen, den Pfarrgeistlichen bestimmte Bücher für ihre Amtstätigkeit nahezulegen, sind erkennbar. Eine Augsburger Synode von 1452 empfahl etwa die weit verbreitete Schrift *Summa de auditione confessionis et de sacramentis* des Johannes Auerbach.[75]

Die Pfarreien waren, wie die Grafik zeigt (Abb. 6), die unterste Ebene in der hierarchischen Organisation der Kirche, die letztlich von der päpstlichen Zentrale über die Erzbistümer und Bistümer bis hinab zu den zahlreichen Pfarrkirchen reichte. Die Pfarreien sind damit in das Normengefüge und den Instanzenzug der lateinisch-westlichen Kirche eingeordnet[76], eine Tatsache, die davor warnen sollte, Pfarreigeschichte als bloßes Problem der Lokalgeschichte abzutun. Dass sich auf der Pfarreiebene auch Spannungsverhältnisse zwischen den kirchlichen Amtsträgern und lokalen Gewalten entwickelten und lokale Eigendynamiken entfalten konnten, ist festzuhalten; vor allem die Dorf- und Kirchenherrschaft (Patronat) adliger Herren bot Ansatzpunkte für Eingriffe in die Orts-

75 Vgl. Machilek, Spätmittelalter (wie Anm. 24), S. 473; Hartmut Boockmann, Art. Urbach (Auerbach), Johannes, in: Die deutsche Literatur des Mittelalters. Verfasserlexikon. 2. völlig neu bearb. Aufl., Bd. 10, Berlin u. a. 1999, Sp. 117–121.

76 Vgl. Bünz, „Die Kirche im Dorf lassen" (wie Anm. 59), S. 88–112; Wolfgang Reinhard, Die Verwaltung der Kirche, in: Kurt A. Jeserich u. a. (Hg.): Deutsche Verwaltungsgeschichte, Bd. 1: Vom Spätmittelalter bis zum Ende des Alten Reiches, Stuttgart 1983, S. 143–176.

kirchen und sollten in der Reformationszeit zu einem probaten Hebel werden, um den Glaubenswechsel durchzusetzen.[77]

Zwischen den Pfarreien und der bischöflichen Zentrale bestanden seit dem Hochmittelalter als organisatorische Zwischenebenen die Archidiakonate und die Landdekanate. Im Bistum Augsburg sind 1258 acht Archidiakonate nachweisbar, doch wurde die Archidiakonatsorganisation in dieser Diözese schon im Spätmittelalter aufgegeben[78], während es im räumlich wesentlich größeren Bistum Konstanz zehn Archidiakonate gab.[79] Den Kernbereich Oberschwabens deckte das Archidiakonat Allgäu ab. Die Archidiakonate waren räumliche Untereinheiten der Diözese, die von Dom- oder Stiftsherren als Archidiakonen verwaltet wurden. In Konstanz waren dafür durchweg Domherren zuständig.[80] Die Archidiakone führten in Vertretung des Bischofs die Geistlichen in ihre Pfründen ein[81], waren Gerichtsinstanz, führten die disziplinarische Aufsicht über Klerus und Laien, der sie durch Visitationen[82] und durch Abhaltung des Sendgerichts in den Pfarreien nachkamen.[83]

Die Archidiakonate waren weiter untergliedert in Landdekanate, von denen es im Bistum Augsburg 39, im Bistum Konstanz 64 gab.[84] Diese Dekanate umfassten jeweils eine Reihe von Pfarreien (im Bistum Konstanz um die 30 oder mehr)[85], und einer dieser Pfarrer hatte als Landdekan den Vorsitz. Mehrmals jährlich trafen sich dort die Pfarrer und Benefiziaten des Sprengels zum gemeinsamen Gottesdienst und Totengedenken. Diese Landkapitel, die eigene Statuten hatten, waren eine Art von Priesterbruderschaft, die die Welt- und Seelsorgegeistlichen eines Landdekanats umfassten.[86] Auf der anderen

77 Die Bedeutung der Pfarreiebene wurde in diesem Zusammenhang bislang zu wenig beachtet. Wegweisend nun die regionale Fallstudie von Christoph Volkmar, Die Reformation der Junker. Landadel und lutherische Konfessionsbildung im Mittelelberaum (Quellen und Forschungen zur Reformationsgeschichte 92), Gütersloh 2019.

78 Am Ende des Mittelalters gab es nur noch den Archidiakonat über die Stadt Augsburg vgl. Weitlauff, Bistum Augsburg (wie Anm. 26), S. 64; Alfred Schröder, Der Archidiakonat im Bistum Augsburg, in: Archiv für die Geschichte des Hochstiftes Augsburg 6 (1921), S. 97–231, auch selbständig Dillingen 1921.

79 Vgl. Rudolf Reinhardt, Die Archidiakone, in: Helvetia Sacra, Abteilung I, 2, 2 (wie Anm. 27), S. 851–882.

80 Vgl. ebd. S. 857; Burkard, Bistum Konstanz (wie Anm. 29), S. 298.

81 Vgl. dazu Sabine Arend, Das Verfahren der Pfarrpfründenbesetzung im Bistum Konstanz während des 15. Jahrhunderts, in: FDA 131 (2011), S. 57–68.

82 Vgl. als seltenes Zeugnis dieser Verwaltungstätigkeit Christian Schwab, Ein Archidiakon sieht nach dem Rechten. Untersuchung fragmentarisch erhaltener Visitationsakten aus dem späten 14. Jahrhundert mit Edition, in: Jahrbuch des Vereins für Augsburger Bistumsgeschichte 43 (2009), S. 49–79.

83 Das Sendgericht als Rügegericht über die Pfarrangehörigen ist eine der großen Forschungslücken nicht nur für das Untersuchungsgebiet. Einige Hinweise bei Arend, Zwischen Bischof und Gemeinde (wie Anm. 40), S. 138–143 zu den Bannalien als Rügegelder des Sendgerichts. Zum Send auch Bünz, „Die Kirche im Dorf lassen" (wie Anm. 59), S. 146 f.

84 Vgl. Weitlauff, Bistum Augsburg (wie Anm. 26), S. 64; Burkard, Bistum Konstanz (wie Anm. 29), S. 289.

85 Vgl. die Zusammenstellung von Peter Thaddäus Lang, Die Dekanatseinteilung im Bistum Konstanz von der Reformation bis zum Ende des 17. Jahrhunderts (ohne die Schweizer Dekanate), in: FDA 106 (1986), S. 57–73, aufgrund der Visitationsakten des 16. und 17. Jahrhunderts. Instruktiv ist in diesem Zusammenhang die Karte bei Kallen, Oberschwäbische Pfründen (wie Anm. 48), die die Dekanate mit den zugehörigen Pfarreien zeigt. Siehe oben Abb. 5.

86 Vgl. allgemein Enno Bünz, Art. Landkapitel, in: Handwörter zur deutschen Rechtsgeschichte. 2. völlig überarb. und erw. Aufl., Bd. 3, Berlin 2016, Sp. 533 f. mit weiterführenden Hinweisen.

Seite bildeten die Landdekanate eine diözesane Mittelinstanz für den Klerus und dessen Fortbildung, beispielsweise durch die Vermittlung neuer Diözesanstatuten oder – dies aber wohl erst in der Neuzeit – die Bereitstellung von Büchern in einer eigenen Dekanatsbibliothek.[87] Die Augsburger Diözesanstatuten von 1452 schrieben den Landdekanen z. B. vor, den Pfarrern zweimal im Jahr die Statuten zur Kenntnis zu bringen.[88]

3. Die Pfarreien und ihre Besetzung

Damit sind die Instanzen, die auf das Niederkirchenwesen einwirkten, noch nicht erschöpft. Entscheidend ist vielmehr, dass jede Pfarrei der Kollatur einer bestimmten geistlichen oder weltlichen Person oder Institution unterstand. Seit dem 13. Jahrhundert wurde zwar die päpstliche Pfründenvergabe durch Provisionen und Exspektanzen auch im Niederkirchenwesen von Bedeutung, doch setzte diese die ordentliche Kollatur nicht außer Kraft.[89] An die Stelle des Eigenkirchenrechts waren im 12. und 13. Jahrhundert als neue Rechtsformen das Patronatsrecht und die Inkorporation getreten. Das Patronat sicherte dem Inhaber zu, den Geistlichen benennen zu können, der von den bischöflichen Instanzen in das Benefizium eingeführt werden sollte.[90] Patronatsrechte konnten sich in der

87 Für das Bistum Konstanz kann auf die vorzügliche Arbeit von Joseph Ahlhaus, Die Landdekanate des Bistums Konstanz im Mittelalter. Ein Beitrag zur mittelalterlichen Kirchenrechts- und Kulturgeschichte (Kirchenrechtliche Abhandlungen 109/110), Stuttgart 1929 verwiesen werden. Der Aufsatz von August Willburger, Aus mittelalterlichen Landkapitelstatuten des Bistums Konstanz, in: Rottenburger Monatsschrift 14 (1930/31), S. 257–260, S. 299–303 bringt demgegenüber nichts Neues. Untersuchungen einzelner Dekanate liegen verschiedentlich vor, vgl. z. B. Johann Georg Sambeth, Das Landkapitel Ailingen-Theuringen der ehem. Konstanzer und das Landkapitel Tettnang der jetzigen Rottenburger Diözese, in: Schriften des Vereins für die Geschichte des Bodensees 15 (1886), S. 43–102; 16 (1887), S. 93–138; 17 (1888), S. 66–109; 18 (1889), S. 81–90; 18 (1890), S. 48–92; 20 (1891), S. 125–151 und Karl Siegfried Bader, Das alte Dekanat Wurmlingen – Geisingen. Ein geschichtlicher Überblick, in: Remigius Bäumer (Hg.): Kirche am Oberrhein. Beiträge zur Geschichte der Bistümer Konstanz und Freiburg, Freiburg i. Br. 1980, S. 129–141. Vgl. auch: Historischer Atlas von Bayerisch-Schwaben, hg. von Wolfgang Zorn, Augsburg 1955, hier Karte 31: Landkapitel Schwabmünchen mit Patronaten (bearb. von Friedrich Zoepfl).
88 Vgl. Machilek, Spätmittelalter (wie Anm. 24), S. 473.
89 Vgl. Tobias Ulbrich, Päpstliche Provision oder patronatsherrliche Präsentation? Der Pfründenerwerb Bamberger Weltgeistlicher im 15. Jahrhundert (Historische Studien 455), Husum 1998. Eine entsprechende Untersuchung für Oberschwaben fehlt. Eine grundlegende Vorarbeit für das Bistum Konstanz bietet Kallen, Oberschwäbische Pfründen (wie Anm. 48), doch sind mittlerweile durch das „Repertoriuum Germanicum" die päpstlichen Registerserien bis 1484 für den deutschsprachigen Raum vollständig erschlossen, so dass die Untersuchung der päpstlichen Pfründenvergabe nun wesentlich dichter und genauer möglich wäre. Zuletzt erschienen ist: Repertorium Germanicum X. Verzeichnis der in den päpstlichen Registern und Kameralakten Sixtus' IV. vorkommenden Personen, Kirchen und Orte des Deutschen Reiches, seiner Diözesen und Territorien 1471–1484, 1. Teil: Text, Bd. 1–3, bearb. von Ulrich Schwarz/Juliane Trede/Stefan Brüdermann/Thomas Bardelle/Kerstin Rahn/Hubert Höing/Michael Reimann/Sven Mahmens, 2. Teil: Indices, Bd. 1–3, bearb. von Sven Mahmens/Hubert Höing/Alexander Maul/Ludwig Schmugge/Jörg Voigt, Berlin u. a. 2018, vgl. dazu meine Besprechung in: sehepunkte 19 (2019), Nr. 6 [15. 06. 2019], http://www.sehepunkte.de/2019/06/32398.html (aufgerufen am 2. 5. 2020), mit weiterführenden Hinweisen zu diesem Vorhaben.
90 Vgl. Peter Landau, Art. Patronat, in: Theologische Realenzyklopädie 26, Berlin u. a. 1996, S. 106–108.

Hand von Einzelpersonen, Familien, aber auch von geistlichen Institutionen und juristischen Personen befinden. Weitergehend war die Rechtsform der Inkorporation, die nur von geistlichen Gemeinschaften und Universitäten genutzt werden konnte. Die Inkorporation diente vor allem dazu, die begünstigten Institutionen wirtschaftlich zu fördern, indem ihnen das Pfarrbenefizium einverleibt wurde.[91] Die Inkorporation war eine Schwächung der Pfarrseelsorge, weil die Einkünfte der Geistlichen, die nur als Pfarrstellvertreter (Vizepleban) amtierten, vermindert wurden. Wurde eine Pfarrei vollständig (*pleno iure*) inkorporiert, ging sie ganz in dem begünstigten Kloster oder Stift auf, und diese Institution musste dann einen Mönch oder Kanoniker als Seelsorger der Pfarre abstellen beziehungsweise einen Weltpriester anstellen, der aber jederzeit abberufen werden konnte.

7 Die Patronatsverhältnisse im Bistum Augsburg am Ende des Mittelalters (Vorlage: Franz Machilek, Kirche, Staat und Gesellschaft. Das Spätmittelalter von 1215 bis 1517. Schwaben und Franken, in: Handbuch der bayerischen Kirchengeschichte 1, hg. von Walter Brandmüller, St. Ottilien 1999, S. 437–533, hier S. 499)

	Pfarreien	bisch. Patr.	domkap. Patr.	stift. Patr.	laik. klöst. spital. Patr.	unbest. Patr.
Stadt u. Archidiakonat Augsburg	18	4	3	9	1	1
Distrik Suevia	457	49	42	209	155	1
Distrikt Bavaria	295	3	16	182	91	3
Distrikt Raetia	284	9	14	186	70	5
Insgesamt	1054	65	75	587	317	10

Vor allem die Domkapitel, Klöster und Stifte verfügten über Patronatsrechte und inkorporierte Pfarreien in großer Zahl.[92] Für das Bistum Augsburg hat Friedrich Zoepfl die Kollaturverhältnisse der insgesamt 1054 Pfarreien am Ende des Mittelalters dokumen-

91 Vgl. Dominikus Lindner, Die Lehre von der Inkorporation in ihrer geschichtlichen Entwicklung, München 1951; Peter Landau, Art. Inkorporation, in: Theologische Realenzyklopädie 16, Berlin u. a. 1987, S. 163–166. Für das Bistum Augsburg vgl. Rudolf Hohl, Die Inkorporationen im Bistum Augsburg während des Mittelalters, Phil. Diss. (masch.) Freiburg i. Br. 1961, und als Fallstudie Klaus Engelhardt, Die Rechtsverhältnisse der Pfarreien des Klosters Neresheim, Kallmünz 1962. Diesem Kloster waren im späten Mittelalter zehn Pfarreien inkorporiert und über weitere vier besaß es das Patronatsrecht, vgl. ebd., S. 23–53. Vgl. auch die in Anm. 28 genannten Klostermonographien für das Bistum Konstanz.

92 Umfassende Klosterbücher liegen weder für Bayern noch für Baden-Württemberg vor. Bearbeitet sind bislang Teilbereiche, vor allem die Benediktinerklöster: Franz Quarthal (Bearb.) in Zusammenarbeit mit Hansmartin Decker-Hauff und Klaus Schreiner, Die Benediktinerklöster in Baden-Württemberg (Germania Benedictina 5), Augsburg 1975; Michael Kaufmann/Helmut Flachenecker/Wolfgang Wüst/Manfred Heim (Bearb.), Die Männer- und Frauenklöster der Benediktiner in Bayern, 3 Teilbde (Germania Benedictina 2), St. Ottilien 2014; Wolfgang Zimmermann/Nicole Priesching (Hg.), Württembergisches Klosterbuch. Klöster, Stifte und Ordensgemeinschaften von den Anfängen bis in die Gegenwart, Ostfildern 2003; Handbuch der Stiftskirchen in Baden-Württemberg, hg. von Sönke

8 St. Clemens in Betzenweiler, eine Patronatspfarrei des Frauenstifts Buchau am Federsee (Vorlage: Von Bene16 – Eigenes Werk, CC BY-SA 3.0, https://commons.wikimedia.org/w/index.php?curid=16142437)

tiert. Demnach unterstanden (Abb. 7) 65 Pfarreien dem Patronat des Bischofs, 75 dem des Domkapitels, 587 dem Patronat von Klöstern, Stiften und Spitälern, 317 dem Patronat von Laien, und einige wenige sind unbestimmt.[93] Insgesamt unterstanden also am Ausgang des Mittelalters etwas 2/3 der Pfarreien im Bistum Augsburg der Kollatur geistlicher Instanzen, 1/3 der Kollatur weltlicher Instanzen. Interessant ist, dass sich für das Bistum Konstanz genau dieselbe Relation feststellen lässt.

Noch zu Beginn des 14. Jahrhunderts hielten sich geistliche und weltliche Patronate ungefähr die Waage, doch sind dann im Laufe des Spätmittelalters immer mehr Patronatsrechte von Pfarreien an geistliche Institutionen geschenkt worden.[94] In der Hand einzelner geistlicher Gemeinschaften konnten sich etliche Pfarreien konzentrieren. Das Reichstift St. Ulrich und Afra besaß schon um 1400 das Patronatsrecht über 23 Pfarrkirchen in Schwaben und Altbayern. Die Patronatskirchen überwogen, doch waren einige Pfarreien dem Stift inkorporiert.[95] Das freiweltliche Damenstift Buchau am Federsee besaß 17 Pfarreien, von denen im 14. und 15. Jahrhundert fünf inkorporiert wurden, darunter St. Clemens in Betzenweiler (Abb. 8)[96].

Die Prämonstratenserabtei Weißenau erwarb im Laufe des Mittelalters 23 Pfarreien, von denen mindestens 12 inkorporiert waren.[97] Die Benediktinerabtei Weingarten besaß hingegen schon im späten Mittelalter dutzende Patronatskirchen[98], doch fehlt es nicht nur in diesem Fall an genaueren Untersuchungen.

Die Pfarrerwahl durch die Gemeinde spielte hingegen in Oberschwaben wie in den meisten Teilen Deutschlands keine Rolle. Lediglich aus der Schweiz, die aber außerhalb

Lorenz, Oliver Auge und Sigrid Hirbodian, Ostfildern 2019. Weitere Hinweise bei Schaab, Spätmittelalter (wie Anm. 49), S. 91–99.

93 Vgl. Zoepfl, Bistum Augsburg (wie Anm. 24) 1, S. 582 f.; Machilek, Spätmittelalter (wie Anm. 24), S. 498 f.; Walter Pötzl, Die Rechtsverhältnisse der Kirchen im späten Mittelalter, in: Ders.: Kirchengeschichte und Volksfrömmigkeit. Mit Beiträgen von Anni Hartmann, Gottfried Holzberger, Rolf Kiessling und Otto Schneider (Der Landkreis Augsburg 5), Augsburg 1994, S. 69–73.

94 Vgl. Arend, Zwischen Bischof und Gemeinde (wie Anm. 40), S. 189. Laut August Willburger, Die religiöse Versorgung Oberschwabens vor der Reformation, in: Historisch-politische Blätter für das katholische Deutschland 162 (1918), S. 150–158, S. 211–223 u. S. 282–295, hier S. 220 waren es im oberschwäbischen Teil von Württemberg im 14. Jahrhundert 47 % der Pfarreien, um 1500 aber sogar 69 %, die einem Kloster oder Stift inkorporiert waren.

95 Vgl. Wilhelm Liebhart, Die Reichsabtei Sankt Ulrich und Afra zu Augsburg. Studien zu Besitz und Herrschaft (1006–1803) (Historischer Atlas von Bayern. Teil Schwaben, Reihe II, Heft 2), München 1982, S. 128–130; Erwin Naimer, Die Pfarreien des Klosters St. Ulrich in Afra, in: Jahrbuch des Vereins für Augsburger Bistumsgeschichte 45 (2011), S. 274–314, hier S. 282–301 zu den Pfarrkirchen in Schwaben bei Höchstädt.

96 Vgl. Theil, Das (freiweltliche) Damenstift Buchau (wie Anm. 28), S. 143 f.; Ders., Pfarreien und Pfarrer des Damenstiftes Buchau am Federsee. Entwicklungslinien und Strukturen, in: FDA 107 (1987), S. 15–34, hier bes. S. 20–31; Ders., Stift Buchau am Federsee und seine Pfarreien (wie Anm. 10).

97 Vgl. Georg Wieland, Seelsorge im Zeichen des Doppelkreuzes. Die Pfarreien des Stifts Weißenau, in: Helmut Binder (Hg.): 850 Jahre Prämonstratenserabtei Weißenau 1145–1995, Sigmaringen 1995, S. 235–275, hier S. 238 f.

98 Vgl. Gebhard Spahr, Weingarten, in: Quarthal (Bearb.), Die Benediktinerklöster in Baden-Württemberg (wie Anm. 92), S. 622–647, hier S. 631–633.

unseres Gebietes liegt, ließen sich einige Fälle anführen.[99] Vor diesem Hintergrund kann es nicht überraschen, dass in den Zwölf Artikeln, dem oberdeutschen Programm der Aufständischen 1525, die freie Pfarrerwahl an der Spitze aller Forderungen stand: *Zvm ersten ist vnser diemüttig bytt vn[d] beger, auch vnser aller will vn[d] maynung, das wir nun fürohin gewalt vnd macht wöllen haben, ain gantze gemein sol ain Pfarer selbst erwölen vnd kyesen. Auch gewalt haben den selbigen wider zuentsetzen, wann er sich ungepürlich hielt.*[100]

Neben der ordentlichen Kollatur der Pfarrpfründen und anderen Benefizien durch kirchliche und weltliche Instanzen spielte seit dem späten Mittelalter das päpstliche Provisionswesen eine wachsende Rolle. Die Päpste konnten ungeachtet der Kollaturverhältnisse Benefizien, sofern diese von geistlichen Instanzen verliehen wurden[101], durch Provisionen vergeben oder Exspektanzen (Anwartschaften) auf erst freiwerdende Pfründen erteilen. Ausgenommen waren allerdings alle *pleno iure* inkorporierten Pfarreien.[102] Dieser päpstliche Pfründenmarkt ist nicht das Ergebnis kurialer Besetzungspolitik, wie man zunächst annehmen möchte, sondern er war nachfrageorientiert. Es waren nämlich vielfach Kleriker aus der Region, die unter Umgehung der ordentlichen Kollatur den Papst um Verleihung eines bestimmten Benefiziums baten, und so kamen auch Pfarreien und kleinere Benefizien ins Spiel.[103] Mit anderen Worten, das päpstliche Provisionswesen ist von einiger Aussagekraft für die kirchlichen Verhältnisse in Oberschwaben. Systematische Untersuchungen der Provisionen im Bereich des Niederkirchenwesens der Bistümer Augsburg und Konstanz fehlen allerdings bisher, obwohl für die Diözese Konstanz die römischen Quellen für den Zeitraum 1305 bis 1378 bereits vor über hundert Jahren von Karl Rieder ediert wurden[104] und mittlerweile die päpstlichen Registerserien mit ihrem unerschöpflichen Material von 1378 bis (aktuell) 1484 im Rahmen des Repertorium Germanicum für den deutschsprachigen Raum erschlossen sind.[105] Das Repertorium

99 Vgl. Bader, Dorfgenossenschaft (wie Anm. 23), S. 203 f.; Tüchle, Kirchengeschichte Schwabens 2 (wie Anm. 6), S. 301 f. Arend, Zwischen Bischof und Gemeinde (wie Anm. 40), S. 195 konstatiert, im Gebiet nördlich des Bodensees habe es „keine nennenswerten Gemeindepatronate" gegeben. Die große Ausnahme ist die Pfarrerwahl der Reichsstadt Ulm, vgl. dazu Dietrich Kurze, Pfarrerwahlen im Mittelalter. Ein Beitrag zur Geschichte der Gemeinde und des Niederkirchenwesens (Forschungen zur kirchlichen Rechtsgeschichte und zum Kirchenrecht 6), Köln u. a. 1966, S. 276–286, 408–434.

100 Peter Blickle, Die Revolution von 1525, München u. a., 3. erw. Aufl. 1993, S. 322 (Zitat), vgl. dazu besonders S. 25, 29.

101 Laienpatronate waren hingegen ausgenommen, „um die Laien nicht zu verärgern": Karl Borchardt, Pfründenbesetzung, Gottesdienst und Seelsorge: Kirchenrechtliche Probleme vor Ort im späteren Mittelalter, besonders in Franken, in: Martin Bertram (Hg.): Stagnation oder Fortbildung? Aspekte des allgemeinen Kirchenrechts im 14. und 15. Jahrhundert (Bibliothek des Deutschen Historischen Instituts in Rom 108), Tübingen 2005, S. 321–336, hier S. 329 (Zitat).

102 Vgl. ebd., S. 328 f.

103 Als Modellstudie anhand des Bistums Bamberg Ulbrich, Päpstliche Provision (wie Anm. 89).

104 Monumenta Vaticana historiam episcopatus Constantiensis in Germania ilustrantia. Römische Quellen zur Konstanzer Bistumsgeschichte zur Zeit der Päpste in Avignon 1305–1378, bearb. von Karl Rieder, Innsbruck 1908.

105 Zuletzt erschienen: Repertorium Germanicum X (wie Anm. 89) über den Pontifikat Sixtus' IV. 1471–1484. Vgl. Brigide Schwarz, Das Repertorium Germanicum. Eine Einführung, in: VSWG 90 (2003), S. 429–440. Von älteren Quellenwerken ist hier noch zu erwähnen: Theodor Scherg, Bavarica aus dem Vatikan 1465–1491 (Archivalische Zeitschrift, IV. Beiheft), München 1932, der auch Betreffe für das Bis-

Poenitentiariae Germanicum, das die ersten seit wenigen Jahrzehnten der Forschung zugänglichen Supplikenregister der Jahre 1431 bis 1523 der päpstlichen Bußbehörde erschließt[106], kommt ergänzend hinzu. Während die Pönitentiarieregister schon punktuell für das Bistum Konstanz ausgewertet wurden[107], sind die zahlreichen Betreffen für Geistliche, Pfründen und Orte in den Diözesen Augsburg und Konstanz noch kaum genutzt worden.[108] Dabei sind die Auswertungsmöglichkeiten nahezu unbegrenzt.[109] Sie reichen von grundsätzlichen Fragen über den Anteil Oberschwabens am kurialen Pfründenmarkt, dem Funktionieren kurialer Klerikernetzwerke und der Erfolgsquote päpstlicher Provisionen über die regionalen und lokalen kirchlichen Strukturen sowie die Pfründenwerte bis hin zu Auskünften über Frömmigkeitspraktiken und Stiftungen. Da das kuriale Provisionswesen nachfrageorientiert war, bieten die Suppliken und Provisionsurkunden viele lokale Detailinformationen der Petenten (Patrozinien, Pfründenwerte, Patronatsverhältnisse, bisherige Stelleninhaber, konkurrierende Ansprüche), die in den Quellen vor Ort gar nicht überliefert sind. Allein anhand der kurialen Quellen lassen sich die kirchlichen Verhältnisse des späten Mittelalters selbstverständlich nicht erfassen, aber ebenso wenig ist es angeraten, diese nur aufgrund der regionalen und lokalen Quellen zu erforschen.

tum Augsburg bringt. Die vielfältigen Auswertungsmöglichkeiten der kurialen Überlieferung demonstrieren beispielsweise die Beiträge in: Das Repertorium Germanicum. EDV-gestützte Auswertung vatikanischer Quellen: neue Forschungsperspektiven. Beiträge von Arnold Esch, Brigide Schwarz, Andreas Meyer, Erich Meuthen, Hubert Höing und Dieter Brosius, hg. vom Deutschen Historischen Institut, o. O. 1992, auch erschienen in: Quellen und Forschungen aus italienischen Archiven und Bibliotheken 71 (1991), S. 241–339; Michael Matheus (Hg.), Friedensnobelpreis und historische Grundlagenforschung. Ludwig Quidde und die Erschließung der kurialen Registerüberlieferung (Bibliothek des Deutschen Historischen Instituts in Rom 124), Berlin u. a. 2012, darin zum Niederklerus: Enno Bünz, Kurie und Region. Pfarrei und Niederklerus im Spiegel der Vatikanischen Registerüberlieferung, S. 205–231, wieder abgedruckt in: Ders., Die mittelalterliche Pfarrei (wie Anm. 12), S. 119–149.

106 Zuletzt erschienen: Repertorium Poenitentiariae Germanicum XI. Verzeichnis der in den Supplikenregistern der Pönitentiarie Hadrians VI. vorkommenden Personen, Kirchen und Orte des Deutschen Reiches 1522–1523, bearb. von Ludwig Schmugge, Berlin u. a. 2018. Vgl. Christiane Schuchard, Jetzt abgeschlossen: das Regestenwerk Repertorium Poenitentiariae Germanicum, in: Blätter für deutsche Landesgeschichte 154 (2018), S. 709–723.

107 Vgl. Anm. 307.

108 Der Aufsatz von Hermann Baier, Vorreformationsgeschichtliche Forschungen aus der Diözese Konstanz, in: FDA 41 = NF 14 (1913), S. 29–81 fußt auf den kurialen Quellen bis 1378. Zum Provisionswesen auch Albert Braun, Der Klerus des Bistums Konstanz im Ausgang des Mittelalters (Vorreformationsgeschichtliche Forschungen 14), Münster 1938, besonders S. 68 f.; ganz knapp Kallen, Oberschwäbische Pfründen (wie Anm. 48), S. 267 f. („Die Behandlung der Provisionen ist nur möglich mit Zuhilfenahme römischen Materials", verweist auf die damals in Vorbereitung befindliche Edition von Karl Rieder, vgl. dazu Anm. 104). Speziell für das Konstanzer Domkapitel nun auch Brigitte Hotz, Päpstliche Stellenvergabe am Konstanzer Domkapitel während der avignonesischen Epoche (1316–1378) und die Domherrengemeinschaft beim Übergang zum Schisma (Vorträge und Forschungen, SonderBd. 49), Ostfildern 2003.

109 Vgl die Untersuchung von Sabine Weiss, Kurie und Ortskirche. Die Beziehungen zwischen Salzburg und dem päpstlichen Hof unter Martin V. (1417–1431) (Bibliothek des Deutschen Historischen Instituts in Rom 76), Tübingen 1994, die für ein Bistum das Material eines Pontifikates systematisch ausgewertet hat.

Neben den kirchlichen Strukturen wirkten auf die Pfarreien auch die weltlichen Herrschaftsverhältnisse. Vor allem die Fürsten und die Reichsstädte praktizierten im ausgehenden Mittelalter ein mehr oder minder fest zupackendes Kirchenregiment, wodurch zumindest in den Territorien weltlicher Herren die bischöflichen Kompetenzen kontrolliert und eingeschränkt wurden.[110] Dies gilt etwa für Reichsstädte wie Ulm, die über ein umfangreiches Landgebiet mit zahlreichen Pfarrdörfern verfügten[111]; und noch umfangreicher als das unmittelbarer Ratsherrschaft unterstehende Gebiet war vielfach der Landbesitz der städtischen Spitäler[112], der den Arm des Rates ins Umland verlängerte, aber darauf kann an dieser Stelle nicht weiter eingegangen werden. Eine Reichsstadt wie Ulm nutzte diesen Hebel nach Ausbruch der Reformation, um die neue Lehre auch im Landgebiet durchzusetzen.[113] Allzu schematische Vorstellungen von städtischem und ländlichem Kirchenwesen ziehen für die städtischen Landgebiete viel zu scharfe Grenzen.

4. Pfarrei und Seelsorge

Die *cura animarum*, die Seelsorge, war und ist bis heute die Kernaufgabe der Pfarrei.[114] Die sakramentale Seelsorge mit Eucharistiefeier, Taufe, Beichte, Einsegnung der Ehen und letzter Ölung oblag dem Pfarrgeistlichen.[115] Da die Kirchenbuchführung über Taufen, Eheschließungen und Beerdigungen erst in nachreformatorischer Zeit verpflich-

110 Für Württemberg: Fritz Ernst, Eberhard im Bart. Die Politik eines deutschen Landesherrn am Ende des Mittelalters, Stuttgart u.a. 1933 (Nachdruck Darmstadt 1970) und Dieter Stievermann, Landesherrschaft und Klosterwesen im spätmittelalterlichen Württemberg, Sigmaringen 1989. Für Fürstenberg: Werner Thoma, Die Kirchenpolitik der Grafen von Fürstenberg im Zeitalter der Glaubenskämpfe 1520–1660 (Reformationsgeschichtliche Studien und Texte 87), Münster 1963. Für die Städte: Tüchle, Kirchengeschichte Schwabens 2 (wie Anm. 6), S. 293–295.

111 Vgl. Eugen Trostel, Das Kirchengut im Ulmer Territorium. Eine Untersuchung der Verhältnisse vor und nach der Reformation (Forschungen zur Geschichte der Stadt Ulm 15), Ulm 1976; Geiger, Reichsstadt Ulm (wie Anm. 3), geht auf das Landgebiet nicht ein.

112 Vgl. Tüchle, Kirchengeschichte Schwabens 2 (wie Anm. 6), S. 288 f. Allgemein Isenmann, Die deutsche Stadt (wie Anm. 2), S. 581 f. mit weiterführenden Hinweisen S. 1054–1056; für einige oberdeutsche Städte Rolf Kiessling, Die Stadt und ihr Land. Umlandpolitik, Bürgerbesitz und Wirtschaftsgefüge in Ostschwaben vom 14. bis ins 16. Jahrhundert (Städteforschung, Reihe A, 29), Köln u.a. 1989.

113 Vgl. Dietmar Schiersner, Kirche und religiöses Leben in der Markgrafschaft Burgau, in: Rolf Kiessling (Hg.): Schwäbisch-Österreich. Zur Geschichte der Markgrafschaft Burgau (1301–1805), Augsburg 2007, S. 123–154, hier S. 126 f.

114 Größere Arbeiten zur Seelsorgegeschichte fehlen. Vgl. Enno Bünz, Pfarreien – Vikarien – Prädikaturen. Zur Entwicklung der Seelsorgestrukturen im Spätmittelalter, in: Ders.: Die mittelalterliche Pfarrei (wie Anm. 12), S. 77–118, hier S. 80–83 mit vielen Einzelnachweisen. Einen guten Überblick bietet Karl Amon, Gottesdienst, Seelsorge und Frömmigkeit [Mittelalter], in: Josef Lenzenweger (Hg.): Geschichte der Katholischen Kirche. Ein Grundkurs, Graz u.a ³1995, S. 314–325. Der Sammelband von Ronald J. Stansbury (Hg.): A Companion to Pastoral Care in the Late Middle Ages (1200–1500). (Brill's Companions to the Christian Tradition 22), Leiden u.a. 2010 ist beliebig, vgl. meine Besprechung in: H-Soz-Kult vom 16.1.2013, http://hsozkult.geschichte.hu-berlin.de/rezensionen/2013-1-034 (aufgerufen am 6.5.2020).

115 Vgl. dazu Tüchle, Kirchengeschichte Schwabens 2 (wie Anm. 6), S. 428–448.

tend wurde[116], gewinnt man in diese alltäglichen Bereiche der Pfarrseelsorge nur schwer Einblick. Dass es in den Diözesen bei der Feier des Gottesdienstes, der Spendung der Sakramente und Sakramentalien, bei Prozessionen und Heiligenfesten neben vielen Gemeinsamkeiten auch manche Sonderbräuche und liturgische Praktiken gab, sei zumindest erwähnt.[117]

Über die Amtsführung der Pfarrer fehlen bislang systematische Untersuchungen für Oberschwaben, was auch durch die schwierige Quellenlage bedingt ist. Frömmigkeitspraktiken haben vielfach durch Stiftungen eine Spur in der Überlieferung hinterlassen, anders hingegen die alltäglichen Aufgaben eines Pfarrgeistlichen. Um genauere Einblicke in das pfarrliche Leben und die Seelsorge zu erhalten, haben sich bestimmte Quellen als besonders aussagekräftig erwiesen, z. B. Pfarr- oder Gotteshausbücher, die über den Ablauf der Gottesdienste, die Festtage, Predigttermine, Stiftungen und andere Dinge Auskunft geben.[118] Ein solches Pfarrbuch wurde von dem Pfarrer von Unlingen (bei Riedlingen an der Donau) 1530 auf älterer Grundlage erneuert und gibt hochinteressante Einblicke in das kirchliche Leben.[119] Der Pfarrer der Frauenkirche zu Memmingen, Jakob Megrich, zeichnete 1516 eine umfangreiche Gottesdienstordnung auf, die detaillierte

116 Dass es vorher bereits Ausnahmen gab, belegen die Statuten der Konstanzer Diözesansynode vom 3. 5. 1435, die den Pfarrern u. a. die Führung von Taufbüchern vorschrieben, damit sich Ehehindernisse leichter feststellen ließen: Regesta Episcoporum Constantiensium 3 (wie Anm. 39), S. 343 Nr. 9662. Der Kleinbasler Pfarrer Ulrich Surgant legte 1490 ein Taufregister an und führte es einige Jahre; vgl. Gabriela Signori, Vorsorgen – Vererben – Erinnern. Familienlose Erblasser in der städtischen Gesellschaft des Spätmittelalters (Veröffentlichungen des Max-Planck-Instituts für Geschichte 160), Göttingen 2001, S. 317 mit weiteren Hinweisen. Das rechtsrheinisch gegenüber Basel gelegene Kleinbasel gehörte übrigens zum Bistum Konstanz.

117 Vgl. zu diesen Fragen etwa Franz Anton Hoeynck, Geschichte der kirchlichen Liturgie des Bistums Augsburg. Mit Beilagen: Monumenta liturgiae Augustanae, Augsburg 1889; Ludwig Andreas Veit, Kirche und Brauchtum im vortridentinischen Eheschließungsritus in den Bistümern Augsburg, Konstanz und Mainz, in: Oberrheinisches Pastoralblatt 36 (1934), S. 133–141; Klaus Peter Dannecker, Taufe, Firmung und Erstkommunion in der ehemaligen Diözese Konstanz. Eine liturgiegeschichtliche Untersuchung der Initiationssakramente (Liturgiewissenschaftliche Quellen und Forschungen 92), Münster 2005.

118 Vgl. Franz Machilek, Fränkische Gotteshausbücher des 15. und 16. Jahrhunderts. Zur Typologie und Verwendung als Quellen für interdisziplinäre Forschungen, in: Acta Universitatis Carolinae – Philosophica et Historica 1, XIII, Prag 1996, S. 87–92, wiederabgedruckt in: Karl Borchardt/Enno Bünz (Hg.): Forschungen zur bayerischen und fränkischen Geschichte. Peter Herde zum 65. Geburtstag von Freunden, Schülern und Kollegen dargebracht (Quellen und Forschungen zur Geschichte des Bistums und Hochstifts Würzburg 52), Würzburg 1998, S. 249–255; Bünz, „Die Kirche im Dorf lassen“ (wie Anm. 59), S. 140 f.; Franz Fuchs, Spätmittelalterliche Pfarrbücher als Quellen für die dörfliche Alltagsgeschichte, in: Bünz/Fouquet (Hg.): Die Pfarrei im späten Mittelalter (wie Anm. 12), S. 213–232; Marco Benini, Pfarrbücher aus dem Bistum Eichstätt – Historische Einblicke in den pfarrlichen Alltag, in: Eichstätter Diözesangeschichtsblätter 2 (2014/15), S. 7–32. Hiervon zu unterscheiden sind Pfarrordnungen, die z. B. Tarife für kirchliche Dienstleistungen und Verpflichtungen der Pfarrangehörigen auflisten; vgl. einige Beispiele bei Arend, Zwischen Bischof und Gemeinde (wie Anm. 40), besonders S. 50–52; vgl. auch im Register S. 309 s. v. Pfarrordnung.

119 Vgl. Theodor Schön, Zur älteren Geschichte der Pfarrei Unlingen (OA. Riedlingen), in: Diözesanarchiv von Schwaben 17 (1899) Nr. 6, S. 86–91, hier S. 89–91.

9 Der „Predigstuhl", die hölzerne Kanzel von 1511 der Pfarrkirche St. Martin zu Biberach an der Riß. Das Entstehungsjahr ist durch die Inschrift am Treppengeländer gesichert (Foto: Enno Bünz)

Einblicke in die Messfeiern, Heiligenfeste, Prozessionen und Predigttätigkeit bietet.[120] Die Pfarrei des Stiftes Buchau war hingegen eine Personalpfarrei, die den zum Stiftsbezirk gehörigen Personenverband umfasste[121], weshalb die hierfür festgelegten Pflichten des Pfarrers wohl nicht generalisierbar sind. Nach einer Vereinbarung von 1447 hatte er

120 Ediert von Sontheimer, Geistlichkeit 5 (wie Anm. 31), S. 338–391.
121 Vgl. Johannes Dorn, Zur Geschichte der Personalpfarreien, in: Zeitschrift der Savigny-Stiftung für Rechtsgeschichte: Kanonistische Abteilung 6 (1916), S. 341–383.

sonn- und feiertags zu predigen, unter der Woche an mindestens drei Tagen, die er sich aussuchen durfte.[122] Selbstverständlich haben sich Gemeinden schon im 15. Jahrhundert beschwert, wenn die Gottesdienste nachlässig gehalten wurden oder andere Missstände in der Seelsorge auftraten.[123] So verklagte beispielweise 1460 die Gemeinde Daisendorf bei Überlingen den Pfarrer von Frickingen „vor dem Konstanzer Offizialat wegen Vernachlässigung des Gottesdienstes".[124] Wenn himmelschreiende kirchliche Missstände für die vorreformatorische Zeit breit ausgemalt werden, ist das einigermaßen naiv, weil überhaupt nicht bedacht wird, dass die Gläubigen durchaus willens und in der Lage waren, so etwas anzuprangern.[125] Das gehörte zum Kommunalismus auf dem Land.

Gottesdienst, das war nicht nur Messfeier, sondern bedeutete an vielen Sonn- und Feiertagen auch Predigt, und zwar nicht nur in den Stadtkirchen, sondern auch in den Landpfarreien.[126] Welche Bedeutung das Predigtwesen hatte, ist daran ablesbar, dass im späten Mittelalter in zahlreichen Kirchen Predigtstühle (Kanzeln) angeschafft wurden. In der Pfarrkirche St. Martin zu Biberach an der Riß gehört die hölzerne Kanzel von 1511 (das Jahr ist durch eine Inschrift am Treppengeländer gesichert) zu den wenigen Ausstattungsstücken, die den Bildersturm von 1531 überstanden haben, dabei allerdings der Bilddarstellungen der Evangelisten am Kanzelkorb beraubt wurde (Abb. 9).

Karl Halbauer hat die Verbreitung spätgotischer Kanzeln für den württembergischen Neckarraum gründlich dokumentiert.[127] In nahezu allen Reichs- und Landstädten Oberschwabens wurden im Laufe des 15. Jahrhunderts Prädikaturen gestiftet, wodurch es möglich wurde, neben dem Pfarrer einen möglichst akademisch ausgebildeten Geistlichen für das Predigtamt zu finanzieren.[128] Der bis heute übliche württembergische Pre-

122 Vgl. Theil, Das (freiweltliche) Damenstift Buchau (wie Anm. 28), S. 142; Ders., Pfarreien und Pfarrer (wie Anm. 96), S. 19.

123 Einige Beispiele nennt Tüchle, Kirchengeschichte Schwabens 2 (wie Anm. 6), S. 301.

124 Bader, Dorfgenossenschaft (wie Anm. 23), S. 210 Anm. 375 (Zitat).

125 Einige Beispiele bei Arend, Zwischen Bischof und Gemeinde (wie Anm. 40), S. 84 f.

126 Dazu zusammenfassend Tüchle, Kirchengeschichte Schwabens 2 (wie Anm. 6), S. 364 f. Tüchle erwähnt einen Dorfpfarrer aus dem Oberamt Maulbronn, der sich im 15. Jahrhundert regelmäßig Themen und Quellen seiner Predigten notierte, leider ohne Nachweis. Es handelt sich um die Handschrift der Universitätsbibliothek Tübingen, Mc 321 („Diarium praedicationum"), auf die schon Ingelfinger, Die religiös-kirchlichen Verhältnisse (wie Anm. 49), S. 57 hingewiesen hat, allerdings mit falscher Seitenangabe; dort gemeint ist Brehm, Zur Geschichte der Konstanzer Diözesansynoden (wie Anm. 73) 22 (1904) Nr. 2, S. 19–26, hier S. 25 f. Anm. 3 längere Auszüge. Auch Friedrich Wilhelm Oediger, Über die Bildung der Geistlichen im späten Mittelalter (Studien und Texte zur Geistesgeschichte des Mittelalters 2), Leiden u. a. 1953, S. 117 f. hat diese Handschrift auszugsweise herangezogen.

127 Karl Halbauer, *predigstül*. Die spätgotischen Kanzeln im Neckargebiet bis zur Einführung der Reformation (Veröffentlichungen der Kommission für geschichtliche Landeskunde in Baden-Württemberg, Reihe B, 132), Stuttgart 1997.

128 Vgl. Bernhard Neidiger, Prädikaturstiftungen in Süddeutschland (1369–1530). Laien – Weltklerus – Bettelorden (Veröffentlichungen des Archivs der Stadt Stuttgart 106), Stuttgart u. a. 2011, hier S. 145–177 über Oberschwaben. Dadurch überholt ist die Studie von Julius Rauscher, Die Prädikaturen in Württemberg vor der Reformation. Ein Beitrag zur Predigt- und Pfründengeschichte am Ausgang des Mittelalters, in: Württembergische Jahrbücher für Statistik und Landeskunde 1908 (erschienen 1909), Heft 2, S. 152–211, auch selbständig Stuttgart 1909.

digtgottesdienst hat hier seine Wurzeln.[129] Aber auch den Pfarrern wurde das Predigen leicht gemacht, seitdem durch den Buchdruck eine Fülle von Predigtanleitungen und Predigtsammlungen auf den Markt kamen; die erfolgreichste trug den sprechenden Titel *Dormi secure*, denn wer diese Mustersammlung verwandte, mochte vor dem Sonntag ruhig schlafen.[130] Die Predigttätigkeit förderte die Einrichtung von Pfarrbibliotheken, in denen Predigtsammlungen und -anleitungen, aber auch pastoraltheologische und kanonistische Literatur vorhanden war. In der Nikolaikirche zu Isny im Allgäu befindet sich die Predigerbibliothek noch immer in dem kleinen Raum über der Sakristei, der Ende des 15. Jahrhunderts für diesen Zweck hergerichtet wurde.[131]

Wie reichhaltig und vielgestaltig das Kirchenleben vor der Reformation war, ist für Oberschwaben besonders gut dokumentiert. In der Reichsstadt Biberach haben die Brüder Joachim von Pflummern, Ratsherr, und Heinrich von Pflummern, ein Weltgeistlicher, den Zustand des kirchlichen Lebens am Ende des Mittelalters und den dramatischen Umbruch durch die Reformation ausführlich beschrieben.[132] Vor allem der Bericht des Joachim von Pflummern[133] liest sich wie ein Kompendium von Kirche und Frömmigkeit vor der Reformation.[134] Zunächst beschreibt der Biberacher Patrizier die Grundlagen des Glaubens und die wichtigsten Gebete der Christen *im alten rechten Glauben*[135]; dann wendet er sich der Stadt Biberach zu und beschreibt die Gotteshäuser und andere kirch-

129 Vgl. dazu Matthias Figel, Der reformatorische Predigtgottesdienst. Eine liturgiegeschichtliche Untersuchung zu den Ursprüngen und Anfängen des evangelischen Gottesdienstes in Württemberg (Quellen und Forschungen zur württembergischen Kirchengeschichte 24), Epfendorf a. N. 2013, der S. 15–208 ausführlich auf die im späten Mittelalter übliche Gottesdienstform und Predigtpraxis eingeht.

130 Zur Predigtliteratur noch immer grundlegend Florenz Landmann, vgl. unten Anm. 293; Tüchle Kirchengeschichte Schwabens 2 (wie Anm. 6), S. 365–367. Etliche mittelalterliche Predigtwerke waren bei Pfarrgeistlichen des Bistums Augsburg auch noch 1575 in Gebrauch, vgl. die Zusammenstellung von Sontheimer, Geistlichkeit 4 (wie Anm. 31), S. 520–533, was doch darauf schließen lässt, dass sie bewährt waren und geschätzt wurden.

131 Vgl. Helmut Schmid, „ain liebrey zu den büchern". Die mittelalterliche Predigerbücherei der Nikolaikirche zu Isny, Ravensburg o. J. [2003]. Ein überregional angelegtes Verzeichnis spätmittelalterlicher Pfarrbibliotheken bietet Markus Lommer, Kirche und Geisteskultur in Sulzbach bis zur Einführung der Reformation. Predigerstelle, Kirchenbibliothek und „Lateinschule" einer Stadtpfarrei auf dem Nordgau vor dem Hintergrund der überregionalen Entwicklung (Beiträge zur Geschichte des Bistums Regensburg 32), Regensburg 1998, S. 389–396.

132 Vgl. Hartmut Boockmann, Zwei Altgläubige im Zeitalter der Reformation, in: Ders.: Fürsten, Bürger, Edelleute. Lebensbilder aus dem späten Mittelalter, München 1994, S. 215–232.

133 Die religiösen und kirchlichen Zustände in der ehemaligen Reichsstadt Biberach unmittelbar vor Einführung der Reformation. Geschildert von einem Zeitgenossen, hg. von A[lbert] Schilling, in: FDA 19 (1887), S. 1–191, vgl. auch die gekürzte und sprachlich geglättete Neuausgabe: Altbiberach um die Jahre der Reformation. Erlebt und für die kommenden Generationen der Stadt beschrieben von den Zeitgenossen und Edlen Brüdern Joachim I. und Heinrich VI. von Pflummern, Patrizier der Freien Reichsstadt Biberach. Ergänzt durch die Geschichte des Spitals, der beiden Klöster und des Passionsspiels, bearb. von Albert Angele, Biberach 1962, S. 9–122.

134 Vgl. August Willburger, Die kirchliche Versorgung der Reichsstadt Biberach vor der Glaubensspaltung, in: Rottenburger Monatsschrift 2 (1918/19), S. 1–7; Bernhard Rüth, Reformation in Biberach (1520–1555), in: Dieter Stievermann (Hg.) in Verbindung mit Volker Press und Kurt Diemer: Geschichte der Stadt Biberach, Stuttgart 1991, S. 255–288 und S. 723–738.

135 Die religiösen und kirchlichen Zustände (wie Anm. 133), besonders S. 9 (Zitat).

liche Einrichtungen der Reichsstadt, beginnend mit der Stadtpfarrkirche und ihrer Ausstattung, wobei er alles peinlich genau dokumentiert, was durch den Bildersturm 1531 unwiederbringlich verloren ging; schließlich stellt der Verfasser dem Ablauf des Kirchenjahres folgend dar, *wie man die Feiertag und andere Täg begangen*[136]; das alles wird durch einige Bemerkungen zu alltäglichen Praktiken wie dem Glockenläuten, dem Spendensammeln, der Armenfürsorge und anderen Dingen abgerundet.

Ich wüsste keine andere Stadt im deutschsprachigen Raum zu nennen, für die eine derart dichte Beschreibung des kirchlichen Lebens und der Frömmigkeitspraktiken vor der Reformation überliefert wäre. Und dies gilt natürlich erst recht für das platte Land. Um zu einem repräsentativen Bild der Pfarreiverhältnisse und des religiösen Lebens zu kommen, bräuchte es deshalb für Oberschwaben regional breit angelegte Untersuchungen, die auf der Zusammenschau der lokalen, der diözesanen und der kurialen Quellen beruhen. Hier eröffnen sich für die Zukunft große Forschungsfelder.[137] Die folgenden Ausführungen können hier nur Anregungen bieten.

5. Dorfgemeinde und Pfarrei

Die konkrete Organisationsform der Pfarrei konnte sehr unterschiedlich sein, reichte von Großpfarreien, die zahlreiche Dörfer umfassten, bis hin zu klassischen Dorfpfarreien, bei denen Dorfgemarkung und Pfarrsprengel identisch waren.[138] Im Lehenbuch des Hochstifts Augsburg von 1424 steht *pfarr* deshalb einfach für gemeindliche Bezirke[139], weil Pfarrsprengel und Dorfgemarkung sich vielfach deckten. Auf der anderen Seite gab es auch Großpfarreien wie z. B. Haisterkirch (Abb. 10) bei Bad Waldsee im Bistum Konstanz, das schon 1353 200 Höfe zählte.[140]

Diese Unterschiede waren bedingt durch das Alter der Pfarrorganisation (Alt- bzw. Urpfarreien), die Siedlungs- und Herrschaftsverhältnisse. Die Größenverhältnisse einer Pfarrei waren natürlich für die Praxis der Seelsorge grundlegend.

Die Pfarreiorganisation war zwar zu großen Teilen schon im 13./14. Jahrhundert ausgebaut, doch kam es auf dem Land noch bis zur Reformationszeit zur Neugründung von Pfarreien, die zu einer Verkleinerung großer Pfarrsprengel und damit zur „Angleichung von Pfarr- und Dorfverband“ führten.[141] Eine flächendeckende Untersuchung dieser Entwicklung und Kartierung gibt es bislang weder für den Konstanzer noch den Augsburger

136 Ebd. S. 93 (Zitat).

137 Viele Anregungen bietet Karl Eder, Das Land ob der Enns vor der Glaubensspaltung. Die kirchlichen, religiösen und politischen Verhältnisse in Österreich ob der Enns 1490–1525 (Studien zur Reformationsgeschichte Oberösterreichs 1), Linz 1932, der geradezu mustergültig die seelsorge- und frömmigkeitsgeschichtlich relevanten Phänomene flächendeckend dokumentiert.

138 Dass Pfarrei und Dorf räumlich übereistimmten, ist natürlich auch in anderen Landschaften festzustellen, vgl. Enno Bünz, Art. Pfarrsprengel, in: Handwörterbuch zur deutschen Rechtsgeschichte. 2. völlig überarb. und erw. Aufl., Bd. 4, Lieferung 27, Berlin 2018, Sp. 562–565 mit weiterführenden Hinweisen.

139 Vgl. Bader, Dorfgenossenschaft (wie Anm. 23), S. 193 Anm. 278.

140 Vgl. Ingelfinger, Die religiös-kirchlichen Verhältnisse (wie Anm. 49), S. 14.

141 Bader, Dorfgenossenschaft (wie Anm. 23), S. 187 f. (Zitat).

10 Die Pfarrkirche St. Johannes Bapt. in Haisterkirch bei Bad Waldsee im Bistum Konstanz war der Mittelpunkt einer hochmittelalterlichen Großpfarrei. Die Kirche ist im Kern romanisch und wurde seit 1699 umgebaut und barockisiert (Foto: Enno Bünz)

Teil unseres Gebietes.[142] Die politische Gemeinde ist zugleich Kirchspiel oder, wie es in der Schweiz heißt, „Kirchhöre" (*kilchhöri*).[143] Im späten Mittelalter spielten dabei die Dorfgemeinden eine wichtige Rolle, vielfach in enger Kooperation mit der Ortsherrschaft.[144] Man konnte eine neue Pfarrei durch Abteilung (Separation) von einer bereits bestehenden Pfarrei gründen, doch war der Weg nicht immer so einfach. Die Entwicklung verlief vielfach schrittweise, indem zunächst vor Ort eine Filialkirche errichtet wurde. Als nächstes erfolgte die Stiftung eines Benefiziums für einen Messpriester, um einen Geistlichen vor Ort zu haben. Schließlich wurde die Erhebung der Filialkapelle zur selbständigen Pfarrei erreicht. „So wurde 1459 für die Kapelle zu Bargau [heute Stadt Schwäbisch Gmünd, E. B.] eine ewige Messe, 1466 eine Kaplanei mit Einwilligung des Bischofs von Augsburg, des Abtes von Königsbronn als des Lehnsherrn und des zustän-

142 Es fehlt deshalb auch an brauchbaren Karten, die einen Vergleich ermöglichen würden, vgl. die Hinweise oben in den Anm. 19 u. 56.

143 Bader, Dorfgenossenschaft (wie Anm. 23), S. 191 f.

144 Darauf weist Bader, Dorfgenossenschaft (wie Anm. 23), S. 187 hin. Vgl. Rolf Kiessling/Frank Konersmann, Die Kirche im Dorf, in: Rolf Kiessling/Frank Konersmann/Werner Trossbach: Grundzüge der Agrargeschichte, Bd. 1: Vom Spätmittelalter bis zum Dreißigjährigen Krieg (1350–1650), Köln u. a. 2016, S. 228–242.

digen Pfarrers von Heubach gestiftet; 1472 stattete der Bischof die Kapelle auf Bitten des Pfarrers mit den Rechten einer selbständigen Pfarrei aus".[145] Tüchle schätzt, dass im Laufe des 15. Jahrhunderts allein im Bistum Konstanz noch 100 neue Pfarreien gegründet wurden.[146] Dabei ist insgesamt eine regional unterschiedliche Dynamik festzustellen.[147] Wie viele neue Pfarreien während des Spätmittelalters im Bistum Augsburg entstanden, ist bislang nicht bekannt.[148] Für eine bäuerliche Landgemeinde war eine solche Pfarreigründung eine Herausforderung, denn es mussten nicht nur der Kirchenbau (sofern nicht schon eine Kapelle vorhanden war) und seine Ausstattung sowie das Pfarrhaus mit Wirtschaftsgebäuden (*Widem*) finanziert werden, sondern auch das Benefizium für den Pfarrer.[149] Außerdem waren, um die Zustimmung des Inhabers der Mutterpfarrei zur Pfarreiseparation zu erlangen, Ausgleichszahlungen nötig, um dessen Einkommenseinbußen auszugleichen. Solche Zahlungen an eine andere Pfarrei, die jahrhundertelang geleistet wurden, sind ebenso wie Prozessionen, die jährlich dorthin gingen, Anzeichen für ursprüngliche Abhängigkeitsverhältnisse von der Mutterpfarrei.[150]

Über die Größe der Pfarreien sind nur bedingt Aussagen möglich. Die flächenmäßige Ausdehnung spielt gewiss für die Praxis der Seelsorge eine Rolle, aber entscheidend ist die Seelenzahl. Statistische Erhebungen dafür fehlen für das Untersuchungsgebiet aus dem Mittelalter. Georg Wieland hat aber für die Patronatspfarreien des Stiftes Weißenau einige Nachweise zusammengestellt. Für die Mitte des 14. Jahrhunderts liegen Angaben zur Häuserzahl vor, aus der sich (mit dem bewährten Faktor 4,5 multipliziert[151]) die ungefähre Bevölkerungsgröße ermitteln lässt (Abb. 11). Für die Mitte des 18. Jahrhunderts liegen dann tatsächlich Seelenzahlen vor.[152]

145 Tüchle, Kirchengeschichte Schwabens 2 (wie Anm. 6), S. 303 (Zitat), nach Josef Seehofer, Bargau in Geschichte und Gegenwart, Bargau 1953.

146 Vgl. Tüchle, Kirchengeschichte Schwabens 2 (wie Anm. 6), S. 303. Für Württemberg etliche Belege aus den Bänden der Kreisbeschreibungen bei Schaab, Spätmittelalter (wie Anm. 49), S. 88 Anm. 226.

147 Kallen, Oberschwäbische Pfründen (wie Anm. 48), S. 131 nennt für den Konstanzer Teil von Oberschwaben 1275 443 Pfarreien, um 1500 hingegen 468, was einer Zunahme von 14,9 % entspricht. Einige der 1275 belegten Pfarreien sind allerdings auch wieder abgegangen. Für den Schweizerischen Anteil des Bistums Konstanz ergibt die Auszählung der Auflistung in Helvetia Sacra I, 2, 2 (wie Anm. 27), S. 890–923 für 1275 mindestens 357 Pfarreien, von denen im Spätmittelalter 16 wieder untergingen, und einen Zuwachs von mindestens 129 Pfarreien bis 1508. Das wäre eine Zunahme von 27,4 %.

148 Zoepfl, Bistum Augsburg (wie Anm. 24) 1, S. 582 f. gibt lediglich die Gesamtzahl der Pfarreien am Ausgang des Mittelalters mit etwa 1054 an. In den Kapiteln über die Amtszeiten der einzelnen Bischöfe werden Pfarreigründungen nur vereinzelt nachgewiesen. Auch Ders., Entwicklung (wie Anm. 19) bietet keine präziseren Angaben.

149 Zum dörflichen Pfarrhof mit seinen Wirtschaftsgebäuden vgl. Arend, Zwischen Bischof und Gemeinde (wie Anm. 40), S. 42–45.

150 Die Studien von Alfred Wendehorst, Siedlungsgeschichte und Pfarreiorganisation im mittelalterlichen Franken. Ausgewählte Untersuchungen (Veröffentlichungen der Gesellschaft für fränkische Geschichte, Reihe IX, 54), Würzburg 2007 bieten für die Rekonstruktion der kirchlichen Verhältnisse viele methodische Anregungen.

151 Vgl. Isenmann, Die deutsche Stadt (wie Anm. 2), S. 59 f., allerdings mit Betonung vielfältiger Unsicherheitsfaktoren.

152 Vgl. Wieland, Seelsorge (wie Anm. 97), S. 240 f. Die Seelenzahl ist identisch mit der Kommunikantenzahl, vgl. dazu Angaben aus anderen Landschaften bei Bünz, „Die Kirche im Dorf lassen" (wie Anm. 59), S. 116 f.

11 Haushalt- bzw. Seelenzahlen der Patronatspfarreien des Prämonstratenserstifts Weißenau 1353 und 1755 (Vorlage: Georg Wieland, Seelsorge im Zeichen des Doppelkreuzes. Die Pfarreien des Stifts Weißenau, in: 850 Jahre Prämonstratenserabtei Weißenau 1145–1995, hg. von Helmut Binder, Sigmaringen 1995, S. 235–275, hier S. 240 f.)

Pfarrei	domicilia 1353	Seelen 1775	Bemerkungen zum Stand 1755
Stiftspfarreien 1755:			
Bodnegg	160	1853	
Gornhofen	50	511	excurrendo versehen
Grünkraut	80	1100	
Manzell	–	34	bis 1712 meist excurrendo versehen, ab 1712 mit residierendem Pfarrvikar
Obereisenbach	16	168	excurrendo versehen
Obereschach	140	1641	
Oberzell	40	135	excurrendo versehen
Ravensburg St. Jodok	} 60	327	
St. Christina		405	
Taldorf	18	} 380	
Alberskirch	7		
Weißenau	–	154	excurrendo versehen
Frühere Stiftspfarreien:			
Amtzell	170	2088	vor 1380 verkauft
Bernloch	–	–	seit 1534 ev.-lutherisch
Bregenz	o. A.	4730	Pfründe 1601 verkauft
Wolfurt	–	1387	Patronat 1601 verkauft
weitere ehemalige Bregenzer Filialen	–	5009	Rechte 1601 verkauft
Ummendorf	über 110	1276	1554 verkauft
Wilhelmskirch	50	275	1651 verkauft

„Für die mittelalterliche Dorfgemeinde bedeutet die Kirche, wie für das Dorf überhaupt, den natürlichen Mittelpunkt. Der Kirchplatz wirkte dorfbildend, sogar in Gebieten, die der Konzentration zur Dorfsiedlung ablehnend gegenüberstehen, z. B. in Gebirgsgegenden. Um Messe und andere liturgische Handlungen kreist nicht nur religiöses, sondern auch brauchtümliches Denken. Für den Bauer des Spätmittelalters ist die Kirche als Gesamtinstitution Mittlerin religiöser Gnaden, Durchgang vom mühsamen irdischen zu ewigem Leben; aber die Ortskirche ist auch, und das liegt dem Alltag noch weit näher, Schauplatz feierlich-festlicher Handlung. Von der Kirche aus geht die Prozession in die

Fluren und um den Dorfbann. Der Kirchhof ist Zufluchtsort in recht weltlichen Dingen", wie Karl S. Bader betont hat, er bietet Schutz bei Fehden, birgt Keller und Gaden als Vorratskammern, ist vor allem aber auch Begräbnisplatz, meist verbunden mit einem Beinhaus.[153] Das Begräbnisrecht ist Teil des Pfarrrechtes. Deshalb ist es selbstverständlich, dass die Pfarrkirchen in den Städten wie auf den Dörfern vom Friedhof umgeben waren (und mancherorts auch heute noch sind, siehe das Beispiel Amtzell bei Wangen[154]), und dass an oder bei der Kirche ein Beinhaus vorhanden war, in dem die bei Neubelegungen der Gräber freigelegten Gebeine dort deponiert wurden.[155] Zumeist kam es erst in nachreformatorischer Zeit zur Verlegung von Friedhöfen vor die Mauern und in den von der Reformation erfassten Gebieten kam es auch zur Aufgabe der Beinhäuser. Der ehemalige Karner auf dem Friedhof von Dürnau bei Göppingen gehört zu den wenigen, die in Südwestdeutschland noch erhalten sind.[156]

Mit dem kommunalen Selbstbewusstsein verbanden sich auch religiöse Bedürfnisse und praktische Gesichtspunkte, die dafür sprachen, die Kirche ins Dorf zu holen, eine eigene Pfarrei zu erhalten. Neben dem Wunsch nach dem eigenen Gottesdienst im Dorf lag im Begräbnisrecht eine besonders starke Triebkraft, um nach der eigenen Pfarrei zu streben. Ähnlich verhält es sich mit dem pfarrlichen Taufrecht. In beiden Fällen waren pragmatische Gründe wichtig, denn es war nicht nur mühsam, die Verstorbenen bei Wind und Wetter über lange Wege zum Friedhof zu bringen, sondern bei Neugeborenen, die man schnellstmöglich nach der Geburt taufte, stets auch eine Gefährdung des Seelenheils. Der Widerstand der betroffenen Mutterpfarrei war nicht immer zu überwinden. Die Bauern von Gosbach (südwestlich von Geislingen a.d. Steige) wollten sich von der Mutterpfarrei Drackenstein lösen, doch mussten sie sich in einem Schiedsvergleich mit dem Prämonstratenserkloster Ursberg einigen. Das Kloster wurde verpflichtet, einen Priester für Gosbach zu stellen, wo es also schon eine Kirche gab, die Gosbacher mussten aber das Begräbnis wieder aufgeben.[157] 1476 wurde die Kapelle dann zur Pfarrei erhoben.

153 Vgl. Bader, Dorfgenossenschaft (wie Anm. 23), S. 195 f. (Zitat).
154 Vgl. unten bei Anm. 178.
155 Vgl. Enno Bünz, Memoria auf dem Dorf. Pfarrkirche, Friedhof und Beinhaus als Stätten bäuerlicher Erinnerungskultur im Spätmittelalter, in: Werner Rösener (Hg.): Tradition und Erinnerung in Adelsherrschaft und bäuerlicher Gesellschaft (Formen der Erinnerung 17), Göttingen 2003, S. 261–305, erweitert wieder abgedruckt in: Ders., Die mittelalterliche Pfarrei (wie Anm. 12), S. 186–233. Zur Begräbnispraxis und Gestaltung der Friedhöfe vgl. Martin Illi, Wohin die Toten gingen. Begräbnis und Kirchhof in der vorindustriellen Stadt, Zürich 1992; Dominik Gerd Sieber, Der konfessionelle Gottesacker. Katholische und protestantische Sepulkralkultur in den oberschwäbischen Reichsstädten in der Frühen Neuzeit (Veröffentlichungen der Kommission für Geschichtliche Landeskunde in Baden-Württemberg, Reihe B, 214), Stuttgart 2018.
156 Vgl. den kurzen Beitrag in: Evangelisch in Dürnau und Gammelshausen, Gammelshausen 2017, S. 214 f. Zahlreich erhalten sind Beinhäuser in der Schweiz: Anna-Katharina Höpflinger/Yves Müller, Ossarium. Beinhäuser der Schweiz, Zürich 2016, auch mit zahlreichen Abbildungen. Peter Thaddäus Lang, Südwestdeutsche Beinhäuser um 1600 im Spiegel der Visitationsberichte, in: Rottenburger Jahrbuch für Kirchengeschichte 8 (1989), S. 283 f. bietet Nachweise für zahlreiche Beinhäuser in den Landkapiteln Neckarsulm und Mergentheim (Bistum Würzburg).
157 Vgl. Bader, Dorfgenossenschaft (wie Anm. 23), S. 198 Anm. 300. Zu den mit dem Begräbnis verbundenen Oblationen, die dem Pfarrer zustanden vgl. Tüchle, Kirchengeschichte Schwabens 2 (wie Anm. 6), S. 446 f.

12 Die Pfarr- und Wallfahrtskirche Zur Schmerzhaften Muttergottes und St. Johannes Baptist auf dem Bussen, Offingen, Gemeinde Uttenweiler. Turm und Chor von 1516, das Kirchenschiff Neubau von 1960 (Foto: Enno Bünz)

Typisch war, dass die Pfarrseparation – wie schon erwähnt[158] – von einer bereits vorhandenen Kapelle ihren Ausgang nahm, dass die Kapelle dafür zunächst durch Stiftung einer Ewigvikarie oder einer Frühmesspfründe aufgewertet wurde. Auf dem Bussen (westlich von Biberach) wurde die Kapelle durch den Kirchherrn, die Abtei Reichenau, und die Gemeinde des Dorfes Dietelhofen mit einer Ewigmesse ausgestattet, die mit zwei Höfen im Dorf fundiert war.[159] 1470 ist dann erstmals eine Pfarrkirche belegt.[160] Die heutige Kirche, mittlerweile modern erweitert, wurde ab 1516 neu errichtet (Abb. 12).[161] Exemplarisch führt die Bussen-Kirche vor Augen, dass der Ausbau der Pfarreiorganisation im späten Mittelalter von zahlreichen Kirchenneubauten begleitet war, die vor allem im Laufe des 15. und des frühen 16. Jahrhunderts errichtet wurden und geradezu von einem ‚Kirchenbaueifer' zeugen.[162]

158 Vgl. oben bei Anm. 145.
159 Vgl. Bader, Dorfgenossenschaft (wie Anm. 23), S. 201.
160 Vgl. Krebs, Investiturprotokolle (wie Anm. 42), S. 141.
161 Vgl. Ferdinand Kramer, Der Bussen – Heiliger Berg Oberschwabens mit seiner Kirche und Geschichte, Bad Buchau ²2020.
162 Vgl. Machilek, Spätmittelalter (wie Anm. 24), S. 510–513 u. a. für das Bistum Augsburg. Willburger, Religiöse Versorgung (wie Anm. 94), S. 151–159 mit Zusammenstellung der neu gebauten Gotteshäuser. Ders., Schwäbischer Kirchenbaueifer im Jahrhundert vor der Glaubensspaltung, in: Rotten-

6. Pfarrei und Frömmigkeit

Theologie ist der reflektierte Glaube, Frömmigkeit hingegen dessen alltägliche Praxis. Die Erforschung der *praxis pietatis* ist lange Zeit ein Randgebiet der Kirchengeschichte gewesen und hat als Spezialdisziplin die religiöse Volkskunde hervorgebracht, die aber als volkskundliche Teildisziplin mittlerweile so gut wie tot ist.[163] Diese Themen sind heute bei Historikern besser aufgehoben. Hartmut Boockmann und Heinrich Dormeier, Klaus Schreiner und Gabriela Signori, aber auch Hartmut Kühne seien hier genannt. Lange Zeit hat die Forschung unreflektiert von ‚Volksfrömmigkeit' gesprochen[164], doch ist die Tragfähigkeit des ‚Volks'-Begriffs von Volkskundlern wie Wolfgang Brückner kritisch hinterfragt worden.[165] Die neuere Forschung hat erkannt, dass das Frömmigkeitsleben stets sozial bestimmt war, weshalb es näher liegt, von Laienfrömmigkeit zu sprechen oder die gesellschaftlichen Trägergruppen näher zu definieren. Wenn wir auf das Dorf blicken, haben wir es also mit vornehmlich bäuerlicher Frömmigkeit zu tun.[166] Der Forschungsstand ist für das Bistum Augsburg[167] günstiger als für das Bistum Konstanz.[168]

Bei aller regionalen und sozialen Differenzierung des Frömmigkeitslebens muss man sich vergegenwärtigen, dass es gewisse allgemeingültige Grundzüge gab, die für die Vormoderne und damit auch für das ausgehende Mittelalter, um das es hier geht, von Be-

burger Monatsschrift für praktische Theologie 7 (1923/24), S. 1–4, 25–28 u. 49–52 mit Zusammenstellung der Kirchenbauten und Baudaten, gegliedert nach den württembergischen Oberämtern. Für das Bistum Augsburg Friedrich Rückert, Kunstgeschichtliches aus der Rechnung des Bischöflichen Siegelamts vom Jahre 1473, in: Archiv für die Geschichte des Hochstifts Augsburg, Bd. 5, Dillingen 1916–1919, S. 614–617.

163 Vgl. dazu Peter Hersche, Religiöse Volkskunde – Stille Bestattung oder Phönix aus der Asche?, in: Schweizerische Zeitschrift für Religions- und Kulturgeschichte 102 (2008), S. 393–414. Die sehr informative Standortbestimmung von Albrecht A. Gribl, Volksfrömmigkeit. Begriff, Ansätze, Gegenstand, in: Edgar Harvolk (Hg.): Wege der Volkskunde in Bayern. Ein Handbuch (Beiträge zur Volkstumsforschung 23 = Veröffentlichungen zur Volkskunde und Kulturgeschichte 25), München u. a. 1987, S. 293–333 ist mittlerweile ein bloßes Traditionszeugnis. Siehe auch die Würdigung von Enno Bünz, Kirchen- und Landesgeschichte aus der Perspektive der Historischen Kulturwissenschaft – Wolfgang Brückner zum 90. Geburtstag, in: Würzburger Diözesangeschichtsblätter 83 (2020), S. 433–444.

164 Vgl. Ludwig Andreas Veit, Volksfrommes Brauchtum und Kirche im deutschen Mittelalter. Ein Durchblick, Freiburg i. Br. 1936.

165 Vgl. Wolfgang Brückner, Volkskunde als historische Kulturwissenschaft. Gesammelte Schriften, 10: Frömmigkeit und Konfession. Verstehensprobleme, Denkformen, Lebenspraxis (Veröffentlichungen zur Volkskunde und Kulturgeschichte 86), Würzburg 2000. Vgl. aber Walter Pötzl, Volksfrömmigkeit, in: Handbuch der bayerischen Kirchengeschichte 1, 2 (wie Anm. 24), S. 995–1078, hier S. 996 f. zur Diskussion um den Begriff.

166 Als knappe Skizze komplexer Verhältnisse Bünz, Dorf und christliche Religion (wie Anm. 13).

167 Vgl. Pötzl, Kirchengeschichte und Volksfrömmigkeit (wie Anm. 93); Ders., Volksfrömmigkeit (wie Anm. 165); Immanuel Schairer, Das religiöse Volksleben am Ausgang des Mittelalters. Nach Augsburger Quellen (Beiträge zur Kulturgeschichte des Mittelalters und der Renaissance 13), Leipzig u. a. 1914 konzentriert sich auf die Stadt Augsburg, desgleichen Christof Paulus, Am „Vorabend" der Reformation? Zur spätmittelalterlichen Frömmigkeit, in: Jahrbuch des Vereins für Augsburger Bistumsgeschichte 51 (2017), S. 1–31 mit neuen Fragestellungen und anschaulichen Beispielen.

168 Vgl. Ingelfinger, Die religiös-kirchlichen Verhältnisse (wie Anm. 49), S. 123–167 über das religiöse und kirchliche Leben des Volkes; Holzem/Zimmermann, „Ad predicandum nationes" (wie Anm. 29), S. 53–62.

deutung sind.[169] Dazu gehören die hohe Wertschätzung der Messe und die eucharistische Verehrung, die etwa an den aufwendig gestalteten Altarretabeln und Sakramentshäusern ablesbar ist. Der Glaube der Christen entfaltete sich in einem reich entfalteten Heiligenhimmel mit dem Kult der Muttergottes, aber auch vieler anderer Heiliger, die als Fürsprecher bei Christus angerufen wurden.[170] Im Gebetbuch Georgs II. von Waldburg von 1476 finden sich mehrere frömmigkeitsgeschichtlich hochinteressante farbige Miniaturen.[171] Eine stellt auf Blatt 59v Arme Seelen im Fegefeuer dar; daneben kniet ein betender Laie, von dem Wappen vor ihm zu schließen der Stifter des Gebetsbuches selbst; über ihm sieht man im Himmel mehrere Heilige, allen voran die Muttergottes, und ihnen gegenüber den leidenden Christus mit erhobenen Händen. Die Muttergottes verweist mit der Rechten, Christus zugewandt, auf eine Arme Seele im Fegefeuer, der ein Engel zufliegt, um sie zu befreien (Abb. 13). Das zugehörige Gebet bezeichnet Maria als *getrüer bot gegen dinem lieben sun* und auch die übrigen Heiligen als *botten zuo got*[172], denn sie werden im Gebet angerufen, um als Fürsprecher bei Gott zu fungieren.

Die Kirchen- und vor allem die Altarpatrozinien bieten Ausgangspunkte für weitergehende Forschungen[173], wobei zu betonen ist, dass vor allem die Untersuchung der zahlreichen spätmittelalterlichen Altarstiftungen und ihrer Weihetitel frömmigkeitsgeschichtlich von Bedeutung ist[174], weniger die Beschäftigung mit den früh- und hochmit-

169 Vgl. dazu Berndt Hamm, Theologie und Frömmigkeit im ausgehenden Mittelalter, in: Gerhard Müller/Horst Weigelt/Wolfgang Zorn (Hg.): Handbuch der Geschichte der evangelischen Kirche in Bayern, Bd. 1, St. Ottilien 2002, S. 159–211, wieder abgedruckt in: Ders., Religiosität im späten Mittelalter. Spannungspole, Neuaufbrüche, Normierungen, hg. von Reinhold Friedrich/Wolfgang Simon (Spätmittelalter – Humanismus – Reformation 54), Tübingen 2011, S. 244–298. Das zitierte Handbuch ergänzt mit konfessionell anderen Akzenten das Handbuch der bayerischen Kirchengeschichte, in dem die mittelalterliche Theologie und Frömmigkeitsgeschichte inkohärent in getrennten Beiträgen behandelt wurde, vgl. Johannes Schneider, Geistiges Leben. Die Theologie im Raum des heutigen Bayern, in: Handbuch der bayerischen Kirchengeschichte I, 2 (wie Anm. 24), S. 625–753, und Pötzl, Volksfrömmigkeit (wie Anm. 165).

170 Vgl. etwa Tüchle, Kirchengeschichte Schwabens 2 (wie Anm. 6), S. 386–400.

171 Vgl. Susanne Wegmann, Auf dem Weg zum Himmel. Das Fegefeuer in der deutschen Kunst des Mittelalters, Köln u.a. 2003, hier die Beschreibung S. 294 f. Nr. 7.10 mit Farbabbildung 13. Das Gebetbuch Georgs II. von Waldburg. Faksimile-Band und Kommentarband, Einführung und Kommentar, hg. von Hansmartin Decker-Hauff, Süssen 1986–1987.

172 Wegmann, Auf dem Weg zum Himmel (wie Anm. 171), S. 295.

173 Vgl. Walter Pötzl, Die Kirchenpatrozinien des späten Mittelalters, in: Ders., Kirchengeschichte und Volksfrömmigkeit (wie Anm. 93), S. 75–80; Ders., Kultgeographie des Bistums Augsburg, 3 Teile, in: Jahrbuch des Vereins für Augsburger Bistumsgeschichte 10 (1976), S. 70–113, 11 (1977), S. 34–65, 14 (1980), S. 133–170. Für Württemberg vgl. die Übersicht von Gustav Hoffmann, Kirchenheilige in Württemberg (Darstellungen aus der württembergischen Geschichte 23), Stuttgart 1932, doch ohne Erfassung der Altarpatrozinien. Dazu gibt es nur regionale Erhebungen, z. B. Clemens Hecker, Die Kirchenpatrozinien des Archidiakonates Aargau im Mittelalter (Zeitschrift für Schweizerische Kirchengeschichte, Beiheft 2), Freiburg/Schweiz 1946; Edmund Bercker, Die Kirchen-, Kapellen- und Altarpatrozinien im Kreis Sigmaringen (Arbeiten zur Landeskunde Hohenzollerns 6), Sigmaringen 1967. Zur Heiligenverehrung auch Schaab, Spätmittelalter (wie Anm. 49), S. 103 f. mit weiterführenden Hinweisen.

174 Eine vorbildliche Modellstudie bietet Heinrich Dormeier, St. Rochus, die Pest und die Imhoffs in Nürnberg vor und während der Reformation. Ein spätgotischer Altar in seinem religiös-liturgischen, wirtschaftlich-rechtlichen und sozialen Umfeld, in: Anzeiger des Germanischen Nationalmuseums 1985, S. 7–72; Kurzfassung: Ders., Der Rochusaltar in seinem religiösen, wirtschaftlichen und sozialen

◂13 Fürbitte der Heiligen zugunsten der Armen Seelen im Fegefeuer: Die Muttergottes erhört das Gebet des Stifters, zeigt auf eine Arme Seele und wendet sich fürsprechend Christus zu. Miniatur im Gebetbuch Georgs II. von Waldburg von 1476 (Württembergische Landesbibliothek Stuttgart, Cod. brev. 12, fol. 59v) telalterlichen Altarpatrozinien, die sich nur in Einzelfällen schlüssig historisch einordnen lassen. An den zahlreichen Altar- und Vikariestiftungen des späten Mittelalters lassen sich hingegen viel deutlicher Wandlungen der Frömmigkeit ablesen.[175] Allgegenwärtig im spätmittelalterlichen Frömmigkeitsleben ist die Sorge um das Seelenheil mit ihren verschiedenen Formen der Jenseitsvorsorge und dem Kult der Armen Seelen.[176] Die vorreformatorische Frömmigkeit war keineswegs auf die Verehrung der Heiligen fixiert, sondern stets auch christuszentriert, weshalb an oder in den Pfarrkirchen seit dem 15. Jahrhunderts vielfach lebensgroße Ölberggruppen errichtet wurden, die den Gläubigen die Todesangst Christi im Garten Gethsemane vor Augen führen und zum mitleidenden Gebet animieren sollten. Solche Ölberggruppen haben sich in Oberschwaben in beträchtlicher Zahl erhalten.[177] In Amtzell bei Wangen liegen nicht nur die Toten des Dorfes noch um die Pfarrkirche begraben, sondern auf dem Friedhof steht auch der Ölberg aus der Zeit um 1500 in einem kleinen Nischenbau (Abb. 14).[178]

In Prozessionen ziehen die Dorfgemeinde beziehungsweise die Pfarrangehörigen an hohen Feiertagen mit wehenden Fahnen durch und um das Dorf, vor allem an kirchlichen Hochfesten wie Fronleichnam[179] oder am Markustag, um die Felder zu segnen und um reiche Ernte zu bitten (Abb. 15).[180]

Von Fall zu Fall wurden auch Prozessionen notwendig, um Unwetter oder Schädlinge abzuwehren, 1471 beispielsweise im Bistum Konstanz, weil Engerlinge in solcher Menge auftraten, dass die Ernte geschädigt wurde.[181] Darüber hinaus entfalteten regional und

Umfeld, in: Christian Schmidt/Georg Stolz (Hg.): Hundert Jahre Verein zur Erhaltung 1903–2003. Sammelband der Referate des Kolloquiums aus Anlass des Vereinsjubiläums (Schriftenreihe des Vereins zur Erhaltung der St. Lorenzkirche in Nürnberg 2), Nürnberg 2004, S. 27–34. Ebenso – stärker aus kunstgeschichtlicher Perspektive: Hanns Hubach, Matthias Grünewald. Der Aschaffenburger Maria-Schnee-Altar. Geschichte – Rekonstruktion – Ikonographie. Mit einem Exkurs zur Geschichte der Maria-Schnee-Legende, ihrer Verbreitung und Illustrationen (Quellen und Abhandlungen zur mittelrheinischen Kirchengeschichte 77), Mainz 1996.

175 Vgl. neben den in der vorigen Anm. genannten Arbeiten auch Heinrich Dormeier, Nuovi culti di santi intorno al 1500 nelle città della Germania meridionale. Circostanze religiose, sociali e materiali della loro introduzione ed affermazione, in: Strutture ecclesiastiche in Italia e in Germania prima della Riforma, hg. von Paolo Prodi/Peter Johanek (Annali dell'Instituto italo-germanico, Quaderno 16), Bologna 1984, S. 317–352.

176 Vgl. Walter Hartinger, ... denen Gott genad! Totenbrauchtum und Arme-Seelen-Glauben in der Oberpfalz (Oberpfälzer Kostbarkeiten), Regensburg 1979.

177 Vgl. Dieter Munk, Die Ölberg-Darstellung in der Monumentalplastik Süddeutschlands. Untersuchung und Katalog, Phil. Diss. Tübingen 1968, hier Karte 1 (Ölberge bis 1600) und den nach Orten angelegten Katalog der Objekte.

178 Ausführliche Beschreibung vgl. ebd., S. 132 f. Nr. 13.

179 Das spätmittelalterliche Prozessionswesen ist für Oberschwaben noch kaum untersucht. Das Bistum Augsburg wird mitberücksichtigt von Alois Mitterwieser, Geschichte der Fronleichnamsprozession in Bayern, München 1930; Neuausgabe durchgesehen und ergänzt von Torsten Gebhard, München ²1949.

180 Dies verdeutlicht recht anschaulich die Darstellung einer dörflichen Bittprozession in der Luzerner Chronik des Diebold Schilling d. J. von 1513, vgl. dazu Bünz, „Die Kirche im Dorf lassen" (wie Anm. 59), S. 80.

181 Vgl. Regesta Episcoporum Constantiensium 4 (wie Anm. 39), S. 413 Nr. 13785. Das Regestenwerk enthält etliche Belege für Prozessionen.

14 Spätmittelalterliche Ölberggruppe auf dem Friedhof der Pfarrei Amtzell, um 1500 (Foto: Andreas Präfcke, https://commons.wikimedia.org/wiki/File:Amtzell_%C3%96lberg_1.jpg)

überregional ausstrahlende Gnadenorte eine große Anziehungskraft[182], hier in Oberschwaben natürlich besonders die Wallfahrt zum Heiligen Blut in Weingarten[183], jenseits des Bodensees aber auch die Wallfahrt zur Muttergottes in Einsiedeln.[184] Dass auch die

182 Einige Belege in ebd., S. 549 s. v. Wallfahrten; Tüchle, Kirchengeschichte Schwabens 2 (wie Anm. 6), S. 406–409; Ingelfinger, Die religiös-kirchlichen Verhältnisse (wie Anm. 49), S. 156–159; Walter Pötzl, Das Wallfahrtswesen des Mittelalters, in: Ders., Kirchengeschichte und Volksfrömmigkeit (wie Anm. 93), S. 81–94, hier bes. zu den Gnadenbildern an heiligen Orten S. 89–92; Schaab, Spätmittelalter (wie Anm. 49), S. 102 f. Eine Grundlage für weitere Forschungen bietet der Katalog: Kult- und Andachtsstätten der Diözesen Freiburg, Fulda, Limburg, Mainz, Rottenburg-Stuttgart und Speyer. Redigierter Kurzkatalog aufgrund der Ortsbegehungen von Beate Plück und Horst Schopf, bearb. von Beate Plück. Redigiert und zum Druck gebracht aufgrund der Vorarbeiten von Brigitte Fidler durch Julia Krieger. Mit einer Einleitung von Wolfgang Brückner (Veröffentlichungen zur Volkskunde und Kulturgeschichte 68), Würzburg 1998, wo allerdings für jeden Wallfahrtsort nur recht knappe Informationen geboten werden.

183 Vgl. Norbert Kruse/Hans Ulrich Rudolf (Hg.) unter Mitarbeit von Rupert Feneberg/Rolf Schaubode/Bruno Schmid/Markus Talgner, 900 Jahre Heilig-Blut-Verehrung in Weingarten 1094–1994. Festschrift zum Heilig-Blut-Jubiläum am 12. März 1994, 2 Bde, Sigmaringen 1994; Norbert Kruse/Hans Ulrich Rudolf (Hg.) unter Mitarbeit von Rolf Schaubode, 900 Jahre Heilig-Blut-Verehrung in Weingarten 1094–1994. Katalog zur Jubiläumsausstellung, Sigmaringen 1994.

184 Vgl. Odilo Ringholz, Wallfahrtsgeschichte U. L. F. von Einsiedeln. Ein Beitrag zur Culturgeschichte, Freiburg i. Br. 1896.

großen Fernwallfahrten nach Jerusalem, Santiago und Rom von Bedeutung waren, versteht sich von selbst.[185] Zu diesen allgemeinen Frömmigkeitsformen gehörte auch die Wertschätzung der Ablässe[186], die vom Papst oder Diözesanbischof, aber auch als Sammelindulgenz von mehreren Kurienkardinälen oder Bischöfen vielfach zur Förderung von Kirchenbauten verliehen wurden.[187] Dies waren lokale Ablässe, die zumeist nur an bestimmten Festtagen zu erlangen waren und Indulgenzen von 40 Tagen (bei Bischöfen) oder 100 Tagen (bei Kardinälen) boten, wobei im Falle der Sammelindulgenzen sich der Umfang durch die Zahl der Aussteller erhöhte. Seit dem 15. Jahrhundert wurden aber auch durch großangelegte päpstliche Ablasskampagnen Plenarindulgenzen verkündigt, zuletzt durch den Ablass für den Neubau der Peterskirche, der ab 1515 in Deutschland angeboten wurde.[188] Es war jenes Heilsangebot, dass dann zum Anlass der Kirchenspaltung des 16. Jahrhunderts werden sollte.[189] Wie sehr das Frömmigkeitsleben den Alltag

185 Vgl. dazu beispielsweise Martina Haggenmüller, Als Pilger nach Rom. Studien zur Romwallfahrt aus der Diözese Augsburg von den Anfängen bis 1900 (Materialien zur Geschichte des Bayerischen Schwaben 18), Augsburg 1993.

186 Vgl. Nikolais Paulus, Geschichte des Ablasses im Mittelalter 1–2: Geschichte des Ablasses im Mittelalter vom Ursprunge bis zur Mitte des 14. Jahrhunderts; 3: Geschichte des Ablasses am Ausgang des Mittelalters, Paderborn 1922–1923, Darmstadt [2]2000 (Mit einer Einleitung und einer Bibliographie von Thomas Lentes); Christiane Laudage, Das Geschäft mit der Sünde. Ablass und Ablasswesen im Mittelalter, Freiburg i. Br. u. a. 2016.

187 Zahlreiche Belege lassen sich über die Sachregister der Regesta Episcoporum Constantiensium (wie Anm. 39) ermitteln. Tüchle, Kirchengeschichte Schwabens 2 (wie Anm. 6), S. 258–260; Ingelfinger, Die religiös-kirchlichen Verhältnisse (wie Anm. 49), S. 160–166; Ernst Tremp, Buchhaltung des Jenseits. Das Buss- und Ablaßwesen in der Innerschweiz im späten Mittelalter, in: Der Geschichtsfreund 143 (1990), S. 103–144; Hartmut Kühne, Ablassfrömmigkeit am Vorabend der Reformation, in: Freiheit – Wahrheit – Evangelium. Reformation in Württemberg. Beiträge, bearb. von Peter Rückert unter Mitarbeit von Alma-Maria Brandenburg und Eva-Linda Müller, Ostfildern 2017, S. 38–44, der u. a. auf den Ablass Papst Sixtus' IV. von 1479 zugunsten des Neubaus der Stiftskirche in Urach eingeht. Ein bischöflicher Sammelablass für St. Stephan in Herlazhofen (bei Leutkirch), ausgestellt in Avignon am 6. 5. 1343, befindet sich im Historischen Archiv des Germanischen Nationalmuseums in Nürnberg, vgl. Bilderpracht und Seelenheil. Illuminierte Urkunden aus Nürnberger Archiven und Sammlungen. Begleitband zur gleichnamigen Ausstellung in der Stadtbibliothek im Bildungscampus Nürnberg vom 13. Februar-4. Mai 2019. Redaktion: Christine Sauer (Ausstellungskataloge des Stadtarchivs Nürnberg 27), Nürnberg 2019, S. 132 f. Nr. A 6 (mit Abbildungen). Eine weitere Avignonesische Sammelindulgenz vom 15. 3. 1330 für die St. Georgskirche in Riedlingen wird abgebildet bei Winfried Assfalg, 500 Jahre Pfarrkirche St. Georg Riedlingen. Ein Rückblick auf die Geschichte der Pfarrkirche, der Kirchengemeinde, der Klöster und Kapellen, Riedlingen 1986, S. 4.

188 Vgl. Tüchle, Kirchengeschichte Schwabens 2 (wie Anm. 6), S. 259–261. Der Peterskirchenablass wurde in der Kirchenprovinz Mainz, also auch im Untersuchungsgebiet, durch den Metropoliten Kardinal Albrecht von Brandenburg vertrieben, doch wurde im Gebiet der Eidgenossenschaft das Ablassgeschäft seit 1517 durch den Franziskaner Bernhardin Samson betrieben, vgl. die Beiträge in: Hartmut Kühne/Enno Bünz/Peter Wiegand (Hg.), Johann Tetzel und der Ablass. Begleitband zur Ausstellung „Tetzel – Ablass – Fegefeuer" in Mönchenkloster und Nikolaikirche Jüterbog vom 8. September bis 26. November 2017, Berlin 2017, und dort S. 293 die Karte der Ablasskampagnen; ergänzend Enno Bünz/Hartmut Kühne/Peter Wiegand (Hg.), Johann Tetzel und die Ablasskampagnen seiner Zeit. Neue Befunde zum Katalogband von 2017, in: Neues Archiv für sächsische Geschichte 89 (2019, erschienen 2020) S. 143–221.

189 Vgl. neben der oben in Anm. 186 genannten Literatur vor allem Berndt Hamm, Ablass und Reformation – Erstaunliche Kohärenzen, Tübingen 2016, der das gängige Bild der Plenarablässe differen-

▸15 Dörfliche Bittprozession in der Luzerner Chronik des Diebold Schilling d. J. von 1513. Männer, Frauen und Kinder, angeführt von Geistlichen, ziehen mit Prozessionsfahnen zur Pfarrkirche (Vorlage: Korporation Luzern, S 23 fol., p. 573)

Wie min herren von Lutern und die driy lender zu Bellentz tag setztent und uff das jr bottschafft gan Rom schicktent von des hertzogen von Saffoy und jr ansprach wägen

Die driy lender vordrent ouch mitler zit eins handels und einer ansprach bericht so sie von alter an den hertzogen von Saffoy fürnamend des halben er vermeintend dem hertzogen sin land allein zu jren handen jnzenamen eins testaments halben so inen ein hertzog von Saffoy getan und geordnet solt haben das men ein tal genant Livino geschenckt hett. Darauff aber min herren von Lucern und der driy lender ein tag gan Bellentz ansatztend und verordnetend ab dem selben tag jr treff-lichen bottschafft mit sampt minen herren von Lucern die den tag gan Bellentz ansatztend gan Rom zeritten und mit jnen zereden on ander eigentschafft nüt anzefahen die vier walt stett hattend aber heimlich verordnett durchdrang, ist anschaulich an der Rechtspraxis ablesbar, ging die Bestrafung von Tötungsdelikten doch stets mit Sühneakten wie Bußwallfahrten, Messstiftungen und anderen guten Taten einher[190], hinterließ sie in der Landschaft auch sichtbare Spuren in Gestalt von Sühnekreuzen, die von den Tätern errichtet werden mussten.[191] Zum Frömmigkeitsleben gehörten auch die vielfältigen Dispense, die von den Bischöfen und vom Papst gewährt wurden, vor allem die Fastendispense, die angesichts der umfassenden Abstinenzgebote eine gewisse Erleichterung boten.[192] Alle diese hier angesprochenen Aspekte bedürften für Oberschwaben noch der regionalen Fundierung, denn ungeachtet der allgemeingültigen Grundzüge gibt es doch immer regionale Besonderheiten. Dies gilt auch für den Verlauf des Kirchenjahres mit den vielfältigen volksfrommen Praktiken an Sonn- und Feiertagen.[193] Dass sich im bäuerlich-ländlichen Alltag die kirchliche Frömmigkeit mit abergläubischen und magischen Praktiken vermischen konnte, sei zumindest angemerkt, doch bin ich nicht der Auffassung, dass in der bäuerlichen Frömmigkeit in besonderem Maße außerchristliche Vorstellungen konserviert waren und gewissermaßen eine volksreligiöse Parallelwelt neben den kirchlich-orthodoxen Vorstellungen bestanden hat.[194] Als neues Phänomen erreichte in der zweiten Hälfte des

ziert, indem er ihre Funktion als maximales Heilsangebot an die Gläubigen ernst nimmt. Vgl. auch Ders., Johann Tetzel in neuem Licht. Vortrag in Leipzig am 10. Oktober 2017 bei der Präsentation des Ausstellungs-Begleitbandes „Johann Tetzel und der Ablass", in: Neues Archiv für sächsische Geschichte 89 (2018), S. 265–281. Während der Drucklegung dieses Beitrags ist erschienen: Georg Habenicht, Ablass – Wertpapier der Gnade. Wie es zur Reformation kommen musste, Petersberg 2020, der nicht nur mit anregenden Thesen aufwartet, sondern auch interessante Quellenfunde über den Nördlinger Plenarablass von 1480 bietet, worüber Habenicht ein weiteres Buch ankündigt.

190 Vgl. dazu Tüchle, Kirchengeschichte Schwabens 2 (wie Anm. 6), S. 307–309; Ingelfinger, Die religiös-kirchlichen Verhältnisse (wie Anm. 49), S. 160–166; Louis Carlen, Wallfahrt und Recht im Abendland (Freiburger Veröffentlichungen aus dem Gebiete von Kirche und Staat 23), Freiburg i. Ü. 1987, S. 70–104; Ders., Straf- und Sühnewallfahrten nach Einsiedeln, in: Der Geschichtsfreund 125 (1972), S. 246–265 behandelt vornehmlich Beispiele aus der Schweiz.

191 Vgl. Reinhard Heydenreuter, Steinkreuze und Totschlagssühnen. Anmerkungen zum rechtshistorischen Hintergrund der Steinkreuzsetzung im 15. und 16. Jahrhundert, in: Hans-Georg Hermann/Hans-Joachim Hecker (Hg.): Rechtsgeschichte des ländlichen Raums in Bayern (Rechtskultur Wissenschaft 8), Regenstauf 2012, S. 75–88; Thomas Pfundner, Steinkreuze in Bayerisch-Schwaben (Steinkreuzforschung, Reihe A/13), Regensburg 2013; Dieter Kapff/Reinhard Wolf, Steinkreuze, Grenzsteine, Wegweiser … Kleindenkmale in Baden-Württemberg, Stuttgart 2000.

192 Vgl. hierzu Ingelfinger, Die religiös-kirchlichen Verhältnisse (wie Anm. 49), S. 124–126; Erwin Ettlin, Butterbriefe. Beiträge und Quellen zur Geschichte der Fastendispensen in der schweizerischen Quart des Bistums Konstanz im Spätmittelalter (Europäische Hochschulschriften, Reihe 3, 92), Bern 1977.

193 Vgl. Tüchle, Kirchengeschichte Schwabens 2 (wie Anm. 6), S. 409–428.

194 Pfaff, Pfarrei und Pfarreileben (wie Anm. 15), S. 248 nennt neben diesen beiden Ebenen als dritte noch die der religiösen Bewegungen, „die sich am Rande und im Widerspruch zur offiziellen Heilsanstalt entwickeln". Anders Richard van Dülmen, Volksfrömmigkeit und konfessionelles Christentum im 16. und 17. Jahrhundert, in: Wolfgang Schieder (Hg.): Volksfrömmigkeit in der modernen Sozialgeschichte (Geschichte und Gesellschaft, Sonderheft 11), Göttingen 1986, S. 14–30, wieder abgedruckt in: Richard van Dülmen, Religion und Gesellschaft. Beiträge zu einer Religionsgeschichte der Neuzeit, Frankfurt a. M. 1989, S. 50–69, der Ansätze der französischen und italienischen Forschung aufgreift.

15. Jahrhundert der Hexenglaube aus dem westalpenländischen Ursprungsgebiet den Bodenseeraum.[195]

Der Göttinger Kirchenhistoriker Bernd Moeller hat schon vor Jahrzehnten bemerkt, die Deutschen seien nie kirchenfrömmer als um 1500 gewesen.[196] Diese Erkenntnis hat dann dazu geführt, dass in der großen Ausstellung des Germanischen Nationalmuseums in Nürnberg zum Lutherjahr 1983, für die neben dem erwähnten Kirchenhistoriker der Mittelalterhistoriker Hartmut Boockmann mitverantwortlich war, erstmals das Kirchen- und Frömmigkeitsleben der Vorreformation gewürdigt wurde.[197] Aus heutiger Sicht klingt das weniger aufregend, aber im Lutherjahr 1983 war es noch nicht selbstverständlich, das kirchliche Leben vor der Reformation als Forschungsgegenstand ernst zu nehmen, als Ausgangspunkt reformatorischer Ansätze zu würdigen und nicht bloß als düstere Folie der reformatorischen Erleuchtung mit plakativen Klischees zu schildern. „Da man seit dem 19. Jahrhundert das 15. Jahrhundert gern nach ‚Ursachen der Reformation' absuchte, war die vorreformationsgeschichtliche Forschung mit Erfolg bemüht, auch die guten Seiten dieser Zeit zu beachten"[198], urteilte vor wenigen Jahren der Grazer Kirchenhistoriker Karl Amon, dem grundlegende Arbeiten über das kirchliche Leben in der Steiermark zu verdanken sind, die zu diesem differenzierten Urteil berechtigen. Vieles ist eben im landesgeschichtlichen Rahmen auf empirischer Grundlage erarbeitet, doch von der allgemeinen Forschung kaum beachtet worden. Auch Forschungen in Mitteldeutschland, dem Ursprungsgebiet der Reformation, haben mittlerweile grundlegend neue und differenzierte Einsichten vermittelt.[199] Das gängige Narrativ, die Reformation habe eine – ich drücke es bewusst plakativ aus – ‚verkommene und verlotterte mittelalterliche Kirche' überwunden, und Martin Luthers Auftreten sei die Antwort auf Krise und Zerfall von Kirche und Klerus gewesen, ist in dieser Allgemeinheit nie richtig gewesen und heute gar nicht mehr tragfähig. Selbstverständlich gab es auch im kirchlichen

195 Vgl. Tüchle, Kirchengeschichte Schwabens 2 (wie Anm. 6), S. 305–307 und weiterführend Arno Borst, Anfänge des Hexenwahns in den Alpen, in: Ders.: Barbaren, Ketzer und Artisten. Welten des Mittelalters, München u. a. 1988, S. 262–286, der auf Vorgänge im Berner Oberland um 1400 aufmerksam macht. Weitere Hinweise bei Schaab, Spätmittelalter (wie Anm. 49), S. 107.

196 Vgl. Bernd Moeller, Frömmigkeit in Deutschland um 1500 (Erstdruck 1965), in: Ders.: Die Reformation und das Mittelalter. Kirchenhistorische Aufsätze, hg. von Johannes Schilling, Göttingen 1991, S. 73–85; anhand von Bildzeugnissen und Realien mit dem gleichen Tenor Hartmut Boockmann, Kirche und Frömmigkeit vor der Reformation, in: Kurt Löcher (Hg.): Martin Luther und die Reformation in Deutschland. Vorträge zur Ausstellung im Germanischen Nationalmuseum Nürnberg 1983 (Wissenschaftliche Beibände zum Anzeiger des Germanischen Nationalmuseums 8 = Schriften des Vereins für Reformationsgeschichte 194), Nürnberg 1988, S. 9–35.

197 Vgl. Hartmut Boockmann, Kirche und Frömmigkeit vor der Reformation, in: Gerhard Bott (Hg.): Martin Luther und die Reformation in Deutschland. Ausstellung zum 500. Geburtstag Martin Luthers, Frankfurt a. M. 1983, S. 41–72.

198 Karl Amon, Die Kirche im Spätmittelalter, in: Gerhard Pferschy (Hg.): Die Steiermark im Spätmittelalter (Geschichte der Steiermark 4), Wien u. a. 2018, S. 463–484 (Zitat S. 482 Anm. 1).

199 Vgl. Hartmut Kühne/Enno Bünz/Thomas T. Müller (Hg.), Alltag und Frömmigkeit am Vorabend der Reformation in Mitteldeutschland. Katalog zur Ausstellung „Umsonst ist der Tod", Petersberg 2013; Enno Bünz/Hartmut Kühne (Hg.), Alltag und Frömmigkeit am Vorabend der Reformation in Mitteldeutschland. Wissenschaftlicher Begleitband zur Ausstellung „Umsonst ist der Tod" (Schriften zur sächsischen Geschichte und Volkskunde 50), Leipzig 2015.

Leben um 1500 Erscheinungen, die der Verbesserung und der Reform bedurften[200], aber das berechtigt nicht dazu, die Kirche und das kirchenfromme Leben um 1500 in Bausch und Bogen zu verdammen. Gleichwohl ist immer wieder ein Zerrbild vom Klerus der Vorreformation gezeichnet worden, der weder sittlich noch intellektuell den normativen Vorgaben der Amtskirche gerecht wurde.

Wir haben gesehen, wie sich die Pfarrkirchen des späten Mittelalters infolge zahlreicher Vikariestiftungen mit Nebenaltären und Altarretabeln füllten. Dies war ein allgemeiner Prozess, der aber nicht nur der regionalen Differenzierung bedarf, sondern auch der schärferen Unterscheidung von Stadt und Land. Dass die Verhältnisse in den Dorfkirchen im Vergleich zu den Stadtpfarrkirchen doch anders aussahen, hat natürlich seine Gründe. Wer war denn um 1500 auf dem Land überhaupt in der Lage, ein Benefizium zu stiften? Doch bestenfalls die Spitzengruppe der Bauern, sofern nicht die Dorfgemeinde als solche stiftete, oder der örtliche Dorf- und Patronatsherr, also der Landadel.[201] Zumeist musste es für die Jenseitsvorsorge (Memoria) genügen, einen Jahrtag zu stiften, in Süddeutschland und der Schweiz auch Jahrzeit genannt.[202] Damit diese termingerecht begangen wurden, mussten in der Kirche Jahrtagsverzeichnisse (Anniversare) vorhanden sein, die aber aus vorreformatorischer Zeit nur selten überliefert sind.[203] In der Pfarrei St. Ulrich zu Rettenbach bei Günzburg im Bistum Augsburg wurde ein solches Anniversar 1517 angelegt.[204] In diesem Jahr entstand auch das Jahrtagsbuch der Filialkirche in Riedlingen.[205] Aus der Pfarrei Altheim (Abb. 16), der Mutterkirche von Riedlingen an der Donau im Bistum Konstanz, ist ein solches Pfarreiseelbuch aus der Zeit um 1500 sogar ediert.[206]

200 Beispiele nennen für Oberschwaben z. B. Willburger, Konstanzer Bischöfe (wie Anm. 30), besonders S. 6 f., und Braun, Klerus (wie Anm. 108), S. 106–125.
201 Vgl. Franz Machilek, Frömmigkeitsformen des spätmittelalterlichen Adels am Beispiel Frankens, in: Klaus Schreiner (Hg.): Laienfrömmigkeit im Spätmittelalter (Schriften des Historischen Kollegs. Kolloquien 20), München 1992, S. 157–189 mit etlichen Beispielen, ebenso Enno Bünz, „Des Pfarrers Untertanen"? Die Bauern und ihre Kirche im späten Mittelalter, in: Kurt Andermann/Oliver Auge (Hg.): Dorf und Gemeinde. Grundstrukturen der ländlichen Gesellschaft in Spätmittelalter und Frühneuzeit (Kraichtaler Kolloquien 8), Epfendorf a. N. 2012, S. 153–191.
202 Vgl. Bünz, Memoria auf dem Dorf (wie Anm. 156), S. 203–212. Vgl. auch die Beiträge in: Peter Erhart/Jakob Kuratli Hüeblin (Hg.): Bücher des Lebens – Lebendige Bücher (Begleitbuch zur Ausstellung „Bücher des Lebens – Lebendige Bücher" des Stiftsarchivs St. Gallen), St. Gallen 2010.
203 Vgl. Jakob Kuratli Hüeblin, Die Jahrzeitbücher des Bistums St. Gallen, in: Bücher des Lebens (wie Anm. 202), S. 307–310 mit Auflistung und Kartierung. Von 600 Jahrzeitbüchern stammen 22 aus Pfarreien bis 1531. Zu einer Stadtpfarrei Friedrich Schnell, Der dokumentarische Wert des Schongauer Jahrtagsbuches von ca. 1445, in: Jahrbuch des Vereins für Augsburger Bistumsgeschichte 2 (1968), S. 23–32, auswertend, doch ohne Edition.
204 Stefan Miedaner, Anniversarium der Pfarrei Rettenbach, 1517 ff., in: Ders. (Hg.): Aus zwölf Jahrhunderten (wie Anm. 45), S. 20 f. Nr. 11.
205 Alois Braig, Das Jahrtagsbuch von 1577[!]. Gläubige Stiftungen für die verstorbenen Angehörigen, in: Assfalg, 500 Jahre Pfarrkirche St. Georg Riedlingen (wie Anm. 187), S. 26 f. (die Angabe 1577 ist offenkundig ein Versehen). Das Nekrolog verzeichnet zahlreiche Jahrtagsstiftungen aus dem Zeitraum 1482–1516.
206 Das Altheimer Seelbuch, [1.] Faksimile, [2.] Begleitband: Übersetzung der um das Jahr 1500 geschriebenen Handschrift. Im Auftrag des Katholischen Pfarramtes St. Martinus in Altheim bei Riedlingen übersetzt, mit Erläuterungen versehen und geschrieben von Ernst Münch. Mit einer Einführung

16 Pfarrkirche St. Martin in Altheim bei Riedlingen (Foto: Enno Bünz)

Eine fast beliebig herausgegriffene Seite des Monats März weist vier Anniversareinträge auf (Abb. 17)[207]: Ganz oben (18. März) eine bäuerliche Jahrtagsstiftung mit diesem Wortlaut: *Jahresgedächtnis für Konrad Karer und seine zwei Ehefrauen Aella und Agnes, für seinen Vater, seine Mutter und ihre Kinder. Für sein Jahresgedächtnis vermachte er fünf Schillinge Heller aus einer Juchart Ackers auf der Halde, die auf den Anwander des Heinz Knoll stösst. Hans Rin gibt sie jetzt dem Frühmesser*. Aus dem letzten Satz geht hervor, dass der Stifter des Jahrtags schon nicht mehr lebte. Inhaber des Gutes war nun Hans Rin. Dieser hatte also jährlich den Zins für den Jahrtag zu zahlen. Der Jahrtag wurde nicht vom Pfarrer, sondern vom Frühmesser begangen.

Der zweite Eintrag betrifft die Jahrtagsstiftung des Frühmessers (*ains fru messers zu Altham*) mit dem sprechenden Namen Johannes Gotterbarm.[208] Der Frühmesser gehört zur Kategorie der Messpriester und hatte täglich bei Tagesanbruch eine Messe zu lesen. Solche Frühmessstiftungen begegnen auch auf dem Land relativ häufig, weil die Men-

von Hermann Tüchle, Altheim 1982. Eine weitere Edition für das einstige Gebiet des Bistums Konstanz bietet übrigens Wolfgang Irtenkauf, Das ältere Jahrtagsbuch von Mittelberg (Schriften des Vorarlberger Landesmuseums, Reihe C: Volkskunde, Bd. 2), Bregenz 2001.

207 Vgl. Altheimer Seelbuch (wie Anm. 206), Faksimile S. 11, Begleitband S. 11.

208 Das Frühmessbenefizium wird 1437 erwähnt bei: Krebs, Investiturprotokolle (wie Anm. 42), S. 31.

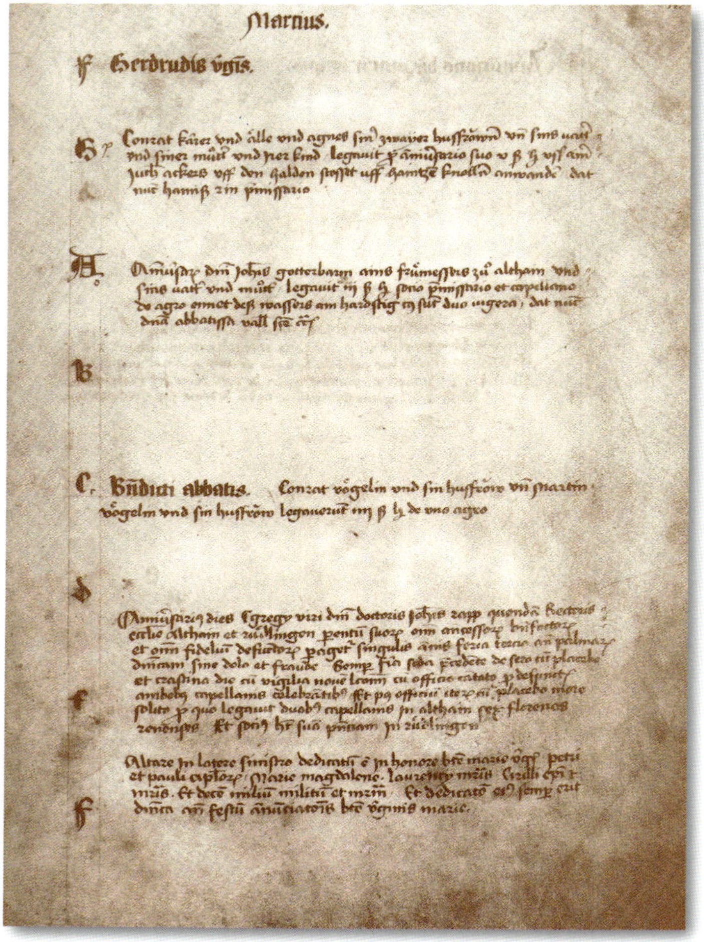

17 Seelbuch der Pfarrei Altheim aus der Zeit um 1500. Vier Anniversareinträge im Monat März (Vorlage: Das Altheimer Seelbuch, [1.] Faksimile, Altheim 1982)

schen ein elementares Bedürfnis hatten, zu Tagesbeginn, bevor man die Arbeit aufnahm, eine Messe zu hören. Der dritte Eintrag betrifft wieder die Jahrtagsstiftung eines Bauern. Als vierter Eintrag begegnet dann die Anniversarstiftung des ehrwürdigen Herrn Dr. Johannes Rapp, einst Rektor der Kirchen in Altheim und Riedlingen.[209] Diese Stiftung un-

209 Als Pfarrer von Altheim 1487 genannt, vgl. ebd.: als Pfarrer von Riedlingen 1450–1492 in: Assfalg, 500 Jahre Pfarrkirche St. Georg Riedlingen (wie Anm. 187), S. 6. Der scheinbare Widerspruch erklärt sich dadurch, dass Riedlingen Filialkirche der Pfarrei Altheim war, deren Pfarrer aber faktisch in dem bedeutenderen Riedlingen residierten. Die Pfarreierhebung Riedlingens erfolgte erst 1794, vgl. Assfalg,

18 St. Georg in Riedlingen, im späten Mittelalter Filialkirche der Dorfpfarrei Altheim, erst seit 1794 selbständige Stadtpfarrkirche (Foto: Enno Bünz)

terstreicht die Verbundenheit des einstigen Dorfpfarrers mit seiner Kirche und seiner Gemeinde. Ich zitiere aus dem Eintrag: für *seine Eltern, für alle Vorgänger im Amt, Wohltäter und alle verstorbenen Gläubigen*; der Jahrtag sollte jährlich am Dienstag vor Palmsonntag gehalten werden, und zwar *immer mit Seelenvesper während des Abends am vorhergehenden Montag und am folgenden Tag mit einer Vigil von neun Lesungen, mit einem gesungenen Seelenamt, das beide Kapläne feiern sollen und der Seelenvesper in der üblichen Weise. Dafür vermachte er den zwei Kaplänen in Altheim sechs rheinische Gulden. Der Helfer erhält seine Präsenz in Riedlingen*; die dortige Kirche (Abb. 18) war Filiale von Altheim.[210]

Der letzte Eintrag auf dieser Seite des Altheimer Seelbuchs ist keine Jahrtagsstiftung, sondern die Weihenotiz über die Weihe eines Nebenaltars in der dortigen Pfarrkirche

500 Jahre Pfarrkirche St. Georg Riedlingen (wie Anm. 187), S. 5. Wohl auch im Repertorium Academicum Germanicum verzeichnet: Johannes Rapp (RAG-ID: ngNDoI072Ml8xcjdhNmcwLzA), https://resource.database.rag-online.org/ngNDoI072Ml8xcjdhNmcwLzA, (aufgerufen am 22.3.2019). Laut Altheimer Seelbuch (2), S. 68 ist Dr. Joh. Rapp 1492 verstorben.

210 Vgl. die vorige Anmerkung.

(*Altar auf der linken Seite, der Muttergottes und weiteren Heiligen geweiht*). Schon diese wenigen Einträge des Altheimer Anniversars zeigen, dass der Informationsgehalt vielfältig ist: Es fällt Licht auf die Dorfbevölkerung und ihre Besitzverhältnisse, ebenso aber auf die Geistlichen an der dortigen Pfarrkirche und deren Ausstattung. Insgesamt verzeichnet das Altheimer Seelbuch 95 Jahrtagsstiftungen von Laien und Klerikern.[211] Ohne einer detaillierten Auswertung vorgreifen zu wollen, wird man wohl festhalten dürfen, dass sich darin nur ein kleiner Teil der Dorfbewohner widerspiegelt, wie sich auch andernorts zeigen lässt.[212] Zudem gab es einen steten Schwund des Jahrtagsbestandes. Wenn ein Seelbuch neu angelegt wurde, wie das in Altheim um 1500, wurde nur ein Teil der Jahrtage übernommen.

7. Die Gläubigen und ihre Kirche: Kirchenpflegschaft, Kirchenbau und -ausstattung

Nach den Ausführungen über die Besetzungsverhältnisse (Patronat und Inkorporation[213]) drängt sich der Eindruck auf, die Menschen vor Ort hätten gar keinen Einfluss auf die Pfarrkirchen gehabt. Dieser Eindruck verstärkt sich noch, wenn man zur Kenntnis nimmt, dass es nach mittelalterlichem Kirchenrecht gar keine Pfarrgemeinde gab. Der Rechtshistoriker Karl Siegfried Bader bemerkt dazu: „In der kanonistischen Doktrin ist für die Pfarrgemeinde als selbständige Trägerin von Rechten kein eigentlicher Raum. Die Gemeinde ist vielmehr Objekt der cura animarum, dem allerlei Pflichten obliegen wie Kirchenbaulast, Kirchenpflege usw.".[214] Aus der Sicht der Amtskirche, also auch des Pfarrers vor Ort waren die Pfarrangehörigen „des Pfarrers Untertanen".[215]

Aber die Wirklichkeit sah anders aus, denn in den Städten wie in den Dörfern entstanden Rechtsformen, die „den Charakter von genossenschaftlich handelnden Kirchenverbänden annehmen"[216]; auch wenn die Kirchengemeinden erst nach der Reformation als Rechtsformen anerkannt wurden, waren sie faktisch bereits im späten Mittelalter längst da. In einer Satire über das Elend der Pfarrer, die erstmals 1489 in Leipzig gedruckt wurde und eine weite Verbreitung fand – allein in Augsburg bei Anton Sorg erschienen um 1490 vier Druckausgaben[217] – zeichnet der anonyme Verfasser ein

211 Vgl. Tüchle, Einleitung, in: Altheimer Seelbuch (2) (wie Anm. 206), S. [VIII].

212 Vgl. Bünz, Memoria auf dem Dorf (wie Anm. 155), S. 205–207.

213 Vgl. oben bei Anm. 90.

214 Bader, Dorfgenossenschaft (wie Anm. 23), S. 182 (Zitat).

215 Karl Siegfried Bader, Universitas subditorum parochiae – des pfarrers untertanen. Zu Auffassung und Bezeichnung der spätmittelalterlichen Pfarrgemeinde, in: Klaus Obermayer (Hg.): Festschrift für Hans Liermann zum 70. Geburtstag (Erlanger Forschungen, Reihe A, 16), Erlangen 1964, S. 11–25; wiederabgedruckt in: Karl Siegfried Bader, Ausgewählte Schriften zur Rechts- und Landesgeschichte 2, hg. von Clausdieter Schott, Sigmaringen 1984, S. 240–254, hier S. 240 (Zitat).

216 Bader, Dorfgenossenschaft (wie Anm. 23), S. 183 (Zitat); Enno Bünz, Art. Pfarrgemeinde, in: Handwörterbuch zur deutschen Rechtsgeschichte. 2., völlig überarb. und erw. Aufl. hg. von Albrecht Cordes u. a., Bd. 4, Lieferung 27, Berlin 2018, Sp. 556–559.

217 GW 9352 ff.; vgl. https://www.gesamtkatalogderwiegendrucke.de/docs/EPISTOL.htm#GW09352 (aufgerufen am 1.5.2020).

schonungsloses Bild von den alltäglichen Mühen des Dorfpfarrers, der beständig von neun Teufeln gequält werde. Diese satirische Schrift, die gewiss von einem Geistlichen verfasst wurde, beschreibt die Amtskirche und ihre Vertreter nicht als unanfechtbare Autoritätsinstanz, die Gläubigen gerade nicht als „des Pfarrers Untertanen", sondern als Laien, die den Vertretern der Kirche mit Selbstbewusstsein entgegentraten.[218]

Einige Drucke tragen ein Titelblatt (Abb. 19), das diese Teufel zeigt. Aus dem unmittelbaren Umfeld des Pfarrers springen die Pfarrhaushälterin, also seine Köchin, der Küster oder Mesner und die Kirchenpfleger ins Auge. Vor allem die Kirchenpfleger – auf dem Titelbild ist es nur einer, aber in der Regel waren es zwei Personen – waren die Instanz, durch die die Dorfgemeinde in die Pfarrei eingriff. Die lateinisch vielfach als *iurati* oder *provisores* bezeichneten Laien waren zumeist angesehene, von der Dorfgemeinde gewählte Männer, die mit regional mannigfaltigen Bezeichnungen erscheinen, im deutschen Südwesten etwa als Kirchen- oder Gotteshauspfleger, Kirchengeschworene, Heiligenknechte, Kirchen-, Gotteshaus- oder Heiligenvogt usw.[219]

Sie verwalteten die *fabrica ecclesie*, die Kirchenfabrik, die für den baulichen Unterhalt und laufenden Betrieb der Kirche zuständig war, wobei allerdings einschränkend darauf hinzuweisen ist, dass sich die Baulast einer Pfarrkirche vielfach auf mehrere Schultern verteilte, so dass neben der Kirchenfabrik auch die politische Gemeinde und der Patronats- oder Inkorporationsherr bestimmte Bauteile zu unterhalten hatten, woraus mancherorts bis heute Rechtsstreitigkeiten resultieren.[220] Das Kirchengut bestand aus Grundbesitz, aber auch Geld- und Naturalieneinkünften, Milchvieh (‚eiserne Kühe' genannt[221]) u. a., was durch Stiftungen, Schenkungen, Legate und Testamente an die Kir-

218 Vgl. Albert Werminghoff, Die Epistola de miseria curatorum seu plebanorum, in: Archiv für Reformationsgeschichte 13 (1916), S. 200–227, mit Edition des Textes S. 202–213. Eine deutsche Übersetzung bei Gustav Braun, Epistola de miseria curatorum seu plebanorum, in: Beiträge zur bayerischen Kirchengeschichte 22 (1915/16), S. 27–41 u. 66–78. Dass die Schrift „aus Süddeutschland stammt", wie Braun meinte (S. 28), ist aber falsch. Vgl. dazu Albert Werminghoff, Zur Epistola de miseria curatorum seu plebanorum, in: Beiträge zur bayerischen Kirchengeschichte 22 (1916), S. 145–164 mit dem Nachweis, dass die „Epistola" im Bistum Meißen verfasst worden sein dürfte.

219 Vgl. Sebastian Schröcker, Die Kirchenpflegschaft. Die Verwaltung des Niederkirchenvermögens durch Laien seit dem ausgehenden Mittelalter (Görres-Gesellschaft zur Pflege der Wissenschaft im katholischen Deutschland. Veröffentlichungen der Sektion für Rechts- und Staatswissenschaft 67), Paderborn 1934; für die städtischen Verhältnisse nun weiterführend Reitemeier, Pfarrkirchen in der Stadt (wie Anm. 4) passim; Bader, Dorfgenossenschaft (wie Anm. 23), S. 207 f.; Machilek, Spätmittelalter (wie Anm. 24), S. 513.

220 Vgl. Hermann Ehmer, Wer trägt die Kosten für Kirchturm und Uhr? Zur Verfassungs- und Verwaltungsgeschichte der württembergischen Gemeinde, in: Beiträge zur Landeskunde. Regelmäßige Beilage zum Staatsanzeiger von Baden-Württemberg Heft 1 (Februar 1994), S. 9–14; Hans-Peter Michler, Kostenbeteiligung württembergischer Gemeinden an der Instandhaltung von Kirchtürmen, Kirchenuhren und -glocken. Zugleich Anmerkung zu zwei Entscheidungen des Verwaltungsgerichtshofs Baden-Württemberg vom 19. 12. 1995, in: Die Gemeinde 119 (1996), S. 219–230.

221 So wird Vieh bezeichnet, das dauerhaft von einem Bauern bzw. auf einem Hof zu halten ist und dessen Erträge einer Kirche zustehen, vgl. im Deutschen Rechtswörterbuch den Artikel „Eisenkuh": https://drw-www.adw.uni-heidelberg.de/drw-cgi/zeige?index=lemmata&term=Eisenkuh#Eisenkuh (aufgerufen am 1. 5. 2020).

19 Der Pfarrer in seinem sozialen Umfeld, umgeben von neun Teufeln, die ihn quälen: Titelblatt der „Epistola de miseria curatorum seu plebanorum" (Brief vom Elend der Pfarrer), gedruckt in Leipzig um 1489 (Privatbesitz, Foto: Enno Bünz)

che gekommen war. Da sich dadurch ständig Kapitalien anhäuften, wurden diese auch verliehen. Die Kirchenfabrik war also die Kreditkasse der Leute auf dem Dorf.[222]

Überlieferungsgeschichtlich hat sich die Verwaltung der Kirchenfabrik vor allem in den Kirchenrechnungen niedergeschlagen, in Württemberg auch Heiligenrechnungen genannt, die von den Kirchenpflegern geführt und jährlich gelegt werden mussten. Für die großen Stadtpfarrkirchen sind solche Serien vielfach schon aus vorreformatorischer Zeit überliefert, für das Ulmer Münster seit 1417, für das Freiburger Münster seit 1471, für St. Martin in Memmingen seit 1501, für St. Martin in Rheinfelden (Aargau) seit 1506.[223] Auch dies ist gewiss nur ein Ausschnitt der tatsächlichen Überlieferung, und niemand hat sich bislang die Mühe gemacht, solche Rechnungen von Dorfkirchen zusammenzusuchen und auszuwerten.[224]

Es würde sich aber lohnen, solchen Rechnungsbeständen der Dorfkirchen nachzugehen, denn sie gewähren einen umfassenden Einblick in den kirchlichen Alltag. Die Kirchenfabrik, das Kirchengut, war ja nicht nur für die Errichtung und den baulichen Unterhalt der Pfarrkirche da[225], sondern aus ihren Einkünften wurde der laufende Betrieb des Gotteshauses finanziert: Der Bedarf für die Messfeier wie Hostien, Wein und Weihrauch, Öl und Kerzen für die Kirchenbeleuchtung musste gedeckt werden. Liturgische Bücher waren nicht nur anzuschaffen, sondern nach intensivem Gebrauch immer wieder neu zu binden. Der laufende Einsatz der Kirchenglocken machte immer wieder den Kauf von Glockenseilen und Schmiere nötig. Vor allem aber liefen auch die Anschaffungen für das Inventar der Kirche durch die Rechnungsbücher, etwa wenn es um den Kauf eines neuen Altarretabels ging. Auch amtsbuchartige Aufzeichnungen der Heiligenpfleger wie Gotteshaus- oder Zinsbücher, die sich in den Kirchen- oder Ortsarchiven

222 Vgl. Enno Bünz, Kredit bei den Heiligen. Die Dorfkirche als Geldinstitut im späten Mittelalter und Frühneuzeit, in: Kurt Andermann/Gerhard Fouquet (Hg.): Zins und Gült. Strukturen des ländlichen Kreditwesens in Spätmittelalter und Frühneuzeit (Kraichtaler Kolloquien 10), Epfendorf a. N. 2016, S. 41–67; Willi A. Boelcke, Zur Entwicklung des bäuerlichen Kreditwesens in Württemberg vom späten Mittelalter bis zu Anfang des 17. Jahrhunderts, in: Jahrbücher für Nationalökonomie und Statistik 176 (1964), S. 319–358.

223 Die Angaben nach Reitemeier, Pfarrkirchen in der Stadt (wie Anm. 4), S. 697–703. Die Edition der Ulmer Münsterbaurechnungen von 1417 bis 1518 wird zurzeit von Anne-Christine Brehm (KIT Karlsruhe) vorbereitet. Darauf basiert ihre Untersuchung: Netzwerk Gotik. Das Ulmer Münster im Zentrum von Architektur und Bautransfer (Forschungen zur Geschichte der Stadt Ulm 36), Ulm 2020, hier S. 19–25 zu den Baurechnungen.

224 Etliche Pfarrarchive sind mittlerweile in den für das Untersuchungsgebiet zuständigen Diözesanarchiven Freiburg und Rottenburg-Stuttgart sowie im Landeskirchlichen Archiv Stuttgart zentralisiert, doch reichen die im Internet angebotenen Möglichkeiten nicht aus, um vorreformatorische Rechnungsbestände festzustellen. Die zahlreichen Ortskirchenarchive im Landeskirchlichen Archiv sind erst z. T. verzeichnet und reichen, wie Stichproben ergeben haben, nur vereinzelt in die vorreformatorische Zeit zurück: https://www.wkgo.de/quellen-literatur/archivische-findmittel/g-bestaende-pfarrarchive (aufgerufen am 31. 5. 2020), z. B. Altdorf (Dekanat Schorndorf) ab 1450, Aurich (Dek. Vaihingen/Enz) ab 1437 (kein Findbuch), Beuren (Dek. Nürtingen), ab 1521, Bickelsberg (Dek. Sulz/Neckar) ab 1338, Bopfingen (Dek. Aalen), ab 1427, Ditzingen, ab 1461, Ellrichshausen (Dek. Crailsheim) ab 1513, aber Rechnungen erst ab 1621, Ennabeuren (Dek. Münsingen) ab 1501 usw.

225 Wofür es übrigens ungeachtet der Kirchenfabrik stets auch besondere Aufteilungen der Baulast auf mehrere Instanzen (Patronatsherr, Gemeinde, Zehntberechtigte) gab, vgl. Bader, Dorfgenossenschaft (wie Anm. 23), S. 211 f.

finden, können für Fragen der Kirchenausstattung aussagekräftig sein. Ein Zinsrodel der Heiligenpfleger von Wangen (Hegau) aus den Jahren 1495 bis 1523 belegt z. B. vielfältige Baumaßnahmen an der Kirche und die Anschaffung von Ausstattungsstücken wie Altarretabel, Glasfenster, Taufstein usw.[226] Es war ein in ganz Deutschland feststellbarer Trend, dass sich die Kirchen im Jahrhundert vor der Reformation mit neuen Altarretabeln füllten. In jeder größeren Stadt gab es im 15. Jahrhundert einen oder mehrere Bildschnitzer, die Altäre geradezu in Serie herstellten. Im Württembergischen Landesmuseum Stuttgart war 1993 eine Ausstellung über die Bildhauerwerkstatt des Niklaus Weckmann und die Malerei in Ulm um 1500 zu sehen, die das Phänomen auf einen

226 Vgl. Hartmut Gräf, Wangen vor 500 Jahren, in: Hegau 67 (2010), S. 125–136, hier S. 127 f. Herrn Dr. Gräf, Öhningen, danke ich vielmals für eine Kopie dieses instruktiven Aufsatzes.

20 a und b Altarretabel aus der Dorfkirche in Braunsbach bei Schwäbisch Hall, um 1510, im geöffneten und geschlossenen Zustand (Foto: Württembergisches Landesmuseum Stuttgart, Inv. Nr. WLM 864, als Dauerleihgabe im Diözesanmuseum Rottenburg)

griffigen Titel brachte: Meisterwerke massenhaft.[227] Auch die großen Meister wie Hans Multscher und Niklaus Weckmann in Ulm, Veit Stoß in Nürnberg oder Tilman Riemenschneider in Würzburg arbeiteten nicht nur für die großen Stadt- und Klosterkirchen, sondern auch für Dorfkirchen und -gemeinden.[228] Daneben gab es viele regionale Werk-

227 Vgl. Meisterwerke massenhaft. Die Bildhauerwerkstatt des Niklaus Weckmann und die Malerei in Ulm um 1500 [Katalog zur Ausstellung im Württembergischen Landesmuseum Stuttgart Altes Schloss vom 11. Mai – 1. August 1993]. Katalogredaktion: Gerhardt Weilandt unter Mitarbeit von Stefan Roller, Stuttgart 1993. Grundlegend zur Retabelproduktion Michael Baxandall, Die Kunst der Bildschnitzer. Tilman Riemenschneider, Veit Stoß und ihre Zeitgenossen, München [3]1996. Konsequent interdisziplinär angelegt ist das Buch von Georg Habenicht, Die Heilsmaschine. Der Flügelaltar und sein Personal (Studien zur internationalen Architektur- und Kunstgeschichte 119), Petersberg 2014, vgl. dazu meine Besprechung in: Neues Archiv für sächsische Geschichte 87 (2016), S. 376–381.

228 Einige Werke oberschwäbischer Herkunft finden sich in: C. Sylvia Weber (Hg.), Alte Meister in der Sammlung Würth. Der ehemals fürstlich Fürstenbergische Bilderschatz, Schwäbisch Hall 2004; Heinz

stätten, die Kunstwerke in Serie produzierten. Nur als Beispiel sei hier der Flügelaltar aus Braunsbach bei Schwäbisch Hall gezeigt (Abb. 20 a und b) der um 1510 hergestellt wurde. Der Altar gehört zwar nicht in unser Untersuchungsgebiet, befindet sich heute aber als Dauerleihgabe im Diözesanmuseum Rottenburg.[229] Das Retabel stand auf dem Hochaltar, zeigt drei Wandlungsstufen und ist repräsentativ für die zahllosen Retabel, die vor der Reformation für Dorfkirchen angeschafft wurden, wenn auch vielerorts in einfacherer Form.

Die Kirchenpfleger waren es zumeist auch, die den Werkvertrag mit dem Künstler abschlossen.[230] Für den oberschwäbischen Raum kennen wir bislang keinen solchen Kontrakt für eine Pfarrkirche. Hier aber immerhin zwei Beispiele vom Rande unseres Untersuchungsgebietes: Für die Pfarrkirche St. Nikolaus in Lenzkirch (Hochschwarzwald, Titisee) bestellten die *kilchen pflaeger* 1478 einen Flügelaltar bei dem Maler Michael Pfender in Schaffhausen.[231] Für die Kirche in Wangen (Hegau) schloss die Gemeinde 1516 einen Vertrag mit dem Bildschnitzer Hans Thomas in Memmingen, der für 125 Gulden ein neues Retabel (*taffel*) anfertigen sollte, das schon 1517 auf dem Wasserweg geliefert wurde. Der Anschaffung scheinen längere Überlegungen vorangegangen zu sein, denn 1515 hatten sich der Pfarrer und ein Heiligenpfleger von Wangen in Gailingen am Hochrhein das dortige Retabel zusammen mit dem Bildschnitzer von Schaffhausen angesehen.[232] Wahrscheinlich gibt es noch weitere Zeugnisse von Künstlerverträgen aus Südwestdeutschland, die in den ländlichen Bereich gehören. Zwar hat Hans Rott schon in den 1930er Jahren in mehreren Bänden Quellen zur südwestdeutschen Kunstgeschichte im 15. und 16. Jahrhundert zusammengestellt, aber er hat sich dabei ganz auf die städtischen Archive konzentriert.[233] Die ländlichen Pfarr- und Gemeindearchive für eine solche Edition systematisch zu durchforsten ist organisatorisch gar nicht zu leisten, solange sich die Kirchenarchive vor Ort befinden und nicht fachmännisch geordnet und

Koppenhöfer, Altäre Ulmer Meister. Kleinode in Dorfkirchen der Schwäbischen Alb, Metzingen/Württ. 1993 behandelt die Altäre in Merklingen (Weckmann-Werkstatt), Scharenstetten (Multscher), Wippingen und Lautern. Wünschenswert wären regionale Übersichten, wie sie z. B. für das Gebiet um Heilbronn vorliegt: Hartmut Gräf, Unterländer Altäre 1350–1540. Eine Bestandsaufnahme (Heilbronner Museumsheft 9), Heilbronn 1983; Melanie Thierbach/Renate Mäder/Kathrin Rottmann, Katalog Diözesanmuseum St. Afra. Bestandskatalog, Augsburg 2012.

229 Karl Halbauer/Elisabeth Krebs: Flügelretabel aus St. Bonifatius in Braunsbach. in: Landesmuseum Württemberg (Hg.): Die mittelalterlichen Skulpturen. Bd. 3: Stein- und Holzskulpturen sowie Tonplastiken 1400–1530. Niederschwaben und außerschwäbische Gebiete, Teil 1: Schwäbisch Hall, Stuttgart 2020, S. 47–57, Kat. Nr. 5, https://www.landesmuseum-stuttgart.de/sammlung/sammlung-online/dk-details/?dk_object_id=34302 (aufgerufen am 14.12.2020); Diözesanmuseum Rottenburg – Gemälde und Skulpturen 1250–1550, bearb. von Melanie Prange und Wolfgang Urban, Ostfildern 2012, S. 415–418 Nr. 106.

230 Das gilt natürlich nicht für die Nebenaltäre, die von privaten Stiftern oder Bruderschaften in Auftrag gegeben wurden, vgl. z. B. Hans Huth, Künstler und Werkstatt der Spätgotik, Darmstadt 1967, S. 132 f. Nr. XVII (Feldkirch).

231 Vgl. ebd., S. 116 f. Nr. VII.

232 Alle Angaben nach Gräf, Wangen vor 500 Jahren (wie Anm. 226), S. 127 aus einem Zinsrodel der Heilgenpfleger.

233 Vgl. Hans Rott, Quellen und Forschungen zur süddeutschen und schweizerischen Kunstgeschichte im XV. und XVI. Jahrhundert, I. Bodenseegebiet, 2 Teilbde, II. Alt-Schwaben und die Reichsstädte, III. Der Oberrhein, 2 Teilbde, Stuttgart 1933–1938.

verzeichnet sind.[234] Spektakuläre Quellenfunde sind möglich. Peter Niederhäuser hat auf die Pfarrkirche in Turbenthal (südöstlich von Winterthur) hingewiesen, die Anfang des 16. Jahrhunderts neu erbaut wurde. 13 Angehörige der Familie von Landenberg, darunter der Konstanzer Bischof Hugo von Hohenlandenberg, kamen 1504 urkundlich überein, wie sie ihren Anteil an den Baukosten von 600 Pfund Zürcher Währung (= 300 rheinische Gulden) aufteilen wollten, und 1510 schlossen sie mit der Gemeinde einen Vertrag über den Neubau, für den sie die genannte Summe beizusteuern versprachen. Diese versprach dafür, den Bau und die Ausstattung der Kirche zu finanzieren und sicherte den Landenbergern gewisse Rechte hinsichtlich des Begräbnisses in der Kirche und der Durchführung ihrer Jahrtage zu.[235] Durch die 300 Gulden war gewiss nur ein Teil der Baukosten abgedeckt, aber das Beispiel zeigt, wie bei Dorfkirchenbauten Patronatsherren und Gemeinde eng zusammenwirkten. Jüngst hat Christian Hesse aus dem Kirchenarchiv in Jegenstorf (nordöstlich von Bern) einen Werkvertrag über den Neubau der dortigen Pfarrkirche von 1514 publiziert.[236] In Jegenstorf, das im südöstlichen Winkel des Bistums Konstanz lag, wurden zwischen Gemeinde und Baumeister alle Arbeitsschritte vom Abbruch der alten Kirche bis zur Gestaltung des Kirchenneubaus vereinbart. Der Werkmeister erhielt von der Gemeinde pauschal 100 Mütt Dinkel und 700 rheinische Gulden, wovon er alle Baukosten zu bezahlen hatte, allerdings ungeachtet gewisser Arbeitsleistungen, die nach Anweisung des Werkmeisters die Gemeindemitglieder zu erbringen hatten.[237] Solche schriftlich festgehaltenen Werkverträge sind auch im ausgehenden Mittelalter ausgesprochen selten, zeigen aber schlaglichtartig, welchen Aufwand eine Landgemeinde betreiben musste, um eine neue Kirche zu bekommen.

Die Mittel der Kirchenfabrik, die für den baulichen Unterhalt der Pfarreien gedacht waren[238], reichten für den Neubau einer Kirche nicht aus. Dafür war die Gebefreudigkeit der Gläubigen gefordert, die durch Ablässe zugunsten des Kirchenbaus gefördert wurde, aber auch durch Sammellizenzen (Petitorien), die von den Diözesanbischöfen gewährt wurden.[239] Der Neubau begann nach dem Abbruch der alten Kirche mit der Grundsteinlegung, die im späten Mittelalter wohl stets am Anfang des Kirchenbaus stand[240], und

234 Vgl. jetzt aber die Kirchenarchive im Landeskirchlichen Archiv Stuttgart, oben Anm. 224.

235 Vgl. Peter Niederhäuser, Kirche Turbenthal, in: Ein feiner Fürst (wie Anm. 30), S. 169–174, die beiden Verträge S. 169 f.

236 Christian Hesse, Ländliche Frömmigkeit, kommunales Selbstbewusstsein und herrschaftliches Repräsentationsbedürfnis. Der Neubau der Pfarrkirche zu Jegenstorf 1514, in: Berner Zeitschrift für Geschichte 81 (2019) Heft 4, S. 45–56, mit Abbildung, aber leider ohne Edition des Kontrakts.

237 Vgl. ebd., S. 47. 1 Mutt Dinkel entspricht nach Angabe des Verfassers ungefähr 168 Liter.

238 Vgl. dazu bei Anm. 220.

239 Anschaulich und materialreich Médard Barth, Heiltumführer und Almosensammler des Mittelalters. Die Mandate des Straßburger Bischofs Wilhelm von Honstein (1506–1541), in: FDA 74 (1954), S. 100–131; für das Bistum Augsburg Rückert, Kunstgeschichtliches (wie Anm. 162) S. 614 f. (Lizenzen *pro petitione*); für den nördlichen Teil des Bistums um Schwäbisch Gmünd Rudolf Weser, Bettelbriefe für Kirchenbauten im Alt-Gmünder Bezirk, in: Gmünder Heimatblätter 9 (1936), S. 56–61.

240 Grundsteinlegungen von Dorfkirchen sind vereinzelt belegt, vor allem durch Grundsteinlegungsinschriften an der Kirche, vereinzelt aber auch durch die Wiederauffindung des Grundsteins selbst, wie z. B. in Eltingen (Michaelskirche), vgl. Volker Trugenberger, Die Michaelskirche in Eltingen. Kirche und Kirchgänger im Laufe der Jahrhunderte, Leonberg-Eltingen 1988, S. 36 f. (mit Abbildung des Grundsteins von 1488). Vgl. nun Bünz, fundamentstain (wie Anm. 3) mit vielen Beispielen.

konnte sich über Jahre hinziehen, bis die Kirche und die Altäre geweiht wurden, wofür zumeist der Weihbischof zuständig war[241], denn erst die *dedicatio ecclesie* – als Kirchweihtag fortan von der Gemeinde festlich begangen – machte den Neubau überhaupt zum Gotteshaus.[242] Die systematische Erforschung der mittelalterlichen Dorfkirchenbauten und ihrer Ausstattung wäre für Oberschwaben noch zu leisten.[243]

Egal, ob die Gotteshäuser ganz neu gebaut, durch einen Chorneubau erweitert oder durch andere Baumaßnahmen modernisiert wurden, der nächste Schritt war die Neuausstattung der Kirchen, beispielsweise durch ein neues Hochaltarretabel, Glasfenster, Kanzel und Gestühl, Andachtsbilder und andere Bildwerke usw. Neben der archivalischen Überlieferung bis hinab zu den Pfarreien müsste man auch die Kirchenausstattung vor Ort wie in den Museen erfassen, um ein genaueres Bild von der Gestalt der Kirchen und den damit verbundenen Frömmigkeitspraktiken zu zeichnen.[244] Für Mitteldeutschland hat vor wenigen Jahren eine Ausstellung über „Alltag und Frömmigkeit am Vorabend der Reformation" exemplarisch verdeutlicht, dass Kunstdenkmäler, Realien und Schriftquellen in großer Zahl erhalten sind, die ein anschauliches Bild von der Aus-

241 Für Konstanz Tüchle, Weihbischöfe (wie Anm. 63) mit Nachweisen in den einzelnen Viten. Zahlreiche Belege für Weihen von Kirchen, Kapellen und Altären in: Regesta Episcoporum Constantiensium (wie Anm. 39), s. v. Weihe.

242 Die Sammlung der Weihenachrichten reicht für Konstanz bislang nur ins Hochmittelalter: Hermann Tüchle, Dedicationes Constantienses. Kirch- und Altarweihen im Bistum Konstanz bis zum Jahre 1250, Freiburg i. Br. 1949.

243 Einen anregenden und anschaulichen Gesamtüberblick bietet nun für Franken Konrad Bedal, Dorfkirchen in Franken. Kontinuität und Wandel in Bauformen und Ausstattung 1000–1800. Ein Bildhandbuch (Schriften und Kataloge des Fränkischen Freilandmuseums in Bad Windsheim 76), Bad Windsheim 2015. Wichtig sind auch die Arbeiten von Wolfgang Müller, Die mittelalterlichen Dorfkirchen im badischen Frankenland, Tauberbischofsheim 1978, zugleich in: FDA 98 (1978), S. 5–103, und: Ders., Die Ortenau als Chorturmlandschaft. Ein Beitrag zur Geschichte der älteren Dorfkirchen (Veröffentlichungen des Alemannischen Instituts Freiburg 18), Bühl/Baden 1965, die aber nicht Oberschwaben betreffen. Für die Landkirchen im Kanton Zug vgl. nun den gehaltvollen Band: Eggenberger/Glauser/Hofmann (Hg.), Mittelalterliche Kirchen und die Entstehung der Pfarreien im Kanton Zug (wie Anm. 50). Jürg Davatz, Die spätgotische Pfarrkirche Näfels, 1523 bis 1779 – schriftliche Quellen zur Baugeschichte, in: Jahrbuch des Historischen Vereins des Kantons Glarus 82 (2002), S. 117–126; Felicia Schmaedecke, Die spätgotische Pfarrkirche Näfels, 1523 bis 1779 – archäologische Quellen zur Baugeschichte, in: ebd., S. 127–165. Während der Drucklegung dieses Beitrags ist erschienen: Dietrich Klaus Hartmann, Archäologisch-baugeschichtliche Studie zu den Dorfkirchen im ehemaligen Bistum Konstanz (Archäologische Berichte 32), Kerpen 2019; dieser zusammenfassenden Untersuchung sollen drei Objektstudien folgen. Angekündigt ist: Ders., Die ehemalige katholische Pfarrkirche St. Georg in Burladingen (Archäologische Berichte 33), Kerpen 2020. Zwei weitere Bände werden die Kirchen St. Vitus in Schmiechen und St. Peter und Paul in Nusplingen behandeln.

244 Zum Stand der Denkmalinventarisation siehe unten Anm. 247. Hervorzuheben ist die besonders umfassende, auch Schriftquellen einschließende Dokumentation der mittelalterlichen Glasmalerei, vgl. für das Untersuchungsgebiet Rüdiger Becksmann, Die mittelalterlichen Glasmalereien in Schwaben von 1350 bis 1530 (ohne Ulm). Unter Mitwirkung von Fritz Herz, auf der Grundlage der Vorarbeiten von Hans Wentzel und Ferdinand Werner (Corpus Vitrearum Medii Aevi Deutschland 1, 2), Berlin 1986; Daniel Parello, Die mittelalterlichen Glasmalereien in Augsburg und Bayerisch Schwaben (Corpus Vitrearum Medii Aevi Deutschland 12), Erscheinen angekündigt für 2021.

stattung der Kirchen geben.[245] Dabei hat sich neuerlich „die bewahrende Kraft des Luthertums" erwiesen, denn es ist ja immer wieder überraschend zu sehen, dass sich in lutherischen Pfarrkirchen nach der Reformation mehr mittelalterliche Inventarstücke erhalten haben, als in katholischen Kirchen.[246] Angesichts der gemischten Konfessionsverhältnisse in Oberschwaben ist das eine zunächst einmal vielversprechende Prämisse.[247] Selbst im Herzogtum Württemberg, wo 1537 die ‚Abschaffung' der Bilder aus den Kirchen angeordnet wurde (dieser Begriff beschreibt präziser, was vielfach undifferenziert als ‚Bildersturm' bezeichnet wird), haben sich bedeutende vorreformatorische Ausstattungsstücke erhalten, wie jüngst am Beispiel der Marienkirche in Upfingen (südlich von Urach)[248] und der Stadtpfarrkirche St. Peter in Weilheim an der Teck[249] gezeigt wurde.[250]

Der Wandel der Frömmigkeit, getragen von dem Wunsch nach Anschaulichkeit des Heilsgeschehens und Vermehrung der Messfeiern beförderte diese Entwicklung. Die spätmittelalterlichen Kirchen in Stadt und Land füllten sich durch Stiftungen von Laien und Klerikern mit zahlreichen Altarbenefizien beziehungsweise Vikarien, die in Südwestdeutschland auch als Kaplaneien bezeichnet werden.[251] Schon vor etlichen Jahren hat Rosi Fuhrmann in ihrer Dissertation über „religiöse Bedürfnisse und kirchliche Stiftung auf dem Lande vor der Reformation" gezeigt, welche Bedeutung die Stiftung von

245 Kühne/Bünz/Müller (Hg.), Alltag und Frömmigkeit. Katalog (wie Anm. 199). Einige weitere Objekte präsentiert: Wandel & Beständigkeit. Die Reformation in Arnstadt und Umgebung. Katalog zur gleichnamigen Ausstellung im Schloßmuseum Arnstadt vom 4. November 2017–8. April 2018. Redaktion: Martin Sladeczek, Petersberg 2017.

246 Vgl. Johann Michael Fritz (Hg.), Die bewahrende Kraft des Luthertums. Mittelalterliche Kunstwerke in evangelischen Kirchen, Regensburg 1997. Exemplarisch sei auf den allmählichen Wandel der Dorfkirchenausstattung in Thüringen verwiesen, nun umfassend untersucht von Martin Sladeczek, Vorreformation und Reformation auf dem Land in Thüringen. Strukturen – Stiftungswesen – Kirchenbau – Kirchenausstattung (Quellen und Forschungen zu Thüringen im Zeitalter der Reformation 9), Köln u. a. 2018.

247 Für Oberschwaben liegen etliche Bände der amtlichen Kunstdenkmälerinventarisation vor, vgl. die Nachweise in: Handbuch der Historischen Stätten 6 (wie Anm. 35), S. 941. Für Bayerisch Schwaben sei verwiesen auf: Die Kunstdenkmäler von Bayern, VII. Regierungsbezirk Schwaben, Bd. 1–9, München 1938–1993.

248 Vgl. Karl Halbauer, Die Marienkirche in Upfingen und der Umgang mit ihrer vorreformatorischen Ausstattung, in: Freiheit – Wahrheit – Evangelium. Beiträge (wie Anm. 187), S. 150–166

249 Vgl. Tilmann Marstaller, *Parce tuis ovibus*. Die Peterskirche in Weilheim an der Teck im Spannungsfeld der Reformation, in: Freiheit – Wahrheit – Evangelium. Beiträge (wie Anm. 187), S. 167–185.

250 Vgl. auch die Objekte im Kapitel „Kirche und Frömmigkeit am Vorabend der Reformation", in: Freiheit – Wahrheit – Evangelium. Reformation in Württemberg. Katalog, bearb. von Peter Rückert unter Mitarbeit von Alma-Maria Brandenburg und Eva-Linda Müller, Ostfildern 2017, S. 43–65. – Zur Diskussion im Herzogtum Württemberg bis zum sog. „Götzentag" in Urach 1537 siehe Gudrun Litz, Die reformatorische Bilderfrage in den schwäbischen Reichsstädten (Spätmittelalter und Reformation. Neue Reihe 35), Tübingen 2007, S. 49–56.

251 Vgl. Wolfgang Müller, Die Kaplaneistiftung (praebenda sine cura) als spätmittelalterliche Institution, in: Remigius Bäumer (Hg.): Von Konstanz nach Trient. Beiträge zur Geschichte der Kirche von den Reformkonzilien bis zum Tridentinum. Festgabe für August Franzen, Paderborn 1972, S. 301–315; Ders., Zur Geschichte der Kaplaneien im schweizerischen Anteil des Bistums Konstanz, in: Festschrift Oskar Vasella. Zum 60. Geburtstag am 15. Mai 1964 überreicht von Schülern und Freunden, Freiburg/Schweiz 1964, S. 226–234; Ders., Der Ausklang der mittelalterlichen Kaplaneien am Freiburger Münster, in: Schau-ins-Land 90 (1972), S. 113–118.

Ewigvikarien und Frühmessen in den Dorfkirchen hatte. Zwar ist der von ihr favorisierte Begriff „Minderpfründen" nicht glücklich gewählt, da die kanonistische Begrifflichkeit keine solche Abstufung kennt[252], aber mit den Benefizienstiftungen im ländlichen Bereich hat sie den Blick auf eine wichtige Thematik gelenkt.[253] Fuhrmann konzentriert sich dabei auf Südwestdeutschland, macht allerdings an der Oberen Donau Halt, so dass der Großteil Oberschwabens nicht erfasst wurde. Das auf dieser Grundlage entworfene Kartenbild ist aber vor allem deshalb einseitig, weil nur die Kaplaneistiftungen dargestellt sind, für die sich eine Stiftung durch Bauern oder Dorfgemeinden belegen lässt.[254] Für viele Vikarien ist aber überhaupt keine Stiftungsurkunde überliefert. Zudem ist davon auszugehen, dass Altarbenefizien nicht nur von den Gemeinden allein gestiftet wurden, sondern als Stifter vielfach auch Ortsadlige tätig wurden.[255] Wie zahlreich diese Messpriesterbenefizien waren, hat bereits Gerhard Kallen in seinem Buch über die oberschwäbischen Pfründen des Bistums Konstanz im späten Mittelalter dokumentiert (Abb. 21): Dort sind insgesamt 660 Kaplaneien nachweisbar, von denen sich 255 in Dorfkirchen befanden. Es handelt sich dabei um 96 Filialkaplaneien und 159 andere Messpriesterbenefizien.[256] Die Arbeit von Fuhrmann betrifft nur einen Bruchteil dieser Stiftungen, dürfte tendenziell also den kommunalen Anteil überbewerten. Für das Bistum Augsburg wird die Zahl solcher Benefizien am Ausgang des Mittelalters auf 750 bis 800 geschätzt[257], doch fehlen hier genauere Untersuchungen.[258]

Auch in Dorfpfarrkirchen wurden also etliche Vikariestiftungen installiert. Sie dienten nicht primär, ja in der Regel gar nicht seelsorgerlichen Zwecken[259], denn es waren Benefizien *sine cura*.[260] Die Grundintention war dabei die Vermehrung der Messfeiern und das Ansinnen, die Messfrüchte den Armen Seelen der Verstorbenen zuzuwenden. Das Gebet für die Armen Seelen, das die Gläubigen vor dem Beinhaus verrichteten, fand seine Fortsetzung in gestifteten Messen für die Verstorbenen.[261] Die dörflichen Frömmigkeitspraktiken folgten diesbezüglich denen in den Städten, denn in den Stadtpfarrkirchen breitete sich schon seit dem 13. Jahrhundert die Praxis aus, Nebenaltäre mit eigenen Messpriesterstellen zu stiften.[262] Wollte man die Zahl der gelesenen oder gesungenen

252 Vgl. Rosi Fuhrmann, Kirche und Dorf. Religiöse Bedürfnisse und kirchliche Stiftungen auf dem Lande vor der Reformation (Quellen und Forschungen zur Agrargeschichte 40), Stuttgart u. a. 1995.
253 Wenig beachtet wurde allerdings das Buch von Eder, Das Land ob der Enns (wie Anm. 137), das flächendeckend die Benefizienstiftungen in Dorfkirchen dokumentiert.
254 Vgl. die Karte bei Fuhrmann, Kirche und Dorf (wie Anm. 252), S. 490.
255 Dazu die Angaben unten in der Anm. 265.
256 Vgl. Kallen, Oberschwäbische Pfründen (wie Anm. 48), S. 130 (Tabelle), 138–146.
257 Vgl. Zoepfl, Entwicklung (wie Anm. 19), S. 120.
258 Die in Anm. 31 genannten Diözesanmatrikeln böten hierfür eine gute Grundlage.
259 Vgl. Kallen, Oberschwäbische Pfründen (wie Anm. 48), S. 141, der ebd. S. 141 f. allerdings darauf hinweist, dass die Kapläne auf dem Lande gelegentlich auch für seelsorgerliche Aufgaben herangezogen wurden.
260 Bünz, Pfarreien – Vikarien – Prädikaturen (wie Anm. 114), besonders S. 103, 113.
261 Zu den volksfrommen Vorstellungen vgl. Hartinger, ... denen Gott genad! (wie Anm. 176). Für die Schweiz Tremp, Wie fromm (wie Anm. 50), S. 31–34.
262 Vgl. Enno Bünz, Vikariestiftungen verändern den Kirchenraum. Zum Wandel spätmittelalterlicher Pfarrkirchen im deutschsprachigen Gebiet, in: Ders., Die mittelalterliche Pfarrei (wie Anm. 12), S. 234–257.

21 Pfründenstatistik des Bistums Konstanz am Ende des Mittelalters (Vorlage: Gerhard Kallen, Die oberschwäbischen Pfründen des Bistums Konstanz und ihre Besetzung (1275–1508). Ein Beitrag zur Pfründengeschichte vor der Reformation (Kirchenrechtliche Abhandlungen 45–46), Stuttgart 1907, S. 128–130)

Dekanate	Pfarreien							Kaplaneien u. 1500			
	13. Jahrhundert	Summe	Abgegangen seit d. 13. Jahrh.	Hinzugekommen seit d. 13. Jahrh.	Um 1500	Summe	Nach d. Catalogus Personarum 1779	Filial-/Schloss-Kaplaneien	Sonstige Pfründen n. O.	Summe	Nach d. Catalogus Personarum 1779
1. Biberach:											
Stadt	1		–	–	1			–	32		
Land	17		1	–	16			4	3		
S.		**18**				**17**	**19**			**39**	**17**
2. Blaubeuren:											
a) Ulm	1		–	–	1			–	91		
b) Stadt	1		–	–	1			–	7		
Land	22		–	6	28			14	17		
S.		**24**				**30**	**14**			**129**	**11**
3. Dietenheim:											
Stadt	1		–	–	1			–	2		
Land	19		7	1	13			2	–		
S.		**20**				**14**	**13**			**4**	**6**
4. Ehingen:											
Stadt	1		–	1	2			–	26		
Land	17		1	1	17			3	9		
S.		18				19	18			38	15
5. Isny:											
Stadt	3		1	–	2			–	22		
Land	43		3	7	47			1	5		
Propstei	–		–	1	1		1	–	–		
S.		**46**				**50**	**48**			**28**	**17**
6. Laupheim:											
Stadt	1		–	–	1			–	2		
Land	28		7	8	29			–	4		
S.		**29**				**30**	**31**			**6**	**10**
7. Lindau:											
Stadt	3		–	–	3	–	–	–	31		
Land	32		–	10	42			15	12		
Kanonissenstift	1		–	–	1		1	–	4		
S.		**36**				**46**	**55**			**62**	**35**

Fortsetzung nächste Seiten

Dekanate	Pfarreien							Kaplaneien u. 1500			
	13. Jahrhundert	Summe	Abgegangen seit d. 13. Jahrh.	Hinzugekommen seit d. 13. Jahrh.	Um 1500	Summe	Nach d. Catalogus Personarum 1779	Filial-/Schloss-Kaplaneien	Sonstige Pfründen n. O.	Summe	Nach d. Catalogus Personarum 1779
8. Linzgau:											
Stadt	4		–	–	3			–	55		
Land	27		8	1	19			14	10		
Kollegiatkirchen	–		–	(2*)	2		3	–	6		
S.		**31**				**24**	**26**			**85**	**29**
9. Mengen:											
Stadt	2		–	–	3			–	22		
Land	22		5	–	16			4	5		
S.		**24**				**19**	**21**			**31**	**19**
10. Messkirch:											
Stadt	1		–	–	1			4	8		
								(1 St.)			
Land	15		2	1	14			5	4		
S.		**16**				**15**	**17**			**21**	**15**
11. Munderkingen:											
Stadt	2		–	–	2			–	11		
Land	26		1	3	28			10	16		
S.		**28**				**30**	**33**			**37**	**18**
12. Ravensburg:											
Stadt	1		–	2	3			–	27		
Land	11		1	1	11			4	11		
S.		**12**				**14**	**17**			**42**	**25**
13. Riedlingen:											
Stadt	–		–	–	1			6	12		
								(2 St.)			
Land	15		–	1	15			4	11		
S.		15				16	13			33	12
14. Saulgau:											
Stadt	1		–	–	1			–	10		
Land	24		1	5	28			5	11		
Kanonissenstift	1		–	–	1		1	–	6		
S.		**26**				**30**	**32**			**32**	**17**
15. Stiefenhofen:											
Stadt	–		–	–	1			–	1		
Land	23		1	7	27			5	18		
Kollegiatkirche	–		–	(1*)	1		1	–	–		
S.		**23**				**29**	**28**			**24**	**12**

Dekanate	Pfarreien							Kaplaneien u. 1500			
	13. Jahrhundert	Summe	Abgegangen seit d. 13. Jahrh.	Hinzugekommen seit d. 13. Jahrh.	Um 1500	Summe	Nach d. Catalogus Personarum 1779	Filial-/Schloss-Kaplaneien	Sonstige Pfründen n. O.	Summe	Nach d. Catalogus Personarum 1779
16. Stockach:											
Stadt	1		–	–	1			–	4		
Land	23		–	6	29			4	15		
S.		24				30	30			23	15
17. Theuringen:											
Stadt	–		–	–	–			6 (1 St.)	–		
Land	31		2	4	33			1	6		
Propstei	1		–	–	1			–	–		
S.		32				34	37			13	4
18. Waldsee (Wurzach):											
Stadt	1		–	–	1			2 (1 St.)	2		
Land	19		–	–	18			1	2		
Kollegiatkirchen	1		–	(1*)	2		1	–	6		
S.		21				21	20			13	9
Summe	443	443	41	66	468	468	480	114	546	660	286
Davon sind städtisch		25				29		18	365		
Städtische Kollegiat- u. Kanonissenstifter		3				4			22		

Die mit * bezeichneten Kirchen sind nicht mitzuzählen. Es sind bereits vorhandene, in Kollegiatstifter verwandelte Pfarrkirchen. – St = Stadt bzw. Städte; S = Summe.

22 Spätmittelalterliche Kirchenausstattung: Die St. Veit-Kapelle in Mühlhausen (heute Stadt Stuttgart) mit dem Hochaltar und zwei Nebenaltären, Ende 14. Jahrhundert (Foto: Pfarramt Stuttgart-Mühlhausen)

Messen in einer Kirche vermehren, mussten neue Benefizien für Messpriester gestiftet werden, denn seit dem Hochmittelalter war den Priestern die Bination, die mehrfache Gottesdienstfeier an einem Tag, verboten.[263] So füllten sich die Stadtkirchen mit Nebenaltären, an denen Messpriester oder Altaristen die Messe lasen.

Die St. Veit-Kapelle in Mühlhausen (heute Stadt Stuttgart) (Abb. 22), die 1380 errichtet wurde, liegt zwar schon außerhalb Oberschwabens, zeigt aber die Ausstattungssituation, wie sie in manchen Landkirchen des ausgehenden Mittelalters gegeben war, besonders

263 Vgl. dazu Carl Holböck, Die Bination. Rechtsgeschichtliche Untersuchung, Rom 1941; M. Kaiser, Art. Bination, in: Lexikon für Theologie und Kirche 2, Freiburg u. a. ^{2}1958, Sp. 479.

23 Pfarrkirche in Ettiswil mit Seitenaltären (Bildfeld links oben) in der Luzerner Chronik des Diebold Schilling d. J. von 1513 (Vorlage: Korporation Luzern, S 23 fol. 119)

eindrucksvoll: Vor dem Chorbogen stehen beiderseits am Westende des Langhauses zwei Nebenaltäre mit Ziborien.[264]

Die Luzerner Chronik des Diebold Schilling d. J. berichtet über ein Hostienwunder in Ettiswil (bei Willisau, Kanton Luzern) und stellt in einer Miniatur das Innere der Kirche dar, das außer dem Hochaltar einen Altar vor den Chorstufen und einen Seitenaltar links vor dem Chorbogen aufweist (Abb. 23); da das Bild nur einen Ausschnitt des Kircheninneren zeigt (entscheidend ist die Darstellung des Hostiendiebstahls durch die rotgekleidete Frau in der Bildmitte), ist von einem weiteren Seitenaltar auf der im Tafelbild abgeschnittenen Südseite der Kirche auszugehen.

Einige Dorfkirchen verfügten zumindest über einen oder zwei solcher Nebenaltäre. Die Statistik von Gerhard Kallen verzeichnet für die Zeit um 1500 in Oberschwaben 439 Dorfpfarreien und 159 Vikariestiftungen in Dorfkirchen, d. h. rein rechnerisch gab es in fast jeder zweiten Dorfkirche einen Nebenaltar.[265] In Stadtpfarrkirchen waren solche Stiftungen natürlich viel häufiger.[266] Wie eingangs erwähnt, gab es laut Hartmann Schedel im Ulmer Münster allein 52 Seitenaltäre mit Messpriesterpfründen[267], in der Pfarrkirche zu Biberach immerhin 17 Altaristen.[268] In Memmingen bestanden in der Pfarrkirche St. Martin 20 Messpfründen, in der dortigen Pfarrkirche Unserer Lieben Frauen zehn Vikariestiftungen.[269] Es wäre interessant, ausgehend von diesen Zahlenangaben den prozentualen Anteil der heute noch erhaltenen Altarretabel zu erheben, die natürlich nur noch einen Bruchteil von wenigen Prozent des einst vorhandenen Bestands repräsentieren.[270]

264 Vgl. Justin E. A. KROESEN, Seitenaltäre in mittelalterlichen Kirchen. Standort – Raum – Liturgie, Regensburg 2010, S. 108 f. mit Abbildung; Georg DEHIO, Handbuch der deutschen Kunstdenkmäler. Baden-Württemberg, bearb. von Friedrich PIEL, München 1964, S. 470; Volker HIMMELEIN, Evangelische Veitskapelle Stuttgart-Mühlhausen (Große Baudenkmäler 254), München u. a. [4]1998. Schon außerhalb des Untersuchungsgebietes liegt die ungewöhnlich reich ausgestattete Dorfkirche in Tiefenbronn bei Pforzheim, das im Mittelalter zum Bistum Speyer gehörte, vgl. Mathias KÖHLER, St. Maria Magdalena Tiefenbronn, Lindenberg, 2. überarb. Aufl. 2011, und weitere Veröffentlichungen des Verfassers; DEHIO, Baden-Württemberg (s. o.), S. 476 f. Systematische Untersuchungen zur Kirchenausstattung im Untersuchungsgebiet fehlen. Ingrid-Sibylle HOFFMANN, Vorreformatorische Frömmigkeit im Spiegel der Kunst, in: Freiheit – Wahrheit – Evangelium. Beiträge (wie Anm. 187), S. 129–137 bietet nur einige Schlaglichter und Beispiele.

265 Vgl. KALLEN, Oberschwäbischen Pfründen (wie Anm. 48), S. 130. Für das Bistum Augsburg kann hier zumindest auf SONTHEIMER, Geistlichkeit 1–6 (wie Anm. 31) verwiesen werden, der die Altarbenefizien in den Kirchen des Landkapitels Ottobeuren erfasst.

266 Einige Beispiele nennt TÜCHLE, Kirchengeschichte Schwabens 2 (wie Anm. 6), S. 262 f.

267 Vgl. oben bei Anm. 1. Ausführlich belegt Hermann TÜCHLE, Die Münsteraltäre des Spätmittelalters. Stifter, Heilige, Patrone und Kapläne, in: Hans Eugen SPECKER/Reinhard WORTMANN (Hg.): 600 Jahre Ulmer Münster. Festschrift (Forschungen zur Geschichte der Stadt Ulm 19). Ulm [2]1984, S. 126–182.

268 Vgl. Victor ERNST, Die Biberacher Kirche vor der Reformation, in: Württembergische Vierteljahrshefte für Landesgeschichte NF 7 (1898), S. 34–49, hier S. 35. Die Zahlen für Oberschwaben sind differenziert aufgeführt bei WILLBURGER, Die religiöse Versorgung (wie Anm. 94), S. 211–219. Einige Zahlenangaben für Stadtpfarrkirchen auch bei TÜCHLE, Kirchengeschichte Schwabens 2 (wie Anm. 6), S. 291.

269 Vgl. SONTHEIMER, Geistlichkeit 1 (wie Anm. 31), S. 452–546.

270 Vgl. Enno BÜNZ, Kirchenorganisation, Pfarrkirchenausstattung und Frömmigkeitspraktiken in Mitteldeutschland um 1500, in: Stefan DORNHEIM (Hg.): Kirchenorganisation, Pfarrkirchenausstattung und Frömmigkeitspraktiken in Mitteldeutschland um 1500, in: Kultbild – Götze – Kunstdenkmal. Ent-

24 Ein Priester mit Messdiener feiert Gottesdienst. Chorgestühl in der Hl. Kreuzkirche in Nordhausen, Thüringen, letztes Drittel 14. Jahrhundert (Foto: Enno Bünz)

8. Dorfpfarrei und Pfarrgeistlichkeit

Der Blick auf die Verhältnisse in den Pfarreien wäre unvollständig und einseitig, wenn nur von den Laien die Rede wäre. Es geht nicht darum, die Rolle der Amtskirche zu überhöhen oder zu idealisieren, aber die Funktion der Pfarrei als Ort des Gottesdienstes und der Seelsorge ist ohne den Pfarrer und seine Hilfsgeistlichen nicht zu verstehen (Abb. 24).

Die Erforschung des niederen Klerus ist in den letzten Jahrzehnten erheblich vorangekommen, besser allerdings für das Bistum Konstanz[271] als für das Bistum Augs-

sorgung, Umdeutung und Bewahrung vorreformatorischer Bildkultur im Luthertum, (Bausteine aus dem Institut für Sächsische Geschichte und Volkskunde 41), Leipzig 2021, S. 25-92.

271 Grundlegend ist noch immer: Braun, Klerus (wie Anm. 108), ergänzend Ingelfinger, Die religiös-kirchlichen Verhältnisse (wie Anm. 49), S. 47–68. Nur einen Ausschnitt behandelt August Willburger, Geistliche als Teilnehmer am Bauernkrieg, in: Rottenburger Monatsschrift 9 (1925/26), S. 71–76. Es fehlt allerdings an einer Prosopographie des Konstanzer Diözesanklerus, die sich für das späte Mittelalter anhand der zahlreichen bischöflichen Register besser als für viele andere Diözesen erstellen ließe. Ergänzend kommt das Register des Gemeinen Pfennigs von 1497 hinzu (Institut für Stadtgeschichte Frankfurt am Main, Stadtarchiv, Reichssachen, Nachträge 2449, V, 1–14). Eine Auswertung durch Peter-Johannes Schuler, Der oberrheinische und mittelrheinische Klerus am Ende des Mittelalters. Im Anhang ein Verzeichnis der Kleriker der Bistümer Konstanz, Speyer und Worms in den Jahren 1496 und 1497, 2 Bände, wurde in dieser Form angekündigt in: Sonderforschungsbereich 164: Vergleichende geschichtliche Städteforschung. Annotierte Gesamtbibliographie 1976–1988, Münster 1989, S. 116, doch ist das Werk nie erschienen. Weiterführend nun Arend, Zwischen Bischof und Gemeinde (wie

burg.[272] Die bisherigen Arbeiten beruhen vor allem auf der regionalen und lokalen Überlieferung, nicht auf den kurialen Quellen, die mittlerweile für den Großteil des 15. Jahrhunderts zur Verfügung stehen.[273] Wie war die Lage der Pfarrgeistlichen? Entscheidend war dafür die wirtschaftliche Ausstattung der Pfarrei, die vor allem auf der Pfarrpfründe beruhte, auch *Widem* genannt. Das *Widem* bestand auf dem Land zumeist aus Landbesitz, also Äckern, Wiesen und Weiden, aber auch aus Geldzinsen und Naturaleinkünften.[274] War die Pfarre gut dotiert, war der Pfarrherr wirklich ein Herr, ein Ökonomiepfarrer, wie man in der Neuzeit sagte[275], war die Pfarrpfründe schlecht ausgestattet, hielt es den Pfarrgeistlichen womöglich nicht lange auf seiner Stelle, sondern er suchte sich möglichst eine bessere Pfarrei. Dabei spielte auch der Umstand eine Rolle, dass viele Pfarreien nicht vom Pfarrherrn selbst versorgt wurden, sondern von einem Stellvertreter, der als Vizepleban (Leutpriester) natürlich nur einen Teil der Pfarreinkünfte er-

Anm. 40), und weitere Studien der Verfasserin, z. B.: *„Mir habent ietz den nun und zwungisten priester in fierzitt iaren"*. Zur Mobilität des Pfarrklerus im Bistum Konstanz vor der Reformation, in: ZGO 152 (2004), S. 189–200; Ackerbau und Seelsorge. Zum Zusammenleben von Seelsorgern mit ihren Gemeinden in spätmittelalterlichen Pfarreien, in: Schweizerische Zeitschrift für Religions- und Kulturgeschichte 99 (2005), S. 223–238; Kleriker auf Pfründensuche. Aspekte lokaler Pfründenbesetzung in der Diözese Konstanz im 15. Jahrhundert, in: Pfarreien im Mittelalter (wie Anm. 12), S. 537–550. Einen kleinen Ausschnitt der Konstanzer Klerusprosopographie dokumentiert: Wolfgang Schürle (Hg.), Geistliche im Landkapitel Laupheim und Wiblingen. Nekrolog, bearb. von Stefan J. Dietrich (Documenta suevica 4), Konstanz 2004. Für die Neuzeit: Wolfgang Zimmermann, Der gute Hirte und der schlechte Mietling. Beobachtungen zum Konstanzer Klerus im konfessionellen Zeitalter, in: ZGO 147 = NF 108 (1999), S. 319–338 und – allerdings mit starker Konzentration auf Missstände – August Kluckhohn, Urkundliche Beiträge zur Geschichte der kirchlichen Zustände, insbesondere des sittlichen Lebens der katholischen Geistlichen in der Diözese Konstanz während des 16. Jahrhunderts, in: Zeitschrift für Kirchengeschichte 16 (1896), S. 590–625.

272 Für eine Klerusprosopographie würden die Angaben der Sieglerrechnungen ab 1472 eine wichtige Quelle bilden. Bevor sie 1944 fast vollständig verbrannten, wurden die Personalangaben für den Generalschematismus ca. 1480–1760 exzerpiert, der in mehreren Bänden als Hilfsmittel im Bistumsarchiv Augsburg vorhanden ist: https://bistum-augsburg.de/Generalvikariat-Zentrale-Dienste/Archiv-des-Bistums/Bestaende (aufgerufen am 24.3.2019). Umfassend aufgearbeitet ist für dieses Bistum der Pfarrklerus des Landkapitels Ottobeuren, vgl. Sontheimer, Geistlichkeit 1–6 (wie Anm. 31), der vor allem Viten bietet, und Ders., Die aus dem Kapitel Ottobeuren hervorgegangene Geistlichkeit. Vom Ursprung des Kapitels bis zum Jahre 1900. Nach historischen Quellen bearbeitet, Memmingen 1910.

273 Vgl. oben bei Anm. 105.

274 Vgl. Arend, Zwischen Bischof und Gemeinde (wie Anm. 40), S. 39–98; Dies., Ackerbau und Seelsorge (wie Anm. 271) und August Willburger, Das Einkommen der Geistlichen des heutigen Dekanats Leutkirch vor der Reformation, in: Rottenburger Monatsschrift 3 (1919/20), S. 4–13 (dessen Umrechnung der Pfründeneinkünfte in moderne Währung heute allerdings fragwürdig erscheint). Die Haltung des Zuchtviehs (Faselvieh) gehörte vielfach zu den Lasten der Pfarrpfründe, vgl. dazu vor allem Anneliese Till, Vom Elend der Landpfarrer ... Geistliche Herren und Viehhaltung, ein bisher wenig beachteter Komplex des dörflichen Zusammenlebens, in: Alexandra Kohlberger (Hg.): KulturGeschichteN. Festschrift für Walter Pötzl zum 60. Geburtstag, Bd. 2, Augsburg 1999, S. 566–581.

275 Vgl. Alois Schmid, Weltklerus und Landwirtschaft, in: Erwin Gatz (Hg.): Der Diözesanklerus (Geschichte des kirchlichen Lebens in den deutschsprachigen Ländern seit dem Ende des 18. Jahrhunderts. Die katholische Kirche 4), Freiburg u. a. 1995, S. 319–345; Ders., Die Ökonomiepfarrer, in: Kirche, Kunst, Kultur. Geschichts- und kulturwissenschaftliche Studien in süddeutschen Raum. Festschrift für Walter Pötzl, Regensburg 2014, S. 49–71.

hielt.[276] Auch bei inkorporierten Pfarreien galt zumindest formell dieses Stellvertretungsprinzip, da der eigentliche Pfarrer die begünstigte geistliche Gemeinschaft war, die dann durch einen besoldeten Geistlichen oder die Abordnung eines eigenen Konventsmitglieds die Seelsorge sicherstellen musste. Gerne zitiert wird in diesem Zusammenhang die Beschwerdeschrift der Dorfgemeinde Kirchen bei Lörrach im Bistum Konstanz, deren Pfarrei dem Kollegiatstift St. Peter in Basel inkorporiert war. Die Stiftsherren entlohnten den Pfarrstellvertreter schlecht, und deshalb gaben sich die Geistlichen dort gleichsam die Türklinke in die Hand: *Mir habent ietz den nun und zwungisten priester in fierzitt iaren*, beschwerten sich die Bauern Ende des 15. Jahrhunderts.[277] Einen Zusammenhang zwischen Verweildauer und Pfründenausstattung gab es, doch sind Extremfälle wie der zitierte aus Kirchen bei Lörrach die Ausnahme. Tatsächlich waren andere Faktoren für die Bereitschaft, auf eine andere Pfarrei zu wechseln, wichtiger, etwa das Verhältnis zu den Pfarrangehörigen oder die Weitläufigkeit respektive Seelenzahl der Pfarrei.[278]

Der Wert der bischöflichen Steuerregister beispielsweise zur Einhebung des *Subsidium caritativum* besteht darin, dass sie aufgrund einer Pfründentaxierung absolute Geldwerte bieten und damit einen Vergleich ermöglichen. Für das Bistum Augsburg ist die Forschungslage noch dürftig. Zoepfl nennt aus dem Pfründenregister von 1523 zwar vereinzelte Zahlen, die zeigen, dass es reiche und arme Pfarren gab[279], aber erst die genaue statistische Auswertung dieser Quelle kann ein präzises Bild geben. Eine systematische Auswertung wäre zu wünschen. Dieser Mühe hat sich Sabine Arend für das Bistum Konstanz unterzogen, indem sie die außergewöhnlich zahlreichen Benefizienregister vom 13. bis 16. Jahrhundert ausgewertet hat. Als Ergebnis äußerst aufwendiger Untersuchungen hält sie fest, „daß der Pfarrklerus des Bistums Konstanz ausreichend präbendiert war und nicht dem vielzitierten klerikalen Proletariat angehörte".[280]

Das ändert freilich nichts daran, dass das Einkommen der Pfarrer sehr unterschiedlich war, aber man muss aufpassen, dass man nicht Äpfel mit Birnen vergleicht. Zoepfl stützt sich für das Bistum Augsburg auf das Benefizienregister von 1523 und moniert, dass manche Messpriesterpfründe besser dotiert war als einige Pfarreien.[281] Das mag schon zutreffen, aber im Gegensatz zu den Messpriestern hatten die Pfarrer eben aufgrund ihrer Seelsorgetätigkeit Zusatzeinkünfte durch Oblationen und Stolgebühren, und diese konnten eine schlechte Pfründenausstattung durchaus wettmachen. Allerdings waren die Oblationen, also die Opfergaben der Gläubigen im Gottesdienst, und die Stol-

276 Vgl. Enno Bünz, *viceplebanus, vicerector, vicecuratus* – Stellvertretung als Problem der spätmittelalterlichen Pfarrseelsorge?, in: Blätter für deutsche Landesgeschichte 155 (2018), S. 277–296; Arend, Zwischen Bischof und Gemeinde (wie Anm. 40), S. 191 f. nennt sogar Beispiele, dass Pfarrer es ihren Gemeinden überließen, den Leutpriester zu bestimmen.

277 Guy P. Marchal, Eine Quelle zum spätmittelalterlichen Klerikerproletariat. Zur Interpretation der Klageartikel der Bauern von Kirchen (LK. Lörrach) gegen das Kapitel von St. Peter zu Basel, in: FDA 91 (1971), S. 65–80 (Zitat S. 73).

278 Vgl. Arend, Zwischen Bischof und Gemeinde (wie Anm. 40), S. 225.

279 Vgl. Zoepfl, Bistum Augsburg (wie Anm. 24) 1, S. 584.

280 Arend, Zwischen Bischof und Gemeinde (wie Anm. 40), S. 96 (Zitat).

281 Vgl. Zoepfl, Bistum Augsburg (wie Anm. 24) 1, S. 584.

gebühren, die für die Kasualien anfielen, in großen Pfarrgemeinden natürlich höher.[282] Daneben spielte gerade bei den Landpfarreien der Zehnte als Einkommenskomponente eine wichtige Rolle.[283]

Normative Vorgaben des Kirchenrechts gab es für die Höhe der Pfründenausstattung nicht. „Für die Inhaber von Pfarr- oder Meßpfründen kann in oberdeutschen Städten um die Mitte des 15. Jahrhunderts von einem festen Jahreseinkommen von etwa 30 fl ausgegangen werden; diese Summe wurde als angemessen betrachtet, 40 fl bereits als reichliches, nur in Ausnahmefällen erreichtes Einkommen".[284] Um die Höhe der Pfarreinkünfte richtig einzuschätzen, muss man allerdings noch eine weitere Tatsache in den Blick nehmen. Zahlreiche Pfarreien wurden nicht von den Pfarrherren selbst bedient, sondern diese setzten einen Pfarrvikar als Stellvertreter ein. Auch bei *pleno iure* inkorporierten Pfarreien ist der Seelsorger nur Pfarrvikar. In beiden Fällen stehen dem Pfarrvikar also nicht die vollen Pfründenbezüge zur Verfügung. Die Vertretungspraxis betraf im Bistum Konstanz zeitweilig rund die Hälfte der Pfarreien.[285] In größeren Pfarreien musste der Pfarrer zu seiner Entlastung Kapläne beschäftigen, die als Hilfsgeistliche vom Pfarreinkommen besoldet werden mussten. Der Stadtpfarrer von Biberach beispielsweise hatte 1451 einen, 1517 zwei und seit 1520 sogar drei solcher *coadjutores*.[286]

Im Zusammenhang mit den spätmittelalterlichen kirchlichen Verhältnissen werden immer wieder die Bildungsverhältnisse und die Lebensführung des Niederklerus angesprochen.[287] Hinsichtlich der Bildungsverhältnisse ist zunächst einmal anzumerken, dass es keine normativen Vorgaben gab, die vom Pfarrklerus einen Universitätsbesuch geschweige denn ein Theologiestudium forderten. Priester war gewissermaßen ein Lehrberuf, den man bei einem Pfarrer oder Kaplan absolvierte.[288] Gleichwohl änderte sich die Situation im Laufe des 15. Jahrhunderts rapide. Für den Konstanzer Klerus hat Albert Braun einen sprunghaften Anstieg des Universitätsstudiums in der zweiten Hälfte des 15. Jahrhunderts festgestellt, wozu auch die Gründung von landesherrlichen Uni-

282 Vgl. Wolfgang PETKE, Oblationen, Stolgebühren und Pfarreinkünfte vom Mittelalter bis ins Zeitalter der Reformation, in: Hartmut BOOCKMANN (Hg.): Kirche und Gesellschaft im Heiligen Römischen Reich des 15. und 16. Jahrhunderts (Abhandlungen der Akademie der Wissenschaften in Göttingen. Philologisch-Historische Klasse, 3. Folge, Nr. 206), Göttingen 1994, S. 26–58, wieder abgedruckt in: DERS.: Aufsätze zur Pfarreigeschichte (wie Anm. 57), S. 249–283; vgl. dazu auch die von PETKE veranlasste Dissertation von Stefan PETERSEN, Benefizientaxierungen an der Peripherie. Pfarrorganisation, Pfründeneinkommen, Klerikerbildung im Bistum Ratzeburg (Veröffentlichungen des Max-Planck-Instituts für Geschichte 166 = Studien zur Germania Sacra 23), Göttingen 2001, der sich auf eine besonders günstige Quellenlage stützen kann.

283 Vgl. AREND, Zwischen Bischof und Gemeinde (wie Anm. 40), S. 71.

284 MACHILEK, Spätmittelalter (wie Anm. 24), S. 504 (Zitat).

285 Vgl. oben bei Anm. 92.

286 Vgl. ERNST, Biberacher Kirche (wie Anm. 268), S. 35.

287 Grundlegend noch immer OEDIGER, Über die Bildung (wie Anm. 126), weiterführend Erich MEUTHEN, Zur europäischen Klerusbildung vom 14. bis zum 16. Jahrhundert, in: Wolfgang HARMS u. a (Hg.): Mediävistische Komparatistik. Festschrift für Franz Josef Worstbrock zum 60. Geburtstag, Stuttgart u. a. 1997, S. 263–294.

288 Vgl. TÜCHLE, Kirchengeschichte Schwabens 2 (wie Anm. 6), S. 337 f.

versitäten in Freiburg (1457) und Tübingen (1477) beitrug.[289] Die Konstanzer Investiturprotokolle des 15. Jahrhunderts verzeichnen rund 7300 Pfründenbesetzungen, und in ungefähr jedem zehnten Fall wurde ein Geistlicher mit einem Universitätsgrad eingesetzt.[290] Tatsächlich war die Zahl der Graduierten unter den Pfarrgeistlichen noch höher und lag eher bei 12 bis 15 Prozent, wie Immenhauser betont hat.[291] Damit ist allerdings nur die Spitzengruppe der studierten Geistlichen genannt, denn viele angehende Kleriker haben einen Universitätsbesuch in der Artistenfakultät absolviert, ohne auch nur den Grad eines Bakkalars oder Magisters zu erwerben, was an der spätmittelalterlichen Universität weit verbreitet war. Man sollte schließlich auch nicht übersehen, dass es bedeutende Geistliche gab, die ihr Pfarramt ordentlich versorgten, ohne ein Semester Theologie studiert zu haben. Das wohl berühmteste Beispiel in Schwaben ist gewiss Ulrich Krafft, der von 1501 bis 1516 Pfarrer am Ulmer Münster und ein angesehener Prediger war, dessen Predigten sogar gedruckt wurden. Krafft war studierter Jurist, aber nicht Theologe.[292] In den oberschwäbischen Dorfkirchen wirkten gewiss keine Pfarrer mit diesem Horizont, aber auch für Landgeistliche, die an der Universität ordentlich Latein gelernt und systematisch zu denken gelernt hatten, war es gewiss eine Hilfe, dass nach Erfindung des Buchdrucks zahlreiche Bücher mit Handreichungen für Gottesdienst und Seelsorge, mit Predigtanleitungen und Musterpredigten auf den Markt kamen. Über den Buchbesitz von Pfarrgeistlichen im Bistum Konstanz fehlen allerdings Untersuchungen, vor allem, wenn es um Landgeistliche geht. Florenz Landmann hat bereits vor gut hundert Jahren die Verbreitung gedruckter Predigtliteratur in den Bistümern Augsburg und Konstanz untersucht, aber aufgrund der Quellenlage nur den städtischen Klerus erfasst.[293] Als Zufallsfund kann ich hier auf eine lateinische Druckausgabe des Psalters mit deutschen Erläuterungen hinweisen, der 1503 von Michael Furter in Basel gedruckt wurde (VD 16 ZV 1738) und der kürzlich im Antiquariatshandel auftauchte. Das Exemplar enthält zwei Besitzvermerke: Demnach hat das Buch 1510 Bruder Johannes Wieland, Pfarrer in Westernheim im Bistum Augsburg, für einen halben Gulden gekauft, wie aus dem Eintrag am Ende des Buches hervorgeht (Abb. 25b). 1533 befand sich das Buch dann im Besitz des Ordensgeistlichen Alexander Mair, der Pfarrer der St. Martinskirche in Breitenbrunn (Unterallgäu) war und den Kauf auf dem Titelblatt notierte (Abb. 25a).[294]

289 Vgl. Braun, Klerus (wie Anm. 108), S. 93–97; Arend, Zwischen Bischof und Gemeinde (wie Anm. 40), S. 184 f.

290 Vgl. Arend, Zwischen Bischof und Gemeinde (wie Anm. 40), S. 184; Dies., Das Verfahren der Pfarrpfründenbesetzung im Bistum Konstanz während des 15. Jahrhunderts, in: FDA 131 (2011), S. 57–68.

291 Beat Immenhauser, Bildungswege – Lebenswege. Universitätsbesucher aus dem Bistum Konstanz im 15. und 16. Jahrhundert (Veröffentlichungen der Gesellschaft für Universitäts- und Wissenschaftsgeschichte 8), Basel 2007, S. 317 f. zur Kritik an Arend.

292 Über ihn nun grundlegend Hamm, Spielräume eines Pfarrers (wie Anm. 3).

293 Vgl. Florenz Landmann, Predigten und Predigtwerke in den Händen der Weltgeistlichkeit des 15. Jahrhunderts nach alten Bücherlisten des Bistums Konstanz, in: Kirche und Kanzel 6 (1923), S. 130–136, S. 203–211, S. 277–284 und 7 (1924), S. 53–60, S. 119–125, S. 207–214; Ders., Der Augsburger Buchhändler Johannes Rynmann und die von ihm in den Jahren 1497–1522 verlegten Predigtbücher, in: Kirche und Kanzel 13 (1930), S. 35–44.

294 Vgl. Antiquariat Peter Fritzen, Katalog Januar 2020, Nr. 83, S. 52. Herrn Fritzen (Trier) danke ich vielmals für die Abbildungsvorlagen.

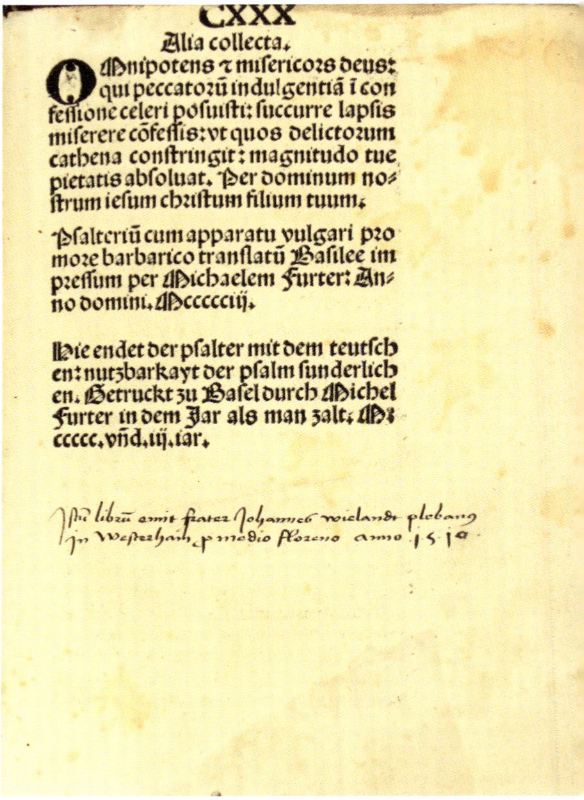

25 a und b Psalterium, gedruckt von Michael Furter in Basel (VD 16 ZV 1738). Titelblatt mit Besitzeintrag eines Pfarrers von 1533 und dem Kaufvermerk eines anderen Pfarrers von 1510 (Foto: Antiquariat Peter Fritzen, Trier)

Das Editionsvorhaben der Mittelalterlichen Bibliothekskataloge hat die Bistümer Konstanz und Augsburg schon erfasst, erschließt aber nur wenige Quellen über den Bücherbesitz von Pfarrkirchen und Pfarrgeistlichen.[295] Im Bistum Konstanz sind dies die Pfarrkirchen in Burgdorf, Schweiz (Bücherverzeichnisse von 1476, 1480 und 1482)[296] und Ravensburg (Bücherverzeichnis von 1435 ff.)[297]; in Isny legte den Grundstock der Pfarrbibliothek die Bücherschenkung des Pfarrvikars Konrad Brenberg von 1482[298], in Waldshut

295 Mittelalterliche Bibliothekskataloge Deutschlands und der Schweiz, 1: Die Bistümer Konstanz und Chur, bearb. von Paul Lehmann, München 1918; 3,1: Bistum Augsburg, bearb. von Paul Ruf, München 1932; 3,4: Register, München 1962. Zu Auswertungsmöglichkeiten Enno Bünz, Buchbesitz von Pfarrern im ausgehenden Mittelalter (15. und frühes 16. Jahrhundert), in: Ders., Die mittelalterliche Pfarrei (wie Anm. 12), S. 295–333.
296 Mittelalterliche Bibliothekskataloge Deutschlands und der Schweiz 1 (wie Anm. 294), S. 23 f.
297 Ebd., S. 219–221.
298 Ebd., S. 180–182.

ein Vermächtnis des Leutpriesters Johann Schürmeiger von 1450 für die Obere Pfarrkirche.[299] Weiterführend wäre auch die Auswertung von Pfarrertestamenten, doch ist die Überlieferungslage für Oberschwaben noch unklar.[300] Die Besitzvermerke in erhaltenen Handschriften und Drucken sind eine weitere Möglichkeit, den Buchbesitz von Geistlichen zu rekonstruieren. Dem 1517 verstorbenen Pfarrer von Biberachzell bei Weißenhorn, Johannes Pflanndorfer, lassen sich immerhin 13 Drucke zuweisen, die inhaltlich in den Bereich des Kirchenrechts, der Dogmatik, der Seelsorgepraxis (Predigt, Beichte, Morallehre) und der Historiographie gehören.[301] Ein Buchbestand von einigen Dutzend Bänden war für einen Pfarrer um 1500 durchaus nicht ungewöhnlich und ließ sich angesichts günstigerer Preise für gedruckte Bücher auch leicht finanzieren. Für das Bistum Konstanz ist bekannt, dass sich Bischöfe seit dem letzten Drittel des 15. Jahrhunderts dafür einsetzten, dass ihre Geistlichen bestimmte Brevierdrucke erwarben.[302] Die Erfindung und Verbreitung des Buchdrucks seit der zweiten Hälfte des 15. Jahrhunderts eröffnete ganz neue Möglichkeiten, dem Pfarrklerus Schrifttum für Gottesdienst und Seelsorge an die Hand zu geben.[303]

Die Pfarrgeistlichen waren als geweihte Priester verpflichtet, den geistlichen Standesvorschriften zu genügen, und dazu gehörte auch der Pflichtzölibat. Immer wieder wird ein düsteres Bild gezeichnet, doch ist es methodisch bedenklich, aus Einzelfällen ein Gesamtbild zu komponieren.[304] Dass ein nicht unerheblicher Teil des spätmittelalterlichen Klerus Schwierigkeiten hatte, zölibatär zu leben, ist allgemein bekannt.[305] Der

299 Ebd., S. 397 f.

300 Für das Bistum Würzburg gibt es eine zentrale Überlieferung von Klerustestamenten im Diözesanarchiv: Johannes Merz, Der fränkische Klerus im frühen 16. Jahrhundert im Spiegel seiner Testamente, in: Franz Fuchs/Ulrich Wagner (Hg.): Bauernkrieg in Franken (Publikationen aus dem Kolleg „Mittelalter und frühe Neuzeit" 2), Würzburg 2016, S. 375–391.

301 Vgl. Bernd Breitenbruch, Der Buchbesitz des Pfarrers von Biberachzell Johannes Pflanndorffer, in: Geschichte im Landkreis Neu-Ulm 4 (1998), S. 47–57, hier S. 54 zum inhaltlichen Profil. Der Verfasser geht davon aus, dass die Inkunabelerschließung noch weitere Bücher Pflanndorffers zutage fördern wird.

302 Vgl. Hermann Tüchle, Bemerkungen zu den ältesten Drucken des Konstanzer Breviers, in: Otto Wenig (Hg.): Wege zur Buchwissenschaft [Viktor Burr zur Vollendung des 60. Lebensjahres] (Bonner Beiträge zur Bibliotheks- und Bücherkunde 14), Bonn 1966, S. 175–193 mit Abdruck der bischöflichen Mandate.

303 Grundsätzlich Ferdinand Geldner, Die deutschen Inkunabel-Drucker. Ein Handbuch der deutschen Buchdrucker des XV. Jahrhunderts nach Druckorten, Bd. 1: Das deutsche Sprachgebiet, Stuttgart 1968, hier S. 132–158 zum Druckort Augsburg. Im Bistum Konstanz gab es mehrere Druckorte, die aber nur von temporärer Bedeutung waren. Vgl. auch den skizzenartigen Beitrag von Werner Gross, Liturgische Bücher, in: Die Bischöfe von Konstanz (wie Anm. 29), Bd. 1, S. 143–150 u. S. 442. Für Augsburg Machilek, Spätmittelalter (wie Anm. 24), S. 481–484. Zum Druck liturgischer Bücher und pastoraltheologischer Literatur vgl. Uwe Neddermeyer, Von der Handschrift zum gedruckten Buch. Schriftlichkeit und Leseinteresse im Mittelalter und in der frühen Neuzeit. Quantitative und qualitative Aspekte, 2 Teilbde (Buchwissenschaftliche Beiträge aus dem Deutschen Bucharchiv München 191), Wiesbaden 1998, S. 464–476 und S. 800–806.

304 Gewissermaßen typisch verfährt Pötzl, Kirchengeschichte und Volksfrömmigkeit (wie Anm. 93), S. 100, anhand eines Formelbuchs des Augsburger Generalvikars aus dem späten 15. Jahrhundert, dazu auch Zoepfl, Bistum Augsburg (wie Anm. 24) 1, S. 551.

305 Vgl. Georg Denzler, Grundlinien der Zölibatsgeschichte vom Constanciense bis zum Tridentinum (1414–1545), in: Bäumer (Hg.): Von Konstanz nach Trient (wie Anm. 251), S. 343–362; Georg Denz-

bereits zitierte „Brief vom Elend der Pfarrer" vom Ende des 15. Jahrhunderts führt offen darüber Klage. Zu den neun Teufeln, die den Pfarrer quälen, gehört die Pfarrersköchin, die ihm mit ihrer Lüsternheit zusetzt und ihn bedrängt, was den Verfasser interessanterweise zur Forderung führt, den Zölibat aufzuheben.[306] Gingen aus einer solchen Verbindung Kinder hervor, galten diese rechtlich als illegitim, konnten sich aber von der päpstlichen Pönitentiarie von diesem Mangel dispensieren lassen. Die Register der Pönitentiarie sind in den letzten Jahrzehnten ediert und ausgewertet worden, so dass einige Zahlenangaben möglich sind. Zwischen 1449 und 1533 verzeichnen diese Register 907 Fälle von Dispensen *de defectu natalium* aus dem Bistum Konstanz. Die Bittsteller mussten dabei angeben, wer die Eltern waren. In den meisten Fällen war dies ein Weltgeistlicher als Vater (48 Prozent) und eine ledige Frau als Mutter (85 Prozent).[307] Diese Konstellation spricht doch sehr dafür, dass es sich vielfach um Beziehungen zwischen einem Pfarrer und seiner ledigen Pfarrhaushälterin handelte. Ähnlich waren die Verhältnisse im Bistum Augsburg, aus dem für den genannten Zeitraum 544 Geburtsmakeldispense bekannt sind.[308] Hintergrund der Dispense war zumeist, dass die illegitimen Klerikerkinder selbst wieder eine geistliche Karriere anstrebten und vielfach auch absolvierten. Peter-Johannes Schuler hat dafür Dutzende Beispiele aus dem spätmittelalterlichen Konstanz dokumentiert.[309] Dies konnte so weit gehen, dass Vater und Sohn als Pfarrer an einem Ort aufeinander folgten. In Mittelneufnach (zwischen Memmingen und Augsburg) erinnert noch ein Epitaph an Vater Adam und Sohn Christian Sträler, die von 1438 bis 1521 dort als Pfarrer amtierten.[310] In der Kirche von Michelbach an der Bilz (bei Schwäbisch Hall) ließ sich der Pfarrer Lorenz Reichlin 1517 sogar mit Frau und Kindern porträtieren.[311] Dies sind nur zwei Beispiele, die zeigen, dass die Missachtung des Zölibats of-

ler, Das Papsttum und der Amtszölibat, 1. Teil: Die Zeit bis zur Reformation, 2. Teil: Von der Reformation bis in die Gegenwart (Päpste und Papsttum 5/I-II), Stuttgart 1973–1976.

306 Vgl. Werminghoff, Epistola (wie Anm. 218), S. 205 f.

307 Vgl. Georg Wieland, Römische Dispense „de defectu natalium" für Antragsteller aus der Diözese Konstanz (1449–1533). Fallstudien an dispensierten Klerikern aus dem Bistum Konstanz, in: Ludwig Schmugge (Hg.) unter Mitarbeit von Béatrice Wiggenhauser: Illegitimität im Spätmittelalter (Schriften des Historischen Kollegs. Kolloquien 29), München 1994, S. 293–299, hier S. 294.

308 Vgl. Ludwig Schmugge, Kirche, Kinder, Karrieren. Päpstliche Dispense von der unehelichen Geburt im Mittelalter, Zürich 1995, S. 276 f.; Bernhard Schimmelpfennig, Zucht und Ordnung oder Sex and Crime bei Augsburgs Geistlichen, in: Andreas Meyer (Hg.): Kirchlicher und religiöser Alltag im Spätmittelalter. Akten der internationalen Tagung in Weingarten, 4.–7. Oktober 2007 (Schriften zur südwestdeutschen Landesgeschichte 69), Ostfildern 2010, S. 157–163 behandelt nur die Bischofsstadt. Christian Hesse, Vorgezeichnete Karriere? Die Bemühungen von Eltern, ihre unehelichen Söhne mit Pfründen zu versorgen, dargelegt an Beispielen aus den Diözesen Konstanz und Basel, in: Schmugge: Illegitimität im Spätmittelalter (wie Anm. 306), S. 275–292.

309 Vgl. Peter-Johannes Schuler, Illegitime Klerikerkinder im Bistum Konstanz, in: ZGO 144 (1996), S. 183–214.

310 Vgl. Walter Pötzl, Lebensbilder zu Bildern aus dem Leben. Biographien von bedeutenden Persönlichkeiten und einfachen Leuten aus fünf Jahrhunderten (Beiträge zur Heimatkunde des Landkreises Augsburg 11), Augsburg 1991, S. 34 f. Das Epitaph ist nicht im Dehio-Handbuch verzeichnet.

311 Vgl. Schmugge, Kirche, Kinder, Karrieren (wie Anm. 307), S. 289 f. mit Abbildung; Die Bürgerschaft der Reichsstadt Hall von 1395 bis 1600, bearb. von Gerhard Wunder unter Mitwirkung von Georg Lenckner (Württembergische Geschichtsquellen 25), Stuttgart u. a. 1956, S. 71 f.

fenbar auch von den Gemeinden vielfach akzeptiert wurde. Konsequent durchgesetzt wurde der Zölibat im Niederklerus erst seit dem Zeitalter der Konfessionalisierung, und dabei blieb es bis ins 20. Jahrhundert, doch scheinen sich die Bewertungsmaßstäbe mittlerweile wieder zu verschieben.[312]

Angesichts der überdurchschnittlichen Aufmerksamkeit, die das Problem des geistlichen Konkubinats und der Klerikerkinder in den letzten Jahren gefunden hat, muss man allerdings betonen, dass der Großteil des Klerus auch im Jahrhundert vor der Reformation ein Leben geführt hat, das nicht nur den kirchlichen Normen entsprach, sondern auch den seelsorgerlichen Erfordernissen der Zeit. Viel hing davon ab, wie das Verhältnis des Pfarrers zur Gemeinde war. Die Bauern mochten über manches hinwegsehen, solange der Pfarrer ein guter Seelsorger war und im Frieden mit seinen Pfarrkindern lebte. Vermochte er dies nicht, kam es schnell zu Klagen, wie die Beschwerden der Pfarrgemeinde Oberbeuren bei Kaufbeuren 1525 zeigt. Der Pfarrer hatte sich widerrechtlich ein Gemeindegrundstück angeeignet; er könne nicht mit Mesner und Hebamme zusammenarbeiten; gegenüber Schwangeren, die beichten und kommunizieren wollten, verhalte er sich abweisend und werde ausfällig; gegenüber den Dorfbewohnern verhalte er sich herablassender als ein Adliger gegenüber seinen Leuten; er habe einige Hofstätten eingezogen und erlaube sich einen übermäßigen Lebensstil.[313] Kein Wunder, dass diese Beschwerdeschrift im kritischen Jahr 1525 mit der Forderung nach Verkündigung des Wortes Gottes ohne Zusatz gipfelte, also in einem Bekenntnis zur lutherischen Lehre.

9. Ausblick

Unser Bild von der Pfarrei und dem Frömmigkeitsleben in Oberschwaben um 1500 muss vorerst notgedrungen lückenhaft bleiben. Es mangelt gewiss nicht an Quellen aus vorreformatorischer Zeit. Gerade für das Bistum Konstanz muss die Überlieferungslage für das späte Mittelalter als vorzüglich bezeichnet werden. Aber der Forschungsstand ist nach wie vor unbefriedigend, obwohl in vielen anderen Landschaften des deutschsprachigen Raumes mittlerweile zahlreiche weiterführende Untersuchungen über die spätmittelalterliche Pfarrei, den niederen Klerus, die Seelsorgeverhältnisse und den kirchlichen Alltag vorgelegt worden sind. Zwar haben Teile des Bistums Konstanz, vor allem die Zentralschweiz, durchaus Aufmerksamkeit gefunden, doch fehlt es an breiter angelegten Untersuchungen: Wichtig wäre die Erforschung der Pfarreiorganisation in der Fläche, und zwar für die Bistümer Augsburg und Konstanz, denn nur so gewinnt man ein umfassendes Bild der Seelsorgesituation auf dem Land. Wichtig wären umfassend angelegte Arbeiten zur Prosopographie des niederen Klerus, insbesondere der Pfarrer, um regionale und soziale Herkunft, Bildungsgang und -stand, Pfründenbesitz und Mobilität

312 Aus kirchengeschichtlicher Perspektive ablehnend Hubert Wolf, Zölibat. 16 Thesen, München 2019, befürwortend hingegen Klaus Berger, Der Zölibat. Eine theologische Neubegründung, Heiligenkreuz 2012.

313 Vgl. Thomas Pfundner, Die Beschwerde der Oberbeurer Bauern gegen ihren Pfarrer 1525, in: Zeitschrift für bayerische Kirchengeschichte 68 (1999), S. 178–183.

zu erfassen. Wichtig wäre schließlich zumindest exemplarisch die Erforschung einzelner Pfarreien, sofern durch Kirchenrechnungen, Gottesdienstordnungen, Jahrtagsverzeichnisse oder andere Quellen ein solcher lokaler Blick oder auch durch den Vergleich mehrerer Pfarreien eine regionale Perspektive lohnend erscheint. Erst so werden die Grundlagen geschaffen, um die Ursachen der Revolution von 1525, den Umbruch der Reformation und die Relevanz von Forschungskonzepten wie der ‚Gemeindereformation' richtig einzuschätzen.[314] Ungeachtet aller kirchlich-religiösen Umbrüche durch die Glaubensspaltung des 16. Jahrhunderts bleibt aber festzuhalten, dass die Pfarrei die alle Konfessionen verbindende kirchliche Institution, ja das wichtigste kirchliche Erbe des Mittelalters ist, letztlich bis heute!

314 Vgl. Peter Blickle, Gemeindereformation. Die Menschen des 16. Jahrhunderts auf dem Weg zum Heil, München 1987 (Studienausgabe), dazu aber kritisch Walter Ziegler, Reformation als Gemeindereformation? in: Archiv für Kulturgeschichte 72 (1990), S. 441–452; wiederabgedruckt in: Ders.: Die Entscheidung deutscher Länder für oder gegen Luther. Studien zu Reformation und Konfessionalisierung im 16. und 17. Jahrhundert. Gesammelte Aufsätze (Reformationsgeschichtliche Studien und Texte 151), Münster 2008, S. 189–200. Zweifellos ist es Blickles Verdienst, auf spätmittelalterliche Voraussetzungen der Reformation hingewiesen zu haben, vgl. z. B. grundsätzlich Ders., Die bäuerliche Reformation und ihre spätmittelalterlichen Grundlagen, in: Ferdinand Seibt (Hg.): Gesellschaftsgeschichte. Festschrift für Karl Bosl zum 80. Geburtstag, München 1988, Bd. 1, S. 295–304, doch haben er und seine Schüler einseitig den bäuerlichen Kommunalismus erforscht und dabei andere Entwicklungslinien vernachlässigt. Ich werde darauf in einem anderen Zusammenhang zurückkommen.

alle tag zwaimal zu kirchen

Formen spätmittelalterlicher Frömmigkeit bei schwäbischen Hochadelsfamilien

VON VOLKER TRUGENBERGER

Die Menschen des Spätmittelalters waren von einer tiefen Frömmigkeit durchdrungen. Angstvoll blickten sie auf den Tod und sorgten sich um ihr Seelenheil. In ihrer Heilssehnsucht und Heilsunsicherheit bot ihnen die Kirche Halt. Vor allem erwartete man sich vom „zentrale[n] Mysterium der Kirche, Messe und Eucharistie, [...] Kraft und Trost", so der Kirchenhistoriker Bernd Moeller in seinem grundlegenden Aufsatz über Frömmigkeit in Deutschland um 1500.[1] Gute Werke in vielfältiger Gestalt, aber auch die Fürbitte der Lebenden für die Verstorbenen und die Fürsprache der Heiligen bei Gott hielt man für heilsnotwendig.

All das trifft auch für den Adel als Teil der spätmittelalterlichen Gesellschaft zu.[2] Denn es gab, wie Klaus Schreiner zu Recht betont, „keine standesspezifische Adelsfrömmigkeit als geschlossenes System von Vorstellungen, die einer Elite als ureigenes religiöses Besitztum zukommt"[3], „sondern gemeinchristliche Frömmigkeitsformen, die sich Edelleute im Lichte ihres Ehrbegriffs aneignen."[4] Aufgrund seiner sozialen und politischen Stellung sowie seiner wirtschaftlichen Potenz hatte der Adel indes sehr viel mehr Möglichkeiten als ein Bauer oder Handwerker, persönliche Frömmigkeit auszudrücken und andere in ihrer Frömmigkeit zu unterstützen, ja sogar in deren religiöses Leben einzu-

1 Bernd MOELLER, Frömmigkeit in Deutschland um 1500, in: Archiv für Reformationsgeschichte 56 (1965), S. 5–30, hier S. 14 (Zitat).

2 Vgl. dazu grundlegend Franz MACHILEK, Frömmigkeitsformen des spätmittelalterlichen Adels am Beispiel Frankens, in: Klaus SCHREINER (Hg.): Laienfrömmigkeit im späten Mittelalter. Formen, Funktionen, politisch-soziale Zusammenhänge (Schriften des Historischen Kollegs. Kolloquien 20), München 1992, S. 157–189, bes. S. 167 f. (Messstiftungen), S. 170–172 (Heiligenverehrung), S. 181–183 (Pilger- und Wallfahrten), S. 187 f. (Bruderschaften).

3 Klaus SCHREINER, Frömmigkeit in politisch-sozialen Wirkungszusammenhängen des Mittelalters. Theorie- und Sachprobleme, Tendenzen und Perspektiven der Forschung, in: Michael BORGOLTE (Hg.): Mittelalterforschung nach der Wende 1989 (Historische Zeitschrift Beihefte N. F. 20), München 1995, S. 177–226, hier S. 206 (Zitat).

4 Klaus SCHREINER, Laienfrömmigkeit – Frömmigkeit von Eliten oder Frömmigkeit des Volkes? Zur sozialen Verfaßtheit laikaler Frömmigkeitspraxis im späten Mittelalter, in: DERS. (Hg.): Laienfrömmigkeit im späten Mittelalter (wie Anm. 2), S. 1–78, hier S. 58 (Zitat).

greifen. Im Folgenden sollen Formen adliger Frömmigkeit für das 15. und den Beginn des 16. Jahrhunderts am Beispiel der Grafen von Werdenberg, der Grafen von Zollern, der Herren von Zimmern und der Truchsessen von Waldburg näher untersucht werden.

Alle vier Familien sind dem Hochadel zuzurechnen. Auf den Reichstagen gehörten sie der Gruppe der Grafen und Herren an. Die Truchsessen von Waldburg waren allerdings ständische Aufsteiger, sie hätten sich *under die graven und herren gemischt, wie der meusdreck under den pfeffer* – so die Zimmerische Chronik aus der zweiten Hälfte des 16. Jahrhunderts, wobei deren Verfasser, Graf Froben Christoph von Zimmern, diese Aussage gehässigerweise einem Truchsessen in den Mund legt.[5] Doch bereits das ganze 15. Jahrhundert über konnten die Truchsessen bis auf wenige Ausnahmen hochadliges Konnubium aufweisen – und dies, obwohl 1429 eine Teilung zwischen den Brüdern Jakob, Georg und Eberhard in drei Linien stattgefunden hatte. Die Nachkommen Jakobs erlangten zu Beginn des 16. Jahrhunderts den Reichsfreiherrenstand. Die Nachkommen Georgs erhielten 1525/26 Amt und Titel des Reichserbtruchsessen. Eberhard erwarb 1455 die Herrschaft Sonnenberg. Diese wurde 1463 zur Grafschaft und er und seine Nachkommen wurden zu Grafen erhoben. Nach dem Aussterben der von Eberhard begründeten Linie 1511 erbten die beiden anderen Linien.[6]

Die militärische und finanzielle Potenz der behandelten Familien und ihrer Herrschaften lässt sich anhand der 1521 auf dem Reichstag beschlossenen Anschläge für die Romzughilfe und den Unterhalt des Reichsregiments und Reichskammergerichts zumindest annäherungsweise vergleichen. Die Grafen von Werdenberg und die *Inhaber der Sonnenbergsguter* gehörten ebenso wie die Grafen von Oettingen oder Fürstenberg einer Spitzengruppe unter den Grafen und Herren an, die jeweils acht Reiter und 45 Mann Fußvolk für den Romzug zu stellen und 138 Gulden für den Unterhalt des Reichsregiments und Reichskammergerichts aufzubringen hatten – mehr als manch kleiner Fürst, etwa der Landgraf von Leuchtenberg oder Markgraf Ernst und Markgraf Philipp von Baden. Unter den insgesamt 125 Einträgen, die Grafen und Herren betreffen, finden sich nur sechs mit höheren Anschlägen. Die Grafen von Zollern waren mit sechs

5 Zimmerische Chronik, hg. von Karl August Barack, 4. Bde, Freiburg i. Br. und Tübingen ²1881–1882, Bd. 3, S. 68 (Zitat); vgl. Bernd Mayer, Nachbarn und Verwandte. Die Truchsessen von Waldburg im Spiegel der Zimmerischen Chronik, in: Casimir Bumiller/Bernhard Rüth/Edwin Ernst Weber (Hg.): Mäzene, Sammler, Chronisten. Die Grafen von Zimmern und die Kultur des schwäbischen Adels. Katalog zur Ausstellung in Meßkirch und Rottweil 2012, Stuttgart 2012, S. 181–188, 324–325, hier S. 181.

6 Vgl. Mark Hengerer, Waldburg, in: Jan Hirschbiegel/Anna Paulina Orlowska/Jörg Wettlaufer (Bearb.): Höfe und Residenzen im spätmittelalterlichen Reich. Grafen und Herren, hg. von Werner Paravicini (Residenzenforschung 15.IV), Teilband 2, Ostfildern 2012, S. 1584–1608, bes. S. 1585–1596. – Ehepartner der Söhne im 15. Jahrhundert aus folgenden Häusern: Eberhardinische Linie: Grafen von Montfort, Grafen von Fürstenberg, Starhemberg, Grafen von Salm; Jakobinische Linie: Grafen von Hohenberg, Markgrafen von Baden-Hachberg, Grafen von Oettingen, Grafen von Kirchberg; Georgische Linie: Bickenbach, Grafen von Kirchberg, Grafen von Zollern; Ehepartner der Töchter im 15. Jahrhundert aus folgenden Häusern: Eberhardinische Linie: Grafen von Werdenberg, Grafen von Saarwerden, Mörsperg, Grafen von Oettingen, Grafen von Eberstein, Grafen von Sulz, Grafen von Helfenstein; Jakobinische Linie: Marschall von Pappenheim, Frundsberg, Nothafft von Wernberg; Georgische Linie: Rechberg, Schwangau, Grafen von Oettingen; vgl. Detlev Schwennicke (Hg.), Europäische Stammtafeln. Stammtafeln zur Geschichte der europäischen Staaten, N. F. Bd. 5: Standesherrliche Häuser 2, Marburg 1988, Tafeln 148 f., 154.

Reitern, 30 Mann Fußvolk und 96 Gulden veranschlagt, die Truchsessen von Waldburg mit vier Reitern, 22 Mann Fußvolk und 68 Gulden, die Herren von Zimmern dagegen nur mit zwei Reitern, neun Mann Fußvolk und 30 Gulden.[7]

1. Verantwortung für die kirchliche Ordnung: Aufsicht über die Geistlichkeit und Klosterreform

Bernd Moeller betont, dass im späten 15. Jahrhundert das „Verantwortungsgefühl der Laien für die kirchliche Ordnung deutlich" zugenommen habe.[8] Damit meint er neben den städtischen Magistraten vor allem die Landesherren. Und in der Tat lässt sich dieses Verantwortungsgefühl teilweise auch bei den vier untersuchten Adelsfamilien beobachten.

Gottfried Werner von Zimmern, gestorben 1554, wurde von seinem Neffen Froben Christoph in dessen Zimmerischer Chronik dafür gewürdigt, dass er immer kontrollierend Auge und Ohr für die Gottesdienste der Geistlichkeit seiner Residenzstadt Meßkirch gehabt habe. Denn er habe *ob dem gotzdienst heftig gehalten, dann die zeit seins lebens und er anhaimisch, so hat kain caplon ohne erlauptnus oder sonder ehehafte ursachen wandern dörfern. So sie aber den gotzdienst sonst mit singen oder lesen versaumpt oder unfleißig verricht, hat er das unberedt nit hingeen lassen, sie heftig darob gescholten, mit erinnerung ires tragenden ampts. Das lang predigen oder geschwetz uf der canzel hat er auch nit leiden künden, sonder mertails solche predicanten gehapt, die das wort Gottes* [...] *didactice, damit die einfältigen underthonnen ordenlich underwiesen, geprediget und geleret. Alles schelten und holipen* [Schmähen] *hat müesen vermüten bleiben, dann er vermaint, wie auch die warhait, das solchs nit dienstlich wer zu erbawung der zuhörer, sonder brechte vil mehr ein ergernus und würde der gegenthail dennost nit darvon gebessert. Mit solchem grosem fleis und unaufhörlichem ufmerken, auch das er alle tag zwaimal zu kirchen gieng, in das ampt und in die vesper, do wardt der gotzdienst durch die priester ganz geflissen und ordenlichen versehen.*[9]

Zurückhaltender scheinen die Grafen von Sonnenberg gewesen zu sein. Erst der Erbe des 1511 ermordeten Grafen Andreas von Sonnenberg, sein Schwiegersohn Truchsess Wilhelm von Waldburg, trat entschiedener auf. Wohl zusammen mit seinem Vetter Georg ließ er für die Priesterschaft in den waldburgischen Städten durch den Bischof von Konstanz neue Statuten erlassen. Er war involviert, als 1514 Missstände im Wilhelmiterkloster Mengen abgestellt wurden, und er bemühte sich später, nunmehr vielleicht auch angesichts der Ausbreitung reformatorischer Gedanken, um eine innere Reform des Dominikanerinnenklosters Sießen.[10] Ob er dem Konvent verbot, Novizinnen aufzunehmen,

7 Vgl. Deutsche Reichstagsakten unter Kaiser Karl V., Bd. 2, bearb. von Adolf Wrede (Deutsche Reichstagsakten Jüngere Reihe 2), Göttingen ²1962, S. 433–439 (Zitat S. 434).

8 Moeller, Frömmigkeit (wie Anm. 1), S. 22 (Zitat).

9 Zimmerische Chronik (wie Anm. 5), Bd. 4, S. 177 (Zitat).

10 Vgl. Joseph Anton Giefel, Das Dominikanerinnenkloster Sießen im Zeitalter der Reformation, in: Diözesanarchiv von Schwaben 4 (1887), S. 51–53, 61 f., 69 f., 81–83, hier S. 52, 70, 82; Joseph Vochezer, Geschichte des fürstlichen Hauses Waldburg in Schwaben, 2 Bde, Kempten 1888 und 1900, hier Bd. 2,

weil er es „stark auf die Güter des Klosters abgesehen“[11] hatte oder „weil er dachte, die neuen Klosterfrauen würden von den alten schlimm beeinflußt, und deßwegen sei es besser, das Kloster aussterben zu lassen und es dann neu zu besetzen“[12], sei dahingestellt.

Jedenfalls war Truchsess Wilhelm nicht der Einzige, der bei einem Frauenkloster ein Aufnahmeverbot für Novizinnen durchsetzen wollte. 1474 scheiterte Wilhelm von Zimmern mit einem solchen Verbot für die Oberndorfer Frauensammlung am Konstanzer Offizial.[13]

Inwieweit die Grafen von Werdenberg Versuche des Konstanzer Bischofs, die in ihrem Herrschaftsbereich gelegenen Dominikanerinnenklöster Habsthal und Hedingen zu reformieren,[14] nachhaltig unterstützten, muss offenbleiben. Zwar erließ die Habsthaler Priorin Elisabeth von Hertenstein 1479 Gebote und Verbote für die Klosterherrschaft selbstverständlich mit Genehmigung des Klosterschirmherrn Graf Georg von Werdenberg, doch ist bei den durch den Bischof erlassenen Statuten von 1521, die das Klosterleben regeln sollten, von einer Mitwirkung der Grafen von Werdenberg keine Rede.[15] Belegt ist, dass Graf Felix von Werdenberg das Frauenkloster in Laiz bei Sigmaringen materiell förderte.[16]

Massiv war der Eingriff der Grafen von Zollern im Dominikanerinnenkloster Stetten bei Hechingen. Graf Jos Niklas beschwerte sich 1479 beim Ordensgeneral der Dominikaner, dass das von seinen Vorfahren gestiftete Kloster immer noch nicht observant reformiert sei. Als Reformversuche am Widerstand der Nonnen zunächst scheiterten, setzten nach seinem Tod seine Söhne Graf Eitelfriedrich II. und Bischof Friedrich von Augsburg die Observanz schließlich mit Hilfe von Elsässer Reformschwestern durch.[17]

S. 134, 251 f.; Radegundis Wespel OSF/Franziska Heller OSF, Das Kloster Sießen, in: Edwin Ernst Weber (Hg.): Klöster im Landkreis Sigmaringen in Geschichte und Gegenwart (Heimatkundliche Schriftenreihe des Landkreises Sigmaringen 9), Lindenberg 2005, S. 431–462, hier S. 439 f.

11 Gerhard Metzger, Der Dominikanerorden in Württemberg am Ausgang des Mittelalters, in: Blätter für württembergische Kirchengeschichte N. F. 46 (1942), S. 4–60 und N. F. 47 (1943), S. 1–20, hier N. F. 46 (1942), S. 59 (Zitat).

12 Vochezer, Geschichte des fürstlichen Hauses Waldburg (wie Anm. 10), Bd. 2, S. 252 (Zitat).

13 Vgl. Günter Danner, Studien zur Geschichte der Dominikanerinnensammlung in Oberndorf a. N. von ihrer Gründung bis zum Jahre 1806, hg. von der Stadt Oberndorf a. N., Oberndorf a. N. 1979, S. 27; M[artina] Wehrli-Johns, Oberndorf/Neckar, Dominikaner-Terziarinnen, in: Wolfgang Zimmermann/Nicole Priesching (Hg.): Württembergisches Klosterbuch. Klöster, Stifte und Ordensgemeinschaften von den Anfängen bis in die Gegenwart, Ostfildern 2003, S. 369 f., hier S. 369.

14 Vgl. Doris Muth/Kornelia Kreidler OSB, Das Kloster Habsthal, in: Weber (Hg.): Klöster im Landkreis Sigmaringen (wie Anm. 10), S. 121–165, hier S. 133–135; Karl Werner Steim, Das Kloster Hedingen (Sigmaringen), in: ebd., S. 501–549, hier S. 510.

15 Vgl. Landesarchiv Baden-Württemberg, Staatsarchiv Sigmaringen (im Folgenden StAS) FAS DS 1 T 1–5 R 78,190 und R 78,191.

16 Vgl. Andreas Zekorn, Das Kloster Laiz, in: Weber (Hg.): Klöster im Landkreis Sigmaringen (wie Anm. 10), S. 213–237, hier S. 215, 224; nach Max Heinrichsperger, Laiz, Terziarinnen, in: Alemania Franciscana Antiqua Bd. 14, Landshut 1970, S. 111–123, hier S. 112.

17 Vgl. Yvonne Arras, Sichtbare Ideologie. Das Hohenzollern-Kloster Stetten im Gnadental und die Doktrin der Dominikanerobservanten, Diss. Tübingen 2018, S. 130–139.

2. Ständisch geprägte Frömmigkeit: Söhne und Töchter im geistlichen Stand

Es war im Adel üblich, dass Familienangehörige dem geistlichen Stand angehörten, in ein Kloster oder Stift gingen. Dies trifft selbstverständlich auch auf die vier untersuchten Familien zu. Außerreligiöse Gründe spielten dabei eine nicht zu unterschätzende Rolle, denn nachgeborene Kinder sollten standesgemäß versorgt werden, ohne das Hausvermögen durch Teilungen, Apanagen oder hohe Mitgiften zu belasten. Graf Eitelfriedrich II. von Zollern sprach dies in seinen 1511 verfassten Verfügungen für den Todesfall offen aus: *ob aber der kinder mannlichs stammen so fill wurden,* sollten *nit mer dann zway oder drey vff das mest beliben in weltlichem stand vnd die andern soll in erlichen gaistlichen stand geholfen werden, damit sy redlich, erlich ußkummen haben mügen.* Von den Töchtern sollten ebenfalls *zwo oder drey in weltlichen stand verhuirat werden,* [...] *vnd die ander in clöster oder gotzhüser gethon vnd zimlich leibding verordnet werden.*[18]

Für Söhne, die geistlich wurden,[19] bemühten sich die Familien vor allem um Domherrenpfründen. Von 16 Geistlichen aus den vier untersuchten Familien, die im 15. und

18 Zitiert nach der Edition bei Seb[astian] Locher, Nachrichten über den Grafen Eitelfriedrich von Hohenzollern 1452–1512, in: Mittheilungen des Vereins für Geschichte und Alterthumskunde in Hohenzollern 20 (1886/1887), S. 93–132, hier S. 107.

19 Truchsessen von Waldburg und Grafen von Sonnenberg; vgl. Schwennicke, Europäische Stammtafeln 5 (wie Anm. 6), Tafeln 148 f., 154:
- Damenstift Lindau: Otto, Sohn Eberhards von Sonnenberg († 1479);
- Deutscher Orden: Friedrich, Sohn Johanns I. zu Trauchburg († 1504);
- Domkapitel Augsburg: Otto (Bischof), Sohn Wilhelms d. Ä. († 1557);
- Domkapitel Konstanz: Otto (Bischof), Sohn Eberhards von Sonnenberg († 1479);
- Domkapitel Speyer: Otto, Sohn Wilhelms d. Ä. († 1557).

Grafen von Werdenberg; vgl. Ders. (Hg.), Europäische Stammtafeln. Stammtafeln zur Geschichte der europäischen Staaten, Neue Folge Bd. 12: Schwaben, Marburg 1992, Tafel 51:
- Domkapitel Augsburg: Johann (Bischof), Sohn Johanns IV. († 1465);
- Domkapitel Köln: Heinrich, Sohn Johanns IV. († 1465);
- Domkapitel Konstanz: Ulrich, Sohn Eberhards II. († 1416); Johann und Heinrich, Söhne Johanns IV. († 1465);
- Domkapitel Straßburg: Ulrich, Sohn Eberhards II. († 1416); Johann, Sohn Johanns IV. († 1465);
- Johanniterorden: Rudolf, Sohn Johanns IV. († 1465).

Herren von Zimmern; vgl. ebd., Tafel 84:
- Domkapitel Bamberg: Gottfried Christoph, Sohn Johann Werners d. J. († 1548);
- Domkapitel Köln: Johann Christoph, Sohn Johann Werners d. J. († 1548);
- Domkapitel Konstanz: Johann Christoph und Gottfried Christoph, Söhne Johann Werners d. J. († 1548);
- Domkapitel Speyer: Johann Christoph, Sohn Johann Werners d. J. († 1548);
- Domkapitel Straßburg: Johann Christoph und Gottfried Christoph, Söhne Johann Werners d. J. († 1548).

Grafen von Zollern; vgl. Ders. (Hg.), Europäische Stammtafeln. Stammtafeln zur Geschichte der europäischen Staaten, Neue Folge Bd. 1,1: Die fränkischen Könige und die Könige und Kaiser, Stammesherzoge, Kurfürsten, Markgrafen und Herzoge des Heiligen Römischen Reiches Deutscher Nation, Marburg 1998, Tafeln 117 f.; Genealogie des Gesamthauses Hohenzollern, bearb. und hg. von Julius Grossmann, Ernst Berner, Georg Schuster und Karl Theodor Zingeler, Berlin 1905, S. 66–71:
- Domkapitel Augsburg: Friedrich (Bischof), Sohn Jos Niklaus' I. († 1488); Felix Friedrich, Sohn Eitelfriedrichs III. († 1525);

der ersten Hälfte des 16. Jahrhunderts ihre geistliche Laufbahn begannen, waren 13 Domherren. Zehn von ihnen hatten unter anderem eine Domherrenpfründe in Straßburg, zwei zusätzlich in Köln. Dies war standespolitisch von besonderer Bedeutung, denn die Straßburger und Kölner Domkapitel waren ständisch exklusiv auf Angehörige des Hochadels beschränkt. Es ist deshalb wohl kein Zufall, dass die beiden Domherren aus dem Haus der Truchsessen von Waldburg, Otto von Sonnenberg, nachmaliger Bischof von Konstanz, und Otto von Waldburg, nachmaliger Bischof von Augsburg und Kardinal, keine Pfründe in einem dieser beiden exklusiven Domkapitel innehatten. Als Gebhard von Waldburg in der zweiten Hälfte des 16. Jahrhunderts Domherrenpfründen in Straßburg und Köln übertragen bekam, wurde dadurch auch dokumentiert, dass die Truchsessen von Waldburg nunmehr endgültig als Hochadelsfamilie anerkannt waren.

Wer eine Domherrenpfründe hatte, hatte die Möglichkeit zum Bischof aufzusteigen. Friedrich von Zollern († 1436) und Otto von Sonnenberg († 1491) wurden Bischöfe von Konstanz, Johann von Werdenberg († 1486), Friedrich von Zollern († 1505) und Otto Truchsess von Waldburg († 1573) Bischöfe von Augsburg.

Zwei Angehörige der untersuchten Familien traten in einen Ritterorden ein, darunter bezeichnenderweise ein Truchsess von Waldburg, der als Deutschordensritter nach Preußen ging. Ein Sohn Graf Johanns IV. von Werdenberg stieg innerhalb des Johanniterordens zum Großprior von Deutschland auf.

Friedrich von Zollern, genannt Hügeli, ist 1402, noch unter Vormundschaft stehend, als Klosterherr auf der Reichenau belegt und war später Mönch in Einsiedeln.[20]

Bei den 21 Töchtern der behandelten Familien, die im 15. und der ersten Hälfte des 16. Jahrhunderts in ein Kloster oder Stift eintraten,[21] ist das Bild nicht so einheitlich. Im-

- Domkapitel Konstanz: Friedrich gen. Fritzli (Bischof), Sohn Friedrichs XI. († 1401); Friedrich, Sohn Jos Niklaus' I. († 1488);
- Domkapitel Straßburg: Friedrich gen. Äppeli und Friedrich gen. Fritzli, Söhne Friedrichs XI. († 1401); Heinrich, Sohn Eitelfriedrichs I. († 1439); Friedrich, Sohn Jos Niklaus' I. († 1488);
- Benediktinerkloster Einsiedeln: Friedrich gen. Hügeli, Sohn Friedrichs XI. († 1401);
- Benediktinerkloster Reichenau: Friedrich gen. Hügeli, Sohn Friedrichs XI. († 1401).

20 Vgl. Genealogie des Gesamthauses Hohenzollern (wie Anm. 19), S. 67.

21 Truchsessen von Waldburg und Grafen von Sonnenberg; vgl. Schwennicke, Europäische Stammtafeln 5 (wie Anm. 6), Tafeln 148 f., 154; Bernhard Theil, Das (freiweltliche) Damenstift Buchau am Federsee (Germania Sacra N. F. 32,4), Berlin u. a. 1994. S. 251 f.:
- Damenstift Buchau: Dorothea, Tochter Johanns III. († 1511);
- Zisterzienserinnenkloster Baindt: Elsbeth, Tochter Johanns I. zu Trauchburg († 1504);
- Augustinerchorfrauenstift Inzigkofen: Emmerentiana, Tochter Johanns III. († 1511);
- Klarissenkloster Königsfelden: Katharina und Walburga, Töchter Johanns I. zu Trauchburg († 1504);
- Benediktinerinnenkloster Marienberg bei Boppard: Maria und Felizitas, Töchter Johanns von Sonnenberg († 1510);
- Klarissenkloster Söflingen: Barbara, Tochter Johanns II. († 1424);
- Franziskanerinnenkloster Unlingen: Magdalena, Tochter Eberhards I. von Sonnenberg († 1479).

Grafen von Werdenberg; vgl. Schwennicke, Europäische Stammtafeln 12 (wie Anm. 19), Tafel 51; Theil, Das (freiweltliche) Damenstift Buchau am Federsee, S. 227 f.:
- Damenstift Buchau: Margarethe und Anna, Töchter Johanns IV. († 1465);
- Augustinerchorfrauenstift Inzigkofen: Ursula, Tochter Georgs II. († 1500);
- Dominikanerinnenkloster Pforzheim: Dorothea, Tochter Johanns IV. († 1465);
- Damenstift Thorn: Katharina, Tochter Johanns IV. († 1465).

merhin waren acht von ihnen Kanonissen in adligen Damenstiften, davon vier in Buchau. Kanonissen in diesem Stift, das im untersuchten Zeitraum nur Hochadlige oder Angehörige von Familien, die – so die Truchsessen von Waldburg und die Schenken von Limpurg – aus der staufischen Reichsministerialität hervorgegangen waren, aufnahm,[22] waren die Schwestern Margarethe und Anna von Werdenberg ebenso wie Dorothea von Waldburg (die das Stift wieder verließ, um zu heiraten) und Anna von Zollern. Auf die durch die Reichsacht bedingte besondere Lage Johann Werners d.Ä. von Zimmern wird man wohl zurückführen können, dass um 1500 zwei seiner Töchter im Fraumünsterstift Zürich unterkamen. Doch auch dieses Stift war ständisch exklusiv, da spätestens seit 1403 nur Frauen *de comitum genere procreatae* aufgenommen werden durften.[23] Katharina von Werdenberg und Adelheid von Zollern waren Kanonissen in weiteren Damenstiften, nämlich in Thorn und Oberstenfeld.

Adelheid von Zollern war, bevor sie 1472 Äbtissin in Oberstenfeld wurde, 1471 in das Hauskloster ihrer Familie, das Dominikanerinnenkloster Stetten bei Hechingen, eingetreten. Dort wurde zu Beginn des 15. Jahrhunderts eine weitere Angehörige des zollerischen Hauses Nonne. Eine Tochter Graf Johanns IV. von Werdenberg war Nonne im Dominikanerinnenkloster Pforzheim. Um 1500 lassen sich im Augustinerchorfrauenstift Inzigkofen Töchter aus drei der vier näher untersuchten Adelsfamilien nachweisen, nämlich aus den Häusern Waldburg, Werdenberg und Zimmern. In Frauenklöstern der Benediktinerinnen, Zisterzienserinnen und Klarissen finden wir ausschließlich Töchter aus dem Haus der Truchsessen von Waldburg: Unter anderem waren jeweils zwei Schwestern zu Beginn des 16. Jahrhunderts Nonnen im Benediktinerinnenkloster Marienberg bei Boppard und im Klarissenkloster Königsfelden.

Sieht man von den Grafen von Zollern und ihrem Hauskloster Stetten bei Hechingen ab, so war es eher eine Seltenheit, dass Töchter in ein Kloster oder ein Stift gegeben wurden, das im Herrschaftsbereich der jeweiligen Hochadelsfamilie lag. Außer einer Werdenbergerin in Inzigkofen ist hier nur noch Magdalena, Tochter des Grafen Eberhard von Sonnenberg, im Franziskanerinnenkloster Unlingen bei Riedlingen zu nennen.

Herren von Zimmern; vgl. Schwennicke, Europäische Stammtafeln 12 (wie Anm. 19), Tafel 84:
- Augustinerchorfrauenstift Inzigkofen: Barbara, Tochter Gottfried Werners († 1554);
- Damenstift Zürich (Fraumünster): Anna und Katharina, Töchter Johann Werners d.Ä. († 1495).

Grafen von Zollern; vgl. Ders., Europäische Stammtafeln 1,1 (wie Anm. 19), Tafeln 117f.; Genealogie des Gesamthauses Hohenzollern (wie Anm. 19), S. 66–71:
- Damenstift Buchau: Anna, Tochter Eitelfriedrichs III. († 1525);
- Damenstift Oberstenfeld: Adelheid, Tochter Eitelfriedrichs I. († 1439);
- Dominikanerinnenkloster Pforzheim: Anna (?), Tochter Eitelfriedrichs II. († 1512);
- Dominikanerinnenkloster Stetten bei Hechingen: Anna, Tochter Friedrichs XI. († 1401); Adelheid, Tochter Eitelfriedrichs I. († 1439); Anna (?), Tochter Eitelfriedrichs II. († 1512).

22 Vgl. die Personallisten bei Theil, Das (freiweltliche) Damenstift Buchau am Federsee (wie Anm. 21), S. 224–230, S. 249–252.

23 Peter Vogelsanger, Zürich und sein Fraumünster. Eine elfhundertjährige Geschichte (853–1956), Zürich 1994, S. 231 (Zitat).

3. Herrschaft und Untertanen in Frömmigkeit verbunden: Bruderschaften

Herrschaft und Untertanen waren durch Standesschranken getrennt. Doch in Bruderschaften konnten diese aufgehoben sein. Denn Bruderschaften, an deren Gründung Stadt- und Landesherren beteiligt und deren Mitglied sie waren, stellten eine besondere religiöse Verbindung zu den Untertanen her.[24]

Die Gründungsstatuten der Sebastiansbruderschaft in Waldsee von 1460 sahen vor, dass als einheitliches äußerliches Zeichen der Zugehörigkeit zur Bruderschaft *ein jeglicher brueder und schwester, sie sey ain gaistlich oder weltlich, ein silberis ainhorn, daß uff einem pfeill stande, mit einem spruch darumb, darin der engelisch grueß gegraben sey,* machen lassen sollte, allerdings nach Ständen differenziert, was die Kosten (und deshalb wohl auch die Größe) anbelangte: *prelath, abbt, probst, abbtissin, maisterin, grafe, gräfin, freyherr, freyfraw für 2 gulden, ain ritter oder sein genoß für zween gulden, ain edelmann oder fraw oder junger für ain gulden, ein gaistlich oder weltlich priester für ein pfundt heller und sonst ein jedtlicher, es seyen frawen oder mann, nach ihrem willen, doch dz es under zwolff schilling haller nit sey.* Es war selbstverständlich, dass der Stadtherr, Truchsess Georg I. von Waldburg, und der Pfarrherr, der Propst des Augustinerchorherrenstifts Waldsee, um Besiegelung des Dokuments gebeten wurden. Von einer weitergehenden Beteiligung ist nicht die Rede. 22 Jahre später, 1482, waren sowohl der Stadtherr, nunmehr Truchsess Georgs I. Sohn Georg II., als auch der Propst als Pfarrherr wieder Siegler, als die Bruderschaft eine Altarpfründe dotierte. Nunmehr ist ausdrücklich erwähnt, dass beide *dieser unser bruederschafft brueder* seien.[25]

Auf Truchsess Johann III. von Waldburg, den Sohn Georgs II., geht die Errichtung einer Barbarabruderschaft in Waldsee zurück, für die sein Sohn Georg III. 1520 einen Altar aufstellen ließ. Georg III. war ebenso wie seine Eltern Mitglied der Bruderschaft der Heiligen Dreifaltigkeit, der Heiligen Maria und des Heiligen Sebastian in Weingarten.[26]

In Scheer wurde eine Sebastiansbruderschaft 1499 von Graf Andreas von Sonnenberg, Bürgermeister und Rat zu Scheer und einigen Scheerer Bürgern gegründet. Deren Zweck war es, für alle Brüder und Schwestern durch die Fürbitte des heiligen Ritters und Märtyrers Sebastian von Gott die Befreiung von aller pestilenzischer Seuche und anderen gefährlichen Krankheiten, besonders von der Pest der Todsünde, zu erhalten. Am Sebastianstag sollte immer ein Lob- und Seelenamt mit Vigil und vier Messen stattfinden und an allen Fronfasten mit Vigil, Amt und fünf Messen der verstorbenen Brüder

24 Schreiner, Laienfrömmigkeit (wie Anm. 4), S. 33 sieht in den Bruderschaften „Zusammenschlüsse von Standesgleichen", was in dieser Ausschließlichkeit – wie im Folgenden gezeigt – sicher unzutreffend ist. Beispiele für die Beteiligung von Angehörigen der Familie der Grafen von Fürstenberg an Bruderschaften bei Hermann Hoberg, Das Bruderschaftswesen am Oberrhein im Spätmittelalter, in: Historisches Jahrbuch 72 (1952), S. 238–252, hier S. 239, 241, 243.

25 Landesarchiv Baden-Württemberg, Hauptstaatsarchiv Stuttgart (im Folgenden HStAS) B 486 Bü 1194 (Abschriften der Urkunden von 1460 und 1482 aus dem 18. Jahrhundert); HStAS B 513 U 25 (Ausfertigung der Urkunde von 1482); vgl. Vochezer, Geschichte des fürstlichen Hauses Waldburg (wie Anm. 10), Bd. 2, S. 370.

26 Vgl. Vochezer, Geschichte des fürstlichen Hauses Waldburg (wie Anm. 10), Bd. 2, S. 712.

und Schwestern gedacht werden, ebenso beim Tod eines Mitglieds. Für die Besucher und Wohltäter des Sebastiansbruderschaftsaltars wurde ein Jahr nach der Gründung der Bruderschaft ein hunderttägiger Ablass gewährt.[27]

Werner von Zimmern errichtete 1455 eine Sebastiansbruderschaft in der Meßkircher Liebfrauenkapelle.[28] Die Notiz in der Zimmerischen Chronik, Werners Sohn Johann Werner habe 1483 nach seiner Rückkehr aus Palästina die Bruderschaft ins Leben gerufen, dürfte sich auf die Stiftung eines in diesem Zusammenhang erwähnten Jahrtags beziehen.[29]

An Bruderschaften weniger interessiert waren offensichtlich die Grafen von Werdenberg und die Grafen von Zollern: Die Urkunde, mit der sich 1483 die neu gegründete Sigmaringer Sebastiansbruderschaft an den Diözesanbischof mit der Bitte um Bestätigung wandte, ist nicht vom werdenbergischen Stadtherrn gesiegelt, sondern von dessen Vogt, einem Mitglied der Bruderschaft.[30] Bei der 1513 in Hechingen gegründeten Sebastiansbruderschaft stellte der Stadtherr Graf Franz Wolfgang von Zollern lediglich die Stiftungsurkunde aus.[31]

4. Soziale Stiftungen: Spitäler und Almosen

Soziale Stiftungen des Spätmittelalters waren immer auch religiös motiviert. Deshalb muss an dieser Stelle darauf eingegangen werden, obwohl nicht viele derartige Stiftungen von Angehörigen der vier untersuchten Adelsfamilien dokumentiert sind.

Der 1483 verstorbene Werner von Zimmern sorgte für die Gründung und Dotierung eines Spitals in Meßkirch,[32] und Graf Johann von Sonnenberg († 1510) war – so das Ende des 15. Jahrhunderts angelegte *sel- und verkundt-buchlin* des 1482 gegründeten Wurzacher Spitals – *erster stiffter dises gegenwärtigen spittauls und jahrtags*.[33]

27 Vgl. Walter Bleicher, Chronik der ehemaligen Residenzstadt Scheer/Donau, Horb am Neckar 1989, S. 181.

28 Vgl. Pfarrarchiv Meßkirch, Urkunde vom 27. 8. 1457 (Samstag nach Bartholomeus): Johannes, Propst des Gotteshauses und Augustinerklosters Beuron im Bistum Konstanz vidimiert auf die Bitte von Benz Müller, Pfleger und Verweser der Liebfrauenkapelle vor der Stadt Meßkirch an der Ablach, die Stiftungsurkunde der St. Sebastiansbruderschaft in der Liebfrauenkapelle, wonach die Bruderschaft am Freitag nach St. Agathentag 1455 (1455 Februar 7) durch Werner Freiherr von Zimmern gestiftet und im November 1455 durch Bischof Heinrich von Konstanz bestätigt wurde.

29 Zimmerische Chronik (wie Anm. 5), Bd. 1, S. 500.

30 StAS FAS DS 1 T 1–5 R 78,576; vgl. Friedrich Eisele, Zur Geschichte der katholischen Stadtpfarrei Sigmaringen, in: Mitteilungen des Vereins für Geschichte und Altertumskunde in Hohenzollern 58 (1924), S. 1–71 und 59 (1925), S. 1–194, hier 59 (1925), S. 110.

31 StAS FAS Sa Nr. 126 (Abschrift des *Fundationsbrieffs* aus dem 18. Jahrhundert). Mit dem *Fundationsbrieff* bewilligte Graf Franz Wolfgang, Sohn und Nachfolger des 1512 verstorbenen Grafen Eitelfriedrich II., die Gründung und die Statuten der Bruderschaft verbunden mit der Bitte an den Diözesanbischof um Bestätigung.

32 Vgl. Zimmerische Chronik (wie Anm. 5), Bd. 1, S. 460, 464.

33 [Karl] Finkbeiner, Aus der Pfarreigeschichte von Wurzach II. Das Spital in Wurzach, in: Diözesanarchiv von Schwaben 24 (1906), S. 74–78, 109–112, 141–143, hier S. 74 f. (Zitat S. 74). Da Johann von Sonnenberg als *weyland* bezeichnet wird, stammt der entsprechende Eintrag in dem *sel- und verkundt-buchlin*

Aus den Verfügungen für den Todesfall, die Graf Eitelfriedrich II. von Zollern († 1512) ein Jahr vor seinem Tod verfasste, ist zu entnehmen, dass Eitelfriedrich für den Kornspeicher auf dem von ihm erbauten Hechinger Rathaus seinen *armen lüten in der herschaft Zollern dusent malter korns verordnet* hatte, *das sy in nöten gebruchen vnd vnder sich tailen mügen.*[34]

Die Witwe des Grafen Andreas von Sonnenberg stiftete 1513 in Scheer einen Jahrtag mit Almosen,[35] Truchsess Wilhelm von Waldburg, der Besitznachfolger des Grafen in der Grafschaft Friedberg und der Herrschaft Scheer, 1549 ein Kapital von 1000 Gulden, aus dessen jährlichen Zinserträgen Hausarmen und anderen Bedürftigen in der Grafschaft und der Herrschaft Brot, Geld, Salz, Schmalz, Kleidung und anderes ausgeteilt werden sollte.[36]

5. Repräsentation und Frömmigkeit: Kirchenbauten und Pfründstiftungen

Die Adelsfamilien trugen namentlich in den Residenzstädten für repräsentative Kirchen und den Gottesdienst darin Sorge – für die Untertanen, zur Selbstdarstellung und als Familiengrablege. Ihre Wappen an Kirchen und Altären und einzelne erhaltene Grabdenkmäler künden bis heute davon. Ob die Familien sich allerdings in größerem Umfang auch an Baukosten beteiligten oder diese durch die Gemeinden und Spenden gedeckt wurden, kann nicht mehr geklärt werden.

In Trochtelfingen wurde unter Graf Eberhard von Werdenberg 1451 das Langhaus der Pfarrkirche neu gebaut, wie aus einer Inschrift mit Wappen über dem Nordportal der Kirche hervorgeht. Mit den Wappen Werdenberg und Zimmern erinnerte der unverheiratete Graf an seine Eltern. Bereits zwischen 1400 und 1422 hatten die Grafen von Werdenberg vier Pfründen in Trochtelfingen gestiftet. Von besonderer Bedeutung war die 1416 von Graf Eberhard III. von Württemberg im Namen des verstorbenen Grafen Eberhard II. von Werdenberg zum Heil seiner eigenen Seele und der des Werdenbergers und dessen Verwandten errichtete Pfründe am Marienaltar. Denn der Marienaltar befand sich auf der Südseite des Chores an den Chorstufen wenige Schritte vom Zugang zur Gruft der Grafen von Werdenberg im südlichen Langhaus entfernt. Die Pfründe wurde deshalb wohl spätestens im 16. Jahrhundert auch als Herrenpfründe bezeichnet.[37]

vom Beginn des 16. Jahrhunderts. Möglicherweise liegt eine Verwechslung mit dem 1511 verstorbenen Truchsessen Johann III. von Waldburg aus der georgischen Linie der Truchsessen von Waldburg vor, der Stadtherr von Wurzach war und dessen Vater 1482, im Jahr der Spitalgründung, verstarb.

34 Zitiert nach Locher, Nachrichten über den Grafen Eitelfriedrich von Hohenzollern (wie Anm. 18), S. 107.

35 Vgl. Bleicher, Chronik der ehemaligen Residenzstadt Scheer/Donau (wie Anm. 27), S. 182.

36 Vgl. Robert Kretzschmar (Bearb.), Fürstlich Thurn und Taxissches Archiv Obermarchtal, Grafschaft Friedberg-Scheer. Urkundenregesten 1304–1802 (Inventare der nichtstaatlichen Archive in Baden-Württemberg 18), Stuttgart 1993, S. 273 Nr. 530.

37 Vgl. Friedrich Eisele, Zur Geschichte Trochtelfingens. II. Kirchliche Geschichte, in: Mitteilungen des Vereins für Geschichte und Altertumskunde in Hohenzollern 42 (1908/1909), S. 96–142 und 47/48/49 (1913–1916), S. 1–51, hier 42 (1908/1909), S. 109, 129–133 und Plan nach S. 112.

1 Wappen des Grafen Andreas von Sonnenberg und seiner Ehefrau Margarethe von Starhemberg auf der Predella des Dreifaltigkeitsaltars in Scheer (Foto: Reiner Löbe, Bingen, Kreis Sigmaringen)

Für die Kirche im ebenfalls werdenbergischen Sigmaringen wurde wohl im Zusammenhang mit größeren Baumaßnahmen 1474 eine Spendensammlung durchgeführt.[38] 1497 stifteten die Grafen von Werdenberg zwei Kaplaneipfründen, beide zusammen mit der Stadt.[39] Graf Hugo von Werdenberg veranlasste, dass Reliquien, darunter das Haupt der Heiligen Anastasia, die er und sein Bruder Ulrich in den Burgunderkriegen 1475 bekommen und nach Sigmaringen gebracht hatten, 1506 auf dem Hauptaltar der Sigmaringer Kirche aufbewahrt wurden.[40]

In Scheer dotierten die Grafen Eberhard und Andreas von Sonnenberg zwischen 1455 und 1496 vier Kaplaneien. Graf Eberhard baute 1472 bei der Pfarrkirche eine Kapelle, die zu seinem Begräbnis bestimmt war. Aus der 1489 von seinem Sohn Andreas errichteten Kapelle zur Heiligen Dreifaltigkeit ist der Altar erhalten, dessen Predella die Wappen

38 Bischöfliche Genehmigung einer *petitio* [Spendensammlung] *ad ecclesiam in Sigmaringen que tamquam filia subicitur ecclesiae parochiali in Laitz ad annum*; Manfred Krebs, Die Investiturprotokolle der Diözese Konstanz aus dem 15. Jahrhundert, in: Freiburger Diözesanarchiv 66–74 (1939–1954) Beilage, S. 795 (Zitat).

39 StAS FAS DS 1 T 1–5 R 78,578: Pfründe mit Predigtamt zu Ehren des Heiligen Sebastian; StAS FAS DS 1 T 1–5 R 78,579: Liebfrauenkaplanei. Bereits 1474 hatte der Bischof von Konstanz dem zuständigen Dekan in Meßkirch aufgetragen, den Altar der Maria und des Sebastian für ein Jahr provisorisch versehen zu lassen, eine Aufforderung, die er 1479 bis 1492 für den Sebastiansaltar regelmäßig wiederholte, weil dieser noch nicht dotiert und bestätigt sei; vgl. Krebs, Die Investiturprotokolle der Diözese Konstanz (wie Anm. 38), S. 795.

40 Vgl. StAS FAS DS 1 T 1–5 R 78,562: Bericht anlässlich der Renovierung des Altars von 1599.

des Stifters und seiner Ehefrau Margarethe von Starhemberg zeigt.[41] Schließlich ließ Graf Andreas die Pfarrkirche wesentlich vergrößern. Der neue Chor war 1492 fertiggestellt, 1509 wurde die Kirche geweiht. Im Chor ließ der Graf für sich und seine Familie eine neue Begräbnisstätte einrichten.[42]

Die Herren von Zimmern stifteten im 15. Jahrhundert in Meßkirch mindestens drei Altarpfründen, darunter die 1431 errichtete Kaplanei am Georgsaltar, der *der Herren altar* genannt wurde.[43] Der Kaplan war zuständig für die von Johann von Zimmern als zimmerisches Erbbegräbnis erbaute Georgskapelle an der Pfarrkirche.[44] Nachdem die Meßkircher Pfarrkirche bereits in den 1450er- und 1460er-Jahren vergrößert worden war, ließ Gottfried Werner von Zimmern ab 1526 einen deutlich größeren Neubau errichten. Für eine repräsentative Innenausstattung durch eine Vielzahl von Altären wurde in den 1530er-Jahren der Meister von Meßkirch beauftragt. Auch in Meßkirch wurde das Familienbegräbnis von einer Seitenkapelle in eine Gruft unter dem Chor der Kirche verlegt.[45] Von der Elogiuskapelle vor dem oberen Stadttor ist ein Schnitzaltar von 1519 mit der Figur des Heiligen Elogius, flankiert von den Heiligen Quirin und Leonhard, erhalten. Die Wappen Gottfried Werners von Zimmern und seiner Frau Apollonia von Henneberg weisen ihn als Stiftung der Herrschaft aus.[46]

Die Grafen von Zollern ließen in Hechingen ab 1472 ein neues, 1488 geweihtes Gotteshaus innerhalb der Stadtmauern erbauen, das kirchenrechtlich allerdings bis 1536 Kapelle war, da die unterhalb der Stadt liegende Kirche St. Luzen zunächst den Status der Pfarrkirche behielt.[47] Bereits einige Jahre vor der Fertigstellung des spätgotischen Kirchenbaus kaufte Graf Jos Niklas ein Altarretabel in Antwerpen, wo er auch gewirkte Tücher zur Ausstattung machen ließ.[48] Zwischen 1488 und 1493 dotierten Graf Eitelfriedrich II. von Zollern und sein Bruder Bischof Friedrich von Augsburg hier fünf Altar-

41 Vgl. Bleicher, Chronik der ehemaligen Residenzstadt Scheer/Donau (wie Anm. 27), S. 179–181, 223 f., 228. Der Dreifaltigkeitsaltar befindet sich heute in der St. Oswaldkapelle auf dem Friedhof in Scheer.

42 Vgl. ebd., S. 180–182.

43 Krebs, Die Investiturprotokolle der Diözese Konstanz (wie Anm. 38), S. 545 (Zitat); vgl. Karl Rieder, Das Registrum subsidii caritativi der Diözese Konstanz aus dem Jahre 1508, in: Freiburger Diözesanarchiv 35 (1907), S. 1–108, hier S. 21: *altare s. Georij dominorum de Zymern.*

44 Vgl. Georg Tumbült, Geschichte der Stadt Meßkirch nach ihren rechtlichen und kirchlichen Verhältnissen bis zum Jahr 1600, in: Schriften des Vereins für Geschichte und Naturgeschichte der Baar 19 (1933), S. 1–159, hier S. 122–124; Zimmerische Chronik (wie Anm. 5), Bd. 1, S. 321.

45 Vgl. Tumbült, Geschichte der Stadt Meßkirch (wie Anm. 44), S. 134 f.; Elsbeth Wiemann, Meister von Meßkirch. Die Altarausstattung der Pfarr- und Stiftskirche St. Martin in Meßkirch, in: Dies. (Hg.): Der Meister von Meßkirch. Katholische Pracht in der Reformationszeit, [München 2017], S. 155–213, hier S. 155–157.

46 Vgl. Tumbült, Geschichte der Stadt Meßkirch (wie Anm. 44), S. 139.

47 Vgl. Walther Genzmer (Hg.), Die Kunstdenkmäler Hohenzollerns, bearb. von Friedrich Hossfeld, Hans Vogel und Walther Genzmer, 2 Bde, Hechingen 1939 und Stuttgart 1948, Bd. 1, S. 154 f.; Volker Trugenberger, Hechingen, Jakob, in: Sönke Lorenz/Oliver Auge/Sigrid Hirbodian (Hg.): Handbuch der Stiftskirchen in Baden-Württemberg, Ostfildern 2019, S. 241–247, hier S. 241.

48 Vgl. Hans Puchta, Die Herkunft des Hauptaltars der gotischen Frauenkirche zu Hechingen. Ein Beispiel spätmittelalterlichen Kunsthandels, in: Zeitschrift für Hohenzollerische Geschichte 9 (1973), S. 141–142.

pfründen.[49] Magdalena von Brandenburg, die Frau Eitelfriedrichs, war 1496 die erste Angehörige des zollerischen Grafenhauses, die in dem neuen Gotteshaus beigesetzt wurde, das das Dominikanerinnenkloster Stetten bei Hechingen als Erbgrablege der gräflichen Familie ablöste.[50]

Was war der Zweck all dieser Pfründstiftungen? Zum einen ging es um das Seelenheil der Stifter und ihrer Familien. Mit der 1455 gestifteten Marienkaplanei in Scheer war eine ewige Messe verbunden zu Trost und Hilfe für die Seelen der Eltern des Stifters und aller seiner Vor- und Nachfahren und nicht zuletzt, dass der Stifter seiner Sünden und Missetaten durch Gnade und Barmherzigkeit Gottes entladen und zur ewigen Seligkeit geführt werde; der Kaplan der Kapelle auf dem Beinhaus in Meßkirch sollte unter anderem alle Tage über der Herrschaft von Zimmern Grab mit dem Kreuz und dem Rauch gehen und den Seelen zu Trost ein Placebo sprechen.[51] Besucher der Kirchen oder Grabkapellen sollten mit Ablässen veranlasst werden, für die in den Begräbnisstätten der Familien Bestatteten zu beten.[52] Zum Totengedenken gehörten auch Stiftungen für Kerzen, die bei Gottesdiensten bei der Gruft oder dem dazu gehörenden Altar brennen sollten.[53] Zum anderen ermöglichte eine größere Anzahl von Kaplänen (wozu auch Kaplaneistiftungen von Bürgern und Geistlichen beitrugen) die Einführung eines gemeinsamen Chorgebets der Geistlichen. Ein solches ordnete Graf Christoph von Werdenberg 1501 für die Trochtelfinger Pfarrkirche an, wozu eigens die Kaplanei der außerhalb der Stadt liegenden Hennensteinkapelle in die Stadt verlegt wurde. Nachdem zunächst täglich nur ein Amt und die Vesper gesungen wurden, wurde 1516 das ganze Chorgebet eingeführt.[54] Auch die Bemerkung in der Zimmerischen Chronik, Gottfried Werner von Zimmern habe 1516 in der Meßkircher Pfarrkirche das *gestift* [...], *wie das weilunt sein herr vatter sällig, herr Johanns Wernher der elter, angesehen und verordnet und aber user zufallendem*

49 1488 Pfründen am Marienaltar (Stifter Bischof Friedrich) und am Altar des Johannes Baptist (Stifter Bischof Friedrich), 1492/93 Pfründen am Martinsaltar (Stifter wohl Graf Eitelfriedrich II.), am Altar der 11000 Jungfrauen (Stifter Graf Eitelfriedrich II.) und am Konradsaltar (Stifter Graf Eitelfriedrich II.); vgl. Krebs, Die Investiturprotokolle der Diözese Konstanz (wie Anm. 38), S. 361; Elmar Blessing, Die Kirchen-, Kapellen- und Altarpatrozinien für den Kreis Hechingen im Mittelalter und in der Neuzeit, Diss. (Fotodruck) Tübingen 1962, S. 123f.

50 Vgl. R[udolph Graf] Stillfried, Die ältesten Grabstätten des Hauses Hohenzollern, in: Mittheilungen des Vereins für Geschichte und Alterthumskunde in Hohenzollern 7 (1873/1874), S. 49–64, hier S. 56–60; Trugenberger, Hechingen, Jakob (wie Anm. 47), S. 242.

51 Vgl. Bleicher, Chronik der ehemaligen Residenzstadt Scheer/Donau (wie Anm. 27), S. 179f. Tumbült, Geschichte der Stadt Meßkirch (wie Anm. 44), S. 125.

52 Scheer: Ablass für die Besucher der Marienkapelle; vgl. Bleicher, Chronik der ehemaligen Residenzstadt Scheer/Donau (wie Anm. 27), S. 180. Trochtelfingen: Ablass für die Besucher der Kirche, die unter anderem für die in der Gruft Ruhenden beten; vgl. Eisele, Zur Geschichte Trochtelfingens (wie Anm. 37), 42 (1908/1909), S. 112.

53 Trochtelfingen: bei Gottesdiensten zwei Kerzen an der Gruft; vgl. Eisele, Zur Geschichte Trochtelfingens (wie Anm. 37), 42 (1908/1909), S. 112. Meßkirch: zwei Kerzen auf dem Georgsaltar bei allen Messen, zu allen hochzeitlichen Abenden zu der Vesper und morgens zu der Mette, außerdem eine Wandelkerze (Kerze, die zur Wandlung in der Messe angezündet wird); vgl. Tumbült, Geschichte der Stadt Meßkirch (wie Anm. 44), S. 123f.

54 Vgl. Eisele, Zur Geschichte Trochtelfingens (wie Anm. 37), 42 (1908/1909), S. 127, 132.

unfahl in seinem vertreiben nit gar volzogen, ins werk gericht,[55] wird man angesichts der Tatsache, dass in den archivalischen Quellen kein Stift in Meßkirch belegt ist, so zu interpretieren haben, dass ein Chorgebet eingeführt wurde.[56]

In Hechingen wurde am 2. Juli 1488, ein Monat nach der Weihe des neuen Gotteshauses innerhalb der Stadt, ebenfalls mit dem Chorgebet begonnen.[57] Dies war jedoch hier nur der erste Schritt zur Errichtung eines Kollegiatstifts. 1499 bestätigte der Konstanzer Bischof die auf 1495 rückdatierte Stiftung des Grafen Eitelfriedrich II. von Zollern und dessen Bruders Bischof Friedrich von Augsburg. Um auf zwölf Priester für das Chorgebet zu kommen, sollten neben den Inhabern der zehn Pfründen (die zum Teil, wie erwähnt, neu gestiftet, zum Teil aber auch aus der Pfarrkirche St. Luzen verlegt worden waren) zwei Kooperatoren ohne Pfründe ebenfalls am Chordienst teilnehmen und dafür Präsenzgelder beziehen.[58] Die Chorherren waren verpflichtet, einen Jahrtag der *herschafft Zolr* auf die vier Fronfasten zu begehen, jeden Samstag in der Messe *aller abgeschaidner selen von der herschafft Zolr* zu gedenken und jeden Tag *uber der herschafft grab* [in der Gruft] *zu gond*.[59]

Ein Kollegiatstift wurde 1519 auch in Wolfegg eingerichtet. Das Stift sollte aus einem Propst, neun Priestern, vier Schülern und einem Schulmeister bestehen. Auch hier gehörte das regelmäßige feierliche Gebet am Grab der Stifter und ihrer Nachfahren in der Stiftskirche zu den Obliegenheiten der Stiftsgeistlichen.[60]

Dem Stift in Wolfegg waren gescheiterte Versuche vorausgegangen, hier ein Kloster zu gründen. Nachdem Graf Johann von Sonnenberg ergebnislose Verhandlungen mit Benediktinern und Karmelitern geführt hatte, hatte er Franziskaner holen wollen. Diese waren ein Jahr nach seinem Tod von seinem Schwiegersohn Truchsess Georg III. von Waldburg 1511 auch berufen worden, hatten sich aber als *ohntauglich an dieß orth* erwiesen.[61] Graf Eitelfriedrich II. von Hohenzollern wollte ausweislich seiner Verfügungen für den Todesfall von 1511 und seines Testaments von 1512 in diesen Jahren ebenfalls ein Franziskanerkloster errichten, und zwar bei St. Luzen unterhalb der Stadt Hechingen.[62] Das Vorhaben wurde indes zunächst nicht in die Tat umgesetzt; erst sein Urenkel Eitel-

55 Zimmerische Chronik (wie Anm. 5), Bd. 4, S. 176 (Zitat); vgl. ebd., Bd. 1, S. 460.

56 In Trochtelfingen und Meßkirch handelt es sich um sogenannte Halbstifte; vgl. Johannes Hirnsperger, Art. Halbstift, in: Lexikon für Theologie und Kirche 4, Freiburg i. Br., durchgesehene Ausgabe der 3. Aufl. 2006, Sp. 1154 (freundlicher Hinweis von Professor Dr. Enno Bünz, Leipzig).

57 So wird man wohl die Bemerkung des ersten Dekans des nachmaligen Stifts Michael Zimmermann deuten müssen, er als damaliger Stadtpfarrer und zwei Kapläne hätten am 2. 7. 1488 mit dem Stiftsleben begonnen; vgl. StAS FAS DH 1 T 1–6 R 83,35.

58 Beide Urkunden im Pfarrarchiv Hechingen; vgl. Otto Werner, Die Anfänge des Kollegiatstifts in Hechingen, in: Hohenzollerische Heimat 37 (1987), S. 17–21. Dass die Stiftungsurkunde von 1495 rückdatiert ist, geht daraus hervor, dass darin der im Juni 1496 verstorbenen Magdalena von Brandenburg gedacht und als zuständiger Konstanzer Diözesanbischof der im Dezember 1496 geweihte Hugo von Landenberg erwähnt wird.

59 StAS FAS DH 1 T 1–6 R 83,35.

60 Vgl. Rudolf Beck, Wolfegg, Katharina von Alexandrien, in: Lorenz/Auge/Hirbodian (Hg.): Handbuch der Stiftskirchen (wie Anm. 47), S. 696–702, hier S. 697.

61 Ebd., S. 696 f. (Zitat S. 697).

62 Vgl. Locher, Nachrichten über den Grafen Eitelfriedrich von Hohenzollern (wie Anm. 18), S. 107, 112 (freundlicher Hinweis von Dr. Lorenz Enderlein, Tübingen).

friedrich IV. sollte 1586 hier ein Franziskanerkloster gründen.[63] So blieb das Franziskanerinnenkloster Maria Rosengarten bei Wurzach, das Eitelfriedrichs II. Tochter Helena, die Mutter des Truchsessen Georg III. von Waldburg, 1513 stiftete, die einzige Klostergründung der vier untersuchten Familien zwischen 1400 und 1550, die Bestand hatte.[64]

6. Orte persönlicher repräsentativer Frömmigkeit: Tragaltäre, Gebetserker, Kapellen in Burgen und Schlössern

Für den spätmittelalterlichen adligen Burg- und Schlossbewohner war es selbstverständlich, dass seine Burg oder sein Schloss über einen Sakralbereich für persönliche Andacht und für das Lesen der Messe verfügte. Dabei konnte es sich um einen beliebigen Raum handeln, der mit Hilfe eines Tragaltars in einen Gottesdienstraum umfunktioniert wurde, um einen Gebets-/Altarerker oder um eine Kapelle, die in einen größeren Gebäudekomplex integriert oder als eigenes Gebäude errichtet war.[65]

Ein Tragaltar bot dem Adligen die Möglichkeit, ortsunabhängig in privatem Umfeld der Messe beizuwohnen.[66] Andererseits war ein Tragaltar eine Notlösung.[67] Deshalb ist es nicht verwunderlich, dass Gottfried Werner von Zimmern auf seiner Burg Wildenstein 1524/25 eine eigenständige Kapelle bauen ließ, nachdem sein Großvater noch 1464, 1479, 1481 und 1482 beim Bischof von Konstanz darum nachgesucht hatte, auf dieser Burg die Messe an einem Tragaltar (*in ara mobili*) feiern zu lassen.[68] Im Sigmaringer Schloss wurde 1444 die Kapelle neu geweiht, nachdem wegen Baufälligkeit eine grundlegende Renovierung notwendig geworden war.[69] Beim Wiederaufbau der 1423 zerstörten Burg Hohenzollern nach 1454 errichtete man auch die Michaelskapelle auf der Burg wieder, die 1461 geweiht wurde.[70] Die Kapelle, obwohl an ein Wohngebäude angebaut, war ein mar-

63 Vgl. Max Heinrichsperger, Hechingen/Hohenzollern, Franziskaner-Observanten, in: Alemania Franciscana Antiqua Bd. 16, Landshut 1971, S. 139–222, hier S. 145–150.

64 Vgl. R[udolf] Beck, Wurzach, Franziskaner-Terziarinnen „Maria Rosengarten", in: Zimmermann/Priesching (Hg.): Württembergisches Klosterbuch (wie Anm. 13), S. 520–522, hier S. 520.

65 Vgl. Alexander Thon/Tina Rudersdorf, Burgkapelle, Kapellenerker und Tragaltar. Überlegungen zu einer Typologie des Sakralbereichs mittelalterlicher Burgen im Rheinland, in: Jahrbuch für westdeutsche Landesgeschichte 25 (1999), S. 141–181, bes. S. 180 f.

66 Vgl. die päpstliche Vergünstigung für Truchsess Georg I. von Waldburg von 1451, auf einem tragbaren Altar in seiner und seiner Hausgenossen Gegenwart die Messe lesen zu lassen; Vochezer, Geschichte des fürstlichen Hauses Waldburg (wie Anm. 10), Bd. 2, S. 371.

67 Zur Verwendung von Tragaltären auf Burgen im Spätmittelalter siehe Johanna Naendrup-Reimann, Weltliche und kirchliche Rechtsverhältnisse der mittelalterlichen Burgkapellen, in: Hans Patze (Hg.): Die Burgen im deutschen Sprachraum. Ihre rechts- und verfassungsgeschichtliche Bedeutung, Bd. 1 (Vorträge und Forschungen 19), Sigmaringen 1976, S. 123–153, hier S. 140.

68 Vgl. Volker Trugenberger, Wappen auf der zimmerischen Burg Wildenstein als Zeugnisse adligen Familienbewußtseins im 16. Jahrhundert, in: Zeitschrift für die Geschichte des Oberrheins 147 (1999), S. 339–362, hier S. 348; Krebs, Die Investiturprotokolle der Diözese Konstanz (wie Anm. 38), S. 987 (Zitat).

69 Vgl. StAS FAS DS 1 T 1–5 R 78,570 (*capella castri Sigmaringen que quasi in toto collapsa et nunc reparata*).

70 Vgl. StAS FAS HH 1–50 T 1–5 U 603.

kantes Gebäude innerhalb der Burg, mit dem auch die Funktion der Burg als Residenz[71] zum Ausdruck gebracht werden sollte.

An dem Hauptgebäude des Mitte der 1480er-Jahre begonnenen Schlossneubaus in Scheer prägt ein Erker mit Blendmaßwerk das Schloss architektonisch bis heute.[72] Der Erker war wohl für Privatandachten und Gebete des Schlossherrn bestimmt, doch wie jeder Erker „als schmückender und auch selbst geschmückter Bauteil"[73] hatte er, weithin sichtbar, auch eine repräsentative Funktion. Als Kapelle, in der Messe gefeiert wurde, diente er indes wohl nicht, denn die 1505 dem Heiligen Antonius mit einem Altar *de fundo novo* geweihte Schlosskapelle[74] befand

71 Vgl. Brigitte Schmid, Von der Burg zur Festung. Die Ausstattung der Burg Hohenzollern bis zum Beginn des Dreißigjährigen Krieges (Zulassungsarbeit PH Reutlingen mschr.) 1981, S. 83, die aufgrund der Auswertung des Verlassenschaftsinventars des Grafen Eitelfriedrich II. von Zollern von 1512 feststellt: „Obwohl die Burg seit dem Wiederaufbau nicht mehr alleiniger Wohnsitz der Grafen von Hohenzollern war, war sie 1512 reichlicher ausgestattet als das Stadtschloß in Hechingen und daher der bevorzugte Wohnsitz der Grafen mit ihren Familien. Der Bestand an Betten war größer als im Schloß. Geld und Silbergeräte, in Truhen aufbewahrt, zeugen vom Reichtum der Grafen. Auch die Verwaltung der Grafschaft wurde von der Burg aus geführt, da zahlreiche Akten und Urkunden vorhanden waren."

72 Vgl. Die Kunstdenkmäler des Kreises Saulgau, bearb. von W[erner] v[on] Matthey (Die Kunstdenkmäler in Württemberg), Stuttgart u. a. 1938, S. 138 f. und Abb. 26–29 auf S. 134–137 sowie Tafeln 39 f. (Beginn des Baus: 1486); Bleicher, Chronik der ehemaligen Residenzstadt Scheer/Donau (wie Anm. 27), S. 52 f. (Beginn des Baus: 1485).

73 Ulrich Stevens, Burgkapellen im deutschen Sprachraum (14. Veröffentlichung der Abteilung Architektur des Kunsthistorischen Instituts der Universität Köln), Köln 1978, S. 327 (Zitat); die zitierte Passage auch in Ders., Burgkapellen. Andacht, Repräsentation und Wehrhaftigkeit im Mittelalter, Darmstadt 2003, S. 230.

74 StAS Dep. 30/1 T 1 Nr. 240. Der Altar wurde geweiht zu Ehren der Heiligen Dreifaltigkeit und fol-

2 Gebetserker am Schloss in Scheer (Foto: Volker Trugenberger, Sigmaringen)

sich wohl schon damals an der späteren Stelle in einem anderen Teil des Schlosses, wie die in den 1930er-Jahren „unter der Tünche" festgestellten „Spuren spätgotischer Wandmalerei" nahelegen.[75] Doch auch die nach außen hin nicht erkennbare Kapelle war als typische Hauskapelle nur für Gottesdienste und Andacht in kleinem Kreis bestimmt.

Der Verzicht auf eine größere Kapelle zugunsten einer Hauskapelle, der auch bei anderen spätmittelalterlichen Adelsburgen zu beobachten ist, wird in der Forschung als Zeichen einer veränderten, sich in den Privatbereich zurückziehenden Frömmigkeit gesehen,[76] und damit der – so Klaus Schreiner – „Verinnerlichung und Subjektivierung des Christlichen" im späten Mittelalter.[77] Auch die päpstliche Erlaubnis für Truchsess Georg I. von Waldburg von 1451, auf einem tragbaren Altar in seiner und seiner Hausgenossen Gegenwart die Messe lesen lassen zu dürfen,[78] ist sicher in diesem Sinne zu interpretieren. Die enge räumliche Verknüpfung von Andacht und Gottesdienst mit profanen Räumen machte die Verbindung von weltlichem und religiösem Leben, von Diesseits und Jenseits in der Vorstellung der Schloss- und Burgbewohner augen- und sinnfällig.

Große Unterschiede bestanden bei der geistlichen Versorgung der Burgen und Schlösser. Auf Wildenstein hielt ein Kaplan gegen Bezahlung Gottesdienste.[79] Dies wurde als Mangel empfunden, denn Froben Christoph von Zimmern schreibt in seiner Chronik, der 1483 verstorbene Werner von Zimmern habe seinem Sohn testamentarisch aufgetragen, er solle *die pfrundt zu Wildenstein aufrichten*, wozu es allerdings wohl nicht kam.[80] Für den Altar in der Kapelle des Schlosses Sigmaringen gab es laut *Registrum subsidii caritativi* der Diözese Konstanz von 1508 zwar einen Kaplan, doch versah dieser seine Dienste ehrenhalber und hatte keine Einkünfte aus der Kaplanei.[81] Eine eigene Kaplaneipfründe für die Burgkapelle gab es in den Burgen und Schlössern Waldburg[82] und

gender Heiligen: Maria, Antonius Abt und Märtyrer, Anna, Drei Könige, Andreas, Sebastian, Margarethe, Ursula und ihre Gefährtinnen, Maria Magdalena und Barbara. Allen Bußfertigen, die an den Tagen der Schutzheiligen der Kapelle und des Altars sowie am Tag der Kapellenweihe (Sonntag vor Gallus) die Kapelle aufsuchten, wurde ein vierzigtägiger Ablass gewährt.

75 Die Kunstdenkmäler des Kreises Saulgau (wie Anm. 72), S. 139 (Zitat); vgl. Bleicher, Chronik der ehemaligen Residenzstadt Scheer/Donau (wie Anm. 27), S. 53.

76 Vgl. Thon/Rudersdorf, Burgkapelle, Kapellenerker und Tragaltar (wie Anm. 65), S. 148; vgl. auch Andreas Curtius, Die Hauskapelle als architektonischer Rahmen der privaten Andacht, in: Spiegel der Seligkeit. Privates Bild und Frömmigkeit im Spätmittelalter. Katalog zur Ausstellung „Spiegel der Seligkeit. Sakrale Kunst im Spätmittelalter" im Germanischen Nationalmuseum Nürnberg 2000, Nürnberg 2000, S. 34–48.

77 Schreiner, Frömmigkeit (wie Anm. 3), S. 206 (Zitat).

78 Vgl. Vochezer, Geschichte des fürstlichen Hauses Waldburg (wie Anm. 10), Bd. 2, S. 371.

79 Vgl. Volker Trugenberger, „Usgeben gen Wildenstain". Die Burg Wildenstein im treuhänderischen Besitz des Grafen Andreas von Sonnenberg 1490–1497, in: Gerald Maier/Clemens Rehm (Hg.): Archive heute – Vergangenheit für die Zukunft. Archivgut – Kulturerbe – Wissenschaft. Zum 65. Geburtstag von Robert Kretzschmar (Werkhefte der staatlichen Archivverwaltung Baden-Württemberg A 26), Stuttgart 2018, S. 371–394, hier S. 379.

80 Zimmerische Chronik (wie Anm. 5), Bd. 1, S. 464 (Zitat).

81 Rieder, Das Registrum subsidii caritativi (wie Anm. 43), S. 22: Zusatz zum Eintrag *altare in castro Sigmaringen non dotatum*: *est capellanus honoris nihil habens nisi investituram*.

82 Vgl. Krebs, Die Investiturprotokolle der Diözese Konstanz (wie Anm. 38), S. 938: 1479 VIII 18 *ind. decano in Rauenspurg capno. cap. castri Walpurg vsque Mathie*; 1480 II 24 *dito ad ann.*; 1492 VII 20 *abs. Leonhardo Sunnenberger capno. cap. S. Leonhardi infra muros castri Waltpurg et ind. ad ann.*

Wurzach[83] der Truchsessen von Waldburg, Heiligenberg[84] der Grafen von Werdenberg sowie – aufgrund von Stiftungen des 1430 verstorbenen Johann von Zimmern – Herrenzimmern und Seedorf der Herren von Zimmern.[85] Auf der Burg Hohenzollern hatte es bis zu deren Zerstörung 1423 eine Messpfründe gegeben, deren Einkünfte 1426 und 1433 an den Michaels- und Ottilienaltar in der Hechinger Pfarrkirche beziehungsweise dem Kaplan der Heiligkreuzkapelle am Fuße der Burg übertragen worden waren.[86] Nach dem Wiederaufbau der Burg ist erstmals 1465 wieder eine Kaplanei erwähnt.[87] 1488 machten die Brüder Graf Eitelfriedrich II. von Zollern und Bischof Friedrich von Augsburg die Kapelle zu einer Pfarrkirche.[88] Damit wurde die Funktion der Burg als Residenzschloss betont. Einen anderen Weg beschritt Graf Andreas von Sonnenberg in Scheer, wo sein Schloss unmittelbar der Pfarrkirche benachbart war. Er stiftete nämlich 1496 auf den Altar der Heiligen Maria, Andreas, Sebastian, Christoph und Wolfgang in der Kirche eine Messpfründe, deren Inhaber verpflichtet war, nicht nur wöchentlich an diesem Altar vier Messen zu lesen, sondern auch, wenn es von ihm verlangt wurde, im Schloss. Die Pfründe wurde deshalb später Hofkaplanei genannt.[89]

7. Fürsprecher in allen Nöten: Heiligenhimmel

Bis heute erhaltene Altartafeln aus Burg- und Schlosskapellen zeugen von deren ehemals reichen Ausstattung, geben aber auch einen Einblick in die Heiligenverehrung ihrer Auftraggeber. Oft ist eine Vielzahl von Heiligen darauf abgebildet. So zeigt der Falkensteiner Altar des Meisters von Meßkirch, geschaffen wahrscheinlich für die Burgkapelle der zimmerischen Burg Falkenstein an der Donau, auf seinem Mittelbild Anna Selbdritt umgeben von den weiblichen Heiligen Katharina, Ursula, Barbara und Ottilia, auf den Flügeln Georg, Erasmus, Christoph, Sebastian und Rochus sowie Johannes den Täufer und Andreas. Dieselben Heiligen finden sich zusammen mit Martin (dem Patron der Meßkircher Pfarrkirche) und Magdalena auf dem Mittelbild des sogenannten Wildensteiner Altars um die Madonna gruppiert. Dieser Altar von 1536 ist nach der Burg Wildenstein benannt, war aber von dem Auftraggeber Gottfried Werner von Zimmern wohl für die Meßkircher Schlosskapelle bestimmt und dort auch aufgestellt.[90]

83 Vgl. ebd., S. 1011 (Burgkapelle St. Georg mit Kaplan).
84 Vgl. ebd., S. 364; Franz Hundsnurscher/Dagmar Kraus (Bearb.), Die Investiturprotokolle der Diözese Konstanz aus dem 16. Jahrhundert, 3 Teile (Veröffentlichungen der Kommission für geschichtliche Landeskunde in Baden-Württemberg A 48/49), Stuttgart 2008 und 2010, Teil 1, S. 403, 415.
85 Vgl. Krebs, Die Investiturprotokolle der Diözese Konstanz (wie Anm. 38), S. 374 (Herrenzimmern), S. 789 (Seedorf); Zimmerische Chronik (wie Anm. 5), Bd. 1, S. 321 f.
86 Vgl. StAS FAS HH 1–50 T 1–5 U 617 (*in sant Michahels kirchen*) und U 618 (*sant Michels cappellen*).
87 Vgl. Krebs, Die Investiturprotokolle der Diözese Konstanz (wie Anm. 38), S. 396.
88 Vgl. [Johann Adam] Kr[aus], 1488 Pfarrkirche auf Burg Hohenzollern!, in: Hohenzollerische Heimat 5 (1955), S. 16; Ders., Pfarrei Zollern, in: Hohenzollerische Heimat 7 (1957), S. 63.
89 Vgl. Bleicher, Chronik der ehemaligen Residenzstadt Scheer/Donau (wie Anm. 27), S. 181.
90 Vgl. Elsbeth Wiemann, Meister von Meßkirch. Andachtsbilder – Hausaltäre – Porträts, in: Dies. (Hg.): Der Meister von Meßkirch (wie Anm. 45), S. 113–143, hier S. 129, 132.

3 Tür des Fidelisschreins in der Sigmaringer Stadtkirche (Foto: Reiner Löbe, Bingen, Kreis Sigmaringen)

Dass es sich bei diesen Heiligen zumindest größtenteils nicht um „Hausheilige“[91] handelt, zeigt der Vergleich mit einem anderen Kunstwerk, das auf die Grafen von Werdenberg zurückgeht: der in Messing gegossenen Zweiflügeltür des Fidelisschreins in der Stadtkirche Sigmaringen. In diesem Schrein wurde seit dem 18. Jahrhundert die Wiege des 1622 erschlagenen Sigmaringer Stadtheiligen Fidelis aufbewahrt. Die frühere Funktion ist nicht bekannt. Die Tür ist ein Werk der Vischer'schen Gießhütte in Nürnberg aus der Zeit zwischen 1460 und 1480.[92] Sie ist in 16 Felder unterteilt. In dem Feld unten links ist der knieende Stifter in Rüstung mit Wappen dargestellt, das ihn als Grafen von Werdenberg ausweist; in den übrigen Feldern sind 15 Heilige zu sehen, und zwar in der oberen Reihe Felix (oder Sixtus[93]), Maria mit Kind, Georg und Sebastian, in der zweiten Reihe Johannes der Täufer, Johannes Evangelist, Christoph und Barbara, in der dritten Reihe Joseph von Arimathaia,[94] Antonius, Martha und Dorothea, in der unteren Reihe Andreas, Margarethe sowie Elisabeth oder Kunigunde (vielleicht auch Adelheid oder Hedwig).[95] Georg ist durch die Ritterrüstung, Sebastian durch den Herzogshut als Angehöriger des Adels ausgewiesen. Fünf der sechs weiblichen Heiligen tragen Kronen, weil sie der Legende nach königlichen Familien entstammten. Die spätmittelalterlichen Adligen waren also eines Standes mit vielen Heiligen – eine gesellschaftspolitische Aussage von eminenter Bedeutung, „die vorherrschende Auffassung“ wiedergebend, die „geradewegs Himmel und Erde verband, ihre Heiligen auch in der weltlichen Hierarchie erhöhte.“[96]

Mit Johannes Evangelist finden wir auch auf dem Fidelisschrein wie mit Martin auf dem Wildensteiner Altar den Patron der Kirche. Sowohl auf den beiden zimmerischen Altären als auch auf der Tür des Fidelisschreins sind außer der Muttergottes die Heiligen Georg, Sebastian, Johannes der Täufer, Christoph, Barbara und Andreas abgebildet. Diese sechs Heiligen waren bei mindestens drei der vier untersuchten Familien Gegenstand der Verehrung ebenso wie die Heiligen Antonius, Katharina, Ursula und Veit. Dies zeigt eine

91 Anna Moraht-Fromm/Hans Westhoff, Der Meister von Meßkirch. Forschungen zur südwestdeutschen Malerei des 16. Jahrhunderts, Ulm 1997, S. 91, 101 (Zitat).

92 Vgl. Erich Meyer, Zum Frühwerk der Vischerschen Gießhütte, in: Kurt Martin/Halldor Soehner/Erich Steingräber/Hans R. Weihrauch (Hg.): Studien zur Geschichte der europäischen Plastik. Festschrift Theodor Müller zum 19. April 1965, München 1965, S. 145–149, hier S. 145 f. Meyer datiert die Tür aufgrund der Rüstungen des Stifters und des Heiligen Georg (vor allem der Schaller des Stifters) und des als Hintergrund verwendeten Stoffmusters auf 1460–1480; Sven Hauschke, Die Grabdenkmäler der Nürnberger Vischer-Werkstatt (1453–1544) (Denkmäler deutscher Kunst: Bronzegeräte des Mittelalters 6), Petersberg 2006, S. 16 grenzt diese Datierung ohne Nennung weiterer Gründe unter Verweis auf Meyer auf die 1460er-Jahre ein.

93 Vgl. Meyer, Zum Frühwerk (wie Anm. 92), S. 145.

94 Vgl. Genzmer, Die Kunstdenkmäler Hohenzollerns (wie Anm. 47), Bd. 2, S. 296. Meyer, Zum Frühwerk (wie Anm. 92), S. 145 identifiziert die Figur als Benedikt, was sicher nicht zutreffend ist, da der Becher, der dem Heiligen als Attribut beigegeben ist, nicht – wie bei Darstellungen des Heiligen Benedikt üblich – zersprungen und mit einer daraus entweichenden Schlange abgebildet ist.

95 Meyer, Zum Frühwerk (wie Anm. 92), S. 145 stellt bei der Figur unten rechts fest, ob „es sich um Kunigunde, Adelheid, Elisabeth oder Hedwig handelt, ist schwer zu entscheiden.“

96 Ferdinand Seibt, Die Krise der Frömmigkeit – die Frömmigkeit aus der Krise. Zur Religiosität des späteren Mittelalters, in: 500 Jahre Rosenkranz. Kunst und Frömmigkeit im Spätmittelalter und ihr Weiterleben 1475 Köln 1975 (Ausst.-Kat. Erzbischöfliches Diözesan-Museum Köln), Köln 1975, S. 11–29, hier S. 15 f. (Zitat); vgl. dazu auch Schreiner, Laienfrömmigkeit (wie Anm. 4), S. 68 f.

Analyse der Heiligen, die auf Kunstwerken mit unmittelbarem Bezug zu den Familien dargestellt sind oder bei der Weihe von Schlosskapellen und den darin befindlichen Altären beziehungsweise bei der Stiftung von Kapellen und Pfründen genannt werden.[97] Es gab also neben der Muttergottes, deren überragende Bedeutung in der spätmittelalterlichen Frömmigkeit nicht zu überschätzen ist,[98] zehn Heilige, die bei den untersuchten Adelsfamilien besonders beliebt waren. Sie gehören nur zum Teil zu den sogenannten Vierzehn Nothelfern.

Acht dieser zehn Heiligen waren auch Namenspatrone von Kindern der vier Adelsfamilien. Da beim Adel die Namenstradition in der Familie, der Leitname, bei der Namensgebung eine große Rolle spielte, verdienen unter dem Aspekt der Heiligenverehrung vor allem die Namen besonderes Augenmerk, die vor der Mitte des 15. Jahrhunderts in der jeweiligen Familie nicht üblich waren: Christoph kommt als neuer Name in allen vier Familien hinzu, Andreas bei den Truchsessen von Waldburg und Veit bei den Herren von Zimmern. Der Mädchenname Katharina bei den Truchsessen von Waldburg und den Herren von Zimmern war zuvor in beiden Familien ungebräuchlich, nicht aber bei

97 Die folgende Auswertung berücksichtigt für die
- Truchsessen von Waldburg und Grafen von Sonnenberg: Gebetbuch Georgs II. (Wa1); Scheer, Burgkapelle mit Altar (Wa2); Scheer, Dreifaltigkeitsaltar (Wa3); Scheer, Sebastiansaltar (Wa4); Scheer, Kaplaneien (Wa5); Wolfegg, Stiftskirche mit Altar (Wa6); vgl. Gebetbuch des Truchsessen Georg II. von Waldburg, Württembergische Landesbibliothek Stuttgart Cod. brev. 12; Bleicher, Chronik der ehemaligen Residenzstadt Scheer/Donau (wie Anm. 27), S. 179–183, 223 f., 228; Gustav Hoffmann, Kirchenheilige in Württemberg (Darstellungen aus der Württembergischen Geschichte 23), Stuttgart 1932, S. 257;
- Grafen von Werdenberg: Werdenberger Verkündigung (We1); Sigmaringen, Fidelisschrein (We2); Sigmaringen, Kaplaneien (We3); Trochtelfingen, Kaplaneien (We4); vgl. Alfred Stange, Kritisches Verzeichnis der deutschen Tafelbilder vor Dürer, Bd. 2, hg. von Norbert Lieb (Bruckmanns Beiträge zur Kunstwissenschaft), München 1970, S. 64; Edmund Bercker, Die Kirchen-, Kapellen- und Altarpatrozinien im Kreis Sigmaringen (Arbeiten zur Landeskunde Hohenzollerns 6), Sigmaringen 1967, S. 125; Eisele, Zur Geschichte Trochtelfingens (wie Anm. 37), 42 (1908/1909), S. 121–128;
- Herren von Zimmern: Falkensteiner Altar (Zi1); Wildensteiner Altar (Zi2), Meßkirch, Altäre und Kaplaneien (Zi3); vgl. Wiemann, Meister von Meßkirch. Andachtsbilder – Hausaltäre – Porträts (wie Anm. 90), S. 129, 132; Tumbült, Geschichte der Stadt Meßkirch (wie Anm. 44), S. 122–133, 139;
- Grafen von Zollern: Hechingen, Altäre und Kaplaneien (Zo1); vgl. Blessing, Die Kirchen-, Kapellen- und Altarpatrozinien (wie Anm. 49), S. 122–124.

Folgende Heilige sind abgebildet oder werden genannt (die Heiligen, die bei drei oder allen vier Adelsfamilien begegnen, **fett**): Agathe (Zo1), **Andreas** (Wa2, Wa4, Wa5, We2, Zi1, Zi2), Anna (Wa1, Wa2, Zi1, Zi2), **Antonius** (Wa2, Wa4, We2, We4, Zo1), Apollonia (Wa4), **Barbara** (Wa1, Wa2, We2, Zi1, Zi2), **Christoph** (Wa4, Wa5, We2, We4, Zi1, Zi2), Dorothea (Wa1, We2), Dreikönige (Wa2), Elogius (Zi3), Elisabeth (Wa3, We2?), Erasmus (Wa1, Zi1, Zi2), Felix (We2), Franziskus (Zo1), **Georg** (Wa1, We2, Zi1, Zi2, Zi3), Heiligkreuz (Zo1), Helena (Wa4), Jakob (Zi3, Zo1), Jakob minor (We1), **Johannes Baptist** (Wa1, We2, We4, Zi1, Zi2, Zo1), Johannes Evangelist (Wa1, Wa5, We1, We2, We4), Joseph von Arimathaia (We2), **Katharina** (Wa1, Wa5, Wa6, Zi1, Zi2, Zo1), Konrad (Zo1), Kunigunde (We2?), Laurentius (Wa1, Zo1), Leonhard (Wa1, Wa5, Zi3), Magdalena (Wa2, Wa3, Wa5, Zi2), Margarethe (Wa1, Wa2, We2), **Maria** (Wa2, Wa5, Wa6, We2, We3, We4, Zi2), Martin (Zi2, Zo1), Matthias (We1), Nikolaus (Zo1), Ottilia (Zi1, Zi2, Zo1), Quirin (Zi3), Rochus (Wa1, Zi1, Zi2), **Sebastian** (Wa1, Wa2, Wa4, Wa5, We2, We3, We4, Zi1, Zi2), Sixtus (We2?), Thomas (We1), Trinität (Wa1, Wa2, Wa4, Wa5, Zi3), **Ursula und die 11 000 Jungfrauen** (Wa1, Wa2, Zi1, Zi2, Zo1), **Veit** (Wa3, Zi3, Zo1), Wolfgang (Wa1, Wa5).

98 Vgl. Seibt, Die Krise der Frömmigkeit (wie Anm. 96), S. 22.

den Werdenbergern. Bei diesen taucht Ursula als neuer Name auf, der aber bei den Waldburgern schon vor 1450 begegnet.[99] Obwohl Antonius nach seiner Legende von vornehmer Abkunft und unter anderem auch Patron des Ritterstandes war[100] und Sebastian – wie die Darstellung auf der Tür des Fidelisschreins zeigt – dem Hochadel zugerechnet wurde, wurden in den vier untersuchten Hochadelsfamilien keine Kinder auf diese beiden Namen getauft.[101]

99 Welchen Vornamen ein neugeborenes Kind erhält, hängt von vielen Faktoren ab. Bis heute gibt es Namensmoden, benennen die Eltern ihr Kind nach dem Vater oder der Mutter, dem Großvater oder der Großmutter, nach Paten oder Verwandten. Im Spätmittelalter lässt sich an ausgefallenen Namen in manchen Fällen beobachten, dass das Kind nach dem Schutzpatron der Kirche des Wohnorts genannt wurde, in anderen Fällen wurde der Tagesheilige am Tag der Geburt oder Taufe gewählt. Die nach 1450 bei den Truchsessen von Waldburg und den Herren von Zimmern neu auftauchenden Vornamen Ludwig und Wilhelm sind auf Heiratsverbindungen mit den Grafen von Oettingen zurückzuführen. Doch es sei auch die These erlaubt, dass Aspekte der Frömmigkeit bei der Namensvergabe eine Rolle spielten. Bei den vier untersuchten Adelsfamilien begegnen zwischen 1350 und 1550 folgende Vornamen:
- Truchsessen von Waldburg und Grafen von Sonnenberg (ohne den preußischen Zweig); vgl. Schwennicke, Europäische Stammtafeln 5 (wie Anm. 6), Tafeln 148 f., 154 (neue Vornamen 1450–1550 **fett**):
  1350–1449: Eberhard, Friedrich, Georg, Jakob, Johann, Otto, Ulrich; Anna, Agnes, Barbara, Lukardis, Ursula, Veronika, Walburga;
  1450–1550: **Adrian**, **Andreas**, **Christoph**, Eberhard, Friedrich, **Gebhard**, Georg, **Heinrich**, Jakob, Johann, **Karl**, **Ludwig**, Otto, Ulrich, **Wilhelm**; **Apollonia**, Barbara, **Dorothea**, **Elisabeth**, **Emmerentiana**, **Felizitas**, **Helena**, **Katharina**, **Kunigunde**, **Magdalena**, **Margarethe**, **Maria**, **Sibylle**, Ursula, Veronika, Walburga;
- Grafen von Werdenberg; vgl. Ders., Europäische Stammtafeln 12 (wie Anm. 19), Tafel 51 (neue Vornamen 1450–1550 **fett**):
  1350–1449: Eberhard, Georg, Heinrich, Hugo, Johann, Konrad, Rudolf, Ulrich; Agnes, Anna, Dorothea, Elisabeth, Irmgard, Katharina, Kunigunde, Margarethe, Martha, Udilhild;
  1450–1550: **Christoph**, **Felix**, Hugo, **Joachim**, Johann; Agnes, Anna, Elisabeth, **Magdalena**, **Ursula**;
- Herren von Zimmern; vgl. ebd., Tafel 84 (neue Vornamen 1450–1550 **fett**):
  1350–1449: Gottfried, Johann, Konrad, Rudolf, Werner; Anna, Kunigunde, Verena;
  1450–1550: **Christoph** Werner, **Froben Christoph**, **Georg**, Gottfried **Christoph**, Gottfried Werner, Johann Werner, **Veit** Werner, **Wilhelm**, **Wilhelm** Werner; Anna, **Apollonia**, **Barbara**, **Johanna**, **Katharina**, **Margarethe**, Verena;
- Grafen von Zollern[-Hohenzollern]; vgl. Ders., Europäische Stammtafeln I,1 (wie Anm. 19), Tafeln 117 f.; Genealogie des Gesamthauses Hohenzollern (wie Anm. 19), S. 66–71 (neue Vornamen 1450–1550 **fett**):
  1350–1449: Albrecht, Eitelfriedrich, Friedrich, Heinrich, Jos Niklaus; Adelheid, Agnes, Anna, Beatrix, Margarethe, Liutgard, Sophia, Udilhild;
  1450–1550: **Christoph**, **Christoph** Friedrich, **Felix** Friedrich, **Ferfried**, Friedrich, Friedrich **Johann**, **Joachim**, **Karl**, **Wolfgang**; Anna, **Elisabeth**, **Helene**, **Helene Eleonore**, **Johanna**, **Maria**, **Maria Jakobea**, **Maria Salome**, **Rosina**, **Wandelbre**.

100 Vgl. Adalbert Mischlewski, Soziale Aspekte der spätmittelalterlichen Antoniusverehrung, in: Schreiner: Laienfrömmigkeit im späten Mittelalter (wie Anm. 2), S. 137–156, hier S. 145; Lexikon der christlichen Ikonographie, hg. von Wolfgang Braunfels, 8 Bde, Rom u. a. 1994, Bd. 5, Sp. 207.

101 Laut genealogischer Datenbank für den höheren Adel in Europa WW-Person, http://ww-person.com (aufgerufen am 9. 5. 2020), kam um 1500 im gesamten Hochadel des Heiligen Römischen Reichs der Vorname Sebastian im Gegensatz zu Ritteradels- und Patrizierfamilien (Adelsheim, Eyb, Heusenstamm, Lauter, Leonrod, Losenstein, Rotenhan, Schoenaich, Seckendorff, Stiebar von Buttenheim, Traun, Waldenfels; Groß, Haller, Stromer, Welser) nicht vor, der Vorname Anton nur in den Häusern Isenburg und Lothringen (in Ritteradels- und Patrizierfamilien bei Drachenfels, Horhusen, Lalaing,

4 Gebet an den Heiligen Sebastian unter der von den Heiligen Andreas und Christoph flankierten Statue des Heiligen auf dem Altar der Scheerer Hofkaplanei (Foto: Reiner Löbe, Bingen, Kreis Sigmaringen)

Für was stehen die zehn Heiligen? Deutlich wird die Angst der Menschen vor schlimmen Krankheiten.[102] Katharina wurde bei Krankheiten aller Art angerufen, Antonius zur Abwehr von Seuchen, vor allem der Pest, und des Antoniusfeuers (Mutterkornbrand und Wundbrand). Auch Sebastian und Barbara sollten vor Pest bewahren, Georg auch vor Lepra, Johannes der Täufer vor Kopfweh, Veit vor Geisteskrankheiten.[103]

Zentral war jedoch die Sorge um das richtige Sterben: Christoph und Sebastian bewahren vor unvorbereitetem Sterben, dem jähen Tod ohne den Empfang der Sterbesakramente, oder wie ein Gebet an den Pestpatron Sebastian auf dem Altar der Hofkaplanei aus der Scheerer Kirche[104] reimt: *O TRVWER RITTER VND FVRSPRECH MILT / RAICH FIR VNS ARME DVNEN SCHILT / VOR PESTILECZ VND GECHEM TOD / BESCHIRM VNS VND VOR ALLER NOT.*[105] Ursula und die 11 000 Jungfrauen wurden angerufen, *zůhilff an der stund des tods* zu kommen.[106] Barbara ist ebenfalls Helferin der Sterbenden.[107] Durch ihre Fürbitte sollen diese *das allerlőblichest heyligst sacrament vnsers herrn Jesu christi fronleychnam vnd kostbar blut vor dem end* ihres *lebens / mit warem glawben / lauterer beycht wůrdig werden zůenpfahenn.*[108] Auch zu Veit beteten Sterbende, da er nächtliche Verheißungen von Engeln erhalten hatte.[109]

Schulenburg, Schönburg, Sötern, Thun; Beckmann, Dörrer, Haller, Kreß, Schlüsselfelder, Schürstab, Tucher, Welser).

102 Vgl. Seibt, Die Krise der Frömmigkeit (wie Anm. 96), S. 21: „Ein anderes Anliegen der Volksfrömmigkeit war die Hilfe in allen irdischen Nöten."

103 Vgl. Lexikon der christlichen Ikonographie (wie Anm. 100), Bd. 5, Sp. 305, 497; Bd. 6, Sp. 375; Bd. 7, Sp. 165, 290; Bd. 8, Sp. 579; zu Antonius vgl. auch Mischlewski, Soziale Aspekte (wie Anm. 100), S. 138 f., 142.

104 Der Altar befindet sich heute in der St. Oswaldkapelle auf dem Friedhof in Scheer.

105 Vgl. Hortulus anime, zu tewtsch Selen wůrtzgertlein genant, mit vil schőnen gebeten vnd figuren, [Nürnberg] 1519, fol. 105v-106r: *Bastian wie groß ist dein glaub bit für vns vnsern hernn Jesum christum das wir von den plagen der pestilentz vnd von dem gehen tod vnd von allen gebresten durch dein gebet vnd verdienen erlöset werden.* Zu Christoph siehe Lexikon der christlichen Ikonographie (wie Anm. 100), Bd. 5, Sp. 497. Zu Blättern mit Darstellungen der beiden Heiligen in Wohngemächern vgl. Frank Matthias Kammel, „Imago pro domo". Private religiöse Bilder und ihre Benutzung im Spätmittelalter, in: Spiegel der Seligkeit (wie Anm. 76), S. 10–33, hier S. 21.

106 Hortulus anime (wie Anm. 105), fol. 128v (Zitat).

107 Vgl. Lexikon der christlichen Ikonographie (wie Anm. 100), Bd. 5, Sp. 305.

108 Hortulus anime (wie Anm. 105), fol. 131v (Zitat).

109 Vgl. Erich Wenneker, Art. Vitus (Veit), Heiliger, in: Biographisch-Bibliographisches Kirchenlexikon 12, Herzberg 1997, Sp. 1530–1533, https://www-1bbkl-1de-1947nq80w029b.elk-wue-han.hh-netman.de/public/index.php/frontend/lexicon/V/Vi/vitus-veit-72685 (aufgerufen am 26. 5. 2020).

Ebenso wurde Katharina von dem Gläubigen im Gebet angerufen, um *mir vnd allem meinem geschlecht* [...] *von deinem liebsten gemahel Jesu christ ein seligen von hynnen abscheyd* zu *erwerben*. Doch in dem Gebet mischt sich mit der Bitte um *gnad vnd barmhertzigkeit* die Sorge um das jenseitige Leben ein.[110] Die Menschen hofften, *wenn wir* das *gedechtnuß* Ursulas und ihrer Gefährtinnen *begon auff erden*, [...] *das wir durch jr verdienen vnd gebet / lon der ewigkeit mögen enpfahen in den hymmeln*[111]. Antonius wird mit Blick auf das Jenseits für gottgefälliges Verhalten im Diesseits angerufen: *Verleihe mir du meister aller einsidel / das ich alle weltliche vnd falsche ding diser welt verschmåhe / vnd durch dein verdienen mich behůtest vor dem zeytlichen vnd vor dem ewigen fewr / vnd das ich nachfolg den gebotten des herrn / vnd vestigklich streytten mög wider die anfechtung des teuffels / der welte / vnd des fleisches.*[112] Georg galt als Fürbitter für die Seelen im Fegefeuer.[113]

Mit dem Sterben verbunden ist der Glaube an die Erlösung durch Christus: Johannes der Täufer ist der Vorbereiter Christi und Begründer der Taufe. Andreas galt als Verfasser des zweiten Glaubensartikels: „Ich glaube an Jesus Christus". In einem Gebet wird an Andreas die Bitte gerichtet, *erwirb mir durch deine heyligkeit diesen artickel vntz in mein end vestigklichen zu glauben.*[114]

Die Verehrung der zehn Heiligen entspricht somit den allgemeinen spätmittelalterlichen Glaubensvorstellungen und Frömmigkeitsäußerungen.

8. Individuelle Frömmigkeit: Gebetbücher, Rosenkranz, Pilgerfahrten, Gelübde

Frömmigkeit ist eine Sache des Innersten des Menschen. Selbst bei lebenden Zeitgenossen kann nicht ohne Weiteres von persönlichen Äußerungen und äußerlichen Manifestationen auf dieses Innerste geschlossen werden. Noch schwieriger ist dies bei Personen, die vor langer Zeit lebten und von denen es keine persönlichen Äußerungen gibt, sondern nur zufällig überlieferte Zeugnisse, die man mit Glauben und Frömmigkeit in Verbindung bringen kann. Und bei diesen Zeugnissen ist häufig die Frage zu stellen: Sind es tatsächlich Zeugnisse individueller Frömmigkeit?

Aus dem Besitz des 1482 verstorbenen Truchsessen Georg II. von Waldburg hat ein prachtvoll illustriertes Gebetbuch aus dem Jahr 1476 die Zeiten überdauert.[115] Hansmartin Decker-Hauff hat dazu treffend bemerkt: „War es ihm Prunkstück, Augenweide, Herzenstrost? Wir wüßten so gerne, ob es ihn in seinen Tod hinein begleitet hat. Oder lag's im Schrein in der guten Stube?"[116]

110 Hortulus anime (wie Anm. 105), fol. 130v (Zitat).
111 Ebd., fol. 129v (Zitat).
112 Ebd., fol. 113r (Zitat).
113 Vgl. Lexikon der christlichen Ikonographie (wie Anm. 100), Bd. 6, Sp. 376.
114 Hortulus anime (wie Anm. 105), fol. 102r (Zitat).
115 Württembergische Landesbibliothek Stuttgart Cod. brev. 12, http://digital.wlb-stuttgart.de/purl/bsz349942285 (aufgerufen am 9.5.2020).
116 Hansmartin Decker-Hauff, Der lang Her jerg. „Geizig mann" und „guoter buoler" oder „sains hauses aigentlicher erbauer und erhalter"?, in: Ders./Wolfgang Irtenkauf/Gerhard Konzelmann/

▸5 Grabplatte des Grafen Eitelfriedrich II. von Zollern und seiner Gemahlin Magdalena von Brandenburg in der Hechinger Stadtkirche (Foto: Reiner Löbe, Bingen, Kreis Sigmaringen)

Auf dem linken Flügel des Wildensteiner Altars hat sich Gottfried Werner von Zimmern darstellen lassen, knieend und einen Rosenkranz in den betenden Händen. Ist der Rosenkranz ein Beleg für eine besondere Frömmigkeit? Eher nicht: Denn der Rosenkranz erscheint weder auf dem Stifterbild des Meßkircher Altars noch auf dem Grabmal Gottfried Werners. Vielmehr gab der Maler dem Zimmern auf dem Wildensteiner Altar einen Rosenkranz in die Hand, weil es sich bei dem Altar um einen Marienaltar handelt.

Der Rosenkranz begegnet auch auf Grabdenkmälern, nicht zuletzt auf Grabdenkmälern hochadliger Damen aus der Werkstatt der Nürnberger Bronzegießerfamilie Vischer, so der Margarethe von Österreich († 1486) in Altenburg, der Sophie von Mecklenburg († 1503) in Torgau, der Amalia von Sachsen († 1502) und der Sidonie von Böhmen († 1510) in Meißen oder der Margarethe von Anhalt († 1521) in Weimar. Auch in Römhild im heutigen Thüringen ist auf dem Vischer'schen Bronzegrabmal des dem Fürstenstand angehörenden Grafen Hermann VIII. von Henneberg und seiner Gemahlin Elisabeth von Brandenburg der Rosenkranz in der linken Hand der Frau unübersehbar.[117]

Was haben diese Grabdenkmäler für Angehörige des Fürstenstandes in Mitteldeutschland mit den schwäbischen Grafen und Herren zu tun? Nun, eine in der Nürnberger Vischer-Werkstatt gegossene bronzene Grabplatte gibt es auch in der Hechinger Stiftskirche, und zwar für den 1512 verstorbenen Grafen Eitelfriedrich II. von Zollern und seine Gemahlin Magdalena von Brandenburg. Die Grabplatte ist wohl 1511 gegossen worden und damit kurz nach dem zwischen 1507 und 1510 entstandenen Römhilder Grabdenkmal.[118] Stilistische Ähnlichkeiten sind unverkennbar. Doch während in Römhild nur die Frau mit einem Rosenkranz dargestellt ist und Graf Hermann mit seinen Händen Schwert und Fahnenlanze umgreift, hält in Hechingen Graf Eitelfriedrich einen Rosenkranz.[119] Dies ist nicht nur für die Vischer'schen Grabdenkmäler durchaus ungewöhnlich.[120] Denn auch bei Grabmälern der schwäbischen Herren und Grafen war die Darstellung des Verstorbenen mit Schwert und Fahnenlanze Standard, etwa beim Grabmal des

Johannes Rathofer/Alfred Walz: Waldburg-Gebetbuch. Cod. Brev. 12 der Württembergischen Landesbibliothek Stuttgart. Einführung und Kommentar, Süssen 1987, S. 21–29, hier S. 29 (Zitat).

117 Vgl. Hauschke, Die Grabdenkmäler der Nürnberger Vischer-Werkstatt (wie Anm. 92), S. 175, 386 (Abb. 120); S. 185, 396 (Abb. 132); S. 187, 397 (Abb. 133); S. 197, 407 (Abb. 143); S. 273, 479 (Abb. 250); S. 310, 529 (Abb. 346). Zum Rosenkranz auf figürlichen spätmittelalterlichen Grabdenkmälern adliger Damen vgl. auch Helfried Valentinitsch, Die Aussage des spätmittelalterlichen Grabmals für die adelige Sachkultur, in: Adelige Sachkultur des Spätmittelalters. Internationaler Kongress Krems an der Donau 22. bis 25. September 1980 (Österreichische Akademie der Wissenschaften, Philosophisch-historische Klasse, Sitzungsberichte 400/Veröffentlichungen des Instituts für mittelalterliche Realienkunde Österreichs 5), Wien 1982, S. 273–292, hier S. 286.

118 Vgl. Hauschke, Die Grabdenkmäler der Nürnberger Vischer-Werkstatt (wie Anm. 92), S. 312–315, 157 (Tafel 13), 539 f. (Abb. 376–378).

119 Wie bei Gottfried Werner von Zimmern auf dem Wildensteiner Altar ist es die Kurzform des Rosenkranzes mit 10 bis 25 Perlen, die als ausgesprochenes Männergerät gilt, während Eitelfriedrichs Frau offensichtlich die lange, den Frauen vorbehaltene Psalterform in der linken Hand hält; vgl. Gislin Ritz, Der Rosenkranz, in: 500 Jahre Rosenkranz (wie Anm. 96), S. 51–101, hier S. 65.

120 Dagegen scheint der Rosenkranz auf figürlichen spätmittelalterlichen Grabdenkmälern Niederadliger häufiger dargestellt zu sein; vgl. Machilek, Frömmigkeitsformen (wie Anm. 2), S. 178.

Truchsessen Georg I. von Waldburg in Waldsee oder dem des Grafen Andreas von Sonnenberg in Scheer.[121] Es liegt deshalb nahe, dass die Darstellung Graf Eitelfriedrichs mit einem Rosenkranz auf den ausdrücklichen Wunsch des Grafen zurückgeht und damit eine besondere Marienverehrung als Form individueller Frömmigkeit zum Ausdruck gebracht werden sollte.[122]

Ausdruck individueller Frömmigkeit können auch Pilgerfahrten sein. Von mehreren Angehörigen der behandelten Familien sind Pilgerfahrten bekannt. Mit einer größeren Dunkelziffer ist indes zu rechnen, da sichere Belege oft von Glücksfällen der Überlieferung abhängig sind. So lässt sich aus dem Eintrag im Trochtelfinger Seelbuch, Graf Heinrich von Werdenberg sei 1439/40 in der Heidenschaft gestorben, erschließen, dass ihn auf einer Pilgerfahrt nach Jerusalem in Palästina oder der Türkei der Tod ereilte.[123]

Mehr wissen wir von der Pilgerfahrt nach Jerusalem, die Johann Werner d. Ä. von Zimmern, Heinrich von Stoffeln, Truchsess Johann von Waldburg zu Waldsee und Ber von Rechberg zu Hohenrechberg und Babenhausen 1483 unternahmen. Denn diese Reise ist nicht nur durch Johann Werners Enkel Froben Christoph in dessen Zimmerischer Chronik überliefert, sondern auch dokumentiert durch die 1486 im Druck erschienene *Peregrinatio in terram sanctam* Bernhard von Breydenbachs, den die oberschwäbische Reisegesellschaft in Venedig getroffen hatte, sowie durch Berichte zweier weiterer Teilnehmer: Der Ulmer Dominikaner Felix Fabri hatte die Adligen auf ihrer Fahrt als Geistlicher begleitet, Konrad Beck aus Mengen war als *schaffner und einkaufer* mit dabei gewesen. Außer den Adligen, Felix Fabri und Konrad Beck gehörten zur Reisegesellschaft auch der Ravensburger Bürger Ulrich Kramer als Dolmetscher, ein Koch aus Waldsee, ein Schulmeister aus Babenhausen, ein reisiger Knecht, ein Barbier, der auch sehr gut

121 Vgl. Die Kunstdenkmäler des ehemaligen Kreises Waldsee (Die Kunstdenkmäler in Württemberg), bearb. von Adolf Schahl unter Mitarbeit von W[erner] v[on] Matthey, Stuttgart u. a. 1943, S. 40 und Tafel 8; Die Kunstdenkmäler des Kreises Saulgau (wie Anm. 72), S. 6, 135 und Tafel 78. Das Grabmal des Grafen Andreas von Sonnenberg in Scheer stammt sicher aus dem 16. Jahrhundert. Die in der heimatgeschichtlichen Literatur, zuletzt von Herbert Rädle, Das Grabmal des Andreas Truchseß von Waldburg-Sonnenberg in Scheer, in: Hohenzollerische Heimat 63 (2013), S. 34–35, hier S. 34 (Zitat) vorgenommene Datierung „dieses barocken Bildwerks" in das 18. Jahrhundert ist unzutreffend.

122 Das Grabmal in Hechingen geht ebenso wie das Grabmal Graf Hermanns VIII. von Henneberg und seiner Gemahlin in Römhild auf eine Albrecht Dürer zugeschriebene Zeichnung zurück, bei der der Mann wie bei der Ausführung in Hechingen einen Rosenkranz in Händen hält; vgl. Hauschke, Die Grabdenkmäler der Nürnberger Vischer-Werkstatt (wie Anm. 92), S. 314. Auf den Grabdenkmälern der Vischer-Werkstatt sind außer Graf Eitelfriedrich II. von Zollern nur noch Angehörige des Deutschen Ordens (dessen Schutzpatronin Maria war) mit Rosenkranz dargestellt, nämlich der Hochmeister Friedrich von Sachsen († 1510) und der Deutschmeister Walter von Cronberg († 1543; das Grabmal ist auf 1539 datiert); vgl. ebd., S. 337–339. Zum Rosenkranz in den Händen Friedrichs von Sachsen bemerkt Hauschke zu Recht, dass „der Rosenkranz in diesem Fall nicht nur als allgemeines Frömmigkeitssymbol zu deuten ist, sondern auch auf seine kirchliche Karriere und die religiösen Bezüge des Ordens verweist"; ebd., S. 196 (Zitat).

123 Vgl. Johann Nepomuk von Vanotti, Geschichte der Grafen von Montfort und von Werdenberg. Ein Beitrag zur Geschichte Schwabens, Graubündens, der Schweiz und Vorarlbergs, Bregenz 1988 (unveränderter Nachdruck der Ausgabe Belle-Vue bei Konstanz 1845), S. 387.

Laute spielen konnte, sowie ein adliger Diener des Zimmern. Höhepunkt der Pilgerfahrt war der Ritterschlag, den die Adligen am Heiligen Grab erhielten.[124]

Nicht nur nach Jerusalem wurden Pilgerfahrten unternommen. Froben Christoph von Zimmern erwähnt in seiner Chronik, dass sein Vater Johann Werner d. J. 1517 mit Truchsess Georg von Waldburg und Schweikhart von Gundelfingen in Santiago gewesen sei. In der Begleitung des Zimmern und des Gundelfingers, die den Landweg wählten, während der Truchsess über die Niederlande auf dem Seeweg nach Santiago gelangte, befanden sich sieben Ritteradlige, ein Apotheker aus Überlingen sowie ein Kaplan.[125]

Pilgerfahrten wie die beiden erwähnten – gemeinsam mit Standesgenossen und in standesgemäßer Form – waren, wie Klaus Schreiner feststellt, auch „eine Form sozialer Selbstdarstellung, die nach innen den Zusammenhalt einer Gruppe festigte, nach außen den Anspruch auf soziale Ehre dokumentierte."[126]

Nicht alle pilgerten aus eigenem Antrieb, denn Pilgerfahrten wurden auch als Sühne bei schweren Verbrechen auferlegt.[127]

Schließlich soll nicht unerwähnt bleiben, dass Pilgerfahrten nicht immer aus religiösen (oder vielleicht auch – „einem inneren Drang nach Ortsveränderung, einer unbändigen Lust zu Reisen"[128] folgend – touristischen[129]) Motiven unternommen wurden. Wilhelm Werner von Zimmern etwa machte eine Wallfahrt nach St. Wendel, um unauffällig auf Brautschau bei Graf Johann Ludwig von Nassau zu gehen.[130]

Zur individuellen Frömmigkeit gehören auch Gelübde. Graf Johann von Sonnenberg soll 1487 bei einem Zweikampf die Errichtung eines Klosters in Wolfegg gelobt haben. Wie erwähnt scheiterte allerdings das Vorhaben zu seinen Lebzeiten.[131]

124 Vgl. Zimmerische Chronik (wie Anm. 5), Bd. 1, S. 493–499 (Zitat S. 493); Felix Heinzer, „Wie herr Johanns Wörnher freiherr zue Zimbern zu dem hailigen landt zog". Anmerkungen zu einem Reisebericht der Zimmerischen Chronik, in: Birgit Schneider (Hg.): Bücher, Menschen und Kulturen. Festschrift für Hans-Peter Geh zum 65. Geburtstag, München 1999, S. 88–101, bes. S. 89–95, 98. Heinzer betont stark die Abhängigkeit Froben Christophs von Zimmern von der lateinischen und deutschen Fassung des Reiseberichts Fabris.

125 Vgl. Zimmerische Chronik (wie Anm. 5), Bd. 2, S. 327 f.

126 Schreiner, Laienfrömmigkeit (wie Anm. 4), S. 60 f. (Zitat).

127 Vgl. Franz-Kuno Ingelfinger, Die religiös-kirchlichen Verhältnisse im heutigen Württemberg am Vorabend der Reformation, Stuttgart 1939, S. 159; Zimmerische Chronik (wie Anm. 5), Bd. 2, S. 475 (Wallfahrt nach Santiago und Loreto wegen Anstiftung zum Mord); Bd. 4, S. 201 (*walfahrt* [...] *einweders gein Rom, oder zu dem verrern s. Jacob* wegen Pferdediebstahls). Unter den Sühneleistungen, die Graf Felix von Werdenberg für seinen Mord an dem Grafen Andreas von Sonnenberg erbringen sollte, stand auch eine Wallfahrt nach Jerusalem, Rom, Santiago und Aachen zur Diskussion; vgl. Vochezer, Geschichte des fürstlichen Hauses Waldburg (wie Anm. 10), Bd. 1, S. 780.

128 Schreiner, Laienfrömmigkeit (wie Anm. 4), S. 60 (Zitat).

129 Vgl. Robert Plötz, Deutsche Pilger nach Santiago de Compostela bis zur Neuzeit, in: Klaus Herbers (Hg.): Deutsche Jakobspilger und ihre Berichte (Jakobus-Studien 1), Tübingen 1988, S. 1–27, hier S. 24 (Zitat) über einen neuen Pilgertypus zu Beginn der Neuzeit, für den „der fromme ‚motif' der mittelalterlichen Heilsfahrt nur Vorwand [ist], um Gelegenheit zu haben, sich an ausländischen Höfen aufzuhalten, Länder mit fremden Sitten kennenzulernen, Handelsgeschäften nachzugehen oder seine Geschicklichkeit auf ritterlichen Turnieren zu beweisen."

130 Vgl. Zimmerische Chronik (wie Anm. 5), Bd. 2, S. 599.

131 Vgl. Vochezer, Geschichte des fürstlichen Hauses Waldburg (wie Anm. 10), Bd. 1, S. 719 f.; Bd. 2, S. 710 f.

Ein Ausdruck individueller Frömmigkeit ist schließlich sicher auch die Errichtung des Franziskanerinnenklosters Maria Rosengarten bei Wurzach durch Helena von Zollern. Die Witwe des Truchsessen Johann III. von Waldburg gründete dieses Kloster 1513 nach dem Tode ihres Mannes und weiteren Schicksalsschlägen. 1514 trat sie selbst in dieses Kloster ein. Von ihr ist ein nicht-illuminiertes, einfach ausgestattetes Gebetbüchlein erhalten.[132]

9. Zusammenfassung

Frömmigkeit kommt bei den behandelten vier Hochadelsfamilien in Formen zum Ausdruck, die um 1500 allgemein verbreitet waren: Heiligenverehrung, Altarstiftungen, Bruderschaften, Wallfahrten. Auch bei diesen Familien lässt sich die für „die Adelsgesellschaft des Mittelalters charakteristische Verflechtung von Frömmigkeit, Standesgefühl und Sozialbewußtsein" beobachten.[133]

In ihrer Frömmigkeit blieben die Familien standesbewusst und sahen sich aufgrund ihrer Stellung in Verantwortung für die kirchliche Ordnung. Der Gottesdienst und das Totengedenken wurden durch das Chorgebet und repräsentative Kirchenneubauten aufgewertet. In den Chor der Neubauten wurden die Grablegen verlegt, selbst wenn wenige Jahrzehnte zuvor Grabkapellen an den Kirchen errichtet worden waren. Doch Frömmigkeit wurde zumindest teilweise auch eine Sache des Privatbereichs. Das belegen so unterschiedliche Dinge wie Hauskapellen und Gebetbücher.

Unterschiede in der Intensität sind bei den Ausdrucksformen von Frömmigkeit deutlich erkennbar: Die Grafen von Werdenberg, obwohl wirtschaftlich sehr potent, hielten sich bei den Pfründstiftungen in der zweiten Hälfte des 15. Jahrhunderts deutlich zurück, waren wohl auch nicht intensiv bei den Reformbemühungen in den Klöstern ihres Herrschaftsbereichs involviert und taten sich beim Bruderschaftswesen nicht hervor.

Hingegen zeigten sich vor allem die Grafen von Zollern in vielen Bereichen stark engagiert, machten die Kapelle ihrer Residenzburg Hohenzollern zur Pfarrkirche, waren treibende Kraft bei der Reform des Klosters Stetten, stifteten zahlreiche Pfründen und führten in dem neu errichteten Gotteshaus in Hechingen nicht nur das Chorgebet ein, sondern werteten es zur Stiftskirche auf. Namentlich Graf Eitelfriedrich II. war bei all dem wesentlich beteiligt und wollte darüber hinaus auch ein Kloster gründen. Dass er auf seinem Grabmal einen Rosenkranz in der Hand hält, ist deshalb kein Zufall, sondern Ausdruck seiner besonderen Frömmigkeit.

132 Vgl. Wolfgang Irtenkauf, Codicologische und liturgiewissenschaftliche Einführung, in: Decker-Hauff/Irtenkauf/Konzelmann/Rathofer/Walz: Waldburg-Gebetbuch (wie Anm. 116), S. 13–19, hier S. 18 f.

133 Schreiner, Laienfrömmigkeit (wie Anm. 4), S. 69 (Zitat).

Verzeichnis der Autor*innen und Herausgeberinnen

Barbara **Baumeister**, Lehrbeauftragte am Institut für Empirische Kulturwissenschaft und Europäische Ethnologie der Ludwig-Maximilians-Universität München

Enno **Bünz**, Prof. Dr., Professor für Sächsische und Vergleichende Landesgeschichte am Historischen Seminar der Universität Leipzig; Direktor des Instituts für Sächsische Geschichte und Volkskunde

Lorenz **Enderlein**, Dr. phil. habil., Privatdozent am Kunsthistorischen Institut der Universität Tübingen

Sigrid **Hirbodian**, Prof. Dr., Direktorin des Instituts für geschichtliche Landeskunde und Historische Hilfswissenschaften der Universität Tübingen

Sabine **Holtz**, Prof. Dr., Leiterin der Abteilung Landesgeschichte des Historischen Instituts der Universität Stuttgart

Eva **Leistenschneider**, Dr., Kuratorin für die Alte Sammlung am Ulmer Museum

Andrea **Riotte**, Dr., Mitglied des Wieland-Wissenschaftsrats der Christoph Martin Wieland-Stiftung Biberach

Agnes **Schormann**, Dr., wissenschaftliche Mitarbeiterin, Departement Geschichte an der Université de Fribourg, Schweiz

Wilfried **Setzler**, Prof. Dr., Honorarprofessor am Institut für geschichtliche Landeskunde und Historische Hilfswissenschaften der Universität Tübingen

Petra **Steymans-Kurz**, Dr., Leiterin der Referats Geschichte der Akademie der Diözese Rottenburg-Stuttgart, seit 2021 Abteilungsleiterin Bildung und Wissenschaft an der Württembergischen Landesbibliothek

Volker **Trugenberger**, Dr., bis 2020 Abteilungsleiter des Staatsarchivs Sigmaringen, Landesarchiv Baden-Württemberg

Edwin Ernst **Weber**, Dr., Leiter der Stabstelle Kultur & Archiv des Landkreises Sigmaringen; Geschäftsführer der Gesellschaft Oberschwaben für Geschichte und Kultur

Jörg **Widmaier**, Dr., Wissenschaftlicher Mitarbeiter im Landesamt für Denkmalpflege im Regierungspräsidium Stuttgart

Orts- und Personenregister

erstellt von Lea Schneider

M

N

O

P

W

Z